고조선 복식문화의 발견

고조선 복식문화의 발견

초판 제1쇄 인쇄 2011. 6. 15.
초판 제1쇄 발행 2011. 6. 20.

지은이 박 선 희
펴낸이 김 경 희

경 영 강 숙 자
편 집 박 혜 연, 최 윤 정
영 업 문 영 준
관 리 강 신 규
경 리 김 양 헌

펴낸곳 (주)지식산업사
본사 ● 413-832, 경기도 파주시 교하읍 문발리 520-12
전화 (031) 955-4226~7 팩스 (031)955-4228
서울사무소 ● 110-040, 서울시 종로구 통의동 35-18
전화 (02)734-1978 팩스 (02)720-7900
한글문패 지식산업사
영문문패 www.jisik.co.kr
전자우편 jsp@jisik.co.kr
등록번호 1-363
등록날짜 1969. 5. 8.

책값은 뒤표지에 있습니다.

ISBN 978-89-423-1145-3 (93910)

이 책을 읽고 저자에게 문의하고자 하는 이는
지식산업사 전자우편으로 연락바랍니다.

책머리에

복식사 연구의 한계는 출토복식 연구에만 머문 채 고고복식 연구로 나아가지 못하는 데 있다. 고고학적 발굴성과로 만나게 되는 복식유물은 출토복식과 달리 한갓 고고학적 유물에 머물지 않고 문화적 정체성을 시각적으로 보여주는 결정적 자료 구실을 한다. 고고학자들이나 미술사가들이 무심하게 여기는 복식 관련 방직유물과 장식에 사용한 각종 문양과 장신구들은 고대문화에 관한 뜻밖의 지식과 놀랄 만한 역사적 정보를 담고 있기 때문이다.

따라서 복식관련 발굴유물은 고대 복식사와 더불어 당시의 문화사까지 해명할 수 있어서 고고학의 연대기적 연구를 보완할 수 있을 뿐 아니라, 문헌사학의 한계를 넘어서 선사시대 역사연구의 새 지평을 열어갈 수도 있다. 그러자면 출토 복식학에서 고고복식학으로 과감한 전환이 필요하다. 그것은 출토복식 연구를 그만 두고 고고복식 연구로 가자는 것이 아니라, 출토복식 연구에 만족하지 말고 고고복식 연구로 시공간을 더 확대하자는 것이다. 그래야 통시적으로는 복식사를 상고시대까지 끌어올릴 수 있고, 공시적으로는 다양하고 풍부한 복식자료 확보가 가능하기 때문이다. 그러므로 복식사 연구는 고고학적 연구와 함께 가야 마땅하며, 학제적 연구로서 고고복식학을 표방해야 한다.

고고복식유물 연구는 상고시대 복식문화사의 체계적 해석이 기본적 과제지만, 여기서 나아가 두 가지 문제를 더불어 해결하려고 한다. 첫 번째는 종속적 전래주의 복식사 연구의 한계를 극복하고 민족복식의 독창성을 밝히는 것이며, 두 번째로는 복식문화의 정체성을 근거로 민족사를 시간적으로 고조선 이전까지 확대하고, 공간적으로 한반도는 물론 만주와 몽골지역 일부를 포함한 고조선 강역까지 확장하는 일이다. 이러한 세 가지 문제를 해결하는 구체적 고고복식 유물자료가 바로 홍산문화유적에서 발굴된 다양한 유물이다. 따라서 고고학자들의 홍산문화유적 발굴보고서들이 복식사 연구의 전환점을 마련하는 긴요한 연구 자료라 할 수 있다 그러므로 이 논의는 홍산문화의 복식학적 연구 지평을 개척하는 데까지 나아갈 것이다.

고대복식사 연구가 출토복식 중심의 복식양식사 연구에만 그치지 않으려면 다양한 자료 확보와 다각적 시각의 연구로 전환되어야 하는데, 그러한 전환의 한 실천이 바로 고고학과 복식학의 학제적 연구이다. 고고학적 발굴자료는 역사 이전의 시대까지 복식사를 끌어올린다. 최근에 고조선문명권에 속하는 한반도와 만주지역에서 많은 고고학적 출토자료와 발굴보고서가 축적되고 있다. 그러므로 이러한 고고학적 발굴성과로 만날 수 있는 선사시대의 복식자료는 고조선 이전 시기 복식문화의 독창성을 밝힐 수 있을 뿐 아니라, 그 전통을 이어받은 고조선 복식문화의 고유양식과 정체성을 올바르게 해명할 수 있는 길을 열어준다.

상고시대의 고고학적 유물은 오랜 역사 때문에 복식 자체가 온전하게 남아 있지 않다. 비록 온전한 복식 구조물이 아니라 복식의 일부를 이루는 단편적 자료들이 대부분이지만, 부서진 도자기의 파편들로 도자기의 본래 모습을 복원해내듯이 부분적인 자료들로 복식 구조물을 재구성하고 전체 복식문화의 맥락 속에서 그 양식과 기능을 해석해낼 수 있다. 따라서 발굴유물은 출토복식 못지않게 중요한 복식자료 구실을 할 뿐 아니라, 기존의 복식사 서술에서 다루지 않았던 고구려, 부여, 고조선, 고조선 이전 시기의 복식까지 소급해 서술할 수 있는 전망까지 마련할 수 있다.

고조선 이전의 상고시대로 소급되는 복식사 서술은 구체적인 유물자료에 근거한 것이기 때문에 자료적 실증성과 논리적 체계성을 함께 갖출 수 있다. 그런데 고대 복식사는 삼국시대를 역사적 상한선으로 삼기 일쑤이다. 그것은 사학계의 상고사 연구 관행에서 비롯된다. 고대사 연구자들이 문헌자료의 한계와 실증주의 논리를 들어 상고사 서술을 외면하고 있기 때문이다. 그러나 최근의 고고학 성과를 주목하면 복식사는 물론 상고사를 부정하는 고대사 학계의 고정관념을 극복할 수 있다. 왜냐하면 상고사 체계를 실증적으로 입증할 수 있는 유적 및 유물 자료들이 계속해서 축적되고 있기 때문이다.

고고학적 발굴성과를 복식연구의 긴요한 자료로 끌어들이고 새로운 복식학 체계를 겨냥하고 골똘하게 해석하면, 상고시대 복식문화의 정체성은 물론 고조선 문명권을 설정하는 작업으로까지 논의를 진전시킬 수 있다. 고조선 이전 시기까지 한국 복식문화연구를 소급할 수 있는 결정적인 유물자료들이 만주지역 일대와 한반도지역에서 발굴되었기 때문이다. 만주지역에서는 주로 요서의 홍산문화 유적지와 요동의 요동반도유적지에서 많은 유물이 발굴되었으며, 한반도에서는 대동강유역과 한강유역에서 유물이 집중적으로 발굴되었다. 그러한 고고학적 성과의 중심에 홍산문화가 자리 잡고 있다.

세계 고고학계에 충격을 준 홍산문화유적은 그 시기와 양식을 고려할 때 고조선문명의 전단계로 해석된다. 고조선문명은 고조선 이전시기에 형성된 동석병용시대에 속하는 홍산문화에서 이어진 것이기 때문이다. 홍산문화는 동북아시아에서 가장 오래된 신석기문화인 소하서문화를 이었으며, 세계적인 독창성을 지닌 옥기유물과 제단유적이 채색그릇과 함께 출토되어 주목을 끌었다. 복식과 관련된 유물만 하더라도 방직도구와 재봉도구, 머리꽂이, 장신구, 조소품 등 많은 유물들이 다양하게 출토되었다. 이 유물들은 요동반도와 한반도에서 출토되는 복식유물들과 양식적 연관성은 물론 역사적 계승관계를 기지며 동질싱을 보여준다. 그러므로 홍산문화 복식유물을 중심으로 한반도와 만주지역 자료들을 주목하면, 고조선 이전 시기의 복식문화를 실증적으로 해석하여 고조선 복식이 형성된 뿌리를 밝히는 것은 물론, 한국 복식문화의 원형과 고유양식을 입증할 수 있을 것이다.

고조선은 우리민족이 세운 최초의 국가이다. 한국문화의 원형은 한국사의 뿌리인 고조선에서 찾아야 하듯이 우리 복식문화의 뿌리도 고조선 복식에서 찾아야 한다. 고조선 사람들이 어떤 양식의 옷을 입고 어떤 치레거리로 장식을 하고 살았는지 밝히는 것은 고조선 사람들의 생활과 문화를 구체적으로 이해하는 길이며, 우리 복식문화의 고유성과 정체성을 찾아가는 가장 첫걸음을 내딛는 일이다. 첫 단추를 제대로 끼워야 다음 단추들도 제자리를 정확하게 찾아가듯이, 복식사의 첫걸음을 제대로 내딛어야 고대 이후의 복식사를 찾아가는 다음 걸음도 제 길을 순조롭게 찾아갈 수 있다.

고조선에 대한 연구가 적지 않게 이루어졌으나 실제로 고조선 사람들이 어떠한 의식주문화를 누리고 살았는지는 거의 연구되지 않았다. 이는 생활사 또는 문화사 연구에 소홀했던 까닭이다. 생활사의 한 분야로서 복식사 연구도 상당히 성장했지만, 고조선 복식에 대한 구체적인 연구를 거치지 않고 주로 삼국시대를 사적 서술의 출발점으로 삼았기 때문에, 우리 복식이 중국이나 북방지역 복식의 영향으로 이루어진 것처럼 해석되기 일쑤였다. 이러한 복식학계의 문제를 성찰하면서 고조선 복식사 연구에서 터득한 방법과 성과를 확장함으로써, 고조선 이전 시기부터 전개된 고조선시대 복식문화의 고유성과 정체성을 밝히려 한다. 그러므로 이 책의 통시적 목표는 결국 한국복식사의 첫 장을 제대로 서술하는 데 있다.

1장에서는 고조선 이전 시기의 복식문화를 고고학과 복식학의 학제적 연구방법으로 실증적 해석을 하여 고조선 복식의 기원과 원형을 밝히고 그 발전과 전개 양상을 추론한다. 2장에서는 홍산문화 복식유물의 문화적인 성격을 분석하고 고조선과 고구려 이후의 복식에 지속된 양식적 전통과 민족적 정체성을 해석한다. 홍산문화 복식유물의 특징적 요소는 중국이나 북방지역과 달리, 고조선과 여러나라시대 복식의 종류와 성격에서 그대로 나타나고 있어서 주목된다. 홍산문화에서 비롯된 다양한 양식의 장식기법과 직조기법, 염색기법 등이 절제 있게 융합된 복식은 고조선으로 이어져 전통기법을 이루며 일정한 정체성을 나타내고 있다.

복식재료의 특성연구는 곧 자연생태계 및 생업활동과 밀접한 연관성을 지니고 있다. 복식재료는 유목문화와 농경문화에 따라 다를 수밖에 없기 때문이다. 이러한 문제의식에 따라 3장에서는 고조선이 생산한 복식 재료인 가죽과 모피, 모직물, 마직물, 사직물의 고유한 특징들을 새롭게 밝혀나간다. 이러한 논의과정에서 서기전 1세기 전후에 속하는 낙랑구역의 사직물 분석을 근거로, 당시 대동강유역에는 최리왕의 낙랑국이 자리 잡고 있었던 사실도 처음으로 밝히게 될 것이다.

문헌자료와 고고학의 출토자료 등을 대상으로, 4장에서는 고조선 복식양식과 장식기법의 고유성을 밝히고, 직조기법과 염색기법을 중심으로 복식양식에 보이는 조화와 정체성을 해석할 것이다. 5장에서는 고조선 복식문화에 나타나는 장식을 이웃나라와 비교 분석하고 통시적 전승양상을 검토하여 한민족 복식의 원형이 중국이나 북방 호복계통의 영향을 받았다는 종래의 견해를 수정할 것이다. 이어서 6장에서는 고구려 복식의 기하학문양은 고조선의 장식단추 양식 전통을 이어 직조기법뿐만 아니라 염색기법, 자수기법, 장식기법 등으로 발달한 사실을 밝힐 것이다. 이러한 현상은 한민족의 고유한 조형의지를 다양한 방법으로 표현하여 일정한 양식을 이루게 된 것으로, 높은 수준의 문화를 누렸다는 증거라 할 수 있다.

고조선 복식의 특성연구가 민족문화의 정체성을 밝히고, 복식양식과 재료의 고유성에 관한 분포 연구는 고조선의 강역과 고조선문명권의 지리적 경계를 파악하는 데까지 나아갈 것이다. 고조선 강역을 밝히는 작업도 긴요하지만 고조선문명권 설정은 앞으로 다른 분야연구와 관련하여 학제적 연구로 이어져야 할 절실한 과제이다. 따라서 이 책에서 제기되고 추론된 고조선 전후 시기의 복식문화 연구방법이 동시대의 식생활과 주생활 연구로까지 확산되길 기대한다. 의식주생활이 유기적 맥락 속에서 더불어 연구되어야 바람직한데, 그 길을 먼저 개척한 것이 바로 복식분야라 할 수 있다.

이 책이 복식문화에 대한 전공자들의 문제의식 전환과 고조선문화의 정체성 이해에 조금이라도 도움을 줄 수 있다면 큰 다행이겠다. 이러한 작업은 복식사에 한정된 논의로 머물 수 없다. 앞으로 고조선 식문화에 대한 관심의 끈도 놓지 않으려고 한다. 전공 영역에 따른 분야사는 물론, 통사로서 한국 고대사 연구 전반에 대한 의식 전환이 절실한 상황이다. 중국과 일본 등 이웃나라의 역사왜곡이 기승을 부리지만 사학계의 학문적 대응은 무력하기 짝이 없다. 역사왜곡을 극복할 수 있는 대안연구는커녕 그들에게 왜곡의 빌미를 제공하지 않을까 걱정스러운 연구들이 적지 않기 때문이다.

고조선 복식문화의 발견은 종속적 복식사 서술의 한계를 넘어서 민족문화의 독자성 확립과 한국인의 문화적 정체성 인식으로 나아갈 수 있는 디딤돌이 되기를 바란다. 원고를 넘길 때마다 기꺼이 출판을 허락해 주신 지식산업사 김경희 사장님과 좋은 책을 만들고자 정성을 기울여주신 편집진 여러분께 깊은 감사를 드린다. 올겨울은 유난히 춥다. 추웠던 만큼 새 봄은 더 따사로울 것이다.

2011년 정월
자하관 연구실에서
朴 仙 姬

차 례

표 차례

그림 차례

제 1 장

유물로 본 고조선 이전 시기 복식문화

1
고조선 이전 시기 복식문화를 찾는 길

선사시대 역사 연구는 문헌사학의 한계를 넘어선다. 문헌사료 이전의 선사유적과 발굴유물이야말로 상고시대 연구의 가장 적극적이고 가장 정확한 사료이기 때문이다. 따라서 이 시기의 역사학은 으레 고고학의 영역으로 넘어간다. 고고학 자료는 주로 그림 자료 또는 물질자료에 해당된다. 물질자료 가운데서도 유적보다 유물이 더 상고시대로, 역사를 거슬러 올라간다. 다시 말하면 상고시대로 올라갈수록 유적보다 유물이 더 중요한 사료 구실을 한다는 것이다.

유물은 주로 무덤에서 주검과 함께 출토되는데, 주검이 묻힌 곳에는 으레 복식관련 부장품이 있게 마련이다. 오랜 세월 동안 의복 자체는 거의 부식되고 없지만 의복에 부착된 장식물이나 몸에 지녔던 장신구, 또는 주술적 의기儀器들은 남아 있다. 특히 여성 무덤에는 바느질이나 방직과 관련된 유물들이 부장되어 있다. 따라서 방직기술과 바느질법, 장신구 재료와 제작기술 등을 추론하고 당시의 사회발전의 단계와 문화 수준을 해석할 수 있는 유물들이 제법 풍부하다.

출토복식이 복식의 양식사 연구에 가장 풍부하고 정확한 자료를 제공하듯이, 출토유물 가운데도 복식관련 자료가 고대 사회사와 기술사, 문화사 연구에 아주 소중한 자료 구실을 한다. 그런데 지금까지 복식사 연구는 출토복식 유물과 그림 자료를 중심으로 복식 양식사 중심의 연구에 집중되었다. 따라서 복식이 출토되지 않는 상고사는 물론이고 고대사 복식 연구의 길도 제대로 찾지 못한 채, 중세 복식사 연구에서 제자리걸음을 하고 있다. 그 결과 최근에는 고대 복식사 연구논문이 거의 발표되지 않고 있는 것이 현실이다.

이러한 한계는 우연한 것이 아니라 복식자료의 특수성에서 비롯된 것이다. 복식 재료가 주로 섬유나 가죽 등이어서 오랜 세월 본디 모습대로 지속되기 어렵기 때문이다. 다만 복식에 부착되어 있던 금속재나 옥기 장식 또는 장신구들은 이와 다르다. 금붙이와 옥기, 토기, 돌 등의 유물은 고스란히 남아 있다. 특히 옥기는 수천 년을 지나도 본디 모양과 빛깔을 잘 유지하고 있다. 따라서 옻칠한 관 등 특수한 매장방식에 따라 주검이 미라 형식으로 보존된 경우가 아니면, 복식 자체는 거의 남아 있지 않고 장식물과 장신구, 방직 및 바느질 등 복식관련 유물들만 남아 있다. 그러므로 우리는 이러한 복식관련 유물을 중심으로 양식사 중심의 복식연구와 고대사가 소외된 복식사 서술의 한계를 함께 극복할 수 있다. 그 방법이 바로 복식관련 발굴유물 자료를 중심으로 한 상고시대의 복식문화사 연구이다.

복식관련 방직유물과 장식유물은 고대 복식사는 물론, 당시의 문화사까지 해명할 수 있어서 문헌사학의 시대적 한계와 고고학의 연대기적 한계를 보완할 수 있다. 그런데도 복식학계는 출토복식 중심의 복식사 서술에 머무르는 바람에 유물사료 중심의 복식사 연구에는 상대적으로 소홀했다. 이미 고대 복식사 연구[1]를 통해서 고조선시대의 복식문화를 부분적으로 해명하고 복식사 연구의 연대를 상당히 끌어올렸지만, 복식학계에서 고조선복식연구는 거의 외면하고 있는 상황이다.

출토복식학회가 새로 조직되어 출토복식들을 집중적으로 다룬 까닭에 복식사의 실증적 연구가 한층 정밀하게 이루어지는 성과를 거두고 있다. 그러나 복식 외의 유물을 집중적으로 다루지 않은 탓에 복식이 나오지 않는 고분의 발굴유물에 관해서는 적극적인 관심을 기울이지 않는다. 복식사 연구가 복식양식사 연구에서 다양한 시각의 연구로 확장되어야 한다는 사실을 모두 공감하면서도 실제 연구

---

1 박선희, 《한국고대복식-그 원형과 정체》, 지식산업사, 2002.

로 이어지지 않는 것은, 고고학적 발굴유물에 관한 정보가 어둡고 유물 해석에 한계가 있기 때문이다. 이러한 한계를 극복하려면, 미술사에서 고고미술사로 나아가듯이 복식사에서도 고고복식사로 나아갈 필요가 있다. 고고학적 발굴성과에 대한 주목 없이 고대 복식사 연구는 사실상 불가능하기 때문이다. 그러므로 이제 고고학적 발굴보고서 자료를 출토복식자료 못지않게 중요한 복식사 연구 자료로 적극 끌어들여야 하는 단계에 직면해 있다고 하겠다.

이 연구는 이러한 복식학계의 문제를 성찰하면서, 고대복식사 연구에서 터득한 방법과 성과를 확장하기 위해, 고조선 이전의 상고시대 복식문화를 해명하고 고조선복식문화의 기원을 밝히고자 한다. 학계에서는 고조선의 복식조차 범접할 수 없는 영역처럼 줄곧 기피의 대상이 되어 더 이상 연구 성과가 축적되지 않고 있는데, 이제 그 수준에서 더 나아가 고조선 이전의 상고사 복식문화까지 밝히려 하는 것은 무모한 작업처럼 여겨질 수 있다. 그러나 고조선 이전 시기의 역사가 분명히 있었고 그 시기에도 한반도와 만주지역에서 일정한 사회체제를 이루며 문화생활을 하였을 것이다. 따라서 복식문화도 그 시대의 문화 수준에 맞게 존재했을 것이라는 사실을 충분히 추론할 수 있다. 그러므로 이 논의는 비록 모험적인 연구이긴 해도 결코 무모한 연구라 할 수는 없을 것이다.

고조선 이전 시기라면 상대적으로 '신시' 시대의 '신시문화'라 할 수 있는데,[2] 최근 이 시기의 문화를 살펴볼 수 있는 발굴유물들이 학계에 널리 보고되고 국내외의 관련 발굴보고서와 연구들이 상당히 축적되어 있다. 따라서 복식사는 물론 상고사를 부정하는 사학계의 고정관념을 벗어나 상고사 체계를 실증적으로 입증할 수 있는 자료들이 적지 않게 보고되고 있다. 진보적인 학자들은 이미 고조선 이

---

2 임재해, 〈한국신화의 주체적 인식과 민족문화의 전체성〉, 《단군학연구》 제17호, 단군학회, 2007, 255~328쪽.

전의 초기국가와 문명을 추적하는 연구[3]를 하여 일정한 성과를 거두고 있다. 그러므로 이 논의도 모험적인 연구를 표방했지만, 사실은 풍부한 자료들을 고려하면 무리한 추론 없이 상당히 실증적인 해석을 하게 될 것이다.

그러한 자료를 뒷받침하는 것이 요서지역의 홍산문화 유적지와 요동지역 요동반도 일대 및 대동강유역에서 출토된 복식관련 유물들이다. 고조선지역[4]에 있는 이른바 홍산문화 또는 요하문명은 서기전 4000년 전후라고 하는 역사적 시기를 고려할 때, 분명히 고조선 이전 시기에 형성된 문화로 인식된다. 게다가 이 시기 문화로, 세계적인 독창성을 지닌 옥기유물들이 대량 발굴되어 주목을 끈다. 옥기의 재료적 특성과 그 형태가 모두 독창적인 것이어서 상대적으로 높은 수준의 문화를 누렸던 사실을 입증한다. 특히 홍산문화 유적지에는 여러 유형의 옥기들이 풍부하게 발굴되어 당시의 복식문화를 해석하는 데 결정적인 구실을 한다. 그 밖에도 방직도구와 재봉도구, 머리꽂이, 장신구, 조소품 등 복식관련 유물들이 다량 출토되었다. 이들 유물은 요동반도와 한반도에서 출토되고 있는 복식유물들과도 연관성과 계승관계에 있으며 동질성을 보여준다. 그러므로 한반도와 만주지역 유물을 구체적인 대상으로 삼아 고조선 이전 시기의 복식문화를 실증적으로 해석함으로써, 고조선복식의 기원을 밝히고, 우리 복식문화의 원형과 선진성을 입증하는 후속연구의 디딤돌을 마련하고자 한다.

---

3 윤내현, 《고조선 연구》, 일지사, 1994; 윤내현, 《韓國古代史新論》, 일지사, 1986; 愼鏞廈, 《韓國 原民族 形成과 歷史的 傳統》, 나남출판, 2005; 愼鏞廈, 《古朝鮮 國家形成의 社會史》, 지식산업사, 2010; 한창균, 〈고조선의 성립배경과 발전단계 시론〉, 《國史館論叢》 제33집, 국사편찬위원회, 1992, 10쪽.

4 윤내현·박선희·하문식, 《고조선의 강역을 밝힌다》, 지식산업사, 2007.

2
방직도구와 재봉도구의 종류와 특징

고대의 한민족은 언제부터 실을 만들고 천을 짜기 시작했는지 그 연원을 알아보기로 한다. 고대 사람들이 천을 만들기 시작한 것은, 구석기시대부터 야생 식물성 섬유질 재료인 줄기섬유를 널리 이용하면서 쌓아 온 기술의 결과였다. 전기 구석기시대에 흔히 사용되었던 칼날 모양의 타제석기[5]와, 중기·후기 구석기시대에 보이는 부채꼴 밀개·주먹대패·격지송곳·칼날·긁개·찌르개·새기개·뚜르개와 같은 도구[6]들이 식물성 섬유를 가공하는 데 쓰였던 도구들이었다고 볼 수 있다. 특히 구석기시대 중기에는 석기 제작기술이 발달하여[7] 뚜르개·새기개·주먹도끼·긁개·찌르개 등 여러 용도로 쓰였다고 생각되는 뼈 도구들을 다양하게 생산한다. 중기 구석기시대의 것으로 인정되는 함경북도 선봉군 굴포문화 1기층[8]에서 집터가 발굴되었는데, 발굴자들은 이곳에서 마즛날긁개·밀개·찍개나 찌르개 등의 석기들이 출토되어 집을 지었던 재료가 야생 식물성 섬유질 재료인 줄기섬유였다고 보고 있다.[9]

---

5 金元龍·崔茂藏·鄭永和, 《韓國舊石器文化研究》, 한국정신문화연구원, 1981, 1~14쪽; 손보기, 〈石壯里의 전기·중기구석기文化層〉, 《한국사연구》 7, 1972. 1~58쪽; 조선유적유물도감편찬위원회, 《조선유적유물도감》 1-고조선·진국·부여편, 조선유적유물도감편찬위원회, 1989, 43쪽; 고고학연구소, 〈상원 검은모루유적 발굴중간보고〉, 《고고민속론문집》 제1집, 사회과학원출판사, 1969, 18~23쪽.

6 손보기, 〈구석기문화〉, 《한국사》 1, 국사편찬위원회, 1977, 34~39쪽; 李隆助·禹鍾允 編著, 《선사유적발굴도록》, 충북대학교박물관, 1998.

7 이융조, 〈舊石器時代〉, 《한국사론》 1 古代, 국사편찬위원회, 1~32쪽 참조; 김원룡, 〈廣州渼沙里 櫛文土器遺蹟〉, 《歷史學報》 14, 1961, 133~145쪽 참조; 조선유적유물도감편찬위원회, 앞의 책, 43쪽.

8 이융조, 〈編年〉, 《韓國史論》 12, 국사편찬위원회, 1986, 81쪽.

9 조선기술발전사편찬위원회, 《조선기술발전사》 1-원시·고대편, 과학백과사전종

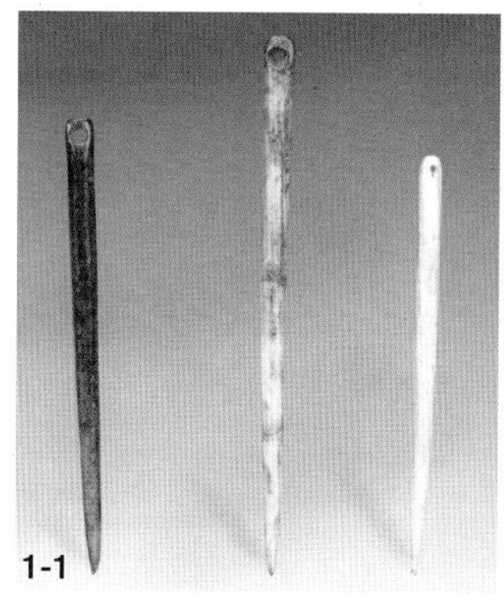

〈그림 1-1, 1-1-1〉 요령성 해성선인 동굴유적 출토 뼈바늘과 장식품

후기 구석기시대의 유적들에서 출토된 뼈송곳·뼈바늘·칼날[10] 등의 도구는 새기개·밀개·주먹찌르개 등의 석기와 함께 가죽을 자르거나 식물성 섬유를 가공하는 데 사용되었다. 뼈바늘(그림 1-1)[11]은 짐승의 힘줄이나 살껍질 등을 바느질 실로 사용하여 형태를 갖춘 옷을 짓거나 누비었으며 그물 같은 것을 뜨는 데 사용되었다. 후기 구석기시대의 동굴벽화에는 그물을 치고 짐승을 사냥하는 장면이 있어 신인들이 이미 식물성 재료로 그물을 만들어 사용했음을 말하여 준다. 또는 끈에 장식물을 꿰어 장식품(그림 1-1-1)[12]을 만들기도 했다. 이와 같은 그동안의 고고발굴과 연구에 의하여 한반도와 만주에

합출판사, 1997, 58쪽.

10 손보기, 〈구석기문화〉, 《한국사》 1, 국사편찬위원회, 1977, 34~39쪽; 孫寶基, 〈石莊里의 後期 舊石器時代 집자리〉, 《韓國史硏究》 9, 1973, 15~57쪽; 水野淸一, 〈滿洲舊石器時代の骨角器資料〉, 《人類學雜誌》 48-12, 1933, 476~483쪽; 直良信夫, 〈朝鮮 潼關鎭 發掘 3舊石器時代の遺物〉, 《滿蒙學術調査硏究報告》 6-3, 1940, 1~12쪽.

11 遼寧省博物館·遼寧省文物考古硏究所, 《遼河文明展》, 2006, 6쪽, 그림 2.

12 황기덕, 《조선 원시 및 고대 사회의 기술발전》, 과학백과사전출판사, 1997, 166쪽; 徐秉琨·孫守道, 《東北文化》, 上海遠東出版社·商務印書館, 1998, 25쪽, 그림 11.

는 구석기시대부터 계속해서 사람들이 살고 있었음이 확인되었다. 또한 신석기시대나 청동기시대의 주민들이 다른 곳으로부터 이주해 왔다는 견해가 성립될 수 없다는 사실도 밝혀지게 되었다.[13]

한반도와 만주의 신석기시대 시작연대는, 동아시아지역에서 가장 일찍이 문화가 전개된 것으로 알려진 황하유역보다 앞섰던 것으로 나타난다. 황하유역에서 발견된 신석기시대 유적 가운데 가장 연대가 올라가는 하남성의 배리강裴李崗유적,[14] 하북성과 하남성의 경계 지역의 자산磁山문화유적[15]의 시작연대가 모두 서기전 6000년경으로 확인되었다. 한반도에서는 함경북도 선봉군 굴포리 서포항유적,[16] 강원도 양양의 오산리鰲山里유적,[17] 내몽고자치구 동부의 흥륭와興隆洼유적의 연대가 서기전 6000년경[18]으로 나타났다. 그런데 오산리유적에 대한 방사성탄소연대측정 결과, 서기전 10000년의 연대[19]도 얻어져 이 유적의 연대는 서기전 6000년보다 훨씬 올라갈 가능

13 李鮮馥, 〈신석기·청동기시대 주민교체설에 대한 비판적 검토〉, 《韓國古代史論叢》 1, 駕洛國史蹟開發硏究院, 1991, 41~66쪽.

14 開封地區文管會·新鄭縣文管會, 〈河南新鄭裴李崗新石器時代遺址〉, 《考古》 1978年 第2期, 73~74쪽; 嚴文明, 〈黃河流域新石器時代早期文化的新發現〉, 《考古》 1979年 第1期, 45쪽.

15 邯鄲市文物保管所·邯鄲地區磁山考古隊短訓班, 〈河北磁山新石器時代遺址試掘〉, 《考古》 1977年 第6期, 361쪽; 安志敏, 〈裴李崗·磁山和仰韶〉, 《考古》 1979年 第4期, 340쪽.

16 조선유적유물도감편찬위원회, 《조선유적유물도감》 1-원시편, 조선유적유물도감편찬위원회, 1988, 63쪽; 북한학자들은 이 유적을 서기전 5000년대로 편년했으나 任孝宰는 서기전 6000년으로 보고 있다(任孝宰, 〈新石器時代 編年〉, 《韓國史論》 12, 국사편찬위원회, 1983, 707~736쪽).

17 任孝宰·權鶴洙, 《鰲山里遺蹟》, 서울대학교박물관, 1984; 金元龍·任孝宰·權鶴洙, 《鰲山里遺蹟》 Ⅱ, 서울대학교박물관, 1985; 任孝宰·李俊貞, 《鰲山里遺蹟》 Ⅲ, 서울대학교박물관, 1988.

18 楊虎, 〈內蒙古敖漢旗興隆洼遺址發掘簡報〉, 《考古》 1985年 第10期, 865~874쪽; 劉國祥, 〈西遼河流域新石器時代至早期靑銅時代考古學文化概論〉, 《遼寧師範大學學報》, 2006年 第1期, 사회과학출판사, 113~122쪽.

19 任孝宰·李俊貞, 《鰲山里遺蹟》 Ⅲ 참조.

성이 크다. 또한 고성 문암리유적의 연대는 서기전 10000~서기전 6000년으로 제시되었다.[20] 제주도 고산리유적에서는 많은 양의 화살촉 등과 함께 토기가 발견되었는데, 그 연대가 서기전 10000~서기전 8000년 무렵으로 추정되고 있다.[21] 만주에서는 1987년 흥륭와유적보다 훨씬 이른 서기전 7000년경에 속하는 내몽고 적봉시 오한기 소하서小河西유적[22]이 발굴되어, 동북지역에서 가장 이른 시기의 신석기문화유적으로 발표되기도 했다.[23] 이들 유적에 관해서는 앞으로 좀 더 연구가 이루어져야겠지만, 제주 고산리유적과 고성 문암리유적 및 오한기 소하서유적에서 그물추를 사용했던 것으로 보아 동아시아지역에서 가장 이른 시기에 실을 생산했을 것으로 생각된다.

1) 한반도의 유물분포와 복식문화 중심지

신석기시대에 이르면 정착생활과 함께 여러 종류의 곡물뿐만 아니라 마직물을 생산할 수 있는 식물들이 재배되었다. 마직물은 모직물과 함께 신석기시대의 사람들이 가장 일찍 만들었던 직물이다. 신석기시대는 뼈 연모 제작기술이 발달하여,[24] 가락바퀴와 함께 뼈나 뿔로 만든 송곳과 바늘 등 다양한 도구가 만들어져 마섬유 등을 이용하여 보편적으로 방직과 재봉이 이루어졌다.

한반도에서는 신석기시대 초기 유적인 제주도 고산리유적(서기전

---

20 국립문화재연구소, 《고성문암리유적》, 2004; 朴玧貞, 〈高城文岩里 先史遺蹟 發掘調査〉, 《韓國新石器硏究》 제5호, 한국신석기학회, 2003 참조; 고동순, 〈양양 오산리유적 발굴조사 개보〉, 《韓國新石器硏究》 제13호, 한국신석기학회, 2007, 127쪽.

21 北濟州郡·濟州大學校博物館, 《濟州高山里遺蹟》, 1998; 濟州道·濟州大學校博物館, 《濟州高山里遺蹟-고산리유적 성격규명을 위한 학술조사보고서》, 2003 참조.

22 위와 같음.

23 劉國祥, 〈紅山文化墓葬形制與龍玉制度硏究〉, 《首屆紅山文化國際學術硏討會》 자료집, 2004.

24 최삼용, 〈신석기시대의 뼈연모 제작기술 연구〉, 《韓國新石器硏究》 제10호, 한국신석기연구회, 2005, 103~124쪽.

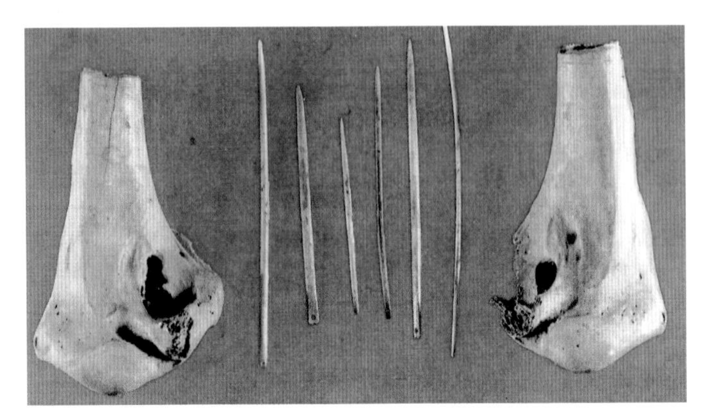

〈그림 1-2〉 서포항유적 제1기층에서 출토된 바늘과 바늘통

10000~서기전 8000년)에서 그물추가 출토되었고,[25] 서포항유적 제1기층(서기전 6000~서기전 5000년대)[26]에서 가락바퀴가 뼈바늘과 바늘통(그림 1-2)[27] 및 그물추와 함께 출토되어 이미 실을 생산하고 그물을 짜서 사용했음을 알 수 있다. 지탑리유적 1호(서기전 6000~서기전 5000년대) 집자리[28]에서도 가락바퀴와 바늘이 출토되었다. 가락바퀴가 출현하기 이전에는 손으로 비벼서 실을 얻었는데, 이렇게 단순한 방법으로 얻은 실은 비교적 길이가 짧고 질기지 못했을 것이다. 그러나 가락바퀴의 출현은 질기고 긴 실을 얻을 수 있게 하여, 단순히

25 주 21과 같음.

26 김용간·서국태, 〈서포항원시유적발굴보고〉, 《고고민속론문집》 4, 사회과학원출판사, 1972, 40~108쪽. 이 유적에서 발굴된 바느질바늘은 길이 4.5㎝와 7.5㎝인데 4.5㎝의 바늘귀의 구멍이 2㎜ 정도로 매우 가늘다.

27 고고학연구소, 《고고민속론문집》 4, 사회과학원출판사, 1972, 40~108쪽; 고고학·민속학연구소, 《궁산리 원시유적발굴보고》-유적발굴보고 제2집, 사회과학원출판사, 1957, 25~26쪽; 조선유적유물도감편찬위원회, 《조선유적유물도감》 1-원시편, 80쪽, 그림 126.

28 도유호·황기덕, 〈지탑리 유적 발굴 중간보고(1)〉, 《문화유산》 5, 사회과학원출판사, 1957, 36쪽.

바느질실이나 그물 짜는 재료로만 사용된 것이 아니라 직물 생산의 중요한 계기를 마련했을 것이다.

그 밖에도 한반도 신석기시대의 여러 유적에서 그물추가 다량으로 발견되었다. 신석기시대 전기에 속하는 양양 오산리유적(서기전 6000년),[29] 고성 문암리유적(서기전 6000~서기전 3000년),[30] 지탑리유적 1기층(서기전 5000년) 집자리에서 그물추가 발견되었다.[31] 평안남도 온천군 궁산유적 제1기층(서기전 4500년)[32]에서는 크고 작은 그물추들이 많이 출토되어 실이 널리 쓰였다는 것을 알 수 있다. 또한 가는 베실을 뼈바늘에 꿰어놓은 것이 발견되어[33] 신석기시대에 이미 바느질을 했음을 확인할 수 있다. 궁산유적과 같은 시기인 서울 암사동유적(서기전 4500년)에서도 어망추와 가락바퀴가 발견되었다.[34] 실제로 광주군 동부면 미사리유적(서기전 4000년)[35]에서는 석제의 그물뜨개바늘이 출토되어[36] 가락바퀴로 낳은 실을 이용해 여러 종류의

29 고동순, 〈양양 오산리유적 발굴조사 개보〉, 《韓國新石器研究》 제13호, 2007, 113~142쪽.

30 朴玧貞, 〈'02 高城文岩里 先史遺蹟 發掘調査〉, 《韓國新石器研究》 제5호, 한국신석기연구회, 2003, 87~103쪽.

31 고고학·민속학연구소, 〈지탑리 원시유적발굴보고〉, 《유적발굴보고》 제8집, 사회과학원출판사, 1961.

32 조선유적유물도감편찬위원회, 《조선유적유물도감》 1-원시편, 81쪽; 북한학자들은 이 유적을 서기전 4000년대로 편년했으나 任孝宰는 서기전 4500년으로 보고 있다(任孝宰, 〈新石器時代 編年〉, 《韓國史論》 12, 국사편찬위원회, 1983, 707~736쪽).; 고고학·민속학연구소, 〈궁산리 원시유적발굴보고〉, 《유적발굴보고》 제2집, 1957.

33 김용남, 〈궁산문화에 대한 연구〉, 《고고민속론문집》 8, 과학백과사전출판사, 1983, 35쪽; 조선기술발전사편찬위원회, 《조선기술발전사》 1-원시·고대편, 59쪽; 사회과학원력사연구소, 《조선전사》 2-고대편, 과학백과사전출판사, 1979, 30~31쪽.

34 金元龍, 《韓國考古學研究》, 일지사, 1992, 93쪽; 任孝宰, 앞의 글, 719~725쪽; 이동주, 〈암사동유적 편년의 새로운 시점〉, 《韓國新石器研究》 제5호, 한국신석기연구회, 2003; 국립중앙박물관, 《암사동》, 국립박물관 고적조사보고 제26책, 1994.

35 任孝宰, 앞의 글, 719~725쪽.

36 崔淑卿, 〈渼沙里遺蹟의 一磨石器〉, 《考古美術》 제4권 제6호, 1963.

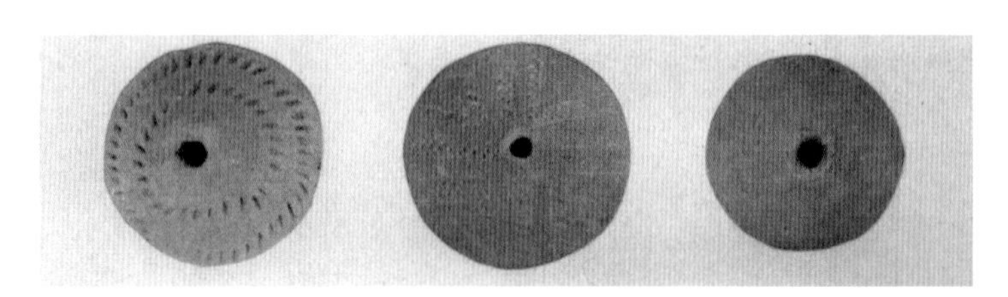

〈그림 1-3〉 농포유적에서 출토된 가락바퀴

그물을 떴음을 확인할 수 있었다.[37] 베실은 활에도 사용되었기 때문에[38] 가락바퀴를 많이 활용했을 것이다.

특히 이후 신석기시대 후기유적인 평양시 사동구역 금탄리유적 제2문화층 및 삼석구역 남경유적 신석기시대 집자리(서기전 3000년)에서는 그물추가 보통 한 장소에 600~650개씩, 최고 2천 개까지 쌓여 있었다.[39] 31호 집자리에서는 그물추가 무려 3천여 점이나 출토되었다.[40] 이들 그물추는 돌그물추인 경우에 길이가 5~7센티미터 정도인 것들도 있지만 땅콩만 한 것들도 적지 않다. 이는 그물의 종류와 크기에 따라 추의 무게가 서로 달라, 그물의 종류가 여러 가지였다는 것을 말해주며, 아울러 실의 굵기도 다양했음을 말해준다.[41] 농포리유적(서기전 3000년)에서는 가락바퀴(그림 1-3)[42]가 95점이 출토되었고, 같은 시대의 서포항유적 제5기층에서도 가락바퀴와 함께 바늘과 바늘통(그림 1-4, 1-4-1)[43]이 출토되었다.

37 사회과학원력사연구소 고고학연구소, 《원시사》, 과학백과사전종합출판사, 1997, 128쪽.

38 사회과학원력사연구소 고고학연구소, 위의 책, 139쪽.

39 김용간, 《금탄리 원시유적발굴보고》, 사회과학원출판사, 1964; 김용간 · 석광준, 《남경유적에 관한 연구》, 과학백과사전출판사, 1984; 황기덕, 앞의 책, 115~116쪽.

40 사회과학원력사연구소 고고학연구소, 앞의 책, 126쪽.

41 사회과학원력사연구소 고고학연구소, 앞의 책, 128~129쪽.

42 조선유적유물도감편찬위원회, 앞의 책, 133쪽, 그림 246.

43 고고학연구소, 〈서포항원시유적발굴보고〉, 《고고민속론문집》 4, 사회과학원출판

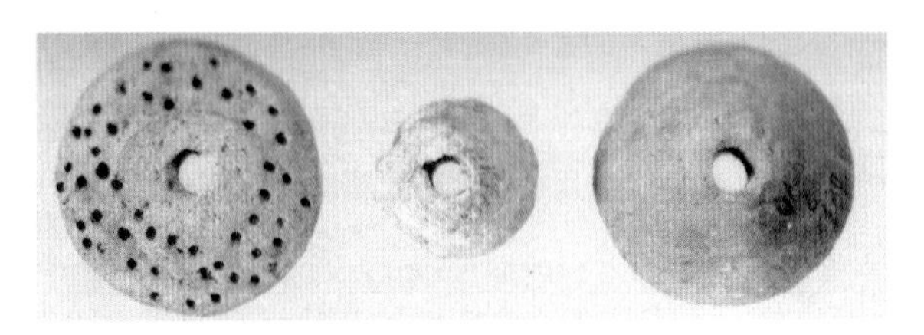

〈그림 1-4〉 서포항유적 제5기층에서 출토된 가락바퀴

이상의 사실들은 한반도에 거주했던 사람들이 신석기시대 초기부터 붙박이생활[44]에 들어가 마을을 이루고 살며, 방직과 재봉기술을 발달시켰음을 알게 한다. 또한 후기 신석기시대의 유적 가운데 평양시 금탄리유적과 남경유적에서는 가락바퀴와 함께 가장 많은 양의 그물추가 출토되었다. 특히 남경유적은 대동강 기슭에 자리 잡고 있는데 분포 범위가 약 5만 제곱미터의 큰 규모이다. 이 유적에서는 신석기시대 집자리와 청동기시대 집자리 및 고조선의 독무덤들이 발굴되면서 4전여 점의 유물이 출토되었다. 발굴자들은 신석기시대유적인 31호 집자리에서 나온 독을 낟알저장용으로 사용했을 것으로 보는데, 높이가 84센티미터나 된다.[45] 이러한 사실을 통해 농업이 발달하여 공동경작을 통한 생산이 이루어졌고, 높은 방

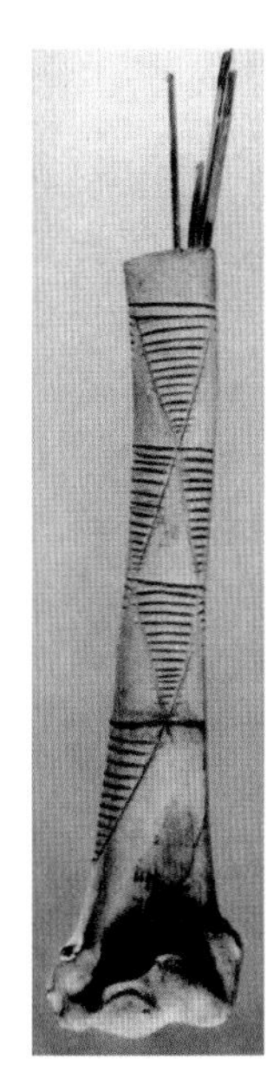

〈그림 1-4-1〉 서포항유적 제5기층에서 출토된 바늘과 뼈바늘통

사, 1972, 69·105쪽; 조선유적유물도감편찬위원회, 앞의 책, 147쪽, 그림 282·283. 바늘통은 짐승의 다리뼈의 한쪽 끝을 좀 잘라버리고 쓴 것이고, 바늘은 길이는 17.5㎝·9.8㎝·10~13㎝ 등으로 다양하고 모두 1㎜도 안 되는 가는 귀가 뚫려 있는 것으로 보아 바느질 기술이 정교했다고 생각된다.

44 金正其, 〈新石器時代 住生活〉, 《韓國史論》 17, 국사편찬위원회, 1987, 76~130쪽.

45 조선유적유물도감편찬위원회, 《조선유적유물도감》 1-원시편, 동광출판사, 1990 참조.

직기술로 많은 양의 천을 생산했다는 사실을 알 수 있다. 평양지역에서는 신석기시대 초기부터 마을을 이루고 살며 수준 높은 복식문화를 이루었을 것이다. 또한 신석기시대 후기에 오면 방직생산량이 크게 증가한 점으로 보아 많은 구성원을 거느린 강한 종족이 살았을 것으로 생각된다.

한반도에서는 평양시의 금탄리유적을 비롯하여 함경북도 선봉군 서포항유적, 청진시 농포리유적, 평안남도 온천군 궁산유적, 충주 조동리, 강원도 춘천시 교동유적 등 대부분의 유적에서 정교한 옥기가 출토되었다. 이처럼 옥기를 정교하게 가공하려면 숙련된 기술이 필요하기 때문에, 이를 위한 전문 수공업자가 출현했을 것이다. 그러면 방직기술과 재봉도구의 발달은 어떠했는지 알아보기로 한다.

그동안 출토된 한반도와 만주 및 중국의 신석기시대 유물 가운데 마직물과 관계된 자료를 비교해보면, 고대 한국의 마직물 생산기술이 중국보다 매우 앞섰음이 확인된다. 직기織機의 경우 현재까지 출토된 유물로서는 한반도에서 출토된 직기가 중국보다 앞선 연대를 갖고 있다. 신석기시대 초기의 유적인 서포항유적 제1기층(서기전 6000년)[46]과 신석기시대 중기의 유적인 곽가촌유적 제1기층(서기전 4000년)에서는 가락바퀴 142점과 수직식 직기의 씨실넣기에 쓴 짐승뼈를 갈아 만든 북이 출토되었다.[47] 서포항유적 제3기층과 좌가산유적과 신석기시대 후기의 유적인 서포항유적 제4기층(서기전 3000년)에서 바늘통과 함께 정교한 바늘들과 가락바퀴 및 여러 형태의

46 《조선전사》 1(1991)에 실린 신석기 유적의 시기구분에서는 서포항유적 제1기층을 서기전 6000~서기전 5000년대로 편년했다. 任孝宰는 서기전 6000년으로 보고 있다(任孝宰, 앞의 글, 707~736쪽); 고고학연구소, 〈서포항원시유적발굴보고〉, 40~108쪽. 이 유적에서 발굴된 바느질바늘은 길이 4.5㎝와 7.5㎝인데 4.5㎝의 바늘은 귓구멍이 2㎜ 정도로 매우 가늘다.

47 사회과학원력사연구소 고고학연구소, 앞의 책, 150쪽; 조선기술발전사편찬위원회, 앞의 책, 62쪽.

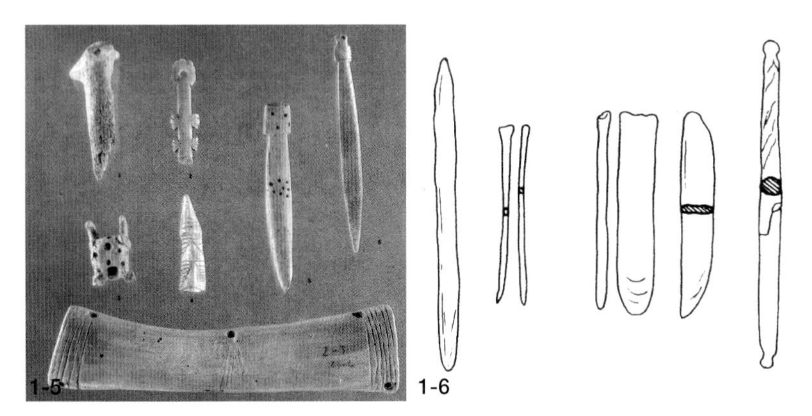

〈**그림 1-5**〉 서포항유적에서 출토된 뼈로 만든 북 〈**그림 1-6**〉 하모도유적에서 출토된 위도

뼈로 만든 북이 출토되었다(그림 1-5).[48] 북은 갈구리와 함께 날실들 사이에 씨실을 넣어주기 위한 도구이다. 이 같은 북의 출현은 신석기시대 초기에 이미 직물을 생산했으며, 신석기시대 중기에 이르러서는 그것이 널리 진행되었음을 의미한다. 앞에서 언급된 서포항유적 제1기층에서 출토된 갈구리도 신석기시대 초기부터 수직식 직기를 이용하여 직물을 생산했음을 발해주는 것이다.

중국은 신석기시대 초기의 유적 가운데 지금의 절강성 여도현 하모도河姆渡유적의 제4층에서 승문繩紋이 새겨진 질그릇이 발굴되었

48 고고학연구소, 앞의 글, 104~105쪽; 조선유적유물도감편찬위원회, 《조선유적유물도감》 1-원시편; 조선유적유물도감편찬위원회, 1988, 72쪽, 그림 101. 이 뼈도구들에 대하여 金元龍은 신상神像과 여신상女神像 및 패식佩飾으로 보고 있다(金元龍, 《韓國考古學硏究》 3판, 일지사, 1992, 122~124쪽). 북한 학자들은 이를 북으로 보고 있다. 이 뼈도구들은 길이가 보통 7~8㎝이고 긴 것은 19~20㎝ 정도이며 끝부분은 모두 뾰족하고 귀부분에는 거의 다 구멍이 있다. 이 뼈도구를 심으로 하고 거기에 실을 감은 다음 귀부분의 구멍으로 실을 뽑아 쓰는 북으로 쓰였다는 것이 북한 학자들의 견해인데(조선기술발전사편찬위원회, 《조선기술발전사》 1-원시·고대편, 61쪽) 金元龍의 견해보다는 타당성이 있다.

고,[49] 나무로 된 위도緯刀(그림 1-6)[50]가 출토되었는데, 연구자들은 이를 수평식 '거직기踞織機'라고 했고, 식물성섬유를 이용한 원시적인 방직이 이루어졌을 것으로 보고 있다.[51] 이 하모도유적의 제3층과 제4층은 지금까지 장강長江 유역에서 발견된 신석기시대의 유적 가운데 연대가 가장 빠른 것으로,[52] 그 연대는 서기전 5010년이다.[53] 섬서성 서안시西安市 반파촌半坡村에 있는 앙소문화층인 반파유적(서기전 4840~서기전 4210년)[54]에서는 질그릇의 밑부분에서 포布의 흔적이 나타났고,[55] 하남성 섬현陝縣의 앙소문화층인 묘저구廟底溝유적(서기전 3880~서기전 3595년)[56]에서도 포의 흔적이 새겨진 질그릇이 출토되었다.[57] 이 포들의 흔적은 제곱센티미터 당 날실과 씨실의 올수

49 浙江省文管會 浙江省博物館, 〈河姆渡發現原始社會重要遺址〉, 《文物》 1976年 第8期, 8쪽.

50 沈從文, 《中國古代服飾研究》, 商務印書館, 香港, 1992, 19쪽, 圖 16-2.

51 浙江省博物館自然組, 〈河姆渡遺址動植物遺存的鑒定研究〉, 《考古學報》 1978年 第1期, 105쪽.

52 浙江省文管會 浙江省博物館, 앞의 글, 7쪽.

53 浙江省文管會 浙江省博物館, 앞의 글, 12쪽; 中國科學院考古研究所에서 이 유적의 제4층에서 수집된 도토리에 대한 방사성탄소측정을 통하여 얻은 연대는 서기전 4775년(5895±1154 B.P., 교정연대는 6725±140 B.P.)이었고, 나무 조각에 대한 방사성탄소측정으로 얻은 연대는 서기전 5010년(6310±100 B.P., 교정연대는 6960±100 B.P.)인 것으로 나타났다.

54 中國社會科學院考古研究所, 《中國考古學中碳十四年代數据集》 1965~1991, 文物出版社, 1992, 261~262쪽. 半坡유적의 방사성탄소측정 결과 그 연대는 서기전 3540±160년(5490±160 B.P.)·3635±105년(5585±105 B.P.)·3890±105년(5840±105 B.P.)·3955±105년(5905±105 B.P.)·4115±110년(6065±110 B.P.)으로 교정연대는 서기전 4933~서기전 3990년이 된다.

55 李孝定, 〈從幾種史前和有史早期陶文的觀察蠡測中國文化的起源〉, 《南陽大學學報》 第3期, 1969, 1~28쪽.

56 묘저구유적의 방사성탄소측정연대는 앙소문화층이 서기전 2955±170년(4905±170 B.P.)·3280±100년(5245±100 B.P.)으로 교정연대는 서기전 3990~서기전 3360년이 된다.

57 黃河水庫考古工作隊, 〈一九五六年秋河南陝縣發掘簡報〉, 《考古通迅》 1957年 第4期, 1~9쪽; 中國科學院考古研究所, 《廟底溝與三里橋》, 科學出版社, 1959, 24~63쪽.

가 약 열 올 정도인 것으로 확인되었다.[58]

위의 자료에 따라 중국의 경우, 식물성 섬유로 성글게 직조된 포가 만들어진 시기는 신석기시대 초기에 속하는 하모도유적의 제4층을 기준으로 한다. 식물성 섬유는 부패하기 쉽기 때문에 실물은 출토된 것이 없다. 그러므로 이 유적을 절대적인 기준으로 삼을 수는 없을 것이다. 한반도와 만주의 경우도 현재까지 출토된 신석기시대 전기의 유물로는 한반도의 궁산유적 제1기층(서기전 4500년)에서 출토된 베실이 있을 뿐이다. 그러나 이 궁산유적의 연대를 고대 한국에서 마섬유를 직조하기 시작한 시기로 볼 수는 없다. 신석기시대 초기의 여러 유적에서 출토되는 가락바퀴는 비록 섬유제품은 출토되지 않았다 해도, 당시 그 지역에서 실을 잣고 직물을 생산했다는 것을 알 수 있는 고고학적인 증거가 되기 때문이다.

중국에서 출토된 가락바퀴 가운데 연대가 가장 오래된 것은, 황하 중류지역의 하북성 무안현武安縣 자산磁山유적에서 발견된 흙가락바퀴이다.[59] 자산유적은 서기전 5900년경의 유적이다.[60] 한반도의 경우는 서기전 6000년경의 서포항유적 제1기층에서 출토된 가락바퀴가 가장 오래된 것이다. 그러므로 가락바퀴의 출토상황으로 보면 자산유적과 서포항유적 제1기층 유적의 연대가 거의 비슷하여 한반도와 중국은 거의 같은 시기에 가락바퀴로 실을 생산하기 시작했다고 할 수 있다. 이로 보아 중국의 하모도유적에서 출토된 목제 직기보다 서포항유적에서 나온 뼈로 된 수직식 직기가 훨씬 앞선 연대에 만들어졌음을 알 수 있다. 이러한 비교 내용과 앞서 조사한 그물추의 내용으로부터 다음과 같은 사실을 분석할 수 있다. 첫째로, 한반도와 만주지역에서는 중국보다 앞서 신석기시대가 진행되었을 것이

58 沈從文, 《中國古代服飾研究》, 商務印書館, 1992, 21쪽.

59 邯鄲市文物保管所·邯鄲地區磁山考古隊短訓班, 앞의 글, 363~371쪽.

60 嚴文明, 앞의 글, 45쪽.

다. 또한 그물추의 출현으로 미루어 볼 때, 신석기시대가 앞서 진행된 한반도와 만주지역의 실 생산시기가 앞섰을 것이다. 둘째로, 지금까지 출토된 유물에 따르면 한반도에서 직기를 사용하기 시작한 연대가 중국보다 앞서기 때문에, 한반도에서 직물을 생산하기 시작한 시기 또한 중국보다 훨씬 앞섰을 가능성이 있다.

신석기시대 후기에 속하는 중국의 절강성 오흥시吳興市 전산양錢山樣유적(서기전 3370~서기전 2620년)[61]에서 비교적 부패하지 않은 평문平紋의 마포조각과 세마細蔴로 된 끈과 매듭이 출토된 것을 근거로 들어, 중국인들은 신석기시대에 비교적 정교한 마직물 등을 생산했다고 설명한다.[62] 그러나 이 시기에 중국보다 훨씬 앞선 고대 한국의 마섬유 생산기술이 다음의 내용으로부터 확인된다.

전산양유적보다 다소 늦은 시기에 속하기는 하지만, 한반도의 범의구석 8호 집자리유적(서기전 2000년대 말)에서는 움바닥과 움벽가에서 봇나무 껍질을 베실로 누빈 것이 발견되었다.[63] 여기에 사용된 실은 두 가닥을 꼰 것으로, 굵기는 1밀리미터 정도였고 마섬유를 이용한 것이었다. 실의 굵기는 이 시기에 사용되었던 뼈바늘에 뚫린 구멍의 크기와 같았다.[64] 또한 집자리의 바닥에서는 가느다란 세 올의 야삼으로 꼰 노끈이 감긴 장대가 발견되었다.[65] 위의 범의구석 8호 집자리유적에서는 직물은 발견되지 않아 직물을 비교할 수는 없

61 中國社會科學院考古研究所, 《中國考古學中碳十四年代數据集》 1965~1991, 文物出版社, 1992, 110쪽; 이 유적의 방사성탄소측정연대는 서기전 2190±85년(4140±85 B.P.)·2295±85년(4245±85 B.P.)·2745±90년(4695±90 B.P.)·2750±100년(4700±100 B.P.)이고, 교정연대는 서기전 3496년부터 서기전 2464년 사이가 된다.

62 浙江省文物管理委員會, 〈吳興錢山漾遺址第一·二次發掘報告〉, 《考古學報》 1960年 第2期, 73~92쪽; 沈從文, 앞의 책, 21~123쪽.

63 황기덕, 〈무산범의구석유적 발굴보고〉, 《고고민속론문집》 6, 사회과학원출판사, 1975, 173쪽; 사회과학원력사연구소 고고학연구소, 앞의 책, 250쪽.

64 사회과학원력사연구소, 《조선전사》 1 - 원시편, 과학백과사전출판사, 1979, 235쪽.

65 황기덕, 앞의 글, 173쪽.

다. 그러나 전산양유적과 범의구석 8호 집자리유적에서 발굴된 가는 마로 된 끈을 비교해보면, 전산양유적의 것은 실의 직경이 하나는 3밀리미터였고 다른 하나는 2.5밀리미터였다.[66] 이로 보아 두 가닥을 꼰 것의 굵기가 1밀리미터인 범의구석유적의 실이 더 섬세하다고 할 수 있다.

한반도에 있는 그 밖의 신석기시대 유적에서도 새김무늬질그릇과 함께 가락바퀴가 골고루 출토되었다.[67] 함경북도의 회령 오동유적과 범의구석유적, 자강도 심귀리유적, 경기북부의 연천의 삼거리, 철원의 군탄리, 토성리 등의 유적과 남한강 상류의 홍천, 횡성, 원주, 평창, 영월 등지의 신석기시대 후기유적에서 가락바퀴가 출토되었다.[68] 충청내륙에서는 둔산, 쌍청리, 옥천 대천리유적과 천안 백석동유적의 집자리에서 질그릇, 농기구 등과 함께 가락바퀴가 다수 출토되었고,[69] 남한강가에 위치한 충주시 조동리유적 신석기문화층(5295±545 B.P.)에서는 질그릇, 낟알, 그물추와 함께 새김무늬의 가락바퀴가 출토되었다.[70] 강원영동지역에서는 문암리, 지경동(서기전 2930~서기전 2620년), 강상리, 가평리(서기전 3500~서기전 3000년경), 오산리, 송전리, 안인리, 하시동, 영진리, 가둔지, 조산리, 송전리, 교동, 안현동, 판교리, 양양의 송전리 1지점 등의 신석기유적에서 가락바퀴가 골고루 출토되었다. 남해안지역의 여러 유적과 경상남도 진

66 浙江省文物管理委員會, 앞의 글, 86쪽.

67 박선희, 《한국고대복식-그 원형과 정체》, 지식산업사, 2002, 75~83쪽, 표 3; 한반도와 만주지역에서 출토된 가락바퀴 무늬 특징별 출토지 일람표 참조.

68 문화공보부 문화재관리국, 〈팔당, 소양댐수몰지구 유적발굴 종합조사보고〉, 1974; 임상택, 〈한반도중부지역 신석기시대 중기 토기의 양상〉, 《선사와 고대》 13호, 1999; 강원향토문화연구회, 《홍천군의 역사와 문화유적》, 1996; 강원향토문화연구회, 《횡성군의 역사와 문화유적》, 1995 참조.

69 李南奭·李勳·李賢淑, 《白石洞遺蹟》, 공주대학교박물관·충청남도 천안시, 1998; 한남대학교박물관, 《옥천 대천리유적 발굴조사》, 현장설명회자료집, 2000.

70 李隆助·禹鐘允, 《先史遺蹟 發掘圖錄》, 충북대학교박물관, 1998 참고.

주 대평리유적의 집자리에서도 반월형 돌칼 등의 농업공구와 함께 다수의 가락바퀴가 출토되었다.[71]

이러한 사실들은 한반도 거의 모든 지역의 신석기시대 사람들이 초기부터 붙박이생활에 들어가 마을을 이루고 살며, 그와 함께 방직과 재봉기술이 발달했음을 알려준다. 이들 유적 가운데 대동강유역의 신석기시대 후기유적들에서 가락바퀴와 함께 가장 많은 양의 그물추가 출토된 것으로 보아, 이 지역의 거주민들이 신석기시대 초기부터 마을을 이루고 살며 수준 높은 복식문화를 이루었음을 알 수 있다. 또한 방직생산량이 다른 지역보다 크게 증가한 점으로 보아, 많은 구성원을 거느린 강한 종족이 거주했을 것으로 생각된다.

2) 만주지역 유물분포와 복식문화 중심지

일반적으로 신석기시대에서 청동기시대로 가는 과정에서 보이는 여러 가지 사회변화의 요소를 고고학 자료에서 찾자면, 돌무지무덤, 성터의 출현, 옥기의 사용 등을 들 수 있다. 복식자료에서 본다면 방직도구와 재봉도구의 급격한 증가 또한 사회변화의 한 요소가 될 것이다. 만주지역의 방직기술과 재봉도구의 발달은 어떠했는지 고찰하고, 이를 한반도지역의 것과 비교해보기로 한다. 요서지역 홍산문화(서기전 4500~서기전 3000년)의 여러 유적에서는 다양한 크기로 만들어진 많은 양의 가락바퀴가 출토되었다. 대표적인 예로 적봉赤峰의 서수천西水泉유적[72]과 동산취東山嘴유적에서 다양한 두께와 크기의

71 李亨求, 《晉州 大坪里 玉房 5地區 先史遺蹟》, 선문대학교·경상남도, 2001; 백홍기·지현병, 《강원영동지방의 선사문화연구》, 문화재연구소·강릉대박물관, 1991; 백홍기, 《양양군 가평리 주거지 발굴조사보고 Ⅰ》, 강릉대학교박물관, 1984; 신숙정, 《우리나라 남해안지방의 신석기문화연구》, 학연문화사, 1994.

72 中國社會科學院考古硏究所內蒙古工作隊, 〈赤峰西水泉紅山文化遺址〉, 《中國考古集成》 東北卷 新石器時代(一), 北京出版社, 1997, 454~464쪽.

〈**그림 1-7**〉 우하량 제2지점 제단 유적지

질그릇 가락바퀴가 다량 출토되었다.[73]

한반도와 만주에는 돌무지무덤이 널리 분포해 있는데, 발굴된 돌무지무덤 가운데 가장 연대가 이른 것은 요령성 건평현建平縣 부근의 우하량牛河梁유적(교정연대 서기전 3630±110년)이다(그림 1-7).[74] 이 유적에서는 큰 규모의 돌무지무덤과 흙으로 만든 신상神像이 출

73 遼寧省博物館, 昭烏達盟文物工作站, 赤峰縣文化館, 〈內蒙古赤峰縣四分地東山嘴遺址試掘簡報〉, 《中國考古集成》 東北卷 新石器時代(一), 北京出版社, 1997, 445~453쪽.

74 遼寧省文物考古研究所, 〈遼寧牛河梁紅山文化"女神廟"與積石塚群發掘簡報〉, 《文物》 1986年 第8期, 1~17쪽; 孫守道·郭大順, 〈牛河梁紅山文化女神像的發現與研究〉, 《文物》 1986年 第6期, 19쪽; 徐秉民·孫守道, 《東北文化》, 上海遠東出版社·商務印書館, 1988, 37쪽, 그림 25.

토되었고, 신상을 모셨을 사당 건물터가 발굴되었다. 그리고 정교하게 만들어진 옥기가 다량 출토되었다. 다른 지역에서 출토된 가락바퀴가 돌이나 질그릇 조각으로 만들어진 것과 달리, 옥으로 정교하게 만들어진 여러 개의 가락바퀴도 출토되었다.[75] 이러한 돌무지무덤과 규모가 큰 건축물 및 정교한 옥기의 생산은 많은 인력이 동원되어야 하는 일이다. 따라서 신석기시대 후기에 속하는 우하량유적은 여러 부족이 연맹을 이루어 정치적 지배자가 출현했던 상황을 보여준다고 할 수 있다. 또한 사회적 신분과 빈부의 차이가 발생하고 전문 수공업자가 나타났으며, 전쟁의 발생과 함께 종교의 권위자가 존재했을 것이다. 이 지역에서 다량의 방직도구와 재봉도구가 출토되는 것도 같은 이유에서일 것이다.

서기전 4000년경에 속하는 건평建平 수천水泉유적과 금주錦州 산하영자山河營子유적 및 오한기의 사릉산四陵山유적에서는 가락바퀴와 함께 가는 바늘귀가 있는 뼈바늘이 출토되었다.[76] 홍산문화에서는 실제 직물의 출토물은 없으나 밑바닥에 여러 양식의 편직문編織紋이 찍혀 있는 회도灰陶와 홍도紅陶가 여러 곳에서 발견되었다. 소하연문화인 백사랑영자白斯郎營子에 위치한 사릉산유적과 남태지南台地유적에서도 편직문이 있는 질그릇이 출토되었다.[77] 이 같은 질그릇 밑바

---

75 孫守道·劉淑娟, 《紅山文化 玉器新品新鑒》, 吉林文史出版社, 2007, 294쪽, 그림 301. 옥으로 만든 가락바퀴 가운데 어느 것은 한반도와 만주지역에서 주로 출토되는 것과 같은 문양인 동심원이 음각되어 있다.

76 遼寧省博物館·朝陽市博物館, 〈建平水泉遺址發掘簡報〉, 《中國考古集成》 東北卷 新石器時代(二), 北京出版社, 1997, 1668쪽(水泉下層유적의 교정연대는 4130±110년이다); 劉謙, 〈錦州山河營子遺址發掘報告〉, 《中國考古集成》 東北卷 新石器時代(二), 北京出版社, 1997, 1681쪽; 李恭篤·高美璇, 〈內蒙古烏漢旗四陵山紅山文化窟址〉, 《中國考古集成》 東北卷 新石器時代(一), 北京出版社, 1997, 685쪽.

77 遼寧省博物館·昭烏達盟文物工作站·敖漢旗文化館, 〈遼寧敖漢旗小河沿三種原始文化的發現〉, 《文物》 1977年 第12期, 1~15쪽; 李恭篤, 〈試論遼西地區兩種彩陶文化的特征及其關係〉, 《中國考古集成》 東北卷 新石器時代(二), 北京出版社, 1997, 1014~1016쪽.

닥의 편직문으로부터 홍산문화의 사람들이 이미 숙련된 방직 기술을 가졌음을 알 수 있다. 이러한 사실은 만주의 요서지역이 한반도와 마찬가지로 신석기시대 후기로 오면 방직기술과 재봉기술이 크게 발전했음을 알려준다.

특히 적봉에서는 후기 신석기시대의 성터가 발견되었는데, 성터 안에는 사방 40미터에 달하는 건물터가 중앙에 자리 잡고 있었고 그 주변에서 57개의 거주지가 발견되었다. 발굴자들은 이 유적이 신석기시대 후기의 중심지로 국가단계로 진행되는 과도기적인 유적일 것으로 보았다.[78] 요하유역의 심양 북릉北陵유적,[79] 심양 신락新樂유적(지금부터 6800±145~7245±165년),[80] 신민新民 고태산高台山유적,[81] 건평현康平縣 월가점촌越家店村 고분유적[82]에서도 가락바퀴와 정교한 뼈바늘 등이 출토되어 요서지역과 마찬가지로 직물생산력과 재봉수준이 높았던 것으로 생각되며, 이를 통해 전문 수공업자가 나타났음을 알 수 있다.

요동반도지역은 서기전 4000~서기전 3000년의 시기에 속하는 유적에서 다른 지역보다 많은 양의 가락바퀴, 바늘, 뼈나 뿔로 된 송곳, 직기 등이 대량으로 출토되어, 이 시기에 방직생산이 매우 활발

78 佟柱臣, 〈赤峰東八家石城址勤查記〉, 《考古通訊》 1957年 第6期, 15~22쪽.

79 李曉鍾, 〈沈陽北陵地區發現新石器時代遺物〉, 《中國考古集成》 東北卷 新石器時代(二), 北京出版社, 1997, 1162쪽.

80 沈陽市文物管理辦公室, 〈沈陽新樂遺址試掘報告〉, 《中國考古集成》 東北卷 新石器時代(二), 北京出版社, 1997, 1053쪽; 張發穎, 〈沈陽新樂遺址木雕鳥形藝術品〉, 《中國考古集成》 東北卷 新石器時代(二), 北京出版社, 1997, 1136~1138쪽; 王菊耳, 〈新樂文化遺址出土煤精制品試析〉, 《中國考古集成》 東北卷 新石器時代(二), 北京出版社, 1997, 1150~1155쪽.

81 沈陽市文物管理辦公室, 〈新民高台山新石器時代遺址〉, 《中國考古集成》 東北卷 新石器時代(二), 北京出版社, 1997, 1170~1188쪽; 沈陽市文物管理辦公室, 〈新民東高台山第二次發掘〉, 《中國考古集成》 東北卷 新石器時代(二), 北京出版社, 1997, 1180쪽.

82 張少青·許志國, 〈遼寧康平縣越家店村古遺址及墓地調查〉, 《中國考古集成》 東北卷 新石器時代(二), 北京出版社, 1997, 1213쪽.

하였고 인구가 대규모로 집중되었을 것으로 생각된다. 그 예로 장해현長海縣 광록도廣鹿島 소주산小珠山 하층유적(서기전 약 4500년경), 여사강蛎碴崗유적, 대장산도大長山島유적, 여대시旅大市 장해현유적,[83] 소주산 중층유적(서기전 4000년), 우가촌于家村 하층유적, 쌍타자 하층유적[84] 등에서 방직과 직물에 사용된 도구가 다량 출토되었다.[85]

황해연안 북부 빈해濱海 평원 위에 있는 동구현東溝縣 마가점진馬家店鎭 삼가자촌三家子村 후와后洼 하층유적(서기전 4000년경), 석불산石佛山유적,[86] 노석산老石山유적, 반가구潘家溝유적, 대강大崗유적,[87] 서천안西泉眼유적[88]의 집자리에서는 가락바퀴와 뼈바늘 등이 다량 출토되었다.[89] 와방점시瓦房店市 장흥도長興島 삼당촌三堂村 1기 문화유적에서는 방직도구인 북이 출토되기도 했다.[90] 특히 이 지역의 유적 가운데 서기전 4000년경에 속하는 후와유적에서 방직도구와 재봉도구가 가장 많이 출토되었는데, 많은 질그릇과 함께 사선문양의 가락바퀴

83 許明綱, 〈旅大市長海縣新石器時代貝丘遺址調査〉, 《中國考古集成》 東北卷 新石器時代(二), 北京出版社, 1997, 1475쪽.

84 許玉林, 〈東北地區新石器時代文化概述〉, 《中國考古集成》 東北卷 新石器時代(一), 北京出版社, 1997, 37쪽; 劉俊勇·曲傳林, 〈大連新石器時代社會形態初探〉, 《中國考古集成》 東北卷 新石器時代(二), 北京出版社, 1997, 1347쪽.

85 遼寧省博物館 外, 〈長海縣廣鹿島大長山島貝丘遺址〉, 《考古學報》 1981年 第1期, 66~110쪽; 王嗣洲, 〈試論大連地區原始文化社會經濟形態〉, 《中國考古集成》 東北卷 新石器時代(二), 北京出版社, 1997, 1352쪽.

86 許玉林, 〈遼寧東溝縣石佛山新石器時代晩器遺址發掘簡報〉, 《中國考古集成》 東北卷 新石器時代(二), 北京出版社, 1997, 1314쪽.

87 許玉林, 위의 글, 1309쪽.

88 許玉林, 〈東溝縣西泉眼新石器時代遺址調査〉, 《中國考古集成》 東北卷 新石器時代(二), 北京出版社, 1997, 1322쪽.

89 許玉林, 〈東北地區新石器時代文化概述〉, 37~38쪽. 이 유적의 연대는 방사성탄소 측정의 결과 지금으로부터 6055±96년·6180±96년·6205±96년·6255±170년으로 나타났다.

90 遼寧省文物考古研究所·吉林大學考古學系·旅順博物館, 〈遼寧省瓦房店市長興島三堂村新石器時代遺址〉, 《中國考古集成》 東北卷 新石器時代(一), 北京出版社, 1997, 1519쪽. 북의 길이는 4.9㎝와 5.6㎝이다.

가 114개, 방직공구 135개가 함께 출토되었다.[91] 이는 후와유적에 살던 사람들이 전문 수공업자를 중심으로 조직적인 체계를 갖추어 방직생산에 참여했음을 뜻한다. 장해현 광록도 중부에 위치한 오가촌吳家村유적에서도 다양한 종류의 수공업 공구가 출토되었는데, 주로 뼈바늘과 북이 출토되어 직물생산 수준이 높은 단계에 이르렀을 것으로 생각된다.[92] 수암岫岩 북구北溝 서산西山유적[93]과 단동丹東유적,[94] 북오둔北吳屯유적, 삼당三堂유적[95]에서도 가락바퀴와 가는 뼈바늘이 출토되었다. 이러한 사실은 신석기시대 후기에 이르면 요동반도지역에서 여러 부족이 연맹을 이루어 정치적 지배자가 나타났던 상황을 보여준다. 또한 전문 수공업자가 생산에 참여하여 방직생산의 규모와 재봉기술이 크게 발전했다고 생각된다.

특히 요령성 대련시 여순에 위치하는 곽가촌 하층유적(서기전 3780~3530년)[96]에서는 가락바퀴·뼈북·뼈바늘·뼈송곳·질송곳·뿔바

---

91 丹東市文化局文物普查隊, 〈丹東市東溝縣新石器時代遺址調查和試掘〉, 《中國考古集成》 東北卷 新石器時代(二), 北京出版社, 1997, 1254쪽; 李華東·王傳朴·祝延學, 〈略談東溝境內新石器文化〉, 《中國考古集成》 東北卷 新石器時代(二), 北京出版社, 1997, 1268쪽; 許玉林·傅仁義·王傳普, 〈遼寧東溝縣后洼遺址發掘概要〉, 《中國考古集成》 東北卷 新石器時代(二), 北京出版社, 1997, 1272쪽. 후와하층의 연대는 小珠山 하층과 연대가 비슷한데, 지금으로부터 5410±150년과 지금부터 5600±110년이고, 교정연대는 6255∓170년으로 후와하층의 연대는 6000년 전이다.

92 劉俊勇·曲傳林, 〈大連新石器時代社會形態初探〉, 《中國考古集成》 東北卷 新石器時代(二), 北京出版社, 1997, 1347쪽; 劉俊勇·曲傳林, 〈大連新石器時代考古的分期問題〉, 《中國考古集成》 東北卷 新石器時代(二), 北京出版社, 1997, 1339쪽.

93 許玉林·楊永芳, 〈遼寧岫岩北溝西山遺址發掘簡報〉, 《中國考古集成》 東北卷 新石器時代(二), 北京出版社, 1997, 1234쪽.

94 許玉林·金石柱, 〈遼寧丹東地區鴨綠江右岸及其支流的新石器時代遺存〉, 《中國考古集成》 東北卷 新石器時代(二), 北京出版社, 1997, 1248쪽.

95 丹東市文化局文物普查隊, 〈丹東市東溝縣新石器時代遺址調查和試掘〉, 《中國考古集成》 東北卷 新石器時代(二), 北京出版社, 1997, 1254쪽; 李華東·王傳朴·祝延學, 〈略談東溝境內新石器文化〉, 《中國考古集成》 東北卷 新石器時代(二), 北京出版社, 1997, 1268쪽; 蘇小幸·王嗣洲, 〈中國遼東半島新石器時代文化研究〉, 《中國考古集成》 東北卷 新石器時代(二), 北京出版社, 1997, 1333쪽.

96 中國社會科學院考古研究所, 《中國考古學中碳十四年代數据集》 1965~1991, 70쪽;

늘 등 방직과 재봉에 사용된 여섯 가지 종류의 도구들이 360여 개 출토되었는데, 이 가운데 가락바퀴와 뼈바늘이 가장 많았다.[97] 곽가촌유적에서는 가락바퀴의 수량이 크게 증가하는데, 하층문화층에서 출토된 가락바퀴는 142개나 된다. 곽가촌 상층문화층에서도 방직과 재봉관련 도구가 231개 출토되었는데, 바늘과 다양한 재료로 만들어진 추와 구멍 뚫린 북이었다.[98] 특히 뼈로 만든 북에는 긴 네모모양의 구멍이 있어 직물을 짜는 도구로 사용되었음을 알 수 있다. 또한 크기와 중량이 서로 다른 가락바퀴가 다양하게 출토되었다는 것은 굵기가 다른 여러 종류의 실들이 생산되었음을 뜻한다. 또한 실을 비틀어 섬유를 만드는 기술이 보편적으로 발전하였고, 일정한 규모의 어망을 편직할 수 있었을 것이다. 예를 들어 곽가촌 상층유적에서 출토된 질그릇은 어망문양이 많이 보이고 있어, 어망을 만들고 재봉을 하여 의복을 만들었음을 말해준다. 곽가촌 상층유적에서 출토된 두 개의 채롱은 사선의 편직법을 사용하여 원형으로 만들어졌다. 이처럼 날실과 씨실을 교차하여 짠 모습에서 당시 사람들의 숙련된 직조기술을 알 수 있다. 뼈로 만든 도구 가운데 방직용품이 가장 많은 것도 직물생산력과 경제력이 발달했기 때문일 것이다.[99]

특히 곽가촌 하층과 상층에서 출토된 뼈바늘은 다른 지역에서 출토된 것과 구분되는 특징을 가진다. 이 유적에서 출토된 바늘은 두

이 유적의 방사성탄소측정연대는 서기전 3065±100년(5015±100 B.P.)으로 교정연대는 서기전 3780~3530년이다.

97 許玉林·蘇小幸, 〈略談郭家村新石器時代遺址〉, 《中國考古集成》 東北卷 新石器時代(二), 北京出版社, 1997, 1400~1403쪽; 遼寧省博物館·旅順博物館, 〈大連市郭家村新石器時代遺址〉, 《中國考古集成》 東北卷 新石器時代(二), 北京出版社, 1997, 1404쪽; 佟柱臣, 〈郭家村下層新石器的考察〉, 《中國考古集成》 東北卷 新石器時代(二), 北京出版社, 1997, 1433쪽.

98 曲石, 〈略論東北新石器時代文化〉, 《中國考古集成》 東北卷 新石器時代(一), 北京出版社, 1997, 57쪽, 주 89·94 참조.

99 王嗣洲, 〈試論大連地區原始文化社會經濟形態〉, 《中國考古集成》 東北卷 新石器時代(二), 北京出版社, 1997, 1352쪽 참조.

가지 종류인데, 한 종류는 구멍이 없는 것이다. 바늘의 윗부분에 ⊥모서리가 있고 아래로 내려가면서 사선모양이다. 실이 ⊥모서리 위에 모이게 하는 것으로 바늘에 사선의 면을 만든 것은 실이 잘 통과할 수 있도록 한 것이라 생각된다. 다른 한 종류는 구멍이 있어 요즈음의 쇠바늘의 형태와 유사하다.[100] 방직관련도구와 함께 출토된 옥기와 뼈나 뿔 등으로 만든 바늘과 장신구는 숙련된 기술을 필요로 하는 것이다. 요동반도의 이러한 방직기술과 재봉도구의 발달상황과 급격히 증가한 도구의 수량 등은, 전문 기능인 수공업자가 나타났음을 뜻한다. 또한 이 지역에 부족이 연맹을 이루어 정치적 지배자가 나타났을 것임을 다시 확인시켜 준다.

만주지역의 내몽고자치구지역을 살펴보면, 소조달맹의 파림좌기巴林左旗 부하구문富河溝門유적(서기전 3510~서기전 3107년)[101]에서는 가락바퀴와 송곳이 대량으로 출토되었고 매우 정교한 뼈바늘도 출토되었다.[102] 같은 연대에 속하는 내만기奈曼旗 대심타랍大沁他拉유적에서는 가락바퀴와 뼈송곳 및 바늘의 출토와 더불어 질그릇에서 편직문이 확인되었고 일부 질그릇의 밑바닥에는 '편직編織한 도폐陶箅'가 찍혀진 흔적이 남아 있어[103] 직물생산기술의 상황을 확인해 주었다. 포두성包頭城유적,[104] 극십극등기克什克騰旗 용두산龍頭山유

100 주 97·98과 같음.

101 中國社會科學院考古研究所, 《中國考古學中碳十四年代數据集》 1965~1991, 55쪽; 이 유적의 방사성탄소측정연대는 서기전 2785±110년(4735±110 B.P.)으로 교정연대는 서기전 3510~서기전 3107년이다; 中國科學院考古研究所內蒙古工作隊, 〈內蒙古巴林左旗富河溝門遺址發掘簡報〉, 《考古》 1964年 第1期, 565~569쪽.

102 中國社會科學院考古研究所, 위의 글, 1~3쪽.

103 朱風瀚, 〈吉林奈曼旗大沁他拉新石器時代遺址調査〉, 《中國考古集成》 東北卷 新石器時代(一), 北京出版社, 1997, 407~417쪽.

104 內蒙古自治區文化局文物工作組, 〈內蒙古自治區發現的細石器文化遺址〉, 《中國考古集成》 東北卷 新石器時代(一), 北京出版社, 1997, 303쪽.

적,[105] 준격이기대구準格爾旗大口유적에서는 다양한 무게의 가락바퀴와 함께 정교한 뼈바늘이 많이 출토되어[106] 다양한 굵기의 실을 생산했음을 알 수 있다.

흑룡강성 동부 밀산현密山縣의 신개류新開流유적(서기전 4239~서기전 3995년)[107]과 안달현安達縣 청긍포青肯泡유적,[108] 영안현寧安縣 대목단둔大牧丹屯유적,[109] 동령현東寧縣 대성자大城子유적[110]에서도 집자리가 확인되었고 가락바퀴와 바늘이 출토되었다.

길림성지역의 앙앙계昻昻溪유적(지금으로부터 약 7500년 전)[111] 좌가산 1기유적(지금으로부터 6755±115년 전)[112] 영안현 앵가령鶯歌岭 하층유적(서기전 5000~서기전 4000년경),[113] 농안현農安縣 원보구元寶溝

105 齊曉光, 〈內蒙古克什克騰旗龍頭山遺址發掘的主要收穫〉, 《中國考古集成》 東北卷 新石器時代(一), 北京出版社, 1997, 519쪽.

106 吉發習·馬耀圻, 〈內蒙古準格爾旗大口遺址的調查與試掘〉, 《中國考古集成》 東北卷 新石器時代(一), 北京出版社, 1997, 784~792쪽.

107 中國社會科學院考古研究所, 《中國考古學中碳十四年代數据集》 1965~1991, 96쪽; 이 유적의 방사성탄소측정연대는 서기전 3480±90년(5430±90 B.P.)으로 교정연대는 6080±130년으로 서기전 4239~서기전 3995년이다; 黑龍江省文物考古工作隊, 〈密山縣新開流遺址〉, 《中國考古集成》 東北卷 新石器時代(二), 1997, 北京出版社, 2125~2142쪽; 譚英杰, 〈密山新開流遺址〉, 《中國考古集成》 東北卷 新石器時代(二), 北京出版社, 1997, 2143~2144쪽.

108 越善桐, 〈黑龍江安達縣青肯泡遺址調查記〉, 《中國考古集成》 東北卷 新石器時代(二), 北京出版社, 1997, 2086쪽.

109 黑龍江省博物館, 〈黑龍江寧安大牧丹屯發掘報告〉, 《中國考古集成》 東北卷 新石器時代(二), 北京出版社, 1997, 2098쪽.

110 黑龍江省博物館, 〈黑龍江東寧大城子新石器時代居住地〉, 《中國考古集成》 東北卷 新石器時代(二), 北京出版社, 1997, 2149쪽.

111 李龍, 〈試談昻昻溪遺存的原始農業〉, 《中國考古集成》 東北卷 新石器時代(二), 北京出版社, 1997, 2058쪽.

112 何明, 〈吉林省新石器時代的考古發現與認識〉, 《中國考古集成》 東北卷 新石器時代(二), 北京出版社, 1997, 1704쪽; 陳全家·越賓福, 〈左家山新石器時代遺址的分期及相關文化遺存的年代序列〉, 《中國考古集成》 東北卷 新石器時代(二), 北京出版社, 1997, 1759쪽.

113 許玉林, 〈東北地區新石器時代文化概述〉, 《中國考古集成》 東北卷 新石器時代(一), 北京出版社, 1997, 48쪽.

유적,[114] 용정현龍井縣 금곡金谷유적(서기전 3000년대 중후기),[115] 이도령자二道岭子·호두립자虎頭砬子유적,[116] 단산자團山子유적,[117] 화전강서둔樺甸江西屯유적,[118] 동풍현東豊縣 서단량산西斷梁山유적,[119] 집안혼강輯安渾江유적,[120] 연길현延吉縣 유강동柳江洞유적,[121] 연변延邊 혼춘현琿春縣 양수천자凉水泉子 석관石棺무덤유적,[122] 장령현長岭縣 요정자腰井子유적,[123] 진빈현鎭賓縣유적,[124] 통유通榆유적,[125] 건안현乾安縣유적,[126] 대안

114 龐志國, 〈吉林農安縣元寶溝新石器時代遺址發掘〉, 《中國考古集成》 東北卷 新石器時代(二), 北京出版社, 1997, 1795쪽.

115 延邊博物館, 〈吉林省龍井縣金谷新石器時代遺址淸理簡報〉, 《中國考古集成》 東北卷 新石器時代(二), 北京出版社, 1997, 1886쪽.

116 董學增, 〈吉林市郊二道岭子·虎頭砬子新石器時代遺址調査〉, 《中國考古集成》 東北卷 新石器時代(二), 北京出版社, 1997, 1819쪽.

117 康家興, 〈團山子發現新石器時代文化遺蹟〉, 《中國考古集成》 東北卷 新石器時代(二), 北京出版社, 1997, 1827쪽.

118 吉林省文物考古研究所, 〈吉林樺甸江西屯遺址發掘簡報〉, 《中國考古集成》 東北卷 新石器時代(二), 北京出版社, 1997, 1830쪽.

119 吉林省文物考古研究所, 〈吉林東豊縣西斷梁山新石器時代遺址發掘〉, 《中國考古集成》 東北卷 新石器時代(二), 北京出版社, 1997, 1839쪽.

120 陳相偉, 〈吉林輯安渾江中遊的三處新石器時代遺址〉, 《中國考古集成》 東北卷 新石器時代(二), 北京出版社, 1997, 1853쪽; 集安縣文物保管所, 〈集安渾江流域新石器時代遺址調査〉, 《中國考古集成》 東北卷 新石器時代(二), 北京出版社, 1997, 1859쪽.

121 嚴長錄, 〈吉林延吉縣柳江洞發現原始文化遺存〉, 《中國考古集成》 東北卷 新石器時代(二), 北京出版社, 1997, 1874쪽.

122 金万錫, 〈延邊琿春縣凉水泉子石棺墓〉, 《中國考古集成》 東北卷 新石器時代(二), 北京出版社, 1997, 1883쪽.

123 吉林大學考古敎研室, 〈農安左家山新石器時代遺址〉, 《中國考古集成》 東北卷 新石器時代(二), 北京出版社, 1997, 1760쪽; 吉林省文物考古研究所·白城地區博物館·長岭縣文化局, 〈吉林長岭縣腰井子新石器時代遺址〉, 《中國考古集成》 東北卷 新石器時代(二), 北京出版社, 1997, 1903쪽.

124 吉林省博物館, 〈吉林鎭賓縣細石器文化遺址〉, 《中國考古集成》 東北卷 新石器時代(二), 北京出版社, 1997, 1886쪽.

125 王國范, 〈吉林通榆新石器時代遺址調査〉, 《中國考古集成》 東北卷 新石器時代(二), 北京出版社, 1997, 1933쪽.

126 郭珉·李景冰, 〈吉林省乾安縣新石器時代遺址調査〉, 《中國考古集成》 東北卷 新石器時代(二), 北京出版社, 1997, 1944쪽.

현大安縣 조아하洮兒河 하유下遊유적,[127] 등가강滕家崗유적[128] 등에서도 뼈바늘과 함께 가락바퀴가 골고루 출토되었다.[129]

위의 한반도와 만주지역의 신석기시대 방직과 재봉관련 유물들의 출토상황이 의미하는 바는 다음과 같다. 신석기시대 초기 환웅이 정착생활을 하며 농업에 힘쓰기 시작하면서부터 직물생산과 재봉기술은 크게 발전한다. 이후 환웅과 웅녀가 혼인을 했던 신석기시대 후기로 오면 한반도와 만주지역의 방직수준은 균형 있게 발전하며 고유양식을 만들어 간다. 특히 요서지역의 홍산문화권과 요동반도 및 대동강유역의 평양지역에서는 방직생산력이 급격히 증가한 사실과 함께 강한 정치적인 지배자가 출현했음을 알 수 있다.

첫째로, 한반도에서는 신석기시대 후기에 속하는 평양시의 금탄리유적과 남경유적의 집자리(서기전 3000년대 말~서기전 2000년대 초)에서 다양한 크기의 그물추와 가락바퀴가 큰 규모로 출토되었다. 지금까지의 출토내용으로 보아 신석기시대에 한반도지역에서는 대동강에 위치한 평양을 중심으로 여러 부족이 가장 큰 규모의 연맹체를 이루고 종족을 이루어 나갔을 것으로 추정된다.

둘째로, 만주지역에서는 황해 연안 동구현東溝縣에 있는 후와后洼 하층유적(서기전 4000년경)에서 이제까지의 출토량 가운데 가장 많은 양의 방직도구와 재봉도구가 출토되었다. 이 시기 요동반도 대부분의 지역에서는 방직생산이 활발했고, 재봉기술이 더욱 섬세하게 발전했다. 특히 요동반도의 대련시 여순에 위치하는 곽가촌 하층유적(서기전 3780~서기전 3530년)에서는 방직과 재봉에 사용된 도구

127 吉林省文物工作隊, 〈吉林大安縣洮兒河下遊右岸新石器時代遺址調查〉, 《中國考古集成》 東北卷 新石器時代(二), 北京出版社, 1997, 1956쪽.

128 付惟光·辛建, 〈滕家崗遺址出土的刻划紋飾藝術〉, 《中國考古集成》 東北卷 新石器時代(二), 北京出版社, 1997, 2075쪽.

129 주 67과 같음.

들이 다량 출토되었다. 뼈로 만든 도구 가운데 방직용품이 가장 많은 것도 직물생산과 경제력의 발달을 뜻한다. 요서지역에서는 신석기시대 중기에 해당하는 홍산문화(서기전 4500~서기전 3000년)의 여러 유적에서도 다량의 가락바퀴가 출토되었다. 특히 홍산문화의 사람들이 이미 방직 기술에 숙련되어 있었음을 알려주는 질그릇 밑바닥의 편직문이 발견되었다. 만주지역에서는 홍산문화지역과 요동반도지역이 복식문화의 수준이 가장 높고, 생산의 규모 또한 크게 발전했음을 알 수 있다. 따라서 이 두 지역에 가장 강한 종족이 거주하며 복식문화를 이루어 나갔을 것으로 생각된다.

셋째로, 고대 한반도와 만주지역에서 발굴된 가락바퀴와 고대 중국이나 북방지역에서 발굴된 가락바퀴는 서로 다른 특징을 가진다. 중국의 가락바퀴는 중국의 채색 질그릇에 보이는 채색문양과 등문滕紋 혹은 팔각등문八角滕紋을 특징으로 하고 있으며, 호胡의 가락바퀴는 거의 무늬가 없는 것이 특징이다. 이와 달리 한반도와 만주지역의 가락바퀴는 다양한 모양의 새김무늬를 그 특징으로 하고 있어, 고대 한국과 중국 및 북방지역이 서로 다른 문화권임을 분명히 나타내고 있다. 이러한 점으로 미루어 보아 고대 한국의 직물 생산은 중국 및 북방지역과 상관없이 독자적인 생산양식으로 발달했을 것으로 생각된다.[130]

위의 내용을 종합하여 한반도와 만주지역의 방직기술과 재봉기술을 고찰해보면, 그 발달 수준은 한반도와 만주지역이 비슷한 상황이다. 그러나 출토되는 방직도구와 재봉도구의 종류와 양을 보면, 생산조직의 규모와 생산량 및 생산내용의 다양성에서 차이를 보인다. 홍산문화지역이 가장 이른 시기에 큰 규모로, 수준 높은 발달을 했음을 보여준다. 뒤이어 요동반도지역이 크게 발전하고, 한반도의 평

---

130 박선희, 《한국고대복식-그 원형과 정체》, 지식산업사, 2002 참조.

양지역은 이들 지역보다 조금 뒤늦게 발전한 양상을 보인다. 생산도구의 특징으로 보면 직물생산의 기술과 양식은 한반도와 만주지역이 줄곧 교류하며 동질성을 가지고, 이웃지역과 다른 생산기술과 양식의 독자성을 지니며 발전해 나갔다. 이처럼 한반도와 만주에서 집중적으로 발달했던 지역에는 생산규모와 거주영역의 범위로 보아 정치적 지배자가 살았던 것으로 생각된다. 또한 사회적 신분과 빈부의 차이가 발생하고 전문 수공업자가 출현했으며, 종교의 권위자가 존재했을 것이다.

3
머리꽂이의 특징과 머리양식의 형성

선사유적지에서 출토된 머리꽂이와 송곳류의 뼈제품들을 올바르게 분류하는 것은 어려운 일이다. 신석기시대의 유적에서는 뼈로 만든 장신구, 방직도구, 연장 등이 많이 출토되는데, 이 가운데 머리꽂이와 송곳 또는 길게 만든 장신구 등은 재료와 형태가 유사하기 때문이다. 중국은 청동기시대 이후로 오면 머리꽂이의 앞부분에 조각을 하거나 문양을 새기기도 하여, 송곳과 같은 연장과 머리꽂이의 구분이 가능하다. 그러나 신석기시대의 머리꽂이는 대체로 단순하고 밋밋하여 구분이 어렵다. 한반도와 만주지역에서 출토되는 머리꽂이는 청동기시대 이후에도 신석기시대와 마찬가지로 문양이나 조각이 드물어 구분이 어렵다. 그러한 까닭에 선사유적에서 출토된 머리꽂이가 장신구나 송곳 등의 연장으로 분류되는 경우도 많다. 아래에서는 머리꽂이로 분류된 내용들만을 정리하여 분석하였기 때문에 2절에서와 같이 유물의 분포도와 출토되는 양으로 주요 거주지와 발전양상을 가늠하기 어렵다. 따라서 한반도와 만주지역의 선사유적에서 출토된 머리꽂이의 대략적인 분포와 사용 시기, 그리고 재료와 양식의 특징만을 분석하고자 한다.

한반도와 만주지역의 선사시대 유적에서는 머리꽂이가 골고루 출토된다. 이는 고조선 이전 시기 이 지역에서 거주하던 사람들이 머리꽂이를 사용해 일정한 머리양식을 갖추기 시작했음을 의미한다. 《후한서後漢書》와 《삼국지三國志》 및 《진서晋書》 등에서는 고대 한민족이 머리를 틀어 올렸음을 설명하고 있다.[131] 이 기록들은 고조

131 《後漢書》 卷85 〈東夷列傳〉 韓條. "대체로 머리를 틀어 묶어 상투를 드러낸다(大率皆魁頭露紒)."; 《三國志》 卷30 〈烏丸鮮卑東夷傳〉 韓傳. "그들의 성질은

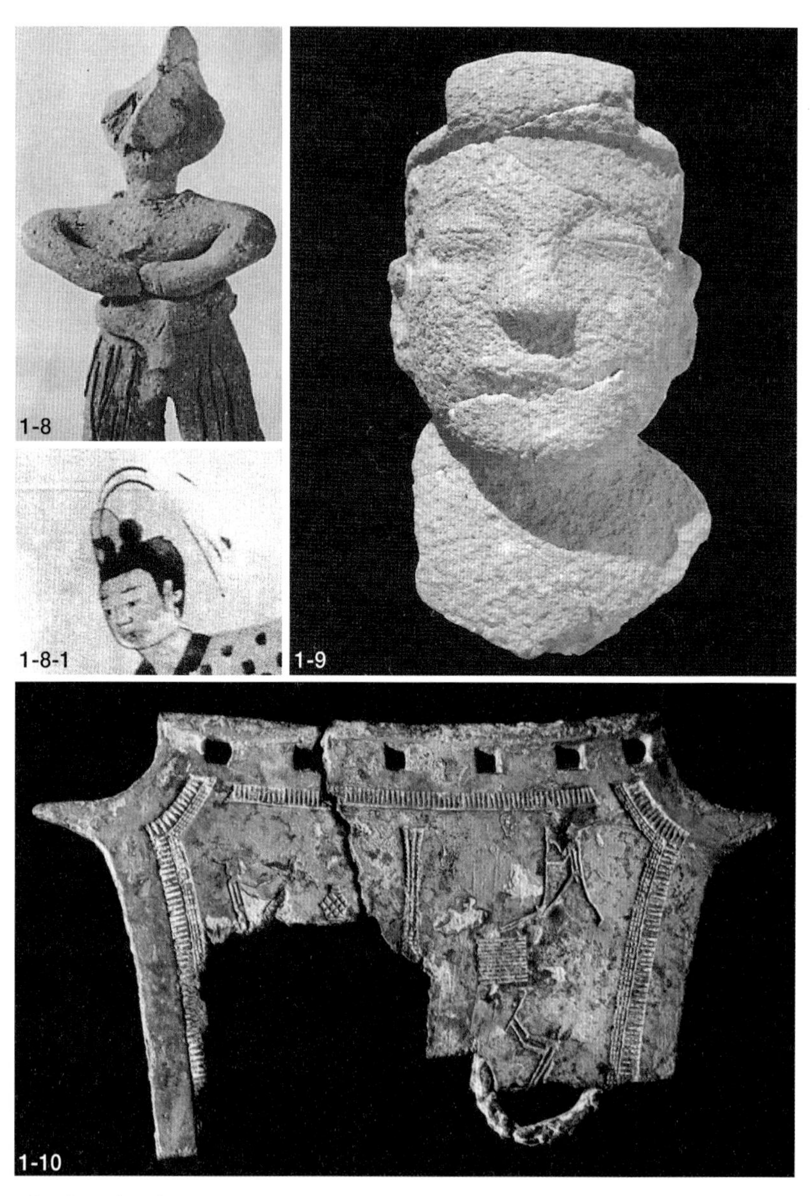

〈그림 1-8〉 변을 쓴 신라토우의 모습 〈1-8-1〉 무용총 무용도에 보이는 절풍을 쓴 모습
〈그림 1-9〉 오한기 초보산 제사유적에서 출토된 남자상
〈그림 1-10〉 농경문청동기에 보이는 머리모양

선이 붕괴된 뒤의 한에 관한 것이지만, 이러한 머리양식은 고조선으로부터 계승되었을 것이다. 실제로 신석기시대의 한반도와 만주의 많은 유적에서 머리꽂이가 출토되는데, 이는 틀어 올리는 머리양식 때문이거나 틀어 올린 머리를 덮는 변弁이나 절풍折風[132]과 같은 모자(그림 1-8, 1-8-1)[133]가 움직이지 않도록 고정시키는 역할을 했을 가능성이 크다. 좋은 예로 오한기 초보산제사유적에서 출토된 남자상(그림 1-9)[134]은 머리를 정수리 위에 틀어 올린 모양이다. 또한 농경문청동기(그림 1-10)[135]에 보이는 농기구를 들고 있는 두 사람도 모두 머리를 틀어 올린 모양이고, 신라시대 초기 토우(그림 1-11)[136]의 머리모양도 마찬가지이다.

〈그림 1-11〉 신라시대 초기 토우

중국의 선사시대유적에서도 머리꽂이가 출토되지만, 한반도와 만주지역에서처럼 모든 유적에서 골고루 출토되지는 않는다. 고고발굴의 결과, 머리꽂이는 주로 황하 중류유역에서 많이 출토되었고 다

---

132 박선희, 《우리금관의 역사를 밝힌다》, 지식산업사, 2008 참조.

133 秦弘燮, 《土器 土偶 瓦塼》-韓國美術全集 3, 同和出版公社, 1974, 93쪽, 그림 87(국립중앙박물관 소장); 朝鮮畵報社, 《高句麗古墳壁畵》, 朝鮮畵報出版部, 1985, 무용총 무용도의 부분.

134 昭國田, 《敖漢旗文物精華》, 內蒙古文化出版社, 2004, 87쪽.

135 金元龍, 《原始美術》, 同化出版社, 1973, 그림 92, 국립중앙박물관 소장.

136 秦弘燮, 위의 책, 96쪽, 그림 90 · 91, 국립경주박물관 소장.

〈그림 1-12〉 감숙성 진안대지만에서 출토된 질그릇 〈그림 1-13〉 감숙성 광하에서 출토된 채도인형모양 뚜껑 〈그림 1-14〉 청해성 상손가색산에서 출토된 채색질그릇

른 지역에서는 비교적 적게 출토되었다.[137] 앙소문화유적인 하북성 자산磁山유적에서 뼈로 만든 머리꽂이가 출토되었고, 서안 반파半坡유적에서도 돌과 뼈 및 질그릇으로 만든 머리꽂이가 많이 출토되었다. 이처럼 중국 황하 중류유역에서 주로 머리꽂이가 출토되는 이유는, 질그릇이나 인형 등에서 보이는 머리양식으로 설명할 수 있을 것이다. 감숙성 태안대지만泰安大地灣에서 출토된 신석기시대 채색질그릇(그림 1-12)[138]에 보이는 머리양식은 앙소문화·묘저구유형廟底溝

137 沈從文, 앞의 책, 9쪽.
138 沈從文, 앞의 책, 8쪽, 圖 5의 1·2.

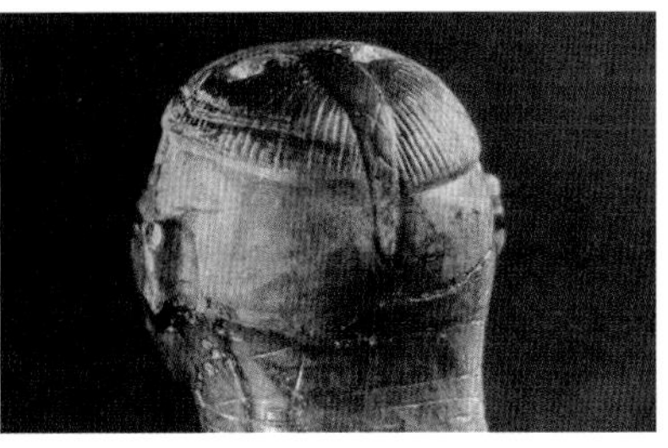

〈그림 1-15〉 하남성 부호무덤에서 출토된 옥인의 머리모양

類型시기의 머리양식으로 구분되는데, 이마를 덮은 단발머리이다. 감숙성 임조臨洮에서 출토된 마가요馬家窑문화 반산유형半山類型 채도인형모양 뚜껑(그림 1-13)[139]에 보이는 머리모양은 정수리에서부터 S자 모양으로 땋아 내려뜨렸다. 청해성 대통현大通縣 상손가색上孫家塞에서 출토된 채색질그릇(그림 1-14)[140]에 보이는 그림의 사람들은 모두 짧게 묶은 머리를 했다. 이러한 단발머리와 짧게 땋은 머리모양에는 머리꽂이가 필요하지 않았을 것이다.

이후 안양 은허殷墟 5호묘에서 부호婦好 한 사람이 옥으로 만든 머리꽂이 20여 개와 뼈로 만든 머리꽂이 490여 개를 수장한 것으로 보아,[141] 머리양식이 무척 호화로웠다고 생각된다. 실제로 상왕조시대의 남자들은 머리를 정수리에서 짧게 땋아 내려뜨리거나 머리 전체를 말아 올렸는데, 하남성 은허 부호묘에서 출토된 옥인玉人과 석인石人(그림 1-15, 그림 1-16)[142]에서 그 모습을 확인할 수 있다. 이처럼 상시대의 남자들은 다양한 양식의 변발을 하여 머리꽂이가 밖

139 沈從文, 위의 책, 6쪽, 圖 4의 1·2.

140 周迅·高春明, 《中國五千年 女性裝飾史》, 京都書院, 1993, 17쪽, 圖 3.

141 中國科學院考古研究所安陽工作隊, 〈安陽殷墟五號墓的發掘〉, 《考古學報》 1977年 第2期 참조.

142 上海市戲曲學校中國服裝史研究組 編著, 周迅·高春明撰文, 《中國服飾五千年》, 商務印書館香港分館, 1984, 15쪽의 그림 2·3, 17쪽의 그림 10.

〈그림 1-16〉
하남성
부호무덤에서 출토된
석인의 머리모양

으로 드러난 모습은 보이지 않는다. 그러나 〈그림 1-16〉에서처럼 모자 안으로 머리를 말아 올리려면 모자 안으로 머리꽂이를 여러 개 사용했을 것이다. 또한 계笄는 주로 틀어 올린 머리를 고정시키는 머리꽂이를 가리키지만, 《설문해자說文解字》에서 "잠야簪也"라 했듯이, 후에 비녀로 불리며 관이 벗겨지지 않도록 고정시키는 역할을 하기도 했다.

주周시대의 여자들은 15세가 되면 결혼이 허락되고, '계예笄禮'를 거행하여 머리꽂이를 사용하게 했다. 그러나 반드시 한민족의 머리양식처럼 상투를 트는 것은 아니고, 부분적으로 틀어 올리는 등의 다양한 머리양식을 했다. 이러한 사실들은 한반도와 만주의 선사유적 대부분에서 머리꽂이가 출토되는 것과 달리, 중국의 선사시대유적에서는 주로 황하 중류유역을 중심으로 머리꽂이가 많이 출토되는 요인이다.

한반도의 신석기시대 유적들에서 출토된 머리꽂이의 내용을 보기로 한다. 한반도에서 머리꽂이가 출토된 유적으로는 서포항유적(서기전 6000~서기전 5000년)[143]과 궁산유적(서기전 6000~서기전 5000년)[144]에서 출토된 것의 연대가 가장 이르다. 서포항유적에서는 신

143 고고학연구소, 〈서포항원시유적발굴보고〉, 《고고민속론문집》 제4집, 사회과학출판사, 1972; 사회과학원력사연구소, 《조선전사》 1-원시편, 과학백과사전출판사, 1979 참고.

144 고고학·민속학연구소, 《궁산원시유적발굴보고서》, 과학원출판사, 1957 참조; 김용남, 〈궁산문화에 대한 연구〉, 《고고민속론문집》 제8집, 과학백과사전출판사, 1983, 2~57쪽.

석기시대 제1기층과 제2기층 및 제3기층에서 골고루 출토되었는데, 발굴자들은 이를 모두 송곳이나 치레거리로 불분명하게 분류했다. 궁산유적에서도 23개나 출토되었는데 모두 뼈송곳으로 분류되었다. 이후 서기전 3000년대 초의 유적으로, 두만강유역에 위치한 온성군 강안리유적의 제2문화층 4호집자리와 제3문화층 5호집자리에서도 머리꽂이가 출토되었는데, 이들도 모두 뼈송곳으로 분류되었다.[145] 같은 시기에 속하는 회령 오동유적에서도 20여 개의 머리꽂이가 출토되었고[146] 무산 범의구석유적 제1기 집자리와 나진 초도유적에서도 다수의 머리꽂이가 출토되었으나, 역시 뼈송곳으로 분류되었다.[147] 출토된 머리꽂이는 모두 문양이 없이 밋밋한 양식이었다.

만주지역에서는 요서지역의 적봉현 동산취東山嘴유적에서 다수의 가락바퀴와 뼈장식품과 함께, 뼈로 만든 머리꽂이 7개가 출토되었다. 이들의 양식은 대체로 비슷한데 길이와 두께가 다양했다. 모두 머리 부분에 조각이 없고 밋밋한 것이 특징이다. 길이는 9.5센티미터, 직경 0.5센티미터와 길이 7.5센티미터, 직경 0.9센티미터 등이다.[148] 건평建平의 수천水泉유적(교정연대 4130±110년)에서는 뼈로 만든 바늘과 추와 함께 머리꽂이가 출토되었다. 이 머리꽂이는 원추형으로, 광택이 나게 잘 만들어졌는데 길이는 15센티미터이다.[149] 금주

---

145 석광준·김종현·김재용, 《강안리 고연리 구룡강유적 발굴보고》, 사회과학출판사, 2002, 23~65쪽.

146 고고학·민속학연구소, 《회령 오동 원시유적발굴보고》-유적발굴보고 제7집, 과학원출판사, 1960.

147 황기덕, 〈무산범의구석유적발굴보고〉, 《고고민속론문집》 제6집, 사회과학출판사, 1975, 124~158쪽; 고고학·민속학연구소, 《라진초도원시유적발굴보고서》-유적발굴보고 제1집, 과학원출판사, 1956.

148 遼寧省博物館·昭烏達盟文物工作站·赤峰縣文化館, 〈內蒙古赤峰縣四分地東山嘴遺址試掘簡報〉, 《中國考古集成》 東北卷 新石器時代(一), 北京出版社, 1997, 445~453쪽.

149 遼寧省博物館·朝陽市博物館, 〈建平水泉遺址發掘簡報〉, 《中國考古集成》 東北卷 新石器時代(二), 北京出版社, 1997, 1672쪽.

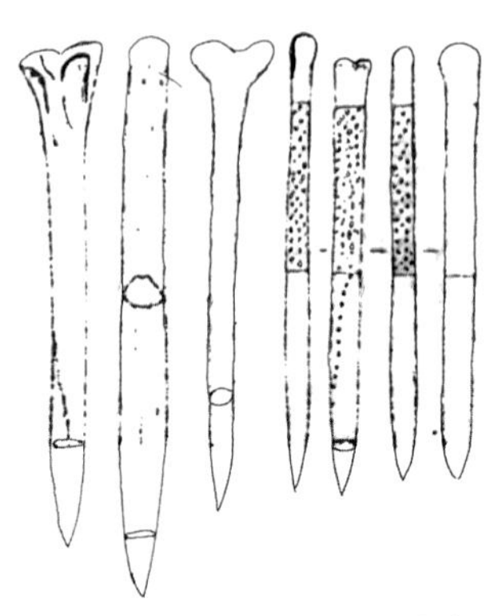

〈그림 1-17〉 곽가촌유적에서 출토된 머리꽂이 모사도

錦州의 산하영자山河營子유적에서는 뼈로 만든 머리꽂이 2개가 출토되었는데 전체가 원형이고 광택이 났다. 발굴자들은 그것이 현재의 비녀와 유사하다고 밝혔다.[150]

요동반도지역에서는 대련의 신석기시대 유적인 소주산유적, 상마석유적, 노철산유적, 오가촌유적, 곽가촌유적 등에서 방직공구와 함께 뼈로 만든 머리꽂이가 다량 출토되었다.[151] 특히 대련시 여순에 위치한 곽가촌의 하층문화유적에서는 머리꽂이와 함께 많은 장식 예술품이 137개나 출토되었는데, 그 가운데 뼈로 만든 다양한 양식의 머리꽂이(그림 1-17)가 45개 출토되었다. Ⅰ식은 29개로 뼈 관절로 만들었고 편추형이며, 길이는 12.9센티미터이다.[152] Ⅱ식은 11개

150 劉謙, 〈錦州山河營子遺址發掘報告〉, 《中國考古集成》 東北卷 新石器時代(二), 北京出版社, 1997, 1685쪽.

151 劉俊勇·曲傳林, 〈大連新石器時代考古的分期問題〉, 《中國考古集成》 東北卷 新石器時代(二), 北京出版社, 1997, 1339쪽; 劉俊勇·曲傳林, 〈大連新石器時代社會形態初探〉, 《中國考古集成》 東北卷 新石器時代(二), 北京出版社, 1997, 1347쪽.

152 遼寧省博物館·旅順博物館, 〈大連市郭家村新石器時代遺址〉, 《中國考古集成》 東北卷 新石器時代(二), 北京出版社, 1997, 1408~1409쪽, 1614쪽의 圖 13.

로 장조형長條形과 원추형圓錐形이며, 길이는 13센티미터이다. Ⅲ식은 3개로 방릉형方棱形이며, 맨 윗부분에 두 길로 凹문紋을 새겼다. 삼면식三面飾으로, 길이는 8.6센티미터이다. Ⅳ식은 2개인데 머리꽂이의 끝부분을 조각했다. 뼈 조각으로 만든 것으로, 손잡이부분에 다각형 화변花邊으로 각을 하였다. 쌍차편병双杈扁柄으로 비녀의 몸통은 원추형이며, 길이는 10.6센티미터이다.[153] 이 가운데 어떤 것은 새김무늬 질그릇 등에서 보이는 점문양이 사선으로 나타난다. 요동지역에서 출토된 머리꽂이가 요서지역에서 출토된 것보다 발달한 양식을 보여준다.

곽가촌 상층유적에서는 머리꽂이 10개가 출토되었다. Ⅰ식은 3개인데 뼈 관절로 만들었고 편추형이며, 길이는 8.4센티미터이다. Ⅱ식은 7개로 원봉상圓棒狀이며 길이는 11.4센티미터이다. 옥으로 만든 머리꽂이가 1개 출토되었는데 옥질의 색상은 암녹색으로 손잡이부분은 원형이고, 몸통은 원추형이다.[154]

요동반도의 장해현 광록도 대장산도大長山島 패구貝丘유적에는 여러 유적이 공존한다. 광록도 중층문화유적에서 출토된 뼈로 만든 머리꽂이는 4개로, 원봉상은 11.5센티미터이고, 편원체扁圓体는 8.9센티미터이다. 오가촌유적에서는 뼈로 만든 머리꽂이 6개가 출토되었는데, 원추상 16.4센티미터 3개와 머리꽂이 윗부분에 조각을 한 것이 3개 출토되었다. 여사강蛎碴崗유적에서는 뼈로 만든 머리꽂이 4개가 출토되었는데 장추형은 길이 11.5센티미터이고, 편추형은 길이 9.7센티미터이다. 그 밖에 대장산도유적의 상층에서는 뼈로 만든 머리꽂이 7개가 출토되었는데, 정원형呈圓形으로 표면에 광택이 나게 했다.[155] 심양의 신락新樂유적에서는 뼈로 만든 도구와 장신구가 많

153 위와 같음.

154 위와 같음.

155 遼寧省博物館·旅順博物館·長海縣博物館, 〈長海縣廣鹿島大長山島貝丘遺址〉,

이 출토되었는데, 뼈로 만든 머리꽂이 18개 출토되었다. 그 가운데 비교적 완전한 것의 양식은 원평두圓平頭이다.[156]

길림성지역의 여러 유적에서도 머리꽂이가 출토되었다. 좌가산유적 제1기문화유적(지금으로부터 6755±115년 전)에서는 많은 양의 뼈로 만든 방직품과 장신구가 출토되었다. 주로 동물의 장골長骨과 녹각鹿角을 갈아 만든 것으로, 그 가운데 머리꽂이 또한 출토되었다. 제2기문화유적에서는 뼈로 만든 머리꽂이 2개가 출토되었는데 세장추형細長錐形으로, 하나는 단면이 원각장방형圓角長方形이다. 다른 하나는 비교적 가는데 단면이 정반월형呈半月形으로, 길이는 14.3센티미터이다. 제3기문화유적에서는 뼈로 만든 머리꽂이 1개가 출토되었는데 장조타원추형으로, 길이 19.4센티미터이다.[157] 대청취大青嘴유적에서는 뼈로 만든 머리꽂이가 출토되었는데 능각棱角으로, 길이는 5센티미터이고 골질이 견고하며, 갈아서 광택이 나게 만들었다.[158] 그 밖에 길림성 농안현農安縣 원보구元寶溝유적에서는 두 가지 유형의 뼈로 만든 머리꽂이 3개가 출토되었다. 1개는 단면이 타원형이고, 길이는 14.6센티미터이며, 다른 1개의 길이는 10.7센티미터이다.[159] 백성파산白城靶山무덤유적에서는 방직기와 함께 뼈로 만든 머리꽂이 1개가 출토되었다. 이 머리꽂이의 길이는 9.7센티미터로, 끝

《中國考古集成》 東北卷 新石器時代(二), 北京出版社, 1997, 1859쪽.

156 沈陽市文物管理辨公室·沈陽故宮博物館, 〈沈陽新樂遺址第二次發掘報告〉, 《中國考古集成》 東北卷 新石器時代(二), 北京出版社, 1997, 1068쪽.

157 何明, 〈吉林省新石器時代的考古發現與認識〉, 《中國考古集成》 東北卷 新石器時代(二), 北京出版社, 1997, 1704쪽; 吉林大學考古教研室, 〈農安左家山新石器時代遺址〉, 《中國考古集成》 東北卷 新石器時代(二), 北京出版社, 1997, 1760쪽.

158 劉紅宇, 〈長春市德惠縣原始文化遺址調查述要〉, 《中國考古集成》 東北卷 新石器時代(二), 北京出版社, 1997, 1754쪽.

159 龐志國, 〈吉林農安縣元寶溝新石器時代遺址發掘〉, 《中國考古集成》 東北卷 新石器時代(二), 北京出版社, 1997, 1795쪽.

부분에 네모난 조각이 되어 있다.[160]

흑룡강성지역에서는 신석기시대후기에 속하는 영안현 대목단둔 유적에서 뼈로 만든 머리꽂이 2개가 출토되었고,[161] 두이백특杜爾伯特 이가강李家崗유적과 밀산현 신개류유적 및 동녕東寧 대성자大城子유적에서는 많은 양의 가락바퀴와 함께 뼈로 만든 머리꽂이가 각각 1개씩 출토되었다. 대성자유적에서 출토된 것은 새의 뼈를 갈아서 만든 것이다.[162]

이상의 한반도와 만주지역에서 출토된 머리꽂이에 대한 내용에서 다음과 같은 사실을 알 수 있다. 머리꽂이가 한반도와 만주의 모든 유적에서 골고루 출토되는 것으로 보아 대부분의 지역에서 머리꽂이를 사용했고, 고조선시대의 틀어 올린 머리모양이 신석기시대에 형성되었음을 알 수 있다. 머리꽂이는 주로 새의 뼈와 뿔 등과 같은 가벼운 재료로 만들었고, 옥이나 돌 또는 질그릇으로 만들기도 했다. 길이는 7.5·8.4·9.5·10.6·10.7·11.4·11.5·12.9·13센티미터 등으로 가장 작은 것이 7.5센티미터이고 가장 큰 것이 13센티미터로 나타난다. 또한 머리꽂이는 주로 문양 없이 밋밋한 것이 대부분인데, 간혹 장식적 효과를 나타내기 위해 점 또는 선을 누르거나 그어서 문양을 새긴 것들이 있다. 이러한 문양은 신석기시대 한반도와 만주지역에서 출토된 질그릇이나 가락바퀴 등에 보이는 문양과 같은 양식으로, 이후 고조선으로 계승된다.

---

160 吉林省文物考古研究所, 〈吉林白城靶山墓地發掘簡報〉, 《中國考古集成》 東北卷 新石器時代(二), 北京出版社, 1997, 1892쪽.

161 黑龍江省博物館, 〈黑龍江寧安大牧丹屯發掘報告〉, 《中國考古集成》 東北卷 新石器時代(二), 北京出版社, 1997, 2098쪽.

162 杜爾伯特蒙古族自治縣博物館, 〈黑龍江省杜爾伯特李家崗新石器時代墓葬淸理簡報〉, 《中國考古集成》 東北卷 新石器時代(二), 北京出版社, 1997, 2039쪽; 黑龍江省文物考古工作隊, 〈密山縣新開流遺址〉, 《中國考古集成》 東北卷 新石器時代(二), 北京出版社, 1997, 2125쪽; 黑龍江省博物館, 〈黑龍江東寧大城子新石器時代居住地〉, 《中國考古集成》 東北卷 新石器時代(二), 北京出版社, 1997, 2149쪽.

4
고조선 형성기 선사문화영역의 설정

고조선복식문화의 기원을 밝혀보고자 한반도와 만주지역에서 출토된 방직도구와 재봉도구 및 머리꽂이를 구체적인 대상으로 하여 고조선 이전 시기의 복식문화를 실증적으로 고찰하였다. 한반도와 만주지역의 신석기시대 초기 직물생산과 재봉기술은, 신석기시대 후기로 오면 대부분의 지역에서 큰 규모의 발전 양상을 보인다. 특히 홍산문화와 요동반도 및 평양지역에서는 방직생산력이 다른 지역보다 크게 증가한 사실이 확인되어, 이들 지역에는 큰 집단을 거느린 강한 정치지배자가 나타나 거주했을 것으로 추정된다.

한반도와 만주지역의 방직기술과 재봉기술의 수준을 고찰한 결과, 그 수준이 비슷하다. 그러나 생산조직의 규모와 생산량 및 생산내용의 다양성으로 보면 홍산문화지역이 역사적으로 가장 앞서고 양적으로 가장 풍부하며, 질적으로 상당히 수준 높은 발달 상황을 보여준다. 뒤이어 요동반도지역의 생산조직의 규모가 커지고 생산내용이 양적으로 크게 풍부해지며, 한반도의 평양지역이 이들 지역보다 조금 뒤늦게 생산조직의 규모와 생산량이 발달했다고 할 수 있다.

또한 생산도구의 특징으로 보아 직물생산의 기술과 양식은 한반도와 만주지역이 줄곧 교류하며, 동질성을 지니고 이웃지역과 달리 독자적으로 발전해 나갔다고 할 수 있다. 따라서 환웅이 정착생활을 시작한 전기 신석기시대부터 발전한 복식문화는 환웅과 웅녀가 혼인하여 생활한 후기 신석기시대에 이르면 생산규모와 기술면에서 크게 발달하고 고유양식이 정형화한다.

머리꽂이가 출토된 지역의 분포도로 보아, 방직도구와 재봉도구의 경우와 마찬가지로 머리꽂이의 사용 시기와 재료 및 양식의 특징

등은 다음의 내용으로 정리된다. 머리꽂이가 한반도와 만주의 모든 유적에서 출토되었다는 사실을 통해, 모든 지역에서 머리꽂이를 사용했음을 알 수 있다. 이러한 머리꽂이의 출토 분포도로 보아 고조선시대의 틀어 올린 머리모양은 신석기시대부터 형성된 것이라 하겠다. 머리꽂이는 주로 새의 뼈와 뿔 등 가벼운 재료로 만들었고, 더러는 옥이나 돌로 만들기도 했다. 대체로 문양 없이 밋밋한 머리꽂이가 대부분인데, 간혹 장식적 효과를 나타내기 위해 점 또는 선으로 무늬를 새긴 것들이 있다. 이러한 문양은 한반도와 만주지역에서 출토된 새김무늬 질그릇이나 새김문양이 있는 가락바퀴 등과 같은 양식으로 볼 수 있다.

방직도구 가운데 고대 중국이나 북방지역에서 발굴된 가락바퀴가 문양이 없거나 채색문양과 등문 혹은 팔각등문을 한 것과 달리, 고대 한반도와 만주지역에서 발굴된 가락바퀴는 다양한 모양의 점선 혹은 새김무늬를 특징으로 하고 있다. 가락바퀴가 고대 한국과 중국 및 북방지역이 서로 다른 문화권임을 분명히 나타내는 표지유물인 셈이다. 이러한 구체적인 복식유물들은 고대 한국의 직물 생산이 중국이나 북방지역과 상관없이 독자적인 양식으로 발전하고 있었음을 알려준다.

지금까지 복식사 연구는 출토복식과 그림 자료를 통한 복식 양식사 중심의 연구에 집중되었다. 이러한 양식사 중심의 복식연구가 그 한계를 극복하는 방법은 바로 복식관련 발굴유물자료를 중심으로 하는 상고시대의 복식문화사 연구이다. 특히 장신구에 관한 연구는 더욱 그러하다. 앞으로의 복식연구는 출토복식학에 머물지 않고 고고복식학으로 가야 한다. 필자도 고고학에 대한 지식은 미흡하지만, 복식유물을 다루는 고고학 발굴조사보고서의 해석의 한계를 극복하여 고고학과 복식학의 학제적 연구로 확장하고자 한다. 지금은 한반도와 만주지역에서 많은 고고학 출토자료들이 축적되고 있어, 이제

고고학적 발굴보고서 자료를 출토복식자료 못지않게 중요한 복식사 연구 자료로 적극 끌어들여야 하는 단계에 직면해 있다고 하겠다.

앞으로 한반도와 만주지역의 복식유물을 분석하여 고조선 이전 시기의 복식문화를 실증적으로 해석하는 일은 고조선복식의 기원을 밝히고 그의 원형과 선진성을 제시하는 계기가 될 것이다. 그러기 위해서 반드시 다루어야 할 복식유물이 있는데, 그것은 바로 홍산문화지역 등에서 풍부하게 출토되는 옥기들이다. 옥기유물 가운데는 의식용과 장신구들이 상당히 있으므로 고조선 이전 시기의 복식문화를 해명하는 데 아주 긴요한 자료라 할 수 있다. 옥기유물을 통해 본 한반도와 만주지역의 복식연구는 다음 장에서 다루기로 한다.

제 2 장

홍산문화와 고조선복식의 지속성

1
홍산문화 복식유물의 성격과 고조선복식

이 연구는 두 가지 목적을 가진다. 하나는 홍산문화의 성격을 분석하는 일이고, 다른 하나는 홍산문화 복식유물의 성격을 근거로 고조선과 고구려 등의 복식에 지속된 민족문화의 기원과 정체성을 해석하는 일이다. 홍산문화의 복식유물은 종류와 성격에서 다양성을 보이는데, 중국이나 북방지역의 것과 달리 고조선과 여러나라시대 복식에 그 특징적 요소들이 그대로 나타나고 있기 때문이다.

일반적으로 신석기시대에서 청동기시대로 가는 과정에서 보이는 여러 가지 사회변화의 요소로, 고고학자료에 나타나는 돌무지무덤, 성터의 출현, 옥기의 사용 등을 들 수 있다. 신석기시대에서 동석병용시대에 속하는[1] 홍산문화(서기전 4500~서기전 3000년)는 이러한 요소들을 골고루 갖추고 있는데, 특히 복식유물로 보이는 곡옥을 비롯

---

1 홍산문화유적 발견 이후 금속문화의 기원문제는 신석기후기문화인 홍산문화로부터 시작했을 것으로 추정되었다(白雲翔·顧智界 整理, 〈中國文明起源座談紀要〉, 《考古》 1989年 第12期, 1110~1120쪽). 중국학자 楊虎는 홍산문화 후기(서기전 3500~서기전 3000년)유적에서 발견된 주조틀과 銅環을 들어 당시 청동주조기술의 가능성을 밝혔다(楊虎, 〈遼西地區新石器-銅石并用時代考古文化序列與分期〉, 《文物》 1994年 第5期, 48쪽). 郭大順도 홍산문화 출토유물들과 우하량 Ⅱ지점 4호무덤에서 출토된 銅環을 들어 금속문화의 시작을 홍산문화로 보는 견해를 제시했다(郭大順, 〈赤峰地區早期冶銅考古隨想〉, 《內蒙古文物考古文集》, 中國大百科全書出版社, 1994, 278~282쪽). 오한기 왕가영자 향서태 홍산문화유적에서 다수의 청동을 주조하던 陶范이 출토되어 이미 冶鍊業이 출현했던 사실을 알 수 있다. 또한 건평 우하량 제사유적에서도 청동환과 청동을 녹이는 데 쓰인 질그릇 솥[坩鍋] 등이 출토되었다. 이를 근거로 劉素俠도 홍산문화에서 이미 야련업이 출현했다고 보고 있다(劉素俠, 〈紅山諸文化所反映的原始文明〉, 《中國考古集成》 東北卷 新石器時代(一), 北京出版社, 1997, 176~178쪽). 서기전 2700년경의 객좌유적에서는 적탑수에서 銅礦을 채취한 흔적을 발견했고, 적봉 일대에서는 동광채취의 상황과 야련유적을 발견했다(王曾, 〈紅山文化的走向〉, 《中國考古集成》 東北卷 新石器時代(一), 北京出版社, 1997, 190~195쪽 참조).

한 다양한 양식의 옥기가 많은 양 출토되었다. 중국학자와 일본학자들은 중국이 동아시아에서 곡옥을 가장 이른 시기에 사용했던 것으로 보고 있지만,[2] 옥기의 사용은 중국보다 한반도와 만주지역이 훨씬 이르며 곡옥의 사용도 마찬가지이다.

지금까지는 중국과 한반도와 만주지역에서 문화적으로 공통된 요소가 발견되면, 그것을 중국에서 전파된 것으로 해석하는 것이 일반적이었다. 황하유역이 동아시아문명의 발상지라는 선입관이 작용하고 있었기 때문이다. 그러나 근래의 고고발굴과 그 연구결과에 따르면, 한반도와 만주에는 구석기시대부터 계속해서 사람들이 살고 있었고, 그렇기 때문에 신석기시대나 청동기시대의 주민들이 다른 곳으로부터 이주해왔을 것이라는 견해가 성립될 수 없다는 사실이 밝혀졌다.[3] 또한 한반도와 만주의 신석기시대 시작연대는 동아시아지역에서 가장 일찍이 문화가 전개된 것으로 알려진 황하유역보다 앞섰던 것으로 나타난다.

황하유역의 신석기시대 유적 가운데 가장 연대가 이른 하남성의 배리강裴李崗유적,[4] 하북성과 하남성 경계지역의 자산磁山문화유적[5]의 시작연대가 모두 서기전 6000년경이다. 한반도에서는 함경북도 선봉군 굴포리 서포항유적,[6] 강원도 양양의 오산리유

2 林巳奈夫, 《中國玉器總說》, 吉川弘文館, 1999, 148~278쪽; 周南泉, 〈故宮博物院藏的幾件新石器時代飾紋玉器〉, 《文物》 1984年 第10期, 42~48쪽.

3 李鮮馥, 〈신석기·청동기시대 주민교체설에 대한 비판적 검토〉, 《韓國古代史論叢》 1, 가락국사적개발연구원, 1991, 41~66쪽.

4 開封地區文管會·新鄭縣文管會, 〈河南新鄭裴李崗新石器時代遺址〉, 《考古》 1978年 第2期, 73~74쪽; 嚴文明, 〈黃河流域新石器時代早期文化的新發現〉, 《考古》 1979年 第1期, 45쪽.

5 邯鄲市文物保管所·邯鄲地區磁山考古隊短訓班, 〈河北磁山新石器時代遺址試掘〉, 《考古》 1977年 第6期, 361쪽; 安志敏, 〈裵李崗·磁山和仰韶〉, 《考古》 1979年 第4期, 340쪽.

6 조선유적유물도감편찬위원회, 《조선유적유물도감》 1-원시편, 1988, 63쪽; 북한학자들은 이 유적을 서기전 5000년대로 편년했으나 任孝宰는 서기전 6000년으

적[7]의 연대가 서기전 6000년경으로 나타났고, 만주지역의 내몽고자치구 동부 흥륭와興隆洼유적의 연대도 서기전 6000년경으로 추정되었다.[8] 그런데 만주에서는 흥륭와유적보다 훨씬 이른 서기전 7000년경에 속하는 내몽고 적봉시 오한기 소하서小河西유적이 발굴되어 동북지역 최고最古의 신석기문화유적으로 발표되기도 했다.[9] 또한 고성 문암리유적의 연대도 서기전 10000~서기전 6000년으로 제시되었다.[10] 제주도 고산리유적은 서기전 10000~서기전 8000년 무렵으로 추정되고 있다.[11]

이들 유적에 관해서는 앞으로 세밀한 연구가 이루어져야겠지만, 오한기 소하서유적과 고성 문암리유적, 제주 고산리유적에서 그물추를 사용했던 것으로 보아 이들 지역에서는 동아시아지역에서 가장 이른 시기에 실을 생산해 복식문화를 이루어나갔을 것으로 생각된다.

내몽고자치구 동부의 규모가 크고 오래된 신석기 집단 거주지인 흥륭와유적(서기전 6200~서기전 5200년)에서는 동아시아 최초의 옥귀걸이(그림 2-1)와 함께 옥도끼 등 지금까지 약 1백여 점의 옥기가

로 보고 있다(任孝宰, 〈新石器時代 編年〉, 《韓國史論》 12, 국사편찬위원회, 1983, 707~736쪽).

7 任孝宰·權鶴洙, 《鰲山里遺蹟》, 서울대학교박물관, 1984; 金元龍·任孝宰·權鶴洙, 《鰲山里遺蹟 II》, 서울대학교박물관, 1985; 任孝宰·李俊貞, 《鰲山里遺蹟 III》, 서울대학교박물관, 1988. 오산리유적에 대한 방사성탄소연대측정 결과 서기전 10000년의 연대도 얻어져 이 유적의 연대는 서기전 6000년보다 훨씬 올라갈 가능성이 크다.

8 楊虎, 〈內蒙古敖漢旗興隆洼遺址發掘簡報〉, 《考古》 1985年 10期, 865~874쪽; 劉國祥, 〈西遼河流域新石器時代至早期青銅時代考古學文化概論〉, 《遼寧師範大學學報》, 2006年 第1期, 사회과학출판사, 113~122쪽.

9 劉國祥, 〈紅山文化墓葬形制與龍玉制度研究〉, 《首屆紅山文化國際學術研討會》 자료집, 2004.

10 국립문화재연구소, 《고성문암리유적》, 2004; 朴玧貞, 〈高城文岩里 先史遺蹟 發掘調査〉, 《韓國新石器研究》 제5호, 한국신석기학회, 2003 참조; 고동순, 〈양양 오산리유적 발굴조사 개보〉, 《韓國新石器研究》 제13호, 한국신석기학회, 2007, 127쪽.

11 북제주군·제주대학교박물관, 《濟州高山里遺蹟》, 1998; 제주도·제주대학교박물관, 《濟州高山里遺蹟-고산리유적 성격규명을 위한 학술조사보고서》, 2003 참조.

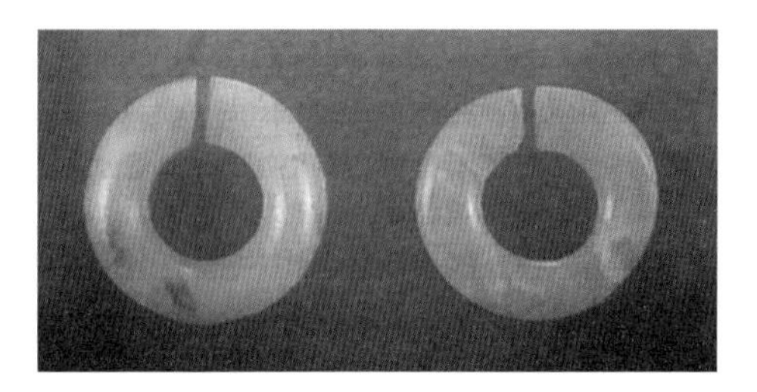

〈그림 2-1〉 흥륭와유적에서 출토된 옥귀걸이

출토되었다.[12] 중국의 옥전문가들은 흥륭와유적에서 출토된 옥귀걸이가 세계에서 가장 오래된 것이라고 밝혔고, 이 시기에는 남녀 모두 귀걸이를 착용했을 것으로 추정했다.[13] 이들 옥기의 재료는 분석 결과, 요령성 수암현岫岩縣에서 생산되는 옥으로 밝혀졌다.[14] 흥륭와유적에서는 옥기와 함께 동북지역에서 가장 이른 시기에 만들어진 새김무늬질그릇이 출토되었다.

한반도에서는 흥륭와유적과 거의 같은 시기에 속하거나 더 이른 시기일 것으로 추정되는[15] 강원도 고성군 문암리 선사유적에서 수암옥으로 만든 것과 같은 모양의 옥귀걸이(그림 2-2)[16]가 출토되었다. 또한 전남 여수시 남면 안도리 패총유적(서기전 4000~서기전 3000년

12 中國社會科學院考古硏究所, 〈-遺址保存完好房址布局清晰葬俗奇特出土玉器時代之早爲國內之最-興隆洼聚落遺址發掘獲碩果〉, 《中國考古集成》 東北卷 新石器時代(一), 北京出版社, 608쪽; 王永强·史衛民·謝建猷, 《中國小數民族文化史北方卷》 上·貳, 廣西敎育出版社, 1999, 14쪽.

13 《鞍山日報》, 〈中國最早玉器出自岫岩〉, 2004年 7月 14日; 우실하, 《동북공정 너머 요하문명론》, 소나무, 2007, 111~112쪽.

14 中國社會科學院考古硏究所內蒙古工作隊, 〈內蒙古敖漢旗興隆洼遺址發掘簡報〉, 《中國考古集成》 東北卷 新石器時代(二), 北京出版社, 1997, 611~621쪽; 《中國文物報》 第48期, 〈興隆洼聚落遺址發掘獲碩果-遺址保存完好房址布局清晰葬俗奇特出土玉器時代之早爲國內之最〉, 1993年 12月 13日 참조.

15 우실하, 앞의 책, 119쪽.

16 국립문화재연구소, 《고성 문암리유적》, 국립문화재연구소, 2005.

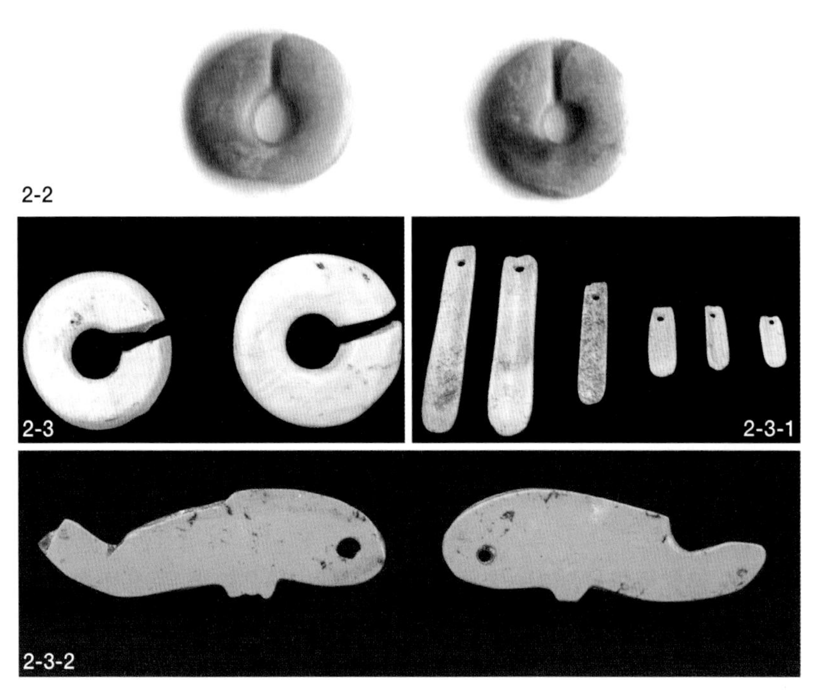

〈그림 2-2〉 고성 문암리유적에서 출토된 옥귀걸이 **〈그림 2-3, 2-3-1〉** 사해유적출토 옥귀걸이와 옥비 **〈그림 2-3-2〉** 부신 호두구 3호무덤 출토장식

경)에서도 문암리와 거의 같은 유형의 귀걸이가 발굴되었다.[17] 이후 한반도지역에서는 춘천 교동 혈거유적과 김해 옹관이나 김해 무계리의 지석묘 등 석기시대 유적과 유물에서 관옥管玉이 출토되어[18] 매우 정교하고 다양한 발달 양상을 보여준다. 만주의 흥륭와유적을 비롯하여 한반도에서 옥기가 출토된 문암리 등의 여러 유적에서는 새김무늬질그릇이 함께 출토되어, 신석기시대 초기부터 한반도와 만

17 조현종·양성혁·윤온식, 《安島貝塚》, 국립광주박물관, 2009.

18 金元龍, 《韓國考古學硏究》, 일지사, 1992, 114~115쪽.

주지역이 같은 문화권이었음을 알 수 있다.

중국에서는 곡옥을 비롯한 옥기들이 위의 동북지역보다 약 1000년 정도 늦게 만들어졌던 것으로 나타난다. 중국의 신석기시대문화는 황하 중하류지역, 양자강 중하류지역으로 크게 나누어진다. 황하 중류유역의 서기전 5000년대의 앙소문화에 속하는 반파유형유적인 남정현南鄭縣 용강사龍崗寺유적에서 연옥으로 만든 도끼모양의 옥제품 등이 출토되었다. 신석기시대문화의 옥기제작기술이 가장 발달한 것은 양자강 하류유역의 양저良渚문화(서기전 3000~서기전 2000년)이다. 양저문화는 이보다 앞선 서기전 3000년대에 속하는 태호太湖주변의 마가빈馬家濱문화와 숭제崧澤문화, 절강성 중동부의 하모도河姆渡 3·4층 문화(서기전 5000~서기전 4000년대)로부터 발달된 것으로, 이들 문화층에서는 곡옥과 옥구슬 등 다양한 옥제품들이 출토되었다. 이 옥제품들은, 동북지역의 것이 대체로 문양이 없는 것과 달리 짐승 등의 문양이 새겨진 것들이 있다.[19] 이와 같은 사실에 근거하면 오히려 옥기 등의 문화가 한반도나 만주지역에서 기원하여 중국에 전파되었을 것으로 추정된다. 그러므로 지금까지와 같이 동아시아의 모든 문화가 황하유역으로부터 다른 지역으로 전파되었을 것으로 보는 선입관은 수정되어야 할 것이다.

흥륭와문화 이후 발굴된 요령성 서부 부신阜新에 위치한 사해查海문화유적(서기전 5600년경)에서도 흥륭와문화에서 출토된 것과 같은 양식의 옥귀걸이와 다양한 옥기(그림 2-3, 2-3-1, 2-3-2)[20]가 출토되었다. 이 유적에서 출토된 옥기는 옥귀걸이, 옥구슬 등의 장식품과 실용공구인 옥도끼와 옥칼, 화살촉, 새김무늬질그릇 등이었다.

---

19 林巳奈夫, 《中國玉器總說》, 吉川弘文館, 1999, 148~278쪽; 周南泉, 〈故宮博物院藏的幾件新石器時代飾紋玉器〉, 《文物》 1984年 第10期, 42~48쪽.

20 徐秉民·孫守道, 《東北文化》, 上海遠東出版社, 1998, 26쪽, 그림 13; 遼寧省文物考古研究所; 《遼河文明展》, 2006, 10쪽의 그림 1·2와 35쪽의 그림 1.

사해유적은 흥륭와문화가 발굴되기 이전까지는 세계에서 가장 이른 시기에 옥기가 출토된 지역이었다.[21] 이 문화는 홍산문화보다 앞선 문화로 서로 계승관계에 있어 한민족의 선사시대를 연구하는 데 매우 중요한 문화이다.

흥륭와문화는 이후 요하지역의 주요 신석기문화인 부하富河문화(서기전 5200~서기전 5000년)로 이어지고, 대체로 같은 분포지역에 있는 조보구趙寶溝문화(서기전 5000~서기전 4400년)와 병존하면서 발전해 나아가,[22] 동석병용시대인 홍산문화로 이어진다. 흥륭와문화는 홍산문화와 서로 계승관계에 있어 우리 민족의 선사시대를 연구하는 데 매우 중요한 문화라고 하겠다. 두 문화는 분포지역이 거의 같고,[23] 계승관계를 나타내는 유물은 옥기뿐만 아니라 질그릇의 경우도 마찬가지이다.

홍산문화는 내몽고 동남부와 요령성의 서부 적봉赤峰, 조양朝陽, 능원陵源, 건평建平 등을 중심으로 한다. 하북성 북부, 노합하老哈河 상류, 대릉하大凌河 상류와 중류로 유적지가 넓게 분포되어 있는데, 이 유적들에서 다량의 옥기가 출토되었다. 특히 고조선 질그릇의 특징인 새김무늬질그릇이 출토되는 것이 공통점이다.[24] 홍산문화 후기의 요령성 건평현 부근에 위치한 우하량 여신묘유적(서기전 3500년)(그림 2-4)에서는 큰 규모의 돌무지무덤과 흙으로 만든 신상神像(그

21 魏運亨·卜昭文, 〈阜新查海出土七八千年前的玉器〉, 《中國考古集成》 東北卷 新石器時代(二), 北京出版社, 1997, 1639쪽; 方殿春, 〈阜新查海遺地的發掘與初步分析〉, 《中國考古集成》 東北卷 新石器時代(二), 北京出版社, 1997, 1646~1651쪽.

22 劉晋祥, 〈趙宝溝文化初論〉, 《中國考古集成》 東北卷 新石器時代(一), 北京出版社, 1997, 643~645쪽.

23 楊虎, 〈關于紅山文化的幾個問題〉, 《中國考古集成》 東北卷 新石器時代(一), 北京出版社, 1997, 169~175쪽; 李恭篤, 〈昭烏達盟石崩山考古新發現〉, 《中國考古集成》 東北卷 新石器時代(一), 北京出版社, 1997, 583쪽.

24 孫守道·郭大順, 〈牛河梁紅山文化女神頭像的發現與研究〉, 《文物》 1986年 第8期, 19쪽; 郭大順·張克擧, 〈遼寧省喀左縣東山嘴紅山文化玉器墓的發現〉, 《文物》 1984年 第11期, 1~11쪽.

〈그림 2-4〉 우하량 여신묘유적

림 2-5)[25]이 출토되었고, 중앙에 있는 석관묘에서 많은 양의 옥기가 출토되었다. 이들 옥기 가운데 옥으로 만든 비파형동검이 출토되어 고조선문화와의 관계를 입증해준다.

〈그림 2-5〉
우하량 1호무덤 유적에서 출토된 여신상

한반도와 만주에는 돌무지무덤이 널리 분포되어 있는데, 우하량유적은 발굴된 돌무지무덤 가운데 가장 연대가 이른 것이다. 우하량 제16지점 4호무덤에서는 비파형동검과 같은 양식의 옥으로 만든 검이 출토되어 고조선문화와의 연계성을 나타낸다(그림 2-6).[26] 출토된 옥기의 종류는 비

25 徐秉民·孫守道, 《東北文化》, 上海遠東出版社, 1998, 26쪽, 그림 26·30.

26 朝陽市文化局·遼寧省文物考古研究所, 《牛河梁遺址》, 學苑出版社, 2004, 679쪽, 圖 88.

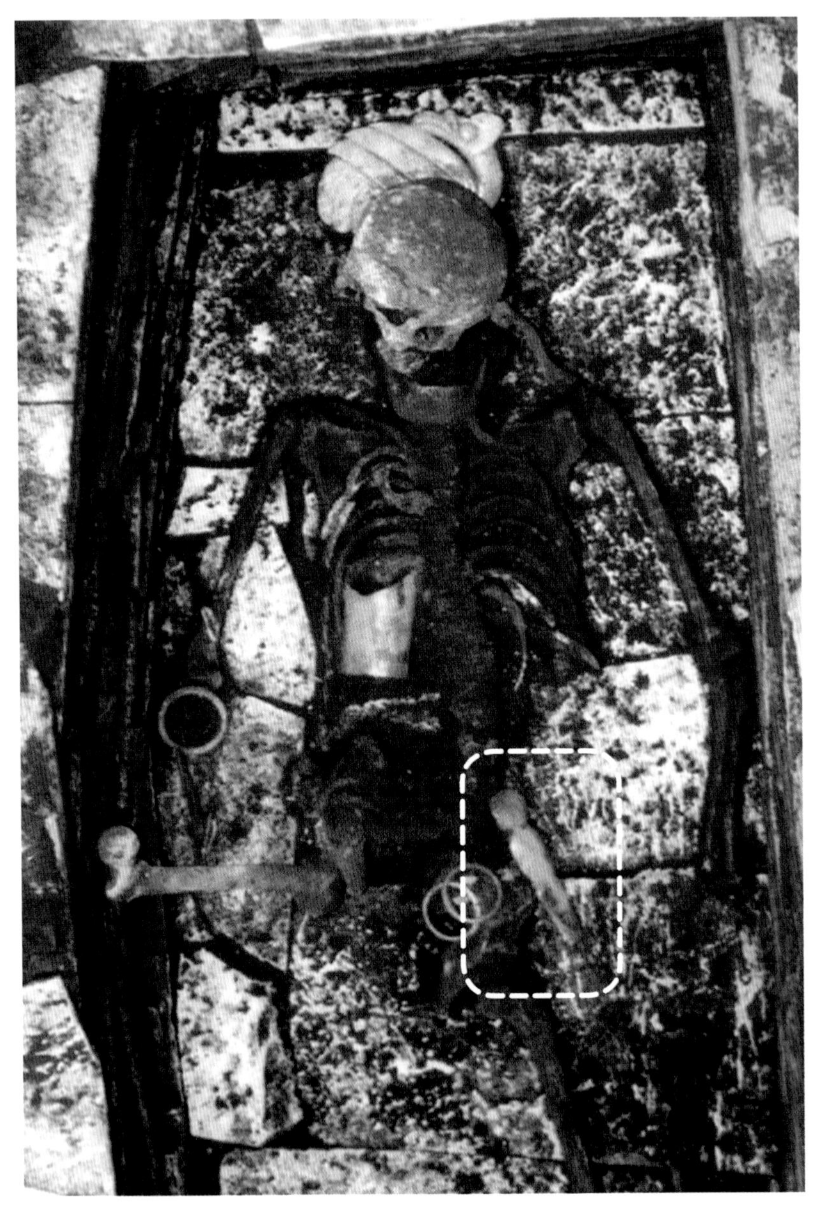

〈그림 2-6〉 우하량 제16지점 4호무덤 출토상황
(아래 부분에 옥으로 만든 비파형동검 양식의 옥검이 보인다)

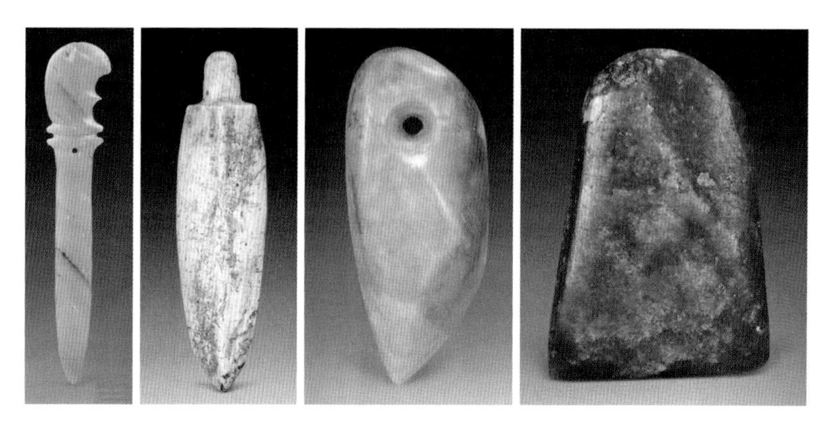

〈그림 2-6-1〉 홍산문화유적에서 출토된 비실용성 생산도구들

실용성 생산공구류(그림 2-6-1)[27]와 달개장식으로 쓰였을 장식품이 많고, 인물과 동물, 식물, 곤충형상을 사실적으로 조각한 것 또는 추상적인 동물형상을 조각한 것 등으로 매우 다양하다(그림 2-7).[28] 이들은 대부분 구멍이 뚫려 있어 줄을 사용해 걸거나 의복에 달았던 것으로 생각된다. 홍산문화에 속하는 옹우특기翁牛特旗 삼성타랍三星他拉유적에서도 곡옥을 비롯하여 옥으로 만든 머리꾸미개, 용, 돼지, 거북, 새, 물고기 등 다양하고 정교한 동물 조소품들이 출토되었다.[29] 홍산문화유적의 옥목걸이와 장신구(그림 2-8, 2-8-1)[30]는 다른 지역에서 출토된 것보다 옥의 재질이 좋고, 양식이 매우 화려하다.

27 遼寧省文物考古研究所, 〈遼寧牛河梁紅山文化"女神廟"與積石塚群發掘簡報〉, 《中國考古集成》 東北卷 新石器時代(二), 北京出版社, 1997, 1580~1596쪽; 孫守道·劉淑娟, 《紅山文化玉器新品新鑒》, 吉林文士出版社, 2007.

28 위와 같음.

29 林巳奈夫, 앞의 책, 149~168쪽; 王曾, 〈紅山文化的走向〉, 《文史研究》 1987年 第1輯; 殷志强, 〈紅山·良渚文化玉器的比較研究〉, 《北方文物》 1988年 第1期; 李恭篤·高美璇, 〈紅山文化玉雕藝術初析〉, 《史前研究》 1987年 第3期.

30 주 27과 같음; 戴煒·侯文海·鄭耿杰, 《眞賞紅山》, 內蒙固人民出版社, 2007, 28쪽.

〈그림 2-7〉 홍산문화유적에서 출토된 다양한 동물형상 달개장식

또한 요령성 심양의 북쪽 지역에서 발견된 신석기시대유적인 신락新樂문화유적(서기전 6000년대 말)에서도 새김무늬질그릇과 함께 옥기들이 여럿 출토되었다.[31]

흑룡강성의 신석기시대 무덤유적에서도 많은 양의 옥기가 새김무늬질그릇과 함께 출토되었다. 흑룡강성지역 25곳의 신석기시대 유적에서 97개의 옥기가 출토되었는데, 발굴자들은 옥기의 재질이 세밀한 재질의 수암옥岫岩玉이라고 분석했다.[32] 그리고 그 까닭을 다음

31 沈陽市文物管理辨公室, 〈沈陽新樂遺址試掘報告〉, 《考古學報》 1978年 4期; 中國考古集成 東北卷 新石器時代(二), 北京出版社, 1053~1064쪽; 于崇源, 〈新樂下層陶器施紋方法的研究〉, 《遼寧省考古博物館學會成立大會會刊》, 1981.

32 張廣文, 《玉器史話》, 紫禁城出版社, 1991, 2쪽. 수암옥의 주요 성분은 蛇紋岩으로 硬度 2.5~5.5·比重 2.5~2.8의 우수한 품질의 옥으로 밝혀졌다.

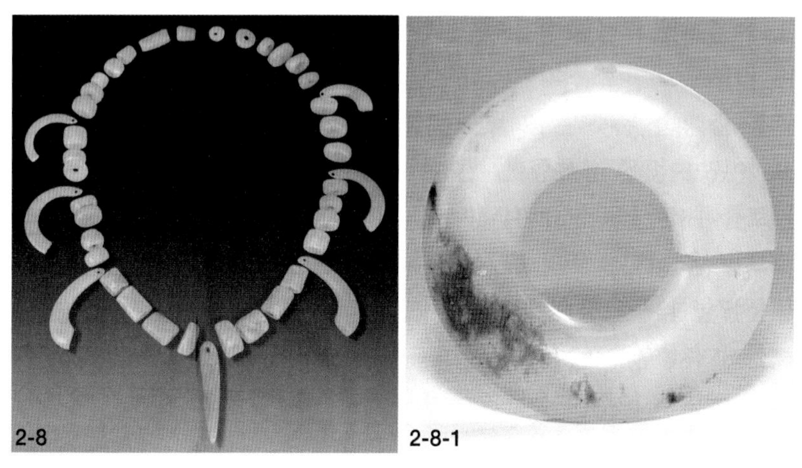

〈그림 2-8〉 홍산문화유적에서 출토된 옥목걸이
〈그림 2-8-1〉 홍산문화유적에서 출토된 옥귀걸이

과 같이 밝혔다. 지금의 흑룡강에서 길림성에 이르는 지역을 조사한 결과, 수암옥과 유사한 고옥석 산지가 발견된 적이 없었고, 흑룡강성에서 출토된 옥기양식이 홍산문화의 것과 서로 유사하다는 것이다.[33] 이러한 내용은, 신석기시대 흑룡강성지역에 살던 사람들이 요령성의 수암과 관전寬甸 일대에서 옥기의 재료를 가져왔을 것으로 추정케 한다.

발굴자들은 흑룡강성지역의 옥문화를 만들어낸 종족이 동이족 혹은 고부여古夫餘보다 앞선 토착문화를 지녔을 것으로 보았다.[34] 이후 요서지역에 위치했던 부여가 분열하는 과정에서 흑룡강성지역

33 孫長慶·殷德明·干志耿, 〈黑龍江古代玉器文化問題的提出與研究〉, 《中國考古集成》 東北卷 新石器時代(二), 北京出版社, 2007, 1976쪽; 黑龍江省博物館, 〈昻昻溪新石器時代遺址的調査〉, 《中國考古集成》 東北卷 新石器時代(二), 北京出版社, 2007, 2043쪽.

34 孫長慶·殷德明·干志耿, 〈黑龍江古代玉器文化問題的提出與研究〉, 《中國考古集成》 東北卷 新石器時代(二), 北京出版社, 2007, 1988~1989쪽.

으로 이주해,[35] 이러한 토착문화의 전통을 이어 옥문화를 한층 더 발전시키게 된다. 그 좋은 예로 《삼국지》 〈오환선비동이전烏丸鮮卑東夷傳〉 부여전에는, 동부여에서는 붉은 옥과 대추만한 아름다운 구슬이 나고(이 책의 제5장 〈그림 5-39〉 참조), 사람들이 선대부터 줄곧 전해오는 옥벽玉璧과 옥규玉珪, 옥찬玉瓚 등을 보물로 여겼다고 기술되어 있다.[36]

흑룡강성지역에서 옥기가 출토된 지역과 출토량은 송눈松嫩평원지역이 가장 많고, 나음이 상광재령張廣才岭과 소흥안령小興安岭 이동지역이다. 장광재령과 소흥안령 서록西麓 구릉평원 지역은 비교적 적은 편이다. 이처럼 송눈평원지역이 출토지와 출토량에서 월등히 우세한 것은, 이 지역이 요서지역과 비교적 가깝기 때문일 것이다. 이 지역에서 출토된 옥기는 크게 장식품과 비실용성 생산도구로 구분된다. 중국학자들은 출토된 옥기를 대체로 패珮, 부斧, 분錛, 환環, 황璜, 비匕, 산鏟, 착凿, 만두상慢頭狀 옥기玉器, 주珠, 관管 등으로 구분했다. 두드러지는 차이는 홍산문화 옥장식품과 달리, 흑룡강성 옥기문화에서는 위에 나열한 것처럼 짐승모양의 옥제품이 발견되지 않는다는 점이다.[37]

홍산문화에서 나타나는 짐승모양의 옥제품이 흑룡강성지역에서는 출토되지 않는 것은 다음의 이유에서일 것이다. 홍산문화는 우하량지역의 유적분포에서도 나타나듯이, 여신상이 출토된 여신무덤과

---

35 윤내현, 《한국열국사연구》, 지식산업사, 1998, 68~81쪽 참조.

36 《三國志》 卷13 〈烏丸鮮卑東夷傳〉夫餘傳. "……出名馬·赤玉·貂狖·美珠.……今夫餘庫有玉璧·珪·瓚數代之物, 傳世以爲寶, 耆老言先代之所賜也."

37 孫長慶·殷德明·干志耿, 〈黑龍江古代玉器文化問題的提出與研究〉, 《中國考古集成》 東北卷 新石器時代(二), 北京出版社, 2007, 1976쪽; 黑龍江省博物館, 〈昻昻溪新石器時代遺址的調查〉, 《中國考古集成》 東北卷 新石器時代(二), 北京出版社, 2007, 2043쪽 참조. 흑룡강성지역에서 옥기가 많이 출토된 유적은 肇源縣에 위치한 望海屯유적과 商志業布力유적, 依安縣 烏裕爾河大橋유적, 杜爾伯特 李家崗유적, 刀背山유적등으로 새김무늬 질그릇이 동반유물로 많이 출토되었다.

함께 적석총 형태로 건축된 제단유적들이 산재해 있다. 여신무덤 유적에서는 신전터가 발견되었고, 동남쪽에 위치한 우하량 제2지점에서는 원형과 방형의 거대한 제단 유적이 발굴되었다. 현재도 홍산문화 여러 지역에는 발굴조사가 진행되고 있는데 거대한 적석총들이 계속 발견되고 있다. 이처럼 홍산문화유적들의 성격은 대규모 종교의식과 밀접한 관련을 갖고 있어, 다양한 짐승모양의 옥기가 출토되었을 것이다. 이로부터 자연과 짐승을 대상으로 한 주술적인 의식이 있었을 가능성을 생각할 수 있다. 이와 달리 흑룡강성지역의 무덤들은 단순히 주검을 매장한 무덤이기 때문에, 장식품과 비실용적인 생산도구만을 옥기로 만들어 매장했을 것이다.

이러한 특징은 길림성지역에서도 마찬가지로 나타난다. 길림성지역 신석기시대유적에서는 백석白石으로 만든 구슬,[38] 곡옥장식품,[39] 옥환玉環,[40] 옥추玉墜,[41] 옥패玉佩, 옥관玉管, 옥벽玉璧,[42] 옥부玉斧, 옥구슬, 옥환玉環[43] 등이 출토되었다. 이들은 대부분 새김무늬질그릇과 함께 출토되었으며, 구멍이 있어 홍산문화에서 출토된 것들과 마찬

38 劉振華, 〈吉林省原始文化中的幾種新石器時代遺存〉, 《中國考古集成》 東北卷 新石器時代(二), 北京出版社, 1997, 1698쪽; 李蓮, 〈吉林安廣縣永合屯細石器遺址調查簡報〉, 《中國考古集成》 東北卷 新石器時代(二), 北京出版社, 1997, 1963쪽.

39 何明, 〈吉林省新石器時代的考古發現與認識〉, 《中國考古集成》 東北卷 新石器時代(二), 北京出版社, 1997, 1704쪽.

40 吉林省文物考古研究所, 〈吉林東豊縣西斷梁山新石器時代遺址發掘〉, 《中國考古集成》 東北卷 新石器時代(二), 北京出版社, 1997, 1848쪽.

41 延邊博物館, 〈吉林省龍井縣金谷新石器時代遺址淸理簡報〉, 《中國考古集成》 東北卷 新石器時代(二), 北京出版社, 1997, 1889~1890쪽.

42 吉林省文物考古研究所·白城地區博物館·長岭縣文化局, 〈吉林長岭縣腰井子新石器時代遺址〉, 《中國考古集成》 東北卷 新石器時代(二), 北京出版社, 1997, 1903~1915쪽; 李蓮, 〈吉林安廣縣永合屯細石器遺址調查簡報〉, 《中國考古集成》 東北卷 新石器時代(二), 北京出版社, 1997, 1966쪽.

43 李景冰, 〈鎭賓聚寶山砂場遺址調查〉, 《中國考古集成》 東北卷 新石器時代(二), 北京出版社, 1997, 1928~1930쪽; 王國范, 〈吉林通榆新石器時代遺址調查〉, 《中國考古集成》 東北卷 新石器時代(二), 北京出版社, 1997, 1935쪽.

가지로 옷에 달거나 걸었던 것으로 생각된다.

위에서 서술했듯이 요령성의 흥륭와유적과 강원도 고성군 문암리 유적에서, 요령성의 수암과 관전 일대의 옥으로 만들었을 동아시아 최초의 옥고리가 새김무늬질그릇과 함께 출토되었다.[44] 그리고 길림성과 흑룡강성지역에서 수암옥으로 만든 옥장식이 새김무늬질그릇과 함께 출토된 사실은, 신석기시대부터 한반도와 만주지역이 하나의 문화권이었다는 사실과, 옥기의 양식이 홍산문화의 것과 비슷한 특징을 가지게 된 까닭을 발해 준다.

흥륭와문화 이후 옥기의 발달은 동석병용시대인 홍산문화로 이어지고, 같은 시대인 소하연문화(서기전 3000~서기전 2000년)를 거쳐 초기 청동기시대인 하가점 하층문화로 계승되는데, 이 시기에 고조선이 출현하게 된다.[45] 고조선문화로 추정되는 하가점 하층문화유적에서 옥기가 많이 보이는데, 이 유적들의 지리적인 분포는 매우 광범위하다. 하가점은 동으로는 요령성 중부의 의무여산醫巫閭山, 서로는 내몽고 적봉시 칠로도산七老圖山 산록에 다다른다. 남으로는 하북성과 내몽고, 그리고 요령성의 경계를 이루는 연산燕山 남부를 가로질

44 中國社會科學院考古研究所, 〈-遺址保存完好房址布局清晰葬俗奇特出土玉器時代之早爲國內之最-興隆洼聚落遺址發掘獲碩果〉, 《中國考古集成》 東北卷 新石器時代(一), 北京出版社, 1997, 608쪽; 국립문화재연구소, 《고성 문암리유적》, 2005.

45 고고학자들은 夏家店 下層文化를 비파형동검문화의 전신으로 보며 고조선문화로 분류한다(한창균, 〈고조선의 성립배경과 발전단계 시론〉, 《國史館論叢》 제33집, 국사편찬위원회, 1992, 7~20쪽; 林炳泰, 〈考古學上으로 본 濊貊〉, 《韓國古代史論叢》 1, 가락국사적개발연구원, 1991, 81~95쪽 참조). 한창균은 한반도와 만주에서 발굴된 고고학 자료들을 종합적으로 세밀하게 분석·검토하고 다음과 같은 결론을 내었다. 즉 요서지역의 신석기문화인 홍산문화는 그 지역의 초기 청동기문화인 하가점 하층문화로 발전했고, 하가점 하층문화는 비파형동검문화인 하가점 상층문화로 발전했으며, 이것이 철기시대로 발전하였기 때문에 고조선을 서기전 2333년부터 끊어서 보아서는 안 되며 그 이전 사회로부터 점차 발전되어 왔다는 점을 인식해야 한다는 것이었다. 그리고 홍산문화기를 추방(chiefdom)사회 단계로 상정하면서 이러한 사회를 기초로 하여 초기 청동기문화인 하가점 하층문화시기에 고조선이라는 국가가 출현했을 것으로 보았다.

러 흐르는 서랍목윤하西拉木倫河유역에 이른다. 이 지역에서는 많은 유적들이 계속 발굴·조사되고 있는데,[46] 여러 유적들 가운데 대전자大甸子유적[47]과 북표 풍하豊下유적에서 옥기가 가장 많이 출토되었다. 이 유적들에서 출토된 옥기는 주로 장신구이고, 장식용일 것으로 보이는 도끼 등의 연장도 출토되었다. 이 출토품들에서 보이는 양식은 후기 신석기시대 문화인 내몽고 적봉시 홍산후 마을에서 발견된 유물을 특징으로 하는 홍산문화의 특징을 그대로 지속하고 있다.

한반도지역에서는 서기전 10000~서기전 6000년에 속하는 강원도 고성 문암리유적에서 옥귀걸이가 출토되었다. 관옥管玉의 경우, 춘천 교동 혈거유적과 김해 옹관이나 김해 무계리의 지석묘 등 석기시대에서 금속사용시기에 걸쳐 출토되고 있다.[48] 굽은 옥은 함평 초포리 지역에서 초기철기시대의 것이 출토된 바 있고,[49] 청동기시대 가야유적인 창원 신촌리유적에서 굽은 옥을 비롯한 여러 가지 옥제품들이 출토되었다.[50] 북한지역에서는 청동기시대(서기전 2000년대 말~서기전 1000년대 초)에 속하는 황해북도 황주군 침촌리유적에서 둥근 구슬옥이 출토되었다.[51] 같은 청동기시대(서기전 2000년대 말~서기전 1000년대 초)에 속하는 함경북도 무산군 무산읍에 위치한 범

46 복기대, 《요서지역의 청동기시대 문화연구》, 백산자료원, 2002, 20~21쪽. "이 지역에서 지금까지 발굴 조사된 유적은 赤峰市 藥王廟, 夏家店, 蜘蛛山, 敖漢旗 大甸子, 范仗子, 白斯郎營子, 南台子, 南山根, 三座店, 四分地, 西道村, 小榆樹林子, 北票豊下, 建平 水泉, 喀喇沁, 朝陽 勝利三角城子, 朝陽 熱電廠, 錦西 水手營子, 郜集屯, 錦州 山河營子, 義縣 向陽嶺, 阜新 平頂山, 庫論, 奈曼旗유적 등이다."

47 內蒙古 自治區의 敖漢旗 大甸子遺蹟은 서기전 1440±90년(3390±90 B.P.) 470±85년(3420±135 B.P.)으로 교정연대는 서기전 1695±135년·1735±135년이다(中國社會科學院考古研究所, 《中國考古學中碳十四年代數據集》, 文物出版社, 1983, 25쪽 참조).

48 金元龍, 《韓國考古學研究》, 일지사, 1992, 114~115쪽.

49 국립광주박물관, 《국립광주박물관》, 통천문화사, 1994, 26쪽.

50 국립김해박물관, 《국립김해박물관》, 통천문화사, 1998, 28쪽.

51 조선유적유물도감편찬위원회, 《조선유적유물도감-원시편》, 동광출판사, 1990, 179쪽.

의구석유적에서는 직경 9.7센티미터의 옥환玉環이 출토되었고,[52] 함경북도 나진시 유현동에 위치한 초도유적[53]과 자강도 중강군 토성리에 위치한 토성리유적에서는 긴 대롱모양과 둥근 모양의 옥들이 출토되었다. 같은 청동기시대의 것으로, 평양지역에서도 굽은 옥이 발견되었다.[54] 이 같은 한반도지역의 옥기는, 그 뒤 매우 정교하고 다양한 발달 양상을 보여준다.

숙신족의 유적일 것으로 추정되는[55] 서기전 5세기에서 서기전 4세기경에 속하는 길림성 서단산무덤유적에는 남성과 여성이 따로 매장되었다. 서단산유적에서도 옥장식품이 다량 출토되었다. 서단산문화의 장식품은 돌과 옥으로 만든 것이 가장 많았고, 청동류와 아골牙骨로 만든 것이 가장 적었다. 옥으로 만든 장식품 가운데 백석관白石管은 절대적으로 많은 수량을 차지하는데, 그 수가 1,559개나 된다.[56] 이처럼 고조선 후기유적에서도 많은 양의 옥제품이 보이는

---

52 조선유적유물도감편찬위원회, 위의 책, 204쪽.

53 조선유적유물도감편찬위원회, 위의 책, 208쪽.

54 조선유적유물도감편찬위원회, 위의 책, 292쪽.

55 東北考古發掘團, 〈吉林西團山石棺墓發掘報告〉, 《中國考古集成》 東北卷 靑銅時代(三), 北京出版社, 1997, 2158쪽; 中國社會科學院考古研究所, 《新中國的考古發現和研究》, 文物出版社, 1984, 344~345쪽. 발굴자들이 서단산문화가 동부여나 고구려가 이 지역에 건국되기 이전 고조선 후기의 토착문화일 것으로 추정하는 것은 옳다. 북부여의 지배세력이 동쪽으로 이동하여 서기전 59년에 세운 동부여는 지금의 길림성 북부와 내몽고자치구 동부일부지역과 흑룡강성지역을 차지하고 있었다. 그러나 서단산문화 가운데 가장 이른 시기의 유적인 길림성 영길현의 성성초유적(吉林省博物館·永吉縣文化館, 1983, 〈吉林永吉星星哨石棺墓第3次發掘〉, 《考古學集刊》 3, 中國社會科學出版社, 120쪽)은 연대가 서기전 1000년대 초(이 유적의 방사성탄소측정연대는 서기전 1015±100년(2965±100 B.P.)인데 교정연대는 서기전 1275±160년이다. 中國社會科學院考古研究所, 《中國考古學中碳14年代數據集》, 文物出版社, 1983, 34쪽)이므로 동부여나 고구려가 건국되기 훨씬 이전 고조선시대 후기 그 지역의 토착문화유적(윤내현, 앞의 책, 75~76쪽)으로 해석하는 것이 옳을 것이다.

56 董學增, 〈試論西團山文化的裝飾品〉, 《中國考古集成》 東北卷 靑銅時代(三), 北京出版社, 1997, 2206쪽.

것은 신석기시대 초기 흥륭와유적의 옥장식이 홍산문화에서 꽃피고 다시 고조선문화로 이어졌음을 알게 한다.

이상의 사실들을 근거로, 한반도와 만주의 전 지역에서는 중국보다 앞서 신석기시대 초기부터 곡옥을 비롯한 다양한 옥제품이 생산되었다는 사실을 알 수 있다. 그리고 이 옥기들이 재질뿐만 아니라 양식 또한 홍산문화에서 보이는 양식과 같은 계통의 것으로, 그것이 고조선복식문화로 이어졌음을 알 수 있다. 이 같은 내용으로 미루어 보면, 오히려 옥기 등의 문화가 한반도와 만주지역에서 기원하여 중국에 전파되었을 가능성이 클 것으로 생각된다. 그러므로 지금까지와 같이 동아시아의 모든 문화가 황하유역으로부터 다른 지역으로 전파되었을 것이라고 보는 선입관도 수정되어야 할 것이다.

지금까지 홍산문화의 복식유물을 해석하고, 이를 고조선복식문화와 관련해 고찰한 선행연구는 없었다. 이 연구는 고고학의 발굴보고서 등을 중심으로 이웃나라와의 비교를 통해 홍산문화로부터 비롯된 우리 복식문화를 실증적으로 해석하고자 한다. 아울러 홍산문화를 고스란히 이어받은 고조선복식문화가 이후 삼국시대에 이르기까지 일관되게 보여주는 지속성의 실체와 정체를 해석하고자 한다.

2 옥으로 만든 복식유물과 고유양식의 지속

1) 속발束髮과 옥 절풍의 고유양식

홍산문화유적의 우하량 1호 적석총 M4와 M15유적에서 옥고玉箍(그림 2-9)[57]가 1개씩 출토되었다. 발굴자들은 옥고의 출토위치가 두개골 아래 혹은 정수리 아래쪽일 것이라 밝히며 속발구束髮具로 쓰였을 것으로 추정했다. 옥고는 속이 비스듬히 드러나 보이는 원통형으로 윗부분이 아랫부분보다 약간 넓으며, 아랫부분의 양쪽에는 각기 1개의 작은 둥근 구멍이 있어 머리꽂이를 꽂을 수 있다. 발굴자들은 머리를 정수리에서 묶고 옥고가 이를 덮었을 것인데, 무게 때문에 미끄러지므로 머리꽂이로 고정시켰을 것이라 설명했다. 또한 이 옥장식이 머리 장식품뿐만 아니라, 신분을 나타내는 상징물의 구실도 했을 것으로 보았다.[58]

실제로 홍산문화에서 출토된 조개껍질로 만든 인형(그림 4-2 참조)의 머리양식은 틀어 올린 상투머리양식이고, 상투 위에 옥고와 유사한 것을 덮어씌워 매무새를 갖춘 모양이다. 홍산문화에 속하는 내몽고 파림우기巴林右旗 나사태那斯台유적에서 출토된 석인의 머리양식(그림 2-10)[59]도 틀어 올린 상투 모양이다. 이러한 머리양식은 같은 시대 북방지역 석인상이 긴 머리를 틀어 올리지 않고 그대로 늘어뜨린 것과 구별된다.

57 戴煒·侯文海·鄭耿杰, 앞의 책, 147쪽; 遼寧省博物館·遼寧省文物考古研究所, 앞의 책, 19쪽.

58 周亞利, 〈紅山文化祭祀舞蹈考〉, 《中國考古集成》 東北卷 新石器時代(二), 北京出版社, 1997, 1573쪽.

59 巴林右旗博物館, 〈內蒙古巴林右旗那斯台遺址調査〉, 《中國考古集成》 東北卷 新石器時代(一), 北京出版社, 1997, 542쪽, 圖 11.

〈그림 2-9〉 홍산문화유적에서 출토된 옥고들

신석기시대 한반도와 만주의 유적에서는 뼈와 뿔, 돌, 토기조각 등으로 만든 머리꽂이가 골고루 출토되었는데, 이는 머리를 틀어 올리고 꽂는 데에 사용되었을 것으로 생각된다.[60] 머리꽂이는 주로 문양 없이 밋밋한 것이 대부분인데, 간혹 장식적 효과를 나타내기 위해 점 또는 선을 누르거나 그어서 문양을 새긴 것들이 있다. 이러한 문양은 신석기시대 한반도와 만주지역에서 출토된 질그릇이나 가락바퀴 등에 보이는 문양과 같은 양식으로, 이후 고조선으로 이어진다.

60 朴仙姬, 〈유물자료로 본 고조선 이전 시기의 복식문화 수준〉, 《단군학연구》 제20호, 2009, 101~109쪽.

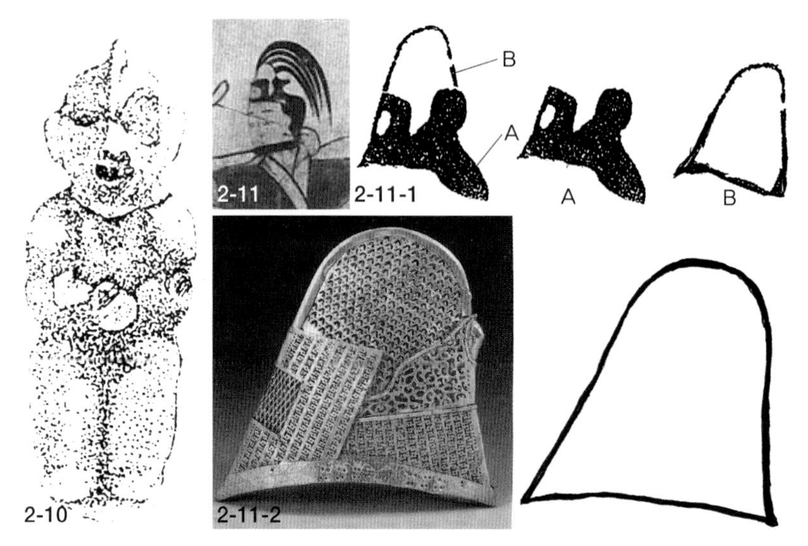

〈그림 2-10〉 나사태유적에서 출토된 석인의 머리양식 〈그림 2-11, 2-11-1〉 고구려 무용총에서 보이는 절풍을 쓴 모양, 절풍의 구조, 〈2-11-2〉 천마총에서 출토된 금으로 만든 절풍

이러한 사실로부터 고조선 이전 시기 한반도와 만주에서 거주하던 사람들이 머리꽂이를 사용해 일정한 머리양식을 갖추기 시작했음을 알 수 있다. 머리꽂이는 틀어 올리는 머리양식을 위한 것이기도 하지만, 고조선과 고구려에서 틀어 올린 머리를 덮는 데 사용한 변弁이나 절풍折風(그림 2-11, 2-11-1, 2-11-2)[61]과 같은 모자를 고정시키는 역할도 했을 것이다. 계笄는 주로 틀어 올린 머리를 고정시키는 머리꽂이를 가리킨다. 그러나 《설문해자》에서 "잠야簪也"라 했듯이, 후에 잠簪으로 불리며 관이 벗겨지지 않도록 고정시키는 역할을 하기도 했다.

홍산문화기에 속하는 우하량유적에서는 절풍모양의 작은 옥장식

61 朝鮮畵報社, 《高句麗古墳壁畵》, 朝鮮畵報社出版部, 1985, 무용총 무용도 부분; 박선희, 《우리금관의 역사를 밝힌다》, 지식산업사, 2008, 58쪽, 그림 30·31 참조.

품(그림 2-12)[62]이 출토되었다. 이 옥장식품이 절풍을 조각한 것이라면, 절풍은 고조선보다 앞선 시기부터 사용되었을 것이다. 따라서 홍산문화에서 출토된 옥고는 고조선시대에 널리 사용되던 절풍의 초기형태로 볼 수 있을 것이다. 이러한 사실들은 고조선시대의 틀어 올린 머리와 관모양식이 신석기시대부터 형성된 것임을 알게 한다.

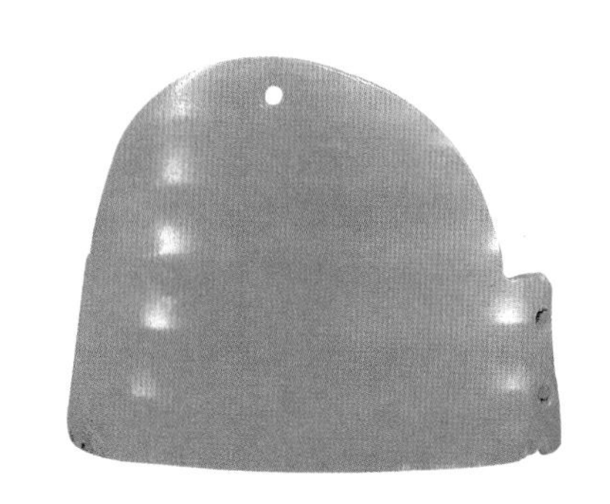

〈그림 2-12〉
우하량유적에서 출토된 절풍으로 보이는 옥장식

실제로 《후한서》와 《삼국지》 및 《진서》 등에는 고대 한민족이 머리를 틀어 올렸음을 설명하고 있다.[63] 이 기록들은 고조선이 붕괴된 후의 한韓에 관한 것이지만, 이러한 머리양식은 고조선으로부터 계승되었을 것이다.

고조선시대에는 머리꽂이를 금속으로 만들기도 하는데, 춘추시대 후기에 속하는 요령성 금서錦西 사과둔沙鍋屯유적에서는 금으로 만든 18센티미터 길이의 머리꽂이가 출토되기도 했다.[64] 이처럼 서열이 높은 금속인 금으로 머리꽂이를 만들어 사용했던 것으로 보아, 당시 틀어 올린 머리양식이 복식양식에서 큰 의미를 가졌다고 생각된

62 朝陽市文化局·遼寧省文物考古研究所, 《牛河梁遺址》, 學苑出版社, 2004, 53쪽, 圖 68.

63 《後漢書》 卷85 〈東夷列傳〉 韓條. "대체로 머리를 틀어 묶어 상투를 드러낸다(大率皆魁頭露紒)."; 《三國志》 卷30 〈烏丸鮮卑東夷傳〉 韓傳. "그들의 성질은 굳세고 용감하며 머리카락은 틀어 묶어 상투를 들어내는데 마치 날카로운 병기와 같다(基人性彊勇, 魁頭露介如炅兵)."; 《晋書》 卷97 〈列傳〉 馬韓條. "남자들은 머리를 틀어 상투를 드러낸다(其男子科頭露紒)."

64 韓立新, 〈錦西沙鍋屯發現春秋晚期墓葬〉, 《中國考古集成》 東北卷 青銅時代(二), 北京出版社, 1997, 1580쪽.

〈그림 2-13〉 감숙성에서 출토된 채색질그릇에 보이는 단발머리양식

다. 같은 춘추시대에 속하는 고조선의 유적인 오한기 초보산 제사유적에서 출토된 남자상[65]은 머리를 정수리 위에 틀어 올리고 그 위에 절풍과 같은 상투만을 덮는 모자를 쓴 모양이다(그림 1-9 참조). 농경문청동기에 보이는 농기구를 들고 있는 두 사람도 모두 머리를 틀어 올렸다.[66]

중국의 선사시대 유적에서는 머리꽂이가 출토되지만 한반도와 만주지역에서처럼 모든 유적에서 골고루 출토되지 않는다. 중국에서 머리꽂이는 주로 황하 중류유역에서 출토된다.[67] 하북성 자산유적에서 뼈로 만든 머리꽂이가 출토되었고, 서안 반파유적에서 돌과 뼈 등으로 만든 머리꽂이가 많이 출토되었다. 이같이 황하중류유역에서 주로 머리꽂이가 출토되는 것은, 그 지역의 머리양식으로 설명될 수 있을 것이다. 좋은 예로 감숙성 태안대지만泰安大地灣에서 출토된 신석기시대 채색질그릇에 보이는 머리양식은 이마를 덮은 단발머리

65 昭國田, 《敖漢旗文物精華》, 內蒙古文化出版社, 2004 참조.

66 국립중앙박물관 소장.

67 沈從文, 《中國古代服飾研究》, 商務印書館, 1981, 7~10쪽 참조.

이다(그림 2-13).[68] 감숙성 임조臨洮에서 출토된 채색질그릇에 보이는 머리모양은 정수리에서부터 S자 모양으로 땋아 내려뜨린 모양이다(그림 1-13 참조).[69] 청해성 대통현大通縣 상손가색上孫家塞에서 출토된 채색질그릇에 보이는 그림의 사람들은 모두 짧게 묶은 머리를 했다(그림 1-14 참조).[70] 이처럼 이마를 덮은 단발머리와 땋은 머리모양에는 머리꽂이를 사용하지 않았을 것이다.

이후 황하 중류유역에 위치했던 상왕조의 유적인 안양 은허殷墟 5호무덤에서는 묘주인 부호婦好의, 옥으로 만든 머리꽂이 20여 개와 뼈로 만든 머리꽂이 490여 개가 출토되어[71] 머리양식이 무척 호화로웠을 것으로 생각된다. 고고학의 출토자료를 보면, 상왕조시대의 남자들은 머리를 정수리에서 짧게 땋아 내려뜨리거나 머리 전체를 말아 올렸는데, 그 실제모습이 부호묘에서 출토된 옥인과 석인에서 나타난다(그림 1-15와 그림 1-16 참조).[72] 석인의 머리양식은 모자 안으로 머리를 말아 올려야 하므로 머리꽂이를 여러 개 사용해야 했을 것이다.

이러한 머리꽂이의 사용방식은 한민족의 머리양식처럼 상투를 트는 데 사용하는 것이 아니고, 부분적으로 틀어 올리는 데 사용하는 것이다. 이러한 사실들은 한반도와 만주 대부분의 선사유적에서 머리꽂이가 출토되는 것과 달리, 중국의 선사시대 유적에서는 주로 황하 중류유역을 중심으로 머리꽂이가 출토되는 요인일 것이다.

고조선시대 한반도와 만주지역에서 변이나 절풍과 같이 상투머리

68 沈從文, 앞의 책, 8쪽 圖 5의 1·2.

69 沈從文, 앞의 책, 6쪽 圖 4의 1·2.

70 周迅·高春明, 《中國五千年 女性裝飾史》, 京都書院, 1993, 17쪽.

71 中國科學院考古研究所安陽工作隊, 〈安陽殷墟五號墓的發掘〉, 《考古學報》 1977年 第2期 참조.

72 上海市戲曲學校中國服裝史研究組 編著, 周迅·高春明 撰文, 《中國服飾五千年》, 商務印書館香港分館, 1984, 15·17쪽.

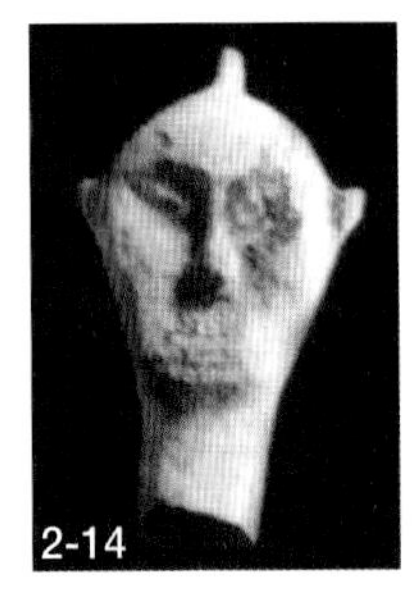

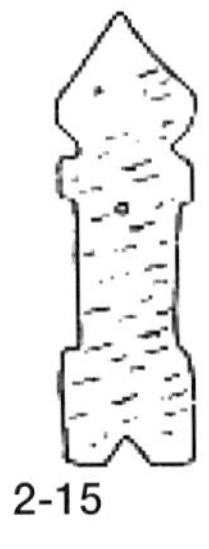

〈그림 2-14〉 모아산유적에서 출토된 청동으로 만든 사람의 머리양식
〈그림 2-15〉 흑룡강성 동부여의 무덤유적에서 출토된 인형식

만을 덮는 폭이 좁고 높이가 있는 모자를 썼던 것은 홍산문화시대에 형성되어 널리 정형화된 머리양식이다. 고조선 멸망 이후 여러나라시대와 삼국시대로 오면서 부여와 고구려, 신라, 백제, 가야 등에서 상투머리에 변이나 절풍을 많이 썼는데, 이는 고분벽화에 보이는 관모와 출토된 유물들로부터 확인된다. 실제로 부여사람들의 틀어올린 머리양식에서도 지속성이 보인다. 이는 길림시 모아산帽兒山유적에서 출토된, 청동으로 만든 사람(그림 2-14)[73]에서도 나타난다. 이 같은 머리양식은 홍산문화에서 출토된 조개껍질로 만든 인형[74]의 것과 유사하다. 또한 상투머리에 쓴 모자가 동한시대 초기에 속하는 흑룡강성 액이고납우기額爾古納右旗 납포달림拉布達林에 위치한 동부여의 무덤유적에서 출토된 인형식人形飾(그림 2-15)[75]에서 확인된다. 발굴자들은 이 유적을 선비족의 유적일 것으로 추정하지만, 이 시기 이 지역에는 동부여가 있었기 때문에 자작나무 껍질로 만든 인형식은 동부여의 유물이 분명하다.

같은 머리양식이 유금으로 만들어진 부여와 고구려의 가면에서도 보인다. 길림시 동단산에서 출토된, 유금으로 만들어진 입체감

73 黃斌·黃瑞, 《走進東北古國》, 遠方出版社, 2006, 72쪽.

74 戴煒·侯文海·鄭耿杰, 《眞賞紅山》, 內蒙古人民出版社, 2007, 190쪽.

75 內蒙古文物考古研究所·呼倫貝爾盟文物管理站·額爾古納右旗文物管理所, 〈額爾古納右旗拉布達林鮮卑墓郡發掘簡報〉, 《中國考古集成》 東北卷 兩晋至隋唐(一), 北京出版社, 1997, 114~122쪽. 이 유적 M24묘에서 출토된 청동방울은 고조선 청동방울의 특징인 타원형을 하고 있고, M6무덤에서 출토된 잔줄무늬 청동거울과 청동장식단추 등도 고조선 유물의 특징을 그대로 보이고 있어 이 유적이 동부여의 것임을 뒷받침한다.

있게 만들어진 가면(그림 2-16)[76]은 머리 부분이 훼손되었는데, 발굴자들이 정수리부분을 그림에서와 같이 점선으로 나타낸 것으로 보면 상투머리 양식이다. 또한 고구려의 유금으로 만든 가면은 윗부분이 손상되었으나, 이것 또한 정수리부분이 올라간 양식이다(그림 2-17).[77] 신라시대 초기 토우들의 머리모양을 보면, 모두 크고 작은 머리꽂이를 사용하여 틀어 올린 맨머리를 변이나 절풍으로 씌워 아름답게 꾸몄다. 경주 황남리에서 출토된 남자 토우들이 대부분 고깔 모습을 한 관을 쓰고 있어, 고조선을 이어 변弁을 썼음을 알 수 있다. 부여에서 출토된

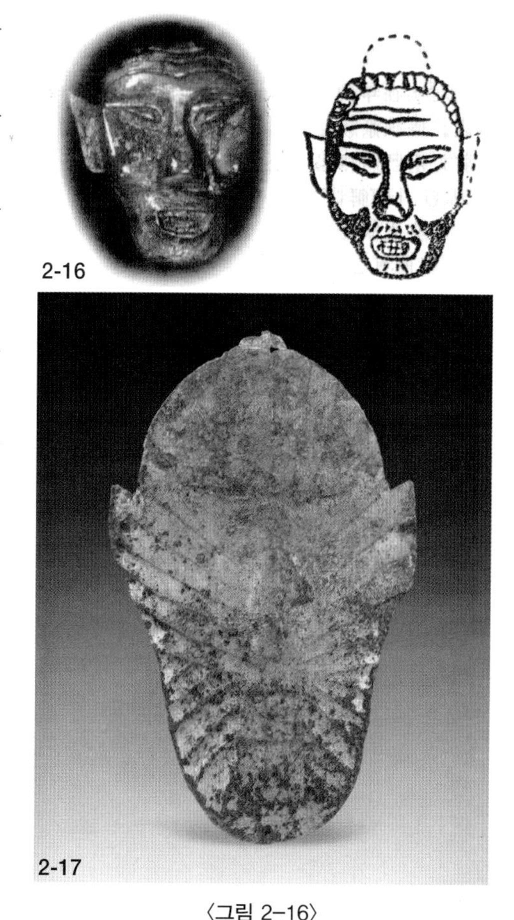

〈그림 2-16〉
동단산유적에서 출토된 금으로 만든
동부여의 가면과 모사도
〈그림 2-17〉
북표에서 출토된 고구려의 금으로 만든 가면

76 李文信, 〈吉林市附近之史迹及遺物〉, 《中國考古集成》 東北卷 綜述(二), 北京出版社, 1997, 1364쪽; 黃武·黃瑞, 앞의 책, 67쪽; 馬德謙, 〈談談吉林龍潭山·東團山一帶的漢代遺物〉, 《中國考古集成》 東北卷 秦漢之三國(二), 北京出版社, 1997, 1248~1250쪽.

77 遼寧省博物館·遼寧省文物考古研究所, 《遼河文明展》, 2006, 115쪽.

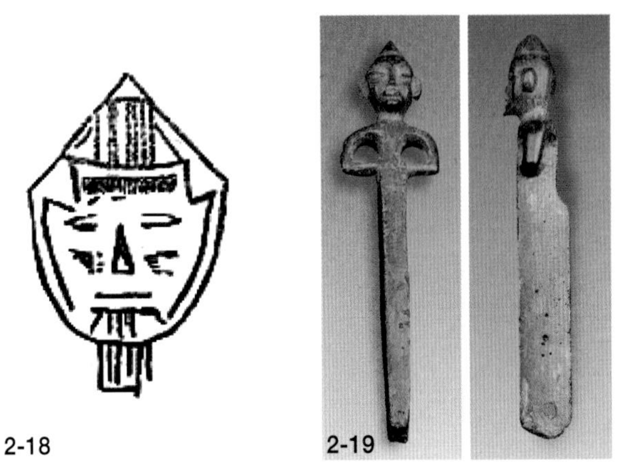

〈**그림 2-18**〉 부여에서 출토된 토기편에 보이는 변의 모습
〈**그림 2-19**〉 우산 2110호무덤에서 출토된 청동인형

토기편에 보이는 변의 모습(그림 2-18)[78]에서, 백제에서도 변을 사용했음이 확인된다. 고구려의 경우도 백성들은 변을 많이 썼는데,[79] 그 실제 모습이 집안에 위치한 우산 2110호무덤에서 출토된 청동인형(그림 2-19)[80]에서 나타난다.

이상의 내용으로부터 고조선 이전 시기 한반도와 만주에 거주하던 사람들은 머리꽂이를 사용해 틀어 올린 상투머리를 했고, 홍산문화시기에는 상투 위에 옥고 등을 씌워 우아한 머리양식을 갖추기 시작했음을 알 수 있다. 이후 고조선시대로 오면, 일반적으로 옥고 대신 상투머리를 덮을 수 있도록 폭이 넓지 않고 높이가 있는 변

78 부여박물관 소장, 백제 토기편.

79 《舊唐書》 卷199 〈列傳〉 高(句)麗傳. "國人衣褐載弁."; 《新唐書》 卷220 〈列傳〉 高(句)麗傳. "庶人衣褐, 載弁."

80 吉林省文物考古研究所·集安市博物館, 《集安高句麗王陵－1990~2003年 集安高句麗王陵調查報告》, 文物出版社, 2004.

〈그림 2-20〉 광개토왕릉에서 출토된 금관과 부속 장식들

이나 절풍과 같은 모자가 발달하게 되었다. 변이나 절풍은 주로 가죽과 자작나무껍질 또는 누에 천을 사용했으나, 이후 금과 은, 금동 등으로 만들어 신분을 상징하기도 했다. 고구려 광개토대왕이 썼던 관 전체를 금으로 만든 금관의 한 부분인 금절풍(그림 2-20)[81]이 좋은 예가 될 것이다. 이후 고구려의 영향을 받은 백제(그림 2-21)[82]와 신라(그림 2-22), 가야에서 만들어진 금관과 금동관 등도 모두 고조

81 吉林省文物考古研究所·集安市博物館 編著, 《集安高句麗王陵》-1990~2003年 集安高句麗王陵調査報告, 文物出版社, 216~334쪽. 집안 광개토왕(서기 391~서기 413년 재위)릉에서 관 전체를 금으로 만든 절풍과 관식들이 출토되었다. 또한 이보다 앞선 서기 4세기 중기에 해당하는 소수림왕(서기 371~서기 384년 재위)의 무덤으로 추정하는 마선구 2100호무덤에서 금으로 만든 관테두리와 관장식이었을 것으로 추정되는 말장식과 봉황새장식이 함께 출토되었다(吉林省文物考古研究所·集安市博物館 編著, 앞의 책, 138~167쪽). 따라서 우리나라에서 관전체가 금관으로 만들어지기 시작한 연대는 현재까지 출토물로 보면 적어도 소수림왕 재위 기간인 서기 4세기경으로 신라에서 금관이 만들어진 서기 5세기보다 앞선 것으로 판단된다(朴仙姬, 《우리금관의 역사를 밝힌다》 참조).

82 충남역사문화원, 《공주수촌리유적 현장설명회 자료》, 2003.

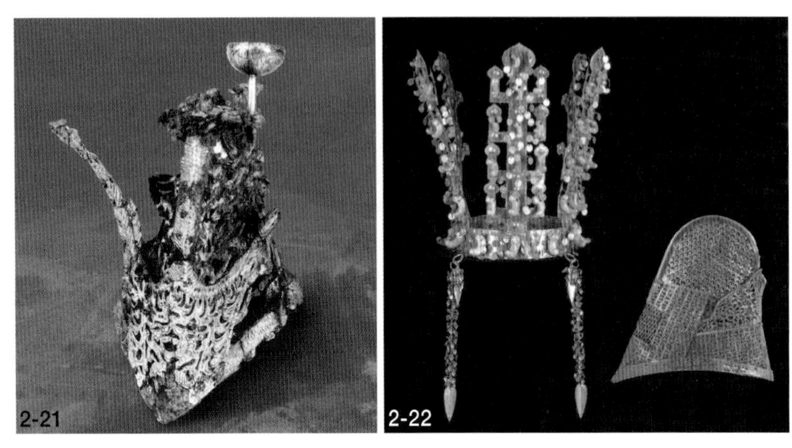

〈**그림 2-21**〉 공주 수촌리 4호무덤에서 출토된 백제의 금동관
〈**그림 2-22**〉 천마총에서 출토된 금관과 속관인 금절풍

선시대부터 오랫동안 지속된 상투머리와 그 위에 썼던 절풍을 기본형으로 하고 있다.[83] 홍산문화로부터 비롯된 고조선문화의 전통에서 우리나라 금관의 실체와 정체성을 재인식할 수 있다.

2) 옥 가락바퀴 문양의 고유양식

홍산문화 후기의 요령성 우하량유적(서기전 3500~서기전 3000년)에서는 옥 가락바퀴(그림 2-23)[84]가 출토되었다. 다른 지역에서 출토된 가락바퀴가 돌이나 토기조각으로 만들어진 것과 달리, 옥 가락바퀴는 옥으로 정교하게 만들어진 것이 특징적이다. 이 옥으로 만든

83 문화재관리국, 《天馬塚 發掘 調查 報告書》, 1974; 국립경주박물관, 《국립경주박물관》, 통천문화사, 1999, 108·109쪽; 朴仙姬, 《우리금관의 역사를 밝힌다》 참조.

84 遼寧省文物考古研究所, 〈遼寧牛河梁紅山文化"女神廟"與積石塚群發掘簡報〉, 《文物》 1986年 第8期, 1~17쪽; 孫守道·郭大順, 〈牛河梁紅山文化女神像的發現與研究〉, 《文物》 1986年 第6期, 19쪽; 孫守道·劉淑娟, 《紅山文化 玉器新品新鑒》, 吉林文史出版社, 2007, 294쪽, 그림 301.

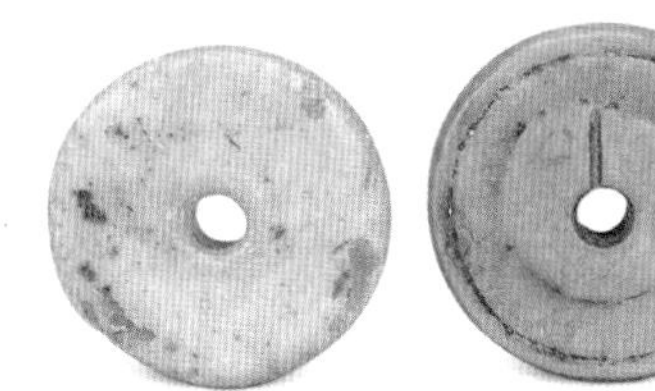
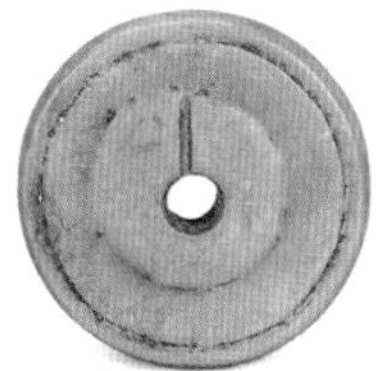

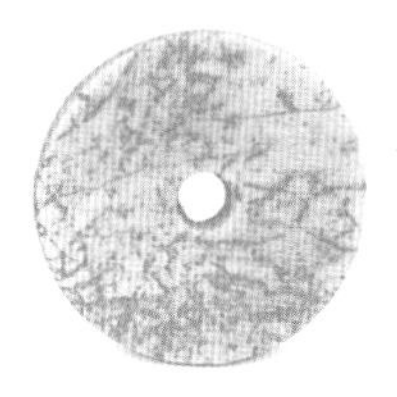

〈**그림 2-23**〉 우하량유적에서 출토된 옥 가락바퀴

가락바퀴 가운데 어느 것은 한반도와 만주지역에서 주로 출토되는 것과 같은 문양인 동심원이 음각되어 있다.

우하량유적에서 보이는 돌무지무덤과 규모가 큰 건축물 및 정교한 옥기의 생산은 많은 인력이 동원되어야 하는 일이다. 따라서 신석기시대 후기에 속하는 우하량유적은 여러 부족이 연맹을 이루어 정치적 지배자가 출현했던 상황을 보여준다. 사회적 신분과 빈부의 차이가 발생하고 전문 수공업자가 출현했으며, 전쟁의 발생과 함께 종교의 권위자가 존재했을 것이다. 이 지역에서 다량의 방직도구와 재봉도구가 출토되는 것도 같은 이유에서라고 생각된다.

앞에서 신석기시대에서 청동기시대로 가는 과정에서 나타나는 주요한 사회변화의 요소로 돌무지무덤, 성터의 출현, 옥기 사용 등을 들었으나, 복식자료에서 본다면 방직도구와 재봉도구의 급격한 증가도 중요한 요소가 될 것이다. 실제로 한반도와 만주지역에서는 신석기시대 이른 시기부터 보편적으로 방직과 재봉이 활발했던 것으로 나타난다.

신석기시대에 이르면, 정착생활과 함께 여러 종류의 마직물을 생산할 수 있는 식물이 재배된다. 마직물은 모직물과 함께 신석기시대의 사람들이 가장 일찍 만들었던 직물이다. 신석기시대에는 뼈 연모 제작기술이 발달하여[85] 가락바퀴와 함께 뼈나 뿔로 만든 송곳과 바늘 등 다양한 도구가 만들어졌고, 마섬유 등을 이용하여 보편적으로 방직과 재봉이 이루어졌다.

한반도에서는 신석기시대 전기 유적인 제주도 고산리유적(서기전 10000~서기전 8000년)에서 그물추가 출토되었고,[86] 서포항유적 제1기층(서기전 6000~서기전 5000년)[87]에서 점선문양이 있는 가락바퀴가 뼈바늘과 바늘통 및 그물추와 함께 출토되어,[88] 그 당시 이미 실을 생산하고 그물을 짜서 사용했음을 알 수 있다.

신석기시대 전기에 속하는 양양 오산리유적(서기전 6000년),[89] 고성 문암리유적(서기전 6000~서기전 3000년),[90] 지탑리유적(서기전 6000~서기전 5000년)집자리,[91] 평안남도 온천군 궁산유적 제1기층(서기전 4500년)[92] 등에서 그물추가 다량으로 발견되어 실이 널리 쓰였

---

85 최삼용, 〈신석기시대의 뼈연모 제작기술 연구〉, 《韓國新石器硏究》 제10호, 한국구신석기연구회, 2005, 103~124쪽.

86 주 21과 같음.

87 김용간·서국태, 〈서포항원시유적발굴보고〉, 《고고민속론문집》 제4집, 사회과학원출판사, 1972, 40~108쪽.

88 고고학연구소, 《고고민속론문집》 제4집, 사회과학원출판사, 1972, 40~108쪽; 고고학·민속학연구소, 《궁산리 원시유적발굴보고》 – 유적발굴보고 제2집, 사회과학원출판사, 1957, 25~26쪽.

89 고동순, 〈양양 오산리유적 발굴조사 개보〉, 《韓國新石器硏究》 제13호, 2007, 113~142쪽.

90 朴玧貞, 〈'02 高城文岩里 先史遺蹟發掘調査〉, 《韓國新石器硏究》 제5호, 한국신석기연구회, 2003, 87~103쪽.

91 도유호·황기덕, 〈지탑리 유적 발굴 중간보고(1)〉, 《문화유산》 5, 사회과학원출판사, 1957, 36쪽; 고고학·민속학연구소, 〈지탑리 원시유적발굴보고〉, 《유적발굴보고》 제8집, 1961.

92 조선유적유물도감편찬위원회, 《조선유적유물도감》 1 원시편, 조선유적유물도감편찬위원회, 1988, 81쪽; 북한학자들은 이 유적을 서기전 4000년대로 편년했으나 任孝宰는 서기전 4500년으로 보고 있다(任孝宰, 〈新石器時代 編年〉, 《韓國史論》 12, 국사편찬위원회, 1983, 707~736쪽; 고고학·민속학연구소, 〈궁산리 원시유적발굴보고〉, 《유적발굴보고》 제2집, 1957; 김용남, 〈궁산문화에 대한 연구〉, 《고고민속론문집》 제8집, 과학백과사전출판사, 1983, 35쪽; 조선기술발전사편찬위원

음을 알 수 있다. 직기의 경우 현재까지 출토된 유물로는 서포항유적 1기층(서기전 6000년)에서 수직식직기의 씨실넣기에 쓰인 뼈 도구가, 중국의 하모도유적(서기전 5010년)에서 출토된 수평식거직기에 사용된 위도 보다 앞선 연대를 보여준다. 이로 본다면 한반도에서 중국보다 이른 시기부터 직기로 짜인 직물이 생산되었을 것이다.[93]

궁산유적과 같은 시기인 서울 암사동유적(서기전 4500년)에서도 그물추와 동심원에 새김문양이 있는 가락바퀴가 발견되어,[94] 실이 널리 쓰였다는 것을 알 수 있다. 가락바퀴는 질기고 긴 실을 얻을 수 있는 도구로, 직물 생산의 중요한 계기를 마련했을 것이다. 신석기시대 후기에 속하는 평양시 사동구역 금탄리유적 제2문화층과 삼석구역 남경유적 신석기시대 집자리(서기전 3000년)에서는, 홍산문화에서 출토된 가락바퀴처럼 동심원이 있거나 새김문양이 있는 가락바퀴와 그물추가 약 3천여 점이나 출토되었다.[95] 특히 대동강기슭에 자리 잡고 있는 남경유적은 분포 범위가 약 5만 제곱미터나 되는 큰 규모의 유적이다. 이 유적에서는 신석기시대 집자리와 청동기시대 집자리 및 고조선의 독무덤이 발굴되면서 4천여 점의 유물이 출토되었다. 이러한 사실은 농업이 발달하여 공동경작을 통한 생산이 이루어졌을 가능성과, 높은 방직기술로 많은 양의 직물을 생산했을 것임을 말해준다. 농포유적(서기전 3000년)에서는 동심원 안에 점선

회, 《조선기술발전사》 원시·고대편, 과학백과사전종합출판사, 1997, 59쪽; 사회과학원력사연구소, 《조선전사》 2-고대편, 과학백과사전출판사, 1979, 30~31쪽).

93 박선희, 《한국고대복식-그 원형과 정체》, 지식산업사, 2002, 93쪽.

94 金元龍, 《韓國考古學研究》, 일지사, 1992, 93쪽; 任孝宰, 〈新石器時代 編年〉, 719~725쪽; 이동주, 〈암사동유적 편년의 새로운 시점〉, 《韓國新石器研究》 제5호, 한국신석기연구회, 2003; 국립중앙박물관, 《암사동》, 국립박물관 고적조사보고 제26책, 1994.

95 김용간, 《금탄리 원시유적발굴보고》, 사회과학원출판사, 1964; 김용간·석광준, 《남경유적에 관한 연구》, 과학백과사전출판사, 1984; 황기덕, 《조선 원시 및 고대사회의 기술발전》, 과학백과사전출판사, 1997, 115~116쪽; 사회과학원력사연구소 고고학연구소, 《원시사》, 과학백과사전종합출판사, 126쪽.

문양과 새김문양이 있는 가락바퀴가 95점이 나왔고, 같은 시대의 서포항유적 5기층에서도 동심원과 점선문양 및 새김문양이 있는 다양한 양식의 가락바퀴와 함께 바늘과 새김문양이 있는 바늘통[96]이 출토되었다.

한반도의 그 밖의 신석기시대 여러 유적에서도 새김무늬질그릇과 함께 가락바퀴가 골고루 출토되었다. 경기북부의 연천 삼거리, 철원의 군탄리, 토성리 등의 유적과 남한강 상류의 신석기시대 후기유적에서 동심원 안에 섬선문양과 새김문양이 있는 가락바퀴가 출토되었다.[97] 남한강가에 위치한 충주시 조동리유적 신석기문화층(서기전 5295±545 B.P.)에서는 질그릇, 낟알, 그물추와 함께 동심원에 새김문양이 있는 가락바퀴가 출토되었다.[98] 강원 영동지역의 문암리와 가평리(서기전 3500~서기전 3000년), 오산리 등의 신석기유적에서도 가락바퀴가 골고루 출토되었다. 남해안 지역의 여러 유적과 경상남도 진주 대평리유적의 집자리에서도 동심원에 다수의 점선문양 혹은 새김문양이 있는 가락바퀴가 출토되었다.[99]

내몽고 적봉시 오한기敖漢旗 소하서小河西유적[100]에서 그물추를 사용했던 것으로 보아, 만주에서는 동아시아지역 가운데 가장 이른 시기에 실을 생산해 복식문화를 이루어나갔을 것으로 생각된다. 소하

96 고고학연구소, 〈서포항원시유적발굴보고〉, 《고고민속론문집》 제4집, 사회과학원출판사, 1972, 69·105쪽.

97 문화공보부 문화재관리국, 〈팔당, 소양댐수몰지구 유적발굴 종합조사보고〉, 1974; 임상택, 〈한반도중부지역 신석기시대 중기 토기의 양상〉, 《先史와 古代》 13호, 한국고대학회, 1999; 강원향토문화연구회, 《홍천군의 역사와 문화유적》, 1996; 강원향토문화연구회, 《횡성군의 역사와 문화유적》, 1995 참조.

98 李隆助·禹鐘允, 《先史遺蹟 發掘圖錄》, 충북대학교박물관, 1998 참고.

99 李亨求, 《晉州 大坪里 玉房 5地區 先史遺蹟》, 선문대학교·경상남도, 2001; 백홍기·지현병, 《강원영동지방의 선사문화연구》, 문화재연구소·강릉대박물관, 1991; 백홍기, 《양양군 가평리 주거지 발굴조사보고 Ⅰ》, 강릉대학교박물관, 1984; 신숙정, 《우리나라 남해안지방의 신석기문화연구》, 학연문화사, 1994.

100 위와 같음.

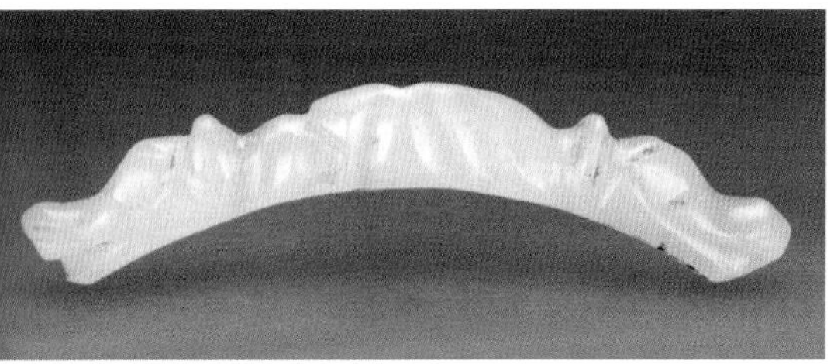

〈그림 2-24〉 객좌 동산취유적에서 출토된 옥장식품

서유적은 내몽고자치구 동부의 흥륭와유적(서기전 6000년경)[101]보다 훨씬 이른 서기전 7000년경에 속하는 동북지역에서 가장 오래된 신석기문화유적으로 발표되기도 했다.[102] 요령성 심양의 북쪽 지역에서 발견된 신석기시대유적으로 서기전 6000년대 후기의 신락문화유적에서도 새김무늬질그릇과 함께 동심원 안에 점선과 새김문양이 있는 가락바퀴와 옥기들이 여럿 출토된 것으로 보아,[103] 직물생산력과 재봉수준이 높았으며 전문 수공업자가 출현했음을 알 수 있다.

홍산문화(서기전 4500~서기전 3000년)의 여러 유적에서도 다양한 크기로 만들어진 많은 양의 가락바퀴가 출토되었다. 대표적인 예로 적봉의 서수천西水泉유적[104]과 동산취東山嘴유적에서는 옥장식(그

101 楊虎, 〈內蒙古敖漢旗興隆洼遺址發掘簡報〉, 《考古》 1985年 第10期, 865~874쪽; 劉國祥, 〈西遼河流域新石器時代至早期青銅時代考古學文化概論〉, 《遼寧師範大學學報》 2006年 第1期, 社會科學出版社, 113~122쪽.

102 劉國祥, 〈紅山文化墓葬形制與龍玉制度研究〉, 《首屆紅山文化國際學術研討會 자료집》, 2004.

103 沈陽市文物管理辨公室, 〈沈陽新樂遺址試掘報告〉, 《考古學報》 1978年 第4期; 中國考古集成 東北卷 新石器時代(二), 北京出版社, 1053~1064쪽; 于崇源, 〈新樂下層陶器施紋方法的研究〉, 《遼寧省考古博物館學會成立大會會刊》, 1981.

104 中國社會科學院考古研究所內蒙古工作隊, 〈赤峰西水泉紅山文化遺址〉, 《中國考古集成》 東北卷 新石器時代(一), 北京出版社, 1997, 454~464쪽.

〈그림 2-25〉 사릉산유적에서 출토된 뼈바늘

림 2-24)[105]과 함께 다양한 두께와 크기의 토기가락바퀴가 출토되었다.[106] 서기전 4000년경에 속하는 금주錦州 산하영자山河營子유적과 오한기烏漢旗의 사릉산四陵山유적에서는 점선문양 혹은 새김문양, 승문繩文이 있는 가락바퀴와 함께 가는 바늘귀가 있는 뼈바늘(그림 2-25)[107]이 출토되었다. 가락바퀴 가운데 홍회색이 나며 승문이 있는 것이 하가점 상층유적에서 출토된 바 있다고 분석된 것은 주목할 만한 점이다.[108] 앞에서 홍산문화가 초기 청동기시대인 하가점 하층문화로 발전했고, 다시 고조선의 비파형동검문화인 하가점 상층문화로 발전했다는 사실을, 가락바퀴의 특징으로부터 다시 확인할 수 있는 것이다.

홍산문화에서는 실제 직물의 출토물은 없으나, 밑바닥에 여러 양

105 遼寧省博物館·遼寧省文物考古研究所, 《遼河文明展》, 遼寧省博物館, 2006, 35쪽.

106 遼寧省博物館·昭烏達盟文物工作站·赤峰縣文化館, 〈內蒙古赤峰縣四分地東山嘴遺址試掘簡報〉, 《中國考古集成》 東北卷 新石器時代(一), 北京出版社, 1997, 445~453쪽.

107 王冬力, 《紅山石器》, 華藝出版社, 2007, 107쪽.

108 劉謙, 〈錦州山河營子遺址發掘報告〉, 《中國考古集成》 東北卷 新石器時代(二), 北京出版社, 1997, 1683쪽·1685~1686쪽; 李恭篤·高美璇, 〈內蒙古烏漢旗四陵山紅山文化窗址〉, 《中國考古集成》 東北卷 新石器時代(一), 北京出版社, 1997, 685쪽.

식의 편직문이 찍혀있는 회도灰陶와 홍도紅陶가 여러 곳에서 발견되었다. 소하연문화인 백사랑영자白斯郎營子에 위치한 사릉산유적과 남태지南台地유적에서도 편직문이 있는 질그릇이 출토되었다.[109] 이 같은 질그릇 밑바닥의 편직문으로부터 홍산문화 사람들이 이미 방직기술에 숙련되어 있었음을 알 수 있다. 같은 연대에 속하는 길림성의 내만기奈曼旗 대심타랍大沁他拉유적에서는 가락바퀴와 뼈송곳 및 바늘의 출토와 더불어 질그릇에서 편직문이 확인되었다. 또한 일부 질그릇의 밑바닥에는 '편직한 도폐'가 찍힌 흔적이 남아 있어,[110] 직물생산기술의 균등한 발달상황을 확인할 수 있었다.

요동반도지역의 서기전 4000~서기전 3000년 시기에 속하는 유적에서 다른 지역보다 많은 양의 가락바퀴와 바늘, 뼈나 뿔로 된 송곳, 직기 등이 대량으로 출토되었다.[111] 이러한 상황은 요동반도지역에서도 당시 방직생산이 매우 활발했고, 인구가 대규모로 집중되어 있었음을 뜻한다. 특히 이 지역의 유적 가운데 서기전 4000년경

109 遼寧省博物館·昭烏達盟文物工作站·敖漢旗文化館, 〈遼寧敖漢旗小河沿三種原始文化的發現〉, 《文物》 1977年 第12期, 1~15쪽; 李恭篤, 〈試論遼西地區兩種彩陶文化的特征及其關係〉, 《中國考古集成》 東北卷 新石器時代(二), 北京出版社, 1997, 1014~1016쪽.

110 朱風瀚, 〈吉林奈曼旗大沁他拉新石器時代遺址調查〉, 《中國考古集成》 東北卷 新石器時代(一), 北京出版社, 1997, 407~417쪽.

111 許明綱, 〈旅大市長海縣新石器時代貝丘遺址調查〉, 《中國考古集成》 東北卷 新石器時代(二), 北京出版社, 1997, 1475쪽; 許玉林, 〈東北地區新石器時代文化概述〉, 《中國考古集成》 東北卷 新石器時代(一), 北京出版社, 1997, 37쪽; 劉俊勇·曲傳林, 〈大連新石器時代社會形態初探〉, 《中國考古集成》 東北卷 新石器時代(二), 北京出版社, 1997, 1347쪽; 遼寧省博物館 外, 〈長海縣廣鹿島大長山島貝丘遺址〉, 《考古學報》 1981年 第1期, 66~110쪽; 王嗣洲, 〈試論大連地區原始文化社會經濟形態〉, 《中國考古集成》 東北卷 新石器時代(二), 北京出版社, 1997, 1352쪽; 許玉林, 〈遼寧東溝縣石佛山新石器時代晚器遺址發掘簡報〉, 《中國考古集成》 東北卷 新石器時代(二), 北京出版社, 1997, 1314쪽; 許玉林·楊永芳, 〈遼寧岫岩北溝西山遺址發掘簡報〉, 《中國考古集成》 東北卷 新石器時代(二), 北京出版社, 1997, 1234쪽; 許玉林·金石柱, 〈遼寧丹東地區鴨綠江右岸及其支流的新石器時代遺存〉, 《中國考古集成》 東北卷 新石器時代(二), 北京出版社, 1997, 1248쪽.

에 속하는 후와유적에서 가장 많은 양의 방직도구와 재봉도구가 출토되었다. 특히 홍산문화에서 출토된 것과 같은, 동심원문양과 새김문양이 있는 가락바퀴와 방직공구가 많은 질그릇과 함께 다량 출토되었다.[112] 대련시 여순구에 위치하는 곽가촌 하층유적(서기전 3780~서기전 3530년)[113]에서는 가락바퀴·뼈북·뼈바늘·뼈송곳·질송곳·뿔바늘 등 방직과 재봉에 사용된 도구들이 대량으로 출토되었는데, 가락바퀴와 뼈바늘이 가장 많았다. 많은 양의 가락바퀴가 크기와 중량이 시로 달라 직물생산력과 경제력이 매우 발달했음을 보여주는데,[114] 문양은 주로 동심원 안의 점선문양 또는 새김문양이다.[115]

흑룡강성의 밀산현密山縣 신개류新開流유적(서기전 4000년) 등에서도 집자리가 확인되었고 동심원이 있는 가락바퀴와 바늘이 출토되었다.[116] 길림성지역의 영안현 앵가령鶯歌嶺 하층유적(서기전 5000~서

---

112 丹東市文化局文物普查隊, 〈丹東市東溝縣新石器時代遺址調查和試掘〉, 《中國考古集成》 東北卷 新石器時代(二), 北京出版社, 1997, 1254쪽; 李華東·王傳朴·祝延學, 〈略談東溝境內新石器文化〉, 《中國考古集成》 東北卷 新石器時代(二), 北京出版社, 1997, 1268쪽; 許玉林·傅仁義·王傳普, 〈遼寧東溝縣后洼遺址發掘概要〉, 《中國考古集成》 東北卷 新石器時代(二), 北京出版社, 1997, 1272쪽. 후와하층의 연대는 小珠山 하층과 연대가 비슷한데, 지금으로부터 5410±150년과 지금부터 5600±110년이고, 교정연대는 6255±170년으로 후와하층의 연대는 6000년 전이다.

113 中國社會科學院考古研究所 編, 《中國考古學中碳十四年代數据集》 1965~1991, 文物出版社, 70쪽. 이 유적의 방사성탄소측정연대는 서기전 3065±100년(5015±100 B.P.)으로 교정연대는 서기전 3780~3530년이다.

114 王嗣洲, 〈試論大連地區原始文化社會經濟形態〉, 《中國考古集成》 東北卷 新石器時代(二), 北京出版社, 1997, 1352쪽 참조.

115 許玉林·蘇小幸, 〈略談郭家村新石器時代遺址〉, 《中國考古集成》 東北卷 新石器時代(二), 北京出版社, 1997, 1400~1403쪽; 遼寧省博物館·旅順博物館, 〈大連市郭家村新石器時代遺址〉, 《中國考古集成》 東北卷 新石器時代(二), 北京出版社, 1997, 1404쪽; 佟柱臣, 〈郭家村下層新石器的考察〉, 《中國考古集成》 東北卷 新石器時代(二), 北京出版社, 1997, 1433쪽.

116 黑龍江省文物考古工作隊, 〈密山縣新開流遺址〉, 《中國考古集成》 東北卷 新石器時代(二), 北京出版社, 1997, 2225~2142쪽.

기전 4000년)[117] 등에서도 뼈바늘과 함께 가락바퀴가 골고루 출토되었다. 이들 가락바퀴의 문양에 관한 것은 제7장에서 상세히 다루고자 한다.

이상의 사실들로부터 한반도와 만주의 대부분 지역에서 신석기시대 사람들이 초기부터 정착생활에 들어가 마을을 이루고 살며, 방직과 재봉기술을 발달시켜 나갔음을 알 수 있다. 아울러 특징적인 내용들을 정리하면 다음과 같다. 첫째, 홍산문화시기 요동지역에서는 전문 수공업자를 중심으로 조직적인 체계를 갖추어 방직생산의 규모와 재봉기술이 크게 발전했음을 알 수 있다. 둘째, 한반도와 만주지역에서 고루 출토되고 있는 가락바퀴들은 문양이 없는 것도 있으나, 대체로 그 표면에 나타나는 문양에서 공통점을 가진다. 홍산문화에서 출토된 가락바퀴에 보이는 선으로 음각된 동심원문양이 바로 그것이며, 질그릇에 새긴 문양과 같은 방법으로 점과 선을 누르거나 그어서 표현한 새김문양 또한 그 특징이라 할 수 있다. 이같이 점과 선을 그어서 만든 문양은 새김무늬질그릇뿐만 아니라, 신석기시대 유적과 청동기시대 유적에서 출토된 여러 유물들에서 고루 나타난다.

그와 달리 중국의 가락바퀴는 중국 채색질그릇에 보이는 채색문양을 하거나 등문 혹은 팔각등문八角滕紋이 있는 것이 특징이다. 호胡의 가락바퀴는 거의 문양이 없는데, 이러한 사실은 고대 한국과 중국 및 북방지역이 서로 다른 문화권임을 분명히 나타내고 있다. 아울러 한반도와 만주지역에서 사용하던 가락바퀴의 문양이 이웃나라와 다른 특징을 가지고 있다는 것은, 고대 한민족이 생산한 직물이 일찍부터 독자적인 생산양식으로 발달했음을 말해준다.[118]

---

117 許玉林, 〈東北地區新石器時代文化概述〉, 《中國考古集成》 東北卷 新石器時代(一), 北京出版社, 1997, 48쪽.

118 박선희, 《한국고대복식-그 원형과 정체》, 지식산업사, 2002 참조.

〈그림 2-26〉 우하량 4호무덤 옥기 출토상황 **〈그림 2-27〉** 홍산문화유적에서 출토된 옥목걸이

한반도와 만주지역에서 출토되는 가락바퀴의 문양을 살펴보면, 생산조직의 규모와 생산량, 그리고 생산내용에서 차이가 나타난다. 먼저 홍산문화지역이 가장 이른 시기에 큰 규모로 수준 높은 발달을 보였고, 뒤이어 요동반도지역이 크게 발전했으며, 한반도의 평양지역이 이들 지역보다 조금 뒤늦게 발전했음을 알 수 있다. 또한 한반도와 만주지역이 줄곧 교류를 가지며, 이웃지역과 달리 직물생산기술 및 양식의 독자적인 발전을 이루었다고 생각된다.

3) 옥단추와 달개장식의 다양성

홍산문화 후기의 우하량유적(그림 2-26)[119]에서는 장식품으로 사용되었을 정교한 옥기가 다량 출토되었다. 출토된 옥기는 주로 달개장식으로 쓰였을 장식품과 치레거리(그림 2-27)[120]가 많았다. 그 종류는 비실용성 생산공구류와 인물, 동물, 식물, 곤충형상을 사실

119 遼寧省文物考古研究所, 〈遼寧牛河梁紅山文化“女神廟”與積石塚群發掘簡報〉, 《文物》 1986年 第8期, 1~17쪽; 孫守道·郭大順, 〈牛河梁紅山文化女神像的發現與研究〉, 《文物》 1986年 第6期, 19쪽; 徐秉琨·孫守道, 《東北文化》, 上海遠東出版社, 商務印書館, 1996, 34쪽, 그림 24.

120 王冬力, 《紅山石器》, 華藝出版社, 2007, 170쪽.

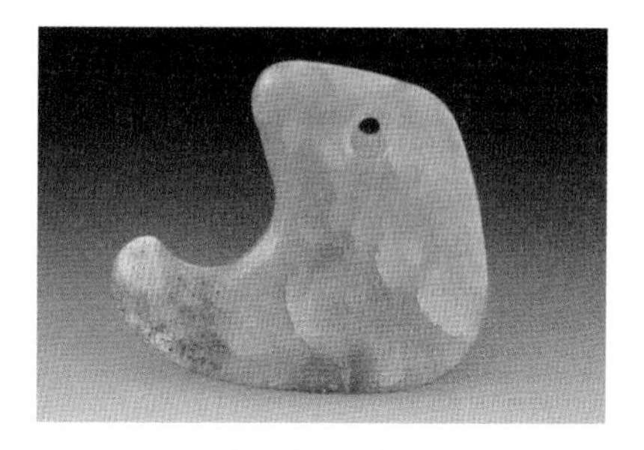

〈그림 2-28〉 우하량유적에서 출토된 옥으로 만든 달개장식들

적으로 조각한 것 또는 추상적인 동물형상을 조각한 것, 신발의 모양을 나타낸 것(그림 2-28)[121] 등으로 매우 다양하다.[122] 이들 대부분은 구멍이 뚫려 있어 의복에 달거나 걸어 장식했을 것으로 추측된다. 신발모양의 장식품은 지금의 버선과 형태가 유사하다.

이는 우하량 제5지점 2호무덤에서 출토된 '나여소상裸女小像'(그림 2-29)[123]이 신고 있는 것과 같은, 옥이 있는 신발을 표현한 듯하다. 홍산문화에 속하는 옹우특기翁牛特旗 삼성타랍三星他拉유적에서도 곡옥을 비롯하여 옥

〈그림 2-29〉
우하량 제5지점
2호무덤에서 출토된
'나여소상裸女小像'

121 孫守道·劉淑娟, 《紅山文化玉器新品新鑒》, 吉林文史出版社, 2007, 279쪽·317쪽, 그림 288·321.

122 遼寧省文物考古硏究所, 〈遼寧牛河梁紅山文化"女神廟"與積石塚群發掘簡報〉, 《中國考古集成》 東北卷 新石器時代(二), 北京出版社, 1997, 1580~1596쪽; 孫守道·劉淑娟, 〈紅山文化玉器新品新鑒〉, 吉林文士出版社, 2007; 戴煒·侯文海·鄭耿杰, 《眞賞紅山》, 內蒙固人民出版社, 2007. 옥기의 종류는 사람형상이 많고, 동물형상으로는 곰과 용, 독수리, 매, 고양이, 해표, 거북이 등이 있으며, 곤충으로는 잠자리와 거미, 누에, 사마귀, 벌, 나비 등 매우 다양하다.

123 徐秉琨·孫守道, 《東北文化》, 上海遠東出版社, 商務印書館, 1996, 42쪽, 그림 36.

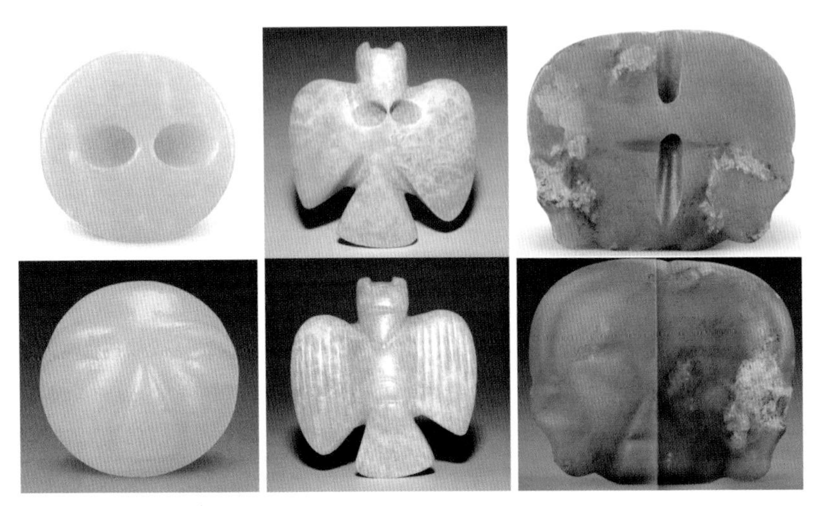

〈그림 2-30〉 홍산문화유적에서 출토된 옥단추들의 앞면과 뒷면

으로 만든 머리꾸미개, 용, 돼지, 거북, 새, 물고기 등 다양하고 정교한 동물 조소품이 출토되었다.[124] 또한 요령성 심양의 북쪽 지역에서 발견된 신석기시대유적인 신락新樂문화유적(서기전 6000년대 말)에서도 새김무늬질그릇과 함께 옥기가 출토되었는데, 발굴자들은 일부 장식물을 옥단추로 구분했다(그림 2-30).[125] 이처럼 우하량유적에서 다량의 방직도구와 재봉도구, 옥으로 만든 복식 장식품이 출토되는 것으로 보아, 전문 수공업자들의 역할이 컸을 것으로 추론된다. 이러한 경제력의 발전은 복식분야에서 장식단추와 달개장식의 양식을 더욱 다양하게 정형화해 나갔을 것이다.

실제로 장식단추의 발전양상은 한반도와 만주지역의 신석기시대

124 林 巳奈夫, 앞의 책, 149~168쪽; 王曾, 〈紅山文化的走向〉, 《文史研究》 1987年 第1輯; 殷志强, 〈紅山·良渚文化玉器的比較研究〉, 《北方文物》 1988年 第1期; 李恭篤·高美璇, 〈紅山文化玉雕藝術初析〉, 《史前研究》 1987年 第3期.

125 遼寧省文物考古研究所, 앞의 글, 1580~1596쪽; 戴煒·侯文海·鄭耿杰, 앞의 책, 48쪽; 孫守道·劉淑娟, 앞의 책, 62·63쪽.

이른 시기부터 보편적으로 나타나, 직물생산의 발달과 함께 다양한 장식기법의 복식문화를 이루어 나갔다. 이 같은 발전양상은 중국 황하유역의 신석기문화유적에서 장식단추가 드물게 발견되는 것과 대조적이다.

한반도의 신석기시대 초기유적인 궁산유적(서기전 6000~서기전 5000년)에서는 뼈구슬과 둥근 모양의 토기단추가 출토되었다. 이는 실제로 바늘과 실을 사용해 의복에 단추와 구슬을 달거나 꿰어 걸었던 사실을 말해준다.[126] 신석기시대 중기의 후와유적(서기전 4000년)에서는 둥근 모양의 돌단추와 함께 사선문양 가락바퀴와 같은 방직도구와 재봉도구가 다량으로 출토되었다.[127] 곽가촌유적(서기전 3780~서기전 3530년)[128]에서는 뼈북과 함께 둥근 모양의 토기단추와 가락바퀴, 뼈바늘, 뼈송곳, 뿔바늘 등, 방직과 재봉에 사용된 도구들이 돌과 뼈로 만든 구슬들과 함께 출토되었다.[129] 이후 신석기시대 후기의 좌가산유적과 서포항유적 4기층(서기전 3000년)에서는 곡옥과 뼈, 돌로 만든 나뭇잎모양의 달개장식과 조개껍질로 만든 구슬, 팔찌 등이 출토되었다.[130] 이를 통해 이전보다 화려하고 다양한 조형미를 추구한 의복장식의 모습을 확인할 수 있다.

신석기시대 중기부터 장식구슬의 출토량이 증가한 것은, 전문 기능인 수공업자의 출현과 함께 달개장식품의 생산 규모가 커졌음을 말해준다. 아울러 의복에 장식단추를 사용하고 구슬로 장식하거나

---

126 김용남, 〈궁산문화에 대한 연구〉, 《고고민속론문집》 제8집, 과학백과사전출판사, 1983, 34~38쪽.

127 許玉林·傅仁義·王傳普, 〈遼寧東溝縣后洼遺址發掘概要〉, 《中國考古集成》 東北卷 新石器時代(二), 北京出版社, 1997, 1272쪽.

128 中國社會科學院考古研究所內蒙古工作隊, 앞의 책, 70쪽.

129 許玉林·蘇小幸, 〈略談郭家村新石器時代遺址〉, 《中國考古集成》 東北卷 新石器時代(二), 北京出版社, 1997, 1400~1403쪽.

130 김용간·서국태, 앞의 글, 52~105쪽; 何明, 〈吉林省新石器時代的考古發現與認識〉, 《中國考古集成》 東北卷 新石器時代(二), 北京出版社, 1997, 1704~1712쪽.

〈**그림 2-31**〉 신락유적에서 출토된 매정으로 만든 달개장식

달개장식을 달아 복식을 꾸민 조형적 전통기법이 정착했을 것으로 생각된다. 이러한 상황은 만주지역에서도 마찬가지이다.

만주지역의 서기전 4000년경에 속하는 심양 신락유지新樂遺址의 하층유적에서 출토된 유물들은 매우 특징적이다. 이 유적에서는 최근에 만든 것처럼 광택이 나는 72개의 흑옥으로 만든 장식품(그림 2-31)[131]이 출토되었다. 발굴자들은 이것의 양식을 원포형圓泡形, 이당형耳當形, 원병형圓餠形, 모회형帽盔形, 타원형, 원추형, 둥근 구슬모양 등으로 분류했는데, 원포형이 가장 많아 33개나 출토되었다. 발굴자들은 이 흑옥제품이 장식품일 것으로 추정했다.[132] 2차 발굴에서도 많은 양의 흑옥장식품과 흰색 돌구슬 12개가 출토되어, 이들

---

131 戴煒·侯文海·鄭耿杰, 《眞賞紅山》, 內蒙古人民出版社, 2007, 108·143쪽.

132 沈陽新樂遺址博物館·沈陽市文物管理辨公室, 〈遼寧沈陽新樂遺址搶救淸理發掘簡報〉, 《中國考古集成》 東北卷 新石器時代(二), 北京出版社, 1997, 1038~1039쪽; 沈陽市文物管理辨公室, 〈沈陽新樂遺址試掘報告〉, 《中國考古集成》 東北卷 新石器時代(二), 北京出版社, 1997, 1053쪽.

을 의복에 장식했을 경우 흑백의 색상이 교차하면서 화려한 모습을 나타냈을 것으로 짐작된다.[133] 흑옥장식품은 7개 주거유적에서 원포형기 60개를 비롯하여, 약 120개 정도가 출토되었다. 발굴자들은 이 같은 흑옥장식품이 중국의 신석기시대유적에서 아직까지 발견된 적이 없어, 신락유적의 것이 가장 이르다고 분석하며 보기 드문 진귀품으로 평가했다.

요령성 매전지질감탐공사煤田地質勘探公司 과학기술소에서 감정한 내용에 따르면, 이 흑옥의 원료는 무순撫順 매전煤田 서부 본층本層의 것으로 밝혀졌다. 심양에서 무순까지는 약 100리의 거리인데, 이는 당시 교통수단으로 신락 사람들이 멀리 떨어진 지역에서 매정을 가져다 정교한 장식품을 만들었음을 뜻한다. 신락유적에서 출토된 흑옥장식품은 전체 유물의 10분의 1이나 차지한다. 발굴자들은 유물이 차지하는 큰 비중에서 볼 때, 흑옥장식품이 당시 사람들의 사회생활과 밀접한 관련이 있을 것으로 추정했다.[134] 이와 같이 만주의 신석기시대 여러 지역에서는 지역마다 특색을 달리하는 재료를 융통성 있게 사용해, 단추와 달개장식 및 장신구를 만든 다음, 의복 위에 자유로운 조합의지와 다양성을 추구한 장식기법을 발전시켜 나갔다고 하겠다.

이처럼 신석기시대 초기부터 시작된 장식단추와 달개장식을 이용한 복식기법은, 홍산문화에서 옥을 재료로 독창적이고 입체적인 양식들을 표현하면서 크게 발전한다. 한반도와 만주지역에서 의복에 장식하던 토기단추와 돌단추, 뼈와 뿔, 조개껍질로 만든 구슬, 옥장

---

133 沈陽市文物管理辨公室·沈陽故宮博物館, 〈沈陽新樂遺址第二次發掘報告〉, 《中國考古集成》 東北卷 新石器時代(二), 北京出版社, 1997, 1068쪽.

134 王菊耳, 〈新樂文化遺址出土煤精制品試析〉, 《中國考古集成》 東北卷 新石器時代(二), 北京出版社, 1997, 1150쪽.

식 등[135]은 홍산문화를 거쳐 고조선시대로 오면 옥과 청동, 철을 재료로 한 것들로 대체되어 더욱 화려해진다. 옥은 다양한 장신구의 재료가 되었고, 청동과 철은 둥근 모양과 나뭇잎모양의 장식단추로 만들어져 의복 위에 달아 여밈새를 처리하거나 달개장식으로 사용되었다. 또한 이것은 다시 고조선문화로 이어져 한층 화려하고 세련된 조형미를 이어나갔다.

135 延邊博物館, 〈吉林省龍井縣金谷新石器時代遺址淸理簡報〉, 《中國考古集成》 東北卷 新石器時代(二), 北京出版社, 1997, 1886쪽.

3
홍산문화 채색기법의 성격과 채색의 발달

한반도와 만주지역에서는 장식기법뿐만 아니라 염색기법에서도 과학적인 수준을 이루었다. 신석기시대부터 풀, 꽃, 흙, 열매, 뿌리, 곤충, 돌 등의 자연의 재료에서 염료를 채취하여 질그릇에 채색을 하거나 벽화를 그리고 의복에 물감을 들이는 등 채색과 염색을 생활화했다. 그 실제 예들이 암화岩畵와 벽화, 채회도彩會陶, 채도, 칠기 등에서 보인다.

신석기시대 다양한 색상의 염료를 사용하기 시작했던 사실은, 적봉시 오한기에 위치한 조보구趙寶溝유적(서기전 5000~서기전 4400년)에서 출토된 채색질그릇(그림 2-32)에서 처음 보인다.[136] 이는 황하유역의 앙소문화(서기전 4512~서기전 2460년)에서 보이는 채색질그릇보다 이른 시기이다. 요령성 심양 부근의 신락유적(서기전 5000년경)에서는 채색질그릇과 함께 붉은색과 검은색 염료가 출토되었다. 붉은색 철광석과 석묵石墨을 사용한 흔적이 있고 연마기(그림 2-33)[137]가 출토되어, 당시 사람들이 연마기를 사용하여 염색재료를 만들었음을 알 수 있다. 흑룡강성 목단강 해림현海林縣에 있는 자하향암화紫河鄉岩畵에는 적색과 자색의 광물성 안료가 사용된 것으로 밝혀졌다.[138]

---

136 敖漢旗博物館, 〈敖漢旗南台地趙宝溝文化遺址調查〉, 《中國考古集成》 東北卷 新石器時代(一), 1977, 北京出版社, 632~636쪽; 中國社會科學院考古研究所內蒙古工作隊, 〈內蒙古敖漢旗趙宝溝一號遺址發掘簡報〉, 《中國考古集成》 東北卷 新石器時代(一), 北京出版社, 1977, 637~641쪽; 劉晋祥, 〈趙宝溝文化初論〉, 《中國考古集成》 東北卷 新石器時代(一), 北京出版社, 1977, 643~646쪽.

137 黎家芳, 〈新樂文化的科學價値和歷史地位〉, 《中國考古集成》 東北卷 新石器時代(二), 北京出版社, 1079쪽.

138 盖山林, 《中國岩畵學》, 書目文獻出版社, 1995, 36쪽.

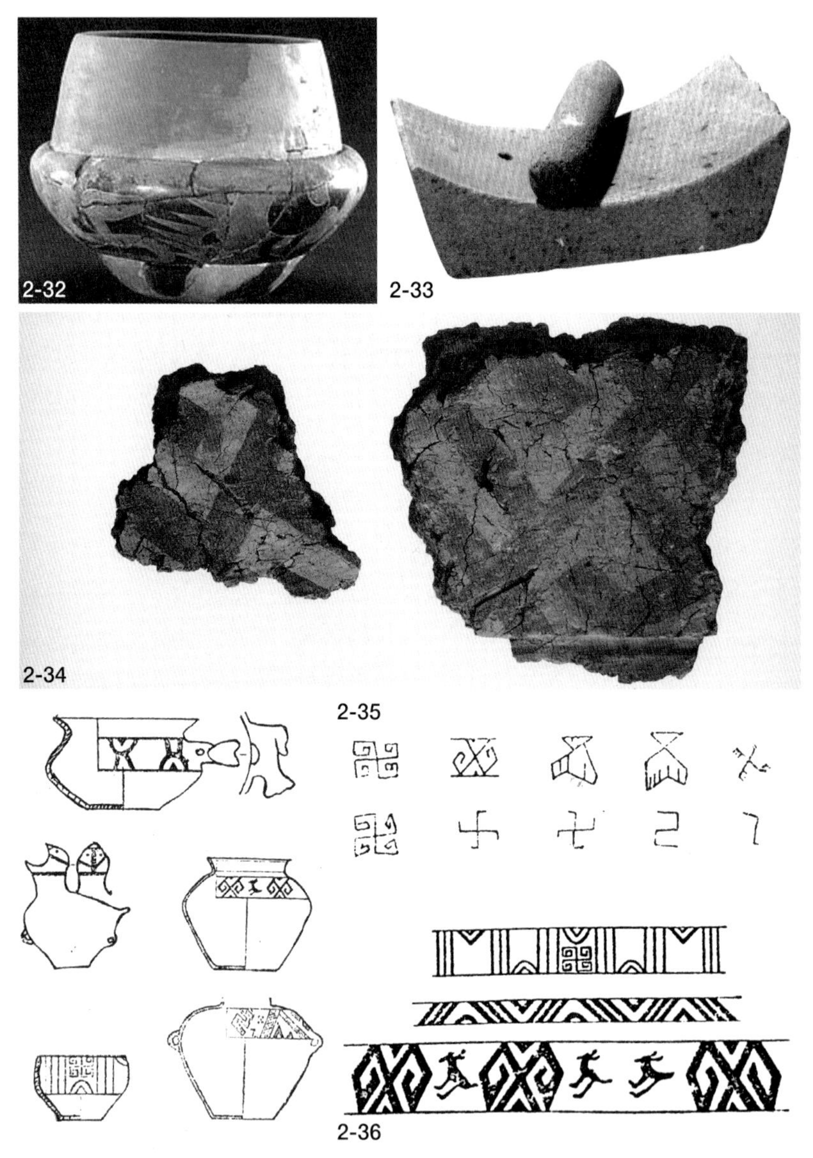

〈그림 2-32〉 조보구유적에서 출토된 채색질그릇 **〈그림 2-33〉** 신락유적에서 채색질그릇과 함께 출토된 연마기 **〈그림 2-34〉** 우하량유적 여신묘 벽화에 보이는 기하학문양 **〈그림 2-35〉** 소하연문화유적에 보이는 도화문자문양의 모사도 **〈그림 2-36〉** 석붕산유적에서 출토된 질그릇 도화문자문양의 모사도

홍산문화의 우하량유적(서기전 3500년경)[139] 여신묘 벽화에는 붉은색과 황백색으로 화려하게 채색된 기하학문양이 보인다(그림 2-34).[140] 벽면에는 적색과 홍색 사이에 황백색을 교차하여 삼각문양으로 채색한 기하학문양을 표현했고, 소하연문화에서는 흰옷 위에 흑색과 홍색 등을 사용했다. 이 두 내용은 서로 다른 것을 그렸지만 소하연 채도의 도화圖畵문자문양(그림 2-35)[141]과 여러 종류의 색채가 함께 장식된 특징으로 본다면 연원이 같은 공통의 요소를 가진다고 할 수 있다. 여신묘 벽면에 보이는 적홍색 기하학문양과 소하연문화의 뇌문雷紋또는 기회자형幾回字形으로 불리는 도화문자문양과 유사하다.

소조달맹의 석붕산유적에서 출토된 질그릇에서도 같은 문양이 나타나는데(그림 2-36),[142] 이 문양은 질그릇 표면에 연결된 상태로 문양을 이루고 있다. 이는 다른 도화문자문양과 함께 연속하거나 단독으로 그려져 원시글자 혹은 도화자圖畵字로 인식되며, '천둥[雷]' 혹은 '신神'으로 해석되기도 한다.[143] 주로 홍산문화의 제사유적에서

139 許玉林, 〈東北地區新石器時代文化概述〉, 《中國考古集成》 東北卷 新石器時代(一), 北京出版社, 1997, 52쪽.

140 楊虎, 〈關于紅山文化的幾個問題〉, 《慶祝蘇秉琦考古五十五周年論文集》, 文物出版社, 1989.

141 楊虎, 〈關于紅山文化的幾個問題〉, 《中國考古集成》 東北卷 新石器時代(一), 北京出版社, 1997, 169~175쪽; 李恭篤·高美璇, 〈試論小河沿文化〉, 《中國考古集成》 東北卷 新石器時代(一), 北京出版社, 1997, 572쪽, 圖 4의 3.

142 李恭篤, 〈昭烏達盟石崩山考古新發現〉, 《中國考古集成》 東北卷 新石器時代(一), 北京出版社, 1997, 582쪽, 圖 5.

143 陸思賢, 〈翁牛特旗石崩山原始文字釋義〉, 《中國考古集成》 東北卷 新石器時代(一), 北京出版社, 1997, 597~599쪽; 陳惠, 〈內蒙古石崩山陶文試釋〉, 《中國考古集成》 東北卷 新石器時代(一), 北京出版社, 1997, 600~603쪽, 圖 2. 요동반도 여대시 윤가촌유적 12호무덤에서 출토된 굽접시에는 두 개의 글자를 연결한 듯한 문자가 발견되었다(韓·中合同考古發堀隊, 〈尹家村〉, 《崗上·樓上》, 六興出版社, 東京, 1986, 139~140쪽). 한반도에서는 서기전 1500년경에 속하는 함경북도 나진시 초도유적에서 장구형 문자(⊠)가 있는 질그릇이 출토되었다(과학원 고고학·민속학연구소, 《라진초도 원시유적발굴보고서》, 사회과학원, 1956, 32쪽; 이

이 부호가 나타나, 제사와 관련된 의미를 내포했을 가능성을 생각해 볼 수도 있다.

홍산문화유적에서는 신석기시대 유적에서 나타나는 피리와 같은 관악기를 포함한 그 어떠한 악기도 발견되지 않았다.[144] 그런데 홍산문화의 객좌 동산취유적과 우하량유적, 능원凌源 삼관전자三官甸子유적, 부신阜新 호두구胡頭溝유적에서는 모두 밑바닥이 없는 채색질그릇이 출토되었다. 발굴자들은 이처럼 밑바닥이 없는 직통형의 채색질그릇에 가죽을 씌워 당시 사람들이 북으로 사용했을 것으로 추론했다. 능원 우하량유적 제16지점 하층 적석총에서 출토된 통형筒形 채색질그릇(그림 2-37)[145]의 입구 부분에 속경束頸이 있어, 북면의 가죽을 편리하게 묶을 수 있었을 것이다. 이 채색질그릇은 주로 큰 무덤과 주무덤의 외부를 둘러싼 상태로 서있어, 특정한 제사형식을 갖추었을 것이고(그림 2-38),[146] 아울러 제사의식과 채색은 연관성을

형구, 〈고고시대의 한국문자〉, 《한국학논집》 6, 한양대학교 한국학연구소, 1984, 407~425쪽). 또한 약 4000년 전의 집자리인 평양시 삼석구역 호남리 남경유적 31호 신석기시대 집자리에서도 밑바닥에 부호가 새겨진 질그릇이 발견되었다(사회과학원고고학연구소, 《고선고고학개요》, 과학백과사전출판사, 1977, 97쪽).

144 청동기시대로 가면 고조선문화의 유적들에서는 타악기로 방울과 북, 석경(石磬)이, 관악기로는 뼈로 만든 피리가 출토되었다. 관악기로는 筑과 瑟이 보인다(遼寧省博物館文物工作隊·朝陽地區博物館文物組, 〈遼寧建平縣喀喇沁河東遺址試掘簡報〉, 《考古》 1983年 第11期, 976쪽; 馮永謙·鄧寶學, 〈遼寧建昌普查中發現的重要文物〉, 《文物》 1983年 第9期, 66~67쪽; 姜念恩, 〈建平縣喀喇沁出土距今四千年前的石磬〉, 《遼寧文物》 1980年 第1期; 고고학연구소, 〈서포항원시유적발굴보고〉, 《고고민속론문집》 제4집, 사회과학출판사, 1972, 117~118쪽; 고고학·민속학연구소, 〈청동기시대의 피리〉, 《북한의 선사고고학》 3-청동기시대의 문화, 백산문화, 1992, 470쪽; 《古今注》 〈公篌引〉·《後漢書》 〈동이열전〉·《삼국지》 〈오환선비동이전〉 등 참조.

145 遼寧省博物館·遼寧省文物考古研究所, 《遼河文明展》, 遼寧省博物館, 2006, 31쪽.

146 周業利, 〈紅山文化祭祀舞蹈考〉, 《中國考古集成》 東北卷 新石器時代(二), 北京出版社, 1997, 1573쪽; 郭大順·張克擧, 〈遼寧喀左東山嘴紅山文化遺址第一, 二次發掘簡介〉, 《中國考古集成》 東北卷 新石器時代(二), 北京出版社, 1997, 1629쪽; 方殿春·劉葆華, 〈遼寧阜新縣胡頭溝紅山文化玉器墓的發現〉, 《中國考古集成》 東北卷 新石器時代(二), 北京出版社, 1997, 1652~1656쪽; 越振東, 〈遼寧阜

〈그림 2-37〉 능원凌源 우하량유적 제16지점 하층 적석총에서 출토된 통형 채색질그릇 〈그림 2-38〉 통형 채색질그릇이 놓인 원형제단의 복원도 〈그림 2-39〉 대전자유적에서 출토된 채색질그릇

가졌을 것으로 생각된다.

여신묘벽화의 채색은 소하연小河沿문화(서기전 3000~서기전 2000년)[147]의 흑색과 홍색 등의 채색 문양으로 계승되고, 다시 하가점 하층문화(서기전 2000~서기전 1500년)로 이어진다.[148] 이러한 염료의 사용은 화려한 흑색 바탕 위에 홍색과 백색이 어우러진 채색질그릇(그

新胡頭溝新石器時代紅山文化積石塚二次清理研究探索〉, 《中國考古集成》 東北卷 新石器時代(二), 北京出版社, 1997, 1657~1659쪽.

147 遼寧省博物館·昭烏達盟文物工作站·敖漢旗文化館, 〈遼寧敖漢旗小河沿三種原始文化的發現〉, 《文物》 1997年 第2期, 1~11쪽.

148 陽虎, 〈關于紅山文化的幾個問題〉, 《中國考古集成》 東北卷 新石器時代(一), 北京出版社, 1997, 168~175쪽.

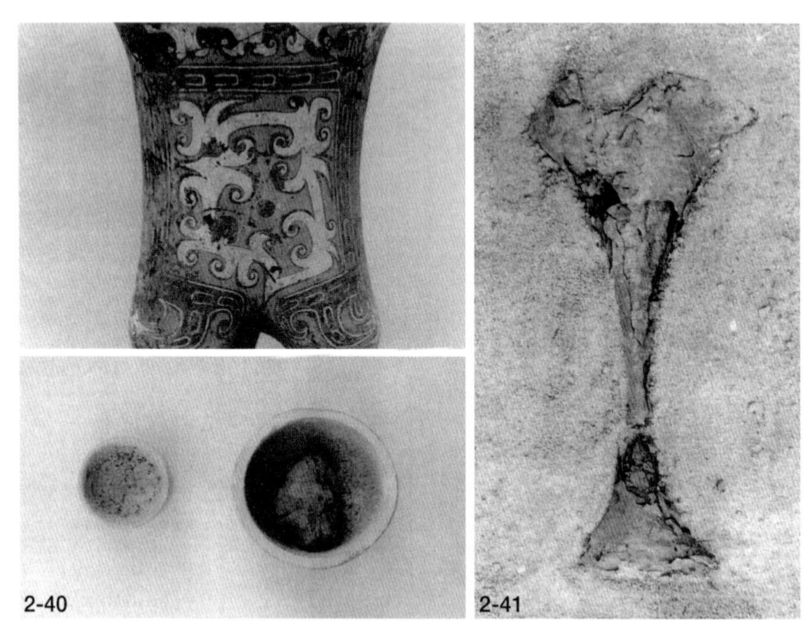

〈그림 2-40〉 대전자유적에서 출토된 붉은색 안료가 담긴 돌그릇과 채색질그릇 부분
〈그림 2-41〉 대전자유적에서 출토된 고형칠기

림 2-39)[149]을 만들어낸 오한기敖漢旗의 대전자大甸子유적에서 잘 나타난다.

대전자유적에서는 아름다운 문양의 질그릇과 함께 붉은색 안료가 담긴, 정교한 돌그릇(그림 2-40)[150]이 출토되어 당시 채색이 활발히 이루어졌음을 말해준다. 그 밖에 고형觚形의 칠기漆器(그림 2-41)[151]

---

149 中國社會科學院考古研究所, 《中國田野考古報告集 考古學專刊 第48號 大甸子》, 科學出版社, 1996, 326~327쪽 참조. 대전자유적은 서기전 1440±90년(3390±90 B.P.)·1470±85년(3420±135 B.P.)으로 교정연대는 서기전 1695±135년·1735±135년이다(中國社會科學院考古研究所實驗室, 〈放射性炭素測定年代報告(一五)〉, 《考古》 1988年 第7期, 25쪽).

150 中國社會科學院考古研究所, 앞의 책, 彩版 18.

151 中國社會科學院考古研究所, 앞의 책, 彩版 20.

도 출토되어 칠기의 긴 역사와 다양한 채색기법의 발전을 말해준다.

신석기시대부터 자연의 재료로부터 염료를 채취하여 질그릇에 채색을 하거나 벽화를 그리고 의복에 물감을 들이는 등, 채색과 염색을 생활화한 모습은 고조선시대로 오면 더욱 과학적인 발달을 이룬다. 고조선 사람들은 복식의 장식기법과 직조기법뿐만 아니라 염색기법에서도 독창성을 보였다.

고조선시대부터 줄곧 많이 생산되며 복식재료로 즐겨 쓰였던 사직물絲織物의 경우, 색상과 문양이 화려한 상태로 출토되었다. 평양 낙랑구역 무덤에서는 해방 이전과 이후, 고조선과 최씨낙랑국이 생산한 많은 양의 다양한 종류의 사직물이 출토되었다.[152] 이 천은 모두 염색한 것이었고, 바탕색과 다른 색으로 문양을 직조하여 넣은 것도 있었으며, 일부러 색상을 내기 위해 탈색한 것도 있었다.[153] 따라서 고조선에서 이처럼 염색과 탈색기술이 발달한 것으로 본다면, 부여에서 포를 만들었던 천들은 문양이 두드러지지 않게 염색을 통해 단아한 색감을 냈을 것이다.

사직물은 정련공정에서 세리신이 섬유표면에 0.5퍼센트 남아있는 경우, 완전히 정련된 경우에 견주어 염색이 최고 1.6배까지 신해진다.[154] 특기할 것은 평양 낙랑구역에서 출토된 천들의 성분 분석 결과, 이 같은 과학적인 염색 조건을 모두 충족하고 있었다는 점이다.[155]

평양 낙랑유적에서 출토된 고조선의 사직물은 모두 염색을 거친 직물이다. 주로 밤색과 자주색을 띠며 문양이 없는 것과 문양이 있는 것, 또는 넝쿨문양을 수놓은 것, 붓으로 문양을 그려 넣은 것 등

152 조희승, 《조선의 비단과 비단길》, 사회과학출판사, 2001; 박선희, 〈평양 낙랑유적 복식유물의 문화성격과 고조선〉, 《단군학연구》 제20호, 단군학회, 2009, 143~189쪽.

153 위와 같음.

154 남중희·신봉섭, 《실크과학》, 서울대학교출판부, 1998, 92쪽·133쪽·147쪽.

155 조희승, 앞의 책, 27~31쪽.

다양한 기법을 표현했다.[156] 신석기시대부터 시작된 천연염료의 생산과 발달은 고조선시대에 오면 복식에 더욱 적극적으로 사용된다. 의복에 문양을 그려 넣거나 실이나 천을 염색하여 문양을 직조하고, 그 위에 색실로 수를 더하는 등, 고유한 기법으로 화려한 복식문화의 갖춤새를 정형화했다.

고조선을 이은 고구려의 고분벽화 등에서도 흰옷은 보이지 않고 다양한 색상과 화려한 문양이 있는 의복이 대부분이다. 특히 고구려는 금錦으로 상징될 만큼 금錦을 즐겨 입었다. 금錦은 누에실을 여러 색으로 물들이고 이를 섞어 화려한 문양으로 짠 것이다. 따라서《삼국지》〈오환선비동이전〉 등에서 이야기하는 '백의白衣'[157]가 반드시 흰옷만을 뜻하지는 않을 것이다. '백의'는 단색을 뜻하기도 하지만, 무늬가 같은 계통의 색상으로 표현되어 옷의 바탕색과 무늬가 서로 크게 다르지 않고 단아한 조화를 이룸을 표현한 것으로 생각된다.

고조선의 복식은 고구려로 오면서 색실로 짜 넣는 직조기술과 염색기술에서 더욱 발전한 양상을 보이는데, 고구려 고분벽화에 보이는 복식에는 특히 기하학문양이 많이 표현되었다. 문양은 주로 둥근문양과 네모문양, 마름모문양 등으로 다양하며, 직선과 곡선으로 이루어진 추상적인 문양도 있다. 고구려 사람들이 복식에서 나타낸 이러한 문양들은 주로 염색기법과 직조기법, 자수기법 등이 혼합되어 만들어진 것이다.

고구려복식에 나타나는 색상은 고조선의 염색기술을 이어 색실로 직조한 것이거나, 직조한 직물을 침염법으로 염색한 것이다. 기하학문양을 나타내는 염색법에는 홀치기염과 납힐기법, 채회기법, 사협힐糸頰纈기법 등이 있는데, 이러한 염색기법에 관해서는 제7장 2절

156 위와 같음.

157 《三國志》卷30〈烏丸鮮卑東夷傳〉夫餘傳. "在國衣尚白, 白布大袂·袍·袴, 履革鞜."

에서 상세히 다루기로 한다.

고구려 사람들은 염색기법과 자수기법을 혼용하면서도 그 위에 장식기법을 더하여, 우아하고 화려한 복식문화를 발달시켰다. 고구려의 장식기법은 기하학문양의 또 다른 표현 양식으로, 고조선의 것을 계승한 것으로 생각된다. 또한 고구려 사람들은 같은 양식의 문양이라도 크기와 양식의 차이 및 기하학적인 선의 방향을 달리하여 개성 있는 복식문화를 이루었다. 이러한 독창적인 색상과 문양을 나타내는 복식기법은 홍산문화로부터 비롯된 채색기법 위에 고조선의 전통기법을 발전적으로 이어 나간 것이라 생각된다.

4
홍산문화의 전통과 고조선복식의 특징

홍산문화보다 앞선 흥륭와유적에서는 동아시아 최초의 옥귀걸이와 동북지역에서 가장 이른 시기에 만들어진 새김무늬질그릇이 출토되었다. 흥륭와유적과 같은 시기에 속하거나 더 이른 시기일 것으로 추정되는 강원도 고성군 문암리유적에서도 같은 양식의 옥귀걸이가 출토되었다.

흥륭와문화와 홍산문화는 분포지역이 거의 같고 계승관계에 있다. 이 문화유적에서 출토되는 대표적인 유물은 옥기와 새김무늬질그릇으로, 이들은 신석기시대 초기부터 한반도지역의 유물과 성격을 같이하여 한반도와 만주지역이 같은 문화권이었음을 밝혀준다. 흥륭와유적에서는 옥귀걸이와 함께 1백여 점의 옥기가 출토되었다. 이를 계승한 홍산문화 복식유물도 옥장식품의 수량이 많고 양식도 다양하다. 홍산문화 옥장식품은 자연에 있는 사람과 동물, 식물, 곤충형상을 사실적으로 조각한 것 또는 추상적인 동물형상을 조각한 것, 비실용성 생산공구류 등으로 그들이 추구했던 생명력 있는 조형의지를 잘 나타낸 것이라 할 수 있다.

한반도와 만주지역에서 신석기초기부터 만들어진 다양한 옥장식은 모두 요령성의 수암과 관전 일대에서 생산되는 것으로 분석되었다. 이로 보아 신석기시대부터 한반도와 흑룡강성 지역에 살던 사람들이 옥의 재료를 요령성지역에서 가져왔을 것으로 추정된다. 이들 지역에서 출토된 옥기양식이 홍산문화의 것과 서로 유사한 특징을 가지게 된 까닭도 바로 여기에 있다. 한반도와 만주지역에서 만들어진 옥 복식물이 모두 수암옥으로 만들어져, 재질뿐만 아니라 양식 또한 홍산문화에서 보이는 것과 같은 계통이며, 이것이 고조선복식문화로 이어진다고 하겠다. 이에 대한 좋은 예로 홍산문화 유적의 우하량무덤에서 출토된 옥고와 절풍모양의 옥장식을 들 수 있다. 이 옥고와 옥장식에서 상투머리양식이 신석기시대부터 정착된 사실과 고조선에서 상투머리를 덮는 모자로 널리 사용된 절풍의 원형을 찾을 수 있다.

절풍은 여러나라시대와 삼국시대로 오면서 부여와 고구려, 신라, 백제, 가야 등에서 두루 사용되었다. 이는 고분벽화에 보이는 관모와 금관, 인형식, 토우, 가면 등에 이르기까지 여러 유물들에서 확인된다. 우리나라 관모의 기본양식은 홍산문화에서 비롯된 고조선문화의 전통에서 그 실체와 정체성을 재인식할 수 있다. 홍산문화로부터 비롯된 관모양식을 살펴보는 과정에서 홍산문화에서 출토된 옥으로 만든 작은 크기의 가면과 부여와 고구려에서 금으로 만든 가면들은 모두 우리나라 가면과 가면극의 역사가 무척 오래되었음을 알게 한다.

우하량유적에서는 옥 가락바퀴가 출토되었다. 다른 지역에서 출토된 가락바퀴가 돌이나 토기조각으로 만들어진 것과 달리, 정교한 옥으로 만들어진 것이 특징적이다. 특히 음각된 동심원은 한반도와 만주지역에서 주로 출토되는 것과 같은 문양이다.

신석기시대 후기의 우하량유적에서 보이는 돌무지무덤과 규모가 큰 건축물, 그리고 정교한 옥기의 생산은 많은 인력이 동원되어야 하는 일이므로, 이 시기 여러 부족이 연맹을 이루어 정치적 지배자가 나타났을 것이라 추론할 수 있다. 복식자료로부터 본다면, 주요한 사회변화의 요소로 방직도구와 재봉도구의 급격한 증가가 나타난다. 실제로 한반도와 만주지역에서 신석기시대 이른 시기부터 보편적으로 방직과 재봉에 사용되었던 도구들이 출토되는데, 이 가운데 가락바퀴가 가장 많은 양을 차지한다.

홍산문화의 여러 유적에서도 다양한 크기로 만들어진 많은 양의 가락바퀴가 출토되었다. 중요한 것은 서기전 4000년경에 속하는 금주 산하영자유적과 오한기의 사릉산유적에서는 홍회색이 나며 승문이 있는 가락바퀴가 출토되었는데, 같은 양식과 재질의 것이 하가점 상층유적에서도 출토되었다는 사실이다. 홍산문화가 초기 청동기시대인 하가점 하층문화로 발전했고, 고조선의 비파형동검문화인 하가점 상층문화로 발전했음을 가락바퀴의 특징에서 다시 확인할 수 있는 것이다.

홍산문화 후기의 우하량유적[158]에서는 정교하게 만들어진 옥단추가 다수 출토되었다. 실제로 장식단추의 발전양상은 한반도와 만주의 신석기시대부터 보편적으로 나타나, 직물생산의 발달과 다양한 장식기법을 동반했다. 중국 황하유역의 신석기문화유적에서 장식단추가 드물게 발견되는 것과 대조적이다.

신석기시대 초기부터 한반도와 만주지역에서 의복에 장식하던 토기단추와 돌단추, 뼈와 뿔, 조개껍질로 만든 구슬, 옥장식 등은 고조선시대로 오면 옥과 청동, 철을 재료로 한 것들로 대체되어 더욱 화려해진다. 옥장식과 함께 청동과 철로 둥근 모양과 나뭇잎모양의 장식단추가 만들어져 의복에 달개장식품과 함께 어우러지는 장식기법이 발전했다.

홍산문화로부터 비롯된 다양한 양식의 장식단추와 달개장식은 고조선시대까지 줄곧 이어져, 의복뿐만 아니라 모자나 신발 또는 활집 등에 자유롭게 장식되며 이전 문화로부터의 지속성을 보여준다. 고조선 사람들은 특히 모자에 화려한 장식을 하며 개성적인 아름다움을 나타냈다. 아래옷 장식은 위치와 크기, 모양에서 입체적이며 평평한 모양의 크고 작은 청동장식단추를 알맞게 배열하여 역동적으

158 遼寧省文物考古研究所, 〈遼寧牛河梁紅山文化“女神廟”與積石塚群發掘簡報〉, 《文物》 1986年 第8期, 1~17쪽; 孫守道·郭大順, 〈牛河梁紅山文化女神像的發現與研究〉, 《文物》 1986年 第6期, 19쪽.

로 표현했다. 다시 그 위에 연이은 구슬모양의 작은 청동장식단추를 장식하여, 공간미를 살리며 다양한 분위기를 연출했다.

고조선의 장식기법은 청동장식단추와 다양한 구슬을 주재료로 하여 그 형태와 크기 및 문양 등에 변화를 주며, 이전의 평면적인 표현과 배열에서 벗어나 차츰 입체적인 아름다움을 보여준다. 이러한 청동장식단추양식은 고조선 붕괴 이후 여러나라시대로 이어져 나라마다 지역적 특색을 달리하여 발전해 나갔다. 예에서는 윗옷에 은화를 달았고, 부여에서는 계층의 구분 없이 금과 은으로 화려하게 장식한 모자를 쓰거나 의복에 청동장식단추를 장식했다. 또한 고구려와 동옥저에서는 금錦으로 만든 의복에 금속을 장식했으며, 마한에서는 구슬을 귀중히 여겨 옷에 장식했다. 이러한 사실은 일반인의 의복에서 화려한 장식이 가능했던 고조선복식의 특징으로, 중국이나 북방지역에서는 찾아볼 수 없는 것이다.

고조선 붕괴 이후, 여러나라와 삼국시대 사람들은 고조선의 복식양식과 장식기법을 그대로 계승하여 의복뿐만 아니라 금관과 관장식, 허리띠장식, 여러 예술품과 마구 등의 생활용품에 일정하게 장식단추양식과 달개장식을 적용하여 그 양식과 기법을 발전시켰다. 신석기시대부터 시작된 복식기법은 홍산문화에서 옥을 재료로 독창적이고 입체적인 양식을 표현했으며, 다시 고조선문화로 이어져 한층 화려하고 성숙한 조형미로 연출된다. 특히 고조선시대에는 모든 복식에 청동장식단추가 주된 장식기법으로 자리매김했다고 하겠다.

한반도와 만주지역에서는 신석기시대부터 염색기법도 과학적인 수준을 이루었다. 신석기시대에 이미 다양한 색상의 염료를 사용하기 시작했던 사실은, 적봉시 오한기에 위치한 조보구유적(서기전 5000~서기전 4400년)에서 출토된 채색질그릇에서 처음 보인다. 이는 황하유역의 앙소문화(서기전 4512~서기전 2460년)에서 보이는 채색질그릇보다 이른 시기이다.

홍산문화의 우하량유적 여신묘 벽화에는 붉은색과 황백색으로 채색된 화려한 기하학문양이 보이고 있어, 우리나라에서 벽화의 기원이 적어도 서기전 3500년 시기까지 거슬러 올라갈 것으로 생각된다. 소하연 채도의 부호로 이루어진 문양과 여러 종류의 색채가 함께 장식된 모습에서 여신묘 벽화와의 공통점이 보여, 그 연원이 같을 것으로 추론된다. 여신묘 벽화의 채색은 소하연문화에 보이는 흑색과 홍색 등의 채색문양으로 이어지고, 이는 다시 하가점 하층문화로 이어진다. 가락바퀴뿐만 아니라 이러한 염료의 사용에서 홍산문화가 고조선이 출현했을 하가점 하층문화로 발전하고, 다시 하가점 상층문화로 발전했음을 확인하게 된다.

신석기시대부터 자연에서 염료를 얻어 생활화한 채색과 염색기술은, 고조선시대에 오면 더욱 과학적인 발전을 이루게 된다. 실제로 고조선과 최씨낙랑국이 생산한 다양한 종류의 사직물은 모두 염색된 천으로, 바탕색과 문양색을 달리하여 직조하거나 일부러 탈색을 한 천도 있어 염색이 무척 발달했다고 추측할 수 있다.

고구려 고분벽화에도 흰옷은 보이지 않고 대부분의 의복에 다양한 색상과 화려한 문양이 보인다. 특히 고구려는 금錦으로 상징될 만큼 금錦을 즐겨 입었다. 금錦은 누에실을 여러 색으로 물들이고 이를 섞어 화려한 문양을 혼합 직조기법으로 직조했던 고급직물이다.

고구려 사람들은 직조기법 위에 자수기법을 더하고, 다시 그 위에 장식기법으로 우아하고 화려한 복식을 연출했다. 안악 3호 고분벽화의 묘주와 부인의 비단으로 만든 겉옷에 자수기법이 보이고, 다시 둥근 모양의 장식단추가 한 줄로 이어져 화려하게 장식되어 있다. 이러한 고구려의 자수와 장식기법으로 표현된 기하학문양의 복합적인 표현 양식은 고조선으로부터 지속된 것이다.

고대 한민족의 복식에서는 장식기법이 큰 비중을 차지했다. 장식기법은 장식의 크기와 양식의 차이, 기하학적인 선의 방향을 달리하며 개성적인 아름다움을 이루었다. 이처럼 독창적인 장식기법과 직조기법, 염색기법 등이 절제 있게 복합된 복식양식은 홍산문화로부터 비롯된 것으로, 이후 고조선으로 이어져 전통기법을 이루며 정체성을 드러낸다.

이처럼 홍산문화 복식유물 연구는 홍산문화의 성격이 중국이나 북방지역의 것과 크게 구별되고, 고조선과 여러나라시대 복식에 그 특징적 요소들이 그대로 지속되고 있음을 말해준다. 홍산문화의 독창적인 염색기법과 장식기법 등이 절제 있게 복합된 복식양식은, 이후 고조선으로 이어져 전통기법을 이루며 정체성을 드러낸다. 이 과정에서 홍산문화가 고조선이 출현한 초기 청동기시대에 속하는 하가점 하층문화로 발전했고, 다시 고조선 비파형동검문화인 하가점 상층문화로 발전했음을 인식할 수 있다. 그러나 최근 중국에서는 홍산문화를 포함한 만주의 고대문화를 총칭하여 '요하문명'이라 부르며 이를 황제문화로 포함시키려 하고 있다. 따라서 우리가 '요하문명'이라는 용어를 그대로 사용한다면 동북공정을 따르는 것이나 다름없게 된다. 그러므로 우리는 이 문화를 반드시 '고조선문명'이라 불러야 할 것이다.

제 3 장

고조선 의복재료와 생산기술의 고유성

1
가죽과 모직물 가공기술의 우수성

1) 여는 글

고조선은 가죽과 모피의 가공 기술이 우수하고, 모직물 직조기술도 중국이나 북방지역보다 직조 연대가 앞설 뿐만 아니라, 품질 수준도 높고 생산량이 풍부했다. 삼국시대 모직과 관련된 문헌자료에 모직물인 계罽와 장일障日이 설명되어 있고, 양탄자와 같은 용도의 깔개와 덮개인 구유氍毹·구수毬𣯴·탑등毾㲪·탑등毾㲪 등이 보인다. 이들 자료를 근거로 복식사와 일반사 연구에서는 고대 한국에서 일찍부터 모직이 사용되었을 것으로 보고 있다. 그러나 앞에 서술한 모직물의 생산지에 관해 고대 한국에서 직접 생산했다고 보는 긍정적인 견해도 있었으나,[1] 부정적인 시각[2]도 있었다. 또한 수입품이라는 의견,[3] 한민족이 직접 생산했다고 해도 생산기술은 외국으로부터 들어왔을 것이라는 견해[4]도 있었다.

그러나 이러한 견해들은 모두 문헌자료와 상황만을 근거로 추리한 것일 뿐, 고고학 자료들을 충분히 검토하지 않았다는 문제점을 지니고 있다. 실제로 고조선의 초기 무덤유적에서는 양탄자와 같은

---

1 李如星, 《朝鮮服飾考》, 白楊堂, 1947, 301~302쪽.

2 金東旭, 《百濟의 服飾》, 백제문화개발연구원, 1985, 14~16쪽.

3 杉本正年 저·문광희 역, 《동양복장사논고》 고대편, 경춘사, 1995, 355쪽; 李龍範, 〈海外貿易의 發展〉, 《한국사》 3, 국사편찬위원회, 탐구당, 1981, 516~517쪽; 李龍範, 〈《三國史記》에 보이는 이슬람 商人의 貿易品〉, 이홍직박사회갑기념 《韓國史論叢》, 신구문화사, 1969, 98~99쪽; 鄭玩燮, 《織物의 起源과 交流》, 서경문화사, 1997, 113~124쪽; 무함마드 깐수, 《新羅西域交流史》, 단국대학교출판부, 1992, 252~256쪽.

4 朴南守, 《新羅手工業史》, 신서원, 1996, 72쪽; 閔吉子, 〈織物의 歷史〉, 《토프론》(Summer), 동양 나일론, 1993, 27쪽.

용도로 쓰였을 것으로 보이는 모직물로 짜인 깔개 조각이 가죽옷과 마직물옷 등과 함께 출토되었다.[5] 또한 의복의 재료로 사용되었을 모직물 조각과 추운 지역의 솜옷 재료가 되었을 동물성 솜[6]도 출토되어, 다양한 방한용 의복이 만들어졌을 것으로 생각된다.

고조선의 복식재료에 관한 연구는 문헌자료가 충분하지 않기 때문에 자연스럽게 고고학 자료를 활용해야만 하는 상황이다. 고고학 자료는 복식연구에서 매우 중요한 가공기술을 가늠할 수 있는 도구와 관련된 정보를 제공한다. 지금까지의 복식연구에서 이와 관련된 연구가 거의 이루어지지 않았기 때문에 더욱 큰 관심을 가지게 될 수밖에 없다.

따라서 이 글에서는 문헌자료와 함께 고고학 자료를 바탕으로 고조선의 가죽과 모피, 모직물의 종류 및 그 생산과정[7]에 대하여 상세히 밝혀 보고자 한다. 이 결과는 한국 고대의 복식연구뿐만 아니라 경제사와 수공업사, 대외관계사 등에도 도움이 될 것이다.

2) 가죽과 모피의 종류와 교역상품

고조선이 생산했던 가죽은 특수한 고급 가죽과 일반 가죽으로 분류된다. 고급 가죽은 높은 수준의 가공기술로 아름답게 만들어 품질이 우수하고 희귀하여 중국 등 이웃나라와의 교역상품이었다. 그리고 일반 가죽은 종류가 다양하고 양이 풍부하여 일반 복식의 재료로

---

5 劉素霞, 〈夏家店上層文化考古資料反映的有關民族習俗〉, 《中國考古集成》 東北卷 青銅時代(一), 北京出版社, 1992, 416~418쪽.

6 中國科學院考古研究所內蒙古工作隊, 〈寧城南山根遺址發掘報告〉, 《中國考古集成》 東北卷 青銅時代(一), 北京出版社, 1992, 709~725쪽; 吉林省博物館·永吉縣文化館, 〈吉林永吉星星哨石棺墓第3次發掘〉, 《考古學集刊》 3, 中國社會科學出版社, 1983, 120쪽.

7 저자는 고대 한국에서 생산한 직물에 관해 연구한 바 있다. 이 책에서 서술하는 직물들에 관한 것은 발표한 글을 토대로 새로운 자료를 보완하여 새로운 논의를 재구성하여 펼치는 까닭에 기존 글의 내용과 겹치는 부분이 있음을 밝힌다.

널리 쓰였다.

고급 가죽의 종류와 이웃나라와 교역했던 상품을 알아보기로 한다. 고조선에서는 비[貔][8]가죽과 붉은 표범가죽, 누런 말곰가죽[9] 등을 중국에 예물로 가져간 것으로 보아 이 가죽들은 매우 귀한 상품이었을 것으로 생각된다. 《관자管子》 〈규도揆道〉 편에 제국齊國의 환공桓公과 관중管仲이 나눈 다음의 대화에, 중국 등이 고조선의 표범가죽에 큰 관심을 보이고 구입하고자 했던 내용이 서술되어 있다.

> 환공이 관자에게 묻기를, '내가 육지(海內)의 옥폐玉幣로 일곱 가지가 있다고 들었는데, 그것들에 대해서 들을 수 있겠는가' 라고 하였다. 관자가 대답하기를, '……음산陰山의 연민礝碈이 그 한 가지고, 자산紫山의 백옥이 그 한 가지고, 발發과 조선朝鮮의 문피文皮가 그 한 가지고, 여한汝漢의 황금黃金이 그 한 가지고, 강양江陽의 주珠가 그 한 가지고, 진명산秦明山의 증청曾青이 그 한 가지' 라고 했다.[10]

---

8 貔에 대해 《說文解字》에서는 "표범에 속하며 맥국에서 난다(豹屬, 出貉國)" 고 했고, 《爾雅》 〈釋獸〉에서는 "貔白狐, 其子豰" 의 注에서 "一名執, 夷虎豹之屬" 이라고 했으며, "陸機는 貔에 대하여 貔는 호랑이 같다고 하고 혹은 곰 같기도 하다고 하고, 執夷 또는 白狐라고도 부르고, 遼東 사람들은 이를 白羆라고도 부른다(陸機疏云 : 貔似虎, 或曰似熊, 一名執夷, 一名白狐, 遼東人謂之白羆)" 고 했다.

9 《詩經》 〈大雅〉 蕩之什 韓奕. "즐거운 韓侯의 땅이여, 냇물과 못물이 넘쳐흐르고, 방어와 연어가 큼직큼직하며, 암사슴 수사슴이 모여 우글거리고, 곰도 말곰도 있으며 삵괭이도 범도 있다.……貔의 가죽과 붉은 표범·누런 말곰 가죽 바치었도다(孔樂韓土, 川澤訏訏, 魴鱮甫甫, 麀鹿噳噳, 有熊有羆, 有猫有虎.……獻其貔皮, 赤豹黃羆)." 尹乃鉉은 위의 시를 西周 宣王 때(서기전 828~서기전 782년)의 것으로 보고, 고조선의 壇君이 西周를 방문했을 때 환영했던 내용이라고 보았다. 윤내현은 이곳의 韓侯는 고조선의 최고 통치자인 壇君을 중국식으로 부른 것으로서 壇君은 중국의 諸侯가 아니라고 하였다(尹乃鉉, 〈古朝鮮의 社會性格〉, 《韓國古代史新論》, 일지사, 1986, 156~162쪽). 그리고 壇君이 가지고 온 예물을 공물로 표현하고 있지만 壇君이 중국의 제후가 아니기 때문에 수출 상품의 성격도 지녔다고 했다 (윤내현, 《고조선 연구》, 일지사, 1994, 588쪽).

10 《管子》 卷23 〈揆道〉. "桓公問管子, 曰: 吾聞海內玉幣七筴, 可得而聞乎. 管子對, 曰:……陰山之礝碈一筴也, 燕之紫山白金一筴也, 發·朝鮮之文皮一筴也."

관중은 발과 조선의 특산물로 빛깔이 화려하고 무늬가 아름다운 범과 표범류의 가죽인 문피를 일곱 가지 중요 특산물 가운데 세 번째로 꼽았다. 당시 문피는 요동지역에 위치한 척산斥山[11]에서 생산되는 것을 최고급품으로 삼았는데, 척산은 고조선에 속해있던 곳이었다. 관중은 중국이 발해를 건너 요동에서 발과 조선 등 동북지역의 민족들로부터 고급의 문피를 구입하고 있는 것을 알고, 그들의 교역품을 받아들인다면 중국을 침략하지 않을 것이라고 대책을 내어 놓은 것이다.

또한 새털로 만든 고급 모직물 옷인 타복毤服[12]도 문피와 함께 중요한 교역품이었다. 《관자》 〈경중갑輕重甲〉 편에서는 "환공桓公이 '사이四夷가 불복不服하니 그 역정逆政이 천하에 퍼질 것을 걱정하여 나를 괴롭히고 있다. 내가 이를 위해 할 수 있는 길이 있겠는가' 라고 말하였다. 관자가 '오와 월이 내조來朝하지 않으면 주상珠象을 교역의 화폐로 하고, 발發과 조선朝鮮이 내조하지 않으면 문피와 타복을 교역의 화폐로 청하십시오.……한 장의 표범가죽이 큰 값으로 계산된다면 8천 리나 떨어진 발과 조선도 내조하게 될 것입니다' 라고

---

11 《爾雅》 〈釋地〉의 文皮에 대하여 郭璞은 "虎豹之屬. 皮有縟綵者, 是文皮, 卽文豹之皮也" 라고 하였다. 《爾雅》 〈釋地〉의 척산에 대해 正義의 내용을 보면 다음과 같다. "이것은 영주의 이익을 설명하는 것이다. 《隋書》 〈地理志〉에 따르면, 동래군 문등현에 척산이 있다. 《太平寰宇記》에는 바로 《爾雅》의 척산이라 기록하고 있다. 척산은 지금의 登州府 榮成縣 남쪽 120리에 있다. 《管子》 〈揆道〉篇의 '發과 朝鮮의 文皮', 또한 〈輕重甲〉篇에서 '發과 朝鮮이 來朝하지 않는 것은 文皮와 毤服을 화폐로 할 것을 청하였다' 고한 發과 朝鮮의 지역이다. 斥山은 營州 구역 안에 있는데, 營州에서 바다를 건너면 遼東땅이므로 東北의 훌륭한 산물을 모을 수 있었다(此釋營州之利也. 《隋書》 〈地理志〉: 東萊郡文登縣有斥山. 《太平寰宇記》: 以爲卽爾雅之斥山矣. 斥山在今登州府榮成縣南一百二十里. 《管子》 〈揆道〉篇: 發朝鮮之文皮. 又 〈輕重甲〉篇: 發朝鮮不朝, 請文皮毤服而爲幣乎. 斥山在營州域內, 營州越海有遼東地, 故能聚東北之美)."

12 《管子》 〈輕重甲〉編의 주석에서 毤를 '落毛也' 라고 밝히고 있고, 《集韻》에서 毤는 본래 毻로 쓰며, '鳥易毛也' 라고 하므로, 타복은 새의 털로 만든 모직물 옷이라 할 수 있다.

대답했다"[13]고 했다. 이것은 당시 중국의 주周나라가 변방민족들의 침략으로 여러 후국들이 멸망의 위기에 놓여, 제齊의 환공이 관중에게 해결책을 물었던 내용이다. 관중은 그들의 특산물을 비싼 값으로 사준다면 교역을 위하여 공략하지 않을 것이라고 대안을 제시한 것이다. 즉, 발과 조선의 문피와 타복을 교역품으로 한다면 그들은 8천 리나 먼 곳에서도 교역을 위해 내조할 것이라고 한 것이다.

《후한서》 〈동이열전〉 예전濊傳에는 "무늬가 아름다운 표범의 가죽이 많고, 과하마果下馬가 있으며, 바나에는 반어斑魚가 나는데, 사신이 올 때마다 이들을 바쳤다"[14]고 하여, 지금의 강원도 지역으로 옮겨간 예濊에서 그 특산물인 문피와 반어피斑魚皮를 동한東漢의 사신에게 주었다[15]고 했다. 이러한 내용으로 보아 당시 중국과 인접해 있던 발과 조선, 예 등이 춘추시대 이전에 이미 그들의 특산물인 문피와 타복, 반어의 가죽을 중국 등지에 수출했음을 알 수 있다.

숙신은 제순帝舜 25년(서기전 2209년)에 중국과 접촉했고,[16] 상·주

13 《管子》 卷24 〈輕重甲〉. "桓公曰: 四夷不服, 恐其逆政游於天下, 而傷寡人, 寡人之行爲此有道乎. 管子對, 曰: 吳·越不朝, 珠象而以爲幣乎. 發·朝鮮不朝, 請文皮毤服而以爲幣乎,……一豹之皮容金也, 然後八千里之發·朝鮮可得而朝也."

14 《後漢書》 卷85 〈烏丸鮮卑東夷傳〉 濊傳. "又多文豹, 有果下馬, 海出斑魚, 使來皆獻之."

15 《後漢書》 卷85 〈烏丸鮮卑東夷傳〉 濊傳. "또한 무늬 있는 표범이 많고 果下馬가 있으며, 바다에는 斑魚가 나는데 사절이 올 적마다 바쳤다(又多文豹, 有果下馬, 海出斑魚, 使來皆獻之)."; 《三國志》 卷30 〈烏丸鮮卑東夷傳〉 濊傳. "바다에서는 반어의 가죽이 산출되며, 땅은 기름지고 무늬가 있는 표범이 많다(其海出斑魚皮, 土地饒文豹)."; 《爾雅》, 〈釋魚〉 '魵鰕'에 대해 주석으로 실린 《正義》에서 "魵은 鰕라고 한다(魵一名鰕). 《魏略》에 '濊나라에서 반어피가 나며, 漢 恒帝 때 그것을 바쳤다는 것이 이런 것들이다(《魏畧》云: 濊國出斑魚皮, 漢時恒獻之是其類也)"라고 하였다. 郭 璞은 魵은 小鰕의 다른 이름이라고 한다(郭 璞云, 魵小鰕別名)' 고 한 내용으로 보아, 斑魚는 小鰕라 할 수 있다. 鰕는 《爾雅》 〈釋魚〉에 대한 주석으로 실린 《正義》에서 "큰 鯢를 鰕라 한다. 鯢魚는 鮎魚와 비슷한데, 네 다리가 앞은 獮猴와 비슷하고 뒤는 개와 비슷하며 소리는 어린아이가 우는소리와 같고 큰 것은 길이가 8·9척이며 鰕라고 달리 부르기도 한다(鯢大者謂之鰕, 今鯢魚似鮎魚四脚前似獮猴似狗 聲如小兒啼 大者長八九尺 別名鰕)" 고 했다.

16 《今本竹書紀年》 〈五帝〉 帝舜有虞氏 9年條의 "九年西王母來朝" 에 대하여 王國維는 西王母가 來朝할 때 白環玉玦을 바쳤다고 했다.

교체기에도 중국과 접촉했다. 즉 서주西周 무왕武王이 상商을 멸망시키자 숙신이 호나무로 만든 화살과 돌화살촉을 보내 왔고, 무왕은 그의 딸이 결혼할 때 그 화살에 '숙신이 보낸 화살'이라고 글을 새겨 사위인 진후陳侯에게 배반하지 말라는 뜻으로 준 것이다.[17] 이처럼 숙신의 화살이 중국에 알려졌듯이 그들이 만든 모직물도 일찍이 중국에 알려졌을 것이라 생각된다.

또한 고구려와 부여, 백제, 마한馬韓·진한辰韓·변한弁韓, 숙신 등에서 흰 사슴[18]·흰 노루[19]·자색紫色노루·주표朱豹[20]·흰 사슴과 신록神鹿[21]·꼬

---

17 《國語》 卷5 〈魯語〉 下. "옛날에 (周의) 武王이 商을 이기고 道가 九夷와 百蠻에 통하자 각각 그 지방의 특산물을 바치고 그들의 직분을 잊지 않도록 했다. 그러자 肅愼氏는 호나무 화살과 돌화살촉을 바쳤는데 그 길이가 한 척 조금 넘었다. 先王이 그의 令德이 먼 곳까지 미친 사실을 후인들에게 보여 오래도록 거울로 삼고자 했다. 그런 까닭에 그 호나무를 '肅愼氏가 바친 화살'이라고 새기고 太姬(周 武王의 장녀)에게 나누어주고 虞胡公과 결혼시켜 陳에 봉했다(昔武王克商, 通道於九夷百蠻, 使各以其方賄來貢, 使無忘職業. 於是肅愼氏貢楛矢石砮, 其長尺有咫. 先王欲昭其令德之致遠也, 以示後人, 使永監焉. 故銘其楛曰肅愼氏貢矢, 以分太姬, 配虞胡公而封諸陳)."

18 《三國史記》 卷15 〈高句麗本紀〉 太祖大王 10年條. "가을 8월에 동쪽으로 사냥하여 흰 사슴을 잡았다(秋八月, 東獵, 得白鹿)."; 《三國史記》 卷15 〈高句麗本紀〉 太祖大王 46年條. "봄 3월에 왕이 동쪽으로 책성을 순행하니 책성 서쪽 계산에 이르러 흰 사슴을 잡았다(春三月, 王東巡柵城, 至柵城西罽山, 獲白鹿)."

19 《三國史記》 卷13 〈高句麗本紀〉 琉璃王 2年條. "9월에 서쪽으로 순수하여 흰 노루를 잡았다(九月, 西狩, 獲白獐)."; 《三國史記》 卷14 〈高句麗本紀〉 閔中王 3年條. "가을 7월에 왕이 동쪽으로 순수하여 흰 노루를 잡았다(秋七月, 王東狩, 獲白獐)."

20 《三國史記》 卷15 〈高句麗本紀〉 大祖大王 55年條. "9월에 왕이 質山 남쪽에서 사냥하여 紫色 노루를 잡았다. 겨울 10월에 東海谷 太守가 朱豹를 바치니 꼬리 길이가 九尺이었다(秋九月, 王獵質山陽, 獲紫獐. 冬十月, 東海谷守獻朱豹, 尾長九尺)."

21 《三國史記》 卷23 〈百濟本紀〉 溫祚王 10年條. "가을 9월에 왕이 사냥을 나가 神鹿을 잡아 마한에 보냈다(秋九月, 王出獵獲神鹿, 以送馬韓)."; 《三國史記》 卷23 〈百濟本紀〉 己婁王 27年條. "왕은 漢山에서 사냥하였고, 神鹿을 잡았다(王獵漢山, 獲神鹿)."; 《三國史記》 卷23 〈百濟本紀〉 肖古王 48年條. "가을 7월에 서부 사람 회회가 흰 사슴을 잡아 바치자, 왕이 상서로운 일이라 하여 곡식 1백 석을 내렸다(秋七月, 西部人茴會獲白鹿獻之. 王以爲瑞, 賜穀一百石)."; 《三國史記》 卷26 〈百濟本紀〉 東城王 5年條. "봄에 왕이 사냥을 나갔고, 漢山城에 이르러 군사와 백성들을 위무하고 열흘 만에 돌아 왔다. 여름 4월에 熊津 북쪽에서 사냥하여 神鹿을 잡았다(春, 王以獵出, 至漢山城, 撫問軍民, 浹旬乃還. 夏四月, 獵於熊津北, 獲神鹿)."

리 길이가 5척이나 되는 세미계細尾雞[22]·꼬리가 긴 토끼·길이가 두 길이나 되고 털빛이 밝고 꼬리가 없는 범과 꼬리의 길이가 아홉 자나 되는 붉은 표범[23]·낙타[24]·자줏빛 여우와 흰매·흰말[25] 등이 생산되었다. 이처럼 고조선의 영역이었던 한반도와 만주지역에서는 다양한 종류의 희귀한 동물들이 살았음을 알 수 있다.

이번에는 일반적인 복식재료로 어떤 짐승들의 가죽과 모피, 모직물이 사용되었는지 알아보기로 한다. 실제로 신석기시대부터 철기시대에 이르기까지 고조선의 여러 유적에서 다양한 짐승 뼈가 출토된다. 고조선의 영역이었던 한반도와 만주 지역의 신석기시대 사람들은 정착생활과 함께 농업과 목축업을 발전시켰지만, 사냥 또한 여

22 《三國志》 卷30 〈烏丸鮮卑東夷傳〉 韓傳. "또한 細尾雞가 나는데 그 꼬리는 모두 길이가 5자 남짓이다(又出細尾雞, 其尾皆長五尺餘)."; 《後漢書》 卷85 〈東夷列傳〉 韓傳. "꼬리가 긴 닭이 있는데, 꼬리의 길이가 5자이다(有長尾雞, 尾長五尺)."

23 《三國史記》 卷15 〈高句麗本紀〉. 大祖大王 25년條. "겨울 10월에 부여의 사신이 와서 뿔이 셋 달린 사슴과 긴 꼬리 토끼를 바치니, 왕은 이를 瑞物이라 하여 大赦했다(冬十月, 扶餘使來獻三角鹿·長尾免, 王以爲瑞物, 大赦)."; 《三國史記》 卷15 〈高句麗本紀〉. 大祖大王 53年條. "봄 정월에 부여의 사신이 와서 범을 바치니 길이가 1장 2척이고, 털의 색이 매우 밝고 꼬리가 없었다(春正月, 扶餘使來獻虎, 長丈二, 毛色甚明而無尾)."

24 백금보류형의 유적들에서 나온 짐승 뼈 가운데 낙타의 뼈는 아직 알려져 있지 않으나 이 유적들에서 나오는 일부 새김무늬그릇에는 낙타의 무리가 양·말과 함께 몇 개의 선과 점으로 장식되어 있다. 또한 이후 신라와 백제에서도 일본에 낙타를 보낸 것으로 보아 당시 한반도와 만주지역에는 낙타가 있었을 것으로 생각된다. 사회과학원력사연구소 고고학연구소, 《원시사》, 과학백과사전종합출판사, 1997, 223~224쪽 참조. 《日本書紀》 卷29 天武天皇 8년條. "겨울 10월 戊申朔에 신라가 阿飡 金項那와 沙飡 薩藥生을 보내 조공했는데, 조공물은 金·銀·鐵·鼎·錦·絹·布·皮·말·개·노새·낙타의 類로 10여 種이었다(冬十月戊申朔, 新羅遣阿飡金項那·沙飡薩藥生朝貢也. 調物, 金銀鐵鼎, 錦絹布皮, 馬狗騾駱駝之類, 十餘種)."; 《日本書紀》 卷22 推古天皇 8년條. "가을 9월 癸亥朔에 백제가 駱駝 1마리·노새 1마리·羊 2마리·흰 꿩 1마리를 바쳤다(秋九月癸亥朔, 百濟貢駱駝一匹·驢一匹·羊二頭·白雉一隻).

25 《三國史記》 卷15 〈高句麗本紀〉 太祖代王 69年條. "겨울 10월에……肅愼의 사신이 와서 자주빛 여우의 갖옷과 흰매와 흰말을 바치니, 왕이 잔치를 베풀어 그들을 위로하여 보냈다(冬十月……肅愼使來獻紫孤裘及白鷹·白馬, 王宴勞以遣之)."

전히 중요한 위치를 차지하고 있었다. 한국의 신석기시대 유적에서 발굴된 짐승 뼈에는 말사슴·노루·사슴과 같은 동물을 비롯하여 멧돼지·사향노루·산양·표범·곰·족제비·여우·승냥이·청서 및 물개·넝에·고래와 같은 바다짐승의 것도 있었다. 이 밖에도 궁산유적에서는 지금은 볼 수 없는 물소의 뼈도 있었다.[26] 이 같은 발굴 자료들은 문헌자료와 벽화에 나타나는 관련 내용을 뒷받침한다.

사냥의 도구로 화살촉이 많은 양 출토되었다. 이는 활을 쏘아 짐승을 잡는 사냥 방법이 널리 보급되었음을 뜻한다. 한반도와 만주지역에서 출토되는 짐승 뼈 가운데 가장 많은 것은 사슴이나 노루 같은 사슴과이다.[27] 한반도 북부지역에 사슴이 많았던 것은 부여에 '녹산鹿山'[28]이라는 지명이 있었던 것을 통해서도 알 수 있으며, 고구려[29]와 백제지역[30]에도 마찬가지로 사슴이 상당했다. 실제로 흑룡강성 목단강가 벼랑 위 높은 곳에 위치한 고조선시대의 벽화에는 여

26 조선기술발전사편찬위원회, 《조선기술발전사》 원시·고대편, 과학백과사전종합출판사, 1997, 23쪽.

27 사회과학원력사연구소 고고학연구소, 《조선전사》 1－원시편, 과학백과사전종합출판사, 1991(2판)(백산학회 영인본), 140쪽; 김신규, 〈미송리 동굴의 동물 유골에 대하여〉, 《문화유산》 1961년 6호, 11쪽; 김신규, 〈립석리 원시 유적에서 나온 짐승 뼈에 대하여〉, 《고고민속》 1965년 1호, 사회과학원출판사, 41~48쪽; 김신규, 〈농포 원시 유적의 동물 유골에 대하여〉, 《문화유산》 1962년 2호, 44~60쪽; 김신규, 〈무산 범의 구석 원시 유적에서 나온 짐승 뼈에 대하여〉, 《고고민속》 1963년 4호, 사회과학원출판사, 11~20쪽.

28 《資治通鑑》 卷97 〈晉紀〉 孝宗穆皇帝條. "처음에 부여는 鹿山에 거주했는데 백제의 침략을 받아 부락이 쇠퇴하고 흩어져서 서쪽의 燕 가까이 이주했으나 城柵 등을 설치하지 않았다(初, 夫餘居于鹿山, 爲百濟所侵, 部落衰散, 西徙近燕而不設備)."

29 《三國史記》 卷13 〈高句麗本紀〉 瑠璃王 21年條. "國內城 尉那巖에 이르러 그곳 산수가 깊고 험하며 토양이 오곡을 심기에 적당함을 알았다. 또 순록과 물고기와 자라들의 생산이 많았다(至國內尉那巖, 見其山水深險, 地宜五穀, 又多麋鹿魚鼈之産)."

30 《三國史記》 卷24 〈百濟本紀〉 古爾王 3年條. "겨울 10월에 왕이 서해의 큰 섬에서 사냥을 하여 손수 40마리의 사슴을 쏘아 맞혔다(冬十月, 王獵西海大島, 手射四十鹿)."

러 마리의 사슴이 조각되어,[31] 한반도와 만주의 대부분 지역에 사슴이 많았음을 말해준다.

고조선의 청동기시대 유적들에서는 야생짐승으로 여전히 족제비·산달·수달·검은돈·토끼 같은 작은 짐승을 비롯하여 노루·사향노루·복작노루·사슴·누렁이 등의 사슴과科 동물과, 산양·멧돼지·오소리·너구리·여우·승냥이·곰 등 다양한 종류의 동물뼈가 출토되었다. 그 가운데 여우·너구리·삵·족제비·수달·산달·검은돈·오수리 등의 작은 털가죽 짐승의 비율이 매우 높았고, 돼지·양·말 등의 집짐승 뼈도 많이 나타나 이들이 당시의 주요한 동물이었음을 보여준다.[32]

이와 같이 작은 털가죽 짐승의 비율이 높아진 것은 청동기의 보급과 함께 농업과 수공업이 발달하여, 사냥에 많이 의존했던 가죽과 모피 옷이 누에고치 솜 등의 사직물 또는 마직물, 면직물 등과 함께 생산되면서 일어난 현상으로 보인다. 또한 사냥과 함께 목축업이 활발히 이루어지면서 집짐승의 가죽이나 털을 이용한 모피옷이나 모직옷, 솜옷이 일반화되었을 것이다.

고조선시대 후기에는 철기가 사용되는데, 철기는 청동기가 주로 손칼·끌·송곳 같은 공구류와 장식품이나 무기 또는 무기의 부분품으로 이용되었던 것과는 달리, 다양한 농기구와 공구 및 무기 등으로 이용되었다. 특히 철기는 농기구 제작에 많이 사용되어 농업생산 증대에 크게 이바지했다. 고조선에서는 발달된 농업을 바탕으로 하여 수공업과 목축업이 이전보다 성행했다. 이러한 까닭에 초기 철기시대에는 목축업이 발전하여 출토된 뼈 가운데 산짐승보다 집짐승

---

31 黑龍江省博物館, 〈黑龍江省海林縣牡丹江右岸的古代摩崖壁畫〉, 《中國考古集成》 東北卷 青銅時代(三), 北京出版社, 1997, 2824쪽.

32 사회과학원력사연구소, 《조선전사》 1－원시편, 229쪽; 김신규, 〈우리나라 원시유적에서 나온 포유 동물상〉, 《고고민속론문집》 제2집, 사회과학원출판사, 1970, 108~109쪽 참조.

이 현저히 높은 비율을 차지한다.[33] 고구려와 부여, 숙신, 읍루 등에 관한 기록에서 집짐승의 가죽을 사용한 복식의 다양한 모습을 엿볼 수 있다.

가죽은 일반 복식의 재료가 되기도 하지만 특수 복식인 갑옷에 부분적으로 사용되기도 한다. 예를 들어 고조선의 유적인 영성寧城 소흑석구小黑石溝유적에서 금속갑편과 함께 청동투구가 출토되었는데, 투구 위에 네 가닥의 가죽줄이 부착된 흔적이 있어, 발굴자들은 투구를 쓴 다음 가죽끈으로 묶었을 것으로 추정하고 있다. 갑옷 위에 걸쳐 입었을 큰 새털옷도 함께 출토되어,[34] 전쟁시 새털을 방한용으로 사용했음을 말해준다.

또한 고조선의 유적인 심양시 정가와자 6512호 무덤과 누상무덤에서 묘주의 가슴과 다리 부분에서 많은 양의 청동장식 단추가 출토되었다. 이것은 묘주가 청동단추를 단 가죽옷과 신발을 착용했음을 뜻한다.[35] 고조선에서는 화려한 청동장식이 빼곡히 달린 의복과 가죽신발을 착용했을 것으로 추정되며, 전쟁터에서는 이것이 갑옷의 역할도 했을 것으로 생각된다. 고구려에서는 신분의 구별 없이 성인 남자 모두 가죽관을 쓰고[36] 황혁리黃革履를 신었으며, 무늬가 없는 가죽띠를 착용했다.[37] 부여와 한韓에서도 가죽신을 신었다.[38]

---

33 김신규, 〈우리나라 원시유적에서 나온 포유 동물상〉, 73~120쪽 참조.

34 林雪川, 〈寧城小黑石溝夏家店上層文化顎骨的人像復原〉, 《中國考古集成》 東北卷 青銅時代(一), 北京出版社, 1997, 757쪽.

35 박진욱, 《조선 고고학 전서》 고대편, 과학백과사전종합출판사, 1988, 57~58쪽; 조선유적 유물도감편찬위원회, 《조선유적유물도감》 1－고조선·진국·부여편, 70쪽.

36 《隋書》 卷81 〈東夷列傳〉 高麗傳. "사람들은 모두 가죽 관을 썼고, 使人은 새 깃을 더 꽂았다(人皆皮冠, 使人加揷鳥羽)."

37 《北史》 卷94 〈列傳〉 高麗傳. "貴者……服大袖衫·大口袴·素皮帶·黃革履."; 《周書》 卷49 〈列傳〉 高句麗傳. "丈夫衣同袖衫·大口袴·白韋帶·黃革履."

38 《三國志》 扶餘傳. "在國……履革鞜."; 《三國志》 韓傳. "발에는 가죽신을 신고 힘차게 다녔다(足履革蹻蹋)."

신발은 복식 가운데 수요가 가장 많은 것이기 때문에 집짐승 중에서 가장 많이 생산되는 돼지가죽을 사용했을 가능성이 높다. 돼지는 발육이 빨라 가죽을 대량으로 쉽게 얻을 수 있고, 털이 적은 동물은 털이 많은 동물보다 가죽이 질기고 강한 장점[39]을 지니고 있기 때문에 신의 재료로 적당했을 것이다.

부여는 건국신화에 돼지우리와 마구간이 등장하고,[40] 마가馬加·우가牛加·저가豬加·구가狗加[41] 등 짐승의 이름이 관직명으로 사용된 것을 보아 목축업이 발날했음을 알 수 있다. 실제로 토성자유적 대부분의 돌관무덤에서는 돼지의 이빨과 뼈가 대량으로 출토되어,[42] 부여에서 돼지를 많이 길렀음을 알 수 있다. 숙신에서도 돼지를 많이 길러 고기는 식용으로 하고 가죽과 뼈로는 갑옷을 만들었으며, 털은 짜서 포布를 만들었다.[43] 읍루에서도 돼지를 많이 길러 그 가죽으로 옷을 만들었다.[44]

고구려에서는 사슴과 멧돼지를 많이 사냥했다.[45] 《삼국지》 〈오

39 宋啓源·李茂夏·蔡榮錫, 《皮革과 毛皮의 科學》, 先進文化社, 1998, 42쪽.

40 《後漢書》 卷85 〈東夷列傳〉 夫餘傳. "왕이 돼지우리에 버리게 했으나, 돼지가 입김을 불어주어 죽지 않았다. 다시 마구간에 옮겼으나 말도 그같이 했다(王令置於豕牢, 豕以口氣噓之, 不死. 復徙於馬蘭, 馬亦如之)."

41 《後漢書》 卷85 〈夫餘傳〉. "여섯 가축의 이름으로 관명을 지어 마가·우가·구가가 있으며 그 읍락은 모두 加들에 소속되었다(以六畜名官, 有馬加·牛加·狗加, 其邑落皆主屬諸加)."

42 吉林省博物館, 〈吉林江北土城子古文化遺址及石棺墓〉, 《中國考古集成》 東北卷 青銅時代(三), 北京出版社, 1997, 2358~2363쪽.

43 《晋書》 〈列傳〉 肅愼傳. "소와 양은 없고 돼지를 많이 길러서, 그 고기는 먹고 가죽은 옷을 만들며 털을 모아 포를 만들었다.……석촉(石砮)과, 가죽과 뼈로 만든 갑옷……(無牛羊, 多畜猪, 食其肉, 衣其皮, 績毛以爲布……有石砮, 皮骨之甲……)."

44 《後漢書》 卷85 〈東夷列傳〉 挹婁傳. "돼지 기르기를 좋아하며 그 고기는 먹고 가죽은 옷을 해 입는다(好養豕, 食其肉, 衣其皮)."

45 《三國史記》 卷45 〈列傳〉 溫達傳. "高句麗常以春三月三日, 會獵樂浪之丘. 以所獲猪鹿祭天及山川神."; 《三國史記》 卷32 〈雜志〉 祭祀. "고구려는 늘 3월 3일에 낙랑 언덕에 모여 사냥을 하여 돼지와 사슴을 잡아서 하늘과 산천에 제사를 지냈다(高句麗常以三月三日, 會獵樂浪之丘, 獲猪鹿祭天及山川)."

환선비동이전〉 부여전에 따르면, "(부여 사람들은) 국내에 있을 때……가죽신을 신었다. 외국에 나가면 두텁게 짠 사직물絲織物(繒) 옷·물들인 오색실로 짠 사직물에 수놓은(繡錦) 옷·푸른빛의 모직(罽)[46]옷(공작류의 푸른새털로 짠 것)을 즐겨 입고, 대인大人은 여우·너구리·희거나 검은 담비가죽으로 만든 옷을 위에다 더 입었으며, 또 금·은으로 모자를 장식했다"[47]고 하여 부여에서는 여우·너구리(狖)[48]·담비가 많이 나고, 좋은 말과 담비·놜豽[49]이 모피의 재료가 되었음을 알 수 있다. 담비가죽은 숙신에서도 생산되었고,[50] 동옥저에서는 담비가죽으로 조세를 받을 정도로 그 양이 많았다.[51]

---

46 《漢書》 卷1下 〈高帝紀〉. "상인들은 물감을 들인 오색실로 섞어 짠 사직에 수놓은 옷, 무늬가 있는 사직옷, 고운 베와 모시옷, 무늬 있는 모직물 옷을 입지 못하게 했다(賈人毋得衣錦繡·綺穀·絺·紵·罽)." 顔師古는 "罽는 털로 짠 것으로 지금의 (모직물의 종류인) 氈과 氍毹와 같은 종류다(罽, 織毛, 若今氈及氍毹之類也)"라고 했다. 《後漢書》 卷51 〈李恂列傳〉의 '香罽之屬'에 대하여 《袁山松書》에서 罽는 "털로 짜서 포를 만든 것(織毛爲布者)"이라 했다. 《後漢書》 卷86 〈南蠻西南夷列傳〉의 '輕毛氈雞'에 대하여 郭璞은 "《山海經》에 '氈雞는 꿩과 비슷한데 크고 푸른색이며 毛角이 있고, 적을 죽일 때까지 싸운다(山海經曰: 氈雞似雉而大, 青色, 有毛角, 鬪敵死乃止)"고 했다. 氍毹는 《風俗通》에서 "털로 짠 깔개를 구유라고 한다(織毛褥, 謂之氍毹)"고 했다. 이를 종합하면 罽는 공작류의 푸른새털로 짠 것이라고 하겠다.

47 《三國志》 卷13 〈烏丸鮮卑東夷傳〉 扶餘傳. "在國……履革鞜, 出國則尙繒繡錦罽, 大人加狐狸狖白黑貂之裘, 以金銀飾帽."

48 《說文解字》에서는 狖에 대해 "쥐에 속한다(鼠屬)"고 했고, 〈倉頡篇〉에서는 "너구리같다(似貍)"고 했다.

49 《後漢書》 卷85 〈東夷列傳〉 扶餘傳. "좋은 말과 붉은 구슬·담비·豽가 생산된다(出名馬·赤玉·貂·豽)."; 《三國志》 卷30 〈烏丸鮮卑東夷傳〉 夫餘傳. "出名馬·赤玉·貂·狖·美珠." 《爾雅》 〈釋獸〉에는 "貀은 앞발이 없다(貀無前足)"고 했고, 《異物志》에서 "貀는 조선에서 나는데 猩猩과 비슷하고 검푸른 색으로 앞의 두 발이 없으나 쥐를 잡을 수 있다(貀出朝鮮, 似猩猩, 蒼黑色, 無前兩足, 能捕鼠)"고 하여 豽과 狖이 다른 동물임을 알 수 있다.

50 《晋書》 卷97 〈東夷列傳〉 肅愼條. "魏나라 景元 말경에 楛나무로 만든 화살·돌화살촉·활과 갑옷·담비가죽 따위를 가지고 와서 바쳤다(魏景元末, 來貢楛矢·石砮·弓甲·貂皮之屬)."

51 《後漢書》 卷85 〈東夷列傳〉 東沃沮傳. "조세로 담비가죽과 魚鹽을 징수하였다(責其租稅, 貂布魚鹽)."

〈그림 3-1〉 장천 제1호 고분벽화의 야유 · 수렵도

고구려 고분벽화 가운데 당시의 사냥 활동을 사실적으로 묘사한 수렵도가 많아, 이 같은 벽화의 내용으로부터 당시 복식의 재료로 쓰인 동물의 종류가 다양하고 그 양이 풍부했음을 살펴볼 수 있다. 무용총의 수렵도에는 산을 사이에 두고 호랑이와 여우, 사슴 등을 사냥하는 모습이 보이고, 약수리 고분벽화의 수렵도는 집단사냥을 묘사한 것으로, 호랑이와 멧돼지·여우·사슴·노루·곰 등이 보인다. 장천 제1호분의 야유·수렵도(그림 3-1)에는 노루·사슴·멧돼지·담비·족제비·수달·꿩·사냥개 등이 보인다. 덕흥리 고분벽화 수렵도도 집단사냥을 묘사한 것으로, 사슴과 호랑이·곰·멧돼지·노루·꿩 등이 보인다. 이러한 내용으로 보아 문헌자료에 기록된 멧돼지와 사슴 외에 호랑이·곰·노루·담비·수달·여우 등도 주된 사냥 동물이었음을 확인할 수 있다.

또한 안악 제3호 고분벽화 육고도肉庫圖에는 꿩·멧돼지·노루 등을 걸어 놓고 훈연하는 장면(그림 3-2)이 그려져 있는데, 이 동물들은 이미 털이 벗겨진 상태이다. 이는 사냥에서 잡은 짐승의 고기를 훈연하여 식품으로 저장했음을 말해주기도 하지만, 동물의 몸체가 분리되지 않은 채 털이 벗겨진 점으로 보아 털이나 가죽을 복식의 재료로 이용하기 위한 것이라고도 할 수 있다.

〈그림 3-2〉 안악 제3호 고분벽화 육고도의 훈연하는 장면

고대 한민족이 우수한 품질의 가죽과 모피옷을 생산할 수 있었던 것은 가공도구가 발달했기 때문이었다. 신석기시대와 청동기시대 유적에서는 구석기시대 이래로 사용하던 칼과 긁개·밀개와 같은 석기들이 자주 발견되는데, 먼저 타정을 하고 다시 갈아 만들어 구석기시대의 것보다 발전된 정교한 모양이다.[52] 특히 구석기시대 후기의 유적에서 처음 나타난 흑요석제[53]의 예리한 칼이나 긁개가 청동기시대 유적의 집자리에서 많이 나오는데, 이는 가죽옷을 이기거나 마르는 데 쓰는 도구였을 것이다. 또한 청동기시대 후기에 나타나는 창끝 모양의 편암제 칼과 예

52 金元龍, 〈春川校洞 穴居遺跡과 遺物〉, 《歷史學報》 20, 1963, 1~27쪽 참조.

53 흑요석은 화산이 분출할 때 나오는 돌물이 식어서 만들어진 것으로서 매우 굳고 보통 검은색의 유리 광택을 내며, 굳기나 깨지는 모양이 예리한 날을 만들어 내기에 좋은 석재이다: 김교경, 〈흑요석의 물붙임층 연대측정법〉, 《조선고고연구》 1990년 제3호, 사회과학원고고학연구소, 46~48쪽 참조.

리한 뼈송곳,[54] 손칼 등의 청동기와 함께 가죽옷을 만드는 데 사용되었을 것이다.

청동으로 만들어진 공구로는 주로 도끼·칼·송곳·끌 등이 있는데, 이들은 가죽 제품을 가공하는 데 여러모로 사용되었을 것이다. 좋은 예로, 와룡천 무덤에서 출토된 길이가 3.5센티미터 되는 작은 도끼와 정가와자 6512호무덤에서 출토된 날 부분과 자루를 합한 길이가 20센티미터 정도인 칼이 있다. 이들은 가죽 등을 세밀하게 가공할 수 있는 공구였을 것으로 생각된다.[55]

고조선시대 후기에 이르면 중국보다 앞서 철기가 사용되기 시작한다.[56] 철기는 농기구에 가장 많이 사용되었고, 그 다음으로 일반

---

54 고고학연구소, 〈두만강 류역의 청동기시대 문화〉, 《고고민속론문집》 2, 사회과학원출판사, 1970, 35~39쪽.

55 박진욱, 《조선 고고학 전서》, 과학백과사전종합출판사, 1997, 54쪽.

56 중국 철기의 시작은 서기전 8세기 이전으로 보고 있다. 김원룡은 한국 철기의 시작을 서기전 3세기로 보았다(金元龍, 《韓國考古學概說》 第3版, 일지사, 1986, 101~103쪽). 그러나 황기덕과 김섭연은 松花江 유역의 길림성 騷達溝遺蹟 돌곽무덤에서 출토된 철기에 대한 분석에 근거하여 서기전 8~서기전 7세기 또는 그 이전으로 소급해야 한다고 주장했다(황기덕·김섭연, 〈우리나라 고대 야금기술〉, 《고고민속론문집》, 과학백과사전출판사, 1983, 172쪽. "소달구 돌곽무덤에서 나온 조롱박모양의 단지는 서기전 8~7세기경에 고조선지역에서 나타나는 미송리형 단지의 한 종류이다. 그리고 돌곽무덤에서 나온 날이 부채살처럼 퍼진 청동도끼와 자루부분에 도드리가 있는 청동칼 등의 청동기와 흰토막구슬은 료하유역에서 서기전 8세기를 전후한 시기에 유행한 물건들이다. 따라서 소달구의 돌곽무덤의 연대는 대략 서기전 8~서기전 7세기로 추정된다"). 윤내현은 중국의 전국시대에 해당하는 요령성지역의 유적에서 보편적으로 출토되는 철기의 제조기술 수준이 황하 중류유역과 동등하고 철제농기구가 보편적으로 많이 출토되고 있는 점에 근거하여 철기가 보편화되기까지는 오랜 기간을 필요로 할 뿐만 아니라 황하 중류유역과 기술수준이 동등하다면 그 시작된 연대도 비슷할 것으로 보고 한국의 철기시대는 서기전 8세기보다 앞설 것으로 보았다(윤내현, 《고조선연구》, 일지사, 1994, 108쪽). 이 같은 주장들을 보다 확실히 해줄 수 있는 유물이 서기전 12세기의 무덤인 강동군 송석리 문선당 1호 돌판 무덤에서 출토되었다. 이 유적에서는 순도가 높은 철로 만든 쇠거울이 출토되어(조선기술발전사편찬위원회, 《조선기술발전사》, 과학백과사전종합출판사, 1997, 42~43쪽. 철의 순도를 C 0.06%, Si 0.18%, S 0.01%, Mn 흔적으로 밝히고 있다), 한국 철기시대가 서기전 12세기 이전으로 거슬러 올라갈 수 있음을 입증해 주었다. 이 유적의 발굴 결과는 윤내현·황기덕·김

공구에 사용되었으며, 무기는 공구보다 적게 사용되었다.[57] 농기구로는 호미·괭이·삽·낫·반달칼·도끼 등이 있고, 공구로는 자귀·끌·손칼·송곳 등이 있다. 이처럼 다양한 도구의 발달은 목축업과 함께 농업 생산량을 증가시키고 수공업의 비약적인 발달을 가져왔다. 그 결과 일반공구와 가공도구가 보편화하며, 가죽과 모피 등의 가공기술이 이전보다 크게 발달했다.

이상의 내용을 통해 고조선에서는 복식의 재료로 사용된 가죽과 모피의 종류가 매우 다양하고 양 또한 풍부했음을 알 수 있다. 이처럼 다양한 동물의 가죽과 모피 등은 수준 높은 가공기술을 통해 이웃나라와의 교역상품이 되기도 하고, 사직물이나 모직물, 삼베옷, 솜옷 등과 함께 조화를 이루며 고조선복식의 중요한 요소가 되기도 했다.

3) 모직물 재료와 직조기술의 발달

고조선지역에서 고급 가죽과 모직물을 생산하고, 그를 중국에 수출했음을 이미 앞에서 서술했다. 그러면 실제 유물을 통해 모직물 직조기술과 가죽 가공기술이 어떠했는지 알아보기로 한다.

고조선시대 중기인 서기전 1000년대 초에 해당하는 길림성 영길현永吉縣 성성초星星哨유적 17호 돌널무덤에서는 양털과 개털을 섞어서 짠 모직물이 묘주의 얼굴을 덮은 채 발견되었다.[58] 성성초유적에

섭연의 주장을 확실하게 뒷받침해주고 있으며, 고조선의 철기시대는 중국보다 무려 4세기 정도나 앞서 시작되었음을 알게 해준다.

57 박진욱, 앞의 책, 139쪽.

58 吉林省博物館·永吉縣文化館, 〈吉林永吉星星哨石棺墓第3次發掘〉, 《考古學集刊》 3, 中國社會科學出版社, 1983, 120쪽; 사회과학원력사연구소, 《조선전사》 2－고조선사·부여사·구려사·진국사, 과학백과사전종합출판사, 1991(2판)(백산자료원 영인본), 154쪽. “성성초에서 나온 모직천을 감정한데 의하면 날실은 양털, 씨실은 개털로 짠 것이었다. 실의 ㎝당 비임도는 3~4이고 천 조직의 제곱㎝당 밀도는 날실이 8~9오리, 씨실은 14~15오리이다(《중국북방8성시 고고론저휘편》 6,

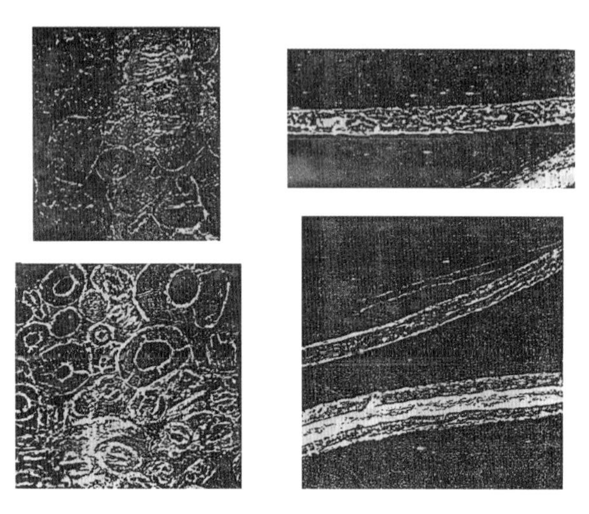

〈그림 3-3〉 성성초유적에서 출토된 모직물 500배 확대사진

서 출토된 평문조직의 모직물(그림 3-3)은 오늘날 생산되는 것보다 다소 거칠지만 비교적 정교하다.[59] 이 직물이 생산된 시기가 중국의 상商시대 말에서 서주西周시대 초기에 해당하는 것으로 보아, 고조선 지역에서 생산한 모직물이 중국에 알려진 것은 이보다 훨씬 앞섰을 것으로 생각된다.

한반도와 만주지역에서 처음으로 기른 집짐승은 개였고, 늑대 등을 기른 것은 구석기시대 후기로 본다. 공주 석장리유적(서기전 30000~서기전 20000년)의 집자리에서 개 모양의 돌 조각품이 나온

830~831쪽 참조)." 이 유적의 방사성탄소측정연대는 서기전 1015±100년(2965±100 B.P.)인데 교정연대는 서기전 1275±160년이다: 中國社會科學院考古研究所, 《中國考古學中碳14年代數據集》, 文物出版社, 1983, 34쪽.

59 趙承澤, 〈星星哨石棺墓織物殘片的初步探討〉, 《考古學集刊》 3, 126~127쪽; 趙承澤, 〈星星哨石棺墓織物殘片的初步探討〉, 《中國考古集成》 東北卷 靑銅時代(三), 北京出版社, 1997, 2425쪽.

것이 이를 증명한다.[60] 신석기시대 전기에 속하는 궁산유적 1기층(서기전 6000~서기전 5000년)과 서포항유적 1·2기층 및 신석기시대 후기에 속하는 농포유적(서기전 3000년)에서도 많은 개 뼈가 출토되는 등, 신석기 여러 유적에서 고루 출토된다. 이후 청동기시대에 속하는 오동유적(서기전 2000년대 말)에서는, 출토된 전체 동물 뼈 가운데 개와 돼지의 것이 가장 많은 것으로 나타났다.[61]

고조선지역에서는 양의 사육도 많았다. 청동기시대로 오면서 신석기시대 유적에 비하여 발굴되는 짐승의 뼈는 야생짐승의 비율이 집짐승보다 낮아지는데,[62] 돼지·양·말·개 등의 집짐승 뼈가 많이 출토된 것은 이들이 주요 가축이었음을 뜻한다. 예를 들어 동부여의 유적인 백금보유형의 유적에서 출토된 새김무늬그릇에 양과 말, 낙타 등 집짐승의 떼가 몇 개의 선과 점으로 장식되어 있어, 이들이 목축업에 필요한 동물이었음을 말해준다. 백금보유형의 유적에서 나온 뼈 가운데 낙타의 뼈가 아직 발굴되지 않았으나, 소와 말·양·돼지·개 등의 집짐승 뼈는 많이 출토되었다.[63]

서주西周시대 초기에서 진秦·한漢 교체기에 속하는 서단산문화유적에서는 마직물과 함께 모직물 조각이 출토되었다. 발굴자들은 이 유적을 예濊족의 것으로 추정했다.[64] 이 지역은 겨울철에 영하 40도

---

60 림영규, 〈원시시대 집짐승 기르기에 대한 몇 가지 고찰〉, 《조선고고연구》 1996년 제3호, 사회과학원출판사, 34쪽.

61 김신규, 〈회령오동원시유적의 포유 동물상〉, 《고고민속》 3호, 사회과학원출판사, 1963, 46~47쪽; 김신규, 〈농포 원시 유적의 동물 유골에 대하여〉, 47~50쪽; 김신규, 〈미송리 동굴의 동물 유골에 대하여〉, 5~7쪽.

62 고고학연구소, 《고고민속론문집》 2, 119쪽.

63 사회과학원력사연구소, 〈우리나라 집짐승의 기원〉, 《조선전사》 1-원시편, 223~224쪽.

64 董學增, 〈試論西團山文化的裝飾品〉, 《中國考古集成》 東北卷 青銅時代(三), 北京出版社, 1997, 2206쪽; 吉林省博物館·吉林大學考古專業, 〈吉林市騷達溝山頂大棺整理報告〉, 《考古》 1985年 10期, 科學出版社, 901~907쪽.

〈**그림 3-4**〉 앵가령유적에서 출토된 흙으로 만든 돼지 조소품

정도의 혹한을 견뎌야 하기 때문에 방직품 이외에 가죽과 모피의 의복이 많이 생산되었을 것이다.[65] 추운 지역에 위치한 숙신에서도 돼지털로 모포를 짰고, 고구려에서는 돼지털로 짠 모직물인 장일障日[66]을 생산했다. 이러한 돼지털을 재료로 한 모직물 생산은 고조선의 기술을 이은 것으로 생각된다. 고조선은 중국보다 앞서 돼지(그림 3-4)[67]를 사육했기 때문에[68] 돼지털

65 董學增·翟立偉, 〈西團山文化遺存所反映的穢貊族習俗考略〉, 《中國考古集成》 東北卷 靑銅時代(三), 北京出版社, 1997, 2261쪽; 宋兆麟, 《中國原始社會史》, 文物出版社, 1983, 345쪽.

66 《翰苑》 〈蕃夷部〉 高(句)麗條.

67 王永强·史衛民·謝建猷, 《中國少數民族文化史》, 東北卷 壹, 廣西教育出版社, 1999, 28쪽.

68 중국학자들은 절강성 余姚 河姆渡 유적(서기전 5010년)(浙江省文管會·浙江省博物館, 〈河姆渡發現原始社會重要遺址〉, 《文物》 1976年 第8期, 12쪽)에서 발굴된 흙으로 빚은 돼지와 집돼지의 뼈를 근거로 세계에서 최초로 돼지를 사육했다고 주장하고 있다(鍾遐, 〈從河姆渡遺址出土猪骨和陶猪試論我國養猪的起源〉, 《文物》 1976年 第8期, 24~26쪽). 그러나 한반도에서는 신석기 전기의 유적으로 분류되는 평안북도 의주군 미송리유적 1문화층(서기전 6000~서기전 5000년)에서 돼지과의 뼈가 출토되었는데 그 가운데 집돼지의 뼈가 함께 나왔으며(김신규, 〈미송리 동굴의 동물 유골에 대하여〉, 《문화유산》 6, 11~12쪽), 같은 신석기 전기에 속하는 서포항유적 1기층에서도 집돼지의 뼈가 출토되었다(김신규, 〈회령오동원시유적의 포유 동물상〉, 《고고민속》 3호, 46쪽). 이는 한반도에서 돼지가 중국보다 앞서 사육되었음을 증명하는 것이다. 한반도와 만주 등에서 서기전 4000년대인 신석기 시대 중기 무렵부터 널리 돼지를 기르기 시작하였다(사회과학원력사연구소, 《조선전사》 1-원시편, 124쪽). 중국의 河姆渡 유적에서 출토된 흙으로 빚은 돼지의 체구를 보면 앞과 뒤의 비율이 약 1대 1인데 비하여 야생 돼지 체구의 비율은 7대 3이고 현대의 집돼지는 반대로 3대 7이므로 河姆渡 유적의 흙으로 빚은 돼지는 야생돼지와 현대의 집돼지 중간에 속한다고 할 수 있다(杜石然·范楚玉·陳美東·金秋鵬·周世德·曹婉如 編著, 川原秀城日原傳·長谷部英一·藤井隆·近藤浩之譯, 《中國科學技術史》 上, 東京大學出版會, 1997, 19쪽). 고조선 鶯歌嶺 유적에서 발굴된 돼지의 체형은 비대한 모습으로 지금의 집돼지와 비슷하다. 야생돼지에서 집돼지로 길들여진 기간이 매우 긴 것으로 보아(容鎔, 《中國上古時期科學技術史話》, 中國環境科學出版社, 1990, 122~124쪽) 고조선에서 돼지를 사육한 연대는 鶯歌嶺 上層 유적보다 훨씬 오래되었을 것이다.

직물도 일찍 발달했을 것으로 생각된다.

고대 중국에서는 모직물이 거의 발달하지 않았다. 상대商代 후기에 속하는 하북성 고성藁城 대서촌臺西村 상대 유적에서 마직물과 함께 양모羊毛 한 올이 출토되었을 뿐, 모직물이 발견된 예가 없다.[69] 한대에 이르러서도 모직물이 널리 보급되지 않았고,[70] 그 수준도 낮았다. 따라서 모직으로 만든 옷은 가난한 사람이 입는 옷으로 인식되었고,[71] 고급 모직물은 고조선과 서아시아, 중앙아시아 등에서 수입되었다.[72]

직물을 짰던 생산도구를 보면, 한반도 신석기시대 전기의 유적에서는 가락바퀴와 씨실을 넣는 데 사용했던 갈구리가 출토되었고, 신석기시대 중기의 유적에서는 갈구리와 함께 날실들 사이에 씨실을 넣는 북이 출토되었다. 북의 출현은 한반도와 만주지역에서 신석기시대 중기부터 직물생산기술이 널리 보급되었음을 뜻하는 것이다. 모직물이 생산된 것은 신석기시대 전기인 서기전 6000~서기전 5000년대로, 직물생산이 널리 보급된 것은 신석기시대 중기인 서기전 4000년대로 볼 수 있다.

이처럼 한반도와 만주지역에서는 신석기 초기에 원시적인 방직기계[73]를 이용하여 옷감을 짰다. 그러나 청동기 말기로부터 철기시대

69 容鎔, 앞의 책, 122쪽; 鄭若葵, 《中國遠古暨三代習俗史》, 人民出版社, 1994, 87~88쪽.

70 孫機, 《漢代物質文化資料圖說》, 文物出版社, 1991, 74~75쪽.

71 秦代에는 粗麻로 만든 옷을 갈옷이라 했으나, 漢代에는 毛布로 만든 옷을 갈옷이라 했다. 睡虎地秦墓竹簡整理小組, 《睡虎地秦墓竹簡》, 文物出版社, 1978, 66쪽. "囚有寒者爲褐衣.……用枲三斤."(이 책의 제1부 제2장 〈고대 한국의 마직물〉 참조); 《淮南子》 〈覽冥訓〉의 褐에 대하여 高綉는 "褐, 毛布. 如今之馬衣也"라고 하였다. 《後漢書》 〈趙典傳〉의 褐에 대하여 李賢은 "褐, 織毛布之衣, 貧者所服"이라고 했다.

72 李肖冰, 《中國西域民族服飾研究》, 新疆人民出版社, 1995, 83~85쪽.

73 조선기술발전사편찬위원회, 《조선기술발전사》 원시·고대편, 62쪽. "서포항유적 1기층(서기전 6000년대~서기전 5000년대)에서는 씨실넣기에 쓴 갈구리가 나타났다"고 했다.

에 이르면서 신석기시대의 가락바퀴가 사라진다. 오랫동안 실생산에 사용된 가락바퀴가 사라졌다는 사실은 이보다 생산성이 높은 도구가 개발되었음을 뜻하는 것이다. 무산 범의구석유적 8호 집자리(서기전 2000년대 말)에서 불에 타다 남은, 꼬인 베실이 출토되었다. 가늘게 꼰 것은 물레로 실을 생산했음을 말해주는 것이다. 물레의 개발로 실의 생산량이 늘었고 품질 또한 높아졌으며, 천의 종류도 다양해졌다.

물레의 등장과 더불어 회령의 오동유적(서기전 2000년대 말)에서는 짐승의 어깨뼈로 만든 바디[74]가 출토되었으며, 강계시 공귀리유적에서는 흙추[75]가 출토되었다. 이러한 유물들은 당시 수직식 직기가 사용되었음을 의미한다. 이처럼 고조선에서는 물레와 북을 이용한 수직식직기를 개발하여[76] 모직물뿐만 아니라 여러 종류의 천들을 짤 수 있게 되었고, 그 조직도 다양하게 바꾸어나갔을 것이다. 따라서 고조선은 청동기시대인 서기전 2000년 전후에 이미 직물생산기술이 높은 단계에 이르러, 품질이 우수하고 다양한 조직의 모직물을 대량으로 생산하기에 이르렀다고 할 수 있다.

평양시 낙랑구역 정백동 1호묘(서기전 2세기 말~서기전 1세기 초)[77]

---

74 사회과학원 고고학·민속학연구소, 《회령 오동 원시유적발굴보고》-유적발굴보고 7, 사회과학출판사, 1960, 52쪽 및 도판 CXX의 1.

75 사회과학원 고고학·민속학연구소, 《강계시 공귀리 원시유적발굴보고》-유적발굴보고 6, 사회과학원출판사, 1959, 28~30쪽.

76 조선기술발전사편찬위원회, 《조선기술발전사》 원시·고대편, 62쪽~63쪽. "실낳이에 물레가 도입됨으로서 천짜기에서는 새로운 발전이 이루어졌다. 이에 대하여서는 오동 유적에서 나온 짐승의 어깨뼈로 만든 바디와 강계시 공귀리 유적에서 나타난 흙추가 잘 설명해준다. 뼈바디는 길이 20㎝ 정도이던 것이 현재 10㎝의 크기로 보존되어 있었으며, 바디 살에서의 간격은 1㎜ 정도이고 바디살 깊이는 2㎜ 정도이다. 모양은 머리빗 형태이다." (앞의 글, 〈회령 오동 유적 발굴보고〉, 52쪽). "흙추의 모양은 원통형, 장방형, 제형이고 가운데에 긴 구멍이 새로 곧추 뚫려져 있다. 길이는 5.3~5.7㎝, 굵기는 4~4.3㎝ 정도이다." (앞의 글, 〈강계시 공귀리 원시 유적 발굴보고〉, 29쪽).

77 조선유적유물도감편찬위원회, 《조선유적유물도감》 고조선·부여·진국편, 109쪽.

에서는 고조선시대 말기의 것으로 보이는 3개의 천 조각이 발굴되었다. 그 가운데 하나는 사직물이었고, 둘은 말꼬리털로 짠 것이었다. 이 말꼬리털로 짠 천은 간단평짜임과 특수평짜임으로 짠 것이었다. 간단평짜임으로 짠 천은 재질이나 짜임의 특성으로 보아 망건이나 갓, 탕건 같은 것을 만드는 데 쓰였을 것으로 생각된다. 특수평짜임으로 짠 천은 날씨실 밀도가 균일하고 날씨실 조직점 간격도 좁아, 당시 방직기술의 섬세함을 말해준다.[78] 이와 같이 길고 부드럽다는 장점을 가진 말꼬리털을 모직물의 재료로 한 것은, 고조선시대 후기로 오면서 목축업의 발달과 함께 말을 많이 길렀기 때문이라 생각된다. 고조선시대 초기부터 말기에 이르기까지 대부분의 무덤에서 마구와 수레 부속품이 많이 출토되는 것에서도 말의 이용이 많았음이 확인된다.

《후한서》〈동이열전〉 마한전馬韓傳에는, "금, 보화, 물들인 실로 짠 비단과 푸른 새털로 짠 계罽를 귀하게 여기지 않았으며……"[79]라는 내용이 보인다. 계는 꿩과科의 갈치鶡雉의 털로 짠 푸른빛의 모직

78 조선기술발전사편찬위원회, 《조선기술발전사》 원시·고대편, 68~69쪽. "정백동에서 발굴된 고조선시대 말기의 것으로 보이는 천조각들의 짜임형식을 보면 간단평짜임한 것과 특수평짜임한 것이었다. 천유물을 분석한데 의하면 간단평짜임한 천은 말꼬리털을 날씨실로 해서 짠 것이었다. 이 천은 날실의 밀도 140~170올/10㎝로서 균일하지 못하다. 이것은 날실배열에서 실 사이 간격을 잘 일치시키지 못했으며 또 바디치기를 곱게 하지 못했다는 것을 말해준다. 이 천은 재질이나 짜임특성으로 보아 망건이나 갓、탕건 같은 것을 만드는 데 쓰였다고 본다. 특수평짜임한 천은 역시 날씨실로 말꼬리털을 써서 짠 천인데 간단평짜임한 천과는 달리 날씨실의 어김각이 45도였다. 일반적으로 날씨실의 어김각은 90도이다. 그러나 이 천은 어김각이 45도이면서 날씨실의 밀도도 다같이 170올/10㎝로서 균일도도 높고 날씨실의 조직점 사이 간격도 높은 수준에서 보장되었다. 이것을 통하여 당시 천짜기 기술이 매우 섬세했으며 높은 기술과 방법을 가지고 천짜기를 했다는 것을 알 수 있다. 특히 날실에 대한 씨실의 사굼각을 45도로 보장하면서 천을 짰다는 것은 천짜임방식에서 독특한 수법을 적용했다는 것을 말해준다"고 했다.

79 《後漢書》卷85〈東夷列傳〉韓傳. "不貴金寶錦罽."

물이다.[80] 아마도 계는 춘추시대 발과 조선이 중국에 수출했던 타복毤服과 같은 종류일 것이다. 마한에서는 계를 귀하게 여기지 않았던 것으로 보아 계의 생산량이 많았음을 알 수 있다. 부여에서도 증繒·수繡·금錦과 함께 아름다운 색을 띤 모직물 옷인 계罽를 귀하게 여겼다.[81] 이러한 복식재료는 고조선의 기술을 이은 것으로, 우수한 직조기술과 높은 문화 수준이 아니면 이루어 낼 수 없는 것이다.

고조선지역에서 품질이 우수한 가죽과 모피 제품을 많이 생산하고 수준 높은 직조기술로 다양한 모직물을 생산할 수 있었던 기반은, 다음 두 가지로 요약할 수 있다. 첫째는 사냥과 목축업을 통하여 동물자원이 풍부했다는 것이고, 둘째는 중국과 북방 지역보다 청동기와 철기의 생산 시작연대가 훨씬 앞서 가공도구와 생산기술 방면에서 이른 발달을 가져왔기 때문이었을 것이다.

4) 닫는 글

고조선에서 생산한 가죽과 모피, 모직물들은 종류가 다양하고 품질도 우수했다. 문헌자료에 나타난 특수한 가죽과 모피의 생산품목은 비·붉은 표범·누런 말곰·문피·표범·반어·흰 사슴·흰 노루·자색 노루·주표·세미계·삼각사슴·꼬리가 긴 토끼·붉은 표범·낙타·자줏빛 여우·흰매·흰말 등이다. 이 같은 동물들의 가죽과 모피는 당시 중국 등 이웃나라와의 교역품목이었다. 한반도와 만주에서 생산되었던 일반가죽과 모피는 사냥과 목축을 통해 얻은 것으로, 멧돼지·

80 주 66과 같음.

81 《三國志》 卷30 〈烏丸鮮卑東夷傳〉 夫餘傳. "국내에 있을 때의 옷은 무늬 없는 것을 숭상하여 무늬 없는 천으로 만든 큰소매의 포와 바지를 입고 革鞜을 신었다. 외국에 갈 때는 두껍게 짠 繒·繡를 놓거나 여러 색으로 물들여 짠 錦·푸른 새털로 짠 罽를 숭상하고, 大人은 그 위에다 여우·狖·희거나 검은 담비로 만든 가죽옷을 덧입었다(在國衣尙白, 白布大袂袍·袴, 履革鞜. 出國則尙繒繡錦罽, 大人加狐狸·狖·白黑貂之裘)."

사슴·여우·너구리·말·담비·날·호랑이·곰·노루·꿩·족제비·수달·돼지·개·소·말사슴·사향노루·복작노루·승냥이·토끼·산양·양·낙타·오소리·물소·청서 등의 육지동물과 물개·넝에·고래와 같은 바다동물도 가죽과 모피 생산에 이용되었다.

한반도와 만주지역에서는 신석기시대부터 다양한 방법의 사냥기술과 목축업의 발달로, 야생동물과 함께 많은 집짐승의 가죽을 생산하기 시작했다. 청동기시대 유적을 살펴보면 작은 야생동물과 집짐승의 가죽을 이용하는 비율이 높아짐을 알 수 있다. 이는 청동기의 보급과 함께 농업과 목축업, 수공업이 발달하여, 사냥으로 얻어진 복식재료가 집짐승의 가죽이나 털의 가공품으로 바뀌었음을 뜻한다. 그리고 동물가죽의복 대신 다양한 직물들을 혼용했을 것이다. 고조선시대 후기에는 철기가 사용되면서 농업생산력이 증가하고 목축업이 한층 발달하여, 집짐승의 가죽이 이전보다 훨씬 많이 사용되었다.

서기전 7세기경인 중국의 춘추시대에 발과 조선이 중국과 모직물을 교역했다는 기록이 있어 고조선 모직물의 품질이 매우 우수했음을 알 수 있다. 고급 모직물인 타복과 계 이외에, 고조선시대 중기의 유적인 성성초의 17호 돌널무덤에서 출토된 양털실과 개털실을 섞어 짠 모직물이 그러한 사실을 말해준다. 이 시기는 중국의 상주교체기에 해당하는데, 고조선이 모직물을 생산하고 그것이 중국에 알려진 것은 이보다 훨씬 앞섰을 것이다. 숙신은 제순 25년(서기전 2209년)에 중국과 교역을 하였고, 그 뒤 서주 무왕 때도 화살과 화살촉 등을 예물로 보냈던 사실로 보아 모직물도 당시 중국에 알려졌을 것으로 생각할 수 있다. 그러했기 때문에 그 뒤 춘추시대가 되어도 고조선의 문피가 중국에 알려졌던 것이다.

마한 사람들과 부여 사람들은 화려한 푸른빛의 모직물인 계를 생산하여 널리 보급시켰다. 이러한 기술은 신라와 백제에 이어져 구유·구수·탑등·탑등 등을 생산하는 데 도움을 주었다. 기존의 연구에서는 덮개와 깔개의 용도로 만들어진 이들 상품을 외래품으로 보았다. 그러나 고조선의 모직물 직조기술은 가죽의 가공기술과 그 역사를 같이하며 오랜 기간에 걸쳐 축적되어, 계에 이어 구유·구수·탑등 등을 새로운 생산품으로 출현시켰다고 보아야 할 것이다.

지금까지의 내용을 통해 고조선의 가죽과 모피, 모직물 생산 수준은 이웃나라보다 상당히 앞섰음을 알 수 있었다. 중국에서는 지배계층에서만 모직물이 사용되었던 것과 달리 고조선에서는 가죽과 모피, 모직물이 복식재료로서 이미 대중화한 것 또한 확인할 수 있었다.

2 마직물 생산과 직조기술의 고유성

1) 여는 글

고조선의 마직물 생산은 그 생산연대와 직조수준에서 중국보다 앞섰던 것으로 나타난다. 지금까지의 연구는 고대 한국에서 생산했던 마직물의 생산 시작연대와 종류 및 특징에 대한 이론을 분명히 하지 못했다. 마직물과 관련한 명칭의 해석에서도 면緜이 식물성 섬유일 것으로 보거나, 변한弁韓 등에서 생산한 포를 마포麻布나 저포楮布로 해석하기도 했다.[82] 그러나 면은 식물성 섬유가 아니라 누에고치실로 짠 사직물이고, 변한 등에서 생산한 포는 마포나 저포가 아니라 경마檾麻로 만든 저포였으며, 저포 가운데서도 폭이 넓고 곱게 짠 세포細布, 즉 전포絟布인 것으로 밝혀졌다.

여러나라시대와 삼국시대에 이르기까지 마포와 저포는 주된 조세징수 품목이었기 때문에, 경제사 연구에서는 포 조세에 관한 연구대

82 李如星은 《朝鮮服飾考》에서 문헌자료에 緜布가 사직물과 관련되어있음을 의심하고, 무리함을 알지만 馬韓·弁韓 등에서 생산한 緜布를 식물성 섬유인 마직물로 보고자 하였다(李如星, 《朝鮮服飾考》, 白楊堂, 1947, 299~300쪽. "특히 緜布의 緜은 字義曖昧한 것이어서 곧 楮皮의 纖維에 比定하는 것은 多少危險한 일이지만 緜은 普通絹類의 動物性纖維가 아니고 植物性纖維를 指稱하는 것이며 더욱 그것이 마 혹 저가 아니라는 것은 문자가 明示하는 바이므로 당시(主로 三國時代) 朝鮮·滿洲·支那(중국)·일본에 많이 재배되었던 楮(一作穀又作栲)에 比定하인바 一律的으로 臆說이라고만 돌릴 수는 없을 것이다. 만약 이 견해가 용납된다면……. 그러므로 前引한 魏志의 馬韓緜布의 記事는 馬韓이란 땅이 新羅의 隣接地였고, 住民 風土를 같이 했든 지방인 이상 그 땅에서 産出하는 緜布도 卽 楮布이었다고 말할 수 있는 것이겠다. 牟韓布(三國志 魏志 韓傳에 인용된 魏略에 牟韓布로 기재되어있으나 이여성은 이를 弁韓布의 誤記라고 보았다)라는 것은……아마 麻布였든가 혹은 楮布이었을 것 같다"). 이후의 복식사 연구에서 이여성이 남긴 문제를 풀기보다 그대로 따랐다(柳喜卿, 《한국복식사연구》, 이화여자대학교출판부, 1989, 121~122쪽; 이은창, 《한국 복식의 역사》－고대편, 세종대왕기념사업회, 1978, 32쪽; 임영미, 《한국의 복식문화》 I, 경춘사, 1996, 6쪽)

상으로 했다. 그러나 조세만을 분석대상으로 했기 때문에 마포와 저포 등에 대한 구분과 직물의 종류를 분류하는 데 오류를 낳기도 했다.[83] 이 같은 상황은 수공업사 연구에서도 마찬가지이다.[84] 따라서 고조선의 마직물 연구는 복식사 연구뿐만 아니라 고대 한국의 경제사와 수공업사 연구에도 도움이 될 것이며, 그 쓰임새의 분석으로부터 고조선의 고유한 습속을 고찰하는 데에도 도움이 될 것이다.

이 글에서는 고조선의 마직물이 갖는 고유성을 분석하기 위해 구석기시대부터 고조선 붕괴 이후 여러나라시대를 대상으로 고찰하고자 한다. 물론 여러나라시대는 고조선시대와 달리 여러 방면에서 중국의 영향을 크게 받기 시작했다. 그러나 복식재료가 되는 직물의 생산은, 사회구조가 크게 바뀌거나 외래문화가 들어왔다고 하더라도 그 본디 모습은 쉽게 변하지 않으며, 외래적 요소가 더해졌다 하더라도 전통적 기술과 양식은 새로운 요소와 함께 그대로 지속되었을 것이다. 고조선의 여러 무덤유적에서 출토된 마직물 조각을 정리하여 그 직조기술과 쓰임새 등을 분석하고, 그를 통해 고유성도 찾아보고자 한다.

2) 마직물의 기원과 생산도구

고조선의 마직물 생산은 구석기시대부터 야생 식물성 줄기섬유를 널리 이용하면서 쌓아 온 기술의 결과이다. 구석기시대 중기에 속하

83 김기홍, 《삼국 및 통일신라 세제의 연구》, 역사비평사, 1994, 29~30쪽·45~46쪽 참조. 김기홍은 첫째로, 細布와 麻布가 서로 다른 직물의 종류임을 구분치 않고, 막연히 麻布를 平布로 보고 細布 1필은 平布 2필 정도로 추정했다. 둘째로, 細布를 베로 보았다. 그러나 뒤에서 상세히 보겠지만 細布는 絟이라 부르는 모시보다 섬세한 마섬유이며, 가는 베는 細麻布라 한다.

84 박남수, 《신라수공업사》, 신서원, 1996, 70~71쪽: 박남수는 弁韓布를 베와 麻布로 보았는데 베와 麻布는 같은 직물이다. 弁韓에서 생산한 布는 麻布가 아니라 白紵布와 廣幅細布이다. 白紵布는 纑麻로 생산한 모시이며, 廣幅細布는 모시보다 섬세한 마섬유인 絟을 넓은 폭으로 짠 것이다.

는 함경북도 선봉군 굴포문화 1기층[85]에 집터유적에서는 찍개나 찌르개 등의 석기들이 출토되었는데, 발굴자들은 이를 집을 짓는 재료인 야생 식물성 줄기섬유를 다루었던 도구로 보았다.[86] 구석기시대 후기 유적들에서 출토된 칼날·뼈바늘·뼈송곳·돌송곳[87]은, 짐승의 힘줄이나 마麻 등의 야생 식물성 섬유를 가공하는 데 그것을 사용했음을 알려준다. 구석기시대 후기의 동굴벽화에는 그물을 치고 짐승을 사냥하는 장면이 있는데, 이것은 야생 식물로 그물을 만들어 사용했음을 뜻한다.[88]

신석기시대에 이르면 정착생활과 함께 농업이 발달하여 여러 종류의 곡물과 마섬유를 생산할 수 있는 식물이 재배되었다. 그동안 출토된 한반도와 만주 및 중국의 신석기시대 유물 가운데 마섬유와 관계된 자료를 비교해 보면, 고대 한국의 마섬유 생산기술이 중국보다 매우 앞섰음을 확인할 수 있다.

한반도에서는 신석기시대 전기 유적인 제주도 고산리유적(서기전 10000~서기전 8000년)에서 그물추가 출토되었고,[89] 함경북도 선봉군의 서포항유적 제1기층(서기전 6000년)에서 뼈바늘과 바늘통·어망추·가락바퀴(그림 3 5)[90] 등이 출토되어 신석기시대의 시작과 함께

85 이융조, 〈編年〉, 《韓國史論》 12, 국사편찬위원회, 1986년, 381쪽.

86 조선기술발전사편찬위원회, 《조선기술발전사》 1－원시·고대편, 과학백과사전종합출판사, 1997, 58쪽.

87 손보기, 〈구석기문화〉, 《한국사》 1, 국사편찬위원회, 1977, 34~39쪽; 孫寶基, 〈石莊里의 後期 舊石器時代 집자리〉, 《韓國史研究》 9, 1973, 15~57쪽; 水野清一, 〈滿洲舊石器時代の骨角器資料〉, 《人類學雜誌》 48-12, 1933, 476~483쪽; 直良信夫, 〈朝鮮潼關鎮 發掘 舊石器時代の遺物〉, 《滿蒙學術調查研究報告》 6-3, 1940, 1~12쪽.

88 황기덕, 《조선 원시 및 고대 사회의 기술발전》, 과학백과사전출판사, 1997, 166쪽.

89 제주도·제주대학교박물관, 《濟州高山里遺蹟－고산리유적 성격 규명을 위한 학술조사보고서》, 2003 참조.

90 고고학연구소, 《고고민속론문집》 제4집, 사회과학원출판사, 1972, 40~108쪽; 고고학·민속학연구소, 《궁산리 원시유적발굴보고》－유적발굴보고 제2집, 사회과학원출판사, 1957, 25~26쪽; 조선유적유물도감편찬위원회, 《조선유적유물도감》 1－원시편, 조선유적유물도감편찬위원회, 1990, 80쪽, 그림 126.

〈그림 3-5〉 서포항유적 1기층에서 출토된 가락바퀴

사람들이 실을 생산하고 그물을 짰음을 알 수 있다. 실제로 평안남도 온천군 궁산유적 1기층(서기전 4500년)[91]에서 베실이 꿰어져 있는 뼈바늘이 출토되기도 했다.[92] 그 밖에도 궁산유적과 같은 시기인 서울 암사동유적(서기전 4500년)에서도 어망추와 가락바퀴[93]가 발견되었고, 여러 곳에 구멍이 나 있는 질그릇[94]은 끈이 사용되었을 가능성을 보여주었다.

또한 만주지역의 신석기시대 초기 유적인 요동반도에 위치한 여대시旅大市 장해현長海縣 소주산小珠山 하층유적(서기전 5000~서기전 4500년)[95]과 요동반도 황해 연안의 후와后洼 하층유적(서기전 4000년)의 집자리에서 질그릇 조각으로 만들어진 가락바퀴가 출토되었다.[96]

---

91 조선유적유물도감편찬위원회, 《조선유적유물도감》 1-원시편, 1990, 81쪽; 북한학자들은 이 유적을 서기전 4000년대로 편년을 했으나 任孝宰는 서기전 4500년으로 보았다(任孝宰, 〈新石器時代 編年〉, 《韓國史論》 12, 國史編纂委員會, 1983, 707~736쪽); 고고학·민속학연구소, 〈궁산리 원시유적발굴보고〉, 《유적발굴보고》 제2집, 사회과학원출판사, 1957.

92 사회과학원력사연구소, 《조선전사》 2-고대편, 과학백과사전출판사, 1979, 30~31쪽.

93 金元龍, 《韓國考古學硏究》, 일지사, 1992, 93쪽; 任孝宰, 앞의 글, 719~725쪽.

94 金元龍, 위의 책, 79쪽.

95 許玉林, 〈東北地區新石器時代文化概述〉, 《中國考古集成》 東北卷 新石器時代(一), 北京出版社, 37쪽.

96 許玉林, 위의 글, 37~38쪽: 이 유적의 연대는 방사성탄소측정의 결과, 지금으로

흑룡강성 밀산현密山縣 신개류新開流유적(서기전 4000년)의 집자리에서도 가락바퀴와 바늘이 출토되어,[97] 한반도와 만주 모든 지역에서 같은 시기에 마섬유가 생산되었음을 알 수 있다.

가락바퀴는 비록 베실 등의 실물이 출토되지 않는다 해도, 당시에 실을 뽑고 직물을 생산했다는 고고학적 증거로 삼을 수 있는 복식유물이다. 이러한 사실은 한반도와 만주에 거주했던 사람들이 신석기시대 전기부터 정착생활[98]에 들어가 마을을 이루고 살았고, 마 등의 식물성 섬유로 다양한 굵기의 실을 만들어 여러 용도의 직물을 생산하고 재봉을 했음을 알려준다.

실제로 한반도와 만주지역의 유적에서는 이른 시기부터 가락바퀴와 함께 뼈나 뿔로 만든 송곳과 바늘 등이 고루 출토되어, 당시 마섬유 등을 이용한 방직과 재봉이 보편적으로 이루어졌음을 말해준다. 가락바퀴는 실을 꼬아 길게 만드는 도구로, 직물생산의 중요한 계기를 마련했다. 그 예로 흑룡강성 밀산현의 신개류유적(서기전 4239~서기전 3995년)[99]과 소주산 하층유적(서기전 약 4000년경)[100]에서 방직과 재봉에 사용된 도구가 출토되었다. 이후 서기전 4000~서기전 3000년 시기의 유적에서는 가락바퀴나 바늘과 함께 뼈, 또는 뿔로 만든 송곳 등이 대량으로 출토되어 방직이 이전보다 활발해

부터 6055±96년·6180±96년·6205±96년·6255±170년으로 나타났다.

97 許玉林, 위의 글, 〈東北地區新石器時代文化概述〉, 47쪽: 이 유적의 연대는 방사성탄소측정의 결과 5430±90년이고 교정연대는 6080±130년이다.

98 金正基, 〈新石器時代 住生活〉, 《韓國史論》 17, 국사편찬위원회, 1987, 76~130쪽.

99 中國社會科學院考古研究所, 《中國考古學中碳十四年代數据集》 1965~1991, 文物出版社, 1992, 96쪽; 이 유적의 방사성탄소측정연대는 서기전 3480±90년(5430±90 B.P.)으로 교정연대는 서기전 4239~서기전 3995년이다; 黑龍江省文物考古工作隊, 〈密山縣新開流遺址〉, 《中國考古集成》 東北卷 新石器時代(二), 北京出版社, 1997, 2125~2142쪽; 譚英杰, 〈密山新開流遺址〉, 《中國考古集成》 東北卷 新石器時代(二), 北京出版社, 1997, 2143~2144쪽.

100 遼寧省博物館 外, 〈長海縣廣鹿島大長山島貝丘遺址〉, 《考古學報》 1981年 第1期, 66~110쪽.

졌음을 알 수 있다. 만주지역의 내몽고자치구 소오달맹昭烏達盟 파림좌기巴林左旗의 부하구문富河溝門유적(서기전 3510~서기전 3107년)[101]에서는 가락바퀴와 송곳이 대량으로 출토되었고, 매우 정교한 뼈바늘도 출토되었다.[102] 같은 시기에 속하는 내만기奈曼旗 대심타랍大沁他拉유적에서는 가락바퀴와 뼈송곳 및 바늘의 출토와 더불어 질그릇 표면과 밑바닥에 편직문編織紋이 찍힌 흔적[103]이 남아 있어, 직물생산기술의 상황을 말해주었다. 요녕성 여대시旅大市 장해현 소주산유적(서기전 4000년)에서도 방직에 사용되었던 도구가 출토되었다.[104] 특히 요녕성 대련시大連市 곽가촌郭家村 하층유적(서기전 3780~서기전 3530년)[105]에서는 다양한 문양의 가락바퀴와 함께 뼈북·뼈바늘·뼈송곳·질송곳·뿔바늘 등 360여 개에 달하는 도구들이 출토되어[106] 방직기술이 차츰 더욱 발전했음을 보여주었다.

이러한 방직기술과 재봉도구의 발달은 한반도지역에서도 마찬가지로 나타난다. 신석기시대 전기의 유적인 서포항유적 1기층과 신석기시대 중기의 유적인 서포항유적 3기층·곽가촌유적 1기층(서기전 4000년)[107] 및 좌가산유적, 그리고 신석기시대 후기의 유적인 서

---

101 中國社會科學院考古研究所, 《中國考古學中碳十四年代數据集》 1965~1991, 55쪽; 이 유적의 방사성탄소측정연대는 서기전 2785±110년(4735±110 B.P.)으로 교정연대는 서기전 3510~서기전 3107년이다; 中國科學院考古研究所內蒙古工作隊, 〈內蒙古巴林左旗富河溝門遺址發掘簡報〉, 《考古》 1964年 第1期, 565~569쪽.

102 中國科學院考古研究所內蒙古工作隊, 앞의 글, 1~3쪽.

103 朱風瀚, 〈吉林奈曼旗大沁他拉新石器時代遺址調査〉, 《中國考古集成》 東北卷 新石器時代(一), 北京出版社, 407~417쪽.

104 遼寧省博物館 外, 〈長海縣廣鹿島大長山島貝丘遺址〉, 66~77쪽.

105 中國社會科學院考古研究所, 《中國考古學中碳十四年代數据集》 1965~1991, 70쪽; 이 유적의 방사성탄소측정연대는 서기전 3065±100년(5015±100 B.P.)으로 교정연대는 서기전 3780~서기전 3530년이다.

106 許玉林·蘇小幸, 〈略談郭家村新石器時代遺址〉, 《中國考古集成》 東北卷 新石器時代(二), 北京出版社, 1997, 1400~1403쪽.

107 사회과학원력사연구소 고고학연구소, 《원시사》 과학백과사전출판사, 1997, 150쪽.

포항유적 4기층(서기전 3000년)에서 바늘통과 정교한 바늘, 가락바퀴 및 여러 형태의 뼈로 만든 북(그림 1-5 참조)이 출토되었다.[108] 요동반도에 위치한 대련지역유적에서도 북이 출토되었다.[109] 북은 갈고리와 함께 날실들 사이에 씨실을 넣어 주기 위한 도구로,[110] 이 같은 북의 출현은 신석기시대 전기에 이미 직물을 만들었으며 신석기시대 중기에는 보편화했음을 뜻한다. 앞에서 언급된 서포항유적 1기층에서 출토된 갈고리도 수직식직기를 이용하여 신석기시대 전기부터 직물을 생산했음을 말해준다.

이후 신석기시대 후기인 농포유적(서기전 3000년)에서는 가락바퀴 95점이, 같은 시대의 서포항유적 5기층에서는 가락바퀴와 함께 바늘과 바늘통(그림 1-4-1 참조)[111]이 출토되었다. 서기전 2000년대에 해당하는 함경북도 회령군 오동유적에서도 새김문양과 점문양의 가락바퀴가 출토되었다.[112] 같은 서기전 2000년대에 속하는 자강도 중강군 토성리유적에서는 새김문양의 가락바퀴가 출토되었다. 이러한 사실은 신석기시대 후기까지 가락바퀴가 실 생산에 널리 사용되었음을 뜻한다.

신석기시대 전기부터 오랫동안 실 생산에 사용되었던 가락바퀴가 청동기시대 말기에서 철기시대 초기에 걸쳐 점차 사라지고, 가락

108 김용간·서국태, 〈서포항원시유적발굴보고〉, 《고고민속론문집》 제4집, 사회과학원출판사, 1972, 104~105쪽.

109 劉俊勇·曲傳林, 〈大連新石器時代考古的分期問題〉, 《中國考古集成》 東北卷 新石器時代(二), 北京出版社, 1997, 1339쪽; 劉俊勇·曲傳林, 〈大連新石器時代社會形態初探〉, 《中國考古集成》 東北卷 新石器時代(二), 北京出版社, 1997, 1347쪽.

110 제1장의 주 48 참조.

111 고고학연구소, 〈서포항원시유적발굴보고〉, 《고고민속론문집》 제4집, 사회과학원출판사, 1972, 69·105쪽. 바늘통은 짐승의 다리뼈의 한쪽 끝을 좀 잘라버리고 쓴 것이고, 바늘은 길이는 17.5㎝·9.8㎝·10~13㎝ 등으로 다양하고 모두 1㎜도 안 되는 가는 귀가 뚫려 있는 것으로 보아 바느질 기술이 정교했다고 생각된다.

112 조선유적유물도감편찬위원회, 《조선유적유물도감》 1－원시편, 조선유적유물도감편찬위원회, 1990, 191쪽, 그림 411.

〈**그림 3-6**〉 무산 범의구석유적 8호 집자리에서 출토된 마실
〈**그림 3-7**〉 공귀리유적에서 출토된 흙추

바퀴보다 더 생산성이 높은 물레가 개발된다. 그 예로 무산 범의구석유적 8호 집자리(서기전 2000년대 말)에서는 마섬유 실이 출토되었는데, 그것은 가는 올을 꼰 것이었다(그림 3-6).[113] 이는 물레로 실을 만들었음을 말한다. 물레의 개발은 실의 생산량을 늘리고 질을 높였으며, 직물의 종류를 다양화했다.[114] 물레의 등장과 더불어 함경북도 회령 오동유적(서기전 2000년대 말)에서는 짐승의 어깨뼈로 만든 머리빗 모양의 바디[115]가 출토되었고, 강계시 공귀리유적(서기전 2000년대 말)에서는 수직식직기에 쓰인 것으로 보이는 높이 3.6센티미터의 흙추(그림 3-7)[116]가 출토되었다. 이 유물들은 당시 수직식직기가

113 조선유적유물도감편찬위원회, 위의 책, 202쪽, 그림 443.

114 조선기술발전사편찬위원회, 앞의 책, 62쪽.

115 사회과학원 고고학·민속학연구소, 《회령 오동 원시유적발굴보고》 – 유적발굴보고 7, 사회과학원출판사, 1960, 52쪽 및 도판 CXX의 1; 사회과학원력사연구소, 《조선전사》 1 – 원시편, 237쪽.

116 사회과학원 고고학·민속학연구소, 위의 글, 52쪽, 도판 120의 1; 과학원 고고학·민속학연구소, 《강계시 공귀리 원시유적발굴보고》 – 유적발굴보고 6, 사회과학원출판사, 1959, 28~30쪽; 조선유적유물도감편찬위원회, 《조선유적유물도감》 1 – 원시편, 조선유적유물도감편찬위원회, 1990, 216쪽의 그림 486.

사용되었음을 말해주며, 흙추를 이용한 수직식직기는 2인용이었을 것으로 추정된다.[117]

고조선 문화로 추정되는 하가점 하층문화에 속하는 서기전 17세기경의 내몽고자치구 오한기敖漢旗 대전자大甸子유적[118]에서 출토된 도기에 보이는 문식紋飾[119]은 화려하고 아름답다. 그리고 직물의 흔적을 나타내는 칠목기漆木器와 함께 대나무 껍질로 직물처럼 엮어서 만든 기물(그림 3-8)[120]이 출토되었다. 이 기물은 표면에 칠을 한 흔적이 남아 있다.[121] 이처럼 편직문이 보이는 기물은 당시 다양한 직조방법과 염색 기법이 있었음을 간접적으로 말해주는 것이라 할 수 있다.

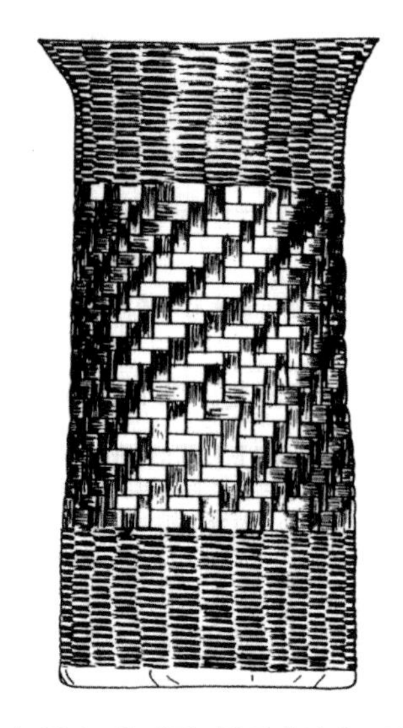

〈그림 3-8〉 대전자유적에서 출토된 직물처럼 엮어 만든 기물

고조선의 청동기시대 유적에서는 이전시대에 견주어 뼈바늘이 훨

117 조선기술발전사편찬위원회, 앞의 글, 63쪽.

118 최근에 고고학자들은 夏家店下層文化를 비파형동검문화의 전신으로 보며 고조선문화로 분류하고 있다(한창균, 〈고조선의 성립배경과 발전단계 시론〉, 《國史館論叢》 제33집, 국사편찬위원회, 1992, 7~20쪽; 林炳泰, 〈考古學上으로 본 濊貊〉, 《韓國古代史論叢》 1, 가락국사적개발연구원, 1991, 81~95쪽 참조). 內蒙古 自治區의 敖漢旗 大甸子遺蹟은 서기전 1440±90년(3390±90 B.P.)·1470±85년(3420±135 B.P.)으로 교정연대는 서기전 1695±135년·1735±135년이다(中國社會科學院考古研究所, 《中國考古學中碳十四年代數據集》, 文物出版社, 1983, 25쪽).

119 劉觀民, 〈內蒙古東南部地區青銅時代的幾個問題〉, 《中國考古集成》 東北卷 青銅時代(一), 北京出版社, 628~631쪽.

120 中國社會科學院考古研究所, 《中國田野考古報告集-大甸子-夏家店下層遺址與墓地發掘報告》, 科學出版社, 1996, 192쪽, 圖 87.

121 中國社會科學院考古研究所, 위의 책, 191~192쪽.

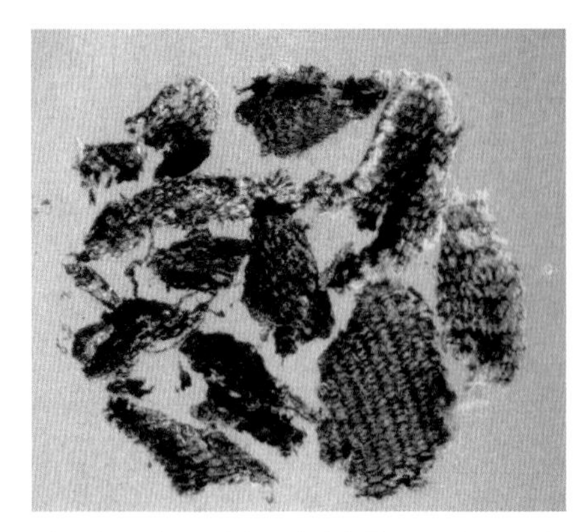

〈그림 3-9〉 토성리유적에서 출토된 마포 조각

씬 많이 출토되는데, 이는 당시 사람들이 많은 옷을 만들었음을 뜻한다. 실제로 한반도의 함경남도 북청군 토성리유적(서기전 1000년대 초)[122] 에서는 청동기를 싼 천(그림 3-9)[123]이 출토되었다. 하가점 하층문화에 북표시北票市 풍하豊下유적에서는 마포 조각이 출토되었고,[124] 본계本溪의 청동시대 동굴무덤유적에서도 발견되었다.[125] 이러한 사실로 볼 때, 당시 직물 생산이 활발하여 보급량이 많았던 것으로 생각된다.

하가점 상층문화유적에서는 마직물 조각이 자주 발견된다. 영성전자寧城甸子, 소흑석小黑石 하가점 상층무덤에서는 묘주가 갑옷을 착용한 상태로 발굴되었는데, 갑옷 안에 마직물옷과 가죽옷, 모직물옷을 여러 겹 입은 상태였다. 마직물옷을 속에 입고 그 위에 가죽옷을 입었으며, 옷 위에는 옥과 청동으로 만든 다양한 장식물을 가득 달아 장식했다. 또한 오한기敖漢旗의 주가지周家地 하가점 상층 제45호

122 조선유적유물도감편찬위원회, 《조선유적유물도감》 2-고조선·진국·부여편, 225쪽.

123 김용간·안영준, 〈함경남도 량강도 일대에서 새로 알려진 청동기시대 유물에 대한 고찰〉, 《조선고고연구》 1986년 제1호, 사회과학원고고학연구소, 24쪽; 조선유적유물도감편찬위원회, 《조선유적유물도감》 2-고조선·진국·부여편, 225쪽, 그림 510.

124 遼寧省文物干部培訓班, 〈遼寧北票豊下遺址 1972年 春發掘簡報〉, 《考古》 1976年 第3期, 197쪽.

125 李恭篤, 〈本溪發現多處洞穴墓地域遺址〉, 《中國文物報》 1988年 12月 9日 3版; 李宇峰, 〈中國東北史前農作物的考古發現與硏究〉, 《中國考古集成》 東北卷 綜述(一), 北京出版社, 1997, 299~300쪽.

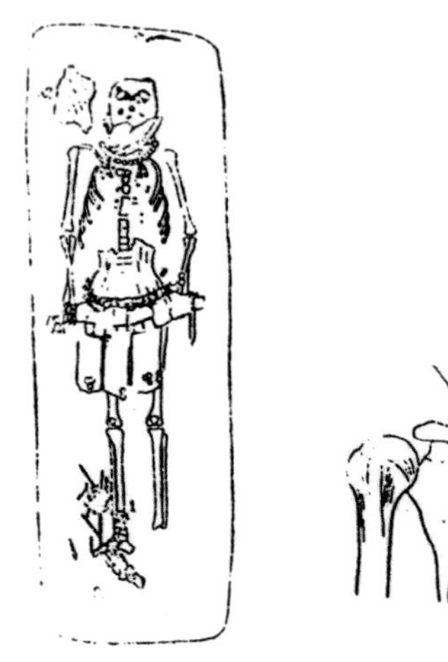

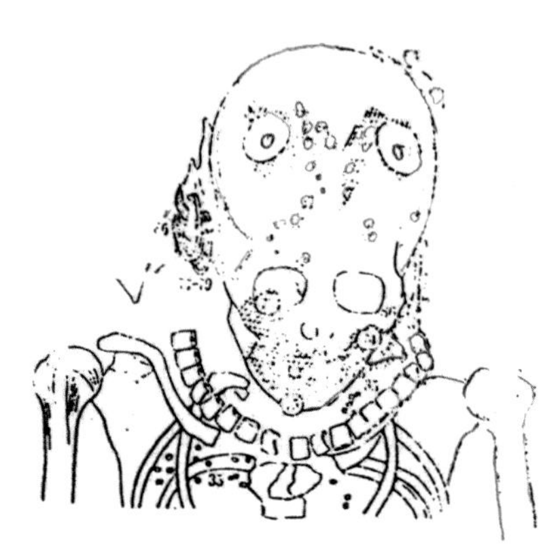

〈그림 3-10〉 오한기 주가지 하가점 상층 제45호무덤유적 출토상황

무덤유적(그림 3-10)[126]에서도 묘주가 마직물로 만든 옷을 입고 있다. 묘주의 오른쪽 머리 부분에는 백화수피로 만든 물건이 있었고, 머리 정수리 부분과 얼굴에는 마직물로 만든 복면覆面이 덮여 있었는데 그를 청동장식단추와 녹송석綠松石으로 장식했다. 그리고 다시 그 위에 부채와 같은 조개가 덮여 있었다. 목과 귀부분도 화려하게 장식했다. 서주시대(서기전 11~서기전 9세기경)에 속하는 요령성 건평建平 수천水泉유적에서는 묘주가 옷에 장식했던 다양한 양식의 청동장식들이 40여 개 출토되었는데, 이들 청동장식에 마섬유의 실 흔적이 남아있어[127] 마실로 장식품을 옷에 달았던 것으로 추정된다.

126 劉素霞, 〈夏家店上層文化考古資料反映的有關民族習俗〉, 《中國考古集成》 東北卷 青銅時代(一), 北京出版社, 1997, 416쪽; 中國社會科學院考古研究所內蒙古工作隊, 〈內蒙古敖漢旗周家地墓地發掘簡報〉, 《中國考古集成》 東北卷 青銅時代(一), 北京出版社, 1997, 814쪽.

127 遼寧省博物館·朝陽市博物館, 〈建平水泉遺址發掘簡報〉, 《中國考古集成》 東北卷

특히 길림성의 서단산문화유적(서기전 841년~서기전 2세기경)에서는 마직물과 모직물 조각이 출토되어 여러 직물의 옷을 함께 입었던 것으로 보인다. 또한 이 옷들에 달았을 옥과 청동으로 만든 장식품이 약 2천 개 정도 출토되어,[128] 방직업과 장식품을 만드는 기술이 발달했던 것으로 생각된다. 서기전 4세기경에 속하는 길림성 후석산猴石山유적에서는 직기로 짠 마포가 출토되었다.[129] 진래현鎭來縣 탄도북강자坦途北崗子 청동기시대 무덤유적(서기전 841~서기전 476년경)에서도 머리두건으로 사용되었을 작은 마직물조각이 청동장식단추 뒷면에 붙어 있는 상태로 출토되었고, 이를 달았을 마실도 함께 출토되었다.[130] 이 같은 사실은 고조선 사람들이 널리 직기를 사용하여 마직물을 생산하고 그 쓰임새도 많았음을 말해준다.

서기전 1000년대 초에 속하는 성성초星星哨 석관무덤에서 출토된 모직천에는 3센티미터 길이의 마 이삭이 붙어 있었다.[131] 연구자들은 모직물의 날실과 씨실의 밀도와 굴곡상태로 보아 직조상태가 일반 직물과 다르다고 하였다. 날실과 씨실 모두 두 올의 단사單紗를 합쳐 만들었으며, 직물의 질량을 높이고자 올의 방향을 반대로 하여 날실과 씨실의 교차점에서 밀도와 두께를 늘리는 방법을 썼다. 이러한 직조기법은 직기를 사용했기 때문에 가능했으며,[132] 그 수준은 현

青銅時代(二), 北京出版社, 1997, 1438쪽.

128 董學增, 〈試論西團山文化的裝飾品〉, 《中國考古集成》 東北卷 青銅時代(三), 北京出版社, 1997, 2206쪽; 吉林省博物館·吉林大學考古專業, 〈吉林市騷達溝山頂大棺整理報告〉, 《考古》 1985年 第10期, 901~907쪽.

129 吉林地區考古短訓班, 〈吉林猴石山遺址發掘簡報〉, 《考古》 1980年 第2期, 141쪽.

130 郭民·李景冰·劉雪山·韓淑華, 〈吉林省鎭來縣坦途北崗子青銅時代墓葬淸理報告〉, 《中國考古集成》 東北卷 青銅時代(三), 北京出版社, 1997, 2522쪽.

131 趙承澤, 〈星星哨石棺墓織物殘片的初步探討〉, 《考古學集刊》 3, 中國社會科學出版社, 126~127쪽.

132 佟鎣, 《中國東北史》, 吉林文史出版社, 1987, 196~197쪽 참조.

대의 거친 모직물에 가깝다고 할 수 있다.[133] 이 같은 직조기술은 마직물에도 그대로 적용되었을 것으로 생각된다. 하가점 상층문화유적인 요녕성 건평建平 수천성자水泉城子유적(서기전 340~서기전 130년)에서는 청동장식단추 뒷면에 녹이 묻어 있는 마포조각이 출토되었는데, 평문직물로 센티미터 당 날실과 씨실이 18~19올이었다.

고조선시대 후기에 이르면 철기가 사용된다. 중국의 철기문화는 서기전 8세기 이전에 시작되었다고 보고 있다. 그러나 고조선 철기문화의 시작은 중국보다 무려 4세기 정도나 앞선 서기전 12세기 이전으로 거슬러 올라간다.[134] 철기는 농구 제작에 가장 많이 사용되었고 그 다음은 일반 공구였으며, 무기는 공구보다 적었다.[135] 호미·괭이·삽·낫·반달칼·도끼 등의 다양한 농구와 자귀·끌·손칼·송곳 등의 공구가 많이 만들어졌다. 이 같은 생산도구의 발달과 보급은 마 등의 농업생산물의 증대와 이를 직물로 생산하는 수공업의 발달을 가져왔을 것이다.

여대시旅大市 장해현長海縣 상마석上馬石유적(서기전 16~서기전 14세

133 吉林省博物館·永吉縣文化館, 〈吉林永吉星星哨石棺墓第三次發掘〉, 《考古學集刊》 3, 中國社會科學出版社, 1983, 120쪽·126~127쪽.

134 중국은 철기시대의 시작을 서기전 8세기 이전으로 보고 있다. 김원룡은 우리나라 철기시대의 시작을 서기전 3세기로 보고 있으나(金元龍, 《韓國考古學概說》 제3판, 일지사, 1986, 101~103쪽), 황기덕과 김섭연은 吉林省 騷達溝遺蹟 돌곽무덤에서 출토된 철기를 근거로 서기전 8~서기전 7세기 또는 그 이전으로 소급해야 한다고 주장했다(황기덕·김섭연, 〈우리나라 고대 야금기술〉, 《고고민속론문집》, 과학백과사전출판사, 1983, 172쪽). 윤내현은 중국의 戰國시대에 해당하는 遼寧省지역의 유적에서 보편적으로 철기가 출토되고 있으며 특히 철제 농구가 많이 출토되고 있는 점에 근거하여 철기가 보편화되기까지는 오랜 기간을 필요로 하기 때문에 우리나라의 철기시대도 중국과 같이 서기전 8세기 이전에 시작되었을 것으로 보았다(윤내현, 《고조선연구》, 108쪽). 서기전 12세기경의 무덤인 강동군 송석리 문선당 1호 돌판무덤에서 순도가 높은 철로 만든 쇠거울이 출토되었는데(조선기술발전사편찬위원회, 앞의 글, 42~43쪽), 이는 윤내현·황기덕·김섭연의 주장을 뒷받침해 준다. 따라서 고조선은 중국보다 무려 4세기 정도나 앞선 서기전 12세기경에 철기시대가 시작되었다고 할 수 있다.

135 박진욱, 《조선고고학전서》-고대편, 과학백과사전종합출판사, 1997, 139쪽.

기)[136]에서 청동단검青銅短劍·검병劍柄과 함께 검수劍首를 덮은 마포가 출토되었다. 요녕성 심양시 정가와자鄭家洼子유적(서기전 841~서기전 476년)[137]에서 출토된 청동거울 위에 녹이 슨 평문의 마포 흔적이 있는데,[138] 센티미터 당 날실과 씨실이 각각 15올로 매우 세밀하다.[139] 화전樺甸 서황산西荒山에서 출토된, 3개의 철로 만든 낫에도 녹이 묻은 마포가 있는데, 평문포로 날실과 씨실의 간격이 고른 편이다. 직조방법은 가락바퀴를 사용하여 바싹 꼬아 튼 다음에 편직編織한 것으로 보인다. 길림시 교외 후석산猴石山유적(서기전 325년)에서 출토된 청동검을 넣었던 주머니의 마포는 올이 세밀하고 줄 간격이 겹치지 않았으며, 날실은 밀도가 센티미터 당 약 20올이고 씨실은 약 10올 정도였다. 이들은 가락바퀴로 실을 바싹 꼰 뒤 방직기로 짠 것으로 확인되었다.[140] 분석 감정 결과, 마포의 사정紗錠(실) 조간條杆은 방륜紡輪을 사용해 손으로 비틀어 만든 것으로 확인되었다. 날실과 씨실의 상황으로 판단해 보건데 당시에 비교적 원시적인 직기가 있었을 것으로 보이며, 방직기술이 이미 일정한 수준에 이르렀던 것으로 보인다.

그러나 이들 직물들을 어떤 방직기로 짰는지 방직기가 발견된 것이 없어 확인되지 않는다. 한반도와 만주지역의 신석기시대의 시작

136 中國社會科學院考古研究所, 《中國考古學中碳十四年代數据集》, 29~30쪽.

137 中國社會科學院考古研究所東北工作隊, 〈沈陽肇工街和鄭家洼子遺址的發掘〉, 《中國考古集成》 東北卷 青銅時代(二), 北京出版社, 1997, 1883~1888쪽.

138 沈陽故宮博物館·沈陽市文物管理辨公室, 〈沈陽鄭家洼子的兩座青銅時代墓葬〉, 《考古學報》, 1975年 第1期, 142~153쪽; 박진욱, 《조선고고학전서》 – 고대편, 과학백과사전종합출판사, 1988, 71쪽.

139 佟鑿, 앞의 책, 277쪽.

140 吉林地區考古短訓班, 〈吉林猴石山遺址發掘簡報〉, 《中國考古集成》 東北卷 青銅時代(三), 北京出版社, 1997, 2307쪽; 董學增·翟立偉, 〈西團山文化遺存所反映的穢貊族習俗考略〉, 《中國考古集成》 東北卷 青銅時代(二), 北京出版社, 1997, 2261쪽.

연대가 중국보다 앞서 진행된 까닭에 직기의 경우도 현재까지 한반도에서 출토된 직기가 중국보다 앞선 것으로 확인된다. 서포항유적 1기층[141]에서 수직식직기의 씨실넣기에 쓰인 뼈로 만든 갈구리가 출토되었다.[142] 중국의 경우 하모도河姆渡유적에서 나무로 된 위도緯刀가 출토되었는데, 연구자들은 이를 수평식 '거직기踞織機'에 사용되었던 것으로 보았다.[143] 이로 본다면 중국의 하모도유적의 직기보다 서포항유적의 수직식직기가 훨씬 앞서 만들어졌을 것이다.

이러한 가능성은 가락바퀴의 무게에서도 증명된다. 만주지역에 속하는 내몽고자치구 옹우특기 석붕산石棚山유적(서기전 1730~서기전 1590년)[144]에서 가락바퀴가 출토되었다. 그 가운데 가장 큰 것은 98그램이고 가장 작은 것은 8그램으로, 무게의 차이가 매우 다양했는데 이는 굵기가 다양한 실이 생산되었음을 뜻한다. 가락바퀴와 함께 출토된 뼈바늘 구멍의 직경이 0.5밀리미터도 안 되어 사용된 실이 매우 가늘었을 것으로 생각된다. 이는 직물도 매우 섬세했을 것이란 증거인데, 실제로 함께 출토된 직물이 나무껍질섬유 혹은 마종류로 만든 것으로, 사용된 실이 현대의 마대麻袋실보다 더 가늘었다.[145] 그러나 이보다 후대에 속하는 중국의 고성藁城 태서촌台西村 상대商代유적의 가락바퀴는 25·45·60·50그램으로,[146] 무게의 차이가

141 《조선전사》 1, 1991에 실린 신석기 유적의 시기구분에서는 서포항유적 1기층을 서기전 6000년대~서기전 5000년대로 편년을 했다. 任孝宰는 서기전 6000년으로 보았다(任孝宰, 〈新石器時代 編年〉, 《韓國史論》 12, 국사편찬위원회, 1983, 707~736쪽).

142 조선기술발전사편찬위원회, 앞의 책, 62쪽.

143 中國社會科學院考古研究所, 앞의 책, 19쪽.

144 沈從文, 앞의 책, 55쪽.

145 李恭篤, 〈昭烏達盟石棚山考古新發現〉, 《中國考古集成》 東北卷 新石器時代(1), 北京出版社, 1997, 580~584쪽.

146 高漢玉·王任曹·陳雲昌, 〈台西村商代遺地出土的紡織品〉, 《文物》 1979年 第6期, 44~48쪽.

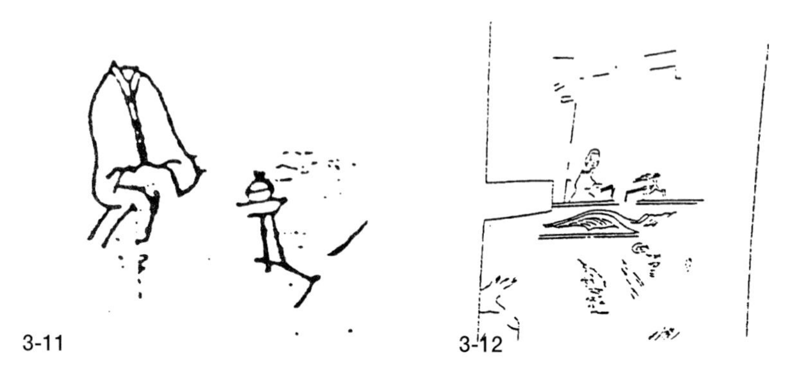

〈그림 3-11〉 마선구 1호 고구려무덤에 보이는 기계의 몸체를 갖춘 '기직도'
〈그림 3-12〉 대안리 제1호무덤에 보이는 옷감을 짜는 모습을 그린 '기직도'

크지 않은 것으로 보아 실의 굵기가 석붕산유적보다 다양하지 못할 것으로 판단된다.

서기 5세기경으로 추정되는[147] 길림성 집안현輯安縣 마선구麻線溝 1호 고구려묘에는 기계의 몸체를 갖춘 '기직도機織圖'가 그려져 있다. 앞에 사람이 앉은 모습이 희미하게 나타나고, 직기 전면에는 직물을 감는 기구의 흔적도 보여(그림 3-11),[148] 이는 우리나라 직기의 모습을 밝히는 데 중요한 자료가 된다. 또한 서기 5세기 초에서 중엽 사이로 추정되는[149] 평안남도 용강군 대안리大安里 제1호무덤의 남벽에서 고구려 여인이 옷감을 짜는 모습을 그린 '기직도機織圖'(그림 3-12)[150]가 발견되었다. 이 고분벽화는 심하게 손상되어 직기의 모양이 정확하지 않으나 경사직기傾斜織機의 모양만은 확연하다. 우리

147 吉林省博物館輯 安考古隊, 〈吉林輯安麻線溝一號壁畵墓〉, 《考古》 1964年 第10期, 528쪽.

148 吉林省博物館輯安考古隊, 〈吉林輯安麻線溝一號壁畵墓〉, 《中國考古集成》 東北卷 兩晋至隋唐(二), 北京出版社, 1992, 617~622쪽.

149 朱榮憲, 《高句麗の壁畵古墳》, 조선화보사, 1972, 151쪽.

150 최무장·임연철, 《高句麗壁畵古墳》, 신서원, 1990, 339쪽.

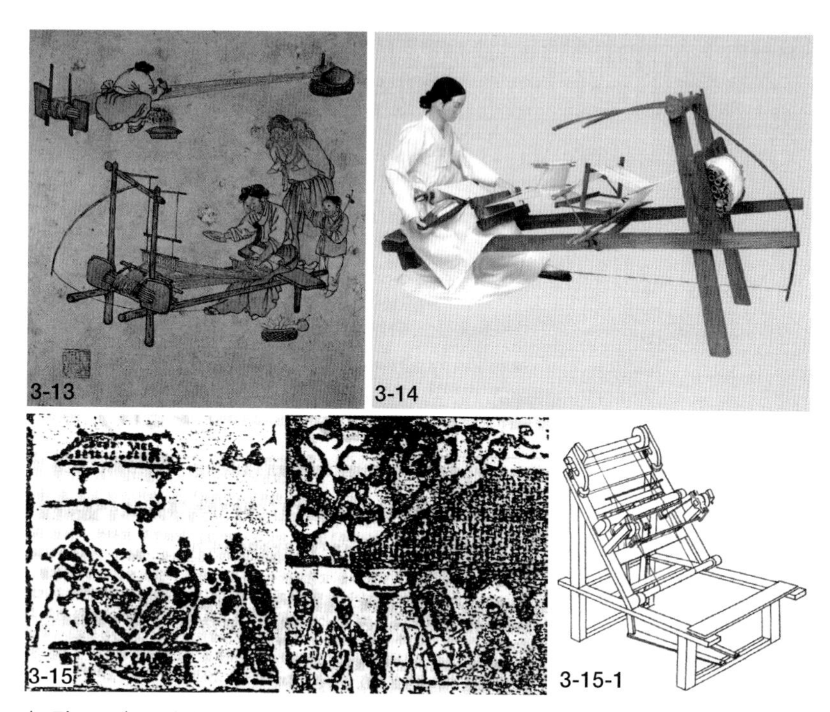

〈그림 3-13〉 조선시대 화폭에 보이는 베틀 **〈그림 3-14〉** 안동 민속박물관 소장 재래식 베틀 **〈그림 3-15〉** 강소성 패현 유성진에서 출토된 한화상석(왼쪽), 강소성 동산 홍루에서 출토된 한화상석(오른쪽) **〈그림 3-15-1〉** 한대 직기복원도

나라의 직기는 요기腰機로 분류되는데, 대안리大安里 제1호 묘 직기도織機圖 직기의 경사도는 조선시대의 베틀(그림 3-13) 혹은 오늘의 우리나라 베틀(그림 3-14)[151]의 경사도와 유사하다. 이 같은 고구려의 직기는 중국의 사직기斜織機(그림 3-15)[152]와는 전혀 다른 형태이며, 동한에서도 요기腰機를 사용했으나 고구려의 요기와 달리 경사

151 〈그림 3-14〉는 안동민속박물관에서 소장하고 있는 재래식 베틀이다.

152 孫機, 《漢代物質文化紫蓼圖說》, 文物出版社, 1991, 51~55쪽; 宋伯胤·黎忠義, 〈從漢畵象石探索漢代織機構造〉, 《文物》 1962年 第3期, 24~30쪽.

도가 매우 가파르다(그림 3-15, 3-15-1).[153] 이 같은 고구려와 중국 직기구조의 차이는 신석기시대부터 발달한 고대 한국의 방직기술이 줄곧 독자적으로 이루어졌음을 보여주는 것이다. 고구려는 고조선을 계승한 나라이므로 고구려 직기의 구조는 고조선으로부터 이어진 것일 수 있다.

3) 마직물의 종류와 특수성

《설문해자》에서 "마麻에 속하는 것은 모두 마麻를 따랐다(凡麻之屬, 皆從麻)"라고 했듯이 마는 어느 한 특정한 식물을 가리킨 것이 아니다. 마는 식물 줄기의 껍질에서 채취한 것, 엽경葉莖 또는 잎에서 채취한 것, 과실에서 채취한 것 등으로 거칠고 강한 긴 섬유를 총칭한다.[154] 마는 식물학적으로 50~60종이나 되고,[155] 그 가운데 고대 한국에서는 비교적 섬유질이 유연한 대마와 저마가 주를 이루었다. 대마大麻(hemp)는 뽕나무과에 속하는 1년생 식물로 우리나라에서는 '삼베' 또는 '베'라고도 하며, 껍질에서 마섬유를 뽑는다.[156] 저마紵麻(ramie)는 쐐기풀과에 속하는 다년생 관목식물로, 우리나라에서는 '모시'라고 하며 또한 껍질에서 저紵섬유를 뽑는다.[157] 저는 섬유질이 가늘고, 이를 뭉쳐 솜으로 만든 것이 사서絲絮(누에고치솜)의 대용품으로 쓰이기도 했다.[158]

---

153 段拭, 〈江蘇銅山洪樓東漢墓出土紡織畵象石〉, 《文物》 1962年 第3期, 31~32쪽; 越豊, 《絲綢藝術史》, 文物出版社, 2005, 2쪽.

154 金仁圭·申東泰, 《섬유재료》, 백산출판사, 1996, 85쪽 참조.

155 위와 같음.

156 金仁圭·申東泰, 앞의 책, 100쪽.

157 金仁圭·申東泰, 앞의 책, 95쪽.

158 이는 《漢書》 〈楚元王傳〉의 文帝가 죽은 뒤에도 紵絮(저솜)로 근검하게 장례를 치렀다고 한 것(《漢書》 卷36 〈楚元王傳〉. "孝文皇帝居霸陵, 北臨厠, 意悽愴悲懷, 顧謂羣臣, 曰 : '嗟乎! 以北山石爲槨, 用紵絮斱陳漆其間, 豈可動哉!")에서 알 수 있다.

고대 한민족이 생산한 마직물의 종류를 살펴보기로 한다. 고구려는 포布·백帛·피皮를 복식의 재료로 함께 사용했으나,[159] 포를 부세로 받았던 것으로 보아 포의 생산량이 많았던 것으로 보인다.[160] 그런데 이 포가 어떤 것인지 알 수 없는데, 비교적 후대의 기록이긴 하지만 고구려 유민들이 건국한 발해에 관한 기록인 《발해국지장편渤海國志長編》의 다음 내용으로 보아 고구려에서는 대마로 추포麤布를 만들고, 선마線麻와 경마緜麻를 길러 전絟과 저紵를 만들었음을 알 수 있다.[161] 또한 전포絟布보다 고운 세백포細白布와 무늬 있는 전絟[162]인

159 《魏書》 卷100 〈高句麗傳〉. "백성들은 모두 토착민으로 산골을 따라 살고 布와 帛 및 皮로 옷을 지어 입는다(民皆土著, 隨山谷而居, 衣布帛及皮)."

160 《通傳》 卷186 高句麗 條. "고구려는……부세로 絹과 布 및 조를 받았다(高句麗……賦稅則絹布及粟……)."

161 《渤海國志長編》 卷17 〈食貨考〉. "삼가 발해가 布를 생산하였다는 말을 한 것을 살펴본다: 이미 東丹國이 처음 건국하였을 때 해마다 麤布 10만 端과 細布 5만 端을 契丹에 바치기로 약속했다. 이 포는 또 麤布와 細布로 나누었다(謹案渤海産布說 : 已見前東丹國初建, 約歲貢麤布十萬端·細布五萬端於契丹, 是布又有麤細之分)."; 《渤海國志長編》 卷17 〈食貨考〉. "삼가 東丹國 甘露 3년(서기 928년) 人皇王이 白紵를 契丹에 바쳤다는 것을 살펴본다: 이것 또한 渤海에서 생산된 것이다. 《說文》은 '紵는 緜에 속하며, 가는 것은 絟이고, 거친 것은 紵다' 라고 했다.……《盛京通志》는 '緜麻는 士人이 이것을 구하여 끈을 만들고, 그것을 밭에 심었다' 고 기재하였다. 《吉林外紀》는 '麻는 線麻와 緜麻로 나누는데, 線麻는 견실하여 모두 끈으로 물건을 싸고 묶는 것으로 쓰고, 쓰임이 무궁하여 길림성 북쪽에 심은 사람이 많았다. 해마다 수확이 담배보다 줄고 모두 內地로 운반했다' 고 하였다. 내가 살펴본바 지금 봉천성·길림성 두 성에 麻가 많이 생산되고, 人皇王이 바쳤다는 白紵는 바로 緜麻와 線麻를 말한다(謹案東丹國甘露三年, 人皇王獻白紵於契丹 : 此亦渤海所産也. 《說文》 云; 紵, 緜屬, 細者爲絟, 粗者爲紵.……《盛京通志》 載; 有緜麻, 士人需此治繩, 種之田中. 《吉林外紀》 云; 麻有線麻·緜麻之分, 線麻堅實, 一切繩套綑縛, 爲用無窮, 吉林城北種者居多. 每歲所收減於菸, 並皆轉運內地. 愚按, 今奉天吉林兩省多産麻, 人皇王所獻之白紵, 卽所謂緜麻·線麻也)." 고구려가 망한 뒤 고구려의 유민이 고구려의 국역에서 渤海를 건국했다. 遼의 태조 阿保機가 발해를 멸망시킨 뒤 東丹國(서기 926~서기 936년)으로 이름을 바꾸고 아들 耶律倍를 국왕으로 봉하고 人皇王으로 불렀다. 발해에 들어와 꼭 마직물을 만들었다고 볼 수는 없다. 더 거슬러 올라가 고구려에서 마직물을 만들었다고 보아야 할 것이다.

162 《設文解字》에서 綜은 '機縷' 라 했고, 縷는 '線' 이라고 하였다. 綜은 바디를 말하고 보통 織機는 1개의 綜을 사용하는데 60개의 綜을 사용한 것은 무늬를 넣기 위한 것이다. 따라서 60綜布는 무늬 있는 絟을 말한다.

60종포綜布를 생산했다.[163] 《설문해자》에 경䋄은 '시속枲屬'이라 했고 시枲는 '마麻'라 했다. 경䋄과 시枲를 모두 마과麻科로 분류했고, 이 가운데 경에서 가늘게 뽑은 것을 '전絟'[164]이라 했으며, 거칠게 뽑은 것은 '저紵'라 했다.

마한 사람들은 포布로 만든 포袍를 입었고,[165] 변한과 진한에서도 폭이 넓은 경마䋄麻로 곱게 짠 전絟인 세포細布를 만들었다.[166] 삼한에서는 경마䋄麻로 만든 저포紵布를 생산했는데, 신분을 구분하지 않고 모두 백저포白紵布로 만든 옷을 입은 것으로 보아,[167] 백저포가 일반화되었음을 알 수 있다.

고조선이 붕괴되기 이전 한민족이 한반도와 만주 전역에 살았던 것으로 볼 때, 고조선시대 거의 대부분의 지역에서 경마로 전絟과 저紵를 생산했을 것이다. 또한 섬세한 세포細布인 전보다 고운 마직물을 만들 수 있는 최고의 직조기술을 가졌을 것이다. 부여에서

---

163 《渤海國志長編》 卷17 〈食貨考〉. "《隋書》에 '靺鞨의 婦人은 布를 입었다'고 하였다. 渤海 때에 黑水靺鞨이 60綜布를 바쳤고, 발해는 또 裵璆를 사신으로 보내 細布를 後唐에 바쳤다. 또한 말갈이 細白布로 契丹과 교역했다. 이는 모두 발해에서 布를 생산했다는 증거다. 顯州는 지금의 길림성 樺甸縣地로 발해 때 布를 생산하는 것으로 유명했다. 지금 길림성에서 麻를 생산하고 있는데 顯州의 布 혹은 織麻가 이것이다(隋書謂靺鞨婦人服布. 渤海時, 黑水靺鞨獻六十綜布, 渤海又使裴璆貢細布於後唐. 又靺鞨以細白布與契丹交易. 此皆渤海産布之證. 顯州爲今吉林省樺甸縣地, 渤海時以産布名. 今吉林省産麻, 顯州之布或織麻爲之)."

164 《說文解字》. "紵, 䋄屬, 細者爲絟, 粗者爲紵."

165 《後漢書》 卷85 〈東夷列傳〉 馬韓 條. "마한사람들은……布로 만든 袍를 입고, 짚신을 신었다(馬韓人……布袍草履)."

166 《三國志》 卷13 〈烏丸鮮卑東夷傳〉 弁辰 條. "변진은 진한과 섞여 살았고, 역시 성곽이 있고, 의복과 거처는 진한과 같다.……또한 폭이 넓은 세포를 만들었다(弁辰與辰韓雜居, 亦有城郭, 衣服居處與辰韓同.……亦作廣幅細布)."

167 《宣和奉使高麗圖經》 卷20 〈婦人〉. "신이 三韓의 의복제도를 들었지만, 염색에 대해서는 듣지 못했습니다. 다만 꽃무늬만은 禁했습니다.……옛 풍속에 여자의 옷은 무늬 없는 紵로 만든 黃色치마였고, 위로는 공족과 귀가에서 아래로 백성과 하층민 및 처첩에 이르기까지 한 모양이어서 구별이 없습니다(臣聞三韓衣服之制, 不聞染色. 唯以花文爲禁.……舊俗女子之服白紵黃裳, 上自公族貴家, 下及民庶妻妾, 一概無辨)."

는 백포白布로 만든 소매가 큰 포와 바지를 입었고,[168] 거상居喪 때 부인들은 포면의布面衣를 입었다.[169] 부여가 생산했던 포는 고구려와 마찬가지로 대마와 선마線麻 및 경마綮麻였으며, 경마로 전絟과 저紵를 만들었을 것이다. 그 예로 고조선의 유적인 후석산猴石山유적 1호무덤에서는 마직물이 출토된 것을 들 수 있다.[170] 숙신도 포를 생산했고,[171] 동옥저는 포를 조세로 받았던 것으로[172] 보아, 이들도 많은 포를 만들었음을 알 수 있다.

이상과 같이 한반도와 만주에서 고조선의 유민들이 세운 나라들은, 모두 일찍부터 섬세한 여러 종류의 마직물을 생산했음을 알 수 있다. 이는 고조선의 고유한 직물기술을 그대로 이어 받은 것이라고 하겠다.

포의 승수升數[173]로부터 포의 섬세도를 알아보기로 한다. 중국의 경우 7종포緵布에서 9종포까지는 조포粗布라 했다. 가장 거친 7종포는 1폭의 날실이 560줄이고, 날실의 밀도는 모두 센티미터 당 11.5올이다. 서한시대에는 요역에 복무하는 사람과 형도刑徒가 7종포를 입었다.[174] 춘추시대에는 10종緵에서 12종까지를 세포로 구분했으

168 《三國志》 卷13 〈烏丸鮮卑東夷傳〉 夫餘傳. "국내에 있을 때 옷은 무늬 없는 것을 숭상하여 무늬 없는 布로 만든 큰 소매의 포와 바지를 입으며……(在國衣尙白, 白布大袂袍·袴……)."

169 《三國志》 卷13 〈烏丸鮮卑東夷傳〉 夫餘傳에서 裵松은 《魏略》의 내용을 빌려 "居喪에 남녀가 모두 흰 옷을 입었고, 부인은 布面衣를 입었다.……(其居喪, 男女皆純白, 婦人着布面衣……)"라고 하였다.

170 吉林地區考古短訓班, 〈吉林猴石山遺址發掘簡報〉, 《考古》 1980年 第2期, 141쪽.

171 《晋書》 卷97 〈列傳〉. "……布로 襜을 만드는데 길이는 1척 남짓하며 이것으로 앞뒤를 가린다(以布作襜, 徑尺餘, 以蔽前後)."

172 《通典》 卷186. "동옥저는……조세로 초피·포·어·염을 받았다(東沃沮……責其租稅貂布魚鹽)."

173 《儀禮》 〈喪服〉에서 "布, 八十縷爲升"이라 했고, 《漢書》 〈王莽傳〉의 緵에 대하여 孟康이 "緵, 八十縷也"라 했다. 《說文解字》는 稯에 대하여 "布之八十縷爲稯"이라 하였다. 升은 緵과 같은 뜻이다. 緵 및 稯은 통용이고, 綜 또는 總 및 摠 등으로도 썼다.

174 《史記》 卷11 〈孝景本紀〉. "令徒隸衣七緵布."

나, 대부분 10종포였다.[175] 서한 말에는 공경 이하 관리의 녹봉으로 한 달에 10종포 2필을 주었다.[176]

중국의 춘추시대에 해당하는 고조선의 유적 가운데 요녕성 심양시 정가와자유적[177]에서 발굴된 평문의 마포 흔적은, 센티미터 당 날실과 씨실이 각 15올인 것으로 보아[178] 대략 9종 정도라 할 수 있다. 그러나 전국시대에 해당하는 길림시 교외 후석산猴石山유적(서기전 325년)에서 발굴된 마포는 날실이 센티미터 당 약 20올이고 씨실이 약 10올 정도인 것으로 보아, 약 12종에 해당하는 세포였다고 할 수 있다. 중국 서한시대 초기의 마왕퇴馬王堆 1호 묘에서 출토된 N29-2호 대마포는 10종포였다. 같은 묘에서 출토된 N27-2호 저포는 날실의 밀도가 센티미터 당 32.4올로 약 21종포였고, N26-10호 저포는 날실의 밀도가 센티미터 당 37.1올로 약 23종포였다.[179] 이로 보아 중국 한대 초기에는 춘추전국시대보다 훨씬 섬세한 포를 생산했음을 알 수 있다.

고조선시대의 마직물은 세밀하게 분석된 내용이 없어 이들 자료와의 정확한 비교는 어렵다. 문헌자료에서 알 수 있는 것은 비록 후대이긴 하지만, 문무왕文武王 때 40승과 30승포와 저포를 중국에 예물로 보냈고, 흥덕왕興德王 즉위 9년에 내린 규제로 보면 당시의 귀족이었던 진골대등眞骨大等 남자는 26승 이하의 포로 하고, 진골여자는 28승 이하 포로 제한했고, 가장 신분이 낮은 평민남자는 12승 이하의 포로 규제했다는 것이다.[180] 중국에서는 후한 말에도 30승포를

175 《晏子春秋》〈內篇雜〉下 第6. "十至十二緵, 則以爲細布, 而以十緵布爲其常制."

176 《漢書》卷99〈王莽傳〉. "공경 이하 한 달의 祿은 10종포 2필이었다(自公卿以下, 一月之祿, 十緵布二匹)."

177 佟冬, 《中國東北史》, 吉林文史出版社, 1987, 277쪽.

178 위와 같음.

179 孫機, 《漢代物質文化資料圖說》, 文物出版社, 1991, 72쪽.

180 《三國史記》卷33〈雜志〉色服條 참조.

가장 섬세한 세포로 보았다.[181] 이와 비교한다면 고대 한국에서 생산한 40승포는 당시로서는 가장 섬세한 마직물이었고, 신라의 평민들이 입었던 12승포도 세포에 해당한다고 하겠다.

신라에서는 마麻를 많이 재배했다.[182] 건국 초기부터 왕실이 주도적으로 여자들의 마포 생산을 권장하는 대회를 열었으며, 남자들은 활을 쏘게 하여 마포를 상으로 내리기도 했다. 이는 신라의 직조기술이 더욱 발전하는 계기가 되었을 것이다. 신라는 서기전 1세기경에 진한에서 건국했다. 따라서 신라가 여러 종류의 포를 생산할 수 있었던 것은, 한韓이 경마로 저포와 광폭세포廣幅細布 또는 백저포白紵布 등을 생산한 기술을 이어받았기 때문일 것이다.

백제는 한강유역에서 건국했고, 곧 마한 전역을 점령했다. 따라서 백제도 한韓의 마직물 생산기술을 그대로 이어받았다고 할 수 있다. 이는 서기 396년 고구려 광개토왕의 공략을 받은 백제의 아신왕阿莘王이 투항하며 백성 1천 명과 세포 1천 필을 바친 사실에서 드러난다.[183] 또한 백제는 고구려와 의복이 거의 같았다고 한 것으로 보아,[184] 백제 또한 고구려에서 생산했던 추포麤布와 세백포細白布·60종

181 《論語》〈子罕篇〉의 "麻冕, 禮也"에 대하여 孔安國은 "冕, 緇布冠也. 古者績麻三十升布以爲之"라 했다. 1升이 80縷이기 때문에 30升은 2400縷가 된다. 이는 너무 조밀하여 만들기 어렵다고 하였다. 후한 말의 蔡邕이 《獨斷》에서 "用三十六升布則太密. 非所容也."라 하여 36升布는 만들 수 없다고 하였다. 한 폭에 80올의 날실이 整經(warping)되었을 때를 1승이라고 한다. 따라서 승의 수가 많을수록 섬세한 직물이다.

182 《南史》卷79 〈列傳〉 新羅 條. "토지가 비옥하여 오곡을 심기에 마땅하고, 뽕과 마가 많아 겸과 포로 된 옷을 지었다(土地肥美, 宜植五穀, 多桑麻, 作縑布服)."

183 《廣開土王陵碑》. "百殘이 義에 복종치 않고 감히 나와 싸웠다. (광개토)왕이 크게 노하여 아리수를 건너 精兵을 보내어 성을 압박했다.……이에 (百)殘主가 困逼해지자, 男女生口 1천명과 細布 천필을 바치고 (광개토)왕에게 투항하여, 지금부터 영구히 奴客이 될 것을 맹서했다(殘不服義, 敢出百戰. 王威赫怒, 渡阿利水, 遣刺迫城, ㅁㅁ歸穴ㅁ便圍城, 而殘主困逼, 獻出男女生口一千人·細布千匹, 歸王, 自誓, 從今以後, 永爲奴客)."

184 《隋書》卷81 〈列傳〉 百濟. "그들의 의복은 고(구)려와 대략 같다(其衣服與高

포·청포靑布 등을[185] 생산했을 것이다.

4) 닫는 글

신석기시대에 이르러 한민족은 정착생활과 함께 식물성 섬유로 실을 만들어 옷을 만드는 등, 식물성 섬유를 다양한 용도로 사용하기 시작했다. 한반도와 만주 및 중국의 신석기시대 유물 가운데 마직물과 관계된 자료를 비교해 본 결과, 한반도와 만주지역에서는 중국보다 앞서 신석기시대가 진행되었고, 현재까지 출토된 유물에 따르면 한반도는 중국보다 앞서 직기를 사용했음을 알 수 있었다. 따라서 마직물을 생산하기 시작한 연대도 중국보다 훨씬 앞섰을 가능성이 있다. 이 같은 가능성은 다른 자료들로도 충분히 설명된다.

한반도의 범의구석 8호 유적의 연대가 다소 뒤지기는 하지만 그곳에서 발굴된 세마로 된 끈과 중국 전산양유적에서 발굴된 세마로 된 끈을 비교한 결과, 범의구석 8호 유적의 실 두 가닥을 꼰 굵기가 전산양유적에서 출토된 실보다 훨씬 섬세했다. 또한 내몽고자치구 옹우특기 석붕산유적과 그보다 후대에 속하는 중국의 고성 태서촌 상대 유적에서 출토된 가락바퀴의 무게를 비교해 본 결과, 앞선 연대에 속하는 석붕산유적에서 출토된 가락바퀴는 그 무게의 폭이 커 실의 굵기가 다양했을 것으로 보이나, 상대 유적의 것은 석붕산유적보다 그 폭이 작은 것으로 나타났다.

신석기시대의 직조기술은 청동기시대로 이어지면서 더욱 발전했다. 이 시기의 유적에서 이전 시대에 비해 뼈바늘이 훨씬 많이 출토되어, 천이 많이 생산되었음을 알 수 있다. 실제로 고조선의 영역이었던 한반도와 만주의 여러 지역에서 천이 출토되었고, 이 천이 방

(句)麗略同).";《南史》卷79〈列傳〉百濟傳. "언어와 복장은 대략 고(구)려와 같다(言語服章, 略與高(句)麗同)."

185 《三國史記》·《渤海國志長編》참조.

직기를 사용하여 짠 것임도 확인되었다. 신석기시대 초기부터 실 생산에 사용되었던 가락바퀴가 청동기시대 말기에서 철기시대 초기에 걸쳐 차츰 사라지고, 그 대신 물레가 개발되어 실의 생산량을 늘리고 질을 높였으며, 직물의 종류를 다양화하는 데 도움을 주었다. 물레의 등장과 더불어 짐승의 어깨뼈로 만든 바디와 흙추도 출토되었는데, 이 흙추는 당시 수직식직기가 사용되었음을 말해준다.

고조선의 모든 지역에서 마직물이 복식의 재료가 되었다. 고구려는 사직물과 함께 대마포를 복식의 주요 재료로 삼았고, 부세로 받기도 했다. 고구려와 부여에서는 추포와 저포도 생산했고, 전絟으로는 최고의 기술을 요구하는 60종포를 만들기도 하였다. 숙신과 동옥저도 마찬가지였을 것이다. 마한과 변한 및 진한에서도 저포와 전포絟布를 만들었을 뿐만 아니라 폭이 넓은 세포와 백저포를 생산했고, 신분의 구분 없이 옷의 재료로 했다. 한韓의 마직물 생산기술을 이어받은 신라는 직조기술을 더욱 발전시켜 매우 정교한 30승포와 40승포를 생산했고, 다양한 폭의 대소포와 모시포 및 금총포 등을 생산하기도 했다. 백제는 한韓의 저포와 전·백저포·광폭세포 등의 직조기술을 이었다. 이러한 마직물의 발달은 고조선의 독자적인 직조기술을 여러나라가 오랫동안 이어왔기 때문이라고 생각된다.

3 생태계의 차이로 본 고조선 면직물

1) 여는 글

복식재료 가운데 천연섬유는 특히 생태계와 밀접한 관련이 있다. 고대에는 천연섬유를 이용하여 실을 뽑고 옷을 짰기 때문에 동식물 생태계가 중요한 구실을 했다. 동물섬유가 동물생태계와 관련이 깊은 것처럼, 식물섬유는 식물생태계에 따라 생산될 수밖에 없다. 식食문화가 농작물의 생태계와 관련하여 형성되는 것과 같이, 천연섬유는 어느 것이나 자연생태계의 조건 또는 식생과 밀접한 관련성 속에서 형성되는 것이다.

삼베를 짜서 삼베옷을 입으려면 대마가 자생하거나 대마를 경작할 수 있어야 한다. '안동포'라는 이름으로 삼베가 유명한 안동지역은 기후와 토질이 대마 경작에 가장 적합하다. 자연생태계가 대마의 품질을 결정하고, 대마의 품질이 삼베의 품질을 결정하는 것이다. '무명베'라는 면직물이나, 또는 '명주'라는 사직물도 마찬가지이다. 목화가 자생하거나 그를 경작 가능해야 면직물 생산이 가능하고, 뽕나무 잎으로 누에를 기를 수 있어야 사직물 생산이 가능하다. 뽕나무의 양과 질이 우수해야 잠업의 효과도 높고, 사직물의 품질도 뛰어나다. 그러므로 복식문화와 생태계는 떼려야 뗄 수 없는 관계에 있다고 할 수 있다.

그런데 일부 복식은 외래 품종이 들어와 경작되고 나서야 비로소 관련 복식이 형성된 것처럼 알려져 있다. 가장 대표적인 예가 문익점의 목화씨 전래 이후에야 비로소 한국에서 면직물이 생산되기 시작했다고 여기는 것이다. 그러나 한국에서는 문익점이 중국에서 인도면의 목화씨를 새로 들여오기 훨씬 전인 고대부터 재래종 면이 자생하고 있었다. 이 재래종 면을 원나라의 목면木棉과 달리 '초면草綿'이라 한다. 따라서 고대 한국에서는 매우 일찍부터 초면으로 무명실을 뽑아 면직물을 생산할 수 있었다.[186]

고구려에서는 초면으로 백첩포白疊布를 생산했고, 신라에서는 백첩포白疊布와 면과 실크의 합사직물인 면주포緜紬布를 생산했다. 이어서 고려도 백첩포白疊布를 생산했다.[187] 고려 말 문익점이 원에서 꽃이 크고 생산량이 많은 인도면종인 목화를 들여오면서 초면은 급격히 사라졌다. 따라서 우리나라 면방직이 문익점과 정천익으로부터 시작되었다는 것은 바로 인도면이 처음 재배되었다는 것을 뜻할 뿐이다.

지금까지는 일반사와 복식사 및 직물연구에서 첩포疊布를 모직물로 해석했기 때문에[188] 고대 한국에서는 면직물을 생산하지 않았다고 여겨졌다. 면주포가 어떤 것인지에 대해서도 해석된 적이 없다. 이 때문에 한국에서 면직물을 생산하기 시작한 연대를, 고려 공민왕 12년 문익점이 중국에서 목화씨를 들여와 목화재배에 성공한 공민왕 14년(서기 1365년)으로 생각하는 것이 보통이었다.

근래에 들어와 직물 연구에서 백첩포白疊布와 백첩포白氎布가 고구려와 통일신라 때, 중국에서 인도·동남아시아·중앙아시아 등으로부터 수입된 면직물을 일컫던 것이라고 해석하기 시작했다. 그로 인해

186 박선희, 〈고대 한국 면의 기원과 발달〉, 《史學硏究》 58집, 한국사학회, 1999, 157~180쪽; 박선희, 《한국고대복식-그 원형과 정체》, 지식산업사, 2002, 189~217쪽 참조.

187 《高麗史》 卷2 惠宗 2年條. "진나라가 范匡政과 張季凝 등을 보내 왕을 책봉했을 때 혜종은 사은품으로 細苧布 100필, 白氎布 200필, 細中麻布 300필 등을 주었다(晉遣范匡政張季凝來册王,……又勅高麗王省所奏進奉謝恩……細苧布一百匹·白氎布二百匹·細中麻布二百匹)."

188 李如星, 《朝鮮服飾考》, 白楊堂, 1947, 301쪽; 柳喜卿, 《한국복식사연구》, 이화여자대학교출판부, 1980, 122쪽; 이은창, 《한국 복식의 역사》-고대편, 세종대왕기념사업회, 1978, 152쪽; 朴南守, 《新羅手工業史》, 신서원, 1996, 72쪽.

문익점이 목화를 들여오기 이전, 이미 면직물이 만들어졌을 것이라는 간략한 견해[189]가 제시되기도 했다. 또는 백첩포를 면직물로 보기는 했으나, 인도면으로 구분하여 초면과 인도면이 같은 종자로 잘못 분류되기도 했다.[190]

목화는 크게 아프리카면과 인도면 두 가지로 나뉜다. 일반적으로 고대의 인도·동남아시아·서아시아·중앙아시아의 목화는 인도를 발원지로 하는 인도면화의 종자로 알려져 있고, 이는 고고학 발굴 자료에서도 이미 밝혀진 바 있다.[191] 문익점이 원나라에서 들여온 면 종자는 바로 이 인도면이었던 것이다. 그러나 백첩포는 동아시아에서 고대 한국과 지금의 신강지역에 위치한 고창에서만 생산되는 야생면인 초면을 가리킨다.

이처럼 지역마다 서로 다른 면 종자를 재배한 것은, 농업생산이 환경의 산물이라 할 만큼 종자가 환경요인과 밀접한 관련이 있기 때문이었다. 작물 생장에 영향을 주는 요인은 크게 외적으로는 환경요인을, 내적으로는 유전자요인을 들 수 있다. 환경요인은 주로 기후와 토양, 생물학적 요소로,[192] 종자가 생명체를 번식시키는 1차적인 배경이 된다. 종자는 결빙과 불, 홍수, 동물의 먹이, 온도차 등 매우 열악한 환경에서도 생존력을 가진다. 그리고 환경조건이 양호해지면 발

189 민길자, 《전통옷감》, 대원사, 1998, 31~32쪽. "고패는 면직물의 옛 이름이고 백첩은 중국인들이 인도·동남아시아·중앙아시아 지역의 면직물명으로 명명한 것이다. 결국 우리나라에서는 문익점 선생의 면 종자 반입 이전에 면직물을 제직한 셈인데 섬유의 출처는 알 수가 없다."

190 李順洪, 〈織物의 歷史的 考察-우리나라의 綿織物을 中心으로-〉, 《服飾》 제5호, 한국복식학회, 1981, 65~81쪽.

191 馮澤芳, 《中國的棉花》, 財政經濟出版社, 1956, 46~52쪽; 容觀琼, 〈關于我國南方棉紡織歷史研究的一些問題〉, 《文物》 1979年 第8期, 50~53쪽; 鐘遐, 〈從蘭溪出土的棉毯談到我國南方棉紡織的歷史〉, 《文物》 1976年 第1期, 89~93쪽; 中原虎南, 《織物雜考》, 紡織雜誌社, 1934, 104쪽; 吉田光邦, 《染織の東西交涉》, 京都書院, 1982, 20쪽.

192 성락춘·이호진, 《작물생리학》, 고려대학교출판부, 1997, 257쪽.

아와 생장을 하기 위해 기다리는 생태학적인 이치를 지니고 있다.[193]

작물이 발육하고 열매를 맺는 기간은 유전과 환경, 그리고 특히 온도에 따라 달라진다.[194] 중국과 한국에서 인도면이 개체발생을 하여 정착했던 것도 같은 요인에서였다. '개체변이'는 환경의 영향으로 종류가 같은 생물의 각 개체 사이에 나타나는 형질의 차이를 뜻한다. 인도면이 중국에 들어와 토양이나 기후 등의 영향을 받아 변형된 인도면이 되고, 그것이 다시 한국에서 한국적인 생태에 맞게 형질의 변화를 가진 것 또한 그와 같은 것이라 할 수 있다.

초면인 백첩은 한국과 신강, 감숙성 하서주랑河西走廊의 북위 35~45도에 위치한 한랭한 대륙성 기후에서 자란다. 이는 한랭한 기후의 일장과 온도가 초면 종자의 개화와 결실에 알맞기 때문이다. 1920년대 식물 생산에 관한 일련의 연구에서는 개화에 관여하는 환경 요인으로 일장 효과의 중요성을 규명하였다. 이후의 연구에서는 식물반응에서 주간의 길이보다 야간의 길이가 실제로 조절 역할을 수행한다고 밝혔다. 즉 일장의 길이와 온도는 위도와 연중기간으로 결정되는데, 계절과 위도에 따라 다양한 차이를 나타낸다는 것이다. 따라서 일장의 길이는 적도의 경우 연중 거의 일정하지만, 극지방에서는 6월과 12월 사이에(여름과 겨울 극점) 24시간의 차이를 나타낸다고 한다.[195] 위도 35~45도 사이에 위치한 지역은 일반 식물이 성장할 수 있는 기간이 130일 정도로 짧아, 조숙성早熟性의 우점을 가지는 초면이 자라기에 적합하다고 하겠다.[196]

우리나라의 기후는 초면이 자생하기에 충분하다. 풀로 알려진 백첩은 꽃이 작아 생산량이 적지만 희고 부드러우면서도 빛이 나므로,

193 성락춘·이호진, 앞의 책, 286쪽.
194 성락춘·이호진, 앞의 책, 289~290쪽 참조.
195 성락춘·이호진, 앞의 책, 402~403쪽 참조.
196 馮澤芳, 《中國的棉花》, 財政經濟出版社, 1956, 46~52쪽.

이것으로 짠 백첩포는 최고로 여겼다. 문익점이 들여온 인도면은 열대성 작물로 나무처럼 크고 꽃이 커, 생산량이 많았다. 고려시대에 몽골에서 초면의 씨와 백첩포를 요구했던 점 등을 볼 때, 당시 우리나라 전역에서 초면이 재배되었다고 할 수 있다. 그리고 남부에서는 인도면 재배도 가능했다. 문익점이 개성에 심은 인도면이 모두 죽고 정천익이 진주에 심은 것 가운데 한 그루만 살아남은 것도 바로 이런 풍토조건 때문이었다. 우리나라에서는 고대부터 초면을 재배해 실을 뽑고 이를 짜는 방직 기구가 발달했기 때문에, 문익점이 들여온 인도면이 수년 만에 평민들이 입을 정도로 널리 재배·가공될 수 있었던 것이다.

중국은 한대에 서역 및 인도 등과 교역하면서 면직물을 알게 되었으나, 목화를 재배하기 시작한 것은 당대에 이르러서였다. 당대에도 풍토조건 때문에 목화재배는 일부 특정지역에 그쳤다가, 남송南宋 때에 와서야 남쪽에서 재배되던 인도면이 널리 보급되기 시작했다. 그리고 원초元初부터 면방직 기술이 널리 보급되었으며, 청말淸末에 육지면陸地棉이 새로 들어오기 전까지는 고온 다습한 기후에서 재배되었던 인도면이 중면中棉으로 토착화해 있었다. 이와 같이 목화의 종류가 달랐기 때문에 중국에서는 인도면으로 짠 것을 '고패포古貝布', 또는 '길패포吉貝布' 등으로 불렀다. 그러나 우리나라에서는 최근까지 아프리카면, 즉 초면草綿과 인도면을 구별하지 않았기 때문에 초면이 우리나라에서 자생했던 것을 알지 못했던 것이다.

이처럼 중국과 달리 우리나라는 삼국시대 이전부터 야생의 초면을 이용해 면직물을 만들었고, 그를 통해 외래의 영향을 받지 않은 독자적인 기술을 이어올 수 있었다. 따라서 이 논문은 생태문화를 배경으로 이웃나라와의 비교연구를 통해 고대 한민족이 생산한 면직물의 생산시기와 특성을 상세히 밝히고, 그 고유성을 확인하는 데 목적이 있다. 아울러 우리나라의 면직물 생산이 고조선시대부터 시작되었음을 이웃나라와의 비교연구를 통해 밝혀보고자 한다.

2) 한국 풍토에서 생산된 백첩포와 고패포

《고려사》와 《조선왕조실록》 등에서는 고려 공민왕 12년(서기 1363년), 서장관書狀官으로 원元에 갔던 문익점이 귀국할 때 목화씨를 가져왔고, 공민왕 14년에는 목화 재배에 성공했다고 한다.[197] 또한 문익점의 장인 정천익이 호승胡僧 홍원弘願으로부터 실을 뽑고 천을 짜는 기술을 배웠다고 기록하고 있다.[198] 이러한 내용에 따라 일반적으로 한반도에서 면직물은 고려 공민왕 15년 이후에 생산된 것으로 알려졌다. 면직물에 관한 연구에서도 위의 자료를 근거로 아무런 의심도 없이 면직물과 그 방직기술을 외래의 것으로 본 것이다.

---

197 《高麗史》 卷111 〈列傳〉 文益漸傳. "문익점은……元나라에 사신으로 갔다……돌아오면서 木緜씨를 가지고 와 장인 鄭天益에게 그것을 심도록 부탁하였다. 처음에는 재배방법을 몰라 거의 다 말라 버리고 한 그루만 남았었는데, 3년 동안 풍년이 들어 마침내 크게 늘어났다. 그 목화씨를 뽑는 물레와 실을 켜는 물레는 모두 정천익이 새로 만들었다(文益漸……奉使如元……乃還得木緜種歸, 屬其舅鄭天益種之. 初不曉培養之術, 幾槀止一莖, 在比三年, 遂大蕃衍. 其取子車繅絲車, 皆天益創之)." ; 《朝鮮王朝實錄》 〈太祖實錄〉 卷14 太祖 7年 6月 13日條: "(문익점이)……원나라에 갔다 돌아오면서 길가에서 목면나무를 보고 그 열매 십여 개를 따 주머니에 가득 채워 돌아왔다. 갑진년에 진주로 가서 고을사람으로 전객령 벼슬을 마친 정천익에게 그 반을 주었다. 심어 길렀으나 겨우 한 대가 살았다. 천익이 가을에 목화씨 백여 개를 거두어 해마다 더 심었다. 정미년 봄에 고을사람들에게 그 씨를 나누어주고 심도록 권하였다. 익점이 심은 것은 하나도 살지 못했다(赴元朝, 將還, 見路傍木緜樹, 取其實十許枚盛囊而來. 甲辰至晉州, 以其半與鄕人典客令致仕鄭天益. 種而培養, 唯一枚得生. 天益至秋取實至百許枚, 年年加種. 至丁未春, 分其種以給鄕里, 勸令種養. 益漸自種, 皆不榮)."

198 《朝鮮王朝實錄》 〈太祖實錄〉 卷14 太祖 7年 6月 13日條: "胡僧 弘願이 천익의 집에 들렀다가 목면을 보고 감격해 울면서 '오늘 고향의 물건을 다시 보게 될 줄은 몰랐다' 고 말했다. 천익이 여러 날 머물게 하며 실을 뽑고 천을 짜는 방법을 물었다. 弘願이 상세한 것을 차근차근 설명하고 또 도구를 만들어 그에게 주었다. 천익이 집의 여종에게 가르쳐 무명 한 필을 짜고, 이웃 마을에서 서로 전하며 배워 온 고을에 퍼지니, 10년도 안 되어 또 온 나라에 퍼졌다(胡僧弘願到天益家, 見木緜感泣曰 : 不圖今日復見本土之物. 天益留飯數日, 因問繅織之術. 弘願備說其詳, 且作具與之. 天益教其家婢織成一匹, 隣里傳相學得, 以遍一鄕, 不十年又遍一國)."

《삼우당실기三憂堂實記》에 따르면, 교지交趾로 귀양 간 문익점이 유배생활에서 풀려나 원의 수도인 북경으로 귀환하는 도중, 밭에 핀 목면꽃을 보았다고 했다.[199] 이후 문익점은 귀국하면서 목화씨를 가져와 장인 정천익[200]에게 부탁하여 심게 했으나, 이를 재배하는 방법을 알지 못해 거의 다 말라죽고 한 줄기만 살아남았다.[201] 이는 재배법을 알지 못했다기보다 문익점이 가져온 목면 종자가 중국에서 이미 개체변이를 일으킨 인도면이었기 때문에, 한반도의 기후조건에 다시 적응하기 어려웠던 것으로 생각된다. 그 가운데 한 줄기만이 자라면서 한반도 풍토에 적응력을 가진 개체변이가 다시 이루어졌다고 볼 수 있다.

공민왕 14년, 목화 재배에 성공한 후[202] 호승 홍원에게 직조기술을 배워 여종에게 한 필의 면직물을 짜게 했고, 이러한 기술이 10년도 안 되는 사이에 온 나라로 퍼지게 되었다.[203] 이 같은 내용으로부터 한반도에서 면 종자를 재배하게 된 것은 원元나라에서 들여온 목면 종자에 의해서라고 생각해왔다.

이러한 급속한 발전은, 목면재배의 보급뿐만 아니라 재배한 목면을 포로 만드는 우수한 생산기술이 뒷받침되었기 때문이라고 생각된다. 그러나 공민왕 14년, 목화 재배에 성공한 후[204] 호승 홍원이 천익天益에게 실을 뽑고 천을 짜는 방법을 가르치고 길쌈하는 도구

---

199 《三憂堂實記》 卷2 附錄 〈家傳〉 참조.

200 《高麗史》 卷111 〈列傳〉 文益漸傳에 鄭天益이 문익점의 舅로 기재되어 있어 외삼촌 혹은 장인으로 해석되는데, 《朝鮮王朝實錄》 〈太祖實錄〉 卷14에는 鄭天益이 문익점과 한 고을 사람으로 전객령의 벼슬을 지낸 것으로 다르게 기재되어 있으나 《高麗史》가 《朝鮮王朝實錄》보다 앞서 편찬되었으므로 《高麗史》의 기재에 따른다.

201 주 197과 같음.

202 위와 같음.

203 주 198과 같음.

204 위와 같음.

까지 만들어주어 천익이 자기 집 여종에게 가르쳐서 무명 한 필을 짜게 했다[205]고 하여, 면직물 직조기술과 사용도구가 호승으로부터 배운 외래적인 것으로 기술되어 있다. 또한 《고려사》에 "그 취자거取子車와 소사거繅絲車는 다 천익이 창제했다"[206]고 했다. 이 취자거는 이후 '교거攪車'라고 불린 것으로, 목화씨를 빼는 기구이며[207] 소사거는 실을 뽑는 기구이다. 그리고 《성호사설》에 "우리나라 물레는 문익점의 장인 정천익이 처음으로 만든 것이다.……회전하는 속도가 매우 빠르다. 중국 물레와 비교하면 일을 갑절이나 할 수 있으니, 또한 묘하게 만들어졌다 하겠다"[208]고 했다. 이를 위의 《고려사》의 내용과 함께 정리하면, 정천익이 호승 홍원에게 직조기술뿐만 아니라 생산도구인 취자거와 소사거 및 물레를 만든 것도 배웠다는 것이 된다.

그러나 고고학 발굴 자료에 따르면 한민족은 청동기시대부터 이미 물레를 만들어 사용했던 것으로 밝혀졌다.[209] 그러므로 《성호사설》의 내용은 이익李瀷이 고고학 발굴 자료를 참고할 수 없었기 때문에, 잘못 고증하여 기록한 것이라 하겠다. 또한 취자거와 소사거

205 위와 같음.

206 《高麗史》 卷111 〈列傳〉 文益漸傳. "其取子車, 繅絲車, 皆天益創之."

207 《星湖僿說》 卷4 〈萬物門〉 蠶綿具. "攪車란 것은 지금 목화씨를 빼는 기구가 그것인데, 바퀴 끝에 달린 굽은 자루는 씨아손이라고 한다(攪車者今木棉去核者是也. 其軸末曲柄謂之棹拐)."

208 《星湖僿說》 卷4 〈萬物門〉 蠶綿具. "우리나라 물레는 문익점의 장인 정천익이 처음으로 만든 것이다. 중국 물레와 비교하면 일을 갑절이나 할 수 있으니, 또한 묘하게 만들어졌다 하겠다(我國紡車卽文益漸之舅鄭天益所瓶也. 捷疾比中國之器, 功必增培, 亦巧制也)."

209 사회과학역사연구소 고고학연구소, 《조선전사》 1권, 과학백과사전 종합출판사, 1991, 150·237쪽; 조선기술발전사편찬위원회, 《조선기술발전사》 원시·고대편, 과학백과사전종합출판사, 1997, 62쪽; 과학원 고고학·민속학 연구소, 《회령 오동 원시 유적 발굴보고》－유적 발굴보고 7, 사회과학원출판사, 1960, 52쪽, 도판 CXX의 1; 과학원 고고학·민속학연구소, 《강계시 공귀리 원시 유적 발굴보고》－유적발굴보고 6, 사회과학원출판사, 1959, 28~30쪽 참조.

의 경우도 기존 도구를 개량한 것으로 보아야 할 것이다. 고려시대에 원에서 들여온 중면中棉이 빠르게 보급되고 면직물의 생산량이 크게 늘어난 것은, 한민족이 원래 갖고 있던 농업기술과 직물생산기술의 높은 수준 때문에 가능했던 것으로 해석해야 할 것이다.

문익점이 귀양을 갔던 교지는 지금의 베트남 북부 통킹·하노이를 포함한 손코이강 유역으로, 당시 목면이 널리 재배되었던 지역이다. 이 시기에는 후위後魏(서기 386~서기 534년)의 고양 태수였던 가사협賈思勰이 지은 《제민요술齊民要術》이 널리 알려져 있었다. 이 책에서 가사협은 《오록吳錄》 〈지리지地理志〉의 내용을 인용하여 교지의 목면나무에 대해 "교지현交阯縣이나 정안현定安縣에는 길이 1길이나 되는 목면나무가 있다. 열매는 술잔만 하고 벌어진 곳에 풀솜이 들어 있는데 마치 누에의 풀솜 같다. 또 천을 짤 수 있어 '백설白緤'이라고 부르거나 일명 '모포毛布'라고도 부른다"고 설명하고 있다.[210] 문익점은 《제민요술》을 통해 이 지역 목화에 대해 잘 이해하고 있었을 것이다.

또한 문익점은 유배지에서 달성귀達成貴라는 사람과 교분을 갖고, 운남지방의 풍물을 알게 되어 《운남풍토집雲南風土集》이라는 책을 쓰기도 했다.[211] 따라서 문익점은 당시 운남 지역 목화에 대해서 잘 알고 있었을 것이다. 그러나 열대기후인 운남 지역과 우리나라의 기후는 크게 다르기 때문에 교지에서 인도면 종자를 가져오지 않았던 것으로 생각된다. 원나라의 수도인 대도大都(지금의 북경)에 와서야 비로소 목화 종자를 가져온 것은, 이곳이 우리나라 북방지역과 같은 기후에 속해 있어 재배가 가능할 것으로 판단했기 때문일 것이다.

---

210 賈思勰, 《齊民要術》 第10卷 木棉. "《吳錄》 〈地理志〉 曰: "交阯安定縣有木綿, 樹高丈. 實如酒杯, 口有綿, 如蠶之綿也. 又可作布, 名曰 '白緤', 一名 '毛布'."

211 《三憂堂實記》 卷2, 附錄, 家傳 참조.

조선시대 편찬된 《색경穡經》[212]과 《해동농서海東農書》[213] 등에는 목면 재배에 관한 내용들이 상세히 적혀 있다. 이 책들은 문익점이 원나라에서 들여온 면 종자인 길패의 재배법과 알맞은 토양 등에 대하여 상세히 기술하고 있는데, 그 내용에서 서로 큰 차이가 없다. 단지 《해동농서》는 《농정전서農政全書》를 참고하여 길패와 북방지역의 목화 심는 방법이 다르다고 간략히 밝히고 있다.

《색경》은 주로 1273년 원에서 편찬한 《농상집요農桑輯要》를 참고했다. 《농상집요》는 중국 화북지방의 한전농법旱田農法을 중심으로 편찬된 농업기술서이다. 따라서 《색경》도 한전농법을 중심으로 엮었는데, 이는 한반도가 중국 화북지방과 유사한 환경이었기 때문일 것이다.

《해동농서》는 목화에 관하여 중국의 농업서인 《농상집요》, 《농정전서》, 《농가집성農家集成》, 《농사직설農事直說》 등을 참고했다. 서호수는 관상감제조觀象監提調를 지내며 시헌력時憲曆 사용을 주장할 정도로 자연환경에 대한 지식이 풍부했다. 그는 농업생산이 환경과 밀접한 관련이 있음을 간파하여 《해동농서》 범례凡禮에서 처음으로 우리나라의 풍토 위치를 위도로 표시했다. 또한 제주에서 갑산까지 거리가 3천 리이므로, 천리마다 영농시기가 10일 정도 다르다는 사실도 밝히고 있다.[214] 그러나 백첩의 재배법에 관해서는 기술하지 않은 것으로 보아 당시 우리나라에서는 백첩을 생산하지 않았던 것으로 생각된다. 또는 그가 고려시대까지 줄곧 생산되었던 백첩에 대해 잘 알지 못했다고도 생각해볼 수 있다.

조선시대의 상황과 달리 고대 한국에서는 이른 시기부터 원나라의 목면과는 다른 품종의 것을 재배했다. 북방지역에서 재배되던 면

212 朴世堂, 《穡經》, 농촌진흥청, 2001(1676년 편찬).
213 徐浩修, 《海東農書》 1, 농촌진흥청, 2008(18세기 편찬).
214 徐浩修, 위의 책, 17~20쪽.

종자이자 초면의 열매인 백첩을 사용하여 우수한 품질의 백첩포를 생산했던 것이다. 《한원翰苑》의 〈번이부蕃夷部〉에서 인용한 고려기에서 말하기를 "(고구려) 사람 또한 금錦을 만들었으며 자지힐문紫地纈文이란 것이 맨 위이고, 다음이 오색금五色錦, 그 다음이 운포금雲布錦이다. 또 백첩포와 청포青布를 만들었으니 특히 아름답다……" [215] 고 하여 고구려에서 금과 함께 백첩포를 생산했음을 밝히고 있다.

또한 《삼국사기》의 〈신라본기〉 경문왕 9년조에는 "가을 7월 왕자 소판蘇判 김윤金胤 등을 당나라에 보내 사은하고 아울러 말 2필, 부금麩金 100량, 은 200량, 우황 15량, 인삼 100근, 큰 꽃무늬 어아금魚牙錦 10필, 작은 꽃무늬 어아금 10필, 조하금朝霞錦 20필, 40승 백첩포 40필, 30승 저삼단 40필……바쳤다" [216]고 하여 서기 9세기에 신라에서도 백첩포를 생산했고, 이를 중국에 예물로 보냈음이 확인된다.

후대에 쓰인 《동경통지東京通志》 〈풍속〉에서도 "영남은 서울과 멀어 풍속이 완전히 다르다. 누에를 기르고 삼베를 짜며 아울러 목면을 만드니 여자들이 밤잠을 설치며 사철 의복을 만든다" [217]고 하여, 신라에서 목면을 생산했음을 알 수 있다. 《동경통지》는 저자 미상으로 전해지던 《동경지東京誌》를 경주부사 민주면閔周冕이 증수하여 1669년 처음 간행되었다.[218] 17세기는 이미 목면이 널리 알려진

---

215 《翰苑》〈蕃夷部〉. "高麗記云: 其人亦造錦, 紫地纈文者爲上, 次有五色錦, 次有雲布錦, 又有造白疊布青布而尤佳……."

216 《三國史記》 卷11 〈新羅本紀〉 景文王 9年條. "秋七月, 遣王子蘇判金胤等入唐謝恩, 兼進奉馬二匹·麩金一百兩·銀二百兩·牛黃十五兩·人蔘一百斤·大花魚牙錦一十匹·小花魚牙錦一十匹·朝霞錦二十匹·四十升白氎布四十匹·三十升紵衫段四十匹……."

217 《東京通志》 卷5 〈風俗〉. "嶺南遠於京, 輦風俗頓別. 養蠶積麻兼治木棉, 婦女夜少睡爲四時衣服." 東京은 高麗 3경 가운데 경주를 가리킨다.

218 1669년 경주부사 閔周冕이 《東京誌》를 증수하여 《東京雜記》로 이름을 바꾸었고, 1711년 南至薰이 다시 간행하였다. 1845년 成原默이 다시 정정하여 간행했고, 1910년 朝鮮古書刊行會가 활자본으로 간행했다가, 1933년에 다시 《東京通志》로 이름을 고쳐 간행했다.

때였기 때문에, 민주면이 목화와 양잠 및 베에 대하여 잘못 기록했다고 보기는 어렵다. 또한 신라에서는 백첩포와 함께 면綿과 사絲의 합사직물인 면주포를 생산했다. 이 같은 내용으로부터 우리는 고구려와 신라 및 고려에서 생산한 백첩포白氎布 혹은 백첩포白疊布가 면직물이라는 것을 확인할 수 있다. 또한 《동경통지》에서 신라가 생산했다는 목면木棉이 바로 백첩白疊이었음을 확신할 수 있다.

면주포는 초면의 면綿실과 주紬를 짜는 사絲실을 섞어 짠 면과 사의 합사직물로, 현대의 실크면과 같은 성격을 가졌으며, 신라의 특산물이었다. 즉, 면주포는 초면과 굵은 사로 두텁게 짠 합사직물이었던 것이다.[219] 신라가 생산한 면은 초면으로, 그 생산량이 적기 때문에 이를 생산이 많은 사와 섞어 새로운 직물을 생산했을 것이다. 면주포는 능綾이나 견絹 또는 나羅 등의 사직물보다 그 거래되는 가격이 훨씬 낮아, 일반인들이 사용했던 것으로 생각된다.[220]

흥덕왕 9년(서기 835년), 신라는 복식에 관한 규제를 정한 교지에서 "옛 법전에 근거하여 명확하게 법령을 선포한다"고 하며 복식에서 사직물과 함께 면주포를 많이 사용케 했다.[221] 이 같은 내용으로

---

219 박선희, 앞의 책, 213~214쪽.

220 恭愍王 12년(서기 1363년) 원나라로부터 목화가 들어오기 248년 이전인 고려 예종 10년(서기 1115년)에 개정된 祿俸折計法으로부터 緜紬의 가격이 일반 사직물의 절반 정도임을 알 수 있다. 《高麗史》 卷34 〈志〉 食貨. "睿宗 10년에 三司가 녹봉의 折計法을 고치니; 大絹 1匹은 쌀 1石7斗로 折價하고,……大綾 1匹은 4石으로 折價하고, 中絹 1匹은 1石으로 折價하고, 緜紬 1匹은 6斗로 折價하고, 常平紋羅 1匹은 1石7斗5升으로 折價하고, 大紋羅 1匹은 2石5斗로 折價했다(睿宗十年, 三司改定祿折計法, 大絹一匹折米一石七斗,……大綾一匹折四石, 中絹一匹折一石, 緜紬一匹折六斗, 常平紋羅一匹, 折一石七斗五升, 大紋羅一匹折二石五斗)."

221 《三國史記》 卷33 〈雜志〉 色服 條. "사람은 윗사람과 아랫사람이 있고 직위에는 높고 낮은 것이 있어서, 명분이 같지 않으며 의복도 역시 다른 것인데……풍속은 질서가 없게 되었으므로 삼가 옛 법전에 근거하여 명확하게 법령을 선포하나니……六頭品은,……겉옷은 다만 綿紬와 紬布를 쓰며……바지는 다만 絁絹綿紬布를 쓰며……버선은 다만 絁綿紬布를 쓰고……五頭品은……바지는 다만 綿紬布를 쓰며……버선은 다만 면주를 쓰고……四頭品은……내의와 등거리는 다만 絁絹綿紬布를 쓰고……四頭品에 속하는 여자는 겉옷은 다만 綿紬 이하를 쓰

보아 신라는 적어도 6세기경 이전부터 면주포를 사용했다고 할 수 있다.[222] 신라가 건국된 진한지역은 원래 마한에 종속되어 한韓의 일부를 이루고 있었다. 그렇기 때문에 한의 발달된 양잠기술을 받아들여 면과 사의 합사직물인 면주포의 생산이 가능했다고 생각된다.

이 같은 합사직물인 면주포의 생산과 함께 고구려와 신라, 고려의 백첩포 생산은 이후에도 계속 이어져, 문익점에 의해 중면이 보급되기 이전까지 한국에서는 야생면인 초면이 줄곧 생산되었다. 그 예로, 신라에서는 경문왕 9년에 왕자 김윤을 당에 사신으로 보낼 때 40승 백첩포 40필을 보냈다. 40승 백첩포는 최고급 사직물보다 더 섬세한 것이라 하겠다. 고려 태조 왕건이 백첩포를 중국에 공물로 보냈고,[223] 뒤이어 즉위한 혜종 또한 즉위 2년(서기 945년)에 백첩포를 진晉에 공물로 보냈다.[224]

며……띠는 수놓은 것과 땋은 것과 野草羅織과 乘天羅織과 越羅를 금하고 다만 綿紬이하를 쓰고……버선은 다만 적은 무늬 綾織과 絁綿紬布를 쓰며……平民의 여자는 겉옷은 다만 綿紬布를 쓰고 내의는 다만 絁絹綿紬布를 쓰며……버선은 絁綿紬 이하를 쓰며……(人有上下, 位有尊卑, 名例不同, 衣服亦異……風俗至於陵夷, 敢律舊章, 以申明命……六頭品,……表衣只用綿紬紬布,……袴只用絁絹綿紬布,……襪只用絁綿紬布,……五頭品,……袴只用綿紬布,……襪只用綿紬,……四頭品……內衣·半臂只用絁絹綿紬布,……四頭品女, 表衣只用綿紬已下,……帶禁繡組及野草羅乘天羅越羅, 只用綿紬已下,……襪只用小文綾絁綿紬布,……平人女, 表衣只用綿紬布, 內衣只用絁絹綿紬布,……襪用絁綿紬已下).";《三國史記》卷33〈雜志〉車騎條. "六頭品은,……안장 방석은 綿紬와 絁布皮를 쓰고(六頭品,……鞍坐子用綿紬絁布皮,……)."

222 신라는 흥덕왕 9년(서기 835년)보다 앞서 法興王 7년(서기 520년)에 율령을 반포하고 문무백관들의 공식 복장에 차등과 서열을 두는 제도를 제정했다(《三國史記》卷4〈新羅本紀〉法興王 7年條. "(법흥왕 7년)봄 정월에 법률을 반포하고 처음으로 붉은 빛과 자주빛으로 등급을 표시하는 관리들의 공복을 제정했다(春正月, 頒示律令, 始制百官公服, 朱紫之秩)." 이때 제정된 문무백관들의 복식 서열이 어떠한 내용이었는지 알 수 없으나 興德王 9년의 교지는 옛 법전에 근거했다고 했으므로 그보다 앞서 법흥왕 7년에 제정된 복식의 내용을 반영했음을 의미하고 있다.

223 《冊府元龜》卷970〈外臣部〉朝貢.

224 《高麗史》卷2〈世家〉惠宗 2年條. "晉나라가 范匡政과 張季凝 등을 보내어 왕을 책봉했을 때 혜종은 사은품으로 세저포 100필, 백첩포 200필, 세중마포 300필

이후 고려에서 계속 면주포를 생산하여 몽골이 면주緜紬와 면자緜子를 예물로 요구했다.[225] 이 《고려사》의 내용은 고려 고종 8년(서기 1221년)의 일로, 문익점에 의해 중면이 들어온 공민왕 11년(서기 1362년)보다 141년 앞선 시기이다. 그러므로 이때 몽골이 요구한 면자는 초면의 목화송이였다고 생각된다.[226] 중국은 원나라 초기에 와서야 중면이 보급되기 시작했기 때문에, 서기 1221년경은 아직 목면이 생산되지 않아 수입품에 의존하던 시기였다. 그러므로 몽골이 면포가 아닌 면자를 요구한 것은, 중면으로 짠 면포보다는 초면으로 짠 백첩포가 품질이 더 우수하기 때문에 솜과 씨를 함께 얻을 수 있는 면자를 통해 이를 보급시키고자 하는 목적에서 비롯된 것이라고 생각된다. 고종 37년(서기 1250년)에 청주에서 백첩의 씨인 설면자雪緜子를 세금으로 거두어들이는 것을 면제했다는 기록이 있다.[227] 이로 보아 중면이 생산되어 보급되기 이전, 초면이 여러 지역에서 생산되어 세금의 징수품목이 되었음을 알 수 있다.

위의 내용으로 보아 한민족의 면섬유 생산 시작연대는, 고구려에서 백첩포를 생산했기 때문에 삼국이전으로 거슬러 올라갈 것으로 생각되며, 잠정적으로 여러나라시대의 시작연대인 서기전 1세기 중엽[228] 이전으로 추정된다. 그러나 여러나라들은 고조선의 기술을 이

등을 주었다(晉遣范匡政張季凝來册王,……又勅高麗國王省所奏進奉謝恩……細苧布一百匹·白氎布二百匹·細中麻布三百匹)."

225 《高麗史》 卷22 〈世家〉 高宗 8年 8月 己未條. "8월 기미일에 몽고 사신 著古與 등 13명과 東眞 사람 8명과 여자 1명이 우리나라에 왔다.……모두 수달피·緜紬·緜子 등의 물품을 요구했다(蒙古使著古與等十三人, 東眞八人并婦女一人來.……皆徵求獺皮, 緜紬緜子等物)."

226 박선희, 앞의 책, 211~212쪽.

227 《高麗史節要》 卷16 高宗安孝大王 37年條. "춘정월 崔沆이 왕교로 別監牒을 정하고, 淸州의 雪緜子를 면제하고……(春正月, 崔沆以敎定別監牒, 除淸州雪緜子……)."

228 윤내현, 《한국열국사연구》, 지식산업사, 1998, 11쪽.

〈그림 3-16〉 부여에서 출토된 면직물

어받았을 가능성이 크기 때문에 면섬유 생산 시작연대는 고조선시대까지 거슬러 올라갈 수 있을 것이다. 고조선에서 백첩포를 생산했을 가능성은 3절과 4절에서 더욱 상세히 검토해 보기로 한다. 이 같은 고대 중국 면 생산의 상황을 통해 볼 때, 고대 한국이 생산한 초면은 중국이나 다른 지역으로부터 수입된 것[229]이 아니라 한반도에서 오랜 기간 동안 자생된 야생면이었음을 알 수 있다.

최근에 부여 능산리 절터 백제시대유적층에서 폭 2센티미터, 길이 약 12센티미터의 면직물(그림 3-16)[230]이 출토되었다. 같은 층위에서 서기 567년 백제 창왕시기에 만들어진 '창왕명 사리감'이 출토된 점으로 보아, 이 면직물은 문익점이 원나라에서 목화를 들여온 시기보다 약 8백 년 앞선 것으로 확인되었다.

초면의 명칭과 관련하여 B. 로불이勞佛尒는 백첩의 고음古音은 'bak-dip'이고, 이 가운데 'bak'은 중고 페르시아어 'pambak-dip(棉花)'을 줄인 것이고, 'dip'는 중고 페르시아어 'dib' 혹 'dép(錦)'에 해당할 것이라고 보았다. 즉, 백첩은 페르시아어 'pambak-dip'을 번역한 것이라는 것이다.[231] 만일 이 견해를 받아들인다면 고구려 등의 금수錦繡는 바로 백첩으로 만든 것이고 그 역사는 더 소급될 수도 있으며, 금수의 재료도 사직물뿐만 아니라 면직물일 가능성 또한 있을 것이다.

229 鄭玩燮, 《織物의 起源과 交流》, 서경문화사, 1997, 196쪽.

230 국립부여박물관 소장.

231 孫機, 《漢代文化資料圖說》, 文物出版社, 1991, 73쪽 참조.

3) 북방 풍토에서 생산된 초면과 백첩포

고대 신강의 고창지역(지금의 투르판 분지)에서는 초면을 재배하여 백첩포를 생산했다. 고창에서 생산되는 면직물을 《일절경음의一切經音義》의 〈대방등대집경大方等大集經〉에는 첩모포疊毛布라 했고,[232] 《남사南史》의 〈이맥열전夷貊列傳〉에서는 백첩자로 포를 짰다고 기재하고 있다.[233] 또한 《신당서新唐書》의 〈지리지〉에서도 고창이 속한 서주西州에서 모첩포毛疊布를 공물로 보냈다고 했다.[234] 위의 내용들로부터 첩疊이 '첩모疊毛', 또는 '모첩毛疊'과 같은 글자로 사용되었음을 알 수 있다. 《사기史記》〈화식열전貨殖列傳〉의 탑포榻布에 대해 안사고顔師古는, 거칠고 두터운 포이며 백첩과는 다르다고 했다. 또한 《사기정의史記正義》에서는 백첩은 목면으로 짠 것이며, 중국에서 생산된 것이 아니라고 했다.[235] 이로부터 백첩포는 면직물임이 확인된다.

그러면 이 첩포는 어떠한 면직물인지 구체적으로 알아보기로 한

232 玄應, 《一切經音義》 卷1 〈大方等大集經〉 卷15 音義. "劫波育을 혹 劫貝라고 말하는 것은 잘못이다. 바른 말은 迦波羅이고, 고창에서는 氎이라고 부르며, 布를 짤 수 있다. 罽賓 이남에서 큰 것은 나무가 되고, 계빈 이북의 것은 크기가 작고 모양은 해바라기 같다. 껍질이 갈라져 나온 꽃이 버들개지 같고, 이를 짜 포를 만든다(劫波育; 或言劫貝者, 訛也. 正言迦波羅, 高昌名氎, 可以爲布. 罽賓以南, 大者成樹, 以此(北)形小, 狀如土葵, 有殼剖以出華如柳絮, 可縫以爲布也)."

233 《南史》 卷79 〈夷貊列傳〉. "고창국에 풀이 있는데, 열매가 누에고치 같고 고치 속의 실이 가는 실 같아 백첩자라고 불렀다. 나라 사람들이 이를 가져다 포를 짜니 매우 부드럽고 희어 물물교환에 쓰였다(高昌國有草, 實如繭, 繭中絲如細纑, 名曰白疊子, 國人取織以爲布, 甚軟白, 交市用焉)."

234 《新唐書》 卷40 〈地理志〉에 "土貢絲·毛疊布·毛亶·刺蜜··蒲萄五物"이라 하여 西州(지금의 吐魯番縣 東南 60里에 위치한 高昌을 말한다)의 토산 공물 가운데 毛疊布가 있다. 《通典》 〈食貨典〉 賦稅에 西州 혹 交河郡에서 매년 疊布 10端을 공물로 보냈다는 기재로 보아 疊布가 唐代에 西州의 토산품이었음을 알 수 있다.

235 《史記》 卷129 〈貨殖列傳〉. "其帛絮細布千鈞, 文采千匹, 榻布皮革千石"의 榻布에 대해 《漢書音義》는 榻布는 백첩이라 했고, 《廣志》는 첩을 모직이라고 했다. 그러나 안사고는 "거칠고 두터운 포다. 그 값이 싸서 피혁과 같은 값이니, 백첩이 아니다(麤厚之布也. 其價賤, 故與皮革同重耳, 非白疊也)"라고 했다. 《史記正義》에서는 안사고의 견해를 받아들여 "백첩은 목면으로 짠 것으로 중국에 있는 것이 아니다(白疊, 木綿所織, 非中國有也)"라고 했다.

다. 이 백첩에 대하여 《남사》〈이맥열전〉에, "고창국에 풀이 있는데, 열매가 누에고치 같고 고치 속의 실이 가는 실 같아 백첩자라고 불렀다. 나라 사람들이 이를 가져다 포를 짜니 매우 부드럽고 희어 물물교환에 쓰였다"[236]고 했다. 《양서梁書》〈고창전高昌傳〉에서도 유사한 내용을 볼 수 있다. 그것은 "고창에 풀과 나무가 많은데, 풀 열매가 누에고치 속의 실이 가는 베와 같아 백첩자라고 불렀다. 나라 사람들이 대부분 그것을 가지고 천을 짰는데, 포는 매우 부드럽고 희어 물물교환에 사용되었다"[237]라는 내용이다.

이처럼 백첩포가 요역의 품목으로 사용된 사실이 고창시기의 계약문서에서 확인된다. 아사탑나阿斯塔那의 고창시기(서기 640년, 당이 고창을 멸망시키고 서주를 설치하기 이전)무덤에서 화평和平 원년(서위西魏 대통大統 17년, 서기 551년) 첩疊을 빌리는 계약문서가 발굴되었다. 묘지墓誌에 따르면 326호무덤은 연창延昌 26년의 것으로,[238] 이 계약은 연창 26년(서위 대통 17년, 서기 551년) 이전에 한 것이다. 이 계약으로부터 6세기 중엽 고창지역에서는 보편적으로 면직물을 생산했다는 사실과 백첩이 당대 군수품으로 보내지는 주요한 공물의 하나였다는 사실을 알 수 있다. 또한 고창지역에서는 6세기에 면직물 생산이 보편적으로 이루어진 것으로 보아, 생산 시작연대는 훨씬 이전으로 거슬러 올라갈 것으로 생각된다.

여기서 아사탑나의 명칭에 주목해 보기로 한다. 《삼국유사》를 인용한 《위서》에서는 단군왕검이 도읍을 아사달阿斯達로 정하고, 나라 이름을 조선이라 했다고 기록하고 있다. 아사달의 '아사阿斯'는 바로

236 《册府元龜》券970〈外臣部〉朝貢.

237 《梁書》卷54〈西北諸戎傳〉高昌傳. "高昌多草木, 草實如繭虫, 繭虫中絲如細纑, 名爲白疊子, 國人多取織以爲布. 布甚軟白, 交市用焉."

238 "……元年辛未歲(三)月(二)日……邊舉中行疊六十匹, 要(約)到八月……(償)中行疊九十匹. 若過期不償, 一匹上……公償"(吳震,〈介紹八件高昌契約〉,《文物》1962年 第7·8期, 76~82쪽).

〈그림 3-17〉 아사탑나무덤 주인생활도

'조朝' 이고 '달' 은 '땅·나라' 의 뜻으로, '아사달' 은 '조선' 으로 번역한다. 따라서 고조선 국가 당시 고조선어 명칭은 '아사달' (및 아사나)이었고, 한자 의역 명칭이 '조선朝鮮' 이었다. '달' 에는 '산·땅·나라' 의 듯이 모두 포함되어 있다. 그러므로 아사달은 중국문헌에 나오는 '아사나阿斯那' '아사나阿史那' '아사양阿史壤' 과 같은 뜻이다. 또한 '아사탑납阿斯塔納' 은 '아사달나(아사달 나라)' 의 한자표기이다. 고조선계통의 사람들은 고조선이 붕괴된 이후 '아사나' '아사양' '아사덕阿斯德' '아사탑나' 의 성씨를 사용한 경우가 있었는데, 모두 '아사나', '아사달' 의 한자표기라고 본다.[239] 이러한 내용으로 본다면 고창에 위치했던 아사탑나는 고조선족이었을 가능성이 크다.

실제로 현재의 투르판에 위치한 진晉대에 속하는 아사탑나무덤의 '묘주인 생활도' (그림 3-17)[240]에서 그 가능성을 찾을 수 있다. '묘주인 생활도' 의 묘주는 다른 북방민족들과 달리 상투를 틀고 책幘을 썼는데, 이와 유사한 책이 덕흥리 고분벽화에 보인다. 또한 벽면에

239 윤내현, 《고조선연구》, 일지사, 1994, 81~87쪽; 愼鏞廈, 《古朝鮮 國家形成의 社會史》, 지식산업사, 2010, 149~153쪽.

240 李肖冰, 《中國西域民族服飾》, 新疆人民出版社, 1995, 109쪽, 그림 189.

는 태양과 삼족오, 2개의 북두칠성이 보이고 있어 고조선 문화와의 관련성을 지나칠 수 없다. 이는 추후의 연구 과제로 남기고자 한다.

그러면 《남사》의 〈고창국전〉에서 서술한 풀열매가 목화송이를 가리키는 것인지 확인해 보기로 한다. 《일절경음의》 〈대반야경大般若經〉 음의音義에서는 "백첩; 서국西國의 풀이름이다. 그 풀꽃의 솜은 포를 만들 수 있다"[241]고 하여, 그 꽃이 풀에서 피고 솜과 같다고 설명했다. 또한 같은 책 〈대반야경〉 〈전여신경轉女身經〉 음의에서는 "꽃은 버들개지 솜과 같고, 토속土俗에 모두 비틀어 당기는 그들의 물레가 실을 만들고, 이를 짜서 포를 만드니, 이를 일러 첩이라고 했다"[242]고 했다. 첩을 짜는 실을 뽑아내는 꽃이 버들개지와 같다고 설명하고 있어 면화임을 알 수 있다.

이 같은 내용으로부터 우리는 고구려와 신라 및 고려가 생산한 백첩포는 면섬유였음을 다시 확인할 수 있다. 그러면 이것이 고려시대 문익점이 원에서 들여온 목면 종자와는 어떻게 다른지 알아보기로 한다. 우선 목면의 명칭에 대하여 알아보면, 《일절경음의》의 〈대방등대집경〉 음의에 '겁파육劫波育'을 혹 '겁패劫貝'라고 말하는 것은 잘못이다. 바른 말은 '가파라迦波羅'이고 고창에서는 '첩氎'이라고 부르며 포를 짤 수 있다. 계빈罽賓 이남에서 큰 것은 나무가 되고, 계빈 이북의 것은 크기가 작고 모양은 해바라기 같다. 껍질이 갈라져 나온 꽃이 버들개지 같고, 이를 짜 포를 만든다"[243]고 했다.

이러한 사실들은 지금의 카슈미르Kashmir지역인 계빈 이남과 이북의 목화의 종류와 명칭이 서로 다름을 뜻한다. 고창의 것은 계빈

---

241 慧琳, 《一切經音義》 卷4 〈大般若經〉 卷398 音義. "白疊; 其草花絮, 堪以爲布."

242 慧琳, 《一切經音義》 卷4 〈大般若經〉 卷34 〈轉女身經〉 音義. "花如柳絮, 土俗皆抽捻夷紡成縷, 織以爲布, 名之爲疊."

243 玄應, 《一切經音義》 卷1 〈大方等大集經〉 卷15 音義. "劫波育; 或言劫貝者, 訛也. 正言迦波羅, 高昌名氎, 可以爲布. 罽賓以南, 大者成樹, 以此(北)形小, 狀如土葵, 有殼剖以出華如柳絮, 可縫以爲布也."

이북의 것으로, 버들개지와 같은 꽃이 피며 '첩'이라 불린다. 또한 앞서 말했듯이 이 목화를 '겁파육' 혹은 '겁패'로 부르는 것은 잘못된 것으로, '가파라'라고 해야 한다. 그런데 《계사유고癸巳類稿》의 〈길패목면자의吉貝木棉字義〉에는 "'고패'라고 하는 것은 잘못이고 '길패'가 옳다고 했다"[244]는 기록이 있어, 이를 위의 내용과 연결하여 정리하면, '겁패'는 '길패'의 이역異譯임을 알 수 있다.

백첩과 길패가 서로 다른 종류의 면 종자임은 백첩이 신강지역으로 유입된 경로연구에서도 밝혀진다. 중국학자들은 고고학의 자료를 통해 초면이 서기 2세기경 아프리카에서 실크로드를 따라 인도와 파키스탄으로 유입되었고, 이후 다시 중국 신강의 객십喀什, 아사탑나, 합락화탁哈拉和卓, 화전和田, 우전于田 등지로 확산되어 투르판 분지(옛 고창)에 이르렀다고 한다. 또한 감숙성 하서주랑으로도 유입되어 섬서성 북부 일대에까지 확산되었다고 했다. 연구자들은 이 초면의 품종이 1년생 비주면非洲棉이라고 밝혔다.[245] 이처럼 백첩이 유입된 지역이 신강과 감숙성지역에 국한되어, 복건성의 민광閩光과 광동성의 교지交趾 등에서는 고패만 생산되었음을 다시 확인할 수 있다.

면 종자에 따라 지역성을 달리한 것은 기후조건 때문이다. 초면은 면방울이 아주 작고 생산량도 적다. 면방울이 성숙했을 때 방울의 껍질이 열리는데, 그 크기가 작아 채취하기가 불편하다. 그러나 성숙되는 기간은 중면中棉보다 짧다. 신강지역의 기후는 일반 식물이 성장할 수 있는 기간이 130일 정도로 짧아서 초면이 자라기에 적합하다.[246] 신강지역과 감숙성 하서주랑 지역은 한국과 마찬가지로 위

244 俞正燮, 《癸巳類稿》, 〈吉貝木棉字義〉. "作古貝, 誤, 作吉貝, 是."

245 沙比提, 〈從考古發掘資料看新疆古代的棉花種植和紡織〉, 《文物》 1973年 第10期, 48쪽; 新疆維吾爾自治區博物館, 〈新疆民豊縣北大沙漠中古遺址墓葬區東漢合葬墓淸理簡報〉, 《文物》 1960年 第6期, 9~12쪽.

246 馮澤芳, 《中國的棉花》, 財政經濟出版社, 1956, 46~52쪽.

도 35~45도 사이에 위치하여 비슷한 기후 조건을 갖추고 있었기 때문에 이들 지역에서도 조숙성의 백첩을 생산할 수 있었던 것이다.

실제로 1959년 신강 민풍현에서 발견된 동한시대(서기 25~서기 219년) 합장무덤에서는 대량의 직물과 함께 흰색과 남색의 꽃문양이 있는 면직물이 출토되었다. 이 면직물은 철제 칼과 함께 양 뼈가 가득히 담겨있는 나무그릇을 덮은 상태로 출토되어, 발굴자들은 이 면직물이 '찬포餐布'로 사용되었을 것으로 보았다. 또한 발굴자들은 매장된 남자가 입은 흰색의 바지와 여자의 손을 싼 직물도 면직물이라 했다. 이러한 발굴 자료로부터 신강지역에서는 동한시대에 이미 면직물이 생산되었음을 알 수 있다.[247]

다른 예로 1964년 발굴된 투르판(吐魯番) 아사탑나阿斯塔那에 위치한 진묘晋墓에서도 면직물 옷이 출토되었다. 또 다른 무덤에서는 서기 551년에 쓰인 계약문서를 발견하였는데, 빌린 물건에 관한 내용 가운데 60필의 첩포가 포함되어 있다.[248] 우전현于田縣 옥우래극屋于來克유적의 북조北朝무덤에서는 흰색과 남색의 꽃문양이 있는 면직물이 출토되었다.[249] 서기 6세기에 해당하는 아사탑나 309호 고창시기의 무덤에서도 기하문양으로 직조한 합사직물이 흰색의 면직물과 함께 출토되었는데, 이는 사絲와 면綿을 합사한 것이었다.[250] 이로 보아 북방지역에서도 일찍이 면과 사의 합사직물을 생산했음을 알 수 있다.

이후 당대에 오면 신강지역의 면 재배와 면직물 생산은 투르판 분지에서뿐만 아니라 카스(喀什)지역에서도 발달하기 시작한다. 1959년 신강지역 파초현巴楚縣에 위치한 9세기경에 해당하는 탈고자

247 沙比提, 〈從考古發掘資料看新疆古代的棉花種植和紡織〉, 《文物》 1973年 第10期, 48쪽; 新疆維吾爾自治區博物館, 〈新疆民豊縣北大沙漠中古遺址墓葬區東漢合葬墓淸理簡報〉, 《文物》 1960年 第6期, 9~12쪽.

248 越岡·陳鍾毅, 《中國棉業史》, 臺灣聯經出判事業公司, 1997, 7쪽.

249 沙比提, 앞의 글, 51쪽.

250 沙比提, 앞의 글, 48쪽.

사래脫庫孜沙來유적의 당 후기 지층에서, 흰색과 푸른색 꽃문양이 있는 면직물과 약간의 면자綿籽가 발견되었다. 발굴자들이 이 면자를 중국농업과학원면화연구소에 감정한 결과, 면자는 초면, 즉 비주면非洲棉(Gossypium herbaceum Linnaes)의 종자로 밝혀졌다.[251] 남북조시대 신강지역에서는 방직업이 발달하여 면직물의 사용이 보편화되었고, 서기 7~서기 9세기경에는 더욱 크게 발달하여 중원에 군수품으로 조달하기도 했다.[252] 이러한 내용으로 보아, 고창지역은 동한시기부터 면직물이 보편적으로 생산되어 수당시기에 오면 크게 발달했음을 알 수 있다.

초면의 품질에 대하여 《태평어람太平御覽》에서는, 위문제魏文帝가 "무릇 진귀한 물건이 나는 것은 모두 중국과 서역으로, 다른 지방의 토산물은 이보다 못하다. 대군代郡의 황포黃布가 곱고, 낙랑樂浪의 연練이 정교하고, 강동江東의 태말포太末布가 희지만 모두 백첩의 깨끗함만 못하다"[253]고 했다. 이 내용으로부터 백첩포의 우수성과 당시 중국인들의 백첩포에 대한 선호도를 짐작할 수 있다. 두보杜甫가 〈대운사찬공방大雲寺贊公房〉이라는 시에서 "광명백첩건光明白疊巾"이라 표현한 것에서도, 백첩의 밝게 빛나는 모습과 우수한 품질을 짐작할 수 있다.

근래의 연구에 따르면 재배면이 갖는 공통점은, 면섬유를 수확할 때 면섬유에 부착되어 있는 면실綿實의 껍질 또는 나뭇잎 등의 불순물이 유지질油脂質과 탄닌질 기타 갈색색소 등을 함유하고 있어, 표백제에도 상당히 강한 저항성을 가지고 있다는 것이다.[254] 그러나 백

251 新疆維吾爾自治區博物館·沙比提, 〈從考古發掘資料看新疆古代的棉花種植和紡織〉, 《文物》 1973年 第10期, 49쪽.

252 沙比提, 앞의 글, 51쪽.

253 《太平御覽》 卷820 "魏文帝詔曰, 夫珍玩所生, 皆中國及西域, 他方物比不如也. 代郡黃布爲細, 樂浪練爲精, 江東太末布爲白, 皆不如白疊鮮潔也."

254 金仁圭·申東泰, 《섬유재료》, 白山出版社, 1996, 75쪽.

첩포가 곱고 깨끗하며 밝게 빛난다고 한 것으로 보아, 이 같은 재배면의 성격과 달리 백첩포는 불순물을 내포하지 않았을 것으로 생각된다. 아마도 중국의 남방과 달리 고창 등 북방지역에서는 기후조건 때문에 기존의 초면을 인도면으로 교체하지 않았던 것 같다. 오늘날에도 신강지역에서 아직도 초면을 재배하고 있는 것도 바로 이런 까닭에서일 것이다. 또한 중국에서 생산되는 면섬유 가운데 신강에서 생산되는 면이 섬유가 길고 품질이 우량하며 고가로 거래되는 것은,[255] 이러한 초면의 품질이 우수하기 때문일 것이다.

4) 중국 풍토에서 생산된 인도면과 고패포

지금 현재 중국에서 재배되는 면종류는 육지면陸地棉(Gossypium hirsutum L.)과 해도면海度棉(Gossypium barbadense L.)으로, 모두 청말淸末 민초民初 이후에 들어온 것이다. 이보다 앞서 들어온 면화는 아주면亞洲棉(Gossypium arboreum Linnaes)으로, 인도에서 중국으로 들어온 것이다. 중국에서 언제부터 아주면을 기르고 반포斑布를 짰는지는 확실하지 않다. 《후한서》 〈서남이전西南夷傳〉에서 지금의 운남성에서 나는 길패를 '오동목화梧桐木花'[256] 또는 '동화橦花'[257]라고 불렀던 것으로 보아, 동한시대 당시 중국 남부에서 이미 인도면을 기르기 시작한 것이 확인될 뿐이다.

아주면은 인도의 아살모阿薩姆지역 일대가 발원지였다. 이 아주면이 인도와 파키스탄을 거쳐 운남성 서부지역인 등충騰沖, 보산保山,

---

255 胡欣 著·尹源鎬 譯, 《中國經濟地理》, 신서원, 1994, 55쪽.

256 《後漢書》 卷116 〈西南夷傳〉. "有梧桐木花, 績以爲布".

257 《全上古三代秦漢三國六朝文》 第二册 〈全晋文〉 卷74 〈蜀都賦〉의 "布에 橦花가 있다(布有橦花)"에 대해 李善은 '橦花는 나무의 이름으로 그 꽃의 부드럽기가 새털 같고, 포를 짤 수 있으며, 永昌에서 난다(橦華者樹名, 橦其華柔毳, 可織爲布也, 出永昌)' 라는 張揖의 말을 인용하여 주를 달았다. 永昌은 지금의 雲南省에 있고, 橦花는 면화임을 알 수 있다.

수평水平지역(옛 영창永昌)에 들어왔다. 이후 동남쪽 연신延伸을 향해 계桂와 월越을 지나, 광동성과 복건성에 이르렀다. 운남성에서 들어오는 경로와 달리 한대 초기 중국에서 인도로 통하는 지름길이 있었는데, 이는 사천四川에서 전서滇西를 지나 면전緬甸의 북단을 거쳐 인도의 아살모로 들어가는 길이었다.

인도면은 이러한 사람들의 이동로를 따라 중국에 들어왔다고 생각된다. 가장 먼저 도달한 지역은 바로 운남성 면전 변경의 애우현哀牢縣이었다. 동한 명제明帝 영평永平 12년(서기 69년), 중국은 동화포가 생산되는 영창지역에 애뢰현을 설치했다.[258] 애뢰현은 지금의 운남성 보산현保山縣과 영평현永平縣 지역이다. 이처럼 인도 목화는 위도가 높고 기온이 낮은 지역에 정착하면서 차츰 관목灌木에서 키가 작은 저왜低矮작물인 일년생 식물로 변해갔다. 면 종자의 이동과 정착에는 토양과 기후, 교통 등이 주요한 요인이 되었다고 하겠다.

특히 운남성 영창군은 지금의 보산현에 있어, 사천지역 등 여러 지역의 상인이 인도로 갈 때 반드시 거쳐가는 교통로였다. 그러므로 중국은 고대에 면직물의 생산지인 영창지역과 서기 2세기경부터 한에 내속한 주강珠江과 민강閩江 유역,[259] 그리고 서역을 거쳐[260] 인도면

258 《後漢書》 卷86 〈南蠻西南夷列傳〉. "(哀牢) 土地沃美, 宜五穀蠶桑, 知染采文繡, 罽毲帛疊, 蘭于細布, 織成文章如綾錦. 有梧桐木華, 績以爲布, 幅廣五尺, 潔白不受垢汙[(哀牢縣의) 土地가 기름져 五穀과 蠶桑에 마땅하고, 염색과 무늬를 수놓은 것을 알아 罽毲과 帛疊을 만들었고, 細布로 활통을 만들고, 綾錦과 같은 무늬를 넣어 천을 짰다. 梧桐木華로 포를 짜니 幅은 5척이나 되고 희고 깨끗하여 때를 타지 않았다]."

259 《太平御覽》 卷820 〈南州異物志〉. "五色斑布以(似)絲布, 古貝木所作. 此木熟時, 狀如鵝毛, 中有核, 如珠珣, 細過絲綿. 人將用之則治出其核, 但紡不績, 任意小抽牽引, 無有斷絕. 欲爲斑布, 則染之五色, 織以爲布, 弱軟厚致"라 하여 棉花의 방직과정을 상세히 묘사하고 있다.

260 《史記》 卷116 〈西南夷列傳〉. "及元狩元年, 博望侯張騫使大夏來, 言居大夏時, 見蜀布·邛竹杖, 使聞所從來, 日 '從東南身毒國', 可數千里, 得蜀賈人市."; 《史記》 卷123 〈大宛列傳〉. "昆明之屬無君長,……然聞其西可千余里有乘象國, 名日滇越, 而蜀賈姦出物者或至焉."

을 수입했을 가능성이 크다. 그리고 당대에 이르러 백첩포와 인도면인 목면을 공납 받으면서 면직물이 널리 알려졌다.[261] 또한 2장에서 서술했듯이 고대 한민족이 면직물을 생산했던 시기가 고조선시기까지 소급된다면, 고대 한민족의 지역에서 수입했을 가능성도 소홀히 할 수 없다.

실제로 고조선에 속해 있던 숙신은 제순帝舜 25년(서기전 2209년)에 이미 중국과 접촉하였고,[262] 상나라와 주나라 모두 고조선과 교류했던 사실이 문헌자료와 고고학의 출토자료로부터 밝혀지고 있기 때문이다.[263] 서주西周 무왕武王이 상商을 멸망시키자 숙신이 호나무로 만든 화살과 돌화살촉을 보내 왔고, 무왕은 그의 딸이 결혼할 때 그 화살에 '숙신이 보낸 화살'이라고 글을 새겨 사위인 진후陳侯에게 배반하지 말라는 뜻으로 주었던 것[264]이 좋은 예이다.

실제로 복건성 무이산武夷山의 옛 유적에서 무덤이 출토되었는데, 매장된 남성의 시신과 함께 중국에서 발견된 면직물 가운데 가장 이른 시기의 면직물 옷이 출토되었다. 방사선탄소연대측정 결과, 지금

---

261 陳鴻의 《東城老父傳》에 唐 玄宗 때 長安城에서는 "賣白衫白疊布行鄰比廛間"이라 했고, 杜甫는 〈大雲寺贊公房〉이라는 시에서 "光明白疊巾"이라 했다. 《太平廣記》 卷165 夏侯孜 條에 "桂管布爲之驟貴"라 했고, 白居易는 《醉后狂言贈蕭殷二協律》 詩에서 "吳綿細軟桂布密"이라 했다.

262 《竹書紀年》 〈五帝本紀〉 帝舜有虞氏 條.

263 박선희, 《한국고대복식-그 원형과 정체》, 지식산업사, 2002, 27~30쪽·554~555쪽 참조.

264 《國語》 卷5 〈魯語〉 下. "옛날에 (周의) 武王이 商을 이기고 道가 九夷와 百蠻에 통하자 각각 그 지방의 특산물을 바치고 그들의 직분을 잊지 않도록 했다. 그러자 肅愼氏는 호나무 화살과 돌화살촉을 바쳤는데 그 길이가 한 척 조금 넘었다. 先王이 그의 令德이 먼 곳까지 미친 사실을 후인들에게 보여 오래도록 거울로 삼고자 했다. 그런 까닭에 그 호나무를 '肅愼氏가 바친 화살'이라고 새기고 太姬(周 武王의 장녀)에게 나누어주고 虞胡公과 결혼시켜 陳에 봉했다(昔武王克商, 通道於九夷百蠻, 使各以其方賄來貢, 使無忘職業. 於是肅愼氏貢楛矢石砮, 其長尺有咫. 先王欲昭其令德之致遠也, 以示後人, 使永監焉. 故銘其楛曰肅愼氏貢矢, 以分太姬, 配虞胡公而封諸陳)."

부터 약 3300년에서 3600년 정도 된 것이었다.[265] 이 연대가 정확하다면 중국에 면직물이 유입된 것은 상商대 후기가 된다. 이러한 사실로부터 상나라가 당시 면직물을 생산했던 이웃나라와 교류를 가졌음을 알 수 있다.

인도면은 운남성 영창군에서 동쪽으로 전달되어 가장 먼저 광서성과 월남 변경일대에 도달했다. 이후 7세기경에 오면 점차 광서성, 광동성, 복건성지역으로 퍼지게 되었다. 이 같은 지역의 확대에 따라 면을 가리키는 명칭도 변화를 가졌다. 차츰 바나르Bahnar어語를 벗어나 중국음의 역명譯名인 길패를 사용했고, 송대에 오면 이 명칭으로 굳어지게 된다.[266]

위에서 서술한 인도면 이동로에서 알 수 있듯이, 중국의 서남지역은 면을 심고 포를 짠 역사가 다른 지역보다 이르다. 길패의 산지와 특징에 대하여 《대동야승大東野乘》의 〈소문소록謏聞瑣錄〉에서 "길패는 지금의 복건성인 민광과 광동성인 교지交趾 등지에서 생산되고 그 크기가 술잔만 하며 포를 만든다"[267]고 했다. 《일절경음의》의 〈구사론俱舍論〉 음의에는 길패의 특징에 대하여 "고패는 오색첩五色疊이다. 나무의 이름이며 꽃으로 첩을 만든다"[268]고 했다. 이 두 내용으로부터 길패는 남방지역에서 생산되는 나무의 이름이라는 것을 알 수 있다. 즉 첩이 풀에서 나는 흰색의 버들개지와 같은 꽃인 것

---

265 《解放日報》 1980年 5月 23日 第4版.

266 裁培棉의 이름은 Bahnar 語言 가운데 Kopaih로 빠르게 변화하여 梵文에 면을 가리키는 비슷한 명칭이 Karpasa, Karpasai, Karpasi로 나타난다. 이것이 다시 한자어로 古貝가 되었다. 양진남북조시기 중국은 많은 불경을 번역했는데, 梵文 가운데 재배면이라는 단어가 직접 음역되어 吉貝 혹은 同音의 명사로 劫貝, 家貝, 劫波育, 迦波羅 등으로 불렸다(徐新吾, 《江南土布史》, 上海社會科學院出版社, 1992, 9쪽 참조).

267 《大東野乘》 卷3 〈謏聞瑣錄〉. "木棉, 産閩廣交趾等處, 其大如盃, 士人爲布, 名曰吉貝."

268 慧琳, 《一切經音義》 卷70 〈俱舍論〉 卷9 音義. "古貝, 五色疊也, 樹名也, 以花爲疊也."

과 달리, 길패는 나무에서 술잔만 한 꽃이 피며 오색五色이 나는 것으로, 품종이 서로 다른 것이다.

이 길패의 술잔만 한 꽃에 대하여 《태평어람太平御覽》 〈남주이물지南州異物志〉에서는, "오색의 반포斑布는 사직물과 같고, 고패는 목화로 만든 것이다. 이 나무가 다 자랐을 때 그 모양은 거위털 같고, 가운데 옥구슬 같은 씨가 있으며, 가늘기가 누에고치실보다 더하다. 사람들이 이것을 쓰려면 그 씨를 꺼내 다루지만 실을 뽑을 뿐 천을 짜지는 않았다. 임의로 조금씩 끌어당겨도 끊어지지 않으며, 반포를 만들려면 이를 오색으로 물들여 포를 짜는데, 약하고 부드러우며 두텁다"[269]고 했다. 또한 《양서梁書》 〈해남제국전海南諸國傳〉 임읍국조林邑國條에서는, "길패는 나무의 이름이다. 그 꽃이 여물었을 때 거위털과 같고, 그 끝을 뽑아 실을 만들고 포를 만든다. 깨끗하고 희기가 모시와 다르지 않고, 또한 오색으로 물들여 짜면 반포斑布가 된다"[270]고 상세히 설명하고 있다.

위의 두 기재로부터 첩은 3절에서 분석했듯이 버들개지와 같은 모습을 가지나, 길패의 솜모양은 거위털과 같아 서로 다른 종자임이 더욱 확실해진다. 또한 반포는 길패에서 실을 뽑은 후 오색으로 염색을 하여 만들어진 것임을 알 수 있다. 비교적 후대의 기록이지만 청나라 사람 진원룡陳元龍의 《격치경원格致鏡原》에 지금의 광주廣州 지역에서 나는 목면에 대하여, "높이는 두세 키이며 나무는 오동류梧桐類이고, 잎은 복숭아류보다 조금 크다. 꽃의 색은 짙은 붉은색으로 산차류山茶類이며, 봄과 여름에 꽃이 피면 나무에 가득하다. 꽃이

---

269 《太平御覽》 卷820 〈南州異物志〉. "五色斑布以(似)絲布, 古貝木花所作. 此木熟時, 狀如鵝毛, 中有核, 如珠珣, 細過絲綿. 人將用之則治出其核, 但紡不績, 任意小抽牽引, 無有斷絕. 欲爲斑布, 則染之五色, 織以爲布, 弱軟厚致"라 하여 면화의 방직과정을 상세히 묘사하고 있다.

270 《梁書》 卷54 〈海南諸國傳〉 林邑國條. "吉貝者樹名也. 其華成時如鵝毳, 抽其緒紡之以作布. 潔白與紵布不殊, 亦染成五色, 織爲斑布也."

시들면 열매가 맺으며 크기는 술잔 같고, 솜을 입에서 토하며, 활짝 피면 가는 새털 같다. 옛날부터 해남海南의 토착민들이 포를 만들었다고 한다"[271]고 서술하고 있다.

목화 열매에 대한 설명은 위에서 열거한 《태평어람》, 《남주이물지》와 《양서》의 〈해남제국전〉에 나오는 내용과 거의 같다. 그러나 나무가 오동의 종류이고 잎이 복숭아 나뭇잎과 같은 종류이며, 짙은 붉은색의 꽃이 핀다는 내용이 더해졌다. 이로부터 《후한서》의 〈서남이전西南夷傳〉에서 지금의 운남성지역에서 나는 목화를 '오동목화梧桐木花'[272] 혹은 '동화橦花'[273]라고 불렀던 까닭을 알 수 있으며, 길패와 오동목화, 동화는 같은 종류의 인도면이라는 것도 알 수 있다. 그러므로 근래의 면직물 연구에서 고패와 백첩을 동일한 것으로 보거나 고대 한국에서 생산된 백첩을 인도면으로 보는 것[274]은 잘못된 것이다. 또한 길패와 오동목화 혹은 동화를 서로 다른 종자의 면화로 보는 견해[275]도 잘못된 것이라 하겠다.

위의 《일절경음의一切經音義》의 〈대방등대집경大方等大集經〉에서 첩은 계빈罽賓 이북에서만 생산되었다고 한 것으로 보아, 고대 중국에서는 첩포를 생산하지 못했음을 알 수 있다. 또한 당唐시대에 와

---

271 《格致鏡原》 卷64 〈梧潯雜佩〉. "高數丈, 樹類梧桐, 葉類桃以稍大. 花色深紅類山茶, 春夏花開滿樹. 花謝結子大如酒杯, 絮吐于口, 茸如細毳. 舊云海南蠻人織以爲布."

272 《後漢書》 卷116 〈西南夷傳〉. "有梧桐木花, 績以爲布."

273 주 257과 같음.

274 민길자, 《전통 옷감》, 대원사, 1998년, 32쪽. "고패는 면직물의 옛이름이고 백첩은 중국인들이 인도, 동남아시아, 중앙아시아 지역의 면직물명으로 명명한 것이다.……지금으로부터 2천여 년 전 인도면은 동남아시아 각 지역과 오늘날 중국의 남부 지역 민남·강남 지역에 들어와 있었다." ; 鄭玩燮, 앞의 책, 146쪽. "우리나라의 高句麗, 新羅, 高麗에서 製織하고 貢物했던 白疊布와 白疊毛布가 印度의 白色 纖維 綿織物의 일종이었음이 확증된다."

275 鄭玩燮, 앞의 책, 148쪽. "木花가 中國에 들어오기 전에 中國에는 그와 비슷한 木棉이라는 것이 있었다. 중국인들은 목면의 種子毛로 천을 짜서 사용했는데 그러한 천을 桐(橦)華布라고 했으며 그 주산지는 四川 일대로 전해지고 있다."

서도 첩포를 생산하지 못했고 당시 중국의 영역에 속하지 않은 서부 변경지역인 고창高昌에서만 생산되었기 때문에 중국에서는 첩포가 매우 귀한 물건이었다. 그렇기 때문에 신라에서 첩포를 중국에 예물로 보냈던 것이다.

한대와 달리 당대에 이르면, 백첩포와 중면으로 만들어진 면직물이 모두 널리 유행한다.[276] 백첩을 생산하였던 투르판의 아사탑나 230호무덤에서는 중서문하中書門下에서 여러 주州에 보낸 문서가 출토되었다.[277] 이 문서 내용에 당대 고창뿐만 아니라 길패가 생산되던 교주交州 등의 토산물을 공납 받은 것으로 보아, 당대에 인도면으로 만든 면이 널리 알려지기 시작했다고 생각된다. 남송에 와서는 남방에서 길패의 재배를 적극적으로 보급했다.[278]

남쪽 바닷길로 들어온 인도면은 운남성과 해남도海南島의 민광閩廣

---

276 陳鴻의 《東城老父傳》에 唐 玄宗시기 長安城에서는 "賣白衫·白疊布行鄰比廛間"이라 했고, 杜甫는 《大雲寺贊公房》 詩에서 "光明白疊巾"이라 했다. 《太平廣記》 卷165 夏侯孜 條에 "桂管布爲之驟貴"라 했고, 白居易는 《醉后狂言贈蕭·殷二協律》 詩에서 "吳綿細軟桂布密"이라 했다.

277 阿斯塔那 230號 무덤에서 儀鳳 3년(서기 678년)에 中書門下에서 각 州로 보낸 문서가 출토되었다. 이 무덤은 부부합장 무덤으로서 부인은 뒤에 묻혔다. 武周 長安二年(서기 702년) 張禮臣墓誌가 출토되었고, 출토된 문서 가운데 가장 이른 것은 文明 원년(서기 684년)이고, 가장 늦은 것은 開元 9년(서기 721년)이다(一 諸州庸調先是布鄉兼絲綿者, 有ㅁㅁ情願輸綿絹絁者聽, 不得官人, 州縣公廨典及富彊之家僦勾代輸. 一 擬報諸蕃等物, 並依色數送ㅁ. 其交州都督府報蕃物, 於當府……).

278 1966년 浙江省 蘭溪縣에서 발굴된 南宋의 무덤에서 棉毯이 발굴되었다. 鐘遐는 이 棉毯이 湖南省지역에서 생산된 것으로 보고 宋代에 長江유역에서 면방이 발달했을 것으로 보았다(鐘遐, 〈從蘭溪出土的棉毯談到我國南方棉紡織的歷史〉, 《文物》 1976年 第1期, 89~93쪽; 《朱文公文集》 卷100 〈勸農文〉. "(漳州)……更加多種吉貝·麻苧, 可以供備衣著, 免被寒凍."; 《資治通鑑》 卷159 〈梁紀〉 高祖武皇帝條의 "身衣布衣, 木緜皁帳"에 대하여 胡三省은 "木棉, 江南多有之……及熟時, 其皮四裂, 其中綻出如棉. 土人以鐵鋌碾去其核, 取如綿者, 以竹爲小弓, 長尺四五寸許, 牽弦以彈緜, 令其習細. 卷爲小筩, 就車紡之……織以爲布"라 하였고, 方勺도, "閩·廣多種木綿, 樹高七八尺, 葉如柞, 結實如大菱而色靑, 秋深卽開露, 白綿茸然. 土人摘取去殼, 以鐵杖捍盡黑子, 徐以小弓彈令紛起, 然後紡績爲布, 名曰吉貝"라고 하였다. 이로 보아 棉毯은 吉貝로 만든 것이라고 생각된다.

일대에 심어지고, 관리들이 적극적으로 재배를 권장했다.[279] 서북지역은 초기에 신강에서 관합關陜으로 확산되어 북송시기에 오면 민광의 면 재배가 무척 번성했다. 섬서성에서 하남성 등지로 퍼지기 시작한 면 재배는 원대에 오면 남방 각지에 면을 재배하는 관리가 사서에 처음으로 보일 정도로 보편화되었다.

이처럼 인도면이 널리 재배된 결과, 현재 중국 면방직 산업의 3대 중심지역이 양자강 삼각주 면방직지구,[280] 화북평원과 황하 중하류 면방직지구,[281] 무한 중심의 강한평원 및 부근지구[282]로 형성되었다. 이들 면방직 산업지구 가운데 양자강 삼각주지역과 무한 중심의 강한평원 및 부근지역은 북위 23~30도 사이에 있는 아열대 몬순기후대로, 면화 성장에 온도가 적당하고 일조조건이 가장 좋은 지역이다. 그러나 화북평원 및 황하 중하류지역은 북위 35~40도 사이에 놓여 있어 온도와 일조조건, 무상기간이 위의 두 지역보다 부족하고, 봄철의 저온 및 가을철의 서리로 인해[283] 생산량과 품질에 문제가 발생한다.

5) 닫는 글

고대 한국에서는 매우 일찍부터 야생의 초면으로 짠 면직물인 백첩포를 생산했다. 그러므로 우리나라 면방직이 문익점의 목화씨 전

---

279 《朱文公文集》 卷100 〈勸農文〉. "(漳州)……更加多種吉貝·麻苧, 可以供備衣著, 免被寒凍."

280 胡欣 著·尹源鎬 譯, 앞의 책, 159쪽. "상해·남통·무석·소주·상주·진강·항주·영파·가흥·호주 등 10여개의 대중소도시에는 생산효율이 높은 일련의 면방직 기업이 설치되어 있다."

281 胡欣 著·尹源鎬 譯, 《中國經濟地理》, 신서원, 1994, 55쪽; "천진·석가장·정주·북경·서안·함양·한단·태원·유차·신향·낙양·개봉·보계 등"의 지역이다.

282 胡欣 著·尹源鎬 譯, 위의 책, 160쪽. "이 기지는 면방직공업이 발달된 무한·사시·광주·양번·의창·상담·장사·남창·구강 등 9개 대중 도시를 포괄한다."

283 胡欣 著·尹源鎬 譯, 위의 책, 54~55쪽 참조.

래로부터 시작되었다고 보는 것은 잘못이다. 문익점에 의해 백첩과 다른 품종인 인도면을 처음 기르게 되었던 것이다. 고구려에서는 백첩포를 생산했고 신라에서는 백첩포와 목화와 누에실의 합사직물인 면주포를 생산했다. 이어서 고려도 백첩포와 면주포를 생산했다.

고려의 백첩포 생산은 이후에도 계속 이어져 문익점에 의해 중면이 보급되기 이전까지 한국에서는 야생면인 초면이 줄곧 생산되었다. 이러한 사실로 보아 한민족의 면섬유 생산 시작연대는 고구려에서 백첩포를 생산했기 때문에 삼국 이전으로 거슬러 올라갈 것으로 생각되며, 잠정적으로 여러나라시대의 시작연대인 서기전 1세기 중엽 이전으로 추정된다. 그러나 여러나라들은 고조선의 기술을 이어 받았을 가능성이 크기 때문에 면섬유 생산 시작연대는 고조선시대로 거슬러 올라갈 수 있다고 생각된다. 복건성 무이산의 무덤유적에서 지금부터 약 3300년에서 3600년 전에 해당하는 중국에서 발견된 것 가운데 가장 이른 시기의 면직물 옷이 출토되었다. 이로 보면 중국에 면직물이 유입된 것은 상商대 후기가 되며, 이러한 사실로부터 상나라가 당시 면직물을 생산했던 이웃나라들과 교류를 가졌음을 알 수 있다. 상나라와 주나라 모두 고조선과 교류했던 사실이 문헌자료와 고고학의 출토자료로부터 밝혀지고 있으므로, 고대 한민족이 면직물을 생산했던 시기가 고조선시대까지 거슬러 올라간다면 고대 한민족의 지역에서 수입했을 가능성도 소홀히 할 수 없다. 실제로 고조선에 속해 있던 숙신은 제순 25년(서기전 2209년)에 이미 중국과 접촉했고, 고조선은 이후 상나라와 주나라와 모두 교류했기 때문이다.

목화는 크게 아프리카종과 인도종 두 가지로 나누어진다. 야생의 초면, 즉 아프리카종은 고창에서 '백첩'이란 이름으로 길러졌다. 중국은 한대에 고조선과 서역, 인도 등과 교역하면서 면직물을 알게 되었을 것이다. 인도면은 가파라迦波羅·겁파육劫波育·겁패劫貝·길패吉

貝·고패古貝·오동목화梧桐木花·동화橦花 등 여러 이름으로 일컬어졌는데, 후한 시대에 고온다습한 중국의 남부에서 재배되다가 당대에 와서 중국에 보급되기 시작하였다. 당대에도 목화재배는 운남성과 해남도에서 민광 일부 특정지역에 그쳤다가, 송과 원을 거치면서 널리 재배되기 시작했다.

이처럼 지역에 따라 다른 면 종자를 재배한 것은 환경요인과 밀접한 관련이 있다. 종자 번식에서 가장 중요한 환경 요인으로 기후와 토양, 생물학적 요소를 들 수 있다. 그 가운데 농작물이 발육하고 열매를 맺는 데는 유전과 기후요인이 가장 크게 작용한다. 초면인 백첩은 한국과 신강, 감숙성 하서주랑의 북위 35~45도에 위치한 한랭한 대륙성 기후에서 자란다. 이는 한랭한 기후의 일장과 온도가 초면 종자의 개화와 결실에 알맞기 때문이다. 위도 35~40도 사이에 위치한 지역은 식물이 성장할 수 있는 기간이 130일 정도로 짧아 조숙성의 특징을 지닌 초면이 자라기에 적합하다.

우리나라의 풍토는 초면이 자생하기에 충분하다. 1년생 식물인 백첩은 생산량이 적지만 희고 부드러우면서도 빛이 나 품질이 우수했다. 문익점이 들여온 인도면은 열대성 작물로, 나무처럼 크고 생산량이 많은 것이었다. 문익점이 처음 들여와 개성에 심은 인도면이 모두 죽고 정천익이 진주에 심은 것만이 살아남은 까닭도 바로 이런 풍토조건 때문이었다.

기후와 토질 등 자연생태계에 따라 면의 품종이 제각기 다르지만, 같은 품종의 면이라도 오래 재배하는 동안 생태계의 영향을 받아 일정한 형질변이를 일으킨다. 왜냐하면 특정 면 종자가 다른 지역이나 국가로 퍼지면 서로 다른 생태계에 따라 품종에 일정한 변화가 발생하기 때문이다. 생태계에 따른 품종변이는 면사와 면직품의 품질변이에도 영향을 미치게 마련이다. 따라서 같은 품종의 목면이라고 하여 반드시 같은 품질의 면직물이 생산되는 것은 아니다. 나라마다 다른 생태계에 따라 다른 품질의 면직물과 복식문화를 만들어내게 된다. 그러한 예로 인도면을 들 수 있다.

인도면이 중국과 한국에 전파되어 기후변화에 따라 개체발생을 하여 정착한 것이 최근까지 재배되었던 목면 품종이다. 개체변이는, 종류가 같은 생물의 각 개체가 환경에 따라 형질의 차이를 가지는 것을 말한다. 인도면이 중국에 들어와 토양이나 기후 등의 영향으로 변형된 중국종 인도면이 나타나고, 그 인도면이 다시 한국의 생태에 맞게 형질의 변화를 일으킨 것이 한국종 인도면이다. 이처럼, 같은 품종의 목면이라도 생태학적 차이에 따라 다양한 품종변이를 일으키게 되어 서로 다른 면직물 문화를 만들어낸 것이다. 그러므로 생태계와 섬유의 종류 및 품질은 서로 긴밀한 연관성을 지니고 있다고 할 수 있다.

4
낙랑유적 사직물 특성과 최씨낙랑국

1) 여는 글

평양 낙랑樂浪구역 무덤에서는 해방 이전과 이후 많은 양의 직물이 출토되었다. 직물은 독립적으로 또는 다른 복식유물의 한 부분으로 출토되었는데, 그 가운데 사직물[284]이 가장 많은 양을 차지했다. 출토된 복식유물 가운데 직물자료는 당시의 사회와 경제수준을 가늠하는 것은 물론, 무덤 주인의 국적문제를 밝히는 데에도 좋은 근거가 된다.

한사군의 하나인 낙랑군의 위치에 대하여 그동안 많은 연구가 진행되었다. 낙랑군의 위치에 대한 학계의 견해는 기존의 대동강유역을 중심으로 본 평양설[285]과 북한학자들에 의해 대두된

---

284 고대 한국에서 누에실로 짠 옷감은 종류와 특징이 다양하여 명칭도 여러 가지다. 錦·絹·緜·紬·縑·繒·帛·綾·綺·紈·羅·紗·緞·練·縠·綃 등이 그것이다. 絹은 자연의 누에실을 있는 그대로 짠 것이고, 緋緞은 붉게 물들여 짠 것과 같이 위의 종류들도 모두 직조와 가공방법 등이 다르다. 그러나 일반뿐만 아니라 복식사 연구에서도 이들의 다양한 특성을 정확히 구분하지 않고 견 또는 비단, 주단, 명주 등으로 부르고 있다. 이렇게 직조와 가공방법을 구별하지 않고 불러왔던 것은 고유한 우리말을 잃어버리고, 중국의 명칭을 빌려 쓰거나 일반의 명칭을 그대로 썼기 때문이다. 《說文解字》에 絲는 "누에가 토해 낸 것이다. 두 개의 糸를 따랐고, 모든 누에고치실에 속하는 것은 모두 絲를 따랐다(《說文解字》. "絲, 蠶所吐也. 從二糸, 凡絲之屬皆從絲.")고 했다. 누에고치실은 누에의 체내 좌우에 있는 두 絲腺에서 나오며, 누에고치실에서 나오는 천연의 세리신을 이용하여 두 가닥을 접착하여 뽑는다. 따라서 《說文解字》의 '從二糸' 라는 설명은 누에고치실을 뽑는 작업을 세밀히 관찰한 결과에서 나온 것이라고 하겠다. 따라서 '絲' 는 누에고치실이 어떻게 만들어졌는가를 대표하는 글자가 되고, '織' 은 이를 어떤 가공과정을 거쳐 어떻게 짰는가를 대표하는 글자가 될 것이다. 따라서 이 글에서는 고대 한국의 누에실 천을 총칭하는 단어로 '絲織物' 을 사용하려고 한다.

285 池內宏, 〈樂浪郡考〉, 《滿鮮地理歷史硏究報告》 16, 1941(《滿鮮史硏究》 上世 第1册, 吉川弘文館刊行, 昭和 26年(1951年), 19~61쪽 재수록); 도유호, 〈왕검성의 위치〉, 《문화유산》 1962年 第5期, 60~65쪽; 李丙燾, 〈樂浪郡考〉, 《韓國古代史

요동설,[286] 그리고 요서지역에 위치할 것으로 보는 난하설[287]로 구분된다. 이러한 연구과정에서 낙랑구역 무덤들에서 출토된 복식유물에 관한 분석은 비교적 소홀히 여겨졌고, 복식유물 가운데 직물에 대한 비교연구는 거의 이루어지지 않았다.

일제시대 낙랑 왕광王光무덤에서 견絹직물이 출토되어 도쿄공업대학東京工業大學에서 조사했으나, 직조방법에 관한 간단한 내용만 정리되었다.[288] 대동군 정백리貞柏里에 있는 무덤들에서도 사직물이 출토되었으나 상세히 분석되지 않았다.[289] 직물에 대한 구체적인 연구는, 일제시대 교토섬유대학에서 평양 낙랑구역에 위치한 왕우무덤, 채협총, 토성동 486호무덤 등에서 출토된 사직물을 실험·분석한 것이 처음이었다. 그러나 왕광무덤이나 정백리무덤과 마찬가지로 이 무덤들 또한 한사군의 하나인 낙랑군의 유적일 것으로 분류했고,[290] 출토된 사직물의 문화적 성격도 당연히 중국 한나라의 생산품일 것으로 단정 지었다.[291]

이처럼 일본학자들이 한국 고대 사직물에 대해 단순한 분석의 틀을 가지는 것은 다음의 이유 때문이다. 일본학자들은 대동강유역을

研究》, 1976, 박영사, 133~157쪽.

286 이지린, 《고조선연구》, 과학원출판사, 1963, 187~191쪽; 이순진·장주협, 《고조선문제연구》, 1973; 사회과학원고고학연구소, 《고조선문제연구논문집》, 1977 참조.

287 尹乃鉉, 〈漢四郡의 樂浪郡과 平壤의 樂浪〉, 《韓國古代史新論》, 일지사, 1986, 331~340쪽; 윤내현, 《고조선연구》, 일지사, 1994, 358~395쪽. 윤내현은 灤河유역을 고대의 요동지역으로 보고 있다.

288 小場恒吉·榧本龜次郎, 《樂浪王光墓-貞柏里·南井里二古墳發掘調査報告》, 昭和10年(1935년), 朝鮮古蹟研究會, 48~62쪽.

289 關野貞, 〈平壤附近に於ける樂浪時代の墳墓 一〉, 《古蹟調査特別報告》 第一册, 朝鮮總督府, 大正 11년(1922년), 14쪽.

290 關野貞, 앞의 책, 16쪽; 小場恒吉·榧本龜次郎, 앞의 책, 61~62쪽.

291 조희승, 《조선의 비단과 비단길》, 사회과학출판사, 2001, 30~31쪽. 조희승은 "'고대비단천분석표*2' 와 '고대비단천분석표*3' 의 실험분석자료가 일본 교도섬유대학의 명예교수 누노메 준로가 진행한 비단분석결과" 라고 했다.

낙랑군의 위치로 인정하고 논리를 전개하였고, 또한 고조선에서 사직물을 충분히 생산하지 못했을 것이라고 단정 지었기 때문이다. 즉 지금까지의 연구에서는 한국과 중국, 일본학자들 모두가 고대 한국의 양잠기술은 중국으로부터 수입된 것이라고 믿어왔던 것이다. 종속적 해석의 연구 경향은 요즈음 신진학자들의 연구에도 그대로 이어지고 있다.

지금까지 고대 한국의 양잠기술은 서기전 12세기 말경 기자箕子에 의해 중국으로부터 수입된 것이라는 견해가 정론처럼 통용되었다. 이는 문헌자료인 《한서漢書》와 《후한서後漢書》에 기재된 서로 다른 내용을 무분별하게 해석한 결과이다. 중국에서 사직물 생산은 서기전 2700년경부터 이루어졌다. 고조선은 건국 초기인 서기전 2209년경부터 중국과 계속 우호적인 관계를 맺어 왔다. 이 시기에 중국은 500년 이상 축적된 양잠기술을 가지고 있었다. 이러한 중국과 계속 교류를 하면서도 양잠기술을 수입하지 않고 있다가 서기전 12세기경에 와서야 비로소 기자箕子로부터 양잠기술을 배우기 시작했다는 것은 설득력이 없다. 실제로 고조선은 신석기시대부터 양잠기술을 발전시켜왔다. 그러므로 기자에 의하여 고조선에 양잠기술이 전달되었다는《후한서》〈동이열전〉에 나오는 기록은, 기자의 치적을 높이고자 윤색된 것이라 할 수 있다.[292]

고대 한국은 중국에서 사직물을 생산한 시기인 서기전 2700년보다 앞서 약 6000년 전에 이미 독자적으로 사직물을 생산했을 가능성이 크다. 요령성 동구현 후와后洼유적에서 누에의 조소품이 출토되었는데, 발굴자들은 이 유적의 연대를 지금으로부터 약 6000년 전으로 밝혔다.[293] 홍산문화에 속하는 내몽고 파림우기巴林右旗 나사태

292 박선희,《한국고대복식-그 원형과 정체》, 지식산업사, 2002, 125~150쪽.

293 許玉林·傅仁義·王傳普,〈遼寧東溝縣后洼遺址發掘概要〉,《文物》1989年 第12期, 1~22쪽. 后洼유적은 방사성탄소측정에 따라 서기전 6055±96년·6165±96

那斯台유적 등에서도 옥잠玉蠶이 출토되었다.[294] 또한 고조선지역의 신석기시대 유적에서 통잎뽕나무 조각무늬가 새겨진 질그릇이 출토되었다. 따라서 한민족의 거주지역에서 키우던 누에가 메누에로부터 토종 뽕누에로 순화된 시기는 신석기시대라는 사실을 알 수 있다. 그리고 북한학자 조희승이 평양의 낙랑구역 무덤들에서 출토된 고조선시대의 사직물을 실험·분석한 결과, 고조선에서 생산했던 사직물의 독자성과 고유성이 확인되었다.[295]

조희승은 해방 전후시기에 낙랑구역 11개 무덤에서 출토된 사직물을 실험·분석하여 그 특징을 정리했다. 또한 이를 근거로 일본 교토섬유대학에서 진행한 무덤의 분석 결과, 한민족이 생산한 사직물의 특징과 같다고 밝혔다. 그는 사직물의 특징뿐만 아니라 고대 한국의 누에품종은 중국의 넉잠누에가 아닌 석잠누에라고 밝혔다. 그리고 일본학자들이 평양일대에서 출토된 사직물은 조선 토종의 석잠누에로부터 뽑은 것이 틀림없지만,[296] 그 연원은 중국의 산동일대에서 넘어 온 중국계통 석잠누에라고 한 주장을 반박했다.[297]

년·6180±96년·6205±96년·6255±170년 등의 연대를 얻었다.

294 巴林右旗博物館, 〈內蒙古巴林右旗那斯台遺址調查〉, 《中國考古集成》 東北卷 新石器時代(一), 北京出版社, 1997, 536쪽; 孫守道·劉淑娟, 《紅山文化 玉器新品新鑒》, 吉林文史出版社, 挿圖13·14. 삽도 13은 那斯台유적에서 출토된 것이고, 삽도 14는 개인 소장품이다.

295 조희승, 《조선의 비단과 비단길》, 사회과학출판사, 2001, 4~23쪽 참조. "우리나라 토종의 석잠누에가 독자적이고 고유한 것이며……오늘의 모든 뽕누에의 체세포의 염색체수(2n)는 56개이고 생식세포(반수체n)는 28개이다. 그리고 중국을 비롯한 대륙에 야생하는 메누에의 체세포의 염색체수와 생식세포도 각각 56개, 28개 이다. 그런데 유독 우리나라에 야생하는 메누에의 생식세포만이 27개이다……중국의 사천 석잠누에는 색깔이 희며 형태는 길둥근형으로서 우리나라의 석잠누에와 생김새가 판판 다르다. 우리나라의 것은 누런 황견이며 장구형으로서 양자의 계보가 전혀 다르다."

296 布目順郎, 〈樂浪土城出土の絹織物について〉, 《彌生文化博物館研究報告》 1, 大阪府立彌生文化博物館, 1992, 31~35쪽.

297 布目順郎, 《絹と布の考古學》, 雄山閣, 1988, 12~36쪽; 조희승, 앞의 책, 19~34쪽.

이러한 결과를 토대로 이 논문에서는 문헌자료와 고고학 발굴자료 등을 중심으로 낙랑구역에서 출토된 사직물과 같은 시기 중국 사직물을 상세히 비교·분석하여 낙랑구역에서 출토된 사직물의 성격을 구체적으로 밝혀보고자 한다. 낙랑구역 사직물에 관한 올바른 고찰은, 한사군의 낙랑군이 당시 대동강유역에 위치했었는지를 가리는 데 중요한 연구가 될 것이다. 또한 한국사에서 언급되지 않은, 최리왕이 다스렸던 낙랑국의 정체를 밝히는 데에도 한 계기를 마련할 것이다.

복식재료를 자료로 평양 낙랑지역 문화의 국가 정체성을 새롭게 밝힐 수 있는 것은, 복식이 고고학적 유물로서 문화적 정체성을 시각적으로 보여주는 결정적 자료이기 때문이다. 복식의 특성 연구로 민족문화의 정체성을 밝히고, 복식양식과 자료의 고유성에 관한 분포 연구로 민족국가의 지리적 경계를 파악하는 데까지 이를 수 있다.[298] 평양 낙랑유적의 복식유물도 그 재료적 특성과 직조기술을 통해 그 지역 거주 민족의 정체를 추적할 수 있다. 복식유물의 국적을 알게 되면, 해당 복식이 분포되어 있는 지역 주민들의 국적도 자연스레 확인할 수 있다. 복식이 민족적 정체성을 증언하는 시각적 기호이기 때문이다.

2) 사직물의 기원과 품종 및 직물의 종류와 특징

《한서》와 《후한서》 등 중국 사서史書의 기자와 양잠에 관련된 기록은 우리나라 양잠의 기원을 밝히는 근거가 되었다. 이들 사서에 기재된 내용을 근거로 상주商周 교체기인 서기전 12세기 말경, 우리나라 사직물이 중국에서 수입되었을 것으로 보았던 것이다.[299]

---

298 윤내현·박선희·하문식, 《고조선의 강역을 밝힌다》, 지식산업사, 119~197쪽.

299 蔣猷龍, 《家蠶遺傳育種學》, 中國農業科學院 蠶業研究所主編, 1981, 240쪽; 민길자, 《세계의 직물》, 한림원, 1998, 71쪽; 朴京子, 〈古墳壁畵에서 본 高句麗服

《한서》〈지리지〉의 기자와 관련된 내용은 "殷道衰箕子去之朝鮮教其民以禮義田蠶織作"이다. 이 내용은 두 가지 해석이 가능하다. 하나는 "은의 도가 쇠퇴하자 기자는 조선으로 갔고, 예의와 누에를 치며 옷감 짜는 법을 그 백성들에게 가르쳤다(殷道衰, 箕子去之朝鮮, 教其民以禮義·田蠶·織作)"로, 예의·전잠·직작의 세 가지를 조선의 백성에게 가르쳤다고 해석할 수 있다. 또 다른 하나는 "은의 도가 쇠퇴하자 기자는 조선으로 갔고, 예의를 그 백성에게 가르치고, 누에를 치며 옷감을 짰다(殷道衰, 箕子去之朝鮮, 教其民以禮義, 田蠶織作)"는 내용으로 기자는 조선의 백성에게 예의를 가르치는 한편, 자신은 누에를 치고 옷감을 짜며 보냈다는 것으로 해석할 수 있다. 이 두 해석의 내용은 큰 차이를 가진다. 어떠한 해석이 옳은지 분석해 보기로 한다.

《사기》에 기자는 세가나 열전으로 독립해 기록되지 못했고, 다만 〈송미자세가〉에 부분적으로 언급되었을 뿐이다. 〈송미자세가〉에도 "무왕은 기자를 조선에 봉하였으나 신하는 아니었다"고 했다.[300] 이는 기자가 조선으로 이주한 뒤 서주의 신하가 아니라 고조선의 제후였음을 말하는 것이다. 그래서 나중에 쓰인 《한서》에서도, 감옥에서 풀려난 기자가 상을 떠나 조선으로 갔다고는 했지만 후侯 등으로 봉해졌다고는 하지 않았던 것이다. 《사기》의 기술 대상은 중국의 천자를 중심으로 그의 통치 아래 있는 곳만을 포함시켰으며, 그 밖의 지역은 제외했기 때문이다. 그리고 《후한서》에 와서는 "옛날에 무왕이 기자를 조선에 봉했고, 기자는 예의와 누에치는 법을 가르쳤다"[301]고 하여 기자가 조선의 후로 봉해진 것으로 서술되었다.

飾 小考〉, 《韓國服飾論攷》, 新丘文化社, 1983, 29쪽; 鄭玩燮, 《織物의 起源과 交流》, 書景文化社, 1997, 99쪽.

300 《史記》 卷38 〈宋微子世家〉. "於是武王乃封箕子於朝鮮而不臣也."

301 《後漢書》 卷85 〈東夷列傳〉 濊傳. "昔武王封箕子於朝鮮, 箕子教以禮義田蠶." '箕子教以禮義田蠶'는 '箕子教以禮義, 田蠶'로 해도 좋지만, 조선에 봉해진 후가 누에를 쳤다는 것은 받아들이기 어렵다. 따라서 누에치는 법을 가르쳤다고 해석

이러한 왜곡은 바로 《사기》·《한서》·《후한서》가 쓰인 당시의 정치적 상황도 함께 작용했다고 할 수 있다. 즉, 《사기》가 쓰였을 당시, 한 무제가 위씨衛氏를 공략한 뒤 그 점령 지역에 군현郡縣을 설치했지만 아직 확실히 점령하지 못했던 것이다.[302] 《한서》가 쓰인 동한시대에는 고구려의 국력이 급성장하여 고구려의 옛 영토를 되찾는 등 중국을 압박했기 때문에, 한의 군현이었던 지역을 되찾고자 기자와 조선을 관계 지었던 것으로 보인다. 그러나 《후한서》가 쓰였을 때는 고구려가 위魏 등의 공략으로 도읍이 완전히 파괴되는 등 위축했기 때문에, 조선을 기자의 봉지封地로 하여 중국의 영역에 넣으려는 의도를 보였던 것이다. 신라가 당의 힘을 빌려 백제를 멸망시킨 뒤 중국에 사대事大의 외교정책을 펴면서부터 조선조가 망할 때까지, 우리나라가 줄곧 조선을 기자의 봉지라고 긍정적인 입장을 취했던 것도 부인할 수는 없다.

위에 서술한 중국 사서들의 기자와 관련된 자료를 정리하면 다음과 같다. 우선 《사기》에서는 기자가 조선의 제후였음을 말하고 있다. 그러나 《한서》에서는 기자가 조선으로 갔다고 했고, 《후한서》에서는 주 무왕이 기자를 조선의 후로 봉했다고 했다. 기자와 조선을 관련시킨 것은 바로 《한서》에서 시작되었고, 《후한서》는 한발 더 나아가 조선을 주周의 후국侯國으로 만든 뒤 기자를 조선후朝鮮侯

하는 것이 옳을 것이다.

302 《史記》 卷115 〈朝鮮列傳〉에 "元封三年夏, 尼谿相參乃使人朝鮮王右渠來降. 王險城未下,……以故遂定朝鮮, 爲四郡. 封參爲澅淸侯, 陰爲荻苴侯, 唊爲平州侯, 長(降)爲幾侯. 最以父死頗有功爲溫陽侯."라고 하여 원봉 3년 여름에 조선을 점령하고 군을 설치했다고 했다. 그러나 〈建元以來侯者年表〉에 따르면 澅淸侯는 원봉 3년 6월에, 荻苴侯는 원봉 3년 4월에, 平州侯는 원봉 3년 4월에 봉해졌고, 幾侯는 원봉 4년 3월에. 溫陽侯는 원봉 4년 3월에 봉해지는 등 1년여에 걸쳐 봉해졌다. 먼저 봉해진 후들은 조선이 점령당하며 곧 바로 봉해진 것으로 보아 무제가 투항을 조건으로 후로 봉한 것으로 볼 수 있다. 그러나 이들을 후로 봉하여 조선 등을 점령하고 군을 설치했다고 했지만 이 군들은 아직 점령되지 못한 상태에서 전략적으로 군이 설치된 것으로 했던 것 같다.

로 책봉한 것처럼 만들어 버린 것이다.

그러나 상이 망한 뒤 기자가 조선으로 망명하였다면, 기자는 조선의 통치자가 아닌 백성의 한 사람으로 살았을 것이다. 그렇지 않다면 기자의 후손에 관한 기재가 반드시 있었을 것이다. 즉, 기자는 상의 유민으로서 조선의 토착민에게 상商의 예의를 가르쳤을 것이고, 그들처럼 양잠과 옷감을 짜면서 자신의 남은 삶을 마쳤을 가능성이 크다. 그러나 아래 고고학의 지료로부터 알 수 있듯이, 기자가 망명하였던 서기전 12세기경 당시 고조선 등에서는 이미 누에를 치고 옷감 등을 짜고 있었던 것이 사실이다.

그러면 한민족이 언제부터 중국 등과 교류를 갖기 시작했는가. 이에 관한 문헌자료를 간단히 검토해 보면 다음과 같다. 《삼국지》 〈오환선비동이전〉에는, "우虞에서 주周에 이르기까지 서융西戎에서는 백환白環이 바쳤고,[303] 동이東夷에서는 숙신肅愼이 바쳤으니 모두 여러 해가 지나서야 이르렀으니 그 멀고멀기가 이와 같았다"[304]고 하여 동이 가운데 가장 멀리 있던 숙신이 우虞의 순舜이 제위에 오른 뒤부터 주대周代 건국 초까지 교류해왔다고 했다.

《사기》 〈오제본기五帝本紀〉에는 "요가 늙자, 순에게 천자의 정치를 섭행攝行시켜 순수巡狩케 하였다. 순은 20년을 일하였고, 요는 섭정을 시켰다. 섭정 8년에 요가 죽었다. 3년 상을 마치고 (요의 아들) 단주丹朱에게 넘겨주었으나 천하는 순에게 돌아섰다.……이 22사람 모두 궐공闕功을 이루었고,……9주州를 정하고, 각자 이 직분으로 내공來貢하니, 궐의闕宜를 잃지 않았다. 사방 5천 리로 황복荒服에 이르렀다. 남쪽으로 교지交阯·북발北發을, 서쪽으로 융戎·석지析枝·거수渠

303 《今本竹書紀年》〈五帝〉帝舜有虞氏 9年條의 "九年西王母來朝"에 대하여 王國維는 西王母가 來朝할 때 白環玉玦을 바쳤다고 하였다.

304 《三國志》 卷30 〈烏丸鮮卑東夷傳〉. "自虞曁周, 西戎有白環之獻, 東夷有肅愼之貢, 皆曠世而至, 其遐遠也如此."

廋·저氐·강羌을, 북쪽으로 산융山戎[305]·발發·식신息愼을, 동쪽으로 장長·오이鳥夷를 어루만지니, 사해四海가 모두 제순帝舜의 공으로 추켜세웠다"[306]고 하여 제순이 제위에 오른 뒤 중국의 세력이 미치지 않는, 이른바 '황복荒服'의 영역에 있던 여러 나라들까지 조공을 바쳤음을 말해준다. 그리고 이 가운데 발發과 식신息愼, 즉 숙신肅愼도 있었다고 하여 중국과 이들 나라들이 교류했음을 알 수 있다.

금본今本 《죽서기년竹書紀年》에 숙신과 중국에 관한 자료는 다음 세 가지다. 오제五帝 제순유우씨帝舜有虞氏 25년조에 "식신씨息愼氏가 내조來朝하여 활과 화살을 바쳤다"[307]는 것과 주周 무왕武王 15년조의 "숙신씨래빈肅愼氏來賓", 성왕成王 9년조의 "숙신씨가 내조했다. 왕은 영백榮伯을 보내고 숙신씨명肅愼氏命을 내렸다"[308]는 것이다. 숙신이 제요 또는 제순과 어떤 정치적 관계를 가져왔었다면 제순이 즉위한 지 25년이 지난 뒤에 올 까닭이 없다. 주 무왕 15년은 무왕이 상을 멸망시킨 지 4년째 되던 해로, 무왕이 상민의 반란을 수습하고자 노력하던 때였다. 그리고 성왕 9년은 성왕이 동이東夷를 공략하던 시기로, 이때 숙신이 내조했다는 것을 널리 알리려는 목적에서 '회숙신씨지명賄肅愼氏之命'[309]을 짓게 했던 것이다. 이들 자료는 모두 정권교체기 때 자신들을 지지해 달라는 정치적 목적과 관련된 것이지만, 고조선의 숙신과 정치적 또는 경제적 교섭을 가졌음을 말해주고 있다. 따라서 고조선의 양잠기술은 고조선의 숙신이 이미 제순帝舜

---

305 《今本竹書紀年》 殷商 名和 3年條. "西征丹山戎."

306 《史記》 卷4 〈五帝本紀〉. "堯老, 使舜攝行天子政, 巡狩. 舜得舉用事二十年, 而堯使攝政. 攝政八年而堯崩. 三年喪畢, 讓丹朱, 天下歸舜. …… 此二十二人咸成厥功, …… 定九州, 各以其職來貢, 不失厥宜. 方五千里, 至于荒服. 南撫交阯·北發, 西戎·析枝·渠廋·氐·羌, 北山戎·發·息愼, 東長·鳥夷, 四海之內咸戴帝舜之功."

307 《今本竹書紀年》 〈五帝〉 帝舜有虞氏 25年條. "息愼氏來朝, 貢弓矢."

308 《今本竹書紀年》 周 成王 9年條. "肅愼氏來朝. 王使榮伯錫肅愼氏命."

309 《史記》 卷4 〈周本紀〉. "成王既伐東夷, 息愼來賀. 王賜榮伯, 作賄息愼之命."

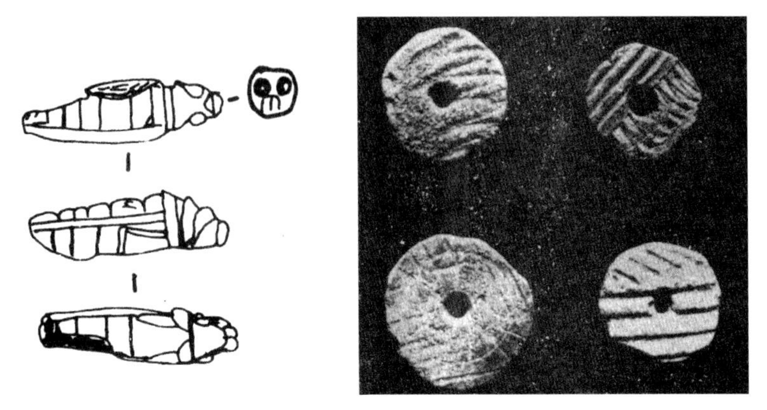

〈그림 3-18〉 후와유적에서 출토된 누에 조소품과 새김무늬 가락바퀴

25년(서기전 2209년)에 중국과 교섭을 가졌던 사실로 보아, 기자가 조선에 왔던 때이자 상주商周 교체기였던 서기전 12세기 말경에 와서야 중국으로부터 수입되었다고는 볼 수 없다.

실제로 만주지역의 요령성 동구현東溝縣 마가점진馬家店鎮 삼가자촌三家子村에 위치한 6000년 전의 후와后洼 하층유적에서는, 새김무늬가락바퀴와 함께 벌레모양의 조소품이 출토되어(그림 3-18)[310] 이러한 사실을 말해준다. 조희승과 중국의 고고학자들은 이 조소품의 체형을 분석하여 누에로 추정했다.[311] 홍산문화(서기전 4500~서기전 3000년)는 내몽고와 요령성의 적봉赤峰, 조양朝陽, 능원陵源, 건평建平 등을 중심으로 유적지가 넓게 분포되어 있는데, 이 유적에서도 많은 양의 옥기가 출토되었다. 홍산문화에 속하는 내몽고 파림우기巴林右旗 나사태那斯台유적에서도 많은 양의 옥기가 출토되었다. 이 유적에서 새모양과 물고기모양 등의 조소품과 함께 옥잠玉蠶(그림 3-19,

310 許玉林·傅仁義·王傳普, 〈遼寧東溝縣后洼遺址發掘概要〉, 《文物》 1989年 第12期, 1~22쪽, 圖 24의 10.

311 조희승, 앞의 책, 12~13쪽; 주 307·309과 같음.

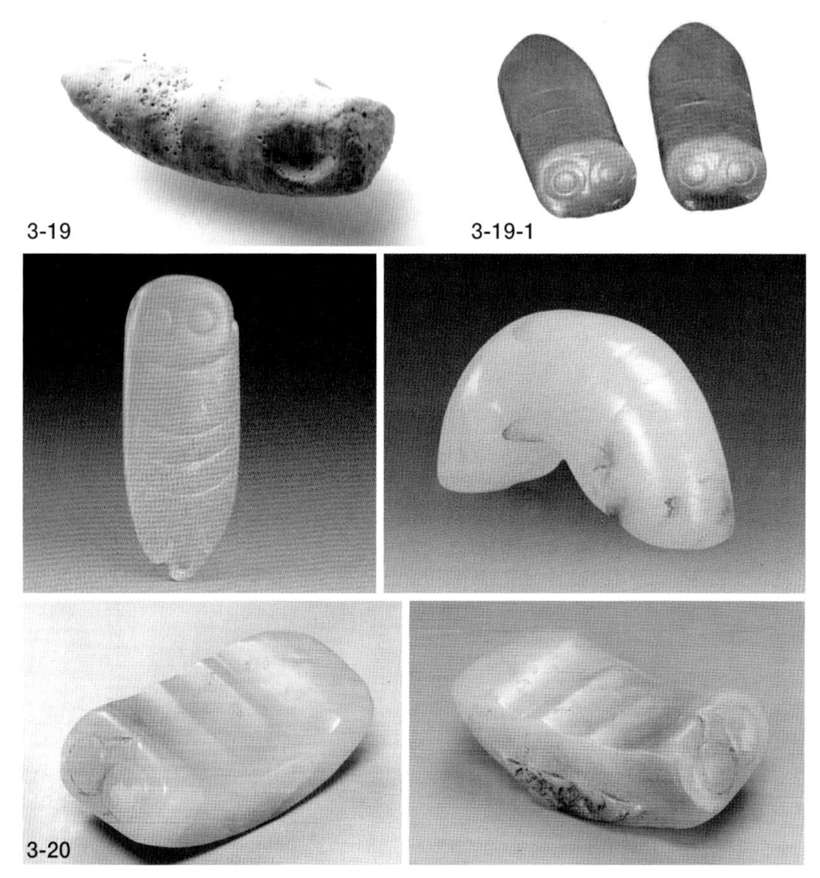

〈그림 3-19〉 홍산문화유적에서 출토된 옥잠 〈그림 3-19-1〉 나사태유적에서 출토된 옥잠
〈그림 3-20〉 홍산문화유적에서 출토된 잠형 장식품

3-19-1)[312] 4개가 출토되었다. 홍산문화의 또 다른 유적에서도 옥으로 만든 누에의 모형(그림 3-20)[313]이 다수 출토되었다. 이러한 사실

312 孫守道·劉淑娟, 《紅山文化玉器新品新鑒》, 吉林文史出版社, 2007, 13쪽, 插圖 13·14.

313 巴林右旗博物館, 〈內蒙古巴林右旗那斯台遺址調查〉, 《中國考古集成》 東北卷 新

은 고조선의 사직물 생산기술이 중국으로부터 수입된 것이 아닌, 독자적인 발달과정을 이루고 있었다는 것을 입증하는 것이다. 기자에 의하여 고조선에 양잠기술이 전달되었다는 《후한서》 〈동이열전〉의 기록은 기자를 높이기 위해 윤색된 것임도 확인할 수 있다. 또한 한반도와 만주지역의 양잠기술이 홍산문화시기로 거슬러 올라갈 가능성도 생각해 볼 수 있다.

한반도에서는 신석기 유적 가운데 그 연대가 서기전 3000년경인 평양시 삼석구역 호남리유적에서 도토리와 함께 질그릇이 출토되었는데, 그 밑바닥에는 뽕잎무늬가 있었다. 이것은 이 유물을 남긴 사람들이 누에를 길렀다는 것을 간접적으로 말해준다. 이 질그릇 밑바닥의 뽕잎 무늬가 통잎이었는데 이것은 이때 한민족이 야생종인 분열잎 뽕나무와 함께 통잎 뽕나무를 재배했다는 사실을 말해준다.[314] 이를 보면, 고조선에서 기르던 누에가 신석기시대에 분열잎 뽕나무를 먹는 야생누에로부터 토종뽕누에로 순화한 것임을 간접적으로 알 수 있다.

위의 사실을 밝혀주는 유적으로는 평양시 삼석구역 호남리 남경유적, 평안북도 룡천군 신암리 모래산유적, 함경북도 선봉군 굴포리 서포항유적, 자강도 강계시 공귀리유적 등을 들 수 있다.[315] 조희승은 이들 유적에서 보이는 나뭇잎의 형태와 모양이 모두 가운데 굵은 주선을 새기고 5~6개의 가지선을 그렸다는 공통점이 있고, 그 형태

石器時代(一), 北京出版社, 1997, 536쪽; 孫守道·劉淑娟, 《紅山文化 玉器新品新鑒》, 吉林文史出版社, 插圖 13·14; 王冬力, 《紅山石器》, 華藝出版社, 2007, 182쪽; 載煒·侯文海·鄭耿杰, 《眞賞紅山》, 內蒙古人民出版社, 2007, 76쪽.

314 조선기술발전사편찬위원회, 《조선기술발전사》 원시·고대편, 1997, 171쪽.

315 조선유적유물도감편찬위원회, 《조선유적유물도감》 고조선·부여·진국편, 외국문물종합출판사, 1989, 그림 206; 과학백과사전출판사, 〈남경유적에 관한 연구〉, 《고고민속》 1966년 3호, 51~52쪽; 고고학연구소, 《고고민속론문집》 제4집, 사회과학원출판사, 1972, 100쪽; 《강계시 공귀리원시유적발굴보고》, 1959, 과학원출판사, 46쪽.

가 뽕나무 종류 가운데 산뽕나무잎과 흡사하다고 밝혔다.[316] 그 밖에 신석기시대의 황해북도 봉산군 지탑리유적 제2지구에서 출토된 질그릇에는 누에를 반복해서 새긴 문양이 보인다.[317] 조희승은, 이 질그릇에 새겨진 누에는 머리에서 꼬리부분까지 약 12개 정도의 마디가 있고 앞의 세 마디에 가슴다리, 여섯 마디에서 아홉 마디까지의 4개 마디에 네 쌍의 배다리, 마지막마디에 한 쌍의 꼬리다리 모두 8개의 다리가 있다고 분석하며 이를 메뽕누에라고 밝혔다. 한반도의 신석기시대와 청동기시대에 속하는 유물에서 누에와 뽕나무잎의 흔적이 확인된 셈이다. 또한 한반도와 만주 등의 신석기 유적에서 많이 출토되는 가락바퀴는 누에고치에서 실을 뽑거나 풀솜에서 실을 뽑아 천을 짰다는 사실을 뒷받침한다고 할 수 있다.

고조선의 유적에서 출토된 사직물로는 소흑석구유적에서 출토된 것을 대표적으로 들 수 있다. 서기전 11~서기전 8세기경에 속하는 요령성 소흑석구유적에서는 비파형동검과 함께 청동투구가 2개 출토되었다. 하나는 꼭대기에 장방형의 꼭지가 있고, 바깥부분에 사직물이 붙어 있다. 다른 하나는 꼭대기에 짐승이 있고, 기물의 바깥부분에 사직물이 붙어 있다. 그 밖에 짐승모양의 청동장식이 30여 개 출토되었다. 이들 모두 표면에 사직물이 붙어 있어 묘주가 사직물옷을 입었고, 그 위에 청동장식품을 매단 것으로 추정된다.[318] 투구 속에 사직물을 사용한 것은 사직물이 일반 직물보다 흡습률이 크다는 장점이 있기 때문이라 하겠다. 또한 투구에 이르기까지 사직물이 널리 사용되었던 것은 이 시기에 이미 사직물 생산이 보편적으로 이루

316 조희승, 《조선의 비단과 비단길》, 사회과학출판사, 2001, 7~10쪽.

317 과학원 고고학·민속학연구소, 《지탑리원시유적발굴보고》, 과학원출판사, 1961, 38~39쪽, 도판 XXXVⅢ의 3 및 XCIV의 1.

318 項春松, 〈小黑石溝發現的青銅器〉, 《中國考古集成》 東北卷 青銅時代(一), 北京出版社, 1997, 752쪽; 青松, 《介紹一件青銅陰陽短劍》, 《中國考古集成》 東北卷 青銅時代(一), 北京出版社, 1997, 755쪽.

어졌음을 말해준다.

그러면 중국의 양잠에 대하여 밝혀줄 고고학의 출토자료에는 어떠한 것들이 있는지 알아보기로 한다. 1926년 산서성 하현夏縣 서양촌西陽村의 앙소문화仰韶文化유적(서기전 5000~서기전 3000년)에서 반쪽이 잘린 누에가 출토되었다. 중국학자들은 이를 근거로 신석기시대에 양잠업이 있었다고 주장했다. 이에 대하여 하내夏鼐는 신석기유적에 누에가 온전하게 남아 있을 수 없기 때문에 그 누에는 후대에 앙소문화유적에 섞여 들어간 것이라 주장하며, 앙소문화시기에 양잠을 했을 것이라는 견해를 일축했다.[319]

실제로 1958년에 서기전 2700년경의 신석기 유적인 절강성의 오흥현吳興縣의 전산양錢山樣에서 사직물이 출토되었는데, 이것은 집누에로 짠 것이라고 했다.[320] 따라서 중국 고고학계는 잠정적으로 서기전 2700년경을 사직물이 생산되기 시작한 연대로 여겼지만, 그 연대를 더 끌어올리고자 노력했다. 1960년 산서성 예성현芮城縣 서왕촌西王村의 앙소문화 후기층에서 도잠용陶蠶蛹이 출토되었고, 또한 여러 앙소문화유적에서 가락바퀴가 발견되었다. 이후 하남성 영양滎陽 청태촌青台村 앙소문화유적에서는 탄화된 사직물과 마직물이 출토되었는데, 발굴자들은 이 유적의 연대를 약 서기전 3700년경으로 밝혔다.[321] 그리

319 夏鼐, 〈我國古代蠶·桑·絲·綢的歷史〉, 《考古》 1972年 第2期, 12~14쪽. 夏鼐는 "우리들의 발굴경험에 따르면, 華北 黃土지대 신석기시대 유적의 문화층에서는 蠶絲와 같은 재료의 물건은 그렇게 완전하게 보존되는 것이 불가능한 것이며, 신석기시대 또 무슨 예리하게 자르는 도구가 있어 누에고치를 잘라낼 수 있겠으며, 아울러 누에고치의 가장자리를 정말 곧바르게 할 수 있었겠는가(根據我們的發掘經驗, 在華北黃土地帶新石器時代遺址的文化層中, 蠶絲這種質料的東西是不可能保存得那麽完好的; 而新石器時代又有什麽鋒利的刀器可以翦割或切割蠶茧, 并且使之有極平直的邊緣呢)?" 라며 신석기시대의 누에고치가 남아 있는 것은 불가능하며 또 당시의 도구로 그렇게 예리하게 자를 수 없다며 누에고치는 신석기시대의 유물이 아니라고 하였다.

320 回顧, 《中國絲綢紋樣史》, 黑龍江美術出版社, 1990, 14~15쪽.

321 越豐, 《絲綢藝術史》, 文物出版社, 2005, 2쪽.

고 섬서성 서안현西安縣 반파半坡[322]와 화현華縣 등의 앙소문화유적에서 표면에 마포麻布의 흔적이 있는 질그릇이 출토되었다. 하내夏鼐의 말대로 앙소문화층에 누에가 온전하게 남아 있을 수는 없겠지만, 이런 정황으로 앙소문화시대에 이미 방직을 시작했고, 사직물을 생산했음 또한 확인되었다.[323] 1978년 절강성 여요현余姚縣 하모도河姆渡의 신석기유적(서기전 4900년)에서 누에가 그려져 있고 편직編織의 화문花紋이 있는 그릇이 출토되었다.[324] 그렇지만 이 누에는 완전한 집누에가 아니라 야생에서 집누에로 변해 가는 과도기의 것으로 보았다. 이상으로 보면 중국에서 사직물이 생산된 것은, 야생누에의 경우는 서기전 5000년경 이전으로 거슬러 올라가고, 집누에의 경우는 서기전 2700년경이라고 볼 수 있겠다. 이러한 사실은 고대 한국의 사직물 생산기술이 상주교체기에 중국에서 들어왔다는 사서의 기록은 의미가 없음을 알게 한다.

고대 한국에서 누에고치실로 짠 옷감의 종류와 특징을 알아보기로 한다. 고대 한국에서는 금錦·견絹·면緜·주紬·겸縑·증繒·백帛·능綾·기綺·환紈·나羅·사紗·단緞·연練·곡穀·초綃 등 다양한 특징을 가진 사직물을 생산했다.

금錦은 누에고치실을 여러 색으로 물들이고 이를 섞어 화려한 문양으로 짠 것으로 정의된다.[325] 《후한서》 〈동이열전〉에서는, "동이

322 考古研究所西安工作隊, 〈新石器時代村落遺址的發現 - 西安半坡〉, 《考古通迅》 1955年 第3期, 11~16쪽.

323 回顧, 앞의 책, 14쪽.

324 河姆渡遺址考古隊, 〈浙江河姆渡遺址第二期發掘的主要收獲〉, 《文物》 1980年 第5期, 7~11쪽.

325 雲夢睡虎地11號秦墓 《秦簡》 〈法律答問〉에는 "錦履를 신지 못한다. 錦履를 신은 것이란 어떤 것이냐? 律이 말하는 것은 누에고치 색실을 섞어 신을 짜, 신에 무늬가 있는 것이 錦履다. 색실이지만 무늬가 없는 것은 錦履가 아니다. 그리고 일을 하는데 이에 견준다"(雲夢睡虎地11號秦墓 《秦簡》 〈法律答問〉. "毋敢履錦履. 履錦履之狀何如. 律所謂者, 以絲雜織履, 履有文, 乃爲錦履, 以錦縵履不爲. 然而行事比焉")고 하여, 물들인 누에실로 짠 것을 錦이라고 정의하였다.

는 거의 모두 토착민으로서 술 마시고 노래하며 춤추기를 좋아하고, 변弁을 쓰고 금錦으로 만든 옷을 입었다"[326]고 하여 고대에 한반도와 만주 일대에 위치했던 한민족이 일반적으로 금錦으로 만든 옷을 입었다고 했다. 고구려 사람들은 공공 모임에서는 모두 금錦과 수繡 놓은 옷을 입었다.[327] 《한원翰苑》 〈번이부蕃夷部〉에는 고구려에서 운포금雲布錦·오색금五色錦·자지힐문금紫地纈文錦 등 다양한 무늬로 짠 옷감을 만들었다는 기록이 남아 있다.[328]

부여에서도 증수금계繒繡錦罽를 입었고,[329] 동옥저도 고구려나 부여와 마찬가지였다.[330] 마한 등 한韓에서도 금金이나 보물뿐만 아니라 금錦과 계罽를 귀하게 여기지 않을 정도로 널리 입었다.[331] 백제가

한 가지 색만으로 짠 것은 錦으로 보지 않고, 여러 색을 섞어 짠 것만을 錦으로 보았다. 《說文解字》에서는 錦에 대해 "襄邑에서 무늬를 짠 것이다. 帛을 따르며, 金聲이다(襄邑織文也. 從帛, 金聲)"라고 했다. 襄邑은 陳留郡의 邑으로 錦의 생산지로 이름난 곳이다(《論衡》 〈程材〉篇. "齊郡世刺繡, 恒女无不能, 襄邑俗織錦, 鈍婦无不巧."). 《釋名》 〈釋采帛〉에도 "錦은 金이다. 공을 들여 만들어 그 값이 金처럼 값지기 때문에 글자를 만드는데 帛과 金을 따랐다(錦, 金也. 作之用功, 重其價如金, 故其制字從帛與金也)."; 《渤海國志長編》 卷17 〈食貨考〉 第四 錦綵. "삼가 설문의 '錦은 물을 들여 무늬를 짠 것이다(錦, 襄色織文也)' 라는 것을 살펴본다: 《本草綱目》에서 '錦은 오색실로 문양을 이루어 짠 것이다. 글자는 金을 따랐고, 諧聲이다. 또한 이것을 귀하게 여겼다' 고 했다(謹案說文錦襄色織文也: 本草綱目云: 錦以五色絲織成文章, 字從金諧聲, 且貴之也)."

326 《後漢書》 卷85 〈東夷列傳〉 序. "東夷率皆土著, 憙飮酒歌舞, 或冠弁衣錦."

327 《後漢書》 卷85 〈東夷列傳〉 高句麗傳. "其公會衣服皆錦繡."

328 《翰苑》 〈蕃夷部〉 高(句)麗條.

329 《三國志》 卷30 〈烏丸鮮卑東夷傳〉 夫餘傳. "出國則尙繒繡錦罽."

330 《後漢書》 卷85 〈東夷列傳〉 東沃沮傳. "언어·음식·거처·의복은 (고)구려와 비슷하다(言語·飮食·居處·衣服有似句驪)."; 《三國志》 卷30 〈烏丸鮮卑東夷傳〉 東沃沮傳. "음식·주거·의복·예절은 (고)구려와 비슷하다(食飮居處, 衣服禮節, 有似句麗)."

331 《後漢書》 卷85 〈東夷列傳〉 韓傳. "金이나 寶物과 물감을 들인 오색실로 섞어 수놓아 짠 絲織物·청색 빛깔의 모직물 옷을 귀하게 여기지 않는다(不貴金寶錦罽)."; 《三國志》 卷13 〈烏丸鮮卑東夷傳〉 馬韓傳. "金銀錦繡를 진귀하게 생각지 않았다(不以金銀錦繡爲珍)."

건국 초부터 누에치기를 권장했던 것[332]도 모두 마한의 오랜 양잠과 직조기술을 이은 것이라 하겠다. 실제로 백제의 여러 유적에서 다양한 직물들이 출토되어, 당시 직물의 재료와 직조방법, 염색, 자수, 문양 등이 매우 발달했음을 알 수 있다. 예를 들어 나주 복암리 3호 무덤과 청원 오창 11호 토광무덤에서는 금속유물에 부착된 마직물과 실크가 출토되었다. 천안시 용원리 일대 무덤에서도 성글거나 촘촘하게 짜인 마직물과 실크가 부착된 유물이 보이며, 공주 수촌리무덤들에서는 마직물과 함께 평견平絹, 능綾, 금錦 등 여러 실크섬유와 함께 견絹실이 출토되었고, 금동관모 테두리 부분에서도 실크가 확인되었다. 동반유물인 과대와 환두대도에서는 여러 종류의 직물과 실이 붙어 있는데, 다양한 직조기법을 사용한 마직물과 함께 금錦과 능綾이 보인다.[333]

무령왕릉에서도 여러 종류의 직물이 확인되었다. 금동신발에서는 금錦, 실크 솜, 나羅, 평견직물위에 다양한 기법으로 표현한 자수의 흔적(그림 3-21)이 확인되어, 고조선시대부터 생산된 직물이 지속적으로 발전했음을 알 수 있다.[334]

신라에서는 건국 초기부터 양잠을 권장하였고,[335] 금錦과 수繡 놓은 옷을 입었다.[336] 이와 같이 한민족은 한반도와 만주의 모든 영역

---

332 《三國史記》 卷23 〈百濟本紀〉 始祖溫祚王 38年條. "3월에 사신을 보내 농업과 잠업을 권장했다(三月, 發使勸農桑)."

333 안보연·박윤미·한송이, 〈백제문화권 유적 출토직물 고찰〉, 《考古織物 Ⅱ-백제의 직물》, 국립부여문화재연구소, 2008, 22~41쪽 참조.

334 안보연·박윤미·한송이, 위의 책, 138~166쪽; 조효숙·이은진·전현실, 〈직물의 종류와 제직 특성〉 《武寧王陵》-출토유물 분석 보고서(Ⅰ), 국립공주박물관, 2005, 138~166쪽, 그림 11.

335 《三國史記》 卷3 〈新羅本紀〉 朴赫居世 17年條. "王巡撫六部, 妃閼英從焉. 勸督農桑, 以盡地利."

336 《三國史記》 卷3 〈新羅本紀〉 炤知麻立干 22年條. "가을 9월에 왕이 날기군에 갔다. 이 고을 사람 파로에게 딸이 있어 이름은 벽화라고 하고 나이는 열여섯 살인데 참으로 일국의 미인이었다. 그의 아버지가 그에게 錦繡를 입혀 가마에 태우고

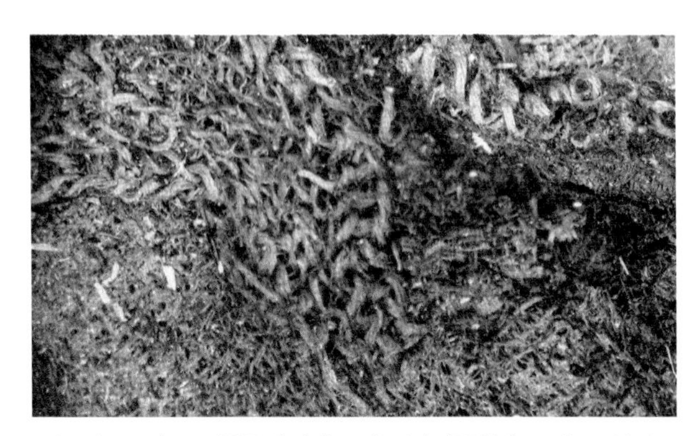

〈그림 3-21〉 무령왕릉에서 출토된 평견직물위에 보이는 사슬수

에서 습속으로 금수를 입었으며, 다양한 금을 생산했다. 여기서 한 민족이 금수錦繡를 입은 것은 일시적 또는 계급적 취향이나 외래적인 것이 아니었음이 분명해지며, 삼국이 건국하기 이전부터 금錦과 수繡 놓은 옷을 입었음을 알 수 있다.

견絹은 가공하지 않은 누에고치실로 짠 것이다. 두텁게 짠 것을 증繒 또는 백帛이라고 하고, 삶아 짠 것을 연練이라고 했다.[337] 고구려

色絹을 씌워 왕에게 바쳤다(秋九月, 王幸捺己郡. 郡人波路有女子, 名曰碧花, 年十六歲, 眞國色也. 其父衣之以錦繡, 置轝冪以色絹, 獻王)."

337 《說文解字》에 絹은 "繒으로 보리줄기 같다(繒, 如麥禾目)" 고 했다. 《說文解字》에 繒은 帛이라고 했다. 《本草綱目》에 "帛은 물들이지 않은 누에고치실로 짠 것이고, 길이가 수건처럼 긴 까닭에 그 글자는 白과 巾을 따랐다. 두터운 것은 繒이라 하고, 겹실로 짠 것은 縑이라 한다" 고 했다(《說文解字》. '繒, 帛也.' 《本草綱目》에 '帛은 생 누에고치실로 짠 것으로 수건처럼 길고 좁은 까닭에 글자는 白과 巾을 따랐다. 두터운 것은 繒이라 하고, 겹실로 짠 것은 縑이라 한다' 고 하였다(本草綱目云 : 帛, 素絲所織, 長狹如巾, 故字從白巾. 厚者曰繒, 雙絲者曰縑).") 《說文解字》에 稍은 '보리줄기' 라고 했다(《說文解字》 "稍, 麥莖也"). 《발해국지장편》의 〈食貨考〉에서는, "삼가 《釋名》의 '絹은 질긴 것이다. 그 실이 질기고 두터우면서도 성글다' 고 한 것을 살펴본다: 《廣雅》에 '絹은 縑이라' 했고, 《本草綱目》에는 '絹은 성근 帛으로 날 것은 絹이라 하고, 익힌 것은 練이라' 고 했다. 仁安 9년 당에서 견을 내렸다(《渤海國志長編》 卷17 〈食貨考〉. "謹案釋名絹糸巨也, 其絲糸巨厚而疏也: 廣雅絹縑也. 本草綱目云: 絹, 疏帛, 生曰絹, 熟曰練. 仁安九年, 唐賜以絹.").

에서는 견絹을 부세賦稅로 받았을 정도로[338] 견絹의 생산이 일반화되었다. 가락국에서도 교견鮫絹에 초상화를 그렸을 정도로 신라와 같이 견을 생산했고,[339] 백제에서는 서기 2세기경 오색五色의 견絹을 왜에 선물로 보냈으며,[340] 견絹을 부세賦稅로 받기도 했다.[341]

다음으로 면緜과 주紬에 대하여 알아보기로 한다. 예濊와 한에서 사직물인 면포緜布를 생산했다.[342] 《후한서》와 《삼국지》 모두 분명히 마포麻布와 면포緜布를 구분하여 설명했고, 면緜을 양잠과 연결한 것으로 보아 면緜은 식물성 섬유가 아니라 누에실로 만든 옷감이 분명하다.[343] 신라에서는 여러 차례 당나라에 어아주魚牙紬와 조하주朝

338 《通傳》 卷186 "賦稅則絹布及粟."

339 《三國遺事》 卷2 〈紀異〉 駕洛國記. "三尺 鮫絹에 초상화를 그렸다(以鮫絹三尺摸出眞影)."

340 《日本書紀》 卷9 〈神功皇后〉 攝政 46年條. "이때 백제의 肖古王은 매우 기뻐하여 대접을 후하게 하고, 五色 綵와 絹 각 한 필과 角弓箭 및 철화살촉 40매를 爾波移에게 주었다(時, 百濟肖古王深之, 歡喜而厚遇焉, 仍以五色綵絹各一匹及角弓箭并鐵鋌四十枚, 幣爾波移)."

341 《周書》 卷49 〈列傳〉 百濟 條. "賦稅以布絹業絲麻及米等."

342 《三國志》 卷30 〈烏丸鮮卑東夷傳〉 濊傳과 《後漢書》 〈東夷列傳〉에 "(예에서는) 麻布가 있고, 누에를 길러 緜을 만들었다(《三國志》 卷30 〈烏丸鮮卑東夷傳〉 濊傳. "有麻布, 蠶桑作緜."). (예에서는) 麻를 심고 누에를 기를 줄 알아 緜布와 麻布를 짰다(《後漢書》 卷85 〈東夷列傳〉 濊傳. "知種麻養蠶, 作緜布.")고 했다. 馬韓에서도 누에를 길러 緜布를 생산하였다(《後漢書》 卷85 〈東夷列傳〉 韓傳. "馬韓人知田蠶作緜布."; 《三國志》 卷30 〈烏丸鮮卑東夷傳〉 韓傳. "知蠶桑作綿布.").

343 《睡虎地秦墓竹簡》의 〈封診式〉 "穴盜"는 옷을 잃어버린 사건을 어떻게 다룰 것인가를 보여준 예다. "밤부터 乙의 复糸古衣 하나를 乙의 방안에 두었다,…… 乙은 2월부터 이 옷이 있었으니 50尺의 帛안에 絲絮 5斤을 두었고, 繒 5尺을 옷가에 둘러 장식했다.……乙에게 糸古複衣가 있었음을 알았고, 옷가를 두른 장식이 새 것이었다. 그 안에 무엇을 넣었고 없어진 상황을 모르니 이로써 옷값을 셈한다(睡虎地秦墓竹簡整理小組, 《睡虎地秦墓竹簡》, 〈封診式〉 穴盜, 文物出版社, 1978, 270~271쪽. "自宵, 臧乙複糸古衣一乙房內中,……乙以迺二月爲此衣, 五十尺帛裏, 絲絮五斤糸莊(裝), 繆繒五尺緣及殿(純).……見乙有複糸古複衣, 繆緣及殿, 新也. 不知其裏ㅁ何物及亡狀. 以此值衣價."). 复糸古에 대하여 주석자들은 複裾로 보았다. 《설문해자》에 複衣는 "夾衣 또는 綿衣"라 했다(《說文解字》 "複衣, 夾衣或綿衣"). 이 夾衣는 襲衣라고도 한다. 《居延漢簡》에는 夾衣를 만드는데 한 필의 帛으로 겉과 안을 만들고 누에고치 솜[糸絮]을 두었다고 했다(《居延漢

霞紬를 예물로 보냈다.[344] 주紬에 대하여 《발해국지장편》에서 김육불은 "삼가 《후한서》 〈동이열전〉의 '예濊의 풍속에 면포緜布를 만들 줄 알았다'는 것을 살펴본다: 면포는 곧 주紬다. 발해 때에 흑수말갈黑水靺鞨이 일찍이 어아주와 조하주를 당에 바쳤으니, 이것이 발해 북부에서 주紬를 생산했다는 증거가 된다. 용주龍州는 상경上京으로서 용천부龍泉府에서 가장 큰 주州이니 곧 지금의 영안현寧安縣 지방으로, 분명 흑수말갈과 가깝다"[345]고 했다. 《설문해자》에 주紬는 "굵은 실로 두텁게 짠 증繒"[346]이라고 했다. 김육불은 누에고치솜을 실로 만들어 짠 포布를 주紬라고 했고, 예濊에서 만들었다는 면포緜布가 바로 주紬라고 했다.

고구려에 복속된 예는 일찍부터 양잠을 했고, 누에고치솜으로 면포를 만들었다. 그리고 이 면포의 직조기술은 고구려를 거쳐 발해로 이어져, 어아주·조하주 등을 만드는 데 이용되었을 것으로 생각된다. 김육불이 선비족의 중심지였던 용주에서 면포, 즉 주를 만든 것은 바로 흑수말갈이 옆에 있어 그들로부터 직조기술을 배웠기 때문으로 보았다. 흑수말갈에 전해졌다는 면포의 직조기술은 중국이나 북방민족으로부터 전해진 것이 아니라, 바로 예濊가 속해 있던 고조선에서 전해 내려온 것이라고 할 수 있다.

신라에서도 일찍부터 면포를 생산했다. 흥덕왕 때 사람들의 사치

簡》. "表裏用帛一匹, 糸絮").

344 《三國史記》 卷8 〈新羅本紀〉 聖德王 22年條. "여름 4월에 사신을 당에 보내 果下馬 한필·우황·인삼·다리·朝霞紬·魚牙紬·아로새긴 매 방울·해표가죽·금·은 등을 바쳤다(夏四月, 遣使入唐, 獻果下馬一匹·牛黃·人蔘·美髮·朝霞紬·魚牙紬·鏤鷹鈴·海豹皮·金銀等)."; 《三國史記》 卷9 〈新羅本紀〉 惠恭王 9年條. "여름 4월에 사신을 당에 보내 신년을 축하하고, 금·은·우황·魚牙紬·朝霞紬 등 토산물을 바쳤다(夏四月, 遣使如唐賀正, 獻金銀·牛黃·魚牙紬·朝霞等方物)."

345 《渤海國志長篇》 卷17 〈食貨考〉. "謹案後漢書東夷傳濊俗知作緜布 : 緜布卽紬也. 渤海時, 黑水靺鞨曾獻魚牙紬朝霞紬於唐, 此爲渤海北部產紬之證. 龍州爲上京, 龍泉府之首州, 卽今寧安縣地, 固近於黑水靺鞨也."

346 《說文解字》. "紬, 大絲繒也."

가 심해지고 토산품보다는 외국의 옷감 등을 선호하자, 사치를 금하기 위해 신분에 따라 복식의 재료를 규제했다.[347] 이때 가장 많이 입도록 한 것이 바로 주紬다. 주紬는 진골 대등大等 이상은 입지 않았고, 6두품에서 평민에 이르기까지 특히 면주綿紬를 가장 많이 입도록 했다. 이는 누에고치로 짠 면주가 바로 신라의 고유한 토산품이었기 때문이며, 그 직조법은 고조선의 기술을 이어받았을 것이다.

지금의 황해도 지역에서는 야생누에고치에서 실을 뽑아 짠 주를 '견주繭紬'라고 부른다. 이 견주는 양잠養蠶으로 만든 주와 달리 매우 질겨 10년을 빨아 입어도 해지지 않고, 물들이지 않아도 검붉은 색이 난다. 이들 견은 나무에서 나며 크기는 새알만 하고, 우리나라에는 춘견椿繭과 저견樗繭이 많다고 했다.[348] 이로 보면 우리나라에서는 예로부터 꼭 양잠의 누에가 아니더라도 야생의 누에고치가 여러 나무에서 자생했고, 그 고치에서 실을 뽑아 천을 짰음을 알 수 있다.

겸縑은 실을 겹쳐 두텁게 짠 것이다.[349] 마한과 진한 및 변한에서는

---

347 《三國史記》 卷33 〈雜志〉 服色. "興德王卽位九年太和八年, 下敎曰 : "人有上下, 位有尊卑, 名例不同, 衣服亦異, 俗漸澆薄, 民競奢華, 只尙異物之珍寄, 却嫌土産之鄙野, 禮數失於逼僭, 風俗至於陵夷, 敢率舊章, 以申明命, 苟或故犯, 固有常刑."

348 《晝永編》 卷2. "우리나라 황해도 산골 마을에 야생누에고치가 있고, 그곳 사람들이 실을 뽑아 紬를 짰는데 바탕이 매우 질기고, 물감으로 물들이지 않아도 스스로 검붉은 색이 난다. 淸初 사람이 쓴 野蠶紬가 바로 이것이다. 그곳에 '繭紬는 明初에 아직 쓰이지 않았으나 崇禎 때에 이르러 臣僚들이 황제가 華麗한 것을 싫어한다는 것을 듣고 많은 사람이 繭紬로 입어 盛行하기 시작했다. 색은 물들이지 않고 십년을 빨아도 망가지지 않는다. 山東 각처에 이것이 있는데, 槲에서 사는 것은 槲繭이고, 椿은 椿繭으로 부르고, 椒은 椒繭으로 불렀다. 크기는 새알만 하고 그곳 사람들이 이에 의지해 생업을 삼았다'고 하였다. 우리나라는 곧 椿繭과 樗繭이 가장 많다.……우리나라에 없는 것은 槲繭 한 종류뿐이다(我國黃海道山邑有野蠶繭, 土人繅織成紬. 質甚堅紐, 不染顔色, 自成黯赤. 淸初人所記, 野蠶紬卽此也. 其說曰 : 繭紬明初尙未行, 至崇禎時, 臣僚聞上惡其華麗, 遂多服繭紬始盛行, 色不加染浣濯十年不敗, 山東各處有之, 槲生者槲繭, 椿名椿繭, 椒名曰椒繭. 大如鳥卵, 土人恃此爲業. 我國則唯椿樗繭爲多.……我國獨無槲繭一種耶)."

349 《說文解字》에서 縑은 '실을 겹쳐 두텁게 짠 것'(《說文解字》 "縑, 并絲繒也.")이라 했다. 《釋名》 〈釋采帛〉에는 縑에 대하여 "겹친 것이다. 그 실이 가늘고 촘촘한 것은 絹보다 여러 차례 겹쳤기 때문이다. 겹쳐 오색으로 물들여도 가늘어

모두 겸포縑布를 생산했고,[350] 이어 신라에서도 겸縑을 생산했다.[351] 백帛은 두텁게 짠 증繒으로, 폭이 좁고 길게 짰으며, 그 역사가 가장 오래되어 옷감의 대명사처럼 쓰였다.[352] 서기전 37년에 추모鄒牟가 집안지역에서 고구려를 건국했는데, 이때 추모가 건국할 때 그곳의 토착민들은 백帛으로 옷을 지어 입었다[353]고 했다. 이로 볼 때 고구려가 건국하기 이전부터 이 지역에서 백帛을 생산했음을 알 수 있다.

나羅는 누에고치실로 날실과 씨실의 간격을 성글게 짜 그물처럼 네모난 눈모양이 생긴 사직물이다.[354] 기綺는 금錦과 달리 물들이지

물이 새지 않는다"(《釋名》〈釋采帛〉. "縑, 兼也. 其絲細緻, 數兼于絹. 染兼五色, 細致不漏水也.")고 했다. 《急就篇》의 '綈絡縑練素帛蟬'에 대하여 顔師古는 "縑을 兼이라고도 한 것은 실을 겹쳐 짜 매우 치밀하다(縑之言兼也, 并絲而織, 甚致密也)"고 했다. 즉 縑은 가는 누에고치실을 겹쳐 짰기 때문에 물이 새지 않을 정도로 촘촘해진 것을 말한다. 縑의 색에 대해서는 《淮南子》〈齊俗訓〉에 縑은 본래 누런색이기 때문에 붉은 색으로 물들이면 빨간 색이 된다고 했다(《淮南子》卷11 〈齊俗訓〉. "夫素之質白, 染之以涅, 則黑. 縑之性黃, 染之以丹, 則赤"). 이는 앞의 〈표 3-1〉과 〈표 3-2〉의 사직물이 밤색과 자주색으로 나타나는 것과 부합된다.

350 《翰苑》〈蕃夷部〉三韓. "土地肥美, 宜五穀, 知蠶桑, 作縑布."; 《後漢書》卷85 〈東夷列傳〉韓傳. "辰韓……知蠶桑, 作縑布."; 《三國志》卷30 〈烏丸鮮卑東夷列傳〉弁辰傳. "曉蠶桑, 作縑布."

351 《南史》卷79 〈列傳〉新羅. "토지가 비옥하여 오곡을 심기에 마땅하고, 상과 마가 많아 겸과 포로 옷을 만들었다(土地肥美, 宜植五穀, 多桑麻, 作縑布服)."; 《梁書》卷54 〈諸夷傳〉新羅. "토지가 비옥하여 오곡을 심기에 마땅하고, 상과 마가 많아 겸과 포로 옷을 만들었다(土地肥美, 宜植五穀, 多桑麻, 作縑布)."

352 《說文解字》에 帛은 "繒也"라 했고, 繒은 "帛也"라 하여 帛과 繒을 같은 것으로 보았다. 《本草綱目》에서는 "帛은 자연의 실로 짠 것으로 수건처럼 길고 좁기 때문에 글자는 白과 巾을 따랐다. 두텁게 짠 것을 繒이라 하고 겹실로 짠 것은 縑이라 하였다"고 했다(《本草綱目》. "帛, 素絲所織, 長狹如巾, 故字從白巾. 厚者曰繒, 雙絲者曰縑.").

353 《魏書》卷100 高句麗傳. "(그들은) 주몽과 함께 紇升骨城에 이르러 그곳에 정착했다.……백성들은 모두 토착민으로 산골짜기를 따라 살며 布帛과 가죽을 입었다(與朱蒙紇升骨城, 遂居焉.……民皆土著, 隨山谷而居, 衣布帛及皮)."; 《北史》卷94 〈列傳〉高(句)麗傳. "사람들은 모두 토착민으로 산골짜기를 따라 살며 布帛과 가죽을 입었다(人皆土着, 隨山谷而居, 衣布帛及皮)."

354 羅는 《說文解字》에서 새를 잡는 그물로 설명하였다(《說文解字》. "羅, 以絲罟鳥也. 從網從維. 古者芒氏初作羅."). 《爾雅》〈釋器〉에서는 "새 그물을 羅라고 한다

않은 누에고치실로 무늬를 넣어 두텁게 짠 것이다.[355] 증繒은 생누에 실을 홑실로 하여 두텁게 짠 것이다.[356] 환紈은 여러 겹으로 겹쳐 촘촘히 짰기 때문에 생누에고치실 본래의 흰색이 나타난 것을 말한다.[357] 능綾은 그 무늬가 얼음결이 어리듯이 짠 백帛이다.[358] 중국에서는 전국시대에 나羅에 가까운 방안사方眼紗 등이 생산되었고, 한대에 와서 정교한 나羅가 생산되었다. 그러나 고조선의 나직羅織은 중국보다 생산시기가 앞설 뿐만 아니라 그 조직 또한 세밀했다. 사紗는 누에고치실을 꼬아 짜지 않아 얇고 고운 천이고, 곡縠은 누에고치실을 바싹 꼬아 짰기 때문에 작은 매듭이 주름처럼 무늬가 생긴 천을 말한다.[359] 고구려에서는 시조 추모왕 10년(서기전 27년) 서인庶人에게

(鳥罟謂之羅)"고 하였고, 《釋名》에서는 "무늬가 성근 것이 羅(文疏羅也)"(《釋名》〈釋采帛〉. "羅, 文羅疏也.")라고 하였고, 《類篇》에서는 帛이라고 하였다.

355 《說文解字》에서 "文繒也"라 하여 무늬를 넣어 두껍게 짠 것이라 했고, 《六書攷》〈工事〉에서는 錦과 달리 물들이지 않은 누에고치실로 무늬를 넣어 짠 것을 綺라고 하였다(《六書攷》〈工事〉. "織采爲文曰錦, 織素爲文曰綺."). 《漢書》〈高帝紀〉의 綺에 대하여 顔師古는 綺는 '무늬 있는 繒이며 唐代의 細綾(文繒也. 卽今之細綾也)'이라고 했다(《漢書》 卷1 〈高帝紀〉 "賈人毋得衣錦繡綺縠絺紵罽").

356 繒은 《說文解字》에 '帛也'라 했다. 《本草綱目》에는 "帛은 생누에고치실로 짠 것으로서 수건처럼 길고 좁기 때문에 글자도 白과 巾을 따랐다. 홑실로 두텁게 짠 것을 繒이라 하고 겹실로 짠 것을 縑이라 한다"고 했다(《本草綱目》. "帛, 素絲所織, 長狹如巾, 故字從白巾. 厚者曰繒, 雙絲者曰縑.")

357 《說文解字》에 '素也'라 했고, 素는 '白緻繒也'라 했다.

358 《說文解字》에서 "東齊에서는 布라고 부르며, 帛 가운데 가는 것이 綾"이라고 했다(《說文解字》. "綾, 東齊謂布, 帛之細曰綾."). 《釋名》〈釋采帛〉에는 "綾은 凌이다. 그 무늬를 보면 얼음결 같다"고 하였다(《釋名》〈釋采帛〉. "綾, 凌也. 其文望之, 如冰凌之理也.").

359 《廣韻》에 紗는 "絹에 속하고, 紡纑라고도 부른다"고 했다(《廣韻》 "紗, 絹屬. 一曰紡纑也."). 《漢書》〈江充傳〉에 강충이 紗와 縠으로 된 襌衣를 입었다고 하였다. 紗縠에 대하여 顔師古는 "누에고치실을 뽑아 짠 것으로 가벼운 것은 紗이고 주름진 것은 縠"이라고 하였다(《漢書》 卷45 〈江充傳〉. "(江)充衣紗縠襌衣"에 대하여 顔師古는 "紗縠, 紡絲而織之也. 輕者爲紗, 縐者爲縠"이라 했다). 縠은 《說文解字》에 "작은 매듭(細縛也)"이라고 했고, 《釋名》에는 "좁쌀이다. 그 무늬가 촘촘하고 넓게 뿌려져 좁쌀처럼 보인다(粟也. 其文足足而踧踧, 視之如粟也)"라고 하였다.

사紗로 만든 옷을 입지 못하게 했던[360] 것으로 보아, 이 시기 사紗를 생산했다고 생각된다. 가야에서도 사紗를 생산했다.

단緞은 먼저 실을 물들인 뒤 짠 것으로 '단段'으로도 쓴다.[361] 신라는 경문왕 9년에 왕자 김윤을 사은사로 보낼 때 금錦과 사십승백첩포四十升白氎布 등과 함께 삼십승저삼단三十升紵衫段을 예물로 보낸 것[362]으로 보아 단을 만들었음을 알 수 있다. 주綢는 《설문해자》에서 "繆也"라 했고, 무繆는 "枲之十絜也. 一曰綢繆"라 했고, 시枲는 "麻也"라 했고, 혈絜은 "麻一耑也"라 했다.[363] 《시경詩經》[364]이나 《한서》[365]에서는 주綢와 무繆를 통용했고, 땔나무 등을 묶는 끈의 뜻으로 쓰였다. 또한 《시경》 〈소아小雅〉에서 주綢는 곱고 가지런하다는 뜻으로 쓰였다.[366] 비단도 이런 여러 가지 단 가운데 하나이며, 붉은 색으로 두텁게 짠 것이었다.[367] 주단綢緞도 비단과 마찬가지로 재질이 두텁고 촘촘하며, 한쪽 면에 윤기가 나도록 짠 사직물이다.

부여에서 증繒을 생산했고, 신라에서는 나羅[368]와 능綾 및 기綺, 환

360 《增補文獻備考》 卷80 〈禮考〉. "東明王 10년에 庶人에게 무늬와 물들인 紗와 羅의 옷을 입지 못하게 했다(東明王十年, 禁庶人着紋彩紗羅衣)."

361 段은 《說文解字》에 "椎物也. 從殳耑, 省聲"라고 하였다. 즉 물건을 묶는다는 뜻이다. 《天工開物》 〈乃服〉. "先染絲而後織者曰緞."

362 《三國史記》 卷6 〈新羅本紀〉 景文王 9年條. "秋七月, 遣王子蘇判金胤等入唐謝恩, 兼進奉馬二匹·麩金一百兩·銀二百兩·牛黃十五兩·人蔘一百斤·大花魚牙錦一十匹·小花魚牙錦一十匹·朝霞錦二十匹·四十升白氎布四十匹·三十升紵衫段四十匹……"

363 《說文解字》에서 "繆, 枲之十絜也. 一曰綢繆"라 했고, "枲, 麻也"라 했고, "絜, 麻一耑也"라 했다.

364 《詩經》 〈唐風〉 綢繆. "綢繆束薪."

365 《漢書》 卷76 〈張敞傳〉. "進退則鳴玉佩, 內飾則結綢繆."

366 《詩經》 〈小雅〉 都人士. "저 군자 딸 綢의 곧기가 머리발 같다(彼君子女, 綢直如髮)."

367 《說文解字》 "緋帛, 赤色也."

368 《三國史記》 卷33 〈雜志〉 色服; 문화재관리국, 〈발굴 유물의 보존 및 과학적 고찰〉 – 유물에 대한 실험결과의 고찰, 《天馬塚發掘報告書》, 1974, 240~245쪽.

紈[369]을 생산했음이 신라의 향가 등에서 나타난다.[370] 고구려는 시조 추모왕 10년(서기전 27년)에 서인庶人에게 사紗나 나羅로 만든 옷을 입지 못하게 하고,[371] 관冠을 만드는 데 주로 나羅를 사용했다.

초綃는 생누에고치실로 겸처럼 두텁게 짜 희게 보이는 것으로 날실과 씨실의 간격을 벌려 성글게 보이는 것이다. 즉, 초綃는 겸을 성글게 짜 공기층을 넓힌 것이라고 하겠다.[372] 신라에서는 아달라이사금阿達羅尼師今 4년(서기 158년)에 고운 초綃를 짰다는 기록이 있다.[373] 이처럼 고대 한민족이 생산했던 사직물의 종류들을 살펴본 결과, 한반도와 만주지역에서는 신석기시대부터 양잠을 시작했고, 고조선시대에 오면 다양한 사직물을 생산하며 크게 발전했음을 알 수 있다. 연練은 사직물을 탈색하여 희고 깨끗하게 만든 것으로, 4절에서 설명하기로 한다.

고조선이 붕괴된 뒤 여러나라는 지속적으로 사직물을 발달시켰다. 중국은 양한시대와 양진남북조시대를 거치며 서역과 교류했고, 이를 통해 페르시아·로마·인도 등지로부터 외래적 문양 및 종교적

---

369 《說文解字》에 "紈, 素也"라 했고, "素, 白緻繒也"라 하다. 따라서 紈은 희며 촘촘하고 두껍게 짠 絲織物로, 繒의 종류 가운데 하나임을 알 수 있다.

370 《三國遺事》 卷5 〈避隱〉 永才遇賊. "(元聖王 때)……도둑들은 永才의 뜻에 감동되어 그에게 綾 2端을 주었다.……綺와 紈과 珠玉이 어찌 마음 다스리겠는가(賊感其意, 贈之綾二端.……綺紈珠玉豈治心)."

371 《增補文獻備考》 卷80 〈禮考〉. "東明王 10년에 庶人에게 무늬와 빛깔 있는 紗와 羅의 옷을 금했다(東明王十年, 禁庶人着紋彩紗羅衣)."

372 綃는 《說文解字》에 '生絲也'라 했다. 《急就篇》에서 顔師古는 "생사로 짠 것으로 흰 繒이다. 겸과 같지만 성근 것(生白繒. 似縑而疏者)"이라 하였다.

373 《三國遺事》 卷1 〈紀異〉 "延烏郎과 細烏女". "제 8대 阿達羅王이 즉위한 4년 丁酉에……내가 이 나라에 온 것은 하늘이 시킨 일인데 어찌 돌아갈 수 있겠는가. 그러나 나의 妃가 짠 고운 綃가 있으니 이것으로 하늘에 제사를 드리면 될 것이라며 綃를 주었다. 사자가 돌아와서 보고하고 그 말대로 하늘에 제사를 지냈다. 그런 뒤에 해와 달이 옛과 같아졌다. 그 綃를 임금의 창고에 간수하여 국보가 되었으니 그 창고를 貴妃庫라 불렀다(第八, 阿達羅王卽位四年丁酉……我到此國, 天使然也. 今何歸乎. 雖然朕之妃有所織細綃. 以此祭天可矣, 仍賜其綃. 使人來奏, 依其言而祭之. 然後日月如舊. 藏其綃於御庫爲國寶. 名其庫爲貴妃庫)."

신화 등을 받아들이며 융화의 길을 걸었다. 그러나 고구려의 많은 벽화에서 알 수 있듯, 불교 등 서역적 인소를 받아들였으면서도 복식에서는 고구려 고유의 양식을 그대로 지키고 있었다. 고구려 고분벽화뿐만 아니라 사신도·일본 정창원正倉院의 신라 사직물과 모직물로 만든 깔개 등에서도 그들의 고유한 양식을 그대로 지키고 있음이 확인된다.

3) 견絹직물의 특성과 고조선 염색기술의 과학성

지금의 평양일대에 있는 유적에서 복식유물과 함께 다양한 종류의 사직물[374]이 출토되었다. 북한 과학원 경공업과학분원 방직연구소 견가공연구실에서 조희승이 분석한 사직물들이 출토된 목곽무덤은 다음과 같다. 정백동 200호, 낙랑 214호 ㄹ 441-2, ㄹ 441-1, ㄹ 442, ㄹ 441-8, ㄹ 441-9, ㄹ 441-7, ㄹ 441-3, ㄹ 441-5, ㄹ 441-11, 낙랑 정백동 389호이다. 이들 목곽무덤의 연대는 대체로 정백동 200호무덤이 서기전 3~1세기 말엽에 속하고, 나머지 무덤들은 서기전 2세기 중엽~1세기 말엽으로 추정되고 있다.[375] 이 시기는

374 絲는 《說文解字》에 따르면 "누에가 토해낸 것이다. 두 줄의 가는 실이다. 무릇 絲의 종류는 모두 絲로 한다(蠶所吐也. 從二糸. 凡絲之屬皆從絲)"고 했다. 한 가닥으로 보이는 고치실은 누에의 체내 좌우에 1개씩 있는 絲腺에서 나오는 두 가닥의 피브로인을 세리신이 덮는 형태로 접착한 것이다. 따라서 許愼이 "從二糸"라고 서술한 것은 세밀한 관찰의 결과라고 생각된다; 《漢書》 卷58 〈公孫弘卜式兒寬傳傳〉에서 "妾은 絲를 입지 않는다(妾不衣絲)"고 했고, 《史記》 卷30 〈平準書〉에서는 "高祖는 상인들에게는 絲로 만든 옷을 입지 못하게 하고 마차를 타지 못하도록 명령했다(高祖乃令賈人不得衣絲乘車)" 고 했다. 또한 《山海經圖贊》, 〈中山經〉에서 "양잠을 하지 않으면 絲가 없고, 곡식을 심지 않으면 수확을 거둘 수 없다(不蠶不絲, 不稼不穡)"라 한 것으로 보아 絲를 폭넓게 누에실 천을 총칭하는 단어로 사용했음을 알 수 있다. 그러나 후대에 쓰여진 《渤海國志長編》 卷17 〈食貨考〉에서는 "깨끗한 누에고치에서 실머리를 뽑아내 絲라 한다(抽引精繭出緖曰絲)"고 하여 실의 의미로 사용한 예도 있으므로 누에실로 짠 천의 총칭으로 絲는 적합하지 않아 이 글에서는 사직물로 사용한다.

375 리순진·김재용, 《락랑구역일대의 고분발굴보고》, 사회과학출판사(백산자료원), 2002 참조.

중국의 전국시대로부터 서한 초기에 해당한다.

일본학자들이 해방 이전 일본 교토섬유대학에서 분석한 사직물 출토무덤은 왕우무덤(서기 45~서기 133년)[376], 채협총(서기 2세기 말)[377], 석암리 212호무덤(서기전 3~서기전 2세기)[378], 낙랑 토성동 486호무덤(서기전 2세기 초)[379]들이다.

조희승은 해방 이후 평양 낙랑구역에서 출토된 서기전 3~서기전 1세기에 속하는 고조선시대의 사직물을 실험·분석하고,[380] 고조선이 생산했던 사직물의 독자성과 고유성에 대하여 밝혔다. 그는 주로 사직물의 날실과 씨실의 구분·실 충전도·실 직경·섬유직경·날씨실 올수·날씨실 올수비·사직물의 종류와 특징·색상 등을 실험·분석했다. 그리고 그 결과를 1945년 이전 일본인들이 낙랑구역을 발굴하고 출토된 사직물을 분석하여, 이를 중국의 것이라고 왜곡한 '고대 비단천 분석표'와 비교했다.[381]

필자는 여기서 조희승이 분석한 '고대 비단 천 분석표'와 1945년

---

376 武敏, 〈新疆出土漢-唐絲織品初探〉, 《文物》 1962年 第7·8期, 69~70쪽. 왕우묘에서 출토된 칠기에는 '建武 二十一年(서기 45년)' '建武 二十八年(서기 52년)' '永平 十二年(서기 69년)'의 紀年이 보인다.

377 朝鮮古蹟研究會, 《樂浪彩篋冢》, 1934, 東京, 428쪽(1934년 경성발행 초판의 영인본, 학연문화사, 1990).

378 박진욱, 《조선고고학전서-고대편》, 과학백과사전종합출판사(백산자료원), 1988, 149쪽.

379 윤광수, 〈토성동 486호 나무곽무덤 발굴보고〉, 《조선고고》 1994年 4期, 사회과학출판사, 18~22쪽.

380 조희승, 〈평양락랑유적에서 드러난 고대비단에 대하여〉, 《조선고고연구》, 사회과학원고고학연구소, 1996년 제1호, 20~24쪽; 조희승은 "비단이 드러난 대표적인 무덤들은 석암리21호·194호·205호·212호·214호·219호무덤, 대동군 오야리 18호·19호무덤, 정백동 1호·2호·3호·37호·147호·166호·200호·389호무덤, 정오동 1호·4호·5호·12호·36호무덤, 토성동 34호·4호·486호무덤들과 채협총인데 여기에서 출토된 고대 비단들 가운데서 비교적 보존상태가 좋은 몇 예의 비단과 조선중앙력사박물관에 보존된 일제시기에 출토되었던 10여 점의 고대 비단들과 함께 과학적으로 실험분석을 했다"고 말했다.

381 조희승, 앞의 글, 20~24쪽.

이전 일본인이 분석한 '고대 비단 천 분석표'를 중심으로, 같은 시대의 중국 사직물과 비교·분석하고자 한다. 이러한 분석을 통해서 고대 한민족이 생산했던 사직물의 특징을 더욱 분명히 밝힐 수 있을 것이며, 아울러 과거 일본인들이 낙랑구역에서 출토된 사직물을 중국의 생산품이라고 단정한 것이 잘못되었음도 밝혀보고자 한다.

해방 이전과 이후 평양 낙랑구역에서 출토된 사직물은 주로 견絹과 나羅, 겸縑이다. 우선 출토 사직물 가운데 견絹을 중국의 것과 비교·분석해 보기로 한다. 해방이후 평양 낙랑구역에서 견絹직물이 출토된 곳은 낙랑 장정리 200호, 낙랑 214호 ㄹ441-9, ㄹ-442 거울주머니, ㄹ441-7, ㄹ441-8, ㄹ441-3, ㄹ441-1, ㄹ441-5 무덤유적이다. 조희승이 분석한 '고대 비단 천 분석표'의 내용 가운데 견絹직물에 관한 것만을 정리하면 〈표 3-1〉과 같다.

견絹은 평문견平紋絹과 휴문견畦紋絹[382]으로 나눌 수 있다. 고조선의 유물 가운데 휴문견은 아직 발견되지 않아, 평문견을 중국의 견絹과 비교할 수 있다. 위 〈표 3-1〉에서 나타난 평직견의 특징은, 날실과 씨실의 올수가 63올·33올(올수비 약 1.99 : 1), 90올·32올(올수비 약 2.79:1), 57올·33올(올수비 약 1.73 : 1), 44올·24올(올수비 약 1.83 : 1), 60올·38올(올수비 약 1.57 : 1), 78올·46올(올수비 약 1.69 : 1), 75올·37올(올수비 약 2 : 1)로, 올수비가 다양하다는 것이다. 직조된 모습이 매우 다양하며, 날실과 씨실의 실직경도 동일한 경우가 없는

382 夏鼐, 〈我國古代蠶,桑,絲,綢的歷史〉, 《考古》 1972年 第2期 14~17쪽. "(商代) 畦紋의 평문조직은 날실이 씨실에 비하여 많은데, 가는 것이 날실 72올, 씨실 35올이고, 거친 것이 날실이 40올 씨실이 17올이다……(漢代 畦紋은) 날실이 cm 당 60~85올이 가장 보편적이며, 일반적으로 씨실보다 더 많다……가늘고 치밀한 畦紋絹으로 최근에 滿城 中山靖王 劉勝墓에서 출토된 것이 이와 같은데 날실과 씨실이 제곱cm당 200올×90올이었다(畦紋的平紋組織. 經線比緯線約多一倍, 每平方厘米細者經72根·緯35根, 粗者經40根·緯17根, 由經線顯出畦紋……經線以每厘米60-85根爲最普通, 一般較緯線多出一倍……細致的畦紋絹如最近滿城中山靖王劉勝墓所出……)."

〈표 3-1〉 낙랑구역 출토 견絹직물 분석표

번호	시료무덤 이름	현재 색깔	날실과 씨실의 구분	비단섬유의 실계측값			날씨실 올수(올/cm)	날씨실 올수의 비	비단의 종류와 특징	발굴 연도
				실충전도 (%)	실직경 (미크롬)	섬유직경 (미크롬)				
4	조선중앙력사박물관 등록번호 ㄹ441-1	진한 밤색	날실	39.94	63.40±8.57	11.05±2.50	63	1.91	평직	1940년경
			씨실	31.94	96.80±22.40	10.08±0.50	33			
5	낙랑장정리 200호 무덤 ㄹ-442 거울주머니	진한 밤색	날실	48.06	53.40±7.11	9.80±1.59	90	2.79	평직 (붓으로 무늬를 그림)	1940년경
			씨실	32.59	101.20±14.99	9.40±1.73	32			
6	낙랑 214호 ㄹ441-8	연한 갈색	날실	?	?	8.76±0.25	57	1.73	평직	1940년경
			씨실	?	?	8.76±0.25	33			
7	낙랑 214호 ㄹ441-9	진한 밤색	날실	72.34	164.50±27.80	8.34±4.17	44	1.83	평직	1940년경
			씨실	48.29	201.20±19.10	8.34±4.19	24			
8	낙랑 214호ㄹ441-7	진한 밤색	날실	73.02	121.70±6.28	8.34±4.17	60	1.58	평직 (넝쿨무늬를 수놓음)	1940년경
			씨실	46.02	121.60±9.43	8.54±2.09	38			
9	낙랑 214호ㄹ441-3	진한 밤색	날실	103.58	132.80±3.29	8.76±1.04	78	1.69	평직	1940년경
			씨실	47.79	103.90±5.19	9.17±1.81	46			
10	낙랑 214호ㄹ441-5	진한 밤색	날실	74.55	99.40±7.43	10.08±1.53	75	2.03	평직 (넝쿨무늬를 수놓음)	1940년경
			씨실	36.15	97.70±8.57	7.75±4.10	37			

※ 실험분석은 북한의 국가과학원 경공업과학분원 방직연구소 견가공연구실에서 진행되었다. 번호는 조선중앙력사박물관 등록번호이며 ㄹ은 낙랑이라는 기호이다.

점[383] 또한 특징이다.

날실과 씨실의 실직경이 서로 차이를 갖는 것은 다음의 이유로 설명할 수 있다. 첫째, 현대의 직조기술에서도 날실은 일반적으로 직물 길이의 방향실로, 직기에서 큰 힘을 받고 북의 왕래 시에는 많은 마찰을 받는다. 그렇기 때문에 씨실보다 꼬임이 많고, 날실로는 강한 실을 사용한다. 또한 씨실은 날실과 직각으로 교차되어 있는 실이므로 날실보다 일반적으로 굵고 꼬임이 적은 것을 사용한다.[384] 둘째, 이들 누에고치실이 세리신을 완전히 제거하지 않고 반숙하여 수직기에서 짠 것이었다고 한 것을 볼 때,[385] 이는 정련공정에서 약간의 세리신을 남겨두어 탄성을 부여하는 데 좋은 조건을 만들기 위해서라고 생각된다. 위 표에 보이는 낙랑구역의 견絹은 이러한 조건을 모두 충족하고 있는 것이다.

〈표 3-1〉의 견絹을 같은 시기 중국의 견과 비교하고자 중국의 상대商代에서 한대漢代에 속하는 출토 직물에 대한 내용을 참고하기로 한다. 중국 상대 평문조직의 견은 날실과 씨실의 올수가 대체로 같은데, 30올에서 50올(올수비 1.34:1)이다.[386] 이러한 조직의 직조방법은 전국시대를 거치며 한대까지 그대로 이어진다. 그 예로 호남성 장사시長沙市 자탄고子彈庫에 위치한 전국시대 목곽묘에서 견직물이 출토되었는데, 날실과 씨실은 36올과 26올(올수비 1.34:1)이었다.[387]

호북성 강릉현江陵縣 마산馬山에 위치한 전국시대 중후기 무덤에서 사직물이 다량 출토되었는데, 그 가운데 견직물이 가장 많았다. 출토된 견직물 가운데 가장 세밀한 것은 N23 포袍에 사용된 질은 황

383 조희승, 앞의 글, 28쪽.
384 南相瑀, 《被服材料學》, 修學社, 1998, 221~222쪽.
385 조희승, 앞의 글, 28쪽.
386 夏鼐, 앞의 글, 14쪽.
387 湖南省博物館, 〈長沙子彈庫戰國木槨墓〉, 《文物》 1974年 第2期, 39쪽.

〈표 3-2〉 장사長沙 좌가당左家塘 초楚무덤 출토 견絹직물 분석표

번호	시료 무덤 이름	날실과 씨실의 구분	날실과 씨실의 올수 (올/㎝)	실직경 (mm)	미크론(μ)으로 환산한 길이	날씨실 올수 (올/cm)	견직물의 종류	조직의 특징
1	長沙 左家塘 楚墓	날실	84	약 0.1	25	1.68	棕色 絹	單層 平紋
2		씨실	50	약 0.1	25			
3		날실	75	약 0.08	20	약 1.66	黃色 絹	單層 平紋
4		씨실	45	약 0.08	20			
5		날실	75	약 0.08	20	약 1.66	褐 絹	單層 平紋
6		씨실	45	약 0.08	20			

색 견으로, 날실과 씨실의 밀도가 큰 차이가 난다. 한 종류는 날실이 158올이고 씨실이 70올(올수비 2.2 5:1)이며, 실직경이 0.11밀리미터였다. 또 다른 종류는 날실이 64올이고 씨실이 34올(올수비 2.52:1)인 것으로, 실직경이 0.08밀리미터였다.[388] 〈표 3-2〉[389]에 따르면 전국 중기의 좌가당左家塘 초楚무덤 평문견의 날실이 84올이고 씨실이 50올(올수비 약 1.68 : 1)이며, 날실이 75올이고 씨실이 45올(올수비 약 1.67 : 1)로 비율이 거의 비슷하여 상商시대나 한漢시대의 것과 유사한 비율을 보여준다. 올수는 일반적인 한대의 직물보다 섬세하지

388 湖北省荊州地區博物館, 《江陵馬山一號楚墓》, 文物出版社, 1985, 31~32쪽; 荊州地區博物館, 〈湖北江陵馬山磚歷一號墓出土大批戰國時期絲織品〉, 《文物》 1982年 第10期, 5쪽.

389 1957년 장사長沙 좌가당左家塘 초묘楚墓에서 발굴된 견직물의 측정된 분석 내용을 정리한 것이다. 날실과 씨실의 실직경 밀리미터를 비교의 편의를 위하여 미크론으로 환산했다. 1미크론은 1,000분의 1밀리미터이며, 부호로는 'μ'로 표시한다.; 熊傳新, 〈長沙新發現的戰國絲織物〉, 《文物》 1975年 第2期, 49~52쪽.

만 날실과 씨실의 실직경이 같은 것으로 보아, 〈표 3-1〉에 보이는 견직물 수준에 미치지 못하는 것으로 분석된다.

고고학적 발굴로 출토된 한대의 사직물은 거의 대부분이 평문 조직으로 짜인 견絹인데, 일반적인 평문견은 날실과 씨실의 올수가 대략 서로 같으며 밀도는 제곱센티미터 당 50~59올(올수비 1.18:1)·40~49올(올수비 약 1.22:1)·60~69올(올수비 1.15:1)이다.[390] 한의 견은 두터운 종류와 얇은 종류가 모두 있지만, 평균적으로 평방미터 당 날실이 43~46올이고, 씨실이 33~36올이다. 이는 현대의 소주素綢와 유사하며[391] 비교적 두텁다는 특징을 가지고 있다고 할 수 있다.

호북성 강릉현江陵縣 마산馬山에 위치한 전국시대 중후기 무덤에서 출토된 견직물의 날실과 씨실의 올수가 약 2.25인 것을 제외하면, 중국의 상商시대로부터 한漢시대에 이르는 기간의 평문견은 대부분 올수비가 약 1.15~1.7이다. 반면에 같은 시대 〈표 3-1〉 평문견의 날실과 씨실 올수의 비율은 대체로 약 1.6~2.8로, 중국 견보다 비율 폭이 크게 나타난다. 또한 중국 견絹의 경우 날실과 씨실의 실 직경이 같은 굵기인데 견주어 〈표 3-1〉의 견은 실직경이 매우 다양하다. 이 같은 사실은 〈표 3-1〉에 보이는 평양 낙랑구역의 평직천이 중국의 사직물이 아니라는 사실을 말해준다.

또한 〈표 3-1〉 고조선 견의 섬유 직경은 약 7~11미크론이다. 이는 현대에 생산되는 견絹섬유 직경의 대체적인 평균 범위인 12~18미크론[392]보다도 훨씬 가는 것으로, 이를 통해 기술의 우수성을 충분히 짐작할 수 있다. 섬유는 가늘수록 품질이 우수한 것이다. 가는 고급사를 만들 때 가는 섬유가 아니면 만들 수 없고, 굵은 실의 경우

390 夏鼐, 앞의 글, 17쪽.
391 夏鼐, 앞의 글, 17쪽.
392 南相瑀, 앞의 책, 37쪽.

도 굵은 섬유를 적게 쓰는 것보다 가는 섬유를 많이 쓰는 것이 외관이나 촉감을 좋게 한다.[393]

조희승은 〈표 3-1〉의 직물 재료는 야생누에가 아니고 가잠누에 가운데 한국에서 생산되는 석잠누에의 고치실로 염색체와 생식세포의 수가 중국의 누에와 다른 것으로 분석했다.[394] 중국의 넉잠누에 섬유생실의 단면크기는 길이가 30~34미크론이고 너비는 8~17미크론으로, 세리신을 제거한 나머지 피브로인이 2.8데니어[395]이다.[396] 반면에 낙랑유적에서 출토된 견직물은 누에고치실에서 생실을 뽑을 때 충분히 끓이지 않고 세리신을 완전히 제거하지도 않고 반숙하여 수직기에서 짠 것이기 때문에 실 섬유들의 굵기가 매우 가늘어 2데니어에 못 미친다고 밝혔다.[397]

고조선 견직물의 특징을 현대의 견섬유 생산이론과 비교해보면 다음의 설명이 가능하다. 현대 고치실의 섬도는 누에의 품종과 사

393 金仁圭·申東泰, 《섬유재료》, 백산출판사, 1996, 36~37쪽.

394 조희승, 앞의 글, 23쪽. "오늘의 모든 뽕누에 체세포의 염색체수(2n)는 56개이고 생식세포(n)는 28개이다. 중국을 비롯한 대륙에 야생하는 메누에도 체세포의 염색체수(2n)가 56개이고 생식세포(n)는 28개이다. 그런데 유독 우리나라에 야생하는 메누에의 반수체(n)만이 27개이다.……중국에도 석잠누에와 넉잠누에가 있다."

395 金仁圭·申東泰, 앞의 책, 37쪽. "데니어(denier)라는 것은 恒長式方法에 의하여 정하여진 일종의 단위로서 일정한 길이에 대한 중량이 비율을 수치로 표시한다. 즉 일정한 길이 450m가 0.05gr일 때 1denier라고 하며,……데니어의 표시는 주로 견, 화학섬유 등의 굵기를 표시할 때 사용된다.

396 조희승, 앞의 글, 28쪽.

397 조희승, 위의 글, 20~24쪽 참조. "중국에도 석잠누에와 넉잠누에가 있다.……사천 석잠누에는 몸에 반점이 없고 체격이 매우 작으며 경과가 빨라서 26일이면 고치를 틀기 시작한다. 고치는 작고 형태는 계란형 또는 짧은 방추형이다. 이 종의 고치는 실량이 적고 섬도가 현저하게 가늘다. 고치질량은 1.106g이며 고치의 색깔은 희다. 중국의 사천 석잠누에는 색깔이 희며 형태는 길둥근형으로서 우리나라의 석잠누에와 생김새가 전혀 다르다. 우리나라의 것은 누런 황견이며 장구형이다. 우리나라 잠학계가 거둔 연구 성과에 의하면 오늘날 중국종이라고 하는 길둥근형 고치품종에서 장구형 고치품종이 절대로 분리될 수 없다고 한다."

육시기에 따라서 차이가 있지만 대체로 2.5~3.0데니어 정도이다.[398] 그러므로 〈표 3-1〉에 보이는 섬유의 굵기가 현대의 섬유보다도 가늘게 생산되었음을 알 수 있다. 또한 〈표 3-1〉의 견絹과 같이 견섬유의 정련 공정에서 약간의 세리신을 남겨두는 것이 탄성을 부여하는 데 더 좋으며, 세리신이 섬유표면에 0.5퍼센트 남아 있는 경우에는 완전히 정련된 경우에 비해 염색은 최고 1.6배나 진하게 된다.[399]

이러한 과학적인 분석내용은 고조선 사람들이 사직물의 직조기술뿐만 아니라 염색기술 방면에서도 높은 수준의 지식을 갖고 있었음을 말해준다. 아울러 고대 한국의 사직물 생산기술이 중국으로부터 온 것이 아니라는 점을 다시 확인시켜 주는 것이다.

위의 분석된 내용으로부터 〈표 3-1〉의 평양 낙랑구역에서 출토된 서기전 3~서기전 1세기에 만들어진 평문견은 모두 중국 사직물의 특징과는 차이를 갖는, 고조선의 석잠누에실로 짠 생산품이라는 점을 알 수 있다. 그런데 한사군 가운데 낙랑군이 설치된 연대는 서기전 108년이다. 만일 낙랑군이 평양 낙랑구역에 있었다면 이들 평문견은 중국 견직물의 특징을 나타내야 할 것이다. 그러나 이들 평문견이 한민족의 생산품인 것으로 분석되었으므로, 낙랑구역에서 출토되는 유적이나 유물들은 한사군의 낙랑군유적이 아니라 고조선 유적으로 인식하는 것이 옳을 것이다. 이러한 사실로부터 한사군의 낙랑군이 대동강유역에 위치했다고 보는 종래의 통설은 문제점을 가진다고 생각된다.

4) 겸縑직물의 특성과 고조선 직조기술의 우수성

평양 낙랑구역의 정백동 200호·정백동 389호·토성동 486호·석암

398 남중희·신봉섭, 《실크과학》, 서울대학교출판부, 1998, 92·133·147쪽.
399 위와 같음.

리 212호무덤에서는 섬세한 겸縑직물이 출토되었다. 이들 목곽무덤의 연대는 대체로 정백동 200호무덤이 서기전 3~1세기 말엽에 속하고,[400] 석암리 212호무덤은 서기전 3세기~서기전 2세기 후반기에 속하며,[401] 낙랑 토성동 486호무덤은 서기전 2세기 전반기에 속한다.[402] 나머지 무덤들은 서기전 2세기 중엽~서기전 1세기 말엽으로 추정되고 있다.[403] 이 시기는 대체로 중국의 전국시대로부터 서한시대 초기에 해당한다.

겸縑이 출토된 무덤과 그 분석내용을 정리한 것은 〈표 3-3〉,[404] 〈표 3-3-1〉[405]과 같다. 같은 낙랑구역에 위치한 〈표 3-3-2〉[406]는 위의 무덤들보다 늦은 연대인 중국의 동한시대에 해당하는 유적으로, 왕우무덤에서 출토된 사직물은 서기 69~서기 133년에 해당하고,[407] 채협총은 서기 45년에 속한다.[408]

위의 표에서 겸縑이 출토된 무덤 가운데 가장 이른 연대가 서기전 3세기경으로 나타나므로, 실제로 한반도에서 겸을 생산하기 시작한

---

400 리순진·김재용, 《락랑구역일대의 고분발굴보고》, 사회과학출판사, 백산자료원, 2002 참조.

401 박신욱, 앞의 책, 149~152쪽; 조선유적유물도감편찬위원회, 《조선유적유물도감》 고조선·부여·진국편, 조선유적유물도감편찬위원회, 1989, 107~108쪽.

402 윤광수, 〈토성동 486호 나무곽무덤 발굴보고〉, 《조선고고》 1994년 제4호, 사회과학원고고학연구소, 18~22쪽.

403 리순진·김재용, 《락랑구역일대의 고분발굴보고》, 사회과학출판사, 백산자료원, 2002 참조.

404 조희승, 앞의 책, 31쪽(조희승은 이 실험분석자료는 "일본 교토섬유대학의 명예교수 누노메 준로가 진행한 비단분석 결과이다" 라고 밝히고 있다).

405 위와 같음.

406 위와 같음.

407 小場恒吉·榧本龜次郎, 《樂浪王光墓》, 朝鮮古蹟硏究會, 昭和 10(1935); 駒井和愛. 《樂浪》, 中央公論社, 昭和 47(1972), 5쪽. 왕우묘에서는 銘文이 있는 칠기가 출토되었는데, 그 가운데 '永平 十二年' 이라는 기록이 있었다. 永平 12년은 東漢시대로 서기 69년이다. 그리고 이 古蹟에서 수집된 木材를 이용해 방사성탄소측정을 한 결과는 서기 133년(1850±250 B.P)이었다.

408 리순진·김재용, 앞의 책, 2002 참조.

〈표 3-3〉 낙랑구역 출토 겸縑직물 분석표

번호	시료 무덤 이름	현재 색깔	날실과 씨실의 구분	비단섬유의 실계측값			날씨실 올수 (올/cm)	날씨실 올수의 비	비단의 종류와 특징	발굴 연도	시기
				실충전도 (퍼센트)	실직경 (미크롬)	섬유직경 (미크롬)					
1	정백동 200호 동쪽관 머리부분의 비단	진한 밤색	날실	33.07	50.87±4.01	8.69±0.99	65	1.91	겸포 (평직)	1940년경	서기전 3~ 서기전 1세기 말
			씨실	19.28	56.71±4.67	9.96±1.67	34				
2	정백동 200호 동쪽관의 배허리 부분비단	진한 밤색	날실	20.41	30.02±3.34	10.63±2.29	68	1.89	겸포 (평직)	1940년경	
			씨실	15.61	43.37±2.36	9.80±1.75	36				
12	낙랑 정백동 389호	진한 밤색	날실	15.38	37.53±2.52	8.03±0.15	41	1.46	평직 (겸포)	1990년경	서기전 2세기 중엽~서기전 1세기 말
			씨실	28.95	103.42±8.32	7.76±0.70	28				

〈표 3-3-1〉 낙랑구역 출토 겸縑직물 분석표

번호	시료 무덤 이름	현재 색깔	날실과 씨실의 구분	비단섬유의 단면 계측 값			날씨실 올수 (올수cm)	날씨실 올수비	비단의 종류	발굴년도	시기
				완전도 (퍼센트)	면적 (미크롬평방)	섬유수					
5	석암리 212호 무덤	진한 밤색	날실	50.5±3.47	49.4±4.30	42	74	1.85	평직 (겸포)	1945 이전	서기전 3~서기전 2세기
			씨실	46.8±2.57	38.2±2.76	50	40				
6		진한 밤색	날실	54.4±3.51	42.9±3.49	31	80	2.42			
			씨실	49.6±2.73	36.4±2.53	51	33				
7		진한 밤색	날실	44.1±4.27	35.8±3.71	38	100	2.50			
			씨실	54.0±3.73	38.2±3.35	50	40				
8		진한 밤색	날실	54.2±4.38	53.1±5.59	39	70	2.33			
			씨실	55.4±3.74	46.6±3.03	51	30				
	낙랑토성 동486호무덤	검은 자색	날실	57.3±4.07	65.3±5.40	30	68(120)	2.62 (4.62)	겸포		기원전후시기
			씨실	50.8±3.77	50.1±5.23	30	26(26)				

〈표 3-3-2〉 낙랑구역 출토 겸縑직물 분석표

번호	시료 무덤 이름	현재 색깔	날실과 씨실의 구분	비단섬유의 단면 계측 값			날씨실 올수 (올수 cm)	날씨실 올수비	비단의 종류	발굴 연도	시기
				완전도 (퍼센트)	면적 (미크롬평방)	섬유수					
1	왕우묘	진한 밤색	날실	66.5±4.69	59.2±9.33	16	76	2.00	평직 (겸포)	1945년 이전	서기45~서기 133년
			씨실	56.7±4.69	67.4±3.74	26	38				
2	〈채협총〉 및 대정 13년 3호무덤	진한 밤색	날실	47.8±3.59	80.6±8.67	30	70	2.33			서기 45년
			씨실	47.6±3.58	64.3±5.54	32	30				
3	〈채협총〉 및 대정 13년 3호무덤	진한 밤색	날실	48.3±3.58	74.7±6.38	36	80	2.00			
			씨실	49.4±4.02	61.6±5.87	42	40				
4	〈채협총〉 및 대정 13년 3호무덤	진한 밤색	날실	45.8±2.81	24.6±2.21	33	80	2.00			
			씨실	46.3±3.07	30.9±2.34	50	40				

상한연대는 잠정적으로 서기전 3세기경 이전으로 거슬러 올라갈 것으로 생각된다.

중국의 경우 한대 이전의 사서史書에서는 겸이 보이지 않아 한대에 와서야 겸이 생산되었다고 할 수 있다. 이렇게 볼 때 고조선에서 겸縑을 생산하기 시작한 연대는 중국보다 앞선다고 하겠다. 실제로 만성滿城 1호 서한묘에서 발견된 겸縑직물 조각의 날실과 씨실의 올수는 75올과 30올(올수비 2.5:1)로,[409] 〈표 3-3〉과 〈표 3-3-1〉에 보이는 겸보다 후대에 생산되었으나 그 조직은 거의 같은 수준의 것이라 생각된다. 중국학자들은 한의 겸縑은 평균적으로 평방 센티미터 당 날실의 올수가 62~80올이고, 씨실의 올수가 35~55올이라고 밝혔다.[410] 이러한 점으로 보아 위 〈표 3-3〉과 〈표 3-3-1〉에 보이는 겸縑은 한漢에서 생산한 겸의 올수와 달리 날실이 28~36올, 26~40올이거나 씨실이 41~68올, 68~100올로 올수비가 대체로 1.46:1~2.62(4.62):1이었다. 이는 중국 겸과 달리 매우 다양한 직조방법을 가진 것을 뜻하며, 성근 조직에서부터 매우 촘촘히 짜인 것에 이르기까지 여러 종류이다. 〈표 3-3〉, 〈표 3-3-1〉의 무덤보다 늦은 시기인 〈표 3-3-2〉에 보이는 출토 직물은 날실이 70~80올이고, 씨실이 30~40올(올수비 2.00~2.33:1)로, 대체로 촘촘히 짜인 직물들이다.

위 표에서 보이는 겸직물의 올수비가 매우 다양한 상태로 나타나는 것은, 당시 사람들이 직조과정에서 변화조직을 만들어 여러 용도에 맞는 직물을 생산했음을 말해준다. 일반적으로 현대의 직조기술에서도 변화조직은 삼원조직을 기초로 여러 가지 방법을 응용하여 새로운 조직을 만들어 내는데, 이는 크게 변화평직, 변화능직, 변화

409 中國社會科學院考古研究所·河北省文物管理處, 《滿城漢墓發掘報告》 上册, 文物出版社, 1980, 155쪽.

410 武敏, 앞의 글, 69~70쪽.

〈표 3-4〉 정백동 무덤 겸縑직물의 실 직경

번호	시료무덤 이름	날실과 씨실	실직경
1	정백동 200호 (머리 부분의 縑)	날실 씨실	약 0.05mm 약 0.056mm
2	정백동 200호 (허리 부분의 縑)	날실 씨실	약 0.03mm 약 0.043mm
3	정백동 389호	날실 씨실	약 0.037mm 약 0.1mm

주자직 등으로 구분된다.[411]

〈표 3-3〉에 보이는 겸縑은 생산기술면에서도 중국의 겸보다 앞서 있었음이 실 직경에서 나타난다. 〈표 3-3〉에서 보이는 겸의 날실과 씨실의 실 직경을 밀리미터로 환산하여 정리하면 다음과 같다.

겸縑은 병사幷絲로 짠 것이다. 그런데 〈표 3-4〉에서 보이는 겸縑의 실 직경은 대체로 〈표 3-2〉에서 보이는 중국 평문견에 사용된 병사幷絲하지 않은 날실이나 씨실의 실 직경인 약 0.1밀리미터·0.08밀리미터보다도 훨씬 가는 것으로 확인된다.[412] 이러한 사실은 〈표 3-3〉과 〈표 3-3-1〉에 보이는 겸縑이 고조선에서 생산된 것이며, 당시 고조선의 누에 실 생산기술이 중국보다 정교했음을 말해준다.

중국 넉잠누에의 섬유생실의 단면크기는 길이가 30~34미크론, 너비 8~17미크론으로, 세리신을 제거한 나머지 피브로인이 2.8데니어 혹은 2.5데니어이다. 이와 달리 우리나라 조선 석잠누에의 조상인 메누에의 고치실은 1.04데니어이다. 위 표에 보이는 겸포의 실섬

411 남중희·신봉섭, 앞의 책, 114쪽 참조.

412 중국의 누에가 넉잠누에(사면잠)인 것과 달리 우리나라의 누에는 석잠누에(삼면잠)이며 이 석잠누에의 누에고치를 반숙하여 뽑은 누에실이기 때문에 실의 굵기가 가늘다. 넉잠누에의 실이 매우 굵고 누에고치도 굵고 무겁다(조희승, 앞의 글, 20쪽 참조).

유들은 굵기가 매우 가늘어 2데니어에 미치지 못했다. 그것은 석잠누에의 누에고치를 반숙하여 뽑은 누에실이었다는 것을 뜻한다.[413]

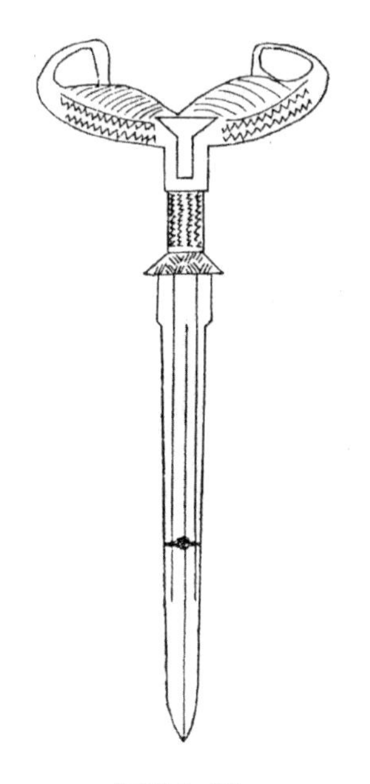

〈그림 3-22〉
토성동 486호무덤에서 출토된 세형동검

위의 표에 보이는 무덤의 연대는 정백동 200호, 정백동 389, 석암리 212호, 낙랑토성동 486호, 낙랑 214호무덤 등이 대체로 고조선시대 후기에 속한다. 정백동 무덤들과 석암리 212호무덤[414]에서는 요녕성과 한반도지역의 특징적 청동기인 세형동검이 출토되어 이 무덤들이 고조선유적인 것으로 확인되었다. 세형동검과 함께 검자루맞추개가 출토되었고, 고조선시대에 자주 사용되었던 마구장식과 청동단추가 함께 출토되었다. 토성동 486호무덤에서는 고조선후기의 특징을 가진 세형동검 일곱자루와 청동, 청동방울, 잔줄무늬거울 등 고조선의 특징을 가진 유물들이 출토되었다.[415] 특히 토성동 486호무덤에서 출토된 세형동검 가운데 촉각식 세형동검(그림 3-22)[416]을 북방의 흉노와 관련된 유물로 보는 견해[417]가 있으나, 이 촉각식 동검은 한민족의 유물로 분류되어야 할 것이다.

413 조희승, 앞의 글, 28쪽.

414 박진욱, 앞의 책, 148~158쪽.

415 조선유적유물도감편찬위원회, 앞의 책, 242~244쪽.

416 이건무, 〈傳 忠南出土 觸角式銅劍에 대하여〉, 《碩晤尹容鎭敎授停年退任紀念論叢》, 1996, 162쪽; 오영찬, 《낙랑군연구》, 사계절, 2006, 60~61쪽, 그림 9.

417 吉林省文物工作隊·長春市文管會·楡樹縣博物館, 〈吉林楡樹縣老河深鮮卑墓群部分墓葬發掘簡報〉, 《文物》 1985年 第2期, 68~82쪽.

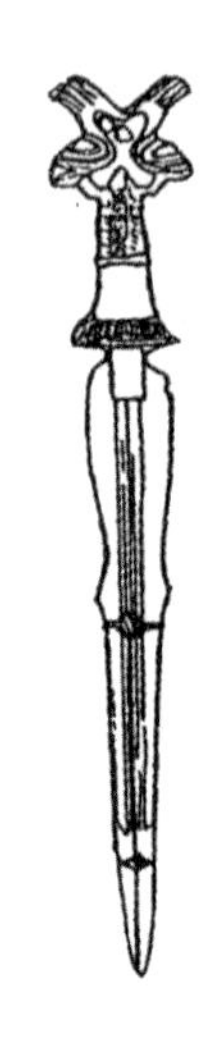

〈그림 3-23〉 교하현에서 출토된 세형동검

길림성 교하현蛟河縣에서 출토된 조형鳥形이 사실적인 '대두쌍조수對頭雙鳥首' 동검(그림 3-23)[418]은 토성동 486호무덤에서 출토된 세형동검을 흉노와 관련된 유물로 보는 견해가 잘못되었음을 알려준다. 지금의 길림성 유수현楡樹縣 노하심촌老河深村의 한 무덤에서 철갑옷 조각과 철투구 조각이 출토되었다. 발굴자들은 이 무덤이 동한시대 초기 또는 이보다 약간 늦은 시기에 속하는, 선비족의 유적[419] 또는 부여족의 유적으로 보았다.[420] 동부여는 고구려가 건국하기에 앞서 해부루왕解夫婁王이 동쪽의 가엽원迦葉原, 즉 지금의 길림성 북부와 내몽고자치구 동부 일부 및 흑룡강성지역으로 이주해 고구려에 투항할 때까지 거주했던 곳이다. 동한시대(서기 25~서기 220년)에 동부여가 길림성지역에 있었으므로 노하심유적은 동부여의 유적으로 보아도 좋을 것이다.

발굴자들은 노하심老河深유적이 요령성 서풍현西豊縣 서차구西岔溝무덤보다 생산력과 사회수준이 발달했으며, 이 두 무덤에서 출토된 유물들이 밀접한 관계를 갖고 있다고 했다.[421] 노하심유적이 동부여의 유적임은 서차구에서 출토된 유물의 특성 비교에서도 확인된다. 서차구무덤은 서한 초에서 선제宣帝 초기에 속하는 흉노족의 유적[422] 또는

418 董學增, 〈吉林蛟河發現 '對頭雙鳥首' 銅劍〉, 《中國考古集成》 東北卷, 靑銅時代(三), 北京出版社, 1997, 2466쪽.

419 주 417과 같음.

420 劉景文, 〈從出土文物簡析古代夫餘族的審美觀和美的裝飾〉, 《中國考古集成》 東北卷 秦漢至三國(二), 北京出版社, 1992, 1242~1245쪽.

421 주 417과 같음.

422 孫守道, 〈'匈奴西岔溝文化' 古墓群的發現〉, 《文物》 1960年 第8·9期, 25~36쪽.

부여족의 유적이라는 두 견해가 있다.[423] 즉, 서차구 유적에서 출토된 조형鳥形 촉각식 동병철검銅柄鐵劍 12개를 근거로 부여족의 유적일 것이라고 추정한 것이다. 이 조형鳥形 촉각식 동검은 한반도에서는 평양과 대구에서 출토되었고, 만주에서는 요녕성과 길림성에서만 출토되었다. 그 밖에는 한반도의 영향을 받았던 일본의 대마도에서만 출토되었을 뿐이다.[424] 이 조형鳥形 촉각식 동병철검銅炳鐵劍의 형식에 대해 대영박물관에서는 스키타이형 검이라고 설명하고 있고, 한국과 일본의 학자들은 내몽고 오르도스 지방에서 출발한 형식이 서차구를 거쳐 한국에 나타났다[425]고 했다.

그러나 이 같은 주장이 매우 성급했음을 알려주는 유물이 발견되었다. 1986년 길림성 교하현蛟河縣에서 발굴된, 다른 동검들보다 자루 부분의 새 모양이 매우 사실적인 '대두쌍조수對頭雙鳥首' 동검이

---

423 董學增, 〈關于我國東北系'觸角式'劍的探討〉, 《中國考古集成》 東北卷 青銅時代(一), 北京出版社, 1992, 35~42쪽.

424 지금까지 발견된 안테나검은 모두 24개이다. 그 중 銅柄銅劍으로 된 것이 10개이고 銅柄鐵劍이 14개이다. 銅柄銅劍으로 된 것은 吉林省의 樺甸縣 西荒山에서 3개가 출토되었고(吉林省文物工作隊·吉林博物館, 〈吉林樺甸西荒山屯青銅短劍墓〉, 《東北考古與歷史》 1982年 第1期), 吉林省 永吉縣 鳥拉街汪屯에서 1개가 출토되었다(陳家槐, 〈吉林永吉縣鳥拉街出土'触角式劍柄'銅劍〉, 《考古》 1984年 第2期). 日本의 對馬島에서도 2개가 출토되었다(中口裕, 《銅の考古學》, 東京, 1972). 또한 출토지는 알 수 없으나 일본인 山本梯二郎이 1개를 소장하고 있고(森貞次郎, 〈關于彌生時代細形劍的傳入－細形銅劍編年的考察〉), 江上波夫의 〈經路刀考〉에 2개가 수록되어 있으며(江上波夫, 〈經路刀考〉 《東方學報》 第3冊), 영국의 Eumorfopoulos씨가 1개를 소장하고 있다(梅原末治, 〈有炳細形銅劍の一新例〉, 《考古學雜誌》 昭和 20年 17卷 第9號). 銅柄鐵劍은 14개인데 遼寧省 西豊縣 西岔溝에서 12개가 출토되었고(孫守道, 〈'匈奴西岔溝文化' 古墓群的發現 《文物》 1960年 第8·9期), 吉林省 東遼縣 石驛鄉에서 1개가 출토되었으며 吉林市 郊兩半山에서 1개가 채집되었다(吉林省文物志編委會, 《吉林市郊區文物志》, 1983). 大英博物館에 所藏되어 있는 안테나劍은 출토지가 정확치 않은데 細形銅劍이므로 한국이나 일본 출토품으로 보기도 한다. 또한 한반도에서는 평양과 대구에서 발견되었으며 평양에서 출토된 것과 비슷한 것이 일본의 對馬 峰村 三根에서 발굴되었다(金元龍, 《韓國考古學研究》, 일지사. 1992, 241~244쪽).

425 金元龍, 앞의 책, 241~261쪽; 秋山進吾, 〈中國東北地方の初期金屬文化の樣相(下)〉, 《考古學雜志》 54-4, 328~329쪽.

바로 그것이다. 발굴자들은 이 동검이 만들어진 시기를 전국시대 초기인 서기전 5세기경으로 보았다.[426] 교하현에서 발굴된 동검 자루 부분의 조형이 간략하지 않고 사실적이라는 점과 교하현의 동검을 비롯하여 서차구와 한국 및 일본에서 발견된 촉각식 검이 모두 세형동검이라는 점은 교하현 지역을 중심으로 조형촉각식 검이 만들어지기 시작했을 가능성을 보여준다. 또한 교하현에서 출토된 동검의 자루에는 고조선지역에서 주로 나타나는 새김문양이 돌려져있고, 노하심유적과 서차구유적에서 모두 고조선 유적에서만 나타나는 문양을 가진 청동장식단추와 청동방울이 발굴되었다. 이상의 사실들은 노하심유적과 서차구유적 및 교하현유적이 모두 한 민족의 유적임을 알려주는 충분한 증거가 될 것이다.

또한 석암리 212호무덤유적에서는 세형동검이 출토되었고, 낙랑구역 정백동의 부조예군무덤에서는 고조선 유물의 특징인 여러 개의 청동방울과 함께 '부조예夫租薉(濊)군君' 이라고 새겨진 은인銀印이 출토되었는데,[427] '부조예군' 은 고조선과 위만조선에서 사용했던 관직명이었음이 이미 밝혀진 바 있다.[428] 이러한 고고학 자료에 대한 연구결과와 함께 평양 낙랑구역에서 출토된 사직물이 고조선의 특징을 갖는 것으로 밝혀져 이를 뒷받침한다. 왕우무덤(석암리 205호무덤)에서 출토된 칠기에는 "영평永平 12년" 이라는 명문이 있었다. 영평 12년은 동한東漢 명제明帝시대로, 서기 69년이다. 이로 보면 왕우무덤이 조성된 연대는 서기 69년보다 이르지 않을 것이다.

토성지역에서는 '낙랑예관樂浪禮官' · '낙랑부귀樂琅富貴' 등의 명문

426 董學增, 〈吉林蛟河發現 '對頭雙鳥首' 銅劍〉, 《中國考古集成》 東北卷, 青銅時代(三), 北京出版社, 2466~2467쪽.

427 백련행, 〈부조예군(夫租薉君) 도장에 대하여〉, 《문화유산》 1962년 제4호, 58~61쪽.

428 尹乃鉉, 《韓國古代史新論》, 일지사, 1986, 325~326쪽.

〈그림 3-24〉 '낙랑부귀樂琅富貴'와 '낙랑예관樂浪禮官' 명문이 있는 기와

이 있는 기와(그림 3-24)가 출토되었다.[429] 기와에 낙랑이라는 문자가 새겨진 것이 출토되어 이 지역을 한사군의 낙랑군지역으로 보는 중요한 근거가 되었다. 그러나 오히려 이 지역에는 최리가 다스렸던 낙랑국이 있었기 때문에, 낙랑예관·낙랑부귀 등의 명문이 보이는 것은 당연한 것으로 보아야 할 것이다. 따라서 이러한 명문은 이 지역이 반드시 한사군의 낙랑군이었다는 증거가 될 수 없다.

기와의 명문은 서예사 연구에서도 중국과 구별되는 한민족의 특징을 나타내는 것으로 고찰되었다. 기와 명문의 필획에 나타나는 특징에서 볼 때, 중국의 와전瓦塼명문이 명문을 중심으로 문양과 독립적으로 발전한 데 견주어 낙랑의 와전명문은 문양과 밀접한 관계를 가지면서 문양적 성격을 강하게 띠고 있다. 낙랑와전樂浪瓦塼명문에서 나타나는, 필획이 문양화하고 점획이 원점화圓點化하는 특징을 지적할 수 있다. 이러한 현상은 문자를 주된 장식 수단으로 하는 중국

429 關野貞 等, 〈樂浪郡時代の遺蹟〉-古蹟調査報告 第4冊, 朝鮮總督府, 昭和 2年(1927年), 172~284쪽. 그림 107·103. '樂琅富貴'의 와당에는 '樂浪'이 '樂琅'으로 되어 있다.

미술과 달리, 문양을 주된 장식수단으로 하는 우리나라 미술의 특징을 잘 반영하고 있다.[430]

〈표 3-3-2〉의 채협무덤(남정리 116호무덤)에서는 목찰이 출토되었다. 목찰木札의 내용은, "비단 3필을 옛 관리인 조선승 전굉이 아전을 보내어 가지고 가서 제사 지내게 한다"는 내용이다. 이 내용에 대하여 북한학자 손영종은 조선승 전굉이 그 부근에 살고 있었다고 주장하는 견해도 있으나, 오히려 전굉이 채협무덤 피장자 밑에서 복무하다 먼 곳인 낙랑군으로 가서 조선승이 되었기 때문에 자신이 오지 못하고 사람을 시켜 재물을 보냈다고 해석해야 한다고 주장했다.[431] 또한 일제시대 토성지역에서는 약 2백 개의 봉니가 출토되었는데 모두 위조품으로 분석되었다.[432]

이상의 분석 결과들은 표에 보이는 정백동 200호, 정백동 389, 석암리 212호, 낙랑 토성동 486호, 낙랑 214호무덤 등을 대체로 고조선시대 후기에 속하는 한민족의 유적으로 해석하는 근거가 된다.

5) 나羅직물의 특성과 최리낙랑국 직물의 다양성

서기전 3~서기 2세기에 속했을 것으로 추정되는 낙랑 214호 ㄹ 441-2와 낙랑 214호 ㄹ 44-11의 무덤에서 정교하게 짜인, 무늬 있는 나羅가 출토되었다. 이 나직물에 대한 분석내용을 정리하면 아

---

430 柳在學, 《樂浪瓦塼銘文의 書藝史的 考察》, 홍익대 석사논문, 1988 참조.

431 손영종, 〈락랑문화의 조선적 성격〉, 《력사과학》 2005年 第1號, 과학백과사전출판사, 43쪽.

432 손영종, 〈락랑문화의 유적유물에 대하여〉, 《력사과학》 2005年 第4號, 과학백과사전출판사, 64쪽. 분석결과에 대하여 "'樂浪大尹長'이란 봉니가 3개 나왔는데 그 글씨체가 다 다르며 또 '大尹'이란 신나라(서기 9~서기 23년)때 왕망이 '태수'를 고친 관직명이라고 하는데 그때 군 이름도 '樂鮮'으로 고쳤으니 마땅히 '樂鮮大尹長'으로 되어있어야 한다"고 설명했다. 또한 2백 개 봉니의 흙이 발송한 지방마다 다른 흙으로 만들어져야 하는데 모두 낙랑구역의 흙으로 만들어져 위조품이라 했다.

〈표 3-5〉 낙랑구역 출토 나羅직물 분석표

번호	시료무덤 이름	현재 색깔	날실과 씨실의 구분	비단섬유의 실계측값			날씨실 올수 (올/cm)	날씨실 올수의 비	비단의 종류와 특징	발굴 연도	시기
				실충전도 (퍼센트)	실직경 (미크롬)	섬유직경 (미크롬)					
3	조선중앙력사 박물관 등록번호 ㄹ441-2	진한 밤색	날실	44.37	64.30±4.29	9.23±1.22	69	2.16	1올 무늬 항라천	1940년경	서기전 1세기 중엽~서기전 1세기 말
			씨실	22.21	69.40±3.43	8.55±0.35	32				
11	락랑 214호ㄹ441-11 〈서관홍부라는 기입이 있음〉	진한 밤색	날실	51.74	53.90±6.57	12.30±2.33	96	2.67	1올 무늬 항라천	1940년경	
			씨실	27.14	75.40±5.99	13.10±3.23	36				

래의 〈표 3-5〉와 같다. 〈표 3-5〉의 무늬 있는 나羅직물 2개는, 날실과 씨실이 69올과 32올(올수비 2.16:1) 혹은 96올과 36올(올수비 2.67:1)로, 비교적 섬세하게 직조된 섬유이다. 이를 중국의 나직물과 비교하면, 1971년 전국시대에 해당하는 유성교瀏城橋 초楚무덤에서 나羅에 가까운 성근 조직의 방안사方眼紗가 출토되었는데, 날실과 씨실의 올수가 42올과 32올이었다.[433] 이로부터 중국학자들은 주대周代부터 원시적인 나사羅沙조직이 시작되었다고 보면서도, 그 직법이 여전히 평직이고 '나사조직羅紗組織'은 아니라고 분석했다. 단지 날실과 씨실의 밀도가 모두 비교적 성글어 네모난 구멍이 보인다고 했다.[434]

또 다른 중국 직물의 예로 1957년에 하남성 신양信陽 초묘楚墓에서 발굴된 동주東周시대에 해당하는 사직물을 들 수 있다. 발굴자들은 그것을 방목사方目紗로 추정했다.[435] 이로 보아 중국에서는 전국시대에 나羅에 가까운 방목사나 방안사 등이 직조되었고, 이것이 발달하여 한대에 와서 비교적 정교한 나羅가 생산되었음을 알 수 있다. 한대에도 이 같은 평문平紋조직의 방공사方孔紗가 있었는데, 날실과 씨실의 밀도는 23.5올과 20올로 역시 성글었다.

낙음조랍諾音鳥拉에서 출토된 MP937호, MP1729호 표본도 위와 같이 날실과 씨실의 밀도가 23.5올과 20올의 성근 종류의 평직사平織紗였다. 이 같은 종류의 평직 방목사는 항상 유골의 두개골 옆에서 출토되고, 어떤 경우에는 도칠涂漆의 흔적도 보이고 있어 관책冠幘의 잔편임을 알게 해준다.[436]

호북성 강릉현江陵縣에 있는 전국시대 중후기에 속하는 마산馬山 1

433 《光明日報》, 1971年 11月 16日.
434 夏鼐, 앞의 글, 15쪽.
435 위와 같음.
436 夏鼐, 앞의 글, 15~17쪽.

호무덤에서 출토된 사紗는 날실과 씨실의 올수가 46올과 26올로,[437] 유성교劉城橋 초묘에서 출토된 사紗보다 성근 편이다. 같은 마산 1호무덤에서 출토된 나羅의 경우 날실과 씨실의 올수가 46올과 42올로,[438] 역시 성근편이다. 2장에서 분석했듯이 마산 1호무덤에서는 매우 수준 높은 섬세한 직물들이 출토되었음에도 불구하고, 나羅직물의 수준은 그에 미치지 못하는 것으로 나타난다.

중국학자들은 주대周代부터 나羅직물이 생산되었다고 주장하지만 위에서 분석된 바와 같이 그 직법은 여전이 평직으로, 나직羅織은 아니다. 단지 날실과 씨실의 밀도가 모두 낮기 때문에 네모진 구멍이 만들어진 것이다. 지금까지 살펴 본 바와 같이 중국에서는 전국시대 나羅에 가까운 방목사나 방안사 등이 직조되었고, 이것이 발달하여 한대에 와서 정교한 나羅가 생산되었다. 그러나 위의 〈표 3-5〉에 보이는 나직羅織은 중국보다 생산시기가 앞설 뿐만 아니라 중국의 나직羅織보다 조직이 세밀하다. 이러한 상황으로부터 〈표 3-5〉에 정리한 나羅직물은 고조선의 직물임이 분명함을 알 수 있고, 또한 고조선이 중국보다 앞서 나羅직물을 생산했을 가능성이 크다는 사실도 알 수 있다. 아래에서 서술하겠지만 고조선의 나羅직물이 중국의 것보다 세밀한 점에서도 그러한 추정이 가능하다.

한대漢代의 나羅직물로는 장사長沙 마왕퇴馬王堆 1호 한漢 무덤 340-17에서 출토된 나羅조직을 들 수 있다. 이 나羅조직은 날실과 씨실이 46올과 42올(올수비 약 1.09:1)로, 역시 성근 편이다.[439] 화문花紋이 있는 나羅직물로는 민풍民豐에서 1959년에 출토된 동한시대의

437 荊州地區博物館, 〈湖北江陵馬山磚廣一號墓出土大批戰國時期絲織品〉, 《文物》 1982年 第10期, 5쪽.

438 荊州地區博物館, 위의 글, 10쪽.

439 湖南省博物館·中國科學院考古研究所, 《長沙馬王堆一號漢墓》, 文物出版社, 1973; 上海市紡織科學研究院·上海市絲綢工業公司文物研究組, 《長沙馬王堆一號漢墓出土紡織品的研究》, 文物出版社, 1980.

화라花羅는 날실과 씨실의 밀도가 66올과 26올(올수비 약 2.53 : 1)이었는데, 만성滿城 서한西漢무덤에서 1968년에 출토된 화라華羅의 직법도 이와 같았다.[440] 또한 서기 1세기에 속하는 동한東漢시대 왕우王盱무덤에서 출토된 능문라菱紋羅도 같은 직물이다. 〈표 3-5〉에 보이는 고조선의 무늬 있는 나羅직물의 경우(서기전 1세기 말~중엽), 날실과 씨실의 밀도는 69올·32올(올수비 약 2.15 : 1)과 96올·36올(올수비 약 2.67 : 1)로, 후대에 만들어진 중국의 동한시대 나羅직물보다 오히려 세밀한 직물이 보인다.

장사 마왕퇴 한대 무덤에서 출토된 340-18호 능문라菱紋羅는 날실과 씨실이 센티미터 당 104올과 34올이었다. 이 조직은 무척 복잡한 조직인데 4올의 날실을 1조로 하여(즉, 2올 아래 날실과 또 다른 2올의 날실을 꼬아 1올의 날실로 하여 육각형의 세밀한 구멍이 이루어지게 하여[441]), 결국 꼬아진 26올의 날실과 씨실 34올(올수비 약 1.31:1)로 이루어진 직물이었다고 하겠다.

중국의 평직천은 위에서 설명했듯이 날실과 씨실의 실 직경이 같은 굵기였다. 하남성 신양信陽 초楚 무덤에서 출토된 방목사에 대해 발굴자들은 "사직품絲織品의 직법이 현재 보통 볼 수 있는 면직품과 같으나, 단지 날실이 비교적 굵고 씨실이 비교적 가늘다"[442]고 설명했다. 이처럼 중국의 평직천은 날실과 씨실의 실 직경이 같거나 날실이 비교적 굵은 편이다. 이와 달리 고조선의 사직물은 나羅뿐만이 아니라 평직견이나 겸직縑織 모두 날실이 씨실보다 실 직경이 가늘게 나타난다. 이는 현대의 사직물 직조방법과 비슷한 것이다.[443]

---

440 夏鼐, 앞의 글, 18쪽.

441 張宏源, 〈長沙漢墓織綉品的提花和印花〉, 《文物》 1972年 第9期, 50~65쪽.

442 《河南信陽楚墓出土文物圖錄》, 1959, 4쪽, 圖 170~175. "絲織品的織法, 與現在常見的棉織品相同, 不過經線較粗而緯線較細."

443 "經絲(날실-warp)란 織物의 길이의 方向실로 일반적으로 緯絲에 비하여 꼬임도 많고 强한 실에 풀을 먹여 사용한다. 그 까닭은 織機에서 큰 힘을 받으며, 또한

위의 분석으로부터 다음의 내용이 정리된다. 첫째, 고조선과 중국에서의 나羅직물 직조 재료인 누에실 생산기술 및 직조기술의 차이와 나羅직물의 생산 시작연대가 고조선이 중국보다 앞선다는 점은 고조선의 나羅직물 생산기술이 중국으로부터 수입된 것이 아닌, 독자적인 것임을 입증해준다. 둘째, 낙랑유적에서 출토된 나직물이 중국의 것과 성격이 다르므로, 낙랑구역에서 출토된 나직물은 한사군의 하나인 낙랑군에서 만든 것이 아님을 알 수 있다.

서기 1세기에 속하는 동한시대 왕우무덤에서는 2장에서 분석된 겸직물 이외에 능문라菱紋羅가 출토되었다.[444] 왕우무덤에서 출토된 칠기에는 '建武 二十一年(서기 45년)' '建武 二十八年(서기 52년)' '永平 十二年(서기 69년)'의 기년紀年이 보이고 있어, 이 무덤의 주인공은 적어도 서기 1세기 초에서 말에 걸쳐 살았던 사람이라 할 수 있다. 이는 〈표 3-5〉에서 보이듯이, 왕우무덤의 주인공보다 앞서 이 지역에서 섬세한 무늬 있는 항라천을 생산했던 고조선 사람들의 우수한 직조기술을 이은 것이라 하겠다.

위의 〈표 3-1〉·〈표 3-3〉·〈표 3-3-1〉·〈표 3-3-2〉에서 분석된 내용을 종합하면 다음의 내용이 정리된다. 첫째, 서기전 3세기에서 서기 2세기에 속하는 직물이 출토된 평양 낙랑구역의 여러 무덤에서는 한민족이 생산한 석잠누에의 사직물만이 출토되었다. 둘째, 낙랑구역에서 출토된 사직물은 같은 시기 중국의 것보다 품질이 우수하고, 독창적인 직조방법과 염색기술의 결과물이다. 셋째, 이러한 사실을 종합해 볼 때, 적어도 위 표에 보이는 직물들이 생산된 서기전 3세기에서 서기 2세기까지의 기간에 평양지역에는 한사군의 낙랑군이 위치한 것이 아니라 한민족이 거주했음을 알 수 있다.

북의 往來時 많은 摩擦을 받기 때문이다." 南相瑀. 앞의 책, 221쪽 참조.

444 주 384와 같음.

대동강유역에서 발굴한 유적에서 낙랑과의 관계를 보여주는 유물이 출토되자, 그것을 모두 한사군의 낙랑군에 관한 것으로 해석한 일본인들의 견해가 잘못이었음을 다시 확인한 셈이다. 사실상 지금까지 대동강유역에서 발견된 유물과 유적에는 이 지역이 한사군의 낙랑군이 있던 지역이었다는 기록을 보여주는 것은 없다. 그러면 이 시기 평양의 낙랑구역에는 어떠한 정치세력이 살았을까?

고대 문헌에 나타난 낙랑은 한사군의 낙랑뿐만 아니라 여러나라 시대 최리왕이 다스리던 낙랑국이 있었다. 일찍이 이익과 신채호가 한사군과 다른 최리의 낙랑국이 대동강유역에 위치했을 것으로 밝혔다. 이익은 낙랑을 낙랑군과 낙랑국으로 나누고 낙랑군은 요동지역에, 낙랑국은 대동강유역에 위치했을 것으로 보았다.[445] 이와 달리 신채호는 낙랑을 남낙랑과 북낙랑으로 나누었다. 남낙랑은 대동강유역의 낙랑국이고 최리왕이 다스렸던 나라이며, 북낙랑은 한사군의 낙랑군이라 했다.[446] 그 연구 내용에서 조금씩 차이가 나타나지만, 이후 리지린[447]과 윤내현[448]이 대동강유역에 있었던 낙랑은 한사군의 낙랑군이 아니라 최리의 낙랑국인 것으로 밝힌 바 있다.

최리가 다스렸던 낙랑국의 위치에 대한 다음의 문헌 기록들이 있다. 《삼국사기》 〈고구려본기〉 대무신왕大武神王 15년조(서기전 3년)에 고구려 대무신왕의 아들 호동이 옥저에 놀러 갔다 낙랑국의 최리왕을 만나 나눈 대화가 있다. 최리왕이 호동에게, "그대의 용모

445 李瀷, 《星湖僿說類選》 卷1下, 〈天地篇〉 下, 地理門 四郡條 참조.

446 申采浩, 《朝鮮上古史》, 丹齋 申采浩全集 上, 丹齋 申采浩先生記念事業會, 1978, 141쪽.

447 리지린, 〈삼국사기를 통해 본 고조선의 위치〉, 《력사과학》, 1966년 제3호, 20~29쪽. 리지린은 대동강유역에 위치했던 낙랑은 한사군의 낙랑군이 아니라 최리왕이 다스리던 낙랑국이었다고 밝혔다.

448 윤내현, 《한국열국사연구》, 지식산업사, 1998, 112~149쪽. 한사군의 낙랑군은 지금의 난하 동부유역에, 대동강유역에는 최리왕의 낙랑국이 있었다고 밝혔다.

를 보니 보통 사람이 아니다. 그대가 북쪽 나라 신왕의 아들이 아닌가?" 하고 물었다.[449] 최리왕이 대화에서 고구려가 북쪽 나라라고 표현한 것으로 보아 최리의 낙랑국은 고구려의 남쪽에 위치하고 있었을 것으로 생각된다.

그러면 당시 고구려 영토의 남쪽 경계는 어디인지 알아보기로 한다. 《삼국사기》〈고구려본기〉 태조대왕太祖大王조에, 고구려는 "4년(서기 57년) 가을 7월에 동옥저를 정벌하고 그 땅을 빼앗아 성읍을 만들고 동쪽 경계를 개척하여 바다에 이르고 남쪽으로는 살수薩水에 이르렀다"고 했다.[450] 대무신왕 이후 태조대왕 시기까지 고구려 남쪽 국경에 변화가 있었다는 기록은 보이지 않는다. 그러므로 대무신왕 때의 남쪽 국경도 살수, 즉 청천강이었을 것으로 생각된다.[451] 따라서 최리낙랑국의 위치는 청천강 이남이 되어야 할 것이다.

《후한서》〈동이열전〉의 예전濊傳에는 예의 서쪽에 낙랑이 있다고 했고,[452] 한전에서는 마한의 북쪽에 낙랑이 있고 남쪽으로 왜와 가깝게 있다고 했다.[453] 마한이 당시 북쪽으로 황해도 지역에 있었으므로,[454] 앞의 《후한서》〈동이열전〉에 설명된 낙랑은 최리왕의 낙랑국으로, 그 위치는 대동강유역으로 고구려의 남쪽 경계와 맞닿아 있었다고 할 수 있다.

---

449 《三國史記》 卷14 〈高句麗本紀〉 大武神王 15年條. "夏四月, 王子好童, 遊於沃沮, 樂浪王崔理, 出行因見之, 問曰, 觀君顔色, 非常人, 豈非北國神王之子乎, 遂同歸以女妻之."

450 《三國史記》 卷15, 〈高句麗本紀〉 太祖大王 4年條. "四年, 秋七月, 伐東沃沮, 取其土地爲城邑, 拓境東至滄海, 南至薩水."

451 李丙燾, 《國譯 三國史記》, 乙酉文化社, 1980, 238쪽.

452 《後漢書》 卷85 〈東夷列傳〉 濊傳. "濊北與高句麗·沃沮, 南與辰韓接, 東窮大海, 西至樂浪."

453 《後漢書》 卷85 〈東夷列傳〉 韓傳. "韓有三種, 一日馬韓, 二日辰韓, 三日弁辰, 馬韓在西, 其北與樂浪, 南與倭接."

454 윤내현, 《고조선연구》, 512~526쪽.

앞의 〈표 3-5〉에 보이는 나羅직물은 서기전 1세기 전후에 속한 것이었다. 이 시기 실제로 낙랑국이 대동강유역에 있었는지를 알아보기로 한다. 낙랑국의 존속기간을 살펴보면, 최리왕이 다스렸던 낙랑국은 가장 이른 기록이 서기전 28년이므로[455] 건국은 이보다 앞섰을 것이다. 이후 낙랑국은 고구려 대무신왕 15년(서기 32년)에 낙랑왕 최리의 공주가 왕자 호동의 지시로 적이 나타나면 알려주는 고각鼓角을 부수게 되어 고구려의 침략을 받아[456] 국력이 차츰 약화되었다. 이후 5년이 지나 서기 37년에 고구려에게 멸망했다.[457] 다시 서기 44년에 낙랑국은 동한 광무제의 도움으로 재건되어[458] 서기 300년에 대방국과 함께 신라에 투항할 때까지 존속했다.[459]

위의 내용으로 볼 때, 낙랑국은 적어도 서기전 1세기경에 건국되어 서기 300년까지 존속했으므로, 표에 보이는 서기전 1세기 전후에 속하는 나羅직물과 견絹직물 및 서기 2세기경에 속하는 겸縑직물들은 낙랑국의 유물일 가능성이 크다. 또한 낙랑국이 대동강유역에 있었다는 사실과, 한사군의 낙랑군이 서기 313년에 고구려 미천왕에게 축출되었다[460]는 사실을 연관하여 보았을 때, 다음의 사실이 정리된다. 서기 300년에 멸망한 낙랑은 대동강유역에 있던 최리왕의 낙랑국이었고, 서기 313년에 고구려의 침략을 받은 낙랑은 한사군의 낙랑군이었다는 사실이다. 아울러 일본인들이 한사군의 유적과 유물로 해석한 낙랑구역에서 발굴한 유적과 유물은 최리낙랑국의 것

---

455 《三國史記》 卷1 〈新羅本紀〉 始祖 赫居世居西干 30年條 참조.

456 《三國史記》 卷14, 〈高句麗本紀〉 大武神王 15年條 참조.

457 《三國史記》 卷1, 〈新羅本紀〉 儒理尼師今 14年條, "高句麗王無恤, 襲樂浪滅之."

458 윤내현, 《한국열국사연구》, 지식산업사, 1998, 130~135쪽.

459 《三國史記》 卷2, 〈新羅本紀〉 基臨尼師今 3年條, "3월에 牛頭州에 이르러 太白山에 望祭를 지냈다. 낙랑과 대방 兩國이 귀복하였다(三月, 至牛頭州, 望祭太白山, 樂浪·帶方兩國歸服)."

460 《三國史記》 卷17, 〈高句麗本紀〉 美川王 14年條, "고구려가 서기 313년에 낙랑군을 치고 남녀 2천여 명을 사로잡았다(十四年, 侵樂浪郡, 虜獲男女二千餘口)."

이라 할 수 있다.

낙랑구역의 여러 무덤에서는 칠기가 다수 출토되었다. 이들 칠기를 서한무덤과 흉노무덤 등에서 출토된 칠기와 비교한 결과 이는 황실용으로, 낙랑군의 관리나 일반인들이 사용할 수 있는 물건이 아니었음이 밝혀진 바 있다.[461]

최리왕의 낙랑국에서 생산한 연練직물은 품질이 우수하여 중국에 널리 알려졌다. 이 낙랑 연練을 한사군의 낙랑군에서 생산한 것으로 보는 견해가 있으나,[462] 앞에서 말했듯이 석잠누에 실로 짠 천은 한민족의 생산품이다. 《설문해자》에 따르면 연은 삶아 짠 증繒이라 했다.[463] 《급취편急就篇》에서 안사고는 연을 삶은 겸縑이라 했다. 《주례周禮》 〈천관天官〉의 폭연暴練에 대해 정원鄭元은 햇볕에 쏘여 본래의 색을 바래게 한 뒤 희게 만드는 것이라고 했다.[464] 그러므로 연은 사직물을 삶아 희게 만드는 것을 뜻한다. 탈색은 햇볕에 쪼이거나 삶아 햇볕에 쪼이는 두 가지 방법이 있다. 《후한서》 〈명덕마황후기明德馬皇后紀〉에 나오는 "상의대연군常衣大練裙"의 대연군大練裙에 대해 이현李賢은 '큰 천(大帛也)'[465]이라고 했지만, 이는 탈색하여 희고 깨끗해진 천으로 만든 치마라는 뜻이다. 낙랑국의 탈색기술은 중국에서도 정교하기로 이름이 나 있었다.[466] 신라 조분助賁 이사금 17년(서기 247

---

461 姜炅求, 〈樂浪漆器의 問題點〉, 《韓國上古史學報》 제14호, 한국상고사학회, 1993, 409~414쪽.

462 尹龍九, 〈三韓의 朝貢貿易에 대한 一考察-漢代 樂浪郡의 교역형태와 관련하여〉, 《歷史學報》 第162輯, 1998, 16~17쪽.

463 《說文解字》. "練, 湅繒也."

464 《周禮》, 〈天官〉 染人. "染人掌染絲帛. 凡染, 春暴練, 夏纁玄." 鄭元 注: "暴練, 練其素而暴之故."

465 《後漢書》 卷10 〈明德馬皇后紀〉 李賢 注: "大練, 大帛也" 라고 했다.

466 《太平御覽》 卷820 〈魏文帝詔〉. "무릇 진귀한 것이 나는 곳은 모두 중국 및 서역인데, 다른 지역의 토산물이 이에 못 미친다. 代郡의 黃布가 세밀하고, 樂浪의 練이 깨끗하며, 江東의 太末布가 희지만, 白疊이 곱고 깨끗함만 못하다(夫珍玩所生, 皆中國及西域, 他方物比不如也. 代郡黃布爲細, 樂浪練爲精, 江東太末布爲白,

년)과 자비慈悲 마립간 21년(서기 479년)의 기록, 그리고 백제 아신왕阿莘王 14년(서기 406년)의 기록에 '연練'으로 묘사된 것[467]으로 보아, 신라와 백제에서도 낙랑국의 영향을 받아 서기 3세기 이전부터 사직물의 탈색기술이 크게 발달했음을 알 수 있다. 따라서 연은 직조 방법보다는 가공, 즉 탈색기술로 분류된 것이라고 하겠다.

이상의 분석으로부터 낙랑구역에서 출토된 직물들이 한사군의 낙랑군이 아니라 낙랑국의 생산품이라는 사실이 밝혀졌다. 서기 1세기 초에 속하는 석암리 9호무덤에서 출토된 용무늬금띠고리[468]의 금세공기술도 중국에 유례가 없는 것으로, 중국 한漢문화로 볼 수 없다고 분석된 바 있다.[469] 또한 낙랑구역의 무덤들에서 출토된 유리구슬의 분석 결과, 이웃나라의 것과 달리 산화연을 유리의 주원료로 사용한 연유리와 소다유리, 회분유리 등으로 밝혀졌다. 이는 한민족 유리의 특징을 가지는 것이다.[470] 이처럼 대동강유역 유물에 관한 다양한 분석은 낙랑유적의 금속유물들이 중국의 것이 아니라는 견해[471]와 함께 복식방면에서도 종래의 잘못된 견해를 수정할 수 있는 근거가 되었다.

皆不如白疊鮮潔也)."

467 《三國史記》 卷2 〈新羅本紀〉 助賁王 17年條. "겨울 10월에 동남방에 흰 기운이 練을 필로 편 듯했다(冬 十月, 東南有白氣如匹練)"; 《三國史記》 卷3 〈新羅本紀〉 慈悲王 21年條. "봄 2월에 밤에 붉은 빛이 練을 필로 편 듯이 땅에서 하늘까지 뻗쳤다(春二月, 夜赤光如匹練, 自地至天)."; 《三國史記》 卷25 〈百濟本紀〉 阿莘王 14年條. "봄 3월에 흰 기운이 왕궁 서쪽으로부터 일어나니 연을 필로 편 듯했다(白氣自王宮西起, 如匹練)."

468 조선유적유물도감편찬위원회, 앞의 책, 142~143쪽.

469 永島暉臣愼, 〈樂浪遺蹟の發掘と硏究の現狀〉, 《彌生人の見た樂浪文化》, 大阪府立彌生文化博物館, 1993, 77~78쪽.

470 강승남, 〈평양부근 고대유적에서 드러난 유리구슬의 화학조성과 그 재질에 대한 고찰〉, 《조선고고연구》 1993년 제3호, 39~43쪽.

471 강승남, 〈락랑유적의 금속유물에 대하여〉, 《조선고고연구》, 사회과학원고고학연구소, 1996년 제2호, 37~43쪽; 로철수, 〈대동강유역에서의 금속가공기술에 대하여〉, 《조선고고연구》 1999년 제1기, 사회과학출판사, 39~42쪽.

6) 닫는 글

평양 낙랑구역 무덤에서 출토된 견絹직물과 겸縑직물, 나羅직물에 대해 분석한 내용을 중국 사직물과 비교하여 고조선 직물의 정체를 밝혀보았다. 우리 민족의 사직물 생산은 신석기시대로 거슬러 올라갈 뿐만 아니라 독자적으로 발전했다는 사실을 확인하고, 나아가 과거 일본인들이 낙랑구역에서 출토된 사직물을 중국의 생산품이라고 단정한 것이 잘못이었음을 알 수 있었다.

중국 견絹이 날실과 씨실의 실직경이 같은 굵기인 것에 견주어, 고조선의 견絹은 실직경이 매우 다양하다. 현대의 직조기술에서도 날실은 씨실보다 꼬임이 많고 강한 실을 사용하고, 씨실은 날실보다 일반적으로 굵고 꼬임이 적은 것을 사용한다. 낙랑구역의 견은 이러한 조건을 모두 충족하고 있는 것으로 나타난다. 또한 견의 섬유직경은 약 7~11미크론으로, 현대에 생산되는 견 섬유 직경보다도 가늘어 그 기술의 우수성을 확인할 수 있다. 실의 정련공정에서 약간의 세리신을 남겨두고 있어 탄성을 부여하는 데 좋고 염색에도 큰 효과가 있는 것으로 나타나, 고조선 사람들은 염색기술 방면에서도 높은 수준에 이르러 있었음이 드러났다. 이와 같이 고대의 같은 시기에 생산된 한국의 견과 중국 견이 서로 다른 특징을 보여주는 것은, 평양 낙랑구역의 평직천 생산 기술이 중국으로부터 수입된 것이 아님을 말해준다.

또한 고조선의 겸縑 직조연대는 중국보다 앞선 것으로 나타났다. 고조선에서 겸縑을 생산하기 시작한 연대는 서기전 3세기경보다 이를 것으로 생각되는데, 이는 늦어도 중국의 전국戰國시대 후기에 해당한다. 그러나 중국에서는 이보다 늦은 한대漢代에 와서야 생산되었다. 겸縑직물의 경우 날실과 씨실의 올수 비율이 다양한 수치로 나타나는 것은 직조과정에서 용도에 맞게 변화조직을 만들었다는 사실을 말해준다. 고조선 겸縑은 병사로 짰음에도, 그 실 직경이 중국 평문견에 사용된 병사并絲하지 않은 날실이나 씨실의 것보다도 매우 가늘다. 또한 날실과 씨실의 올수도 고조선의 겸이 중국의 것보다 세밀했다. 이러한 사실은 낙랑구역에서 출토된 겸직물이 중국직물이 아니며, 오히려 중국 겸직물보다 정교했음을 말해준다. 중국 넉잠누에 섬유생실의 단면크기를 살펴보면 세리신이 제거된 피브로인이 2.8데니어 혹은 2.5데니어라는 것을 알 수 있으나, 이와 달리 조선 메누에의 고치실은 1.04데니어이다. 낙랑구역에서 출토된 겸직물의 실섬유는 굵기가 2데니어에 미치지 못해, 이것이 석잠누에의 누에실이라는 것을 나타낸다.

고조선의 나羅직물은 중국보다 생산 시작연대가 앞설 뿐만 아니라 세밀한 특징을 가진다. 중국의 나羅는 날실이 비교적 굵고 씨실은 가늘었는데, 고조선의 것은 날실이 씨실보다 가늘어 현대의 사직물 직조방법과 비슷하다. 날실과 씨실의 밀도도 고조선의 나羅직물이 중국보다 세밀했다. 이 또한 고조선의 나羅 생산 기술이 중국으로부터 수입된 것이 아닌, 독자적인 것임을 입증해주는 것이다.

한사군 가운데 낙랑군이 설치된 연대는 서기전 108년이다. 만일 낙랑군이 평양 낙랑구역에 위치해 있었다면 이들 사직물은 중국직물의 특징을 드러내야 한다. 그러나 낙랑구역에서 출토된 직물들이 모두 고조선의 석잠누에실로 짠 생산품인 것으로 분석되어, 낙랑구역에서 출토되는 유적이나 유물들은 한사군의 낙랑군유적이 아니라 고조선 유적으로 인식된다. 또한 낙랑구역에서 출토된 사직물들은 같은 시기 중국의 것보다 품질이 우수하고, 독창적인 직조방법과 염색기술을 가졌다. 이러한 사실을 종합해 볼 때, 적어도 위 표에 보이는 직물들이 생산된 서기전 3세기에서 서기 2세기까지의 기간에 평양지역에는 한사군의 낙랑군이 위치한 것이 아니라 한민족이 거주했음을 알 수 있다.

이처럼 낙랑구역의 직물이 보여주는 여러 사실들은 한사군의 낙랑군이 대동강유역에 위치했다고 보는 종래의 통설에 문제점이 있다는 것을 뜻한다. 일본인들이 대동강유역에서 발굴한 유적에서 낙랑과 관계를 보여주는 유물이 출토되자, 그것들을 모두 한사군의 낙랑군에 관한 것으로 해석한 것이 잘못이라는 점을 다시 확인한 셈이다. 사실상 지금까지 대동강유역에서 발견된 유물과 유적에는 이 지역이 한사군의 낙랑군이었다는 기록을 보여주는 것은 없다.

실제로 낙랑구역의 무덤에서는 직물과 함께 중국이나 북방지역에서 만들어진 유물도 출토되었지만 주로 한민족의 유물이 다량 출토되었다. 요녕성과 한반도지역의 특징적 청동기인 세형동검과 함께 검자루 맞추개가 출토되었고, 고조선시대에 자주 사용한 마구장식과 청동단추, 청동방울, 잔줄무늬거울 등이 출토되었다. 또한 기와에 '낙랑예관' 또는 '낙랑부귀' 등의 명문이 새겨진 것이 출토되어, 이 지역에 최리왕이 다스렸던 낙랑국이 있었을 것으로 추정된다.

고대 문헌에 나타난 낙랑에는 한사군의 낙랑군뿐만 아니라 여러 나라시대 최리왕이 다스렸던 낙랑국이 있다. 《후한서》 〈동이열전〉에는 예의 서쪽에 낙랑이 있다고 했고, 한전에서는 마한의 북쪽에 낙랑이 있는데, 마한은 당시 황해도 지역에 위치하고 있다고 했다. 이러한 내용으로 보아 《후한서》 〈동이열전〉에 설명된 낙랑은 최리왕의 낙랑국으로, 그 위치는 대동강유역이며 고구려의 남쪽 경계인 청천강과 가깝게 위치하고 있었을 것이다.

최리왕의 낙랑국은 적어도 서기전 1세기경 이전에 건국되어 서기 300년까지 존속했으므로 분석표에 보이는 서기전 1세기 전후에 속하는 낙랑구역의 나羅직물과 견絹직물, 또한 서기 2세기경에 속하는 겸縑직물은 낙랑국의 유물일 가능성이 크다. 따라서 사서에 기록된 서기 300년에 멸망한 낙랑은 최리왕의 낙랑국으로 대동강유역에 있었고, 서기 313년에 고구려의 침략을 받은 낙랑은 한사군의 낙랑군이었다는 사실이 확인된다. 아울러 일본인들이 한사군의 하나인 낙랑군의 유적과 유물로 해석한 평양 낙랑구역에서 발굴한 유적과 유물들은 최리왕의 낙랑국 문화라는 것을 알 수 있다. 그러므로 당시 대동강유역에는 최리왕의 낙랑국이 있었기 때문에, 한사군의 낙랑군이 대동강유역에 위치했다는 주장은 성립할 수 없다.

이처럼 복식자료는 고고학적 유물로서, 문화적 정체성을 시각적으로 보여주는 결정적 자료가 된다. 복식자료의 특성 연구는 곧 지역문화의 정체성을 밝히고, 복식 양식의 분포 연구는 민족국가의 지리적 경계를 파악하는 데까지 이를 수 있다. 그러므로 고고학과 결합한 고고복식학이 학계의 과제인 것처럼, 복식학과 지리학이 결합한 복식지리학도 복식학의 새로운 영역으로 개척할 필요가 있다.

제 4 장

고조선복식과 장식기법의 독창성

1
복식양식의 조형의지와 정형화

고조선복식은 고고학의 출토자료로 보아 매우 화려하고 현대적이다. 한반도와 만주지역의 많은 고조선 무덤유적에서는 직물조각과 의복에 장식했던 여러 종류의 장식품이 출토되어, 고조선 사람들의 복식재료와 장식양식의 갖춤새가 어떠한 변천사를 가졌는지 시대별로 잘 보여주고 있다.

고조선복식은 모자에서 신발에 이르기까지, 절제된 장식기법으로 일정한 양식을 갖추어 생명력 있는 조형의지를 표현하고자 한 것이 특징이다. 그들은 복식 위에 다양한 재료로 만든 장식을 단순반복과 사방연속 등 일정한 이치를 가지고 논리적으로 표현하여, 생동감을 나타내는 아름다운 조형미를 이루기도 했다.

고조선 사람들이 청동장식단추와 구슬로 장식한 모자와 함께 입었던 윗옷과 겉옷, 아래옷도 모자 못지않게 화려하고 다양한 장식을 했던 것으로 나타난다. 윗옷과 겉옷은 주로 마직물과 사직물, 모직물, 가죽, 모피, 면직물 등을 사용해서 만들었고, 그 위에 뼈, 뿔, 옥, 청동, 철, 금과 은, 유리 등을 재료로 한 장식을 달아 화려한 복식양식을 정형화해 나갔다.

위에 나열한 장식품의 재료 가운데 청동장식단추[1]는 고조선복식에 가장 많이 사용된 것으로, 화려한 장식기법을 이루며 독창성과 고유성을 잘 보여주고 있다. 청동장식단추는 크기와 형태, 문양의

---

1 '銅泡' 라는 명칭은 중국 고고학자들에 의해 붙여진 이름이며, 서양학자들은 이것을 단추와 비슷하다고 하여 '청동단추(bronze button)' 라 부른다. 필자는 고조선의 경우 이를 옷·신발·활집·투구·마구 등 여러 곳에 장식용으로 사용했으므로 청동장식단추로 분류하고자 한다.

양식, 사용구조 등을 서로 달리하며 공간에서 융통성 있게 조합할 수 있는 특징을 지녀, 고조선 사람들의 자유로운 조형의지와 잘 부합된다. 특히 청동장식단추 표면에 표현한 문양은, 대부분 한반도와 만주지역에서 출토되는 질그릇이나 가락바퀴 등에 보이는 한민족의 특징적 고유문양인 새김무늬[2]가 대부분이다. 이러한 청동장식단추의 특징은 고조선의 영역을 밝혀주는 실증적 근거이자 시각적 기호가 되기도 한다.[3]

고조선 사람들은 복식의 장식기법과 직조기법뿐 아니라 염색기법에서도 과학적인 수준을 이루었다. 이는 신석기시대부터 자연의 재료에서 염료를 채취하여 질그릇에 채색을 하거나 벽화를 그리고 의복에 물감을 들이는 등 채색과 염색을 생활화한 것에서도 잘 드러난다. 실제로 신석기시대 여러 유적에서는 한민족이 고조선 이전 시기부터 다양한 색상의 염료를 사용하기 시작했다는 사실이 나타난다. 좋은 예로, 요령성 적봉시 오한기에 위치한 조보구趙寶溝유적(서기전 5000~서기전 4400년)의 채색질그릇, 심양 부근 신락新樂유적(서기전 5000년경)에서 채색질그릇과 함께 출토된 염료와 연마기 등을 들 수 있다. 또한 홍산문화(서기전 4500~서기전 3000년)에 속하는 우하량유적(서기전 3500년경)[4] 여신묘 벽화에서는 채색된 화려한 기하학문양이 보인다.[5] 이처럼 신석기시대부터 발달한 채색과 염색기법은 고조선시대에 오면 복식에 더욱 적극적으로 사용되기 시작한다.

또 다른 예로 평양 낙랑유적에서 출토된 고조선의 염색된 사직물을 들 수 있다. 이 천은 모두 의복에 색깔 있는 문양을 그려 넣거나

---

2 박선희, 《한국고대복식-그 원형과 정체》, 지식산업사, 2002, 547~612쪽.

3 윤내현·박선희·하문식, 《고조선의 강역을 밝힌다》, 지식산업사, 2006 참조.

4 許玉林, 〈東北地區新石器時代文化概述〉, 《中國考古集成》 東北卷 新石器時代(一), 北京出版社, 1997, 52쪽.

5 楊虎, 〈關于紅山文化的幾個問題〉, 《慶祝蘇秉琦考古五十五周年論文集》, 文物出版社, 1989.

색실로 문양을 직조하였고, 염색한 천 위에 색실로 수를 놓는 등 다양한 기법으로 화려한 복식문화의 갖춤새를 표현했다.[6] 이처럼 고조선 사람들은 모자와 윗옷, 아래옷, 겉옷, 신발에 이르기까지 염색기법과 직조기법을 통해 옷 전체를 아름다운 색의 조합으로 만들었다. 그 위에 장식기법으로 곳곳에 구슬과 장식단추 등을 사용하여 조합의 예술적 성취를 끌어올렸다.

이 논문은 문헌자료와 고고학의 출토자료 등을 근거로 고조선복식양식과 장식기법의 고유성을 밝혀보고자 한다. 그리고 고조선 사람들의 직조기법과 염색기법 등 다양한 복식양식에 나타난 조화와 정체성을 확인해 보고자 한다. 고조선복식에서 보이는 고유성과 특수성에 대한 고찰이, 한민족 복식의 원형을 중국이나 북방 호복계통으로부터 오거나 영향을 받았다는 종래의 견해를 수정할 수 있는 근거가 되길 기대한다.

6 朴仙姬, 〈평양 낙랑유적 복식유물의 문화성격과 고조선〉, 《단군학연구》 제20호, 단군학회, 2009, 143~190쪽.

2
관모양식과 장식기법의 우수성

관모는 머리모양과 밀접한 관계를 가지며 고유양식과 장식의 갖춤새가 이루어진 것이다. 고대 한민족의 머리모양을 먼저 살펴보고 그 위에 썼던 관모의 양식과 장식에 대하여 고찰해보기로 한다. 《후한서》와 《삼국지》, 《진서晉書》 등에서는 고대 한민족이 머리를 틀어 올려 상투머리를 했다고 밝히고 있다.[7] 이 기록들은 고조선이 붕괴된 뒤에 형성된 한韓에 관한 것이지만, 상투머리양식은 고조선으로부터 계승되었을 것이다.

고조선의 머리양식은 신석기시대부터 갖추어졌을 것으로 생각된다. 실제로 신석기시대 한반도와 만주의 유적에서는 머리를 틀어 올리고 꽂았을 머리꽂이가 골고루 출토된다. 신석기시대의 머리꽂이는 주로 새의 뼈와 뿔 등 가벼운 재료로 만들었고, 옥이나 돌, 질그릇조각으로도 만들었다.[8] 이러한 출토자료로부터 고조선 이전 시기 한반도와 만주지역에 거주하던 사람들이 머리꽂이를 사용해 일정한 머리양식을 갖추기 시작했음을 알 수 있다.

홍산문화에 속하는 내몽고 파림우기巴林右旗 나사태那斯台유적에서 출토된 돌로 만든 석인石人의 머리양식은 틀어 올린 상투모양[9]으로, 위의 사실을 확인할 수 있다. 이러한 머리양식은 같은 시대 북방지

7 《後漢書》 卷85 〈東夷列傳〉 韓條. "대체로 머리를 틀어 묶고 상투를 틀어 내놓으며……(大率皆魁頭露紒……)."; 《三國志》 卷30 〈烏丸鮮卑東夷傳〉 韓傳. "그들의 성질은 굳세고 용감하며 머리카락은 틀어서 묶고 상투를 드러내는데 마치 날카로운 병기와 같다(基人性彊勇, 魁頭露介如炅兵)."

8 朴仙姬, 〈유물자료로 본 고조선 이전시기의 복식문화 수준〉, 《단군학연구》 제20호, 2009, 101~109쪽.

9 巴林右旗博物館, 〈內蒙古巴林右旗那斯台遺址調査〉, 《中國考古集成》 東北卷 新石器時代(一), 北京出版社, 1997, 542쪽.

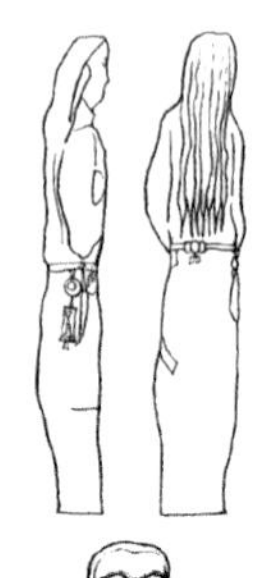

〈그림 4-1〉 신강지역에서 출토된 석인상과 모사도

〈그림 4-2〉 홍산문화유적에서 출토된 인형식

역의 석인상(그림 4-1)[10]이 긴 머리를 틀어 올리지 않고 그대로 늘어뜨린 것과 구별된다. 한민족의 유적일 것으로 추정되는 홍산문화에서 출토된 조개껍질로 만든 인형(그림 4-2)[11]도 틀어 올린 머리모양을 하고 있다.

고조선시대에는 머리꽂이를 금속으로 만들기도 했는데, 춘추시대 후기에 속하는 요령성 금서錦西 사과둔沙鍋屯유적에서는 금金으로 만든 18센티미터 길이의 머리꽂이가 출토된 것이 그를 보여준다.[12] 이

10 李肖冰, 《中國西域民族服飾研究》, 新疆人民出版社, 1995, 30~32쪽, 그림 25·26·31.

11 戴煒·侯文海·鄭耿杰, 《眞賞紅山》, 內蒙古人民出版社, 2007, 190쪽.

12 韓立新, 〈錦西沙鍋屯發現春秋晚期墓葬〉, 《中國考古集成》 東北卷 靑銅時代(二),

〈그림 4-3〉 신라시대 초기의 기마인물형 토기 **〈그림 4-4〉** 신라시대 초기의 인물상 토기

처럼 서열이 높은 금속인 금으로 머리꽂이를 만들어 사용했던 것은, 당시 틀어 올린 머리모양이 복식양식에서 큰 의미를 가졌기 때문이라고 생각된다. 같은 춘추시대에 속하는 고조선의 유적인 오한기 초보산 제사유적에서 출토된 남지상[13]도 정수리 위로 틀어 올린 머리모양을 하고 있다(그림 1-9 참조). 농경문청동기에 보이는 농기구를 들고 있는 두 사람도 머리를 틀어 올렸고(그림 1-10 참조),[14] 신라시대 초기 토우(그림 4-3, 그림 4-4)[15]의 머리모양도 마찬가지여서, 오래전부터 한민족은 모두 크고 작은 머리꽂이를 사용했을 것으로 생각된다.

北京出版社, 1997, 1580쪽.

13 昭國田, 《敖漢旗文物精華》, 內蒙古文化出版社, 2004 참조.

14 金元龍, 《原始美術》, 동화출판사, 1973, 그림 82; 국립중앙박물관 소장.

15 秦弘燮, 《土器 土偶 瓦塼》-韓國美術全集 3, 同和出版公司, 1974, 40쪽, 그림 31; 97쪽, 그림 929.

이처럼 선사시대부터 형성된 머리모양은 고조선시대 한반도와 만주지역에 널리 정형화되어, 머리모양에 따라 모자도 틀어 올린 머리를 덮을 수 있도록 만들었을 것이다. 따라서 고대 한민족의 관모는 상투를 덮을 수 있도록 높게 만들어, 관모 폭이 넓지 않고 높이가 있는 변弁이나 절풍折風과 같은 모자[16]가 발달했을 것이다.

실제로 고대 한민족의 관에 대하여 《후한서》의 〈동이열전〉 서序에서는, "동이는 거의 모두 토착민으로, 술 마시고 노래하며 춤추기를 좋아하고, 변을 쓰고 금錦으로 만든 옷을 입었다"[17]고 했다. 그리고 동한東漢시대 한반도와 만주에 거주하던 한민족이 공통적으로 변을 관으로 사용했다고 했는데, 이들은 모두 토착인이라 했으므로 이는 변을 고조선시대부터 사용했을 것으로 생각된다. 변은 《석명釋名》의 〈석수식釋首飾〉에서 두 손을 서로 마주칠 때와 같은 모습으로 설명한 것으로 보아,[18] 고깔의 모습이었을 것으로 생각된다. 이 같은 변은 고조선이 멸망한 뒤 여러나라에서 모두 사용했던 것으로, 그 모습은 다음과 같이 나타난다.

부여 사람들의 틀어 올린 머리양식이 길림시 모아산帽兒山유적에서 출토된 청동으로 만든 사람(그림 2-14 참조)[19]에서 보이는데, 이러한 머리양식에 쓴 모자가 동한시대 초기에 속하는 흑룡강성 액이고납우기額爾古納右旗 납포달림拉布達林의 동부여 무덤유적에서 출토된 인형식人形飾(그림 2-15 참조)[20]에서 확인된다. 발굴자들은 이 유

16 朴仙姬, 《우리금관의 역사를 밝힌다》, 지식산업사, 2008 참조.

17 《後漢書》 卷85 〈東夷列傳〉 序. "東夷率皆土著, 憙飮酒歌舞, 或冠弁衣錦."

18 《釋名》, 〈釋首飾〉. "弁如兩手相合抃時也."

19 黃斌·黃瑞, 《走進東北古國》, 遠方出版社, 2006, 72쪽.

20 內蒙古文物考古研究所·呼倫貝爾盟文物管理站·額爾古納右旗文物管理所, 〈額爾古納右旗拉布達林鮮卑墓郡發掘簡報〉, 《中國考古集成》 東北卷 兩晋至隋唐(一), 北京出版社, 1997, 114~122쪽, 117쪽, 圖 6-2. 이 유적 M24묘에서 출토된 銅鈴은 고조선 銅鈴의 특징인 타원형을 하고 있고, M6무덤에서 출토된 잔줄무늬 銅鏡과 청동장식단추 등도 고조선 유물의 특징을 그대로 보이고 있어 이 유적이 동부여의 것임을 뒷받침한다.

적을 선비족의 유적일 것으로 추정하지만, 이 시기 이 지역에는 동부여가 있었기 때문에 자작나무 껍질로 만든 인형식은 동부여의 유물이다.

신라의 경우도 경주 황남리에서 출토된 남자 토우들이 대부분 고깔 모습을 한 관을 쓰고 있어, 고조선을 이어 변을 썼음을 알 수 있다. 부여에서 출토된 토기편에 보이는 변의 모습(그림 2-20 참조)에서 백제에서도 변을 사용했음이 확인되는데, 양쪽에서 영纓을 내려 턱밑에서 묶었음을 알 수 있다. 고구려에서도 백성들은 변을 많이 썼다.[21]

고구려의 대가大加와 주부主簿는 변 이외에 중국의 책幘과 비슷한 관을 썼고, 소가小加는 절풍을 썼다. 이 책과 절풍의 모습에 대해 《후한서》의 〈동이열전〉 고구려전에서는 "대가와 주부는 모두 책을 썼는데, 책과 같기는 하지만 뒤로 늘어뜨리는 부분이 없다. 소가는 절풍을 썼는데, 그 모양이 변과 같다"[22]고 했다. 요녕성 여순시旅順市 철산구鐵山區의 고구려 초기 무덤에서 출토된 도용陶俑[23]은 고구려 사람들이 썼던 책의 실제 모습을 잘 보여준다.

고구려는 고조선을 계승했으므로 고구려 사람들이 착용했던 이 같은 책과 절풍은 변과 마찬가지로 고조선 때부터 사용했던 것이라 하겠다. 실제로 고조선시대의 유적인 함경북도 무산군 무산읍 범의구석유적 청동기 문화층에서 출토된 남자조각품은 머리 위가 둥근 모습으로 높이 올라가 있어,[24] 절풍을 쓴 것으로 보인다. 서포항유적

21 《舊唐書》 卷199 〈列傳〉 高(句)麗傳. "國人衣褐戴弁."; 《新唐書》 卷220 〈列傳〉 高(句)麗傳. "庶人衣褐, 戴弁."

22 《後漢書》 卷85 〈東夷列傳〉 高句麗傳. "大加·主簿皆著幘, 好冠幘而無後, 其小加著折風, 形如弁."

23 于臨祥, 〈考古簡訊－旅順老鐵山發現古墓〉, 《考古通訊》 1956年 第3期, 60~61쪽.

24 조선유적유물도감편찬위원회, 《조선유적유물도감》 1－원시편, 조선유적유물도감편찬위원회, 1998, 148쪽.

청동기문화층의 두 곳에서 출토된, 흙으로 만든 남자 인형은 모자를 쓴 것으로 보이는데, 머리 위부분이 양옆으로 퍼지면서 각을 이루고 있어 책의 모습과 흡사하다.[25] 이와 같은 모습의 인형이 길림성 통유현通榆縣 오포산敖包山 신석기시대 유적에서도 출토되었다.[26] 이러한 유물들이 갖는 공통성은, 한민족을 형성했던 주체세력이 일찍부터 한반도와 만주에 거주했던 토착인이었음을 알려준다. 고분벽화에 보이는 관모와 고분에서 출토된 유물로부터, 고구려와 신라, 백제, 가야, 등에서 절풍을 많이 썼음을 알 수 있다. 이러한 분석 내용으로 고대 한민족은 고조선시대부터 변과 책, 절풍을 모든 지역에서 썼음을 알 수 있다. 그러면 이 관들에는 어떠한 장식이 더해졌을까?

《위서魏書》의 〈열전〉 고구려전에 "머리에는 절풍을 쓰니 그 모양이 변과 비슷하고, 양옆에 새의 깃을 꽂았는데, 귀천에 따라 차이가 있다"[27]고 했다. 이로부터 고구려에서 남자들은 모두 변과 비슷한 모양의 절풍을 쓰며, 귀천에 따라 차이가 있도록 새깃을 꽂았음을 알 수 있다. 사인士人은 새깃 두 개를 더 꽂았으므로,[28] 일반인들도 절풍에 새깃을 꽂았을 것이다. 이는 무용총 수렵도에서 일부 기마인이 절풍에 새털을 가득히 꽂은 모습과, 무용도에서 무용하는 사람이 절풍에 몇 가닥의 새털을 꽂은 모습 등에서 확인된다. 북부여에서도 관冠에 새깃을 꽂았다.[29] 백제는 조배朝拜나 제사 지낼 때 절

25 김용간·서국태, 〈서포항원시유적발굴보고〉, 《고고민속론문집》 제4집, 사회과학원출판사, 1972, 118·131쪽.

26 王國范, 〈吉林通榆新石器時代遺址調査〉, 《中國考古集成》 東北卷 新石器時代(二), 1997, 1933~1938쪽; 載麗君, 〈敖包山遺址的陶人〉, 《中國考古集成》 東北卷 新石器時代(二), 1997, 1943쪽.

27 《魏書》 卷100 〈列傳〉 高句麗傳. "頭著折風, 其形如弁, 旁揷鳥羽, 貴賤有差."

28 《隋書》 卷81 〈列傳〉 高(句)麗. "人皆皮冠, 使人加揷鳥羽(사람들은 모두 가죽관을 쓰는데, 사인은 새의 깃을 더 꽂는다)." 위의 '使人'을 《北史》 卷94 〈列傳〉 高句麗傳에서는 '士人'이라 했다.

29 李奎報, 《東明王篇》. "漢 神雀 3년 壬戌年에 하느님이 태자를 보내어 扶余 王의

풍에 새깃을 꽂았던 것으로 보아,[30] 고구려와 마찬가지로 백제의 일반인들도 새깃을 사용했음을 알 수 있다. 이처럼 모자에 새깃을 꽂는 풍습은 신라도 마찬가지였다. 한반도와 만주지역의 여러 나라들이 모두 이와 같이 새깃을 꽂는 동일한 풍습을 가진 것은 고조선의 풍습을 이은 것이라 하겠다.

모자에 새깃을 꽂는 것 이외에도 부여,[31] 고구려,[32] 백제,[33] 신라, 가야 등의 여러나라에서는 금과 은, 옥 등으로 모자를 장식했다. 이는 중국이나 북방지역에서 볼 수 없는 것으로, 고조선을 계승해 화려하고 수준 높은 관모양식을 보여준다.

고조선시대 초기에는 신석기시대에 많이 사용되었던 뼈와 조개껍질 또는 다양한 색상의 돌, 옥, 흙을 구워 만든 구슬 등으로 만든 장식품을 모자 위에 청동장식과 함께 사용했다. 이후 청동기술이 발달하면서 모자 위에 뼈구슬과 함께 청동을 재료로 하는 장식을 더 많이 사용하여 그 모습이 이전보다 화려해졌다. 이처럼 모자에 다양한 장식을 한 양식은 고조선의 여러 유적에서 골고루 나타난다. 예를 들어 고조선시대 초기의 유적인 요령성 창무현彰武縣 평안보平安堡 3기문화층에서는 뼈로 만든 구슬이 625개 출토되었다. 대부분이 묘주의 머리와 목 부분에서 출토된 것으로 보아, 모자에 달고 목에 둘

옛 도읍에 내려가 놀게 했는데, 解慕漱라 이름했다.……웅심산에 머물다가 십여 일이 지나서야 비로소 내려왔다. 머리에는 烏羽冠을 쓰고 허리에는 용광의 칼을 찼다(漢神雀三年壬戌歲, 天帝遣太子降遊扶余王古都号解慕漱,……止熊心山經十餘日始下. 首戴烏羽之冠, 腰帶龍光之劍)."

30 《北史》 卷94 〈列傳〉 百濟傳. "若朝拜祭祀, 其冠兩廂加翅, 戎事則不(朝拜나 제사 지낼 때에는 관의 양쪽 곁에 (새의) 깃을 꽂았으나 군사 일에는 그렇지 않았다)."

31 《三國志》 卷30 〈烏丸鮮卑東夷傳〉 扶餘傳. "以金銀飾帽."

32 안악3호분 묘주의 백라관, 용호동 1호 고분에서 출토된 금동봉황장식, 집안현에서 출토된 금동 관장식, 요령성 북표현 방신촌·조양현 십이태향 원태자촌·전초구에서 출토된 금 관장식, 광개토왕릉 출토 금관 등.

33 무령왕릉 출토 금 관장식, 중상총 출토 금동 관장식, 능산리 36호분 출토 은 관장식, 척문리 고분출토 은 관장식 등.

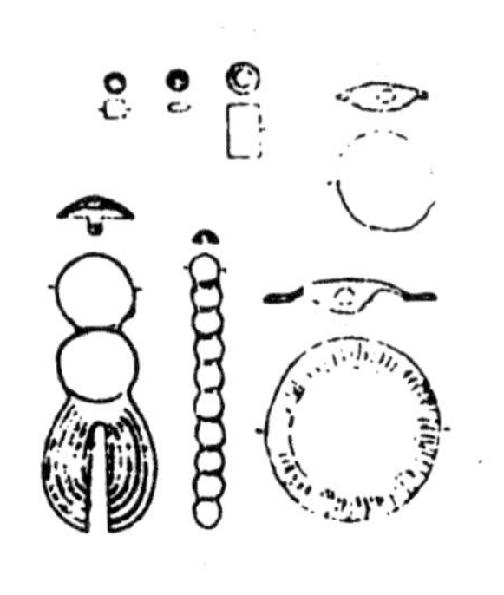

〈그림 4-5〉
적봉 약왕무덤에서 출토된 청동장식단추와 구슬

렀던 장식품으로 판단된다.[34] 이처럼 모자에 달았던 장식과 목걸이를 같은 종류의 재질로 만들어 사용한 차림새는 서기전 11세기경에 속하는 요령성 객좌喀左화상구和尙溝무덤에서도 나타난다. 이 무덤에서는 비파형동검과 함께 직경 0.2밀리미터의 청동실로 만든 목걸이가 목 부분에서 출토되었고, 이 목걸이와 함께 사용했을 모자 위에서 직경 1.7센티미터의 청동장식단추들이 출토되었다.[35]

서기전 11~서기전 9세기경에 속하는 하가점 상층문화유적인 적봉赤峰 약왕묘葯王廟 M11유적에서는 다양한 모양의 머리꽂이와 함께 뼈구슬 289개와 청동장식단추, 여러 모양의 청동구슬이 모두 105개 출토되었다(그림 4-5).[36] 서로 다른 재질과 모양의 장식들은 주로 묘주의 머리와 목, 가슴, 다리 위에서 출토되었다. 발굴자들은 청동장식단추의 뒷면에 천이 붙었던 흔적이 있다는 사실을 근거로, 이를 모자와 의복 위에 장식했던 것으로 추정했다. 특히 연이은 구슬모양의 청동장식단추는 마실로 꿰어 모자에 장식했던 것으로 생각되는데, 모두 80줄이나 된다. 가장 큰 청동장식단추는 직경이 3~3.3센티미터로 뒷면에 꼭지가 있고 줄문양이 있다. 중간크기의 것은 직경이 1.7~1.8센티미터로 문양은 없고, 작은 크기의 것은 반원모양으로 문양이 없으며 직경은 0.8~0.9센티미

34 遼寧省文物考古研究所·吉林大學考古學系, 〈遼寧彰武平安堡遺址〉, 《中國考古集成》 東北卷 青銅時代(二), 1997, 1554쪽.

35 遼寧省文物考古研究所·喀左縣博物館, 〈喀左和尙溝墓地〉, 《中國考古集成》 東北卷 青銅時代(二), 北京出版社, 1997, 1458쪽.

36 中國科學院考古研究所內蒙古工作隊, 〈赤峰葯王廟, 夏家店遺址試掘報告〉, 《中國考古集成》 東北卷 青銅時代(一), 北京出版社, 1997, 663쪽, 圖 30의 부분.

터이다. 이처럼 약왕묘유적에서는 다양한 크기의 장식단추를 모자와 의복 위에 자유롭게 장식했던 갖춤새가 보인다.

고조선에서는 청동장식단추를 모자에서뿐만 아니라 의복과 신발, 활집, 갑옷, 투구 등 복식의 여러 부분에 다양하게 사용했다.[37] 갑옷과 투구에 관한 내용은 제6장 4절에서 상세히 다루고자 한다.

이후 고조선을 계승한 고구려에서는 의복뿐만 아니라 금관과 관장식에도 일정하게 장식단추모양의 장식을 사용했다. 백제와 신라, 가야에서도 절풍과 금관, 금동관 등에 금이나 은으로 만든 세움장식을 꽂고, 금과 은, 옥으로 만든 장식을 금실과 은실로 꿰어 매달거나 금박장식을 하기도 했다.[38] 이처럼 여러나라시대 관모는 고조선의 관모양식뿐만 아니라 고조선에서 널리 사용했던 청동장식단추 또한 관모장식에 그대로 계승하여 한민족의 고유한 복식 갖춤새로 자리매김했음을 알 수 있다.

---

37 中國科學院考古研究所內蒙古工作隊, 〈赤峰葯王廟·夏家店遺址試掘報告〉, 《中國考古集成》 東北卷 靑銅時代(一), 1997, 678~680쪽; 조선유적유물도감편찬위원회, 앞의 책, 70쪽; 박진욱, 《조선고고학전서》, 과학백과사전종합출판사, 1997, 50쪽·57~58쪽.

38 梅原末治, 〈慶州金鈴塚飾履發掘調査報告〉, 《大正十三年度古蹟調査報告》, 朝鮮總督府, 1932, 216~217쪽; 濱田耕作·梅原末治, 〈慶州金冠塚と其遺寶〉, 《古蹟調査特別報告》 第3冊, 朝鮮總督府, 1924; 吉林省文物考古研究所·集安市博物館, 《集安高句麗王陵－1990~2003年 集安高句麗王陵調査報告》, 文物出版社, 2004; 충남역사문화원, 《공주수촌리유적 현장설명회자료》, 2003.

3
윗옷양식과 장식기법의 독창성

(1) 윗옷과 겉옷양식 및 염색기법

고조선 사람들은 장식단추와 구슬로 장식한 모자와 함께 입었던 윗옷과 겉옷에도 모자 못지않게 화려하고 다양한 장식을 했던 것으로 나타난다. 윗옷과 겉옷은 주로 마직물과 사직물, 모직물, 가죽, 모피 등으로 만들었고 그 위에 뼈, 뿔, 옥, 청동, 철, 금과 은 등을 재료로 한 장식을 달아 화려한 복식양식을 정형화했다.

한민족은 장식기법뿐만 아니라 염색기법도 과학적인 수준을 이루었다. 신석기시대부터 풀, 꽃, 흙, 열매, 뿌리, 곤충, 돌 등의 자연의 재료로부터 염료를 채취하여, 질그릇에 채색을 하거나 벽화를 그리고 의복에 물감을 들이는 등 채색과 염색을 생활화했다.

문헌자료에 따르면 고대 한민족이 입었던 윗옷은 삼衫과 유襦로 분류된다.[39] 고구려의 남자들은 윗옷으로 삼을 입고 여자들은 윗옷으로 유를 입었다.[40] 이는 백제와 신라 또한 마찬가지였다.[41] 고대 중

39 《北史》 卷94 〈列傳〉 高句麗傳. "服大袖衫."; 《北史》 卷94 〈列傳〉 高句麗傳. "婦人裙襦加襈."; 《南史》 卷79 〈列傳〉 百濟傳. "襦曰複衫."; 《舊唐書》 卷199 〈列傳〉 高(句)麗傳. "衫筒袖."; 《新唐書》 卷220 〈列傳〉 新羅傳. "婦長襦."; 《梁書》 卷54 〈列傳〉 新羅傳. "襦曰尉解." 참조.

40 《周書》 卷49 〈列傳〉 高(句)麗傳. "남자는 통소매의 衫에 통이 넓은 바지를 입고,……부인은 치마와 襦를 입는다(丈夫衣同袖衫·大口袴……婦人服裙襦)."; 《隋書》 卷81 〈列傳〉 高(句)麗傳. "귀인은……넓은 소매의 衫과 통이 넓은 바지를 입으며,……부인은 치마와 襦에 襈을 두른다(貴者……服大袖衫, 大口袴,……婦人裙襦加襈)."; 《舊唐書》 卷199 〈東夷列傳〉 高(句)麗傳. "윗옷과 아래옷의 복식은 왕만이 5가지 색이 나는 絲織物의 옷을 입을 수 있으며,……衫은 통소매이고 바지는 통이 넓다(衣裳服飾, 唯王五綵,……衫筒袖, 袴大口)."

41 《南史》 卷79 〈列傳〉 百濟傳. "언어와 복장은 고(구)려와 거의 같다(言語服章略與高麗同)."; 《北史》 卷94 〈列傳〉 新羅傳. "풍속·형정·의복은 고(구)려·백제와 거의 같다(風俗·刑政·衣服略與高麗·百濟同)."; 《舊唐書》 卷199 〈東夷列傳〉 新

국에서 삼衫은 반의半衣로 설명되는 것으로 보아 길이가 포袍보다 짧았을 것임을 알 수 있다.[42] 유襦는 《설문해자》에서 단의短衣라고 했다.[43] 《급취편急就篇》 안사고顔師古의 주석에서 단의는 유襦로 무릎 이상의 길이라고 설명하고 있어[44] 유와 삼은 긴 윗옷임을 알 수 있다. 또한 진시황의 중국통일 이전 중국에서 삼衫은 여자의 윗옷이었으나 진시황 원년부터 남자들도 입게 되었다. 이 같은 중국의 경우와 달리 고대 한국에서 삼衫은 남자의 윗옷을 가리키는 명칭이었고, 유襦는 여자의 윗옷을 가리키는 명칭이었다.

포袍는 《석명釋名》에 "남자가 입는데 아래로 발등까지 내려온다"[45]고 하여 남자가 입는 발등까지 내려오는 긴 겉옷으로 설명되고 있다. 고대 한국의 포에 관한 내용으로 《삼국지》의 〈오환선비동이전〉 부여전에서 "(부여 사람들은) 국내에 있을 때의 옷은 무늬 없는 것을 숭상하며 무늬 없는 포布로 만든 큰 소매의 포袍와 바지를 입고 가죽신을 신었다"[46]고 했다. 여기서 말하는 부여는, 서기전 59년에 해부루왕에 의해 왕조가 개시되어 서기 494년에 고구려에 병합된 동부여를 뜻한다. 동부여는 지금의 길림성 북부와 내몽고자치구 동부 일부 및 흑룡강성지역을 차지하고 있었다. 그 위치가 북방이므로 기온이 낮아 큰 소매의 두터운 포袍를 입었을 것으로 생각되며,

---

羅傳. "그 풍속·형법·의복은 고(구)려·백제와 대략 같으나, 조복은 무늬가 없는 것을 숭상한다(其風俗·刑法·衣服, 與高麗·百濟略同, 而朝服尙白)."

42 《正字通》. "衫子, 婦人服也."; 《中華古今注》. "古婦人衣裳相連, 始皇元年, 詔宮人及近侍宮人皆服衫子, 亦曰半衣, 蓋取便於侍奉."

43 《說文解字》. "短衣也."

44 《急就篇》. "短衣曰襦, 自膝以上."

45 《釋名》. "袍丈夫著, 下至跗者也."

46 《三國志》 卷30 〈烏丸鮮卑東夷傳〉 夫餘傳. "在國衣尙白, 白布大袂袍·袴, 履革鞜". 白은 일반적으로 흰색으로 번역하여, 白衣는 흰옷으로 생각한다. 그러나 白은 무늬가 없다는 의미도 있으므로 白衣는 무늬가 없는 옷이거나 또는 무늬가 바탕색과 같은 계열의 색상이어서 크게 이색지지 않은 것으로 해석해야 할 것이다.

〈그림 4-6〉
길림성 모아산에서 출토된 동부여의 도용 모사도

남녀 모두 포를 입었다.

위에 서술한 동부여는 고조선을 이은 나라였으므로, 그들의 복식은 고조선의 것을 계승했을 것이다. 고조선시대의 청동기 문화층에서 출토된, 흙으로 만든 남자 인형은 모두 서 있는 형태에 아래 폭이 넓게 퍼져 있거나,[47] 긴 길이의 포袍를 입고 있는 모습이다.[48] 그 모습으로 볼 때, 부여에서 입었던 큰 소매 달린 포袍의 원형은 고조선의 것이었을 가능성이 크다. 폭이 넓고 긴 포袍를 입은 동부여 사람들의 모습은 길림시 모아산帽兒山에서 출토된 도용(그림 4-6)[49]에서 확인된다. 부여와 같이 포袍를 입은 나라로는 한반도 남부에 있었던 한韓[50]이 있다. 가장 북방에 있었던 동부여와 한반도 남부에 있었던 한韓에서 포袍를 입었다면, 만주와 한반도에 있었던 우리 민족의 나라들에서는 모두 포袍를 입었다고 할 수 있다. 실제로 신라시대 초기 토우(그림 1-11 참조)에서 포

47 김용간·서국태, 〈서포항원시유적발굴보고〉, 《고고민속론문집》 제4집, 사회과학원출판사, 1972, 117쪽.

48 조선유적유물도감편찬위원회, 《조선유적유물도감》 1-원시편, 조선유적유물도감편찬위원회, 1988, 204쪽.

49 黃斌·黃瑞, 앞의 책, 73쪽.

50 《後漢書》 卷115 〈韓傳〉. "布로 만든 袍를 입고 짚신을 신었다(布袍, 草履)."; 《後漢書》 卷85 〈東夷列傳〉 馬韓傳. "布로 만든 袍를 입고 짚신을 신었다(布袍, 草履)."; 《三國志》 卷13 〈烏丸鮮卑東夷傳〉. 馬韓傳. "炅兵처럼 布로 만든 袍를 입고 발에는 가죽신을 신었다(如炅兵衣布袍, 足履革蹻蹋)."

를 입고 상투머리를 절풍으로 덮은 모습이 보인다.

고조선이 멸망하고 여러나라들이 독립하여 세력을 확장해 가는 과정에서 건국된 고구려·백제·신라의 복식에 포袍가 그대로 계승되었다.[51] 큰 소매의 포는 고대 한국 복식의 특징적 요소였다고 하겠다. 그러면 고조선 사람들은 윗옷과 겉옷을 어떤 색상으로 입었을까?

《삼국지》〈오환선비동이전〉의 동부여에 관한 서술내용에서 '상백尙白'과 '백포白布'가 보인다.[52] '백白'은 일반적으로 흰색으로 번역하여, 부여 사람들이 흰색 천을 숭상한 것으로 해석한다. 그러나 비교적 후대의 기록이기는 하지만 고려시대에 쓰인 《선화봉사고려도경宣和奉使高麗圖經》에서 "신이 듣건데, 삼한三韓의 의복제도는 염색을 한다는 말을 듣지 못했고 다만 꽃무늬를 금禁했다고 합니다.……옛 풍속에 여자의 옷은 백저白紵와 황색치마였는데, 위로는 왕가의 친척과 귀한 집으로부터 아래로는 백성과 하층민 및 처첩에 이르기까지 한 모양이어서 구별이 없다고 합니다"[53]라고 했다. 한韓에서 생산한 '백저白紵'는 경마苘麻로 생산한 저포紵布와 넓은 폭으로 짠 고급직물인 전絟이다.[54] 그리고 꽃문양을 금했다고 한 기록으로부터 윗옷으로 입은 '백저白紵'는 '화문花文'이 없는 단색의 천으로 짠 것임을 알 수 있다.

《선화봉사고려도경》의 해석으로부터 고조선 붕괴 이후, 부여와 삼한의 사람들이 무늬 있는 천보다는 단색의 옷을 주로 입었음을 확인

51 《周書》卷49〈列傳 異域上〉百濟傳. "남자의 의복은 대체로 고(구)려와 같다.……부인 옷은 袍와 비슷한데 소매가 약간 넓었다(其衣服男子畧同於高麗……婦人衣以(似)袍而袖微大)."; 《隋書》卷81〈列傳〉新羅傳. "風俗·刑政·衣服은 대략 고(구)려·백제와 같다(風俗·刑政·衣服 略與高麗·百濟同)."

52 《三國志》卷30〈烏丸鮮卑東夷傳〉夫餘傳.

53 《宣和奉使高麗圖經》卷20〈婦人〉. "臣聞, 三韓衣服之制, 不聞染色, 唯以花文爲禁.……舊俗女子之服白紵黃裳, 上自公族貴家, 下及民庶妻妾, 一槪無辨."

54 박선희, 《한국고대복식-그 원형과 정체》, 110~111쪽.

할 수 있다. 그러나 이러한 현상은 마직물에만 국한된다. 실제로 고조선시대부터 줄곧 마직물 못지않게 많이 생산되며 복식에 즐겨 사용된 사직물絲織物로 색상과 문양이 매우 화려한 직물이 생산되었기 때문이다. 실제로 평양 낙랑구역 무덤에서는 해방 이전과 이후, 고조선과 최리낙랑국의 다양하게 염색된 사직물이 다량 출토되었다.[55]

또한 고구려 고분벽화에서도 흰옷이 보이지 않고 다양한 색상과 화려한 문양이 있는 의복이 대부분이다. 특히 고구려가 금錦으로 상징될 만큼, 고구려 사람들은 금錦을 즐겨 입었다. 금錦은 누에 실을 여러 색으로 물들이고 이를 섞어 화려한 문양으로 짠 것이다. 이렇듯 화려한 색상과 문양을 나타내는 복식양식은 고조선시대부터 이어진 것이라고 하겠다.[56]

한민족이 고조선 이전 시기부터 다양한 색상의 염료를 사용하기 시작했던 사실은 신석기시대 유적을 통해 알 수 있다. 요령성 적봉시 오한기에 위치한 조보구趙寶溝유적(서기전 5000~서기전 4400년)에서 처음으로 그림이 그려진 채색질그릇이 보인다. 황하유역의 앙소문화(서기전 4512~서기전 2460년)에서 보이는 채색질그릇보다 이른 시기이다. 요령성 심양 부근의 신락新樂유적(서기전 5000년경)에서는 채색질그릇과 함께 붉은색과 검은색 염료가 출토되었다. 적철광석赤鐵光石과 석묵石墨을 사용한 흔적과 함께 연마기 1개가 출토되어,[57] 당시 사람들이 연마기를 사용해 염색재료를 만들었음을 알게 한다.

홍산문화(서기전 4500~서기전 3000년)에 속하는 우하량유적(서기전 3500년경)[58] 여신묘 벽화(그림 2-36 참조)에는 붉은색과 황백색이

55 주 6과 같음.

56 박선희, 《한국고대복식-그 원형과 정체》, 157~163쪽.

57 黎家芳, 〈新樂文化的科學價値和歷史地位〉, 《中國考古集成》 東北卷 新石器時代(二), 北京出版社, 1079쪽.

58 許玉林, 〈東北地區新石器時代文化概述〉, 《中國考古集成》 東北卷 新石器時代(一), 北京出版社, 1997, 52쪽.

〈그림 4-7〉 오한기 대전자유적에서 출토된 질그릇

채색된 화려한 기하학문양이 보인다.[59] 여신묘 벽화의 채색은 소하연小河沿문화(서기전 3000~서기전 2000년)[60]의 흑색과 홍색 등의 채색문양으로 계승되고, 다시 하가점 하층문화(서기전 2000~서기전 1500년)로 이어진다.[61] 이러한 염료의 사용은 고조선문화로 추정되는 하가점 하층문화에 속하는 서기전 17세기경의 내몽고자치구 오한기敖漢旗 대전자大甸子유적[62]에서 출토된 도기陶器(그림 4-7)[63]에 보이는

59 楊虎, 〈關于紅山文化的幾個問題〉, 《慶祝蘇秉琦考古五十五周年論文集》, 文物出版社, 1989.

60 遼寧省博物館·昭烏達盟文物工作站·敖漢旗文化館, 〈遼寧敖漢旗小河沿三種原始文化的發現〉, 《文物》, 1997年 第12期, 1~11쪽.

61 陽虎, 〈關于紅山文化的幾個問題〉, 《中國考古集成》 東北卷 新石器時代(一), 北京出版社, 1997, 168~175쪽.

62 최근에 고고학자들은 夏家店下層文化를 비파형동검문화의 전신으로 보며 고조선문화로 분류하고 있다(한창균, 〈고조선의 성립배경과 발전단계 시론〉, 《國史館論叢》 제33집, 국사편찬위원회, 1992, 7~20쪽; 林炳泰, 〈考古學上으로 본 濊貊〉, 《韓國古代史論叢》 1, 가락국사적개발연구원, 1991, 81~95쪽 참조). 內蒙古 自治區의 敖漢旗 大甸子遺蹟은 서기전 1440±90년(3390±90 B.P.)·1470±85년(3420±135 B.P.)으로 교정연대는 서기전 1695±135년·1735±135년이다(中國社會科學院考古研究所, 《中國考古學中碳十四年代數據集》, 文物出版社, 1983, 25쪽).

63 中國社會科學院考古研究所, 《中國田野考古報告集 考古學專刊 第48號 大甸子》,

〈그림 4-8〉 통영에서 출토된 붉은칠토기

문식紋飾[64]에서도 볼 수 있다. 또한 이 유적에서는 직물의 흔적을 타내는 칠목기漆木器가 대나무 껍질로 직물처럼 엮어서 만든 기물이 출토되었는데(그림 3-10 참조), 표면에 칠을 한 흔적이 남아있다.[65] 이러한 편직문이 보이는 기물로부터 당시 다양한 직조방법과 염색기법, 칠漆기법 등이 발달했음을 알 수 있고, 염색과 칠기漆器 생산의 역사가 매우 오래되었음 또한 알 수 있다. 한반도 남부 통영에서도 갈판과 갈돌이 붉은 칠을 한 질그릇(그림 4-8)[66]과 함께 출토되어 염료를 사용했던 사실이 확인된다.

평양 낙랑유적에서 출토된 고조선의 사직물은 모두 염색을 거친 직물이다. 주로 밤색과 자주색을 띠며 문양이 없는 것과 문양이 있는 것, 또는 넝쿨문양을 수놓은 것, 붓으로 문양을 그려 넣은 것 등 다양한 기법이 표현되었다.[67] 이처럼 신석기시대부터 발달한 천연염료의 생산은 고조선시대에 오면 복식에 더욱 적극적으로 사용되어,

科學出版社, 1996, 326~327쪽 참조. 대전자유적은 서기전 1440±90년(3390±90 B.P.)·1470±85년(3420±135 B.P.)으로 교정연대는 서기전 1695±135년·1735±135년이다(中國社會科學院考古硏究所實驗室, 〈放射性炭素測定年代報告(一五)〉, 《考古》 1988年 第7期, 25쪽).

64 劉觀民, 〈內蒙古東南部地區靑銅時代的幾個問題〉, 《中國考古集成》 東北卷 靑銅時代(一), 北京出版社, 628~631쪽.

65 中國社會科學院考古硏究所, 《中國田野考古報告集-大甸子-夏家店下層遺址與墓地發掘報告》, 科學出版社, 1996, 191~192쪽.

66 국립김해박물관, 《국립김해박물관》, 통천문화사, 10쪽, 그림 1.

67 조희승, 《조선의 비단과 비단길》, 사회과학출판사, 2001, 27~31쪽.

의복에 문양을 그려 넣거나 실이나 천을 염색하여 문양을 직조하기도 했다. 그리고 그 위에 색실로 수를 놓는 자수기법과 장식기법을 더하여 화려한 복식문화의 갖춤새를 정형화했다.

(2) 가죽과 모피 및 직물옷의 장식

고조선은 이른 시기부터 직물생산이 크게 발달했던 것으로 나타난다. 고조선 지역에서는 신석기시대 초기에 원시적인 방직기계[68]를 이용하여 옷감을 짰다. 그러나 청동기시대 말기부터 철기시대에 이르면 신석기시대의 가락바퀴가 사라지고, 물레와 북을 이용한 직기가 개발된다.[69] 이러한 발전으로 고조선의 직물 생산이 증가하고, 그 종류도 더욱 다양해졌을 것이다.

물레의 등장과 더불어 함경북도 회령 오동유적(서기전 2000년대 말)에서는 짐승의 어깨뼈로 만든 머리빗 모양의 바디가,[70] 강계시 공귀리유적(서기전 2000년대 말)에서는 베틀에 쓰인 것으로 보이는 흙추가 출토되었다.[71] 이러한 유물은 당시 직기가 사용되었음과 천의 생산량이 늘었음을 뜻한다.[72]

위의 2절에서 고찰한 다양한 장식들이 실제로 어떤 종류의 천으로 옷에 어떠한 상태로 장식되는지 살펴보기로 한다. 고조선의 청동

---

68 조선기술발전사편찬위원회, 《조선기술발전사》 1-원시·고대편, 과학백과사전종합출판사, 1997, 62쪽. "서포항유적 1기층(서기전 6000년대~서기전 5000년대)에서는 씨실넣기에 쓴 갈구리가 나타났다"고 했다.

69 조선기술발전사편찬위원회, 앞의 책, 62~63쪽; 사회과학원 고고학·민속학연구소, 《회령 오동 원시 유적 발굴보고》-유적발굴보고 7, 사회과학원출판사, 1960, 52쪽.

70 사회과학원 고고학·민속학연구소, 앞의 책, 52쪽; 사회과학원력사연구소, 《조선전사》 1-원시편, 과학백과사전출판사, 1979, 237쪽.

71 사회과학원 고고학·민속학연구소, 앞의 글, 52쪽; 과학원 고고학·민속학연구소, 《강계시 공귀리 원시유적발굴보고》-유적발굴보고 6, 사회과학원출판사, 1959, 28~30쪽.

72 조선기술발전사편찬위원회, 앞의 책, 63쪽.

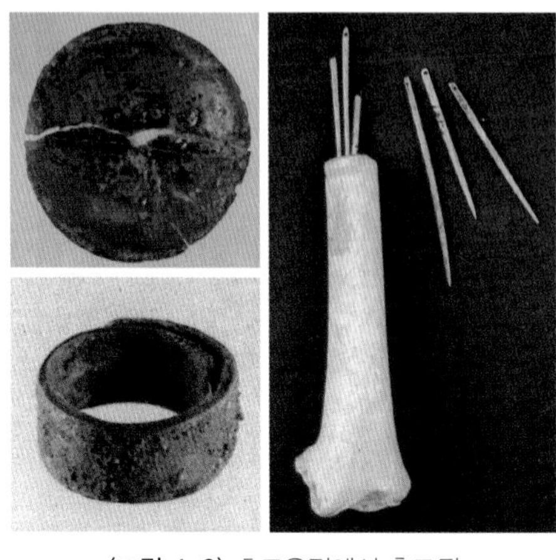

〈그림 4-9〉 초도유적에서 출토된 청동장식단추와 청동가락지, 바늘이 담긴 뼈바늘통

기시대 유적에서는 이전보다 뼈바늘의 크기가 다양해지고 훨씬 많은 양이 출토되는데, 이러한 현상은 만든 옷의 양이 늘었음을 뜻한다. 실제로 하가점 하층문화에 속하는 요녕성 북표시北票市 풍하豊下유적에서 마포麻布 조각이 출토되었고,[73] 본계本溪의 청동기 묘지에서도 마직물 조각이 발견되었다.[74] 여대시旅大市 장해현長海縣 상마석上馬石유적(서기전 16~서기전 14세기경)[75]에서 청동단검靑銅短劍·검병劍柄과 함께 칼 손잡이를 덮은 마포가 출토되었다.

한반도에서는 함경북도 나진시 초도유적(서기전 2000년대 말~서기전 1000년대 초)에서 뼈바늘이 담긴 뼈바늘통과 함께 직물옷에 달았을, 비교적 큰 청동장식단추(직경 6.5센티미터), 둥글거나 긴 대롱모양의 옥장식, 그리고 청동가락지와 바늘이 담긴 뼈바늘통(그림 4-9)[76] 등이 출토되었다.

73 遼寧省文物干部培訓班, 〈遼寧北票豊下遺址 1972年 春發掘簡報〉, 《考古》 1976年 第3期, 197쪽.

74 李恭篤, 〈本溪發現多處洞穴墓地域遺址〉, 《中國文物報》 1988年 12月 9日 第3版; 李宇峰, 〈中國東北史前農作物的考古發現與研究〉, 《中國考古集成》 東北卷 綜述(一), 北京出版社, 1997, 299~300쪽.

75 中國社會科學院考古研究所, 《中國考古學中碳十四年代數据集》, 文物出版社, 1983, 29~30쪽.

76 조선유적유물도감편찬위원회, 《조선유적유물도감》 2－고조선·진국·부여편, 1989, 205~208쪽, 205쪽의 그림 453·206쪽의 그림 458·208쪽의 그림 466.

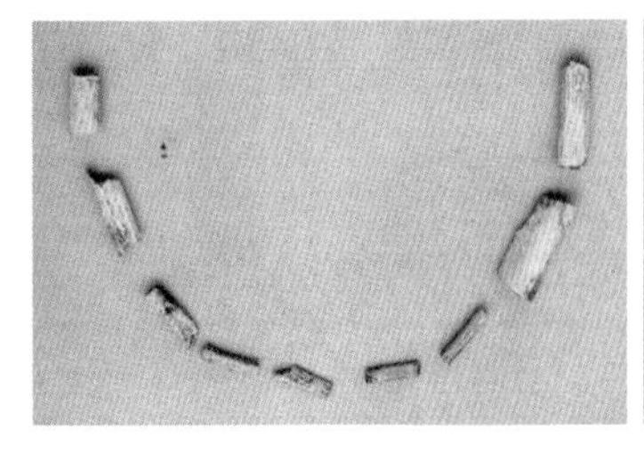
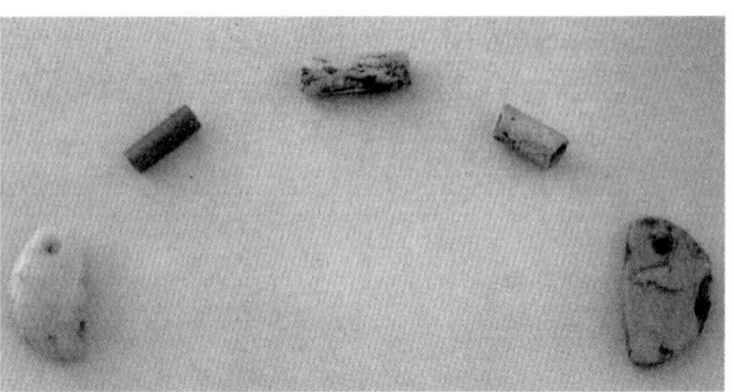

〈그림 4-10〉 토성리유적에서 출토된 옥장식

함경남도 북청군 토성리유적(서기전 1000년대 초)[77] 집자리에서도 청동기를 싸서 묻은 천이 출토되었다.[78] 이처럼 동북지역 석관무덤에서 출토되는 대부분의 청동단검의 손잡이에는 마포 흔적이 남아 있다.[79] 이는 마직물 생산이 상당히 발달했음을 뜻한다. 이러한 마직물에 달거나 걸었을 것으로 보이는, 다양한 색상의 옥장식(그림 4-10)[80]들이 출토되었다.

고조선시대 후기에 이르면 철기가 사용되기 시작한다. 이 같은 생산도구의 발달과 보급은 삼베 등을 직물로 생산하는 수공업의 발달을 가져왔을 것이다. 요녕성 심양시 정가와자유적[81]에서 출토된 청동거울의 한 면에서 평문平紋으로 짠 마직물 흔적이 발견되었는데,[82]

77 조선유적유물도감편찬위원회, 위의 책, 225쪽, 그림 511·513.

78 김용간·안영준, 〈함경남도 량강도 일대에서 새로 알려진 청동기시대유물에 대한 고찰〉, 《조선고고연구》, 1986년 제1호, 사회과학원고고학연구소, 24쪽.

79 翟德芳, 〈關于東北地區石棺墓遺存的幾個問題〉, 《中國考古集成》 東北卷 青銅時代(一), 北京出版社, 1997, 317쪽; 조선유적유물도감편찬위원회, 《조선유적유물도감》 2-고조선·진국·부여편, 225쪽 그림 511·513.

80 조선유적유물도감편찬위원회, 앞의 책, 225쪽, 그림 511·513.

81 中國社會科學院考古研究所東北工作隊, 〈沈陽肇工街和鄭家洼子遺址的發掘〉, 《中國考古集成》 東北卷 青銅時代(二), 北京出版社, 1997, 1883~1888쪽.

82 沈陽故宮博物館·沈陽市文物管理辨公室, 〈沈陽鄭家洼子的兩座青銅時代墓葬〉, 《考古學報》 1975年 第1期, 142~153쪽; 박진욱, 《조선고고학전서》-고대편, 과학백과사전종합출판사, 1988, 71쪽.

센티미터 당 날실과 씨실이 모두 15올인 세밀한 직물이었다. 화전樺甸 서황산西荒山에서 출토된, 3개의 철로 만든 낫에서도 마직물이 녹과 함께 붙어 있었다. 이 베천도 평문으로 짠 것으로, 날실과 씨실의 짜임이 상당히 고른 편이었다.[83] 그리고 길림성에 위치한 서단산西團山유적에서도 비파형동검과 마직물이 출토되었다.[84]

실제로 마직물로 만들어진 의복의 일부가 여러 무덤들에서 출토되었다. 대표적인 유적으로는 서기전 11세기에서 서기전 5세기경 하가점 상층문화에 속하는 서랍목윤하西拉木倫河와 노합하老哈河유역의 적봉 약왕묘藥王廟, 영성현 남산근, 지주산蜘蛛山, 홍산후紅山后 등의 무덤유적을 들 수 있다. 이들 유적에서는 겉면에 다양한 장식을 한 의복이 출토되었고, 개갑鎧甲을 입었던 모습도 나타난다. 묘주들이 의복을 여러 겹 입고 있는데, 이는 마직물옷과 모직옷, 가죽옷이었다. 가죽으로 만들어진 의복의 윗면에는 양감鑲嵌한 청동으로 만든 작은 새모양 장식, 누에모양의 청동구슬, 녹송석綠松石 구슬과 갑옷조각모양의 금金장식 등을 장식했다. 겉에는 다양한 크기의 청동장식단추, 청동방패, 원형의 누공鏤孔 청동장식, 청동도끼모양 장식, 청동칼, 활, 화살, 마석磨石, 반원형 쌍공석도双孔石刀 등을 가득 달았다. 가슴 앞에는 금으로 만든 원형의 구멍이 있는 새 문양 패식을 달았는데, 직경이 약 6~7센티미터이다.[85]

하가점 상층문화유적으로, 춘추시대에 해당하는 오한기敖漢旗의 주가지周家地 45호무덤유적에서는 마포로 얼굴과 머리를 모두 덮고 마포의 옷을 입은 묘장습속이 보인다. 묘주의 머리 오른쪽에는 자

83 佟冬, 《中國東北史》, 吉林文史出版社, 1987, 277쪽.

84 曲貴春, 〈古代穢貊研究〉, 《中國考古集成》 東北卷 青銅時代(一), 北京出版社, 1997, 589쪽.

85 劉素霞, 〈夏家店上層文化考古資料反映的有關民族習俗〉, 《中國考古集成》 東北卷 青銅時代(一), 北京出版社, 1997, 416쪽.

작나무껍질로 만든 모자가 있었고, 마포로 덮은 머리와 얼굴 위에는 청동장식단추와 녹송석을 달아 장식되어 있었다. 그 위에는 부채와 같은 조개를 덮은 특이한 묘장습속이 보인다.[86] 위에 서술한 노합하유역에 분포한 무덤양식에서와 같이 묘장에서 마직물을 주로 사용했고 그 위에 옥과 청동으로 만든 다양한 장식품을 달았던 것으로 나타난다.

서주시대 초기에서 춘추시대에 속하는 하가점 상층문화의 적봉赤峰 약왕묘葯王廟유적에서는 가락바퀴와 함께 뼈구슬 289개와 청동장식단추, 연이은 구슬모양장식 등 다양한 유물이 모두 105개 출토되었다. 청동장식은 머리와 목, 가슴, 다리 위에서 출토되었는데, 다양한 크기의 청동장식단추 뒷면에 직물이 붙었던 흔적이 있어, 발굴자들은 이를 의복과 모자 위에 장식했던 것으로 추정했다. 목 부분 옷깃에는 청동장식 이외에 청동장식단추 한 줄을 가지런히 배열하여 달았다. 허리에는 구슬을 꿰어 두 줄로 둘렀는데, 왼쪽의 한 줄은 허리에 미치고, 오른쪽의 한 줄은 휘어서 가슴에까지 드리웠다. 두 줄의 꿰어진 구슬 아래에는 각기 청동장식이 4개씩 어우러져 있었다. M17의 매장자는 성년여성인데, 청동구슬 39개와 뼈구슬 471개를 장식했다. M17에서 출토된 의복의 직물조각은 평직천으로 날실과 씨실이 18~19평방 센티미터이고, 청동장식단추 뒷면에는 마직물 흔적이 남아 있었다. 가슴 부분에는 뼈구슬을 두 줄로 꿴 것이 목에서부터 늘어진 상태로 나타났다. 또 다른 무덤에서도 청동장식단추가 92개 출토되었는데, 놓인 위치와 직물흔적으로 보아 대부분 옷과 모자에 달았던 것으로 추정된다. 청동장식단추는 모두 22

86 靳楓毅, 〈夏家店上層文化及其族屬問題〉, 《中國考古集成》 東北卷 青銅時代(一), 北京出版社, 1997, 409쪽; 中國社會科學院考古研究所內蒙古工作隊, 〈內蒙古敖漢旗周家地墓地發掘簡報〉, 1997, 《中國考古集成》 東北卷 青銅時代(一), 北京出版社, 1997, 814쪽.

개 출토되었는데, 큰 것은 직경은 3~3.3센티미터로, 뒷면에 꼭지가 있고 겉면에 줄문양이 있었다. 중간 것은 34개 출토되었는데 직경 1.7~1.8센티미터였고, 문양이 없었다. 작은 것은 36개인데 반구형半球形으로, 문양이 없었으며 직경 0.8~0.9센티미터였다. 그 밖에도 쌍미双尾청동장식 20개, 연이은구슬모양 청동장식 80개, 검은색과 흰색의 뼈구슬 1,957개가 출토되었다.

고조선 대부분의 무덤유적에서 복식유물의 출토량이 많고 형태가 다양하게 나타나는 것으로부터 당시 복식의 화려함을 엿볼 수 있다. 아울러 하가점 하층문화유적과 하가점 상층문화유적은 천 유물의 특징과 장식품의 양식 및 종류 등으로 볼 때, 계승관계에 놓여 있음을 알 수 있다.

고조선의 하가점 상층문화유적인 요녕성 건평建平 수천성자水泉城子유적(서기전 340~서기전 130년경)에서 출토된 청동장식단추 뒷면에는 마직물 흔적이 남아있다. 이 마직물은 평문으로 짠 것으로, 센티미터 당 날실과 씨실은 18~19올이었다.[87] 성성초星星哨 석관무덤에서 출토된 모직천에도 3센티미터 길이의 마麻 이삭이 붙어 있었다.[88] 길림시 후석산猴石山유적(서기전 325년)에서 출토된 마직물은 올이 세밀하며 날실의 밀도는 센티미터 당 약 20올이었다. 또한 간격이 고르고, 씨실은 약 10올 정도다. 이런 천들은 방직기를 사용하지 않으면 짤 수 없는 것으로, 가락바퀴로 바싹 꼬아 튼 후에 방직기를 사용하여 짠 것으로 확인되었다.[89]

길림성 진래현鎭來縣 탄도북강자坦途北崗子에 위치한 춘추시대에서

87 遼寧省博物館·朝陽市博物館, 〈建平水泉遺址發掘簡報〉, 《中國考古集成》 東北卷 靑銅時代(二), 北京出版社, 1997, 1438쪽.

88 趙承澤, 〈星星哨石棺墓織物殘片的初步探討〉, 《考古學集刊》 3, 中國社會科學出版社, 1983, 126~127쪽.

89 吉林地區考古短訓班, 〈吉林猴石山遺址發掘簡報〉, 《考古》 1980年 第2期, 141쪽.

전국시대에 걸쳐 속해있는 무덤유적에서는 청동장식단추가 41개 출토되었다. 작은 것은 여성묘주의 머리 부근에서 출토되어 머리 위 혹은 모자 위에 장식했던 것으로 추정된다. M5와 M3 두 무덤에서는 머리에 쓴 두건에 달았던 것으로 생각되는 청동장식단추가 출토되었는데, 뒷면에 작은 마직품 조각이 붙어있고, 어떤 것은 뒷면에 마선麻綫의 흔적이 남아 있기도 하다.[90] 서기전 325년경에 속하는[91] 길림성 후석산유적에서는 다수의 가락바퀴와 함께 청동칼이 마직물로 만든 자루 안에 들어 있는 상태로 출토되었다. 자루를 만든 마직물은 날실 52올·씨실 26올로 올수비가 2:1로 나타났다. 분석 결과 발굴자들은, 마직물을 짰던 실은 가락바퀴를 사용해 약 12올 정도를 손으로 비틀어 만든 것이며, 날실과 씨실의 상황으로 보아 직기로 짠 직물이라 판단했다.

이러한 내용으로 고조선에서는 의복의 재료로 가죽과 모피, 모직물, 마직물 등을 용도에 맞게 어울려 사용했다는 사실과 그 위에 청동장식단추와 금, 옥장식, 뼈구슬 등 다양한 장식을 화려하게 했다는 사실을 알 수 있다. 묘주가 마직물 옷 위에 입은 모직옷도 고조선에서 좋은 품질의 것을 생신하여 이웃나라에 수출했던 품목이다.

서기전 7세기경인 중국의 춘추시대에 발과 조선이 중국에 모직물을 수출했다는 기록으로 보아, 고조선의 것이 매우 우수한 품질을 지녔음을 알 수 있다. 고조선의 숙신은 이미 제순帝舜 25년(서기전 2209년)에 중국에 사신을 파견하여 정치적 교섭을 가졌고, 그 후 서주西周 무왕武王 시기 숙신의 사신이 서주를 방문하여 활과 화살·화살촉 등의 수공업품을 예물로 가져갔다. 이러한 사실로 보아 모직옷도 당시 중국에 알려졌을 것이고, 춘추시대에 와서 《관자》의 내용

90 郭民·李景冰·劉雪山·韓淑華, 〈吉林省鎮來縣坦途北崗子青銅時代墓葬清理報告〉, 《中國考古集成》 東北卷 青銅時代(三), 北京出版社, 1997, 2522쪽.

91 吉林地區考古短訓班, 〈吉林猴石山遺址發掘簡報〉, 《考古》 1980年 第2期, 141쪽.

과 같이 중국 수입 품목의 중요한 부분이 되었던 것이다.[92]

고조선시대 중기에 해당하는 서기전 1000년대 초로 그 연대가 확인된 길림성 영길현 성성초유적 17호 돌널무덤에서 양털과 개털을 섞어 짠 모직물(그림 3-3 참조)[93]이 묘주의 얼굴을 덮은 상태로 출토되었다. 이 모직물은 서단산문화 가운데 상商 말기에서 서주시대 초기에 해당하는 것으로 보아,[94] 고조선지역에서 생산한 모직물이 중국에 알려진 것은 이보다 훨씬 앞설 것으로 생각된다. 또 다른 종류의 모직물로는 돼지털을 사용하여 짠 것이 있다. 고조선에서 돼지를 사육한 연대는 중국보다 훨씬 앞서기 때문에[95] 집돼지털로 모직물을 짠 시기도 중국보다 앞설 것이다. 숙신에서는 돼지털로 모포를 짰고, 고구려에서도 돼지털로 짠 모직물인 장일障日[96]을 생산했는데, 이는 고조선의 기술을 이어받은 것으로 추측된다.

평양시 낙랑구역의 서기전 2세기 말~서기전 1세기 초에 속하는 정백동 1호무덤[97]에서는 고조선시대 말기의 것으로 보이는 말꼬리털로 짠 천이 출토되었다.[98] 이와 같이 말꼬리털을 모직물의 재료로 한 것은 고조선시대 후기로 오면서 목축업의 발달과 함께 말을 많이 길렀기 때문이라고 생각된다. 고조선에서 이처럼 다양한 종류의 모직물을 생산한 것으로 보아, 당시 방직업과 가공기술이 상당히 발달했던 것으로 판단된다.

---

92 박선희, 《한국고대복식-그 원형과 정체》, 지식산업사, 2002, 28~31쪽.

93 吉林省博物館·永吉縣文化館, 1983, 〈吉林永吉星星哨石棺墓第3次發掘〉, 《考古學集刊》 3, 中國社會科學出版社, 120쪽. 이 유적의 방사성탄소측정연대는 서기전 1015±100년(2965±100 B.P.)인데 교정연대는 서기전 1275±160년이다(中國社會科學院考古研究所, 《中國考古學中碳14年代數據集》, 文物出版社, 1983, 34쪽).

94 위와 같음.

95 박선희, 《한국고대복식-그 원형과 정체》, 46~47쪽.

96 《翰苑》 〈蕃夷部〉 高(句)麗條.

97 조선유적유물도감편찬위원회, 《조선유적유물도감》 고조선·부여·진국편, 109쪽.

98 조선기술발전사편찬위원회, 《조선기술발전사》 원시·고대편, 68~69쪽.

마한 및 부여 사람들은 고급 사직물과 같은 수준을 가진 화려한 청색 빛깔의 모직물인 계罽[99]를 생산하여 널리 보급시켰다. 이 같은 기술은 이후 신라와 백제에 이어져, 구유氍毹·구수毬㲣·탑등毾㲪·탑등㲪毲 등의 생산을 가져왔다. 기존의 연구에서는 이들 모직으로 만든 덮개와 깔개 등을 외래품으로 보았다. 그러나 고조선의 모직물 직조기술은 가죽의 가공 기술과 그 역사를 같이하며 오랜 기간에 걸쳐 축적되어, 계罽에 이어 수준 높은 덮개와 깔개 등을 새로운 생산품으로 출현시켰다고 보아야 할 것이다.[100]

또한 고조선에서는 새털로 만든 모직물인 타복毤服[101]을 중국 등지에 수출했다. 실제로 새털옷이 고조선의 비파형동검문화인 하가점 상층문화[102]에 속하며 서주시대 후기에서 춘추시대 초기의 유적인 적봉시 영성현寧城縣에 위치한 소흑석구小黑石溝에서 출토되었다. 이 유적에서는 갑옷과 가죽 줄을 연결한 흔적이 있는 청동투구도 출토되었다. 발굴자들은 묘주가 갑옷 위에 새털옷을 겹쳐 입었을 것으로

99 《後漢書》 卷85 〈東夷列傳〉 韓傳. "금·보화·물들인 누에고치실 실로 짠 錦과 푸른 새털로 짠 罽를 귀하게 여기지 않았으며……(不貴金寶錦罽)."; 《三國志》 卷30 〈烏丸鮮卑東夷傳〉 夫餘傳. "외국에 갈 때는 두껍게 짠 繒·繡를 놓거나 여러 색으로 물들여 짠 錦·푸른 새털로 짠 罽를 숭상하고, 大人은 그 위에다 여우·狖·희거나 검은담비로 만든 가죽옷을 덧입었다(出國則尙繒繡錦罽, 大人加狐狸·狖·白黑貂之裘)."; 박선희, 《한국고대복식-그원형과 정체》, 51쪽, 주 102 참조.

100 박선희, 《한국고대복식-그 원형과 정체》, 53쪽.

101 《管子》 〈輕重甲〉 篇의 주석에서 毤를 '落毛也'라고 밝히고 있고, 《集韻》에서 毤는 본래 毻로 쓰며 '鳥易毛也'라고 하므로, 毤服은 새의 털로 만든 모직물 옷이라 할 수 있다.

102 한창균, 〈고조선의 성립배경과 발전단계 시론〉, 《國史館論輯》 제33집, 국사편찬위원회, 1992, 10쪽·29~30쪽. 하가점 상층문화는 고조선문화의 특징인 비파형동검문화에 속한다. 이 문화는 서기전 2500~서기전 1500년경에 속하는 고조선 초기 청동기문화인 하가점 하층문화를 계승하고 있으며, 서기전 1500년 무렵에서 철기시대 이전에 속한다. 중국학자들은 하가점 상층문화는 西周~春秋시대에 지금의 西喇木倫河, 老哈河유역에 분포한 고고학 문화로 분류하며, 그 예로 적봉 藥王廟, 하가점, 寧城 南山根, 蜘蛛山, 紅山后 등지의 유적과 墓葬을 위주로 한다(劉素霞, 〈夏家店上層文化考古資料反映的有關民族習俗〉, 《中國考古集成》 東北卷 青銅時代(一), 北京出版社, 1997, 416쪽).

추정했다.[103] 또한 묘주는 새털옷 외에 마포와 가죽으로 만들어진 옷을 겹쳐 입은 상태로 확인되었다. 가죽옷에는 다양한 크기의 청동장식단추와 새장식, 금장식 등을 가득 달아, 무척 화려한 조형미를 갖춘 옷차림새였을 것으로 생각된다.[104]

신석기시대부터에서 청동기시대에 이르기까지, 한반도와 만주 전 지역에서 출토된 복식유물에 사직물이 부분적으로 남아있는 경우가 많다. 이러한 사실은 고대 한민족이 신석기시대부터 양잠과 길쌈을 했음을 말해준다.

지금까지의 연구에서 한국과 중국 및 일본의 학자 모두가, 고대 한국의 양잠 기술은 서기전 12세기 말경 기자箕子에 의해 중국에서 수입된 것이라고 믿어왔고, 지금도 그대로 믿고 있는 것이 사실이다. 그러나 고대 한국은 중국과 같은 시기인 서기전 2700년경에 사직물을 독자적으로 생산했고, 우리나라만의 고유한 사직물을 만들었다. 이에 대한 잘못된 인식은 우리나라 고대 사직물 생산과 관련된 《한서》와 《후한서》 등의 문헌자료의 해석에 많은 문제점이 있기 때문이었다.[105]

중국이 집누에에서 사직물을 생산하기 시작한 것은 서기전 2700년경부터였다.[106] 그러나 고조선지역의 서기전 3000년경의 신석기유적에서 통잎뽕나무 조각무늬가 새겨진 질그릇이 출토되어, 우리나라에서는 신석기시대에 야생누에에서 토종 뽕누에로 순화했음을 알게 해주었다. 이러한 사실을 보여주는 유적으로는 평양시 삼석구역 호남리 남경유적, 평안북도 룡천군 신암리 모래산유적, 함경북

103 林雪川, 〈寧城小黑石溝夏家店上層文化顎骨的人像復原〉, 《中國考古集成》 東北卷 青銅時代(一), 北京出版社, 1997, 757쪽.

104 劉素霞, 〈夏家店上層文化考古資料反映的有關民族習俗〉, 《中國考古集成》 東北卷 青銅時代(一), 北京出版社, 1997, 416쪽.

105 박선희, 《한국고대복식- 그 원형과 정체》, 125~188쪽.

106 回顧, 《中國絲綢紋樣史》, 黑龍江美術出版社, 1990.

도 선봉군 굴포리 서포항유적, 자강도 강계시 공귀리유적 등[107]을 들 수 있다. 조희승은 이들 유적에서 보이는 나뭇잎의 형태와 모양이 모두 가운데 굵은 주선을 새기고 5~6개의 가지선을 그린 공통점이 있으며, 그 형태가 뽕나무 종류 가운데 산뽕나무잎과 흡사하다고 밝혔다.[108] 그 밖에 신석기시대의 황해북도 봉산군 지탑리 유적 제2지구에서 출토된 질그릇에는 누에를 반복해서 새긴 문양이 보인다.[109] 조희승은 이 질그릇에 새겨진 누에는 머리에서 꼬리부분까지 약 12개 정도의 마디가 있고 앞의 세 마디에 가슴다리, 여섯 마디에서 아홉 마디까지의 4개 마디에 네 쌍의 배다리, 마지막 마디에 한 쌍의 꼬리다리 모두 8개의 다리가 있다고 분석하며, 이를 메뽕누에라고 밝히고 있다. 한반도의 신석기시대와 청동기시대에 속하는 유물에서 누에와 뽕나무잎의 흔적이 확인된 셈이다. 만주지역의 요령성 동구현東溝縣 마가점진馬家店鎮 삼가자촌三家子村에 위치한 6000년 전의 후와后洼 하층유적[110]에서는 벌레모양의 조소품(그림 4-11)[111]이 출토되었는데, 조희승은 이 조소품의 체형을 분석하여 누에로 추정했다.[112]

홍산문화에 속하는 내몽고 파림우기巴林右旗 나사태那斯台유적에서 옥기가 다량 출토되었다. 이 유적에서 새모양과 물고기모양 등의 조

---

107 조선유적유물도감편찬위원회, 《조선유적유물도감》 고조선·부여·진국편, 외국문물종합출판사, 1989, 사진 206; 과학백과사전출판사, 〈남경유적에 관한 연구〉, 《고고민속》 1966년 3호, 51~52쪽; 고고학연구소, 《고고민속론문집》 제4집, 사회과학원출판사, 1972, 100쪽; 《강계시 공귀리원시유적발굴보고》, 과학원출판사, 1959, 46쪽.

108 조희승, 앞의 책, 7~10쪽.

109 《지탑리원시유적발굴보고》, 과학원출판사, 1961, 38~39쪽, 도판 XXXVⅢ의 3 및 XCIV의 1.

110 許玉林·傅仁義·王傳普, 〈遼寧東溝縣后洼遺址發掘概要〉, 《文物》 1989年 第12期, 1~22쪽.

111 조희승, 앞의 책, 12~13쪽, 그림 11.

112 위와 같음.

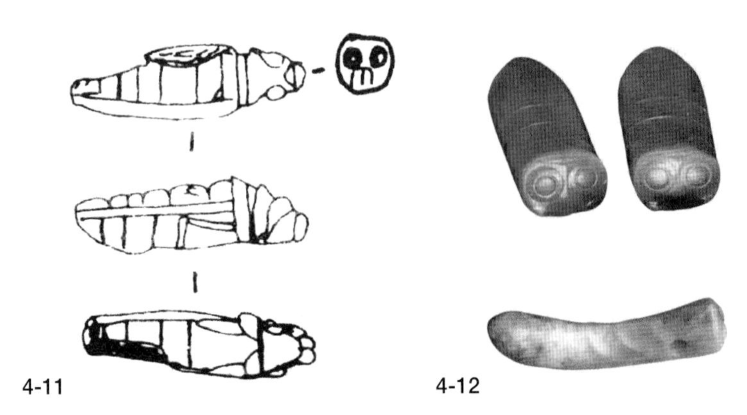

〈그림 4-11〉 후와유적에서 출토된 누에 조소품 모사도
〈그림 4-12〉 나사태유적에서 출토된 옥잠

소품과 함께 옥잠 4개가 출토되었다(그림 4-12).[113] 홍산문화의 또 다른 유적에서도 옥으로 만든 누에의 모형이 다수 출토되었다.[114]

위에 서술한 여러 사실들은 고조선의 사직물 생산기술이 중국으로부터 수입된 것이 아닌, 독자적인 발달과정을 이루고 있음을 입증해주는 것이다. 또한 기자에 의해 고조선에 양잠기술이 전해졌다는 《후한서》 〈동이열전〉에 나오는 기록은, 기자를 높이기 위해 윤색되었음을 말해주는 것이다.

《후한서》 〈동이열전〉에 "동이는 거의 모두 토착민으로, 술 마시고 노래하며 춤추기를 좋아하고, 변弁을 쓰고 물감을 들인 오색실로 섞어 짠 사직물(錦)로 만든 옷을 입는다"[115]고 하여 고대에 한반도와

113 巴林右旗博物館, 〈內蒙古巴林右旗那斯台遺址調查〉, 《中國考古集成》 東北卷 新石器時代(一), 北京出版社, 1997, 536쪽; 孫守道·劉淑娟, 《紅山文化 玉器新品新鑒》, 吉林文史出版社, 插圖 13·14.

114 위와 같음.

115 《後漢書》 卷85 〈東夷列傳〉 序. "東夷率皆土著, 憙飮酒歌舞, 或冠弁衣錦." 《後漢書》는 서기 25년부터 서기 220년까지의 東漢시대에 관한 역사서이기 때문에

만주 일대에 위치했던 고조선의 여러나라에서는 일반적으로 금錦으로 옷을 만들어 입었음을 알 수 있다. 금錦은 물감을 들인 오색실로 섞어 짠 사직물이다.[116] 고조선에서는 화려하고 아름다운 금 이외에 여러 종류의 사직물을 생산했다.

실제로 요령성 노합하老哈河 상류에 위치한 소흑석구유적에서 동물모양장식 검자루가 있는 비파형동검과 함께 청동투구가 2개 출토되었다. 하나는 꼭대기에 장방형의 꼭지가 있었고, 바깥 부분에 사직물이 붙어 있었다. 다른 하나는 꼭대기에 짐승모양의 장식이 있었고, 기물의 바깥 부분에 사직물이 붙어 있었다. 그 밖에 짐승모양의 청동장식이 30여 개 출토되었는데 모두 표면에 사직물이 붙어 있었다. 발굴자들은 이 유적에서 출토된 기물의 양식이 남산근 101호무덤의 것과 유사한 점 등을 들어 남산근과 같은 연대인 서주시대 후기에서 춘추시대 초기에 속할 것으로 보았다.[117] 투구 속 부분에 사직물을 사용한 것은, 사직물이 일반직물보다 흡습률이 크다는 장점이 있기 때문이라 하겠다.

그 밖에도 평양 낙랑유적의 복식유물 가운데는 해방 이전과 이후 사직물이 다량 출토되었다. 출토된 사직물은 대체로 섬세한 견絹과 겸縑, 항라降羅 등이었다.[118] 이처럼 고조선 사람들은 사직물로 만든 의복에 다양한 재료로 만든 장식물을 달아, 화려하고 아름다운 조형

서기전 1세기경 고조선이 붕괴한 이후의 고조선의 여러나라들이 세운 독립국에 관한 당시의 상황을 연구하는 데 중요한 사료가 된다.

116 《釋名》, 〈釋采帛〉. "錦은 金으로 그것을 공을 들여 만들어 그 가치가 金과 같아 글자를 帛과 金을 합쳐 錦이라 했다(錦金也, 作之用功, 重其價如金, 故其制字, 從帛與金也)."; 《渤海國志長編》 卷17 〈食貨考〉 第四. "錦綵". "삼가 설문을 살펴본다면 錦襄은 물감을 들여 무늬를 섞어 짠 것이다. 本草綱目에 이르길, 錦은 오색실로 짜서 문장을 만든다. 글자도 帛자와 錦자가 합쳐졌고 諧聲도 귀하다(謹案設文錦襄色織文也, 本草綱目云, 錦以五色絲織成文章字從金諧聲且貴之也)."

117 項春松, 〈小黑石溝發現的青銅器〉, 《中國考古集成》 東北卷 青銅時代(一), 北京出版社, 1997, 752쪽.

118 조희승, 앞의 책 참조.

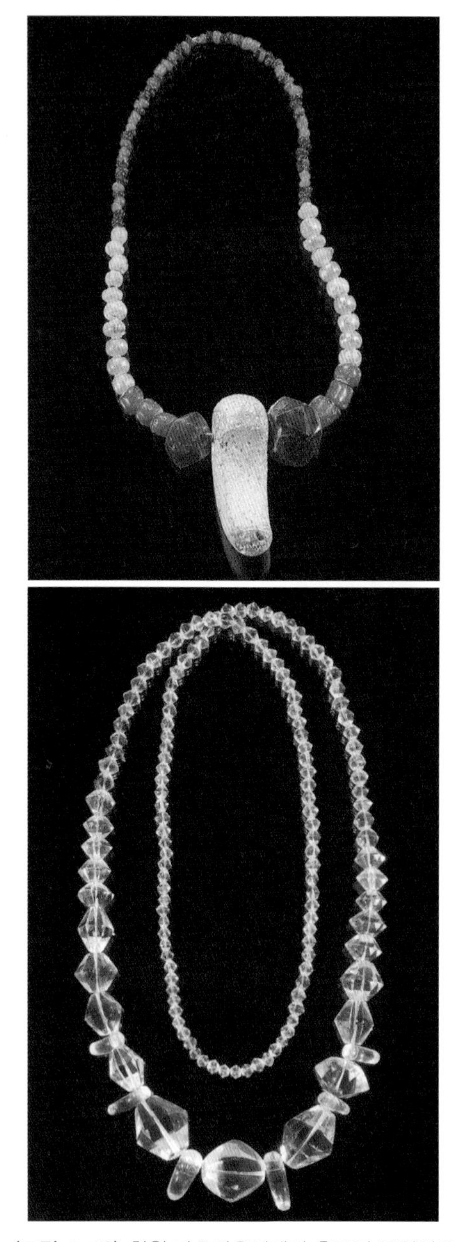

〈**그림 4-13**〉 창원 다호리유적에서 출토된 목걸이들

미를 이루어냈다.

《후한서》 〈동이열전〉에 따르면, 한반도의 마한 등 한에서는 "금金이나 보물뿐만 아니라 금錦과 계罽를 귀하게 여기지 않으며, 구슬을 귀중히 여겨 옷에 꿰매어 장식하기도 하고 목이나 귀에 달기도 했다"[119]고 했다. 한에서 금金장식품과 고급직물을 귀하게 여기지 않았다는 것은 이들의 생산량이 비교적 많았던 것으로 해석되며, 옷에 많은 장식을 했던 것으로 생각된다. 실제로 한이 위치했던 경남 창원 다호리유적에서는 정교한 조형미를 가진 목걸이(그림 4-13)[120]와 장신구가 출토되었다.

서기전 3세기경에 속하는 요령성 여대시 윤가촌유적과 평양시 낙랑구역 정백동 3호무덤에서 수정구슬[121]과 수정과 붉은 옥이 함께 꿰어진 목걸이[122]가 출토되었고, 평양시 낙랑구역 정백동 206호무덤에서는 길이 3.5센티미터의 유리구슬(그림 4-14)[123]등이 출토되었다. 평양부근의 고대 무덤들에서 출토된 유리구슬은 녹색과 연녹색, 청색, 진청색, 감색, 하늘색, 누런색, 황색 등 색이 매우 다양하고 크기도 서로 달랐다. 청동기시대에 속하는 충청남도 보령시 평라리유적 집자리에서도 푸른색 유리구슬이 출토되었다.[124] 유리구슬의 색깔과 광택이 변화되지 않고 아름다운 것은, 고조선 사람들의 유리 제조기술이 발달했기 때문일 것이다.[125]

---

119 《後漢書》 卷85 〈東夷列傳〉. "不貴錦寶錦罽, 不知騎乘牛馬, 唯重瓔珠, 以綴衣爲飾, 及縣頸垂耳."

120 국립김해박물관, 《국립김해박물관》, 통천문화사, 1998, 52·53쪽, 그림 78·79.

121 조선유적유물도감편찬위원회, 《조선유적유물도감》 1-고조선·부여·진국편, 외국문물종합출판사, 1989, 96쪽, 그림 190.

122 조선유적유물도감편찬위원회, 위의 책, 124쪽, 그림 275.

123 조선유적유물도감편찬위원회, 위의 책, 117쪽, 그림 251.

124 이융조·우종윤, 《선사유적 발굴도록》, 충북대학교박물관, 1998, 280쪽.

125 강승남, 〈평양부근 고대유적에서 드러난 유리구슬의 화학조성과 그 재질에 대한 고찰〉, 《조선고고연구》 1993년 제3호, 사회과학출판사, 39~43쪽. "우리나라 고

〈그림 4-14〉 정백동 3호무덤에서 출토된 수정구슬과 목걸이, 유리구슬

이상의 내용으로 한반도와 만주에 자리 잡은 고조선에서는 일찍부터 마직물과 모직물, 가죽, 모피, 사직물 등을 생산하여 복식의 재료로 삼았음을 알 수 있다. 또한 모자와 의복 위에 다양한 모양의

대 유리구슬은 기본상 Si-Na-Ca-Mg-Pb, Si-K-Ca-Mg-Pb, Si(al)-Na-Mg-Pb 등이다.……우리나라 유리는 주원료를 이산화규소, 산화나트륨, 산화칼륨, 산화마그네슘을 기본으로 하면서 산화알루미늄은 첨가제로서 조금씩 넣었다. 특히 제품의 질을 높이며 가공성을 좋게 하기 위하여 유리에 주원료로서 연을 많이 넣었던 것이다. 고대유리구슬에 연이 많은 것은 우리 선조들이 연유리에 대한 해박한 지식과 경험이 풍부하였고 연이 유리형성에서 노는 역할을 잘 알고 있었다는 것을 알 수 있다. 고대 애굽과 동구라파, 서구라파에서 나오는 유리에는 연이 적거나 거의 없다. 그들이 연을 유리에 넣어 사용하기 시작한 것은 기원전후시기가 아니라 중세부터이다. 분석 자료에 의하면 유리에 연을 넣어 사용한 시기는 대체로 서기 9~서기 13세기부터이며 일부 이르다고 하는 지역에서는 서기전 2~서기전 1세기로 확정된다. 그러나 인도에서는 서기전 4~서기전 3세기에 연을 넣은 붉은색 구슬과 여러 가지 종류의 유리제품이 나왔다. 우리나라 유리 수공업자들은 연유리를 비롯하여 소다유리와 회분유리를 만들어 사용하였으며 아름다운 색깔과 광택, 산화를 방지하기 위하여 유리에 여러 가지 원소를 첨가시켰다. 이렇게 만든 유리구슬은 수천 년이 지난 오늘까지도 광택이 나면서 산화되지 않았다."

장식과 구슬, 장식단추를 걸고 달아 절제 있게 혼합된 개성 있는 아름다움을 이루어냈다. 그 특징을 다음의 내용으로 정리할 수 있다.

첫째, 고조선시대 초기에는 직물이나 가죽으로 만든 의복 겉면에 구슬, 옥으로 만든 장식품, 다양한 모양의 청동장식 등을 사용해 화려하게 장식했다. 이러한 장식품의 배열은, 크기와 양식의 차이 및 기하학적인 선의 방향을 달리해 자연스럽게 표현하면서 독창성을 이루었다. 둘째, 고조선시대 중기 이후가 되면 뼈와 옥으로 만든 장식이 적어지고 청동으로 만든 장식품이 주류를 이루며, 그 양도 이전보다 현저하게 많아진다. 둥근 모양과 네모모양으로 변화를 주며 단춧구멍을 달리해 작은 장신구에서도 공간을 아름답게 사용하는 미적 감각을 갖추었다. 또한 당시 철기를 사용했음에도 청동으로 장식품들을 많이 만들어 사용한 이유는, 철은 쉽게 녹이 나지만 청동은 처음 주조했을 때 금보다 더욱 빛나는 특징을 가지고 있기 때문일 것이다. 이 같은 고조선의 문화는 한민족 문화의 원형이라 할 수 있는데, 이러한 한민족의 고유문화가 여러나라시대로 이어졌다.

4
아래옷양식과 장식기법의 고유성

고조선 사람들은 어떠한 모양의 아래옷을 입고 장식은 어떻게 했는지 알아보기로 한다. 여러나라시대의 일반 남자는 고袴[126]를 아래옷으로 입었고, 여자는 고를 군裙 속에 입었다.[127] 고구려에서는 궁고窮袴[128]를 입었는데, 대신大臣이나 존귀한 사람[129] 및 일반인들은 모두 대구고大口袴[130]를 입었다. 부여에서도 고를 입었다.[131] 동옥

126 고대 한국의 아래옷을 가리키는 '袴' 자는 《說文解字》에 없다. 顔師古는 絝를 袴의 옛글자라고 했다. 《說文解字》에서는 絝를 '脛衣也'라 했고, 안사고는 《漢書》〈趙充國辛慶忌傳〉의 脛에 대하여 '膝以下骨也', 즉 '무릎 아래의 뼈'라고 했다. 段玉裁는 《說文解字注》에서 絝를 淸代의 套袴와 같은 것으로 보았다(段玉裁, 《說文解字注》. "絝, 卽今所謂套袴."). 즉, 絝는 무릎 아래에 착용한 것이 된다. 그러나 후대에 쓰인 《釋名》에서는 "袴는 사타구니이다. 두 다리가 각기 사타구니에서 갈라졌다(《釋名》〈釋衣服〉. 袴, 跨也, 兩股各跨別也)"고 하여, '袴' 자가 '跨' 자에서 연유된 것이라고 했다. 즉, 《釋名》에서는 사타구니에서 발목까지 길게 내려온 것을 '袴'라고 한 것이다.

127 《三國史記》卷33〈雜志〉色服條에 기재된 아래의 내용에 의하면 여자들은 속에 袴를 입고 겉에 裳을 입었음을 알 수 있고, 실제로 이 같은 모습은 고구려 고분벽화에서 확인된다. "六頭品女,……袴禁罽繡錦羅繐羅金泥,……表裳禁罽繡錦羅繐羅野草羅金銀泥纐纈……五頭品女,……袴禁罽繡錦羅繐羅野草羅金泥,……表裳禁罽繡錦野草羅,……平人女,……袴用絁已下, 表裳用絹已下……"

128 《南齊書》卷58〈列傳〉高(句)麗傳. "고(구)려 풍속은 궁고를 입고,……(高麗俗服窮袴……)."

129 《北史》卷94〈列傳〉高(句)麗傳. "貴者, ……服大袖衫·大口袴."; 《隋書》卷81〈列傳〉高(句)麗傳. "貴者……服大袖衫·大口袴."; 《新唐書》卷45〈輿服志〉. "왕공이하……등은 각각 관서와 품급에 준한 복식을 입었다. 그 밖에 관품이 없이 관서에서 일할 때는 모두 평건책·비삼·대구고를 착용했다(王公以下……等各準行署依品服. 自外及民任雜掌無官品者, 皆平巾幘·緋衫·大口袴)."

130 《周書》卷49〈列傳〉高(句)麗傳. "남자들은 통소매의 衫과 통이 큰 바지를 입고……(丈夫衣同袖衫, 大口袴.……)."

131 《三國志》卷30〈烏丸鮮卑東夷傳〉夫餘傳. "(부여사람들은)……在國衣尙白, 白袍大袂, 袍·袴."

저[132]와 백제 및 신라에서도 고구려와 같은 고를 입었다.[133] 이처럼 한민족의 지역에서 신분에 관계없이 모두 고를 착용한 것으로 보아, 고는 고조선시대부터 착용하던 복식으로 추정된다.

지금까지의 복식사연구에서는 고구려 고분벽화에 보이는, 비교적 폭이 좁은 몇 가지 고袴의 모습과 삼衫과 고袴를 한 벌로 입은 복식의 모습으로부터 다음과 같은 견해를 주장해 왔다. 고대 한국의 궁고는 좁은 바지일 것으로 보고 고대 한국의 고유 복식이 북방계통에 속하는 것이며,[134] 북방계 호복인 고습袴褶이라는 주장이 통설로 여겨졌다. 그러나 궁고는 좁은 바지가 아니며, 고구려 고분벽화에 보이는 다양한 복식들은 고습과 다른 것으로, 북방계 복식과는 큰 차이를 지닌다. 고구려 풍속에 궁고를 입었고, 신분에 관계없이 모두 대구고를 입었다는 점으로 보아 궁고는 바로 대구고를 가리키는 것임을 알 수 있다. 또한 신분에 따라 고袴의 양식에 구분을 두지 않았음도 알 수 있다.[135] 궁고는 밑바대인 당襠이 있는 고를 말한다. 고대 한국의 고는 모두 당을 댔지만, 중국의 경우와 같이 끈을 사용하지 않고 재봉으로 여밈새를 처리했으며, 바지폭은 다양했다.[136]

이 같은 문헌자료에 보이는 고袴의 내용을, 고구려 고분벽화·왕회도王會圖[137]·경주慶州 백율사栢栗寺 석당기石幢記[138]·단석산斷石山 신선

132 《後漢書》 卷85 〈東夷列傳〉 東沃沮傳. "言語·飮食·居處·衣服有似句麗."; 《三國志》 卷30 〈烏丸鮮卑東夷傳〉 "東沃沮傳". "食飮居處, 衣服禮節, 有似句麗."

133 《梁書》 卷54 〈列傳〉 百濟傳. "今言語服章略與高麗同."; 《南史》 卷79 〈列傳〉 "百濟傳". "言語服章略與高麗同."; 《北史》 卷94 〈列傳〉 新羅傳. "風俗·刑政·衣服略與高麗·百濟同."

134 李如星, 《朝鮮服飾考》, 백양당, 1947, 123~129쪽.

135 李如星, 앞의 책, 129쪽.

136 박선희, 《한국고대복식-그 원형과 정체》, 413~423쪽.

137 李天鳴, 《中國疆域的變遷》 上册, 國立古宮博物院, 臺北, 1997, 80쪽.

138 국사편찬위원회 소장, 《慶州 栢栗寺 石幢記》.

사神仙寺 마애磨崖 공양供養 인물상[139]·토우[140]·무령왕릉 출토 동자상[141]·천마총의 채화판彩畵板 기마인물도[142]·언양彦陽 천전리川前里 임각인물상岩刻人物像[143] 등의 유적과 유물자료를 통해 살펴볼 수 있다. 이러한 자료들은 고조선보다 비교적 후대의 것이다. 그러나 복식은 왕조가 바뀌더라도 그 형식이 쉽게 변하지 않는다. 설사 외형적 요소가 가해졌다고 하더라도 기본 구조는 그대로 지속되었을 것이다. 그리고 지속하는 부분과 변동하는 부분은 공존할 것이다. 복식의 변화와 발전은 역사 일반의 그것과 반드시 일치하지는 않는다. 그러므로 위의 자료들은 고조선 복식을 찾는 데 크게 도움이 될 것이다.

다음은 군裙[144]에 대하여 알아보기로 한다. 고조선 이전 시기 신석기시대 후기의 유적으로, 서기전 2600년경에 속하는 요령성 적봉에 위치한 서수천西水泉 홍산문화유적에서 군을 입은 것으로 보이는 도인상陶人像이 출토되었다. 이 흙으로 만든 사람상은 갈도褐陶로 만들어졌고, 반신으로 하부 주변에는 가는 선을 새겼으며, 머리 부분이 손상된 상태이다. 발굴자들은 흉부로 보아 이를 여성상으로 분류했는데, 하부의 구조는 치마를 입은 것(그림 4-15)[145]으로 생각된다. 실제로 삼국시대 이전 우리나라에서는 여자만 군을 입었으며, 남자는 군을 입은 적이 없는 것으로 나타난다. 이러한 사실은 신라시대

139 慶州 斷石山 神仙寺 石窟의 磨崖 供養 人物像.

140 秦弘燮, 《土器 土偶 瓦博》-한국미술전집 3, 동화출판공사, 1974.

141 國立公主博物館, 〈童子像〉, 《國立公主博物館圖錄》, 1981.

142 문화재관리국, 《天馬塚 發掘 調査 報告書》, 1974, 156~157쪽.

143 경상남도 彦陽 川前里 岩刻畵.

144 '裙' 자는 중국에서 서한시대 중기 이후에 나타난다. 裙은 이전에 으로 쓰였는데, 《說文解字》의 "帬은 혹은 衣를 따르기도 한다. 下裳이다. 巾과 君을 따랐다(《說文解字》. "帬或從衣. 下裳也. 從.")" 고 한 내용에서 이를 알 수 있다. 강릉 봉황산의 西漢묘에서 출토된 목간에서도 이 裙으로로도 쓰였음이 확인된다(金立, 〈江陵鳳凰山八號漢墓竹簡試釋〉, 《文物》 1976年 第6期, 69~70쪽).

145 中國社會科學院考古研究所內蒙古工作隊, 〈赤峰西水泉紅山文化遺址〉, 《中國考古集成》 東北卷 新石器時代(一), 北京出版社, 1997, 454~464쪽, 圖 4-15.

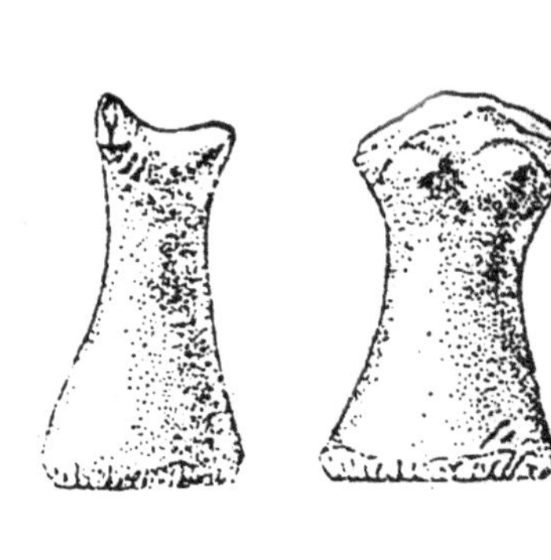

4-15

〈그림 4-15〉 서수천 홍산문화유적에서 출토된 여성 도인상
〈그림 4-16〉 신라시대 초기 토우 부부상

초기 토우(그림 4-16)[146]와 고분벽화, 문헌자료 등을 통해 확인할 수 있다.[147]

《주서周書》의 〈열전〉 고(구)려전에서 "남자는 동수삼同袖衫과 대구고를 입고 흰 가죽띠를 하고 누런 가죽신을 신었다.……부인은 군裙과 유襦를 입었고, 도련과 끝동은 모두 선襈을 둘렀다"[148]라고 한 내용을 통해 고구려에서 남자는 고를, 부인은 도련에 선을 두른 치마를 입었음을 알 수 있다. 또한 후대의 기록이지만 《선화봉사고려도경》에 기재된 삼한三韓의 의복제도에 관한 내용을 통해, 한韓의 모

146 秦弘燮, 《土器 土偶 瓦塼》-한국미술전집 3, 동화출판공사, 1974, 93쪽, 그림 87.

147 진덕왕 2년에 신라가 당의 복제를 받아들인 뒤부터 중국의 裳을 착용하기 시작했고(《三國史記》 卷6 〈新羅本紀〉 眞德王 2年條), 상은 조선조까지 복제로 존재했다.

148 《周書》 卷49 〈列傳〉 高(句)麗傳. "丈夫衣同袖衫·大口袴·白韋帶·黃革履.……婦人服裙襦, 裾袖皆爲襈."; 《北史》 卷94 〈列傳〉 高(句)麗傳. "부인의 裙과 襦에 襈을 둘렀다("婦人裙襦加襈")."

든 여자들이 신분의 구별 없이 같은 치마를 입었음을 알 수 있다.[149]

그러면 고구려와 한에서 입었던 치마의 양식이 어떠했는지, 고구려 고분벽화와 출토된 토우 등을 근거로 정리해보면 다음과 같다. 첫째, 군裙은 도련까지 주름이 잡힌 군과 허리에만 주름이 잡힌 군으로 구분된다. 둘째, 고대 한국의 여자들은 겉옷으로 반드시 군을 입고 속에 고袴를 입었다. 《선화봉사고려도경》에 "한에서는 신분의 구별 없이 군裙의 모습이 같다"고 한 것 또한 양식의 차이가 없음을 설명한 것으로, 고구려의 경우와 마찬가지이다.

한韓은 고구려와 같이 고조선에 속해 있던 나라의 하나로, 한반도 남부에 있었기 때문에 고조선의 멸망 과정에서 일어난 사회 혼란이 북방지역보다 적어 고조선이 지니고 있었던 사회적 성격을 많이 보존하고 있었을 것이다. 고조선의 전통은 복식양식에서도 이어졌을 것이다. 한에서 고구려와 마찬가지로 군의 양식에 신분의 차이를 두지 않은 것은 그 좋은 예가 된다.

그러면 실제로 고조선사람들은 아래옷에 어떠한 장식을 했는지 알아보기로 한다. 서주시대 초기에서 춘추시대에 속하는 적봉赤峰 약왕묘葯王廟유적 M11에서는 뼈구슬 289개와 청동장식단추, 연이은 구슬모양 청동장식, 그리고 쌍미형双尾形 청동장식이 모두 105개나 출토되었는데, 마직물이 붙었던 흔적이 남아 있었다. 청동장식은 머리, 목, 가슴, 다리 위에서 골고루 출토되었다. 다리 부분에서는 청동장식단추와 함께 쌍미청동장식이 2조씩 4개조가 조별로 출토되었는데, 매 조가 6개의 장식으로 이루어졌다.[150] 이로 보아 아래옷에는

---

149 《宣和奉使高麗圖經》 卷20 〈婦人〉. "신이 三韓의 의복제도는 들었으나 염색은 듣지 못했습니다. 다만 꽃무늬는 금해졌고,……옛 풍속에 여자의 옷은 무늬 없는 紵로 만든 황색 치마였는데, 위로는 공족과 귀가에서 아래로 평민과 처첩에 이르기까지 한 모양이어서 구별이 없습니다(臣聞, 三韓衣服之制……舊俗女子之服白紵黃裳, 上自公族貴家, 下及民庶妻妾, 一概無辨)."

150 中國科學院考古研究所內蒙古工作隊, 〈赤峰葯王廟, 夏家店遺址試掘報告〉, 《中國

6개의 청동장식으로 이루어진, 긴 쌍미청동장식을 2개씩 달았던 것으로 추정된다.

또 다른 예로, 전국시대 후기에 속하는 길림성 소달구騷達溝유적에서는 청동장식단추 13개가 출토되었는데, 모두 주물틀로 만들어진 것이었다. 그 양식과 출토위치가 서로 달라 발굴자들은 이를 3조로 분류하여 분석했다. 제1조는 겉면에 광택이 나고 주변에 방사상放射狀의 선線문양이 있는 6개의 청동장식단추로 이루어졌다. 큰 것은 직경이 6센티미터이고, 큰 것과 모양이 같은 작은 것은 5개로 이루어졌는데, 직경이 3센티미터이다. 이들 청동장식단추는 묘주의 몸 아래 부분에서 출토되었는데, 큰 것은 가슴의 한 가운데에서 대도大刀와 가깝게 출토되었고 그 주변에서 작은 것들이 출토되었다. 제2조는 6개의 장식단추로 이루어졌는데, 1개는 크고 5개는 작은 것이었다. 표면은 평평하고 문양이 없는 것이 특징이다. 이들 청동장식단추는 모두 묘주의 다리 부분에서 출토되었는데, 단추의 꼭지가 아래를 향하고 단추의 윗면이 위를 향하고 있어 아래옷에 장식했던 것으로 추정된다. 큰 것의 직경이 5.6센티미터이고, 작은 것은 2.6센티미터이다. 제3조는 서로 연접한 2개의 ⊥모양 장식단추로 만들어져 연이은 구슬모양의 청동장식단추로, 묘주의 오른쪽 몸 아래에서 출토되었다. 겉면에 문양이 없고, 뒷면에 1개의 단추꼭지가 있으며, 길이는 2.6센티미터이다. 작은 청동장식단추의 직경은 1.3센티미터이다.[151]

소달구유적에서 출토된 청동장식단추와 같이 평평한 모양의 크고 작은 청동장식단추를 알맞게 배열하며 이를 아래옷에 달아, 역동적

考古集成》 東北卷 靑銅時代(一)下, 北京出版社, 1997, 663쪽. 이 약왕무덤들에서 출토된 청동장식단추는 가장 큰 것의 직경이 3~3.3cm로 뒷면에 꼭지가 있고 줄문양을 새겼으며, 중간크기의 것은 직경 1.7~1.8cm로 문양이 없다. 작은 크기의 것은 반원모양으로 문양이 없으며 직경 0.8~0.9cm이다.

151 吉林省博物館·吉林大學考古專業, 〈吉林市騷達溝山頂大棺整理報告〉, 《中國考古集成》 東北卷 靑銅時代(三), 北京出版社, 1997, 2373쪽.

인 모습을 표현했을 것이다. 다시 그 위에 연이은 구슬모양의 작은 청동장식단추를 장식하여 의복이 움직일 때마다 변화를 보이며, 다양한 분위기를 연출했을 것으로 생각된다.

고조선시대의 여러 무덤에서 보이는, 모자와 윗옷에 장식한 청동장식단추들은 대부분 직경 0.8~3.3센티미터 크기의 것으로 나타난다. 대부분의 유적들에서는 윗옷보다 모자에 장식을 더 많이 한 것으로 나타난다. 청동장식단추는 주로 두건과 윗옷에 청동구슬, 뼈구슬, 옥구슬, 옥장식 등과 함께 화려하게 장식했다. 아래옷에는 1.3~6센티미터의 청동장식단추를 사용한 것으로 보아, 모자와 윗옷에 달았던 것보다 대체로 크기가 큰 것을 사용하며 조화를 이룬 것으로 보인다. 또한 아래옷에는 연이은 구슬장식들을 달아서 공간미를 살렸다.

이상의 분석으로부터 고조선시대 아래옷에도 윗옷이나 겉옷에서와 마찬가지로 청동장식단추를 장식했음을 알 수 있다. 그러나 아래옷에는 윗옷과 겉옷의 장식과 달리 연이은 구슬장식들을 달아서 활동성을 살렸다. 이러한 윗옷과 아래옷의 조화와 장식양식의 아름다움은, 고대 한민족이 착용한 아래옷인 고와 군이 윗옷과 겉옷인 삼·유·포와 함께 한민족 복식의 고유양식으로 정착했음을 말해준다. 아울러 한민족의 복식양식은 중국계통의 의복과 호복계통의 의복에서 전래한 것이 아니라 고조선시대부터 계승해 내려온 한민족 고유의 독창적인 복식양식임을 알 수 있다.

5
복식양식과 장식기법의 갖춤새

고조선복식의 고유양식과 장식기법에 관하여 문헌자료와 고고학의 출토자료를 근거로 고찰해 보았다. 그 결과 한국 고대복식의 원형이 중국이나 북방 호복계통에서 비롯되었다는 통설이 잘못되었다는 사실과, 지금까지 한민족이 고대로부터 흰옷을 즐겨 입었다는 견해도 틀렸다는 사실을 확인할 수 있었다. 또한 지금까지 연구되지 않았던 고조선 옷차림의 장식물, 즉 옷의 겉에 장식을 달아 표현했던 장식기법에 대한 내용도 새로이 밝힐 수 있었다.

신석기시대 한반도와 만주의 유적들에서는 뼈와 뿔, 옥, 질그릇조각 등으로 만들어진 머리꽂이가 골고루 출토되었다. 이는 고조선 이전 시기 한반도와 만주지역에 거주하던 사람들이 머리꽂이를 사용해 일정한 머리양식을 갖추기 시작했음을 말해준다. 고조선시대에 오면 머리꽂이는 청동, 철, 금 등의 금속으로도 만들어진다.

이처럼 선사시대로부터 형성된 머리모양에 따라 모자양식도 틀어 올린 머리를 덮을 수 있도록 관모 폭이 넓지 않고 높이가 있는 변弁이나 절풍折風과 같은 모자가 발달하게 되었다. 그리고 관에는 다양한 장식이 더해졌다. 고조선시대 초기에는 모자 위에 새깃을 꽂는 것 이외에도 많은 재료로 만든 장식품들을 화려하게 장식했다. 이러한 장식품은 크기와 양식 차이에 따라 연속적으로 배열되어, 절제 있게 혼합된 조형미를 이룬다. 이처럼 모자에 다양한 장식을 한 양식은 여러나라시대로 계승되어 한민족의 고유한 복식 갖춤새로 자리매김하게 되었다.

고조선 사람들이 화려하게 장식한 모자와 함께 입었던 윗옷과 겉옷도 모자 못지않게 다양한 장식을 했던 것으로 나타난다. 고조선에서는 윗옷으로 삼衫과 유襦를 입고, 겉옷으로 길고 큰 소매의 포袍를 입었다. 남자들은 아래옷으로 고袴를 입고, 여자들은 포袴를 군裙 속에 입었다. 이러한 윗옷과 겉옷은 주로 마직물과 사직물, 모직물, 가죽, 모피 등을 사용해서 만들었고, 그 위에 뼈, 뿔, 옥, 청동, 철, 금과 은 등을 재료로 한 장식을 달아 생동감 있게 다양한 분위기를 연출했다. 아래옷의 경우 소달구유적에서 출토된 청동장식단추를 통해 보자면, 평평한 모양의 크고 작은 청동장식단추를 배열하여 아래옷에 일정한 간격을 두어 달았고, 다시 그 위에 연이은 구슬모양의 작은 청동장식단추를 장식하여 의복의 움직임에 따라 장식도 변화를 보이도록 했다.

고조선에서는 장식기법뿐만 아니라 염색과 직조기법을 발달시켜, 우아하고 화려한 복식문화를 이루었다. 한민족은 신석기시대부터 풀, 꽃, 흙, 열매, 뿌리, 곤충, 돌 등, 자연의 재료에서 염료를 채취하여 질그릇에 채색을 하고 벽화를 그렸다. 의복에 물감을 들이기도 하고, 색실을 만들어 독특한 양식의 아름다운 문양이 있는 천을 생산하기도 했다. 채색기법과 다양한 염색기법, 직조기법 등을 자유롭게 혼합하여 고조선만의 독창적이고 개성적이며, 자유로운 아름다움을 이루어 나갔다. 실제로 고구려 고분벽화에도 흰옷이 보이지 않고, 다양한 색상과 화려한 문양이 있는 의복이 많이 나타난다. 특히 고구려는 금錦으로 상징될 만큼 금錦을 즐겨 입었다. 금은 누에실을 여러 색으로 물들이고 서로 섞어 화려한 문양으로 짠 것이다. 이러한 화려한 색상과 문양을 나타내는 복식양식은 고조선시대부터 계승된 것이라고 하겠다.

고조선 사람들은 의복 위에 옥장식품과 유리구슬, 다양한 모양의 청동장식단추를 달아, 대담하고 자유로운 조형의지를 표현했다. 옥장식품은 주로 구슬, 곡옥과 같은 모양의 석룡石龍, 옥패, 옥관, 옥벽, 옥부, 옥환, 귀걸이, 동물모양·곤충모양·사람모양과 사람얼굴형상 등의 조각품으로, 옷에 걸거나 달아 사용했다. 유리구슬은 주로 둥근 모양이다.

옥기의 발달을 이루어낸 신석기시대를 지나 청동기시대로 오면 옥기보다 청동으로 만들어진 장식품의 양이 크게 늘어난다. 고조선 사람들은 옥장식과 함께 청동장식단추를 윗옷과 겉옷, 아래옷, 신발, 활집 등에 달아, 복식양식을 이전보다 화려하게 발전시켰다. 고조선 사람들이 청동장식단추를 윗옷과 겉옷, 아래옷, 신발 등에 달아 장식했다는 사실은, 청동장식단추의 뒷면에 남아 있는 직물의 흔적과 단춧구멍 또는 꼭지의 유무를 근거로 알 수 있다. 청동장식단추는 표면에 다양한 문양을 표현했는데 대부분 새김무늬질그릇이나 가락바퀴 등에 보이는 문양과 유사하다. 문양을 새기지 않은 경우도 있다. 청동장식단추의 모양도 구슬모양에서 얇은 원형, 네모모양 등 다양하게 나타난다. 또한 단추꼭지는 1개인 것과 2개인 것이 있고, 단춧구멍도 하나인 것과 여러 개인 것으로 나타나, 고조선 사람들이 작은 장신구에서도 공간을 변화 있게 사용할 수 있는 미적 감각을 갖추었다고 생각된다. 이 같은 다양한 장식단추의 형성과 지속적인 발달양상은 제6장에서 더욱 자세히 다루고자 한다.

고조선의 윗옷과 아래옷, 겉옷의 조화, 그리고 장식양식의 아름다움은, 염색기법과 장식기법, 직조기법이 모두 우수하게 발달함과 함께 이들이 서로 조화를 이루면서 고조선 사람들의 미의식 속에서 다양하게 표현되어 생겨난 것이라 하겠다. 특히 옥과 청동 등을 재료로 한 장식기법은 고조선만의 고유한 복식양식으로, 대담하고 역동적인 고조선의 조형적 이미지를 잘 보여주고 있다. 고조선복식문화는 의복 재료인 직물의 직조와 염색에서 이웃나라보다 역사적으로 앞서고 장식기법이 질적으로 우수하며, 양식이 독창적인 것이 그 특징이라 할 수 있다.

제 5 장

고조선의 장식양식과 문양의 발달

1
복식문화의 장식기법과 조형적 전통

이 논의는 민족문화의 정체성을 밝히는 구체적인 대상으로 고대 복식자료를 주목한다. 고고학적 유물과 함께 발굴된 고대 복식유물은 구체적인 물적 증거로서 당시의 복식관련 자료를 있는 그대로 보여주는 자료이기 때문에, 양식적 독창성과 고유성을 시각적으로 잘 드러낸다. 따라서 이웃나라 복식과 비교해 보면 민족문화다운 개성과 특징을 쉽게 분석해낼 수 있다. 마치 비파형동검과 고인돌을 표지標識문화로 설정하여 고조선의 강역과 민족문화의 정체성을 뚜렷하게 파악할 수 있는 것처럼, 고대 복식관련 유물의 재료와 양식, 문양, 형태, 기법 등의 독창성을 분석한다면, 민족문화로서 고대 복식문화의 정체성이 오롯이 드러날 것이다.

이미 복식의 문양과 장식 가운데 민족문화의 고유성을 나타내는 표지문화로 밝혀진 것이 여럿 있다. 그 가운데 대표적인 것이 원형과 나뭇잎모양 장식이다. 이들은 한반도와 만주지역에서 널리 사용된 한민족 고유의 양식으로 밝혀졌다.[1] 고조선 이전 시기인 신석기시대에는 의복에 흙과 돌, 비취옥 등을 재료로 원형과 나뭇잎모양의 장식단추를 만들어, 뼈와 뿔, 조개껍질 등으로 만든 장식품들과 절제 있게 혼합하여 장식했다. 고조선시대에는 직물의 발달과 함께 장식양식이 더욱 화려해졌고, 옥과 청동, 철로 만들어진 장식단추들이 적극적으로 복식에 사용되어 입체감과 역동성을 나타냈다.

고조선유적에서 출토되는 청동장식단추[2]는 주로 원형과 나뭇잎모

---

1 박선희, 《우리나라 금관의 역사를 밝힌다》, 지식산업사, 2008, 91~167쪽 참조.

2 중국 고고학자들은 이것을 銅泡라 부르고, 서양학자들은 단추와 비슷하다고 하여 청동단추(bronze button)라고 부른다. 고조선의 경우 이를 모자와 옷, 신발, 활집,

양이다. 이 청동장식단추는 중국과 북방지역의 경우, 그 생산연대가 고조선보다 늦고 출토지도 매우 적다. 그러나 고조선의 영역이었던 한반도와 만주지역에서는 거의 모든 청동기시대 유적에서 다양한 크기의 청동장식단추가 출토되고 있다. 더욱이 신석기시대부터 고조선 영역의 가락바퀴와 청동기나 질그릇 등에 특징적으로 보이는 새김문양, 또는 고조선의 청동거울이나 비파형동검 검집에 나타나던 잔줄문양이 나타나, 고조선의 유물이 갖는 특징과 그 맥락을 같이한다고 할 수 있다.[3]

복식에 사용된 청동장식단추양식은 고조선 붕괴 이후 여러나라로 이어져, 나라마다 특색을 조금씩 달리할 뿐 부여와 고구려, 예, 한, 옥저 등에서 널리 유행했다. 여러나라에서는 청동장식단추의 크기와 양식에 차이를 두거나 기하학적인 문양의 방향을 달리하여 복식의 역동성을 자연스럽게 표현했고, 개성 있는 아름다움을 이루어냈다. 이후 청동장식단추양식은 고조선시대부터 일반 복식에서뿐만 아니라 특수 복식인 갑옷과 투구 등에도 다양하게 사용되었다. 이러한 단추양식은 고구려를 중심으로 삼국에 이어져, 금관을 비롯한 예술품과 마구 등 생활용품에 이르기까지 한민족의 중요한 장식양식으로 자리 잡게 되었다.

이처럼 장식단추를 사용한 장식기법은, 신석기시대부터 삼국시대까지 복식의 아름다움을 독특한 미학적 형상성을 고스란히 보여주며 발전해온 한민족 복식의 고유한 양식이다. 고대 한민족은 복식에서 장식단추를 뼈와 뿔, 조개껍질, 돌, 비취옥, 청동, 철, 유리 등을 재료로 한 장식품과 함께 절제 있게 혼합해, 고유하고 다양한 조합

갑옷, 투구, 마구 등 여러 곳에 장식용으로 사용했으므로 필자는 이를 청동장식단추로 분류하고자 한다. 이 장식단추는 여밈기능과 장식기능, 보호기능 등 많은 역할을 한다.

3 박선희, 《한국고대복식-그 원형과 정체》, 지식산업사, 2002, 547~612쪽 참조.

방식을 추구했던 것이다. 그러나 복식에서 이처럼 중요한 위치를 차지했던 장식단추에 대한 연구는 지금까지 전혀 이루어지지 않았다. 그러므로 고조선 장식단추들을 구체적인 대상으로 다루어 장식단추의 기원과 문양, 양식 등을 밝히고, 이들이 복식에서 공간을 사용했던 자유로운 조형의지와 장식기법을 밝혀, 우리 복식문화의 원형과 조형적 전통을 입증해보고자 한다.

2
신석기시대 장식단추와 장식기법의 시작

한반도와 만주지역은 신석기시대의 시작과 함께 직물생산과 재봉도구가 발달하여 다양한 양식의 복식문화를 이루었다. 지금까지의 고고발굴과 연구에 의하여 한반도와 만주에는 신석기시대나 청동기시대의 주민들이 다른 곳으로부터 이주해왔다는 견해가 성립될 수 없음이 밝혀졌다.[4] 또한 한반도와 만주의 신석기시대 시작연대는 서기전 8000년경으로, 동아시아지역에서 가장 일찍이 문화가 전개된 것으로 알려진 황하유역의 서기전 6000년경보다 훨씬 앞선 것으로 나타난다.[5] 한반도와 만주지역의 유적 가운데 가장 이른 신석기유적인 고산리유적과 문암리유적, 소하서유적 등에서 그물추를 사용했던 것으로 보아, 동아시아지역에서 가장 이른 시기에 실을 생산했을 것으로 생각된다.[6] 실은 의복에 장식단추나 구슬 등을 달거나 꿰어 거는데 사용된 가장 기본적인 재료이므로, 이 시기 실을 사용해 의복에 장식을 했을 것이다.

한반도 신석기시대 초기유적인 궁산유적 제1기층에서는 다양한 크기의 그물추가 출토되어, 실이 널리 쓰였다는 것을 짐작할 수 있다. 또한 가는 베실을 가락바퀴로 뽑아 뼈바늘에 꿰어놓은 것이 발견되어, 당시 이미 바느질을 하고 있었음도 알 수 있다. 궁산유적 3기층에서는 뼈구슬과 둥근 모양의 흙단추가 출토되어, 실제로 바늘

4 李鮮馥, 〈신석기·청동기시대 주민교체설에 대한 비판적 검토〉, 《韓國古代史論叢》 1, 가락국사적개발연구원, 1991, 41~66쪽.

5 박선희, 〈유물자료로 본 고조선 이전 시기의 복식문화 수준〉, 《단군학연구》 19호, 단군학회, 2008, 78~80쪽.

6 위와 같음.

과 실을 사용해 의복에 흙단추와 구슬을 달거나 꿰어 걸었던 사실이 확인된다.[7] 같은 시기에 속하는 서포항유적 제1기층에서는 가락바퀴와 더불어 씨실넣기에 쓴 갈구리와, 달아매는 뼈, 뿔로 만든 구멍이 있는 장신구가 출토되어 방직과 장식기법의 발달을 확인할 수 있다.[8] 이 시기 장식기법은 뼈와 뿔, 흙으로 만든 것 이외에 옥으로 정교하게 만든 것이 많이 사용되어, 이전보다 화려해졌다.

실제로 만주지역 신석기시대 초기유적들에서는 백석白石으로 만든 구슬[9]과 곡옥,[10] 옥으로 만든 옥패, 옥관玉管, 옥벽玉璧,[11] 옥부玉斧, 구멍이 있는 옥구슬, 옥환玉環,[12] 동물모양·곤충모양·사람모양과 사람얼굴형상[13] 등의 조각품들이 다량 출토되었다. 이들 조각품은 대부분 한 개 혹은 두세 개씩 구멍이 뚫려있어 옷에 달거나 걸었던 장식품 또는 장식단추의 용도로 쓰였을 것이며, 의복에서 중요한 위치를 차지했을 것으로 생각된다.

만주지역의 이른 신석기시대유적인 흥륭와유적에서는 세계에서 가장 오래된 옥귀걸이와 함께 옥도끼 등 지금까지 약 1백여 점의 옥기가 출토되었다.[14] 한반도에서는 강원도 고성군 문암리에서 같은

7 김용남, 〈궁산문화에 대한 연구〉, 《고고민속론문집》 제8집, 과학백과사전출판사, 1983, 34~38쪽.

8 김용간·서국태, 〈서포항원시유적발굴보고〉, 《고고민속론문집》 제4집, 사회과학원출판사, 1972, 40~108쪽.

9 劉振華, 〈吉林省原始文化中的幾種新石器時代遺存〉, 《中國考古集成》 東北卷 新石器時代(二), 北京出版社, 1997, 1698쪽.

10 何明, 〈吉林省新石器時代的考古發現與認識〉, 《中國考古集成》 東北卷 新石器時代(二), 北京出版社, 1997, 1704쪽.

11 吉林省文物考古研究所·白城地區博物館·長岭縣文化局, 〈吉林長岭縣腰井子新石器時代遺址〉, 《中國考古集成》 東北卷 新石器時代(二), 北京出版社, 1997, 1903쪽.

12 李景冰, 〈鎮賓聚寶山砂場遺址調查〉, 《中國考古集成》 東北卷 新石器時代(二), 北京出版社, 1997, 1928~1930쪽.

13 孫守道·劉淑娟, 《紅山文化玉器新品新鑒》, 吉林文士出版社, 2007; 戴煒·侯文海·鄭耿杰, 《眞賞紅山》, 內蒙固人民出版社, 2007, 참조.

14 中國社會科學院考古研究所內蒙古工作隊, 〈內蒙古敖漢旗興隆洼遺址發掘簡報〉,

〈그림 5-1〉 능원 우하량유적 제16지점 2호무덤에서 출토된 옥장식

모양의 옥귀걸이가 출토되었다.[15] 그 뒤의 유적인 홍산문화유적에서도 많은 옥기가 출토되었다. 특히 홍산문화 후기로, 서기전 3500년에 속하는 우하량牛河梁유적[16]에서는 큰 규모의 돌무지무덤과 흙으로 만든 신상神像이 출토되었고, 신상을 모시던 사당 건물터가 발굴되었다. 그리고 정교한 장식품으로 사용되었을 옥기(그림 5-1)[17]가 다량 출토되었다. 이들 옥기에도 대부분 구멍이 뚫려 있어, 이를 의복에 장식했을 것으로 생각된다.[18] 실제 단추로 분류되는 양식이 다수 출토되었다. 그 밖에 홍산문화에서는 옥가락바퀴[19]와 밑바닥에 다양한 양식의 편직문양이 찍혀있는 질그릇이 발견되어,[20] 이 지역에 살던 사람들이 이미 숙련된 방직 기술을 지니고 있었음을 알 수 있다.

특히 홍산문화에서 보이는 돌무지무덤과 큰 규모의 건축물, 정교

《中國考古集成》 東北卷 新石器時代(二), 北京出版社, 1997, 611~621쪽.

15 국립문화재연구소, 《고성 문암리유적》, 국립문화재연구소, 2005.

16 遼寧省文物考古研究所, 〈遼寧牛河梁紅山文化“女神廟”與積石塚群發掘簡報〉, 《文物》 1986年 第8期, 1~17쪽; 孫守道·郭大順, 〈牛河梁紅山文化女神像的發現與研究〉, 《文物》 1986年 第6期, 19쪽.

17 遼寧省博物館·遼寧省文物考古研究所, 《遼河文明展》, 2006, 28·29쪽; 孫守道·劉淑娟, 앞의 책, 101쪽, 圖 44.

18 遼寧省文物考古研究所, 앞의 글, 1580~1596쪽.

19 孫守道·劉淑娟, 《紅山文化 玉器新品新鑒》, 吉林文史出版社, 2007, 294쪽, 그림 301.

20 遼寧省博物館·昭烏達盟文物工作站·敖漢旗文化館, 〈遼寧敖漢旗小河沿三種原始文化的發現〉, 《文物》 1977年 第12期, 1~15쪽.

한 옥기의 생산은 많은 인력이 동원되어야 하는 일이다. 그러므로 신석기시대 후기에 속하는 우하량유적은 여러 부족이 연맹을 이루어 정치적 지배자가 출현했던 상황을 보여준다. 또한 다량의 방직도구와 재봉도구, 옥으로 만든 장식품이 출토되는 것으로 보아 전문 수공업자가 등장했을 것이라 생각된다. 이러한 경제력의 발전은, 복식분야에서 장식단추의 양식을 다양하게 정형화했을 것이다.

신석기시대 중기의 서기전 4000년경에 속하는 후와유적에서 둥근 모양의 돌단추와 함께 사선문양의 가락바퀴 등의 방직도구와 재봉도구가 다량으로 출토되었다.[21] 이는 후와유적에 살던 사람들도 홍산문화의 사람들과 같이 전문 수공업자를 중심으로 조직적인 체계를 갖추어 방직생산에 참여했음을 말해주며, 이로 미루어 볼 때 단추의 생산량도 많았을 것으로 생각된다. 이러한 사실들은 요동반도 지역에서도 신석기시대 중기에 이르면 여러 부족이 연맹을 이루어 정치적 지배자가 나타났음을 밝혀준다. 또한 전문 수공업자가 생산에 참여하여 방직생산의 규모와 재봉기술, 장식단추를 다는 양식과 장식기법을 크게 발전시켰을 것으로 생각된다.

같은 시기에 속하는 곽가촌유적(서기전 3780~서기전 3530년)[22]에서는 뼈북과 함께 흙으로 만든 둥근 모양의 단추와 가락바퀴, 뼈바늘, 뼈송곳, 질송곳, 뿔바늘 등 방직과 재봉에 사용된 도구들이 돌과 뼈로 만든 구슬들과 함께 출토되었다.[23] 북은 갈구리와 함께 날실들 사이에 씨실을 넣어주기 위한 도구로, 북의 출현은 신석기시대 중기부터 직물 생산이 널리 이루어졌음을 뜻한다.

21 許玉林·傅仁義·王傳普, 〈遼寧東溝縣后洼遺址發掘概要〉, 《中國考古集成》 東北卷 新石器時代(二), 北京出版社, 1997, 1272쪽.

22 中國社會科學院考古研究所內蒙古工作隊, 앞의 책, 70쪽.

23 許玉林·蘇小幸, 〈略談郭家村新石器時代遺址〉, 《中國考古集成》 東北卷 新石器時代(二), 北京出版社, 1997, 1400~1403쪽.

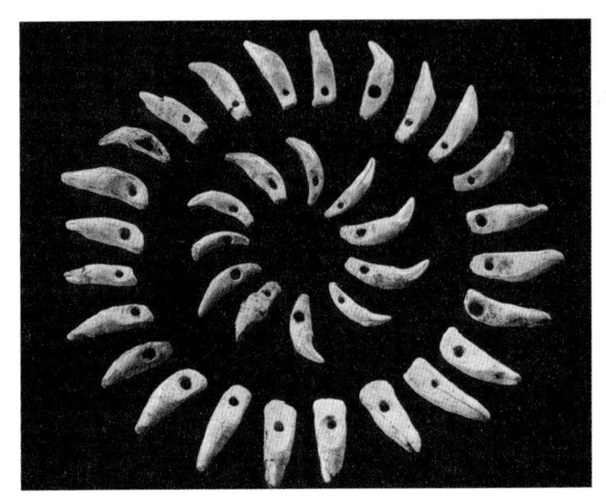

〈그림 5-2〉 통영에서 출토된 뼈로 만든 발장식

이후 신석기시대 후기의 좌가산유적과 서포항유적 4기층(서기전 3000년)에서는 북과 함께 곡옥과 뼈로 만든 장신구가 많이 출토되어,[24] 의복장식이 이전보다 화려해졌을 것으로 생각된다. 이러한 양상은 한반도에서도 마찬가지였다. 경상남도 통영에서 출토된 신석기시대유적에서는 발에 장식했을 뼈장식품(그림 5-2)[25]이 출토되었다. 이처럼 신석기시대 중기부터 급격히 증가한 도구와 장식구슬의 출토량은, 당시 만주지역에 전문 기능인 수공업자가 나타나 방직과 장식품의 생산 규모가 커졌음을 말해준다. 아울러 의복에 장식단추를 사용하고 구슬로 장식하는 의복양식이 정착되었을 것으로 생각된다.

이러한 사실은 한반도와 만주지역에서 신석기시대 이른 시기부터 보편적으로 방직과 재봉이 이루어졌음과, 의복의 여밈새를 둥근 모

---

24 김용간·서국태, 앞의 글, 104~105쪽; 何明, 〈吉林省新石器時代的考古發現與認識〉, 《中國考古集成》 東北卷 新石器時代(二), 北京出版社, 1997, 1704쪽.

25 국립김해박물관, 《국립김해박물관》, 통천문화사, 1998, 15쪽, 그림 11.

양 장식단추로 처리하고 구슬 등으로 장식했음을 뜻한다. 또한 한반도와 만주지역에서 고루 출토되고 있는 가락바퀴는 그 표면에 나타나는 문양에서 공통점을 가진다. 이는 중국과 북방지역에서 출토되는 가락바퀴의 모습과는 전혀 다른 것으로, 고조선지역만의 특징을 가지고 있는 것이다. 가락바퀴에 새겨진 문양은 질그릇에 새긴 문양과 같은 방법으로 점과 선을 누르거나 그어서 새긴 것이었다. 이같이 선을 그어서 만든 문양은 신석기시대 유적과 청동기시대 유적에서 나온 뼈바늘통[26]이나 그 밖의 뼈장식품에 새겨진 기하문양에서도 보인다. 이처럼 고대 한민족이 사용하던 가락바퀴의 문양이 이웃나라와 다른 독자적인 특징을 가지고 있다는 것은, 고대 한민족이 생산한 직물과 장식단추, 장식품들이 일찍부터 독자적인 발달 과정을 거쳤음을 말해준다.

26 付惟光·辛建, 〈滕家崗遺址出土的刻劃紋飾藝術〉, 《中國考古集成》 東北卷 新石器時代(二), 北京出版社, 1997, 2075쪽; 김용간·서국태, 앞의 글, 116쪽.

3 고조선의 장식단추와 장식기법의 발전

한반도와 만주 대부분의 지역에서는 신석기시대 초기부터 의복에 흙단추, 돌단추, 뼈와 뿔 또는 조개껍질로 만든 구슬을 옥기와 함께 장식했다.[27] 이러한 복식에 이루어진 장식양식이 고조선시대에 오면 직물의 발달과 함께 더욱 화려해져, 뼈와 뿔, 조개껍질 등을 재료로 한 것보다 옥과 청동, 철을 재료로 하여 만든 것들이 적극적으로 사용되기 시작했다. 뼈와 뿔, 조개껍질, 옥은 다양한 장신구의 재료가 되었고, 청동과 철은 둥근 모양과 나뭇잎모양의 장식단추로 만든 뒤 의복 위에 달아 여밈새를 처리했으며, 또한 화려하게 장식하기도 했다.

1) 장식단추양식과 재료의 독자성

신석기시대 초기부터 실 생산에 사용되었던 가락바퀴는 청동기시대 말기에서 철기시대 초기에 오면 점차 사라지고, 그 대신 생산성이 높은 물레가 개발되었다. 그로 말미암아 실 생산량이 늘고 질이 높아졌으며, 천의 종류도 다양해졌다.[28]

물레의 개발과 수직식 방직기가 사용되면서[29] 마직물뿐만이 아니라 모직물과 사직물絲織物 등 높은 품질의 천들이 다양하게 생산되었다. 이러한 직물 발달과 함께 의복에 다는 장신구와 장식단추의 사용도

---

27 延邊博物館, 〈吉林省龍井縣金谷新石器時代遺址清理簡報〉, 《中國考古集成》 東北卷 新石器時代(二), 北京出版社, 1997, 1886쪽.

28 조선기술발전사편찬위원회, 《조선기술발전사》 1-원시·고대편, 과학백과사전종합출판사, 1997, 62쪽.

29 사회과학원 고고학·민속학연구소, 《회령 오동 원시 유적 발굴보고》-유적발굴보고 7, 사회과학원출판사, 1960, 52쪽, 도판 CXX의 1; 과학원 고고학·민속학연구소, 《강계시 공귀리 원시유적발굴보고》-유적발굴보고 6, 사회과학원출판사, 1959, 28~30쪽; 조선기술발전사편찬위원회, 앞의 책, 63쪽.

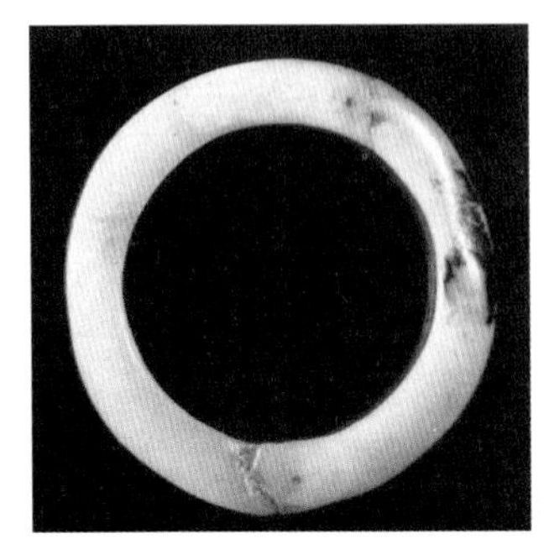

〈그림 5-3〉
범의구석유적에서 출토된 옥고리

직물의 성격에 맞게 이전보다 다양해지고 화려해지며, 쓰임새도 많아진다. 한반도와 만주지역 고조선시대 초기의 유적에서 둥근 모양의 옥으로 만든 단추가 출토되는 것도 장식단추의 종류가 다양해지고 고급화했음을 의미하는 것이다.

또 다른 좋은 예로 서기전 2000년대에 해당하는 나진 초도유적에서는 둥근 모양의 단추와 함께 옥구슬, 뼈구슬, 흙구슬, 구멍이 뚫린 조개장식과 토기조각으로 만든 장식품 등이 출토되었다.[30] 또한 바늘통과 1밀리미터 안팎 굵기의 바늘들이 약 60여 개 출토되어 당시 재봉이 활발했음도 알 수 있다.[31] 회령 오동유적에서는 옥으로 만든 단추와 구슬 등이 출토되었다. 옥단추는 둥글면서 약간 네모지고 가운데가 삿갓처럼 높았다.[32] 단추의 밑 부분은 납작하고, 고리를 만들기 위해 양쪽에서 사선으로 구멍을 마주 뚫은 모양이었다.

자강도 시중군 풍청리 돌무덤에서도 회령 오동유적에서 출토된 옥단추와 같은 형태의 것이 돼지 이빨로 만든 장식품 등과 함께 출토되었다.[33] 범의구석유적(서기전 2000년대 말~서기전 1000년대 초)에서는 둥근 모양의 흙단추와 녹색비취로 만든 장식단추가 뼈구슬, 대롱구슬, 흰 연옥으로 만든 고리(그림 5-3)[34]와 함께 출토되었다. 비취단추

30 과학원 고고학·민속학연구소, 《라진 초도 원시유적발굴보고서》, 사회과학원출판사, 1956, 40~47쪽.

31 과학원 고고학·민속학연구소, 위의 책, 40~47쪽.

32 사회과학원 고고학·민속학연구소, 《회령 오동 원시유적발굴보고》-유적발굴보고 7, 사회과학원출판사, 1960, 51~52쪽.

33 사회과학원 고고학·민속학연구소, 위의 책, 51~52쪽.

34 황기덕, 〈무산범의구석유적 발굴보고〉, 《고고민속론문집》, 사회과학원출판사,

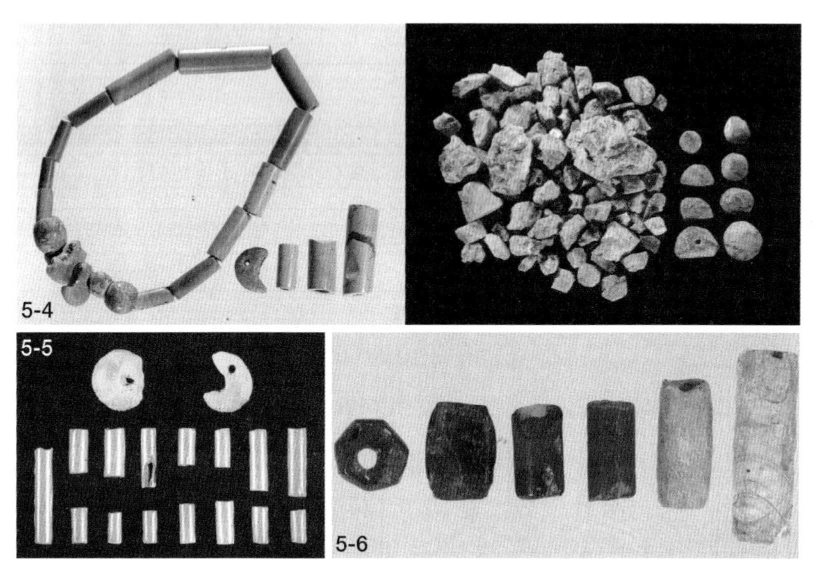

〈**그림 5-4**〉 창원 신촌리에서 출토된 옥장식과 옥원석 〈**그림 5-5**〉 황석리유적에서 출토된 옥장식 〈**그림 5-6**〉 수양개유적에서 출토된 붉은옥장식

의 직경은 14밀리미터이고 높이는 6밀리미터로, 작은 반구형이고 납작한 면에 2~3밀리미터의 작은 구멍이 좌우로 뚫려 있었다.[35] 경상남도 창원 신촌리유적에서도 여러 가지 옥장식과 장식단추를 만들고자 했던 옥원석과 미완성품(그림 5-4)[36]이 출토되었다. 충청북도 제천의 청동기시대에 속하는 황석리유적에서는 옥장식단추와 굽은 옥 등이 출토되었고(그림 5-5)[37], 단양의 수양개유적에서도 붉은옥 장식품(그림 5-6)[38]이 출토되었다. 이러한 사실은 한반도와 만주 대부분

1972, 174~205쪽; 조선유적유물도감편찬위원회, 《조선유적유물도감》 2-원시편, 조선유적유물도감편찬위원회, 1988, 204쪽, 그림 449.

35 황기덕, 위의 글, 174~205쪽; 조선유적유물도감편찬위원회, 위의 책, 204쪽.

36 국립김해박물관, 《국립김해박물관》, 통천문화사, 1998, 28쪽, 그림 34·35.

37 이융조·우종윤, 《선사유적 발굴도록》, 충북대학교박물관, 1998, 251쪽.

38 이융조·우종윤, 위의 책, 152·251쪽.

의 지역에서 고조선시대 초기에 물레의 사용과 함께 천의 종류가 다양해지면서, 옷 위에 사용한 장식단추의 재료와 양식도 변화했음을 알려준다. 또한 장식단추와 함께 다양한 재질로 만들어진 장식품들이 출토되는 것으로 보아, 의복에 장식품과 단추가 함께 어우러지는 장식기법도 이전보다 화려하게 발전했음을 알 수 있다.

고조선의 청동기시대 유적에서는 이전시대에 비하여 다양한 크기와 굵기의 뼈바늘이 훨씬 많이 출토된다. 이는 이 시기에 여러 종류의 천이 많이 생산되어 새로운 양식의 옷 생산이 늘어났음을 말해준다. 실제로 하가점 하층문화에 속하는 요녕성 북표시 풍하豐下유적에서 마포 조각이 출토되었고,[39] 본계本溪의 동굴 청동시대 묘지에서도 마직물이 발견되었다.[40] 함경남도 북청군 토성리유적(서기전 1000년대 초)[41]에서는 청동유물과 함께 천이 출토되었다. 이후 하가점 상층문화유적인 요녕성 건평 수천성유적(서기전 340~서기전 130년)에서 출토된 둥근 모양의 청동장식단추 뒷면에 녹이 슬어 붙어 있는 것들은 모두 마직물의 흔적이었다. 성성초 석관무덤에서는 모직천이 출토되었는데, 현대의 모직물 수준의 것이었다.[42]

이처럼 청동기시대에는 직물생산량이 크게 늘어나고 옷 만드는 일이 많아지면서 바늘 출토량도 증가하게 된다. 이 시기 한반도와 만주의 대부분 지역에서는 뼈나 돌을 재료로 한 장식품이 적어지고, 청동으로 만든 장식단추를 사용하는 비율이 높아진다. 그러면 고조선은 언제부터 옷 위에 어떠한 양식의 청동장식단추를 장식하기 시작했을까?

---

39 이융조·우종윤, 위의 책, 152쪽.

40 李恭篤, 〈本溪發現多處洞穴墓地域遺址〉, 《中國文物報》, 1988年 12月 9日 3版.

41 조선유적유물도감편찬위원회, 《조선유적유물도감》 2 – 고조선·진국·부여편, 1988, 225쪽.

42 趙承澤, 〈星星哨石棺墓織物殘片的初步探討〉, 《考古學集刊》 3(中國社會科學出版社), 1983, 126~127쪽.

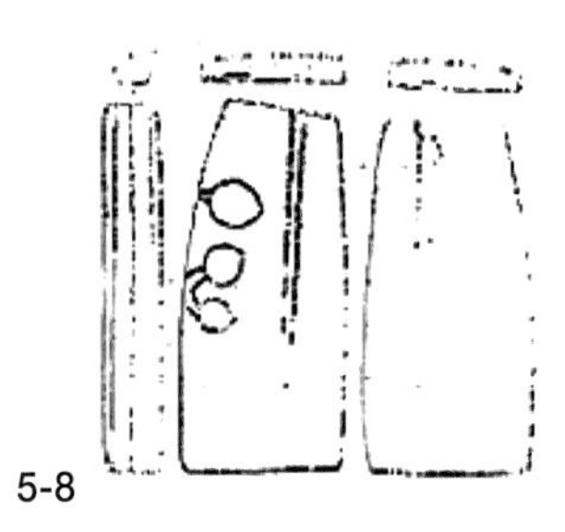

〈그림 5-7〉 북표 강가둔성터에서 출토된 석범 **〈그림 5-8〉** 오한기에서 출토된 석범 모사도

고조선유적에서 출토되는 청동장식단추는 주로 원형 또한 나뭇잎 모양이다. 이 같은 두 가지 형태의 장식단추는 고조선보다 앞선 서기전 25세기경부터 나타난다. 원형의 경우 가장 연대가 앞서는 것은 평양 부근 강동군 용곡리 4호 고인돌유적에서 출토된 것으로, 서기전 25세기에 해당한다.[43] 나뭇잎모양의 경우는 평양시 강동군 순창리 글바위 무덤에서 출토된 금동귀걸이 끝부분에 달린 장식으로 서기전 25~서기전 24세기에 해당한다.[44] 이로 보아 고조선에서 사용되었던 원형과 나뭇잎모양의 장식은 적어도 서기전 25세기 이전에 출현했음을 알 수 있다.

지금까지 출토된 나뭇잎모양의 주물틀 가운데 가장 이른 연대의 것은, 하가점 하층문화에 속하는 요령성 북표北票 강가둔성지康家屯城址에서 출토된 석범(그림 5-7)[45]이다. 그 다음으로는 고조선의 영역

43 강승남, 〈고조선시기의 청동 및 철 가공기술〉, 《조선고고연구》, 사회과학원고고학연구소, 1995년 2기, 21~22쪽.

44 한인호, 〈고조선초기의 금제품에 대한 고찰〉, 《조선고고연구》, 사회과학원출판사, 1995년 제1호, 22~26쪽; "강동군 순창리와 송석리에서 발굴된 금제품들은 모두 사람 뼈와 함께 나왔다. 사람 뼈에 대한 절대연대 측정치는 글바위 2호무덤의 것은 4376±239년이고 글바위 5호무덤의 것은 4425±158년이다."

45 遼寧省博物館·遼寧省文物考古硏究所, 《遼河文明展》, 遼寧省博物館, 2006, 42쪽, 그림 2.

이었던 요녕성 오한기에서 출토된 석범石范(그림 5-8)[46]이 있다. 발굴자들은 이 석범을 서주西周시대(서기전 11세기~서기전 841년경) 혹은 그보다 이른 시기에 속할 것으로 보았다. 청동장식단추를 만들었을 이 석범은 긴 나뭇잎모양으로, 고조선 장식단추의 특징인 나뭇잎모양의 모습을 그대로 보여주는 것이다. 또한 서주시대 초기에 속하는 적봉시 옹우특기 황토량 하가점 상층문화유적에서도 풍관과 함께 크고 작은 크기의 장식단추를 만들었을 석범(그림 5-9)[47]이 출토되었다. 서기전 8세기경에 속하는 요령성 여대시 감점자구 강상무덤에서도 많은 양의 구슬옥과 청동비녀, 청동팔찌 등과 함께 장식품을 만들었던 석범이 출토되었다(그림 5-10).[48] 이처럼 주물틀을 사용해 만드는 청동장식단추의 생산량이 차츰 많아지고 복식에서 쓰임새가 늘어나면서, 복식양식은 화려한 모습으로 변하게 되었다. 이러한 발달상황은 청동장식단추(그림 5-11)[49]가 한반도와 만주 전 지역에서 고루 출토되는 까닭이 될 것이다.[50]

청동기시대 초기에 해당하는 길림성 대안현 조아하洮兒河유적에서 돌구슬 등과 함께 청동장식단추가 출토되었다. 이 청동장식단추는 원형으로 문양이 없으나, 뒷면에 꼭지가 있어 의복에 달았던 것임을 알 수 있었다.[51] 이보다 늦은 것으로는 서기전 20세기 말에 해당하는 황해북도 봉산군 신흥동유적에서 출토된, 청동장식단추로 보이는

46 邵國田, 〈內蒙古昭烏達盟敖漢旗李家營子出土的石范〉, 《中國考古集成》 東北卷 靑銅時代(一), 北京出版社, 1997, 801~802쪽, 802쪽의 圖 2.

47 王永强·史衛民·謝建猷, 《中國少數民族文化史》 北方 卷上貳, 廣西敎育出版社, 1999, 73쪽.

48 조선유적유물도감편찬위원회, 앞의 책, 29쪽, 그림 16.

49 조선유적유물도감편찬위원회, 앞의 책, 130쪽, 그림 290.

50 윤내현·박선희·하문식, 《고조선의 강역을 밝힌다》, 지식산업사, 2006 참조.

51 吉林省文物工作隊, 〈吉林大安縣洮兒河下遊右岸新石器時代遺址調査〉, 《中國考古集成》 東北卷 新石器時代(二), 北京出版社, 1997, 1956쪽.

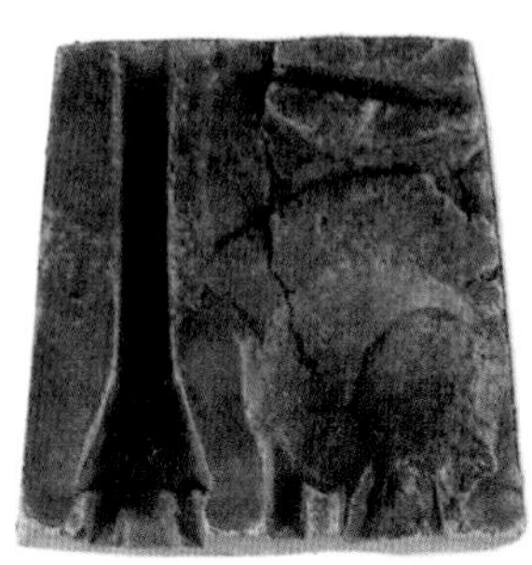

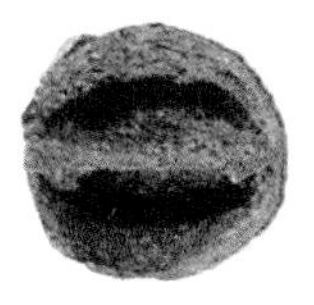

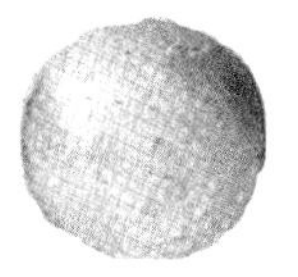
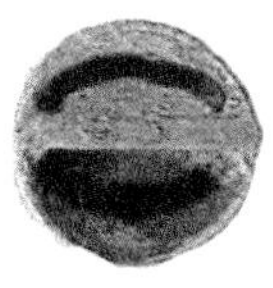

5-9 5-10 5-11

〈그림 5-9〉 적봉시 옹우특기 황토량에서 출토된 풍관과 석범 **〈그림 5-10〉** 여대시 강상무덤에서 출토된 석범 **〈그림 5-11〉** 한반도와 만주지역에서 출토된 석범으로 만든 청동장식단추들

조각이 있다.[52] 이후 이 같은 원형의 청동장식단추 양식은 한반도에서는 평양일대의 고조선시대 초기유적인 문선당무덤·대잠리무덤·구단무덤·금평리무덤 등에서 출토된 금동 혹은 금으로 만든 귀걸이 양식에서 일관되게 나타난다.[53] 원형과 나뭇잎모양 장식은 이후 허리띠장식과 마구장식 등으로도 그 양식이 더욱 확산된다. 이처럼 금속문화가 이른 시기부터 발달한 것은, 청동기 사용연대가 이웃나라보다 앞섰기 때문이라고 생각된다.

52 김용간, 〈금탄리 원시유적발굴보고〉, 《유적발굴보고》 제10집, 사회과학원출판사, 1964, 38쪽.

53 한인호, 〈고조선의 귀금속 유물에 대하여〉, 《고조선연구》 제3호, 사회과학출판사, 1996, 9~11쪽.

〈그림 5-12〉 홍산문화유적에서 출토된 석범

청동기문화의 시작연대를 보면 황하유역은 서기전 2200년경이고, 고조선지역과 문화적으로 관련이 있는 시베리아의 카라수크문화는 서기전 1200년경에 시작되었다. 고조선의 청동기문화는 서기전 2500년경으로, 동아시아에서 청동기의 생산시작 연대는 고조선이 가장 이르다.[54] 요서지역에서 홍산문화가 발견되면서 금속기 기원문제가 후기 신석기문화인 홍산문화부터 시작되었을 가능성을 가진 자료들이 등장한다.[55] 중국학자 양호楊虎는 홍산문화후기(서기전 3500~서기전 3000년) 유적에서 발견된 주조틀과 동환銅環을 들어, 당시 청동주조기술의 가능성을 설명했다.[56] 곽대순郭大順도 홍산문화유적 출토유물과 우하량 Ⅱ지점 4호무덤에서 출토된 동환銅環을 들어, 금속문화의 시작을 홍산문화로 보는 견해를 제시했다.[57]

54 박선희, 《한국고대복식-그 원형과 정체》, 550쪽 주8 참조.

55 白雲翔·顧智界 整理, 〈中國文明起源座談紀要〉, 《考古》 1989年 第12期, 1110~1120쪽.

56 楊虎, 〈遼西地區新石器-銅石并用時代考古文化序列與分期〉, 《文物》 1994年 第5期, 48쪽.

57 郭大順, 〈赤峰地區早期冶銅考古隨想〉, 《內蒙古文物考古文集》, 中國大百科全書出版社, 1994, 278~282쪽.

청동주조는 인류가 문명사회에 진입했음을 알려주는 중요한 표시이다. 오한기 왕가영자 향서태 홍산문화유적에서 다수의 청동을 주조하던 도범陶范과 석범石范(그림 5-12)[58]이 출토되어, 당시 이미 야련업冶鍊業이 출현했음을 알 수 있다. 건평 우하량 제사유적에서도 청동환과 청동을 녹이는 데 쓰인 질그릇 솥(坩鍋) 등이 출토되었다. 이러한 사실들로부터 홍산문화에서 이미 야련업이 출현했다고 보고 있다.[59] 서기전 2700년경의 객좌유적에서는 적탑수에서 동광銅礦을 채취한 흔적을 발견했고, 적봉 일대에서는 동광채취의 상황과 야련유적을 발견했다.[60] 이러한 사실로 본다면, 고조선시대보다 이른 시기에 이미 청동장식단추가 만들어졌을 가능성이 있다고 할 수 있다.

중국에서는 상대商代 후기유적으로 밝혀진 하남성 안양 곽장촌유적,[61] 산동성 보덕현유적[62] 등에서 청동장식단추가 출토되기 시작했다. 그러므로 중국에서의 청동장식단추의 생산은 상대 후기인 서기전 11세기경으로 거슬러 올라가는 셈이 된다.

고조선의 청동장식단추 생산연대가 중국보다 크게 앞서는 것으로 보아, 중국의 청동장식단추는 고조선의 영향을 받아 만들어졌을 가능성이 크다. 중국 상왕조商王朝의 청동기는 고조선시대 초기의 문화인 하가점 하층문화와 밀접한 관계를 갖기 때문에 더욱 그러하다. 이 하가점 하층문화에 대해 장광직張光直은 "상商에 인접한 최초의 금속사용문화 가운데 하나였으므로 상商의 가장 중요한 혁신 가운

58 王冬力, 《紅山石器》, 華藝出版社, 2007, 72·73쪽.

59 劉素俠, 〈紅山諸文化所反映的原始文明〉, 《中國考古集成》 東北卷 新石器時代(一), 北京出版社, 1997, 176~178쪽.

60 王曾, 〈紅山文化的走向〉, 《中國考古集成》 東北卷 新石器時代(一), 北京出版社, 1997, 190~195쪽.

61 安陽市文物工作隊, 〈河南安陽郭莊村北發現一座殷墓〉, 《考古》 1991年 第10期, 902~909쪽.

62 吳振錄, 〈保德縣新發現的殷代青銅器〉, 《文物》 1972年 第4期, 62~64쪽.

데 하나—청동기 주조—의 최초기원을 동부해안 쪽에서 찾는 것은 가능할 것이다"[63]라고 밝혔다. 이러한 연구내용은 고조선과 중국의 청동합금기술 비교에서도 밝혀진다.

고조선지역에서 생산된 청동장식단추가 중국이나 북방지역으로부터 전달되어 왔을 것이라는 견해는 성립될 수 없다. 이 같은 사실은 다음에 분석될 고조선과 중국 및 북방지역의 청동합금이 진행된 시기와 청동기 성분분석의 차이에서 더욱 분명하게 드러난다.

청동 가공기술이 발달하기 이전에는 자연계에서 손쉽게 얻을 수 있는 자연동이나 산화동을 주로 이용했다. 처음에는 천연 광석으로부터 얻었겠지만 점차 야금기술을 가지게 되었을 것이다. 구리는 녹는점이 1,083도인데 산화동과 탄산동은 이보다 더 낮은 온도에서 쉽게 녹는다. 이것은 고온에서 질그릇을 굽는 정도의 기술이면 구리를 뽑아낼 수 있음을 뜻한다. 그러나 구리는 무른 성격을 가지기 때문에 무기와 도구 등을 만들기에 적당하지 않다. 자연동이나 산화동의 이러한 단점을 보완하고자 석과 연을 비롯한 다른 원소들을 합금하여 주조하는 기술을 발전시켰다.

한국에서 청동 가공기술의 발달 모습은 서기전 2000년대의 유적들에서 이미 찾아볼 수 있다. 서기전 2000년대 초에 나온 청동제품들은 석과 연을 비롯한 여러 가지 원소들을 합금하여 만든 높은 수준의 청동제품이다. 하가점 상층문화유적인 요녕성 임서현林西縣 대정大井 고동광古銅礦에서 출토된 고풍관鼓風管은 합금과정에 필요한 열처리 조절기술을 보여준다.[64] 청동 가공기술의 발전은 서기전 2000년대 말에 이르러 더욱 잘 나타난다. 이 시기 한반도와 만주지역에서 출토된 여러 청동제품들은 동과 석 및 연 등이 주요성분으로

63 張光直 지음·尹乃鉉 옮김, 《商文明》, 민음사, 1988, 435쪽.

64 靳楓毅, 〈夏家店上層文化及其族屬問題〉, 《中國考古集成》 東北卷 靑銅時代(一), 1996, 399쪽, 圖 2의 19.

그 함유량이 기물의 특성에 맞게 제조되었다. 청동에서 석과 연은 합금의 세기를 높여주고 녹이 스는 것을 방지한다. 청동 가공기술을 통해 청동제품의 특성에 맞게 견고하면서도 아름다운 색깔을 내는 청동을 만들고자 힘썼던 것이다.

고조선의 청동합금은 그 생산 초기부터 연과 석의 함량이 높은 것을 특징으로 한다. 청동합금에서 연은 연신성을 높이고 주물이 더 쉬워지도록 하여, 제품의 질을 높여준다.[65] 석은 청동기의 표면에 윤기가 나게 하고, 산화를 방지한다. 청동합금에 석이 16~20퍼센트 들어가면 세기가 가장 높아지고, 그 이상이 되면 굳기는 하지만 쉽게 부서진다. 그것은 석이 16.0퍼센트 정도에서 'α-고용체단상조직'이 되지만, 그 이상일 때는 부서지기 쉬운 'α+δ조직'이 되기 때문이다.[66] 또한 연은 석과 함께 청동합금의 세기를 높여주고 녹이 스는 것을 방지하며, 주물온도도 낮추는 역할을 한다.[67]

〈표 5-1〉은 고조선의 서기전 2000년대 유적에서 출토된 청동기의 화학성분 분석내용이다. 이 내용으로 보면 서기전 2000년대 고조선의 청동기는 저마다 기물의 용도에 맞는 성분으로 배합되어 있음을 알 수 있다. 위의 유물 가운데 비파형창끝과 치레거리의 경우는 석과 연이 비슷한 양으로 섞였다. 이는 석과 연이 10.0퍼센트를 넘지 않을 정도로 혼합되면 금속조직을 치밀하게 해주며, 주물에서 액흐름성과 늘임성을 높이는[68] 효과를 적용한 것이다. 장식품·원판형동기·청동덩어리는 복식에 매달아 장식효과를 내는 것으로 석의 함

65 강승남, 〈고조선시기의 청동 및 철 가공기술〉, 《조선고고연구》 1995년 제2호, 사회과학원고고학연구소, 22~23쪽.

66 강승남, 〈우리나라 원시 및 고대 유색금속의 이용에 대한 고찰〉, 《조선고고연구》 1992년 제4호, 사회과학원고고학연구소, 39~43쪽.

67 강승남, 〈우리나라 고대 청동 가공기술에 관한 연구〉, 《조선고고연구》 1990년 제3호, 사회과학원고고학연구소, 34~38쪽.

68 강승남, 〈우리나라 고대 청동 가공기술에 관한 연구〉, 36쪽.

〈표 5-1〉 서기전 2000년대 고조선 청동기 유물의 화학성분

유적명	유물명	화학조성(퍼센트)									
		Cu	Sn	Pb	Zn	As	Sb	Bi	Fe	Ni	Co
용곡리 5호 고인돌	비파형 창끝	80.9	6.50	10.1	–	0.20	0.05	0.07	0.03	0.06	0.08
나진초도	장식품	53.93	22.3	5.11	13.7	–	–	–	–	–	–
나진초도	치레거리	83.4	7.20	8.0	0.05	0.3	0.85	0.08	0.12	–	–
나진초도	청동 덩어리	67.23	25.00	7.50	0.05	흔적	0.24	0.05	0.14	–	0.002
북청군토성	원판형 동기	57.7	25.0	7.00	1.00	5.00	2.00	0.30	2.00	–	–

*황기덕·김섭연, 〈우리나라 고대야금기술〉, 《고고민속론문집》 8, 과학백과사전출판사, 1983, 161쪽.

유량이 모두 20퍼센트 이상인 것은, 석의 함량이 높으면 높을수록 아름다운 색의 광택을 나타내는 청동의 특성을 이용한 것이다. 석이 14.0퍼센트보다 많으면 회색을 나타내기 시작하고 20.0퍼센트 이상에서는 뚜렷한 회색 또는 은백색이 되며, 아름다운 광택이 난다.[69] 또한 고조선에서 청동의 질을 높이기 위하여 사용된 비소(As), 안티몬(Antimony), 비스무트(Bi), 코발트(Co), 은(Ag) 등의 다양한 성분들이 보인다. 이러한 주석의 합금비율은 고조선시대 후기에 이르면 더욱 이상적인 발달양상을 보여준다.

〈표 5-2〉는 고조선의 서기전 3~서기전 2세기 유적에서 출토된 청동기의 화학성분 분석표이다. 위 유물 가운데 도끼와 단검에 함유된 주석의 비율은 17.2~19.77퍼센트고, 거울에 함유된 주석의 비율은 26.70퍼센트이다. 청동은 19퍼센트일 때 가장 단단하고, 그 이상이 되면 강도는 높아지지만 잘 깨진다. 이러한 청동의 특성은 도끼와 단검에서 이상적인 비율로 나타난다. 반면에 거울에 함유된 주석

69 강승남, 위의 글, 35쪽.

〈표 5-2〉 청동기 화학분석자료

번호	유물명	출토지	연대	원소들의 화학조성(퍼센트)					
				Cu	Sn	Pb	Zn	Fe	Ag
1	도끼	봉산군 송산리	서기전 3~서기전 2세기	40.55	18.30	7.50	24.50	1.05	
2	단검	연산	서기전 3~서기전 2세기	78.20	17.12	4.32		0.05	흔적
3	단검	순천	서기전 3~서기전 2세기	73.14	19.77	6.39			
4	거울	봉산군 송산리	서기전 3~서기전 2세기	42.19	26.70	5.56	7.36	1.05	

*황기덕·김섭연, 〈우리나라 고대야금기술〉, 《고고민속론문집》 8, 과학백과사전출판사, 1983, 161쪽.

의 비율은 26.70퍼센트로 높게 나타나 광택을 잘 나게 하려는 목적으로 판단된다.

한반도와 만주지역에서 출토된 청동제품들은 〈표 5-2〉에서 보이듯이 동·석·연 등 3원소를 주요 합금으로 한다. 고조선은 위 〈표 5-1〉에 보이듯이 서기전 2000년대에 이미 아연[70]을 용도에 맞게 사용했다. 중국은 상商시대 후기부터 청동합금에 아연성분을 알맞게 사용하기 시작했으나, 이후에도 청동합금의 기술이 고조선에 미치지 못했다.[71] 이 같은 결과로 보아 한국의 청동기에는 아연이 함유되

70 최상준, 〈우리나라 원시시대 및 고대의 쇠붙이 유물분석〉, 《문화유산》 1966년 3호, 43~46쪽.

71 중국의 서기전 약 2000년대에 속하는 甘肅省 齊家文化유적에서 발굴된 紅銅의 화학성분은 청동검의 경우 銅(대량), 연(0.03%), 석(0.1~0.3%), 안티몬(0.01%), 니켈(0.03%)이고, 청동송곳의 경우는 청동(대량), 연(0.03%), 석(0.1%)이다(甘肅省博物館, 〈甘肅武威皇娘娘台遺址發掘報告〉, 《考古學報》 1960年 第2期, 53~72쪽; 北京鋼鐵學院 中國冶金簡史編寫小組, 《中國冶金簡史》, 科學出版社, 1978, 10쪽.) 이로 보아 중국은 이 시기 거의 自然銅에 가까운 성분으로 보여 冶煉을 거쳤다고

어 있고, 중국의 청동기에는 아연이 없었을 것이다. 그러므로 한국 청동기와 중국 청동기는 전혀 무관하며, 오로지 스키토-시베리언계통과만 직접적으로 관계가 있다는 의견[72]은 성립할 수 없다.

시베리아지역의 청동합금은 동·비소 합금이거나 동·석·비소합금으로 동·석합금은 극히 적은 비중을 차지한다. 또한 러시아의 북캅카스지역의 청동합금은 동·비소합금이거나 동·석·비소합금 또는 동·석합금 등으로, 이들 지역에서 나온 청동합금은 비소를 많이 포함하고 있다.[73] 이 같은 북방지역 청동기 성분의 특징은 고조선의 청동기가 스키토-시베리언계통이 아님을 말해준다. 또한 고조선 청동

하기 어렵다. 서기전 16세기에 해당하는 하남성 鄭州에서 출토된 方鼎의 경우 동(Cu) 75.09%·석(Sn) 3.48%·연(Pb) 17%·규소(Si) 약 0.2%로 나타나 이 시기에는 이미 동과 석 및 연의 합금기술이 있었던 것으로 보이나 연의 비율이 너무 높다. 서기전 13세기에 해당하는 하남성 安陽에서 출토된 銅塊의 성분분석은 동(Cu) 83.79%·석(Sn) 13.07%·연(Pb) 0%이고, 銅刀의 경우 동(Cu) 93.13%·석(Sn) 0%·연(Pb) 5.53%이며, 銅鏃의 경우 동(Cu) 83.46%·석(Sn) 0%·연(Pb) 9.08%·철(Fe) 1.40%·니켈(Ni) 0.03%로 분석되어(강승남, 北京鋼鐵學院 中國冶金簡史編寫小組, 앞의 책, 24쪽, 表1-3 참조) 銅刀와 銅鏃의 경우 석이나 연이 전혀 섞이지 않았다. 같은 서기전 13세기에 속하는 安陽 小屯에서 출토된 여러 가지 청동기들의 성분을 보면 戈의 경우 동(Cu) 88.98%·석(Sn) 4.01%·연(Pb) 2.59%·철(Fe) 0.13%·니켈(Ni) 0.09%이고, 장식물의 경우 동(Cu) 80.25%·석(Sn) 16.27%·연(Pb) 0.22%·철(Fe) 0.12%·니켈(Ni) 0.07%이고, 禮器의 경우 동(Cu) 79.12%·석(Sn) 20.32%·연(Pb) 0.05%·철(Fe) 0.04%로 분석되어(앞의 책, 24쪽, 表1-2b 참조) 석이 禮器나 장식품에는 많이 포함되어 있고 견고해야 할 戈에는 소량이 들어 있음을 알 수 있다. 또한 연의 성분이 적은 것이 공통점이고 석의 성분분석이 기물의 용도에 적절치 못한 함량으로 나타난다. 서기전 13세기 말에서 서기전 12세기 초에 속하는 하남성 安陽縣 殷墟 婦好墓에서 출토된 大型 禮器인 司母辛大方鼎의 경우 동(Cu) 83.60%·석(Sn) 12.62%·연(Pb) 0.50%·아연(Zn) 0.16%·철(Fe) 0%였다. 그리고 婦好偶方鼎의 경우는 동(Cu) 80.20%·석(Sn) 14.16%·연(Pb) 1.69%·아연(Zn) 0.33%·철(Fe) 0%였다(中國社會科學院考古硏究所, 《殷墟婦好墓》, 中國田野考古報告集, 考古學專刊, 丁種 第23號, 文物出版社, 1980, 16쪽). 이와 같이 婦好墓에서 출토된 禮器의 경우도 여전히 鉛의 성분이 적고 석의 성분도 'α-고용체단상조직'이 될 수 있는 16.0%에 미치지 못하여 강도가 높지 못하고 광택도 적을 것이다.

72 金貞培, 《韓國民族文化의 起源》, 고려대학교출판부, 1973, 137쪽.

73 강승남, 〈서기전 1000년기 후반기 우리나라 청동야금기술의 특징에 대하여〉, 31~36쪽.

〈표 5-3〉 정가와자 6512호묘 출토 청동장식단추의 화학성분

유적명	유물명	화학조성(퍼센트)											
		Cu	Sn	Pb	Zn	Bi	Sb	As	Fe	Ni	Co	Si	Ag
용곡리 4호 고인돌	청동단추	76.0	15.0	7.0	–	0.06~0.1	0.06~0.1	0.6~1	0.03~0.06	0.01~0.03	0.006~0.01	0.3~0.6	0.06~0.1
정가와자 6512호묘	청동단추	73.08	11.26	5.53	微量	0.5~3		0.5~3	半微量	微量		微量	

〈표 5-4〉 서주시대 청동장식단추의 화학성분

시대	유물명	화학조성(퍼센트)					
		Cu	Sn	Pb	Zn	Fe	Ni
西周시대	청동단추	74.48	16.16	3.97	0.08	0.07	–
西周시대	청동단추	85.45	9.44	2.33	0.07	0.10	0.01

합금의 기술이 중국보다 훨씬 다양하게 발달했다는 점에서, 한국 청동기의 기원을 중국 상대商代의 청동기에서 찾는 방법[74]도 성립될 수 없음을 알 수 있다.

중국 청동기 전반에 나타나는 합금의 미발달 상황은 청동단추의 경우에도 마찬가지이다. 발굴자들이 제시한 청동분석표 가운데 같은 시기에 만들어진 청동장식단추가 분석된 예는 없다. 고조선시대 초기인 서기전 25세기경에 만들어진 평양시 상원군 용곡리 4호고인돌유적에서 출토된 청동장식단추의 화학성분과 서기전 7세기에서 서기전 5세기에 속하는 정가와자 6512호묘에서 출토된 청동장식단추의 화학성분[75]과 서주西周시대(약 서기전 11~서기전 9세기)에 만들

74 李亨求, 〈青銅器文化의 비교 I(東北亞와의 비교)〉, 《韓國史論》 13, 국사편찬위원회, 1986, 344~400쪽.

75 조선기술발전사편찬위원회, 《조선기술발전사》, 과학백과사전종합출판사, 1997, 44~46쪽; 瀋陽故宮博物院·瀋陽市文物管理辨公室, 〈瀋陽鄭家窪子的兩座青銅時代墓葬〉, 《考古學報》 1975年 第1期, 153쪽.

어진 청동장식단추의 화학성분을 비교해보면 다음과 같다.

〈표 5-3〉과 〈표 5-4〉의 비교를 통해 고조선은 서기전 25세기에 이미 적당한 양의 석을 사용했고, 이 같은 기술은 이후에도 그대로 이어졌음을 알 수 있다. 그러나 이보다 훨씬 후대에 속하는 서주西周의 청동장식단추 가운데 하나는 석을 적당량 섞었으나 다른 하나는 소량으로, 적당량이 아니다. 연의 경우도 서주의 것이 훨씬 적은 양으로, 강도를 높이고 녹이 스는 것을 방지하는 성분이 고조선의 것보다 못하다. 중국 청동합금기술의 낮은 수준은, 고조선의 말기에 속하는 서한西漢시대에 만들어진 청동 갑편甲片에서도 마찬가지로 나타난다. 운남성雲南省 전지滇池지구에서 출토된 청동기 가운데 비갑편臂甲片 2개와 갑편 1개의 성분분석표를 보면 다음과 같다.[76]

〈표 5-5〉 운남성 전지지구 출토 비갑편과 갑편의 화학성분

試樣編號	試樣名稱	성분(퍼센트)				
		銅	錫	鉛	鐵	硅
D1	臂甲片	92.951	7.048			
D2		89.880	10.120			
2개 甲片의 평균성분		91.416	8.584			

위 〈표 5-5〉에 보이듯이 한대漢代에도 석의 함유량이 16퍼센트에 훨씬 못 미치고 연鉛 등의 기타 성분도 전혀 보이지 않아, 청동주조수준은 분명히 고조선보다 훨씬 떨어진다고 생각된다.

이상의 비교를 통해 고조선은 중국보다 앞서 우수한 청동으로 만든 청동장식단추를 생산하여 장식품과 갑옷의 구성물로 응용했음을 알 수 있으며, 고대 한국의 청동 가공기술이 중국이나 북방지역과

76 何堂坤, 〈滇池地區幾件青銅器的科學分析〉, 《文物》 1985年 第4期, 59~64쪽.

무관하게 독자적으로 발달했음 또한 알 수 있다. 아울러 위에서 분석된 청동합금의 내용은, 중국의 청동단추 생산이 고조선의 영향일 가능성을 뒷받침하는 것이며, 이는 고조선 청동장식단추가 갖는 고유한 특징에서도 확인된다.

중국의 경우는 위에 서술한 몇 개 지역을 시작으로 하여 감숙성·섬서성·하남성 등에서 소량의 청동장식단추가 발견되었으나, 그 출토지가 매우 적다. 그러나 고조선의 영역이었던 한반도와 만주지역에서는 거의 모든 청동기시대 유적에서 다양한 크기와 문양의 청동장식단추들이 발견되고 있다.[77] 또한 고조선의 청동장식단추양식은 원형이 주류를 이룬다. 더욱이 고조선 영역의 특징으로, 신석기시대부터 가락바퀴와 청동기, 질그릇에서 보이는 문양과 같은 새김문양이 나타나, 고조선의 유물이 갖는 특징과 그 맥락을 같이한다.

고조선시대 후기에 이르면 철기가 사용되기 시작한다. 중국의 철기문화 시작연대는 대략 서기전 8~서기전 6세기경으로 보고 있다.[78] 그러나 고조선의 철기문화 시작연대는 평양지역의 강동군 송석리 1호무덤에서 서기전 12세기에 해당하는 철기들이 출토됨에 따라, 중국보다 4세기에서 6세기 정도나 앞서는 것으로 밝혀졌다.[79]

---

77 윤내현·박선희·하문식, 앞의 책, 138~150쪽.

78 北京鋼鐵學院 中國冶金簡史編寫小組, 앞의 책, 《中國冶金簡史》, 44쪽; 黃展岳, 〈關于中國開始冶鐵和使用鐵器的問題〉, 《文物》 1976年 第8期, 62~70쪽.

79 중국은 철기의 시작연대를 대략 서기전 8~서기전 6세기경으로 보고 있다. 金元龍은 한국의 철기시대 시작연대를 서기전 3세기로 보고 있으나(金元龍, 《韓國考古學概說》 제3판, 일지사, 1986, 101~103쪽), 황기덕과 김섭연은 吉林省 騷達溝遺蹟 돌곽무덤에서 출토된 철기에 대한 분석에 근거하여 서기전 8~서기전 7세기 또는 그 이전으로 소급해보아야 한다고 주장했다(황기덕·김섭연, 〈우리나라 고대 야금기술〉, 《고고민속론문집》, 과학백과사전출판사, 1983, 172쪽). 윤내현은 중국의 戰國시대에 해당하는 遼寧省지역의 유적에서 보편적으로 출토되는 철기의 제조기술 수준이 황하 중류유역과 동등하고 철제 농구가 많이 출토되고 있다는 점에 근거하여 철기가 보편화되기까지는 오랜 기간을 필요로 할 뿐만 아니라 황하 중류유역과 기술수준이 동등하다면 그 개시 연대도 비슷할 것으로 보고 한국의 철기 시작연대는 서기전 8세기보다 앞설 것으로 보고 있다(윤내현, 《고조선연구》, 108쪽).

〈표 5-6〉 연철 화학조성표

유물명	출토지	연대	화학조성(%)	
			규 소	망 간
도끼	범의구석	서기전 7~서기전 2세기	0.02	0.02
도끼	범의구석	서기전 7~서기전 2세기	흔적	0.01
활촉	세죽리	서기전 3~서기전 2세기	흔적	0.02

*황기덕, 《조선원시 및 고대사회의 기술발전》, 과학백과사전출판사, 1984, 50쪽

청동기는 주로 무기와 의기, 장식용품으로 사용되었다. 그러나 이와 달리 철기는 농기구 등의 생산도구로 사용되어 생산량을 증가시키는 데 크게 기여했다. 철은 연철과 선철(주철), 강철로 구분된다. 이러한 철의 재질은 탄소 함유량에 따라 구분된 것으로 연철에는 0.01퍼센트 이하, 선철에는 2퍼센트 이상(보통 3.7~4.3퍼센트), 강철에는 2퍼센트 이하(보통 0.7~0.8퍼센트)의 탄소가 포함되어 있다.[80] 탄소가 적은 연철은 탄성이 높은 반면에 매우 무르고, 탄소가 많은 선철은 단단하기는 하지만 깨지기 쉽다. 탄소의 함유량이 중간 정도인 강철은 탄성과 굳기가 강해 주조와 단조가 모두 가능하다. 고조선의 유적에서 출토된 철기를 실험·분석한 결과, 연철과 선철, 강철이 모두 생산되었음이 다음 표의 내용과 같이 확인되었다.

〈표 5-6〉에서 보이듯이 함경북도 무산군 범의구석유적의 경우 제5문화층의 연대는 서기전 6세기 전후, 제6문화층의 연대는 서기

이 같은 주장들을 보다 확실히 해줄 수 있는 유물이 서기전 12세기경의 무덤인 강동군 송석리 문선당 1호 돌판무덤에서 출토되었다. 이 유적에서는 순도가 높은 철로 만든 쇠거울이 출토되었는데 그것의 절대연대는 서기전 3104년이므로(조선기술발전사편찬위원회, 앞의 책, 42~43쪽; 강승남, 〈고조선시기의 청동 및 철 가공기술〉, 24쪽) 한국의 철기 시작연대가 서기전 12세기 이전으로 거슬러 올라갈 수 있음을 입증해주었다. 이 유적의 발굴 결과는 윤내현·황기덕·김섭연의 주장을 확실하게 뒷받침해주고 있으며, 고조선의 철기 시작연대가 중국보다 무려 4~6세기 정도나 앞섰음을 알게 해준다.

80 리태영, 《조선광업사》, 공업종합출판사, 1991, 61쪽.

〈표 5-7〉 선철 화학조성표

유물명	유적명	연대	화학조성(%)				
			탄소	규소	망간	인	유황
도끼	범의구석	서기전 7~서기전 5세기	4.20	0.20	0.006	0.196	0.035
도끼	범의구석	서기전 3~서기전 2세기	4.05	0.04	0.02	0.415	0.038
도끼	범의구석	서기전 3~서기전 2세기	4.45	0.23	0.03	0.18	0.017
도끼	세죽리	서기전 3~서기전 2세기	4.20	0.19	0.03	0.10	0.008
도끼	세죽리	서기전 3~서기전 2세기	2.98	0.20	0.05	0.185	0.016
도끼	노남리	서기전 2~서기전 1세기	4.31	0.30	0.3 이하	0.215	0.03
수레굴대끝마구리쇠	운성리	서기전 1세기	3.95	0.25	0.04	0.193	0.013

*황기덕, 《조선원시 및 고대사회의 기술발전》, 과학백과사전출판사, 1984, 53쪽

전 4~서기전 1세기로 밝혀졌다. 그 위는 교란층으로 형성되었는데, 제5문화층의 도끼는 선철이었고, 제6문화층과 교란층에서 나온 도끼들은 선철과 강철로 확인되었다.[81] 또한 자강도 시중군 풍청리와 노남리, 중강군 토성리, 평안북도 영변군 세죽리 등의 서기전 3~서기전 2세기를 전후한 시기의 유적에서 출토된 철기에서도 강철이 확인되었다.[82] 이러한 철기의 분석결과로부터 고조선에서는 초기에

81 황기덕, 〈무산범의구석유적 발굴보고〉, 《고고민속론문집》 6, 사회과학출판사, 1975, 124~226쪽;

82 정찬영, 〈기원 4세기까지의 고구려 묘제에 관한 연구〉, 《고고민속론문집》 5, 사회과학출판사, 1973, 1~62쪽.

〈표 5-8〉 강철 화학조성표

번호	유물명	출토지	연 대	화학조성(%)				
				탄소	규소	망간	인	유황
1	도끼	세죽리	서기전 3~서기전 2세기	1.43	0.10	0.18	0.009	0.011
2	도끼	세죽리	서기전 3~서기전 2세기	0.70	0.04	0.15	0.008	0.004
3	도끼	범의구석	서기전 2~서기전 1세기	1.55	0.10	0.12	0.007	0.008
4	도끼	운성리	서기전 2~서기전 1세기	0.62	0.25	0.01	0.041	0.012
5	도끼	풍청리	서기전 2~기원전후	0.45	0.009	0.04	0.070	0.016
6	도끼	노남리	서기전 2~기원전후	0.72	0.02	0.11	0.032	0.013
7	창	풍청리	서기전 2~기원전후	0.31	0.08	0.05	0.007	0.008
8	손칼	토성리	서기전 2~기원전후	0.15	0.13	0.01	0.027	0.008
9	도끼	심귀리	서기전 2~기원전후	0.85	0.06	0.076	0.075	0.014

연철을 사용하다가 서기전 7~서기전 6세기경에 선철을 사용했고, 서기전 3세기경에는 강철을 생산하게 되었음을 알 수 있다.

평양지역의 강동군 송석리 1호무덤에서 나온 서기전 12세기경(서기전 3104±179년)[83]에 해당하는 쇠거울은 용해로에서 직접 얻은 강철[84]

83 조선기술발전사편찬위원회, 《조선기술발전사》 1-원시·고대편, 47쪽.

84 "쇠거울을 분석한 데 의하면 그의 화학조성은 탄소가 0.06%, 규소 0.18%, 류황 0.01%인 저탄소강이며 굳기는 브리넬굳기로써 HB=148이였다. 금상학적 소견은

로 만들어진 것으로 밝혀졌다. 그런데 이처럼 질 좋은 강철은 연철이나 선철의 생산 공정이 선행되어야 하는 것이기 때문에 고조선의 철기생산 시작연대는 이보다 몇 백 년 정도 더 거슬러 올라갈 것으로 보기도 한다.[85] 그러나 앞의 도표의 내용으로 보면, 보편적인 현상은 아니었던 것으로 판단된다. 고조선에서 보편적으로 철기생산을 시작한 것은 서기전 6세기경이었다. 당시 거의 모든 지역에서 이미 주철을 생산하기 시작했고, 주철로부터 연철, 선철, 강철들을 생산하여[86] 무기와 공구 및 농기구 등에 널리 사용했다.

중국은 서한시대에 와서야 주철 제조기술이 비교적 발달했으나, 그 수준은 여전히 고조선에 미치지 못했다.[87] 중국의 하남성 민지澠池에

훼리트에 뻬를리트가 함께 있는 강철조직이였다. 이 쇠거울은 연철이나 선철을 두드려서 만든 것이 아니고 용해로 같은데서 직접얻은 쇠물로써 주조한 것으로 인정된다. 탄소함량이 낮은 강철은 용해로에서 선철과 산화제를 작용시켜서 얻어진다.……강철 쇠거울은 탄소가 적은 저탄소강임에도 불구하고 굳기가 연철보다 세고 조직도 훼리트와 뻬를리트가 함께 존재하며 개재물도 유황이 매우 적은 량이 들어 있었다. 이와 같이 쇠거울은 용해로에서 직접 얻은 강철이었다." (강승남, 〈고조선시기의 청동 및 철 가공기술〉, 24~25쪽)

85 강승남, 〈고조선시기의 청동 및 철 가공기술〉, 25쪽.

86 고조선은 서기전 8~서기전 7세기경에 이미 압록강 중상류 및 두만강유역에서 연철을 생산하고 있었고(역사편집부, 《고고민속론문집》 8, 과학백과사전출판사, 1983, 172~174쪽), 서기전 7~서기전 5세기로 추정되는 무산범의구석유적 제5문화층에서 나온 쇠도끼를 실험분석한 데 의하면 그것은 완전히 녹은 상태의 선철로 주조한 것으로 C 함유량은 4.2%였다(조선기술발전사편찬위원회, 《조선기술발전사》, 47쪽). 또 서기전 4~서기전 3세기로 추정되는 같은 유적의 제6문화층을 비롯하여 자강도 시중군 로남리, 풍청리, 중강군 토성리, 평안북도 영변군 세죽리 등 서기전 2세기를 전후한 시기의 여러 유적들에서 나온 철기를 분석한 결과는 선철제품과 함께 강철제품이 있다는 것이 확인되었다(황기덕, 《조선원시 및 고대의 사회기술발전》, 과학백과사전출판사, 49쪽). 특히 영변군 세죽리에서는 탄소가 4.2%로 함유된 쇠도끼가 출토되었다(조선기술발전사편찬위원회, 《조선기술발전사》, 42쪽).

87 중국인들은 춘추 말기인 서기전 6세기에 속하는 江蘇省 六合程橋 東周무덤에서 출토된 鐵丸과 구부러진 鐵條(江蘇省文物管理委員會·南京博物院, 〈江蘇六合程橋東周墓〉, 《考古》 1965年 第3期, 105~115쪽; 南京博物院, 〈江蘇六合程橋二號東周墓〉, 《考古》 1974年 第2期, 119쪽)를 감정한 결과 鐵條는 초기에 만들어진 煉鐵이고 鐵丸은 가장 일찍 만들어진 것으로 生鐵이라고 밝혔다(李衆, 〈中國封建社

서 출토된 한漢·위魏시대의 철도끼[88]와 서기전 3세기에서 서기전 1세기에 속하는 고조선 철도끼의 화학성분[89]을 비교해보면 아래와 같다.

〈표 5-9〉 서기전 4~서기전 3세기에 속하는 고조선 강철제품의 화학성분

유물명	출토지	연대	화학조성(%)				
			C	Si	Mn	P	S
도끼	세죽리	서기전 3~서기전 2세기	1.43	0.100	0.180	0.009	0.011
도끼	세죽리	서기전 3~서기전 2세기	0.70	0.040	0.150	0.008	0.004
도끼	범의구석	서기전 2~서기전 1세기	1.55	0.100	0.120	0.007	0.008
도끼	운성리	서기전 2~서기전 1세기	0.62	0.250	0.010	0.041	0.012
도끼	풍천리	서기전 2~서기 전후	0.45	0.009	0.040	0.070	0.016
도끼	로남리	서기전 2~서기 전후	0.72	0.020	0.110	0.032	0.013
도끼	공귀리	서기전 2~서기 전후	0.85	0.060	0.076	0.075	0.014

철의 굳기와 강도는 탄소성분의 함유량에 따라 결정된다. 강철은 탄소성분이 0.5~0.6퍼센트까지 포함된 것으로, 구조용강으로 쓰인다. 탄소성분이 0.6~0.7퍼센트를 넘는 경우에는 공구강으로 많이 사용된다. 〈표 5-9〉에서 분석된 철도끼들은 풍천리에서 출토된 것

會前期鋼鐵冶煉技術發展的探討〉, 《考古學報》 1975年 第2期, 1~22쪽). 또한 전국 초기에 속하는 洛陽 水泥制品廠에서 출토된 서기전 5세기의 유물인 鐵錛과 鐵鏟을 감정한 결과 그중 鐵鏟은 퇴화처리를 거친 鑄鐵이었으나 둘 다 생철로 만들어진 것으로 밝혔다. 이 같은 예로 보아 중국의 경우 전국 초기까지 생철이 그대로 생산된 것으로 제철제강 수준은 거의 발달되지 않았다. 생철에서 주철(선철)로의 기술은 전국 중후기에 와서야 보편적으로 발달되나 煉鋼기술은 여전히 초기단계에 속하여 강철제품이 농기구 등에 사용되지 못했다(大冶鋼歷·冶軍, 〈銅綠山古礦井遺址出土鐵制及銅制工具的初步鑒定〉, 《文物》 1975年 第2期, 19~25쪽 참조).

88 澠池縣文化館 河南省博物館, 〈澠池縣發現的古代窖藏鐵器〉, 《文物》 1976年 第8期, 45~51쪽; 北京鋼鐵學員金屬材料系中心化驗室, 〈河南澠池보藏鐵器檢驗報告〉, 《文物》 1976年 第8期, 52~58쪽.

89 박영초, 〈고조선에서의 제철 및 철재 가공기술의 발전〉, 《조선고고연구》 1989年 第1期, 6~10쪽.

〈표 5-10〉 하남성 민지에서 출토된 한 · 위 철도끼의 화학성분

原編號	器名	화학조성(%)				
		C	Si	Mn	P	S
254	"新安" Ⅱ式斧	0.87	0.69	0.25	0.024	0.27
277	"黽□□" Ⅱ式斧	0.87	0.05	0.60	0.011	0.14
257	"陵右" Ⅱ式斧	0.66~0.9	0.16	0.05	0.020	0.11
299	"黽池軍□" Ⅱ式斧	0.29	0.10	0.58	0.011	0.11
471	斧	0.24	0.16	0.41	0.014	0.14

을 제외하면 탄소함유량이 모두 0.6퍼센트 이상이다.[90] 이러한 탄소함유량은 고조선이 중국의 전국시대에 해당하는 시기에 이미 강철을 널리 생산했음을 알게 한다.

이러한 고조선과 달리 중국의 민지에서 출토된 한·위시대의 철도끼들은 탄소성분이 0.6퍼센트에 훨씬 못 미치거나 0.6퍼센트를 웃돈다. 중국의 이 같은 강철생산기술의 낙후는 갑편의 경우에서도 나타나는데, 내몽고자치구 호화호특시浩和浩特市 이십가자고성二十家子古城에서 출토된 서한시기 갑편은 탄소성분의 함유량이 0.1~0.5퍼센트였다.[91]

이 같은 예로 보아 중국은 고조선시대 후기에 해당하는 서한시대에 이르기까지 철기제품을 용도에 맞게 제조하지 못했던 것으로 보인다. 그러나 이후 동한 중기에 만들어진 산동성 창산현蒼山縣 한묘漢墓에서 출토된 환수강도環首鋼刀는 탄소함유량이 0.6~0.7퍼센트[92]의 강철로 만들어져, 동한시대부터 제철제강기술이 비교적 발전하기 시작했던 것으로 생각된다.

---

90 박영초, 위의 글, 6~10쪽.

91 內蒙古自治區文物工作隊, 〈浩和浩特二十家子古城出土的西漢鐵甲〉, 《中國考古集成》 東北卷 秦漢至三國(一), 190~198쪽.

92 李衆, 〈中國封建社會前期鋼鐵冶練技術發展的探討〉, 《考古學報》 1975年 第2期, 14쪽; 劉心健·陳自經, 〈山東蒼山發現東漢永初紀年鐵刀〉, 《文物》 1974年 第12期, 61쪽.

고조선이 중국보다 앞선 제철제강기술을 가졌던 점으로 미루어 보아 철장식품 역시 고조선사람들의 철에 대한 지식과 가공기술이 반영되었을 것으로 생각된다. 또한 가공기술의 발달 여부와 관계없이, 중국의 유적에서는 철장식품이 발견되지 않는 것으로 보아 철을 복식에 사용하지 않았음을 알 수 있다. 즉, 복식에 금속장식단추를 장식하는 것은 고조선의 고유한 양식이라 할 수 있다.

고조선에서는 합금기술뿐만 아니라 도금鍍金과 판금板金, 누금鏤金 등의 금속가공기술도 발전했다. 고조선에서 사용했던 도금법은 아말감합금에 의한 수은도금과 박도금이었다. 수은은 대부분의 금속을 녹이고, 열에 증발하는 특성을 가지고 있다. 이러한 수은의 특성을 이용하여 도금을 하게 되는데, 우선 수은에 금과 은 등을 혼합해서 아말감을 만들고 청동기에 바른다. 그 다음 열을 가하면 수은은 증발되고 금과 은만 청동기 표면에 남아 도금이 되는 것이다. 실제로 서기전 1000년대 말에 고조선에서 생산되어 널리 사용된 마구류와 수레 부속품들 가운데는 아말감합금의 수은도금을 한 금동제품들이 자주 보인다.[93]

박도금은 청동기에 수은을 바른 다음 금박이나 은박을 씌우고 열을 가하여 수은을 증발시키는 방법이다. 실제로 평양시 정백동 37호 무덤에서 출토된 문양이 있는 범무늬 허리띠고리가 박도금으로 만들어진 것이다.[94] 판금은 금속을 두들겨 얇은 판을 만들어 물체에 씌우는 방법이다. 고조선에서는 세형동검의 맞추개돌과 말관자와 수레장식 등에 판금을 했다.[95]

---

93 황기덕, 《조선원시 및 고대사회의 기술발전》, 44쪽.

94 사회과학원고고학연구소 전야고고대, 〈나부곽무덤-정백동 37호무덤〉, 《고고학자료집》 제5집, 과학백과사전출판사, 1978, 15~28쪽; 황기덕, 《조선원시 및 고대사회의 기술발전》, 44쪽.

95 조선유적유물도감편찬위원회, 《조선유적유물도감》 2-고조선·부여·진국편, 조선유적유물도감편찬위원회, 1989, 100~101쪽, 사진 198·199·202.

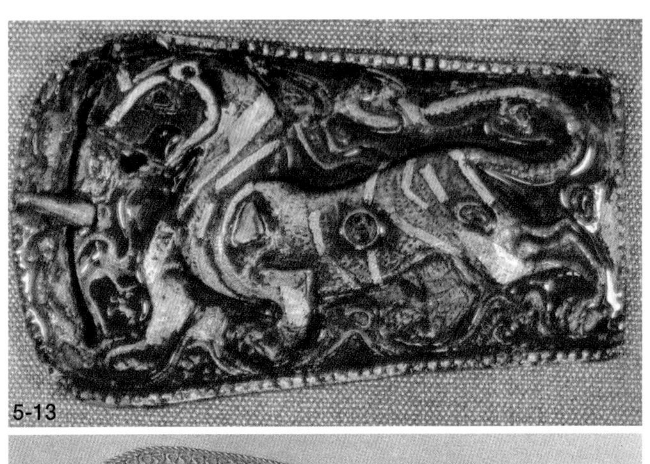

〈그림 5-13〉 정백동 37호무덤에서 출토된 범무늬 허리띠고리
〈그림 5-14〉 석암리 9호무덤에서 출토된 용무늬 허리금띠고리

누금은 금이나 은을 가는 실로 뽑아 금속판에 장식하는 방법이다. 실제로 정백동 37호무덤에서 출토된 범무늬 허리띠고리(그림 5-13)[96]에서는 은장식이 보이고, 평양시 석암리 9호무덤에서 출토된

96 조선유적유물도감편찬위원회, 위의 책, 131쪽, 그림 293.

용무늬 허리금띠고리(그림 5-14)[97]에서는 금장식이 나타난다. 이 허리띠 장식들은 모두 금실과 은실로 수를 놓듯이 장식하는 누금법이 사용되어 매우 훌륭한 조형미를 가진다.[98]

석암리 9호무덤과 정백동 37호무덤은 연대가 서기전 1세기경에 속하는 유적으로, 고조선 붕괴 직후의 것이라 생각된다. 요령성 여대시의 서기전 8~서기전 6세기경에 해당하는 고조선의 강상무덤유적에서 청동실로 만든 장식품이 출토되었는데 직경 0.25밀리미터의 가는 구리실로 짠 것으로, 고조선의 수준 높은 금속가공기술을 보여주고 있다.[99] 따라서 용무늬 허리금띠고리와 범무늬 허리띠고리는 제작기법이 강상무덤유적에서 보이는 가는 금속실을 이용하는 기법과 같아 고조선의 금속가공기술을 계승했을 것으로 생각된다.

2) 장식단추양식과 문양의 다양성

한반도와 만주 대부분의 지역에서는 신석기시대 초기부터 의복에 다양한 장식을 했는데, 뼈와 뿔, 조개껍질로 만든 구슬을 화려한 옥기와 함께 의복에 장식했다.[100] 고조선시대에 오면 의복 장식이 더욱 화려해진다. 뼈나 뿔, 조개껍질 등으로 만들어진 것보다 옥과 청동, 철을 재료로 하여 만들어진 것들이 적극적으로 사용되기 시작했다. 뼈와 뿔, 조개껍질, 옥으로 다양한 장신구를 만들어 의복 위에 늘어뜨렸고, 청동과 철은 주로 장식단추로 만든 뒤 의복 위에 달아매어 장식했다.

---

97 조선유적유물도감편찬위원회, 위의 책, 143쪽, 그림 325.

98 조선유적유물도감편찬위원회, 위의 책, 143쪽.

99 조중 공동 고고학발굴대, 《중국 동북지방의 유적발굴보고》, 사회과학원출판사, 1966, 63~89쪽.

100 金万錫, 〈延邊琿春縣凉水泉子石棺墓〉, 《中國考古集成》 東北卷 新石器時代(二), 北京出版社, 1997, 1288쪽; 延邊博物館, 〈吉林省龍井縣金谷新石器時代遺址淸理簡報〉, 《中國考古集成》 東北卷 新石器時代(二), 北京出版社, 1997, 1886쪽.

《후한서》의 〈동이열전〉과 《삼국지》의 〈오환선비동이전〉 예전濊傳에는, "(예 사람들은) 남녀 모두 곡령曲領을 입었는데, 남자는 은화를 옷에 달았으며, 넓이가 여러 촌寸으로 장식되었다"[101]고 했다. 예에서 일반적으로 남자들이 입는 곡령曲領[102]에 약 5센티미터 이상 되는[103] 은화를 꿰매어 장식했음을 알 수 있다. 이 기록은 고조선이 붕괴된 후의 예 풍속에 관한 것이지만, 예는 원래 고조선에 속해 있었으므로[104] 이같이 윗옷에 금속으로 꽃장식을 만들어 다는 풍속은 신석기시대로부터 이어진 고조선의 양식을 계승했을 것이다. 이는 당시의 중국이나 북방지역에서는 볼 수 없는 화려하고 높은 수준의 복식 양식이다.

고구려복식에서도 고조선의 장식양식을 볼 수 있는데, 《후한서》의 〈동이열전〉 고구려전에는, "(고구려 사람들은) 그들의 공공모임에 모두 물감을 들인 오색실로 섞어 수놓아 짠 사직물絲織物 옷을 입고 금과 은으로 장식했다"[105]고 했다. 고구려는 고조선을 계승했으므로 이러한 고구려의 풍속도 예와 마찬가지로 고조선의 것을 이었을 것인데, 그 실제 모습이 왕회도에서 확인된다. 왕회도에 보이는 고구려 사신은 나뭇잎모양 장식의 가운데 부분과 주변을 금화로 장식한 것으로 보이며, 백제 사신도 양쪽 팔 위쪽에 변형된 나뭇잎모양의 장식이 있고 그 아래 다시 3개의 나뭇잎모양의 금화를 장식한

101 《後漢書》 卷85 《東夷列傳》 濊傳. "男女皆衣曲領."; 《三國志》 卷30 〈烏丸鮮卑東夷傳〉 濊傳. "男女皆衣著曲領, 男子繫銀花廣數寸以爲飾."

102 曲領은 袛形을 가리키기도 하고 襦의 명칭으로 불리기도 하는데, 위의 기록에서는 襦의 명칭으로 사용되었다.

103 1寸은 10분의 1尺이다. 睡虎地秦墓竹簡整理小組는 《睡虎地秦墓竹簡》 "倉律"에서 1尺을 지금의 약 0.23cm로 보고 있어 이를 따르면 1寸은 2.3cm가 된다. 그러므로 濊에서 넓이가 數寸이 되는 銀花를 달았다는 것은 적어도 2寸 이상일 것으로 5cm 정도 이상 되는 銀花를 달았음을 알 수 있다.

104 윤내현, 《고조선 연구》, 일지사, 1994, 426~526쪽 참조.

105 《後漢書》 卷85 〈東夷列傳〉 高句麗傳. "其公會衣服皆錦繡金銀以自飾."

〈그림 5-15〉 왕회도

것이 보인다(그림 5-15).[106]

고조선유적에서 출토되는 옷에 달았던 장식단추는 그 양식이 원형과 나뭇잎모양으로 나타난다. 이 같은 두 가지 형태의 장식단추는 고조선보다 앞선 서기전 25세기경부터 출현한다. 원형의 경우는 서기전 25세기에 해당하는 평양부근 강동군 용곡리 4호 고인돌유적에서 출토된 것이 가장 연대가 앞서는 것이다.[107] 나뭇잎모양의 경우는 평양시 강동군 순창리에 위치한 글바위 2호와 5호무덤에서 출토된 금동귀걸이 끝부분에 달린 장식으로, 서기전 25~서기전 24세기에

106 李天鳴, 《中國疆域的變遷》 上册, 國立故宮博物院, 臺北, 1997, 80쪽. 〈그림 5-15〉는 唐太宗(서기 627~649년)시기의 '王會圖'로서 고구려·백제·신라의 사신을 그린 것이다. '王會圖'는 閻立本(서기 ?~서기 673년)의 작품으로 알려져 있지만, 臺灣 故宮博物院에서 출판한 《故宮書畫錄》에 따르면 精品인지의 여부를 가리지 못하여 이 '王會圖'를 〈簡目〉에 列入시킨다고 했다.

107 강승남, 〈고조선시기의 청동 및 철 가공기술〉, 《조선고고연구》 1995년 2기, 21~22쪽; 김교경, 〈평양일대의 단군 및 고조선 유적유물에 대한 연대 측정〉, 《조선고고연구》 1995년 제1호, 사회과학원출판사, 30쪽.

해당한다.[108] 이로 보아 고조선에서 사용되었던 원형과 나뭇잎모양의 장식은 적어도 서기전 25세기 이전에 출현했음을 알 수 있다. 평양일대의 고조선시대 초기유적인 문선당 2호·3호와 8호무덤·대잠리 2호무덤·구단 2호무덤·경신리 2호무덤·금평리 1호 돌관무덤 등에서 금동 혹은 금으로 만든 같은 모습의 귀걸이가 출토되었다.[109] 원형과 나뭇잎모양은 이후 허리 띠 장식과 마구장식 등으로도 그 양식이 더욱 확산된다.

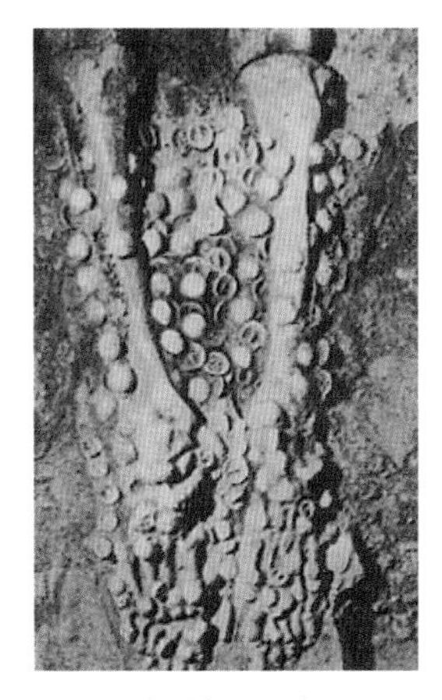

〈그림 5-16〉
정가와자 6512호 유적의 청동장식단추 출토상황

하가점 상층문화에 속하는 요령성 영성寧城에 위치한 고조선의 남산근南山根유적에서는 뼈장식품과 함께 의복에 달았던 연이은 구슬모양 청동장식과 여러 모양의 청동장식단추 등 많은 양의 복식장식품이 출토되었다. 뼈장식품은 흰색과 검은색 뼈구슬 1,250알이 출토되었고, 청동으로 만들어진 장식품은 청동장식 160개, 청동장식단추 종류로 원형 8개, 네모모양 20개, 새모양장식 17개가 출토되었으며, 청동방울도 51개나 출토되었다.[110] 이는 고조선에서 도범과 석범등의 주물틀을 사용해 청동장식단추를 많이 생산했기 때문이다.

서기전 7~서기전 5세기경에 속하는 요령성 여대시의 누상 1호묘와 요령성 심양시의 정가와자 6512호묘에서도 비파형동검과 함께

108 한인호, 〈고조선초기의 금제품에 대한 고찰〉, 《조선고고연구》 1995년 제1호, 사회과학원출판사, 22~26쪽; "강동군 순창리와 송석리에서 발굴된 금제품들은 모두 사람뼈와 함께 나왔다. 사람뼈에 대한 절대연대 측정치는 글바위 2호무덤의 것은 4376±239년이고 글바위 5호무덤의 것은 4425±158년이다."

109 한인호, 〈고조선의 귀금속 유물에 대하여〉, 《고조선연구》 제3호, 사회과학출판사, 1996, 9~11쪽.

110 中國科學院考古研究所內蒙古工作隊, 〈寧城南山根遺址發掘報告〉, 《中國考古集成》 東北卷 靑銅時代(一), 北京出版社, 1997, 709쪽.

많은 양의 청동장식단추가 출토되었다(그림 5-16). 정가와자 6512호 무덤의 경우는 주로 매장자의 발밑에서 청동장식단추들이 출토되었다. 청동장식단추는 단추꼭지가 1개인 것, 단추꼭지가 2개인 것, 단춧구멍이 여럿 있는 것이 180여 개 출토되어, 가죽장화에 달았던 장식물이었을 것으로 추정된다.[111] 누상 1호무덤에서는 청동장식단추 41개가 출토되었는데, 이 무덤은 서쪽 유물 절반이 완전히 없어진 상태이므로 더욱 많은 양의 장식단추가 있었을 것으로 생각된다.[112] 또한 전국시대에 속하는 요령성 건평 수천 중층유적에서는 청동장식단추 16개가 연주형連珠形 청동장식 24건, 동관식銅管飾 3건, 누공전형鏤孔剪形 청동장식과 함께 출토되었다.[113]

이처럼 청동장식단추는 여러 모양으로 만들어졌고 표면에 보이는 문양의 양식도 다양하게 나타난다. 청동장식단추에는 문양을 나타내는 경우와 문양이 없는 소면素面의 상태도 많은데, 대부분 새김무늬 질그릇이나 가락바퀴 등에 보이는 문양과 유사하다. 서기전 8세기경에 해당하는 요령성 금서현 오금당유적에서 출토된 세모와 네모의 기하학문양이 보이는 큰 구멍이 있는 청동장식단추(그림 5-17)[114]가 네모문양과 선문양이 연속된 청동장신구등과 함께 출토되었다. 이는 청동장식단추의 다양한 문양을 보여주는 한 예라 할 수 있다.

서기전 5세기에서 서기전 3세기에 해당하는 오한기 철장구鐵匠溝

111 沈陽市文物工作組, 〈沈陽地區出土的青銅短劍資料〉, 《中國考古集成》 東北卷 青銅時代(二), 北京出版社, 1997, 1880쪽. 박진욱, 《조선고고학전서》 고대편, 과학백과사전종합출판사, 1997, 56~59쪽. 청동장식단추의 직경이 2.4cm 되는 것 124개와 직경 1.7cm 되는 것 56개가 출토되었다.

112 조선유적유물도감편찬위원회, 《조선유적유물도감》 2-고조선·진국·부여편, 1988, 60쪽.

113 遼寧省博物館·朝陽市博物館, 〈建平水泉遺址發掘簡報〉, 《中國考古集成》 東北卷 新石器時代(二), 北京出版社, 1997, 1674~1679쪽.

114 조선유적유물도감편찬위원회, 《조선유적유물도감》 2-고조선·진국·부여편, 44쪽, 그림 51.

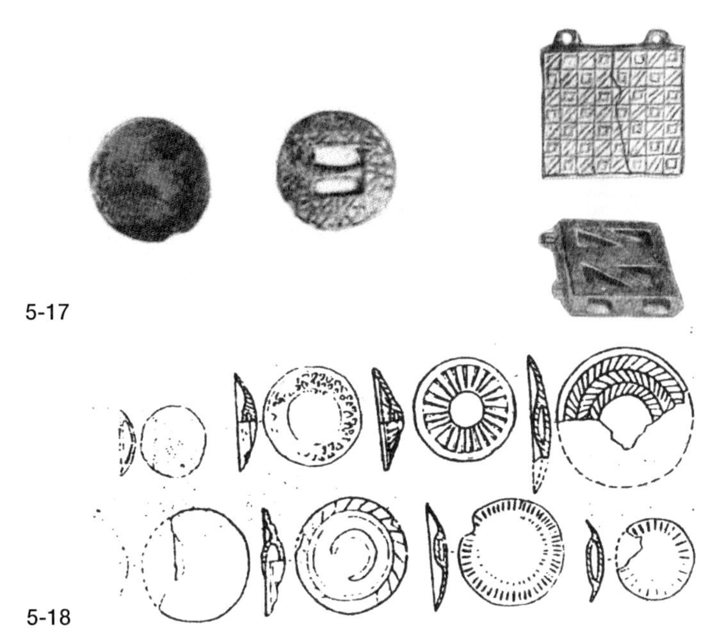

〈그림 5-17〉 오금당유적에서 출토된 기하학문양이 있는 청동장식단추들
〈그림 5-18〉 오한기 철장구유적에서 출토된 청동장식단추 모사도

무덤유적에서는 청동방울과 함께 직경 2.9~4.2센티미터 크기의 청동장식단추(그림 5-18)[115]가 다량 출토되었다. 발굴자들은 청동장식단추에 보이는 문양을 방사선문放射線紋, 점상문点狀紋, 편직문編織紋, 와문渦紋, 문양이 없는 소면素面으로 분류했다. 한반도에서도 가장 북쪽으로 함경북도 나진 초도유적과 무산 범의구석유적을 비롯하여 남쪽으로 경상북도 영천군 어은동과 경주 죽동리유적에서 문양이 있는 장식단추(그림 5-19)[116]와 개구리모양의 장식단추(그림

115 邵國田, 〈敖漢旗鐵匠溝戰國墓地調查簡報〉, 《中國考古集成》 東北卷 青銅時代(一), 北京出版社, 1997, 828쪽, 圖 9.

116 국립경주박물관, 《국립경주박물관》, 통천문화사, 1995, 17쪽, 그림 21; 金元龍,

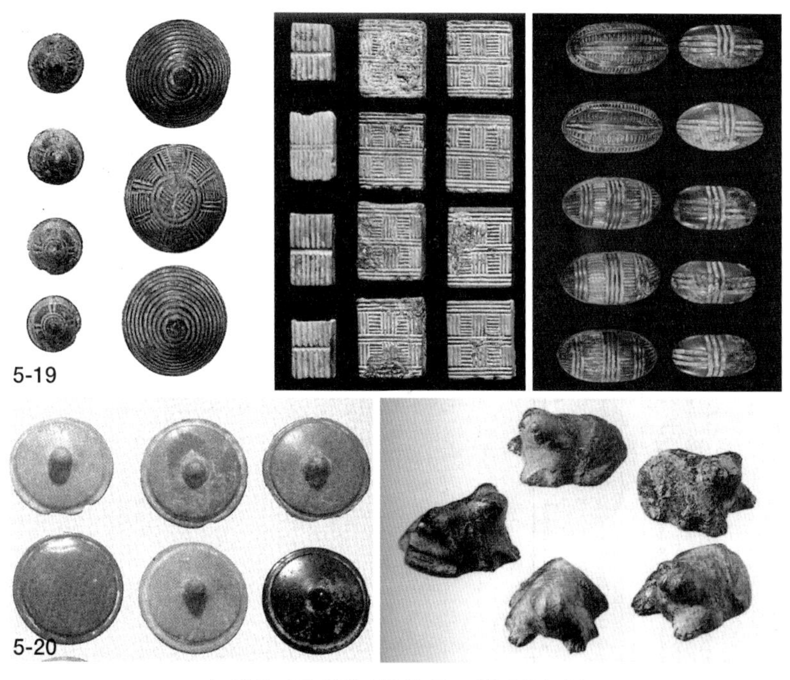

〈그림 5-19〉 영천 어은동 출토 청동장식단추
〈그림 5-20〉 경주 죽동리 출토된 원형과 개구리모양의 청동장식단추

5-20)[117]가 광범위하게 출토되었다.

서주시대 이전에서 춘추시대에 속하는 내몽고 극십극등기 용두산龍頭山유적[118]과 서주시대 중기의 옹우특기 대포자大泡子무덤에서도 연이은 구슬모양과 둥근 모양의 청동장식단추가 다수 출토되었는데,

《原始美術》, 동화출판공사, 1973, 126쪽, 그림 121; 127쪽, 그림 122.

117 고고학·민속학연구소, 위의 책, 45쪽; 고고학연구소, 〈무산범의구석 발굴보고〉, 《고고민속론문집》 6, 사회과학출판사, 1975, 205쪽; 국립경주박물관, 위의 책, 17쪽, 그림 20; 80쪽, 그림 156.

118 內蒙古自治區文物考古研究所·克什克騰旗博物館, 〈內蒙古克什克騰旗龍頭山遺址第1·2次發掘簡報〉, 《中國考古集成》 東北卷 青銅時代(一), 北京出版社, 1997, 840쪽.

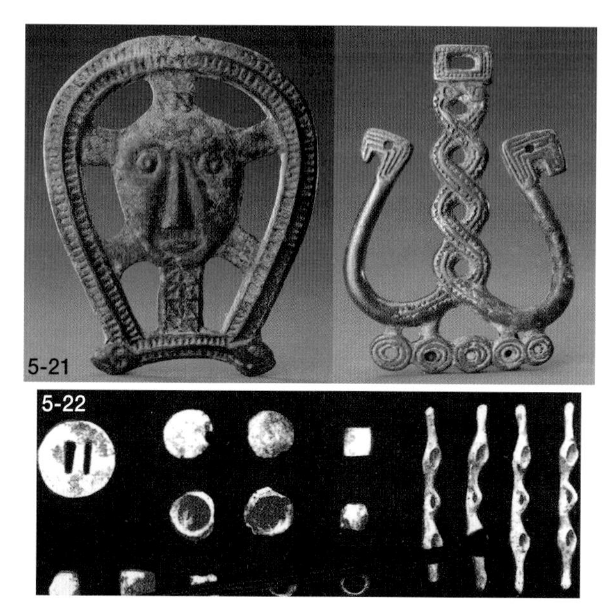

〈그림 5-21〉 조양 십이대영자촌에서 출토된 장식품
〈그림 5-22〉 조양 십이대영자촌에서 출토된 청동장식단추

이들은 대부분 문양이 없거나 사선문이었다.[119] 서기전 7세기에서 서기전 5세기에 해당하는 조양 소파적小波赤무덤에서 원형의 청동장식단추가 23개 출토되었는데, 윗면이 도드라진 원형인 것과 편편한 원형으로 꼭지가 달린 것, 도드라진 원형으로 단춧구멍이 있는 것의 세 가지 형태였다.[120] 서기전 8세기경에 속하는 요령성 조양 십이대영자촌에서는 비파형동검과 함께 사람얼굴양식의 장식과 새모양의 장식(그림 5-21)[121]이 다양한 양식과 크기의 청동장식단추와 함께 출

119 賈鴻思, 〈翁牛特旗大泡子青銅短劍墓〉, 《中國考古集成》 東北卷 青銅時代(一), 北京出版社, 1997, 834쪽.

120 張靜·田子義·李道升, 〈朝陽小波赤青銅短劍墓〉, 《中國考古集成》 東北卷 青銅時代(二), 北京出版社, 1997, 1401쪽.

121 徐秉琨·孫守道, 《中國地域文化大系》, 上海遠東出版社, 1998, 78·80쪽.

〈그림 5-23〉 요령성 평강지구에서 출토된 청동장식

토되었는데(그림 5-22),[122] 모두 구멍이 나 있어 옷에 장식단추와 같은 용도로 꿰어 달았을 것으로 생각된다.[123] 서한시대 초기에 해당하는 요령성 평강지구유적에서 출토된, 삼족오 아래 곰과 호랑이가 있는 금으로 만들어진 우아한 장식품(그림 5-23)[124]은 단군신화의 내용을 상징하는 것으로 해석된다. 이러한 장식유물은 고조선시대 후기 당시 요령성지역 한민족의 문화적인 성격을 잘 나타내고 있다.

춘추시대 후기에서 전국시대에 속하는 흑룡강성 소등과小登科무덤에서 많은 양의 청동장식단추가 출토되었다. 청동장식단추의 직경은 0.75~4.9센티미터로, 그 크기가 다양했다. 이들 청동장식단추의 양식은 대체로 거의 문양이 없으며, 가장 큰 것의 한 가운데에 권운

122 조선유적유물도감편찬위원회, 《조선유적유물도감》 2-고조선·진국·부여편, 41쪽, 그림 43.

123 조선유적유물도감편찬위원회, 위의 책, 40~43쪽.

124 徐秉琨·孫守道, 《中國地域文化大系》, 上海遠東出版社, 1998, 129쪽, 그림 149. 이 유금장식은 높이가 7cm이고 넓이는 13cm이다. 발굴자들은 이 금장식에 나타나는 동물을 곰과 호랑이로 보고 토템숭배와 관련이 있을 것으로 해석했다.

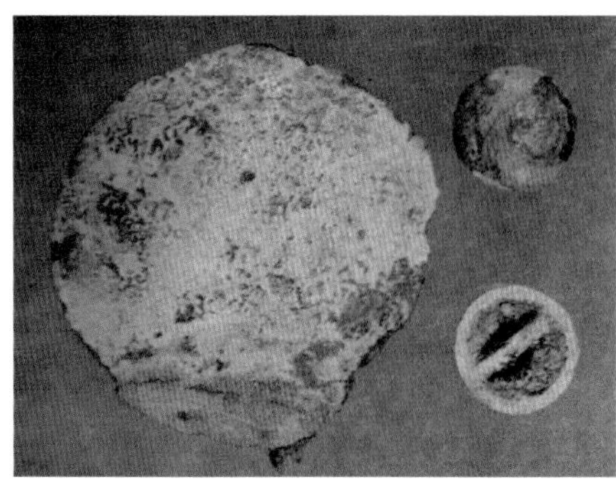
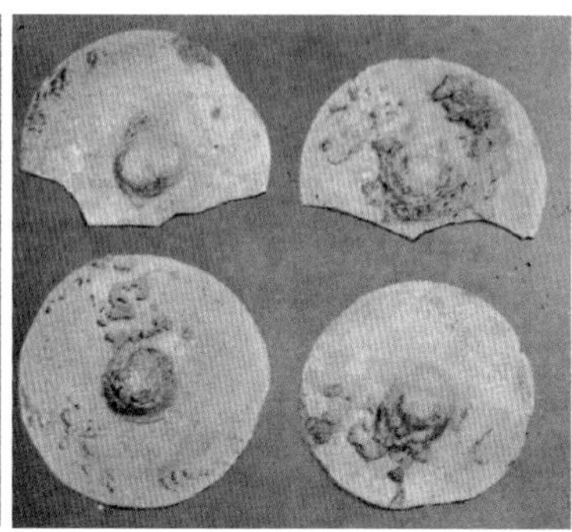

〈그림 5-24〉 평양시 낙랑구역 정백동의 석암리무덤에서 출토된 원형의 청동마구장식

문卷雲紋이 장식된 것이 특징이다.[125] 요동반도에 위치한, 서기전 9세기에서 서기전 5세기에 속하는 여순 후목성역后牧城驛무덤에서도 많은 양의 청동장식단추가 출토되었다. 이들의 양식은 가운데 구멍이 있는 구슬모양의 것, 원형으로 뒷면에 꼭지가 있는 것, 단춧구멍 2개가 있는 것, 정사각형모양 가운데 동그란 구멍이 있고 4변 주위에 문양이 있고 뒷면에 단추꼭지가 있는 것, 원형으로 둘레에 작은 구멍이 있고 뒷면에 단추꼭지가 있는 것 등으로 매우 다양하다.[126] 정가와자유적에서는 비파형동검과 함께 단추꼭지가 1개인 것, 단추꼭지가 2개인 것, 단춧구멍이 여럿 있는 것이 출토되었다.[127]

한편 고조선이 멸망하던 서기전 2세기 말에 속하는 평양시 낙랑구역 정백동의 석암리무덤에서 원형의 청동마구장식(그림 5-24)[128]

---

125 黑龍江省文物考古研究所, 〈黑龍江小登科墓葬及相關問題〉, 《中國考古集成》 東北卷 青銅時代(三), 北京出版社, 1997, 2772쪽.

126 旅順博物館, 〈旅順口區后牧城驛戰國墓淸理〉, 《中國考古集成》 東北卷 青銅時代(二), 北京出版社, 1997, 1816쪽.

127 沈陽市文物工作組, 〈沈陽地區出土的青銅短劍資料〉, 《中國考古集成》 東北卷 青銅時代(二), 北京出版社, 1997, 1880쪽.

128 조선유적유물도감편찬위원회, 《조선유적유물도감》 2-고조선·진국·부여편, 조

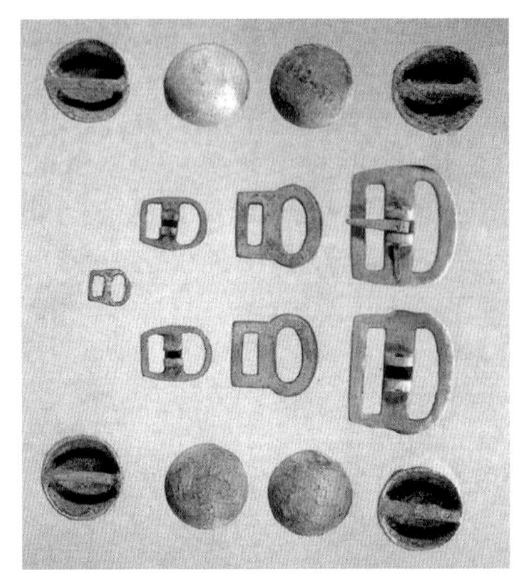

〈그림 5-25〉 평양시 낙랑구역 정백동 37호무덤에서 출토된 허리띠장식과 장식단추들

이 출토되었다. 이 청동마구장식은 뒷면을 공간으로 처리하고, 매단 부분이 자유롭게 움직일 수 있도록 선으로 연결하는 금속가공기법을 사용하거나 윗면을 돌출되게 하는 등, 장식기법의 발달을 보여준다. 이후 서기전 1세기 초로 추정되는 고조선 붕괴 직후에 생산되었을 것으로 추정되는 평양시 낙랑구역 정백동 37호무덤에서 장식단추(그림 5-25)[129]가 세련된 가공기술을 거친 허리띠 장식과 함께 출토되었다. 이 장식단추는 여전히 석암리무덤의 마구장식과 같은 양식으로 만들어져 고조선의 금속가공기술을 계승했을 것으로 생각된다. 이러한 사실로부터 고조선의 청동장식단추양식은 형태와 단춧구멍, 꼭지, 크기, 문양 등에서 변화하며 다양하게 발전했음을 알 수 있다.

선유적유물도감편찬위원회, 1988, 108쪽, 그림 222·224.

129 조선유적유물도감편찬위원회, 위의 책, 130쪽, 그림 290.

〈그림 5-26〉 조양 십이대영자무덤유적에서 출토된, 화려한 문양이 있는 청동장식단추

위의 내용들로부터 청동장식단추의 형태와 문양의 양식, 사용구조가 다음과 같이 정리된다. 첫째, 고조선 사람들이 청동장식단추를 윗옷과 겉옷, 아래옷, 신발 등에 달아 장식했음을 청동장식단추의 뒷면에 남아 있는 직물의 흔적과 단춧구멍 또는 꼭지로부터 알 수 있다. 둘째, 청동장식단추는 표면에 다양한 문양을 표현했는데, 이는 대부분 새김무늬질그릇이나 가락바퀴 등에 보이는 문양과 유사하다. 그 가운데 문양을 새기지 않은 경우도 있다. 문양은 방사선문放射線紋, 점상문点狀紋, 편직문編織紋, 와문渦紋, 사선문射線紋, 권운문卷雲紋, 문양이 없는 소면素面 등으로 구분된다. 셋째, 청동장식단추의 모양은 구슬모양에서 얇은 원형, 네모모양 등으로 다양하다. 넷째, 단추꼭지가 1개인 것과 2개인 것이 있고, 단춧구멍은 하나인 것과 여러 개인 것으로 나타난다.

고조선시대 후기로 오면서 원형의 청동장식단추는 크기가 청동거울만큼 커지기도 한다. 이처럼 큰 청동장식단추는 서기전 8세기경에 해당하는 요령성 조양현 십이대영자무덤유적 1호와 2호에서 원판형으로 직경 20.4센티미터, 20~20.1센티미터나 되는 청동장식품(그림 5-26)[130]들이, 3호무덤에서는 직경 22.5센티미터의 잔줄문양 청동거울과 함께 출토되었다. 서기전 7세기에서 서기전 5세기경

130 조선유적유물도감편찬위원회, 위의 책, 41·42쪽, 그림 42·46.

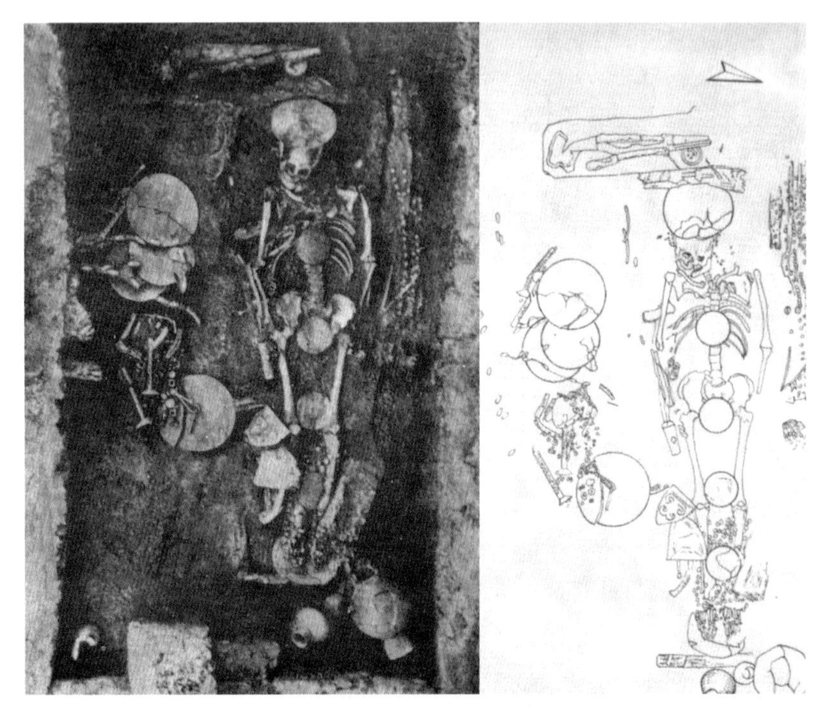

〈그림 5-27〉 정가와자 6512호 유적의 출토상황과 모사도

에 속하는 심양 정가와자유적 3지점에서도 큰 청동장식단추(그림 5-27)[131]가 잔줄문양 청동거울과 함께 출토되었다. 큰 청동장식단추는 하가점 상층문화에 속하는 서기전 9세기경에서 서기전 8세기경에 속하는 요령성 소조달맹 영성현 남산근南山根 석곽무덤에서 처음 출토되었다.[132] 발굴자들은 이것이 청동거울과 유사한 형태이지만 뒷면에 꼭지가 있어 원판형의 단추일 것으로 추정하며, 거울모양장

131 조선유적유물도감편찬위원회, 위의 책, 67쪽, 그림 107·108.

132 張錫瑛, 〈東北地區鏡形器之管見〉, 《中國考古集成》 東北卷 青銅時代(一),北京出版社, 1997, 243쪽.

식(鏡形飾)이라 부르기도 한다.[133] 또한 뒷면의 꼭지를 근거로, 이들을 옷 위에 달았던 것으로 해석했다.[134]

작은 크기의 청동장식단추가 한반도와 만주지역 대부분의 고조선 무덤에서 출토되는 것과 달리, 거울모양 청동장식은 주로 만주지역에서만 출토되었다. 거울모양 청동장식의 특징은 몸체가 얇고, 대부분 1개의 꼭지가 있으며 표면이 평면 혹은 약간 ㅁ면으로 되어있다는 것이다. 조양현朝陽縣 문화관에는 1면에 3개의 꼭지가 있고 두께가 매우 얇으며, 문양이 없는 거울모양 청동장식도 있다.[135]

거울모양 청동장식은 대부분 묘주의 머리 위와 가슴, 배, 다리 사이, 다리 아래에 놓인 상태로 출토된다. 대표적인 예로 요령성 영성현 남산근무덤과 길림성 후석산무덤, 조양 12대영자무덤, 건평현 수천성자 7701호무덤, 7801호무덤, 대랍한구 751호무덤을 들 수 있다.

이 유적들에서는 대체로 직경 10.5~11.3센티미터 크기의 거울모양 청동장식이 출토되었다. 서기전 8세기경부터 사용되기 시작한 이 거울모양 청동장식은 서기전 5세기경에 오면 여러 무덤에서 무척 활발히 사용했던 것으로 나타나며, 완전히 청동거울로 대체되기도 한다. 또한 이 시기 거울모양 청동장식은 제작기법이 이전보다 정교해지고 꽃문양 양식이 많아지며, 사용범위도 말과 마차에 이르기까지 확대된다.[136] 특기할 점은 큰 거울모양 청동장식이 여러 무덤 유적에서 출토 당시 매장자의 몸 위에 놓여진 위치가 서로 같게 나

133 張錫瑛, 〈試論東北地區先秦銅鏡〉, 《中國考古集成》 東北卷 靑銅時代(一), 北京出版社, 1997, 236쪽.

134 위와 같음.

135 張錫瑛, 〈東北地區鏡形器之管見〉, 235쪽·243쪽; 遼寧省昭烏達盟文物工作站·中國科學院考古研究所東北工作站, 〈寧城南山根的石槨墓〉, 《考古學報》 1973年 第2期; 朱貴, 〈遼寧朝陽十二臺營子靑銅短劍墓〉, 《考古學報》 1950年 第1期; 劉景文, 〈西團山文化靑銅器〉, 《文物》 1984年 第5期.

136 金貞培, 《韓國民族文化의 起源》, 고려대학교출판부, 1973, 137쪽.

타났다는 것인데, 이로 볼 때 종교의식과 관련된 장속葬俗일 가능성도 소홀히 할 수 없을 것이다.

위의 내용들로부터 청동장식단추의 형태와 문양의 양식, 크기, 사용구조가 다음과 같이 정리된다. 첫째, 청동장식단추의 뒷면에 남아 있는 직물의 흔적과 단춧구멍 또는 꼭지로부터, 고조선 사람들이 청동장식단추를 모자와 윗옷, 겉옷, 아래옷, 신발 등에 달아 장식했음을 알 수 있다. 둘째, 청동장식단추는 표면에 다양한 문양을 표현했는데 대부분 새김무늬질그릇이나 가락바퀴 등에 보이는 잔줄문양과 유사하고, 문양을 새기지 않은 경우도 있다. 셋째, 하가점 상층문화의 묘장에서 큰 거울모양 청동장식이 가장 먼저 나타났다. 거울모양 청동장식은 얇은 평면에 두께는 0.05~0.2센티미터 정도였으며, 대부분 문양이 없었다. 그러나 심양 정가와자무덤에서 출토된 것에서는 일반 청동장식단추와 마찬가지로 기하학문양이 보인다. 넷째, 정가와자무덤에서 출토된 것 이외에는 모두 중심에 1개 꼭지가 있는데, 이는 청동거울에 나타나는 여러 개 꼭지와 다른 형태이다. 정가와자무덤에서 출토된 거울모양 청동장식에는 여러 구멍의 꼭지나 쌍꼭지가 있었다. 다섯째, 청동장식단추의 모양은 구슬모양과 얇은 원형, 네모모양, 반원형 등으로 다양하고, 단추꼭지가 1개인 것과 2개인 것이 있으며, 단춧구멍은 하나인 것과 여러 개인 것으로 나타난다. 이처럼 원형을 주된 양식으로 하는 청동장식단추는 고조선시대 초기부터 한반도와 만주 전 지역에서 한민족의 복식과 장신구 등에 적극적으로 널리 사용되어 한민족의 고유한 복식양식으로 자리매김했음을 알 수 있다.

다음은 청동장식단추와 함께 옷에 달았을 옥으로 만든 장식양식에 대하여 고찰해보기로 한다. 고조선보다 앞선 신석기시대유적에서 백석白石으로 만든 구슬,[137] 곡옥과 같은 모양의 석룡石龍,[138] 옥으로 만든 옥패, 옥관, 옥벽,[139] 옥부, 구멍이 있는 옥석구玉石球, 옥석환玉石環,[140] 동물모양·곤충모양·사람모양과 사람얼굴형상[141] 등의 조각품이 출토되었다. 이들은 대부분 구멍이 있어 옷에 달거나 걸었던 것으로 보인다.

1987년 동북지역에서 가장 이른 신석기시대유적인 내몽고 오한기에 위치한 소하서문화유적(서기전 7000~서기전 6500년)이 발굴되기 이전까지 가장 이른 신석기시대유적은 흥륭와문화(서기전 6200~서기전 5200년)유적이었다. 흥륭와유적에서는 세계에서 가장 오래된 옥귀걸이와 함께 옥도끼 등, 지금까지 약 1백여 점의 옥기가 출토되었다. 이들 옥기의 재료는 분석결과 요령성 수암현岫岩縣에서 생산되는 옥으로 밝혀졌다.[142] 한반도에서는 강원도 고성군 문암리에서 같은 모양의 옥귀걸이가 출토되었다.[143]

흥륭와문화 이후 발굴된 요령성 서부 부신阜新에 위치한 사해查海문화유적에서도 다양한 옥기가 출토되었다. 이 유적에서 출토된 옥

137 劉振華, 〈吉林省原始文化中的幾種新石器時代遺存〉, 《中國考古集成》 東北卷 新石器時代(二), 北京出版社, 1997, 1698쪽; 李蓮, 〈吉林安廣縣永合屯細石器遺址調查簡報〉, 《中國考古集成》 東北卷 新石器時代(二), 北京出版社, 1997, 1963쪽.

138 何明, 〈吉林省新石器時代的考古發現與認識〉, 《中國考古集成》 東北卷 新石器時代(二), 北京出版社, 1997, 1704쪽.

139 吉林省文物考古研究所·白城地區博物館·長岭縣文化局, 〈吉林長岭縣腰井子新石器時代遺址〉, 《中國考古集成》 東北卷 新石器時代(二), 北京出版社, 1997, 1903쪽.

140 李景冰, 〈鎮賓聚寶山砂場遺址調查〉, 《中國考古集成》 東北卷 新石器時代(二), 北京出版社, 1997, 1928~1930쪽.

141 김용간·서국태, 〈서포항원시유적발굴보고〉, 《고고민속론문집》 4, 사회과학원출판사, 1972, 40~108쪽.

142 中國社會科學院考古研究所內蒙古工作隊, 〈內蒙古敖漢旗興隆洼遺址發掘簡報〉, 《中國考古集成》 東北卷 新石器時代(二), 北京出版社, 1997, 611~621쪽; 《中國文物報》 第48期, 1993年 12月 13日, 〈興隆洼聚落遺址發掘獲碩果-遺址保存完好房址布局清晰葬俗奇特出土玉器時代之早爲國內之最〉 참조.

143 국립문화재연구소, 《고성 문암리유적》, 2005.

〈그림 5-28〉 우하량유적에서 출토된 옥기들

기는 옥귀걸이, 옥구슬 등의 장식품과 실용공구인 옥도끼와 옥칼, 화살촉 등이었다. 사해유적은 흥륭와문화가 발굴되기 이전까지는 세계에서 가장 이른 시기에 옥기가 출토된 지역이었다.[144]

흥륭와문화 이후 등장하는 홍산문화(서기전 4500~서기전 3000년)는 내몽고와 요령성의 적봉赤峰, 조양朝陽, 능원陵源, 건평建平 등을 중심으로 유적지가 넓게 분포되어 있는데 이 유적들에서도 다량의 옥

144 魏運亨·卜昭文, 〈阜新査海出土七八千年前的玉器〉, 《中國考古集成》 東北卷 新石器時代(二), 北京出版社, 1997, 1639쪽; 方殿春, 〈阜新査海遺地的發掘與初步分析〉, 《中國考古集成》 東北卷 新石器時代(二), 北京出版社, 1997, 1646~1651쪽.

기가 출토되었다. 특히 홍산문화 후기의 우하량유적(서기전 3500년)에서는 적석총 중앙에 있는 석관묘에서 많은 양의 옥기들이 출토되었다. 옥기의 종류는 공구류, 장신구류, 인물 조각품, 동물형상을 사실적으로 조각한 것과 추상적인 동물형상을 조각한 것 등이었다(그림 5-28).[145] 이들은 대부분 구멍이 뚫려 있어, 줄을 사용해 걸거나 의복에 달았던 것으로 생각된다.

흑룡강성의 신석기시대 무덤유적에서도 많은 양의 옥기가 출토되었다. 발굴자들은 옥기의 재질이 수암옥이라고 분석했다. 그 까닭으로는, 우선 지금의 흑룡강에서 길림성에 이르는 지역에는 수암옥과 유사한 고옥석 산지가 보이지 않는다는 점과 흑룡강성에서 출토된 옥기 양식이 홍산문화의 것과 서로 유사하다는 점을 들었다. 이러한 내용은 신석기시대 흑룡강성지역에 살던 사람들이 요령성의 수암岫岩과 관전寬甸 일대에서 옥기의 재료를 가져왔을 가능성을 말해주는 것이다.[146]

흑룡강성지역에서 옥기가 출토된 곳은 송눈松嫩평원지역이 가장 많았고 다음이 장광재령張廣才嶺과 소흥안령小興安嶺 이동지역이었으며, 장광재령과 소흥안령 서록西麓 구릉 평원지역은 비교적 적었다. 옥기의 출토량 또한 마찬가지이다. 이처럼 송난평원지역이 출토지와 출토량에서 월등히 우세한 것은, 이 지역이 요서지역과 비교적 가깝기 때문일 것으로 생각된다. 이 지역의 옥기는 크게 장식품과 비실용성의 생산도구로 구분된다. 홍산문화에는 비형匕形 옥패玉佩,

---

145 遼寧省文物考古研究所, 〈遼寧牛河梁紅山文化"女神廟"與積石塚群發掘簡報〉, 《中國考古集成》 東北卷 新石器時代(二), 北京出版社, 1997, 1580~1596쪽; 孫守道·劉淑娟, 《紅山文化玉器新品新鑒》, 吉林文士出版社, 2007; 戴煒·侯文海·鄭耿杰, 《眞賞紅山》, 內蒙固人民出版社, 2007; 遼寧省博物館. 遼寧省文物考古研究所, 《遼河文明展》, 2006, 18쪽.

146 孫長慶·殷德明·干志耿, 〈黑龍江古代玉器文化問題的提出與研究〉, 《中國考古集成》 東北卷 新石器時代(二), 北京出版社, 2007, 1976쪽; 黑龍江省博物館, 2007, 〈昂昂溪新石器時代遺址的調查〉, 《中國考古集成》 東北卷 新石器時代(二), 北京出版社, 1997, 2043쪽.

옥찬玉瓚이 없고, 흑룡강성 옥기문화에는 위에 나열한 바와 같이 짐승모양의 옥제품이 발견되지 않는 점이 그 차이라 할 수 있다.[147]

이후 청동기시대로 오면서 한반도와 만주 대부분의 지역에서 옥기와 함께 뼈나 돌로 만든 장식품이 적어지고, 그 대신 청동장식단추를 의복에 장식하는 비율이 높아진다. 이러한 현상은 길림성지역의 경우도 마찬가지이다. 길림성 대안현大安縣 조아하洮兒河 신석기시대유적에서 돌구슬 등과 함께 출토된 청동장식단추가 그 예로, 청동장식단추는 원형으로 문양이 없으나 뒷면에 꼭지가 있어 의복에 달았던 것임을 알 수 있었다.[148] 전국시대 후기에 속하는 길림성 대안현 동산두東山頭무덤유적에서는 청동장식단추 10개가 출토되었다.[149] 전국시대 후기에서 한초漢初에 속하는 길림성의 여러 유적에서는 청동기가 전체 기물의 15퍼센트 정도로 장식품이 가장 큰 비율을 차지했는데, 이들은 주로 의복 위에 달았던 청동장식단추로 추측된다.[150]

흑룡강성지역에서 옥기가 많이 출토된 유적은 북부여의 유적일 것으로 추정되는 조원현肇源縣에 위치한 망해둔望海屯유적,[151] 상지업포력商志業布力유적,[152] 의안현依安縣 조유이하대교烏裕爾河大橋유적,[153]

---

147 위와 같음.

148 劉法祥·何明, 〈金城墓葬發掘簡報〉, 《中國考古集成》 東北卷 新石器時代(二), 北京出版社, 1997, 1877쪽; 吉林省文物工作隊, 〈吉林大安縣洮兒河下遊右岸新石器時代遺址調查〉, 《中國考古集成》 東北卷 新石器時代(二), 北京出版社, 1997, 1956쪽; 中國科學院考古研究所內蒙古發掘隊, 〈內蒙古赤峰葯王廟, 夏家店遺址試掘簡報〉, 《中國考古集成》 東北卷 青銅時代(一), 北京出版社, 1997, 656쪽.

149 匡瑜·方起東, 〈吉林大安東山頭古墓葬清理〉, 《中國考古集成》 東北卷 青銅時代(三), 北京出版社, 1997, 2531쪽.

150 吉林省文物工作隊·吉林市博物館, 〈吉林樺甸西荒山屯青銅短劍墓〉, 《中國考古集成》 東北卷 青銅時代(三), 北京出版社, 1997, 2488쪽.

151 丹化沙, 〈黑龍江肇源望海屯新石器時代遺址〉, 《中國考古集成》 東北卷 新石器時代(二), 北京出版社, 1997, 2022쪽.

152 黑龍江省文物考古研究所, 〈黑龍江商志業布力新石器時代遺址清理簡報〉, 《中國考古集成》 東北卷 新石器時代(二), 北京出版社, 1997, 2024쪽.

153 于鳳閣, 〈依安縣烏裕爾河大橋新石器時代遺址調查〉, 《中國考古集成》 東北卷 新

두이백특杜爾伯特 이가강李家崗유적,[154] 도배산刀背山유적[155] 등이다. 이러한 상황은 길림성지역에서도 마찬가지이다. 서기전 5세기에서 서기전 4세기경에 속하는 길림성 서단산무덤유적은 남성과 여성이 따로 매장되었다. 서단산유적에서는 석石과 녹송석綠松石, 마노瑪瑙, 옥 종류의 장식품이 다량 출토되었다. 서단산문화의 패식 가운데 석과 옥류가 차지하는 비중이 가장 크고, 청동류와 아골류牙骨類가 차지하는 비중이 가장 적다. 석, 옥류의 장식품 가운데 백석관白石管은 1,559건 정도로 절대적으로 많은 수량을 차지하며,[156] 남성묘의 수장품이 더욱 많은 것으로 보아 부계씨족사회 단계였던 것으로 보인다. 발굴자들은 서단산문화가 숙신족과 관련이 있을 것으로 보았다.[157] 서단산문화가 동부여나 고구려가 이 지역에 건국되기 이전인 고조선 후기시대의 토착문화일 것으로 추정하는 것은 옳은 해석이다. 북부여의 지배세력이 동쪽으로 이동하여 서기전 59년에 세운 동부여는 지금의 길림성 북부와 내몽고자치구 동부 일부지역과 흑룡강성 지역을 차지하고 있었기 때문이다. 그러나 서단산문화 가운데 가장 이른 시기의 유적인 길림성 영길현의 성성초유적[158]은 연대가 서기전 1000년대 초[159]이므로, 동부여나 고구려가 건국되기 훨씬 이전

石器時代(二), 北京出版社, 1997, 2034쪽.

154 杜爾伯特蒙古族自治縣博物館, 〈黑龍江省杜爾伯特李家崗新石器時代墓葬清理簡報〉, 《中國考古集成》 東北卷 新石器時代(二), 北京出版社, 1997, 2039쪽.

155 武威克·劉焕新·常志强, 〈黑龍江省刀背山新石器時代遺存〉, 《中國考古集成》 東北卷 新石器時代(二), 北京出版社, 1997, 2156쪽.

156 董學增, 〈試論西團山文化的裝飾品〉, 《中國考古集成》 東北卷 青銅時代(一), 北京出版社, 1997, 2206쪽.

157 東北考古發掘團, 〈吉林西團山石棺墓發掘報告〉, 《中國考古集成》 東北卷 青銅時代(三), 北京出版社, 1997, 2158쪽; 中國社會科學院考古研究所, 《新中國的考古發現和研究》, 文物出版社, 1984, 344~345쪽.

158 吉林省博物館·永吉縣文化館, 〈吉林永吉星星哨石棺墓第3次發掘〉, 《考古學集刊》 3, 中國社會科學出版社, 1983, 120쪽.

159 이 유적의 방사성탄소측정연대는 서기전 1015±100년(2965±100 B.P.)인데 교

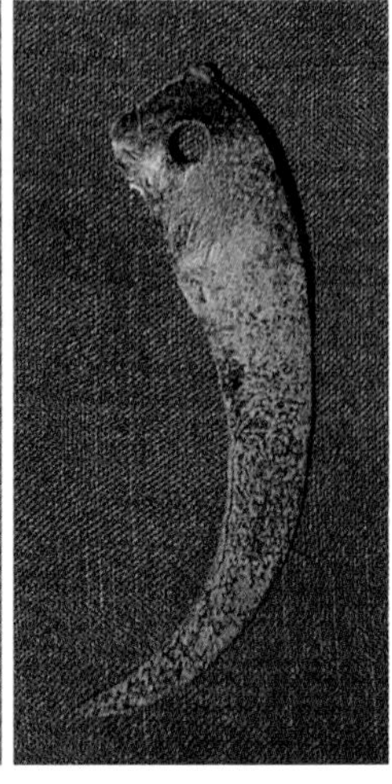

〈그림 5-29〉 진주 남강 옥방지구에서 출토된 곡옥형 청동제 장식과 긴 대롱 옥장식

인 고조선시대 후기의 토착 문화유적으로 해석하는 것이 옳을 것이다.

위의 분석한 내용으로부터 만주 일대의 많은 신석기시대 무덤유적에서 출토되는 옥기의 재질이 주로 요령성에서 생산되는 수암옥임을 알 수 있다. 그러므로 흑룡강성지역에 살던 사람들이 요령성의 수암과 관전 일대에서 옥기의 재료를 가져왔을 것으로 추정된다. 흑룡강성에서 출토된 옥기들의 양식이 홍산문화의 것과 서로 유사한 특징을 가지게 된 까닭이 바로 여기에 있는 것이다.

옥기의 비약적인 발달을 이루어낸 신석기시대를 지나 청동기시대로 오면, 옥기보다 청동으로 만들어진 장식품의 수가 크게 증가한다. 옥기의 발전은 한반도 전역에서도 마찬가지로 나타난다. 서기전 16세기에 속하는 진주 남강 옥방지구에서 곡옥형 청동제 장식(그림 5-29)과 함께 곡옥들(그림 7-19 참조)이 출토되었다.[160] 함경남도 단천시 양평리의 청동기시대유적에서도 긴 대롱과 구슬모양의 옥장식

정연대는 서기전 1275±160년이다. 中國社會科學院考古研究所 編著, 1983, 《中國考古學中碳14年代數據集》, 文物出版社, 34쪽.

160 李亨求, 《晉州 大坪里 玉房 5地區 先史遺蹟》-南江댐 水沒地區 遺蹟發掘調查報告書 제6책, 선문대학교·경상남도, 2001.

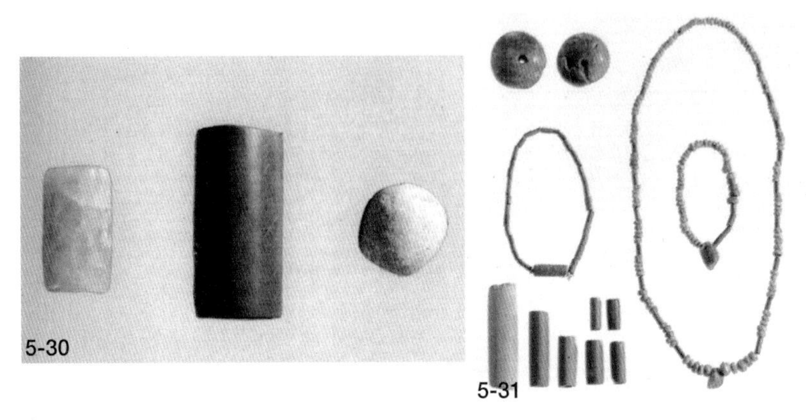

〈그림 5-30〉 단천시 양평리에서 출토된 긴 대롱과 구슬모양의 옥장식
〈그림 5-31〉 여천 평여동에서 출토된 옥목걸이와 옥장식

(그림 5-30)[161]이 출토되었다. 전라남도 여천 평여동의 청동기시대유적에서는 여러 가지 구슬옥(그림 5-31)[162]이 출토되었다. 이후 초기 철기시대에 속하는 함평 초포리유적에서는 길이 3.8센티미터의 굽은 옥(그림 7-21 참조)이 출토되었고,[163] 대전의 괴정동에서도 같은 유형의 굽은 옥장식(그림 7-2 참조)이 출토되었다.[164] 충청북도 조동리유적에서도 여러 개의 곡옥과 옥장식품이 출토되었다.[165]

고조선시대에는 옥장식과 함께 청동장식단추를 윗옷과 겉옷, 아래옷, 허리띠, 신발, 활집 등에 달아, 복식양식이 무척 화려해졌다. 옥장식의 꾸준한 발전양상은 고조선 붕괴 이후에도 계속된다. 서기 1세기 초에 해당하는 평양시 낙랑구역 정오동유적에서는 벽옥(그림

161 조선유적유물도감편찬위원회, 《조선유적유물도감》 1-원시편, 조선유적유물도감편찬위원회, 1988, 293쪽, 그림 638.

162 국립광주박물관, 《국립광주박물관》, 통천문화사, 1994, 15쪽, 그림 16.

163 국립광주박물관, 위의 책, 39쪽, 그림 38.

164 金元龍, 《原始美術》, 동화출판공사, 1973, 105쪽, 그림 98.

165 이융조·우종윤, 《선사유적 발굴도록》, 충북대학교박물관, 1998, 305쪽.

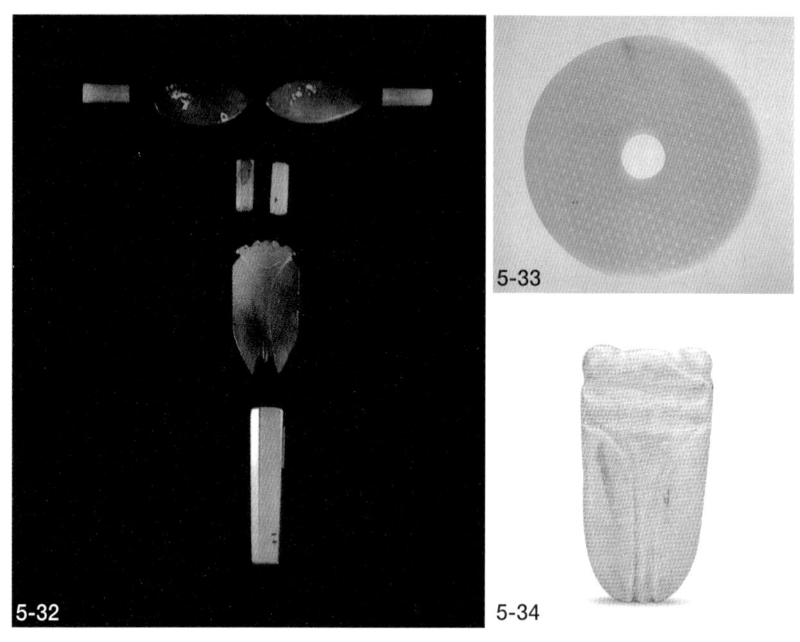

〈**그림 5-32**〉 정오동유적에서 출토된 벽옥 〈**그림 5-33**〉 정오동 5호무덤에서 출토된 옥장식
〈**그림 5-34**〉 홍산문화에서 출토된 딱정벌레 옥장식

5-32)과 옥팔찌[166]가 출토되었고, 서기 1세기 중엽에 속하는 정오동 5호무덤에서는 고조선시대의 쇠뇌와 함께, 옥으로 만든 돼지 조소품과 신체 여러 부분에 주검을 장식했을 옥장식(그림 5-33)[167]이 가지런히 출토되었다. 주검을 장식한 옥장식은 긴 대롱모양의 것과 눈 부분에 놓였을 타원형의 것이 있었고, 배 부분에 딱정벌레를 조각한 옥장식이 놓여 있는 것이 주목할 만하다. 딱정벌레를 불멸과 환생의

166 조선유적유물도감편찬위원회, 《조선유적유물도감》 2-고조선·진국·부여편, 150쪽, 그림 348; 151쪽.

167 조선유적유물도감편찬위원회, 위의 책, 154쪽, 그림 362.

상징으로 삼은 이러한 풍습은,[168] 홍산문화에서 이미 딱정벌레가 조각된 것(그림 5-34)[169]이 있었다는 점에서 볼 때, 오랜 기간 지속된 것이었음을 알 수 있다. 이후 실제 딱정벌레의 속날개를 장식에 쓰는 방법이 발전해, 고구려와 백제, 신라 등 우리민족이 옷이나 마구 등을 장식하는 데 사용한 공예기법으로 자리매김했다.

3) 장식기법의 자유의지와 고유성

고조선 사람들은 의복뿐만 아니라 모자나 신발 또는 활집[170] 등, 복식의 여러 부분에 금속으로 만든 장식단추를 자유롭게 사용했다.[171] 한민족의 여러나라에서는 모자에 새깃을 꽂았는데, 부여,[172] 고구려, 백제, 신라, 가야 등에서는 새깃과 함께 금과 은, 옥 등으로 모자를 장식했다. 이러한 양식은 중국이나 북방지역에서 볼 수 없는 고조선을 계승한 화려하고 높은 수준의 관모양식이다.

고조선시대 초기에는 신석기시대에 많이 사용되었던 뼈와 조개껍질, 또는 다양한 색상의 돌, 옥, 흙으로 구워 만든 구슬 등을 재료로 하는 장식품을 청동장식과 함께 모자 위에 사용했다. 이후 청동기술이 발달하면서 모자 위에 뼈구슬과 함께 청동을 재료로 하는 장식을 많이 사용하며, 이전보다 더욱 화려한 양식이 발달한다. 둥근 장식

168 고대인들이 풍뎅이 종류의 곤충을 신성하게 여긴 것은 풍뎅이들의 행동양식과 번식시기 때문이었을 것이다. 풍뎅이류 곤충들은 늦여름 무렵 가축의 배설물을 모아 만든 먹이 안에 알을 낳고, 그 알을 땅속에 보관한다. 알에서 깨어난 유충은 먹이를 먹으며 땅속에서 성장하여 이듬해 봄에 성충이 되어 땅위로 나온다. 풍뎅이의 이러한 습성을 관찰한 고대인들은 땅속에 들어가 죽은 풍뎅이가 이듬해 봄에 다시 살아나오는 것이라고 생각해 풍뎅이를 불멸과 환생의 상징으로 삼았다. 또한 날개는 철·구리·마그네슘 등을 포함하고 있어 색색의 광택을 발산한다.

169 孫守道·劉淑娟, 《紅山文化玉器新品新鑒》, 吉林文史出版社, 2007, 172쪽, 그림 155.

170 조선유적유물도감편찬위원회, 앞의 책, 70쪽; 박진욱, 앞의 책, 50·57~58쪽.

171 위와 같음.

172 《三國志》 卷30 〈烏丸鮮卑東夷傳〉 扶餘傳. "以金銀飾帽."

이 두드러지고 이에 못지않게 네모와 마름모양식 등이 조화를 이루며, 자유로운 조형의지와 입체감이 돋보이는 복식을 추구했을 것으로 생각된다.

이처럼 모자에 다양한 장식을 한 양식은 고조선의 여러 유적에서 골고루 나타난다. 예를 들어 고조선시대 초기의 유적인 요령성 창무현 평안보平安堡유적 3기문화층에서는 나팔모양의 청동귀걸이와 뼈로 만든 구슬이 625개 출토되었다. 대부분이 묘주의 머리와 목 부분에서 출토된 것으로 볼 때, 이는 모자에 달거나 목에 둘렀던 장식품으로 판단된다.[173] 이처럼 모자에 달았던 장식과 목에 걸었던 장식물을 같은 종류의 재질로 만들어 사용한 차림새는 서기전 11세기경에 속하는 요령성 객좌 화상구和尙溝무덤에서도 나타난다. 이 무덤에서는 비파형동검과 함께 직경 0.2밀리미터인 청동실로 만든 목걸이가 목 부분에서 출토되었고, 이 목걸이와 함께 사용했을 모자 위에서 직경 1.7센티미터의 청동장식단추들이 출토되었다.[174]

서기전 11~서기전 9세기경에 속하는 하가점 상층문화유적인 적봉 약왕묘葯王廟 M11유적에서는 다양한 모양의 머리꽂이와 함께 뼈구슬 289개와 청동장식단추, 연이은 구슬모양장식 등이 모두 105개 출토되었다. 이 서로 다른 재질과 모양의 장식들은 주로 묘주의 머리와 목, 가슴, 다리 위에서 출토되었다. 청동장식단추의 뒷면에 천이 붙었던 흔적이 있어, 발굴자들은 이를 모자와 의복 위에 장식했던 것으로 추정했다. 특히 연이은 구슬모양의 청동장식단추는 마실로 꿰어 모자에 장식했던 것으로 생각되는데, 그 길이가 80줄이나 된다. 목 부분 옷깃에는 청동장식 이외에 청동장식단추 한 줄을 가

173 遼寧省文物考古研究所·吉林大學考古學系, 〈遼寧彰武平安堡遺址〉, 《中國考古集成》 東北卷 靑銅時代(二), 北京出版社, 1997, 1554쪽.

174 遼寧省文物考古研究所·喀左縣博物館, 〈喀左和尙溝墓地〉, 《中國考古集成》 東北卷 靑銅時代(二), 北京出版社, 1997, 1458쪽.

지런히 배열하여 달았다. 허리에는 구슬을 꿰어 두 줄로 둘렀는데, 왼쪽의 한 줄은 허리에 미치고, 오른쪽의 한 줄은 휘어서 가슴까지 드리워졌다. 두 줄의 꿰어진 구슬 아래에는 각기 청동장식이 4개씩 어우러져 있었다. 이처럼 약왕묘유적에서는 그 크기가 0.8~3.3센티미터인, 다양한 크기의 장식단추[175]를 모자와 의복 위에 자유롭게 장식했던 갖춤새가 보인다.

같은 유적 M17의 매장자는 성년 여성인데, 의복에 청동장식단추와 함께 청동구슬 39개와 뼈구슬 471개를 장식하였다. 그 외에도 쌍미双尾청동장식 20개, 연이은 구슬모양 청동장식 80개, 검은색과 흰색의 뼈구슬 1,957개가 출토되었다. 청동장식단추 뒷면에는 마직물 흔적이 남아 있고, 가슴 부분에는 뼈구슬 꿴 것이 두 줄로 목에서부터 늘어뜨린 상태로 나타난다. 또 다른 무덤에서도 청동장식단추가 92개 출토되었는데,[176] 그 놓인 위치와 직물흔적으로 보아 대부분 옷과 모자에 달았던 것으로 추정된다. 이러한 출토상황으로 보아 약왕묘유적은 다양한 크기의 청동장식단추를 구슬 등과 함께 모자와 의복에 화려하게 장식했다고 할 수 있다. 특히 약왕무덤에서는 반원모양의 청동장식단추양식이 처음으로 나타난다. 또한 여성무덤인 M17유적의 묘주가 M11유적의 묘주보다 옷과 모자에 청동장식단추와 청동장식을 많이 사용했고, 뼈구슬도 약 8배 정도 더 많이 장식한 것으로 나타난다. 이러한 장식기법들은 당시 사람들이 복식에 자유롭게 표현했던 감각적인 조형의지를 잘 보여준다. 이 약왕무덤에서 출토된 청동장식단추는 가장 큰 것의 직경이 3~3.3센티미터

175 中國科學院考古研究所內蒙古工作隊, 〈赤峰葯王廟, 夏家店遺址試掘報告〉, 《中國考古集成》 東北卷 青銅時代(一), 北京出版社, 1997, 663쪽.

176 위와 같음. 이 약왕무덤에서 출토된 청동장식단추는 가장 큰 것의 직경이 3~3.3cm로, 뒷면에 꼭지가 있고 줄 문양을 새겼다. 중간크기의 것은 직경이 1.7~1.8cm이고, 문양은 없다. 작은 크기의 것은 반원모양으로, 문양이 없으며 직경은 0.8~0.9cm이다.

로, 뒷면에 꼭지가 있고 줄문양을 새겼다. 중간크기의 것은 직경이 1.7~1.8센티미터이고 문양은 없다. 작은 크기의 것은 반원모양으로, 문양이 없으며 직경은 0.8~0.9센티미터이다.[177] 이러한 출토상황으로 보아 약왕묘유적은 다양한 크기의 청동장식단추를 모자와 의복 위에 구슬 등과 함께 많은 양을 화려하게 장식하여 자유롭게 표현했던 조형의지를 잘 보여준다. 특히 약왕무덤에서 반원모양 청동장식단추의 양식이 처음으로 나타난다.

하가점 상층문화유적으로 춘추시대에 해당하는 오한기의 주가지周家地 45호무덤에서는 마포로 얼굴과 머리를 모두 덮고 마포의 옷을 입은 묘장습속이 보인다. 묘주의 머리 오른쪽에는 자작나무껍질로 만든 모자가 있고, 마포로 덮은 머리와 얼굴 위에는 청동장식단추와 녹송석綠松石을 달아 장식했다. 그 위에는 부채와 같은 조개를 덮은, 특이한 묘장습속이 보인다.[178] 앞서 언급한 노합하老哈河유역에 분포한 무덤양식에서와 같이 묘장에서 마직물을 주로 사용했고 모자 위에 옥과 청동으로 만든 다양한 장식품을 화려하게 달았던 것으로 나타난다.

길림성 진래현 탄도북강자坦途北崗子에 위치하고 그 연대가 춘추시대에서 전국시대에 걸쳐 있는 무덤유적에서는 청동장식단추 41개가 출토되었는데, 작은 것은 여성묘주의 머리부근에서 출토되어 모자 위에 장식했던 것으로 추정된다. 청동장식단추의 출토 위치가 머리부분에 집중되어 있어 무척 화려한 장식의 모자였을 것으로 생각된다. M5와 M3 두 무덤에서는 머리에 쓴 두건에 달았을 것으로 추측

177 中國科學院考古硏究所內蒙古工作隊, 〈赤峰葯王廟, 夏家店遺址試掘報告〉, 《中國考古集成》 東北卷 青銅時代(一), 北京出版社, 1997, 663쪽.

178 靳楓毅, 〈夏家店上層文化及其族屬問題〉, 《中國考古集成》 東北卷 青銅時代(一), 北京出版社, 1997, 409쪽; 中國社會科學院考古硏究所內蒙古工作隊, 〈內蒙古敖漢旗周家地墓地發掘簡報〉, 《中國考古集成》 東北卷 青銅時代(一), 北京出版社, 1997, 814쪽.

되는 청동장식단추가 출토되었는데, 뒷면에 작은 마직품 조각이 붙어 있거나 마선麻線의 흔적이 남아 있어[179] 모자나 두건에 화려한 장식을 하는 장식기법이 유행했을 것으로 생각된다. 전국시대 후기에 속하는 길림성 대안현大安縣 동산두東山頭무덤유적에서는 청동장식단추 10개가 출토되었다.[180]

고조선시대 후기에 이르면 철기가 사용되기 시작한다. 철기의 발달로 인한 생산도구의 보급은 직물생산과 수공업을 더욱 크게 향상시켜 나갔다. 요령성 심양시 정가와자유적[181]에서 출토된 청동거울의 한 면에서 평문으로 짠 세밀한 마직물 흔적이 발견되었다.[182] 화전樺甸 서황산西荒山에서 출토된 3개의 철로 만든 낫에서도 마직물이 녹과 함께 붙어 있었는데, 이 베천도 평문으로 짰으며 날실과 씨실의 짜임이 상당히 고른 편이었다.[183] 길림성에 위치한 서단산西團山유적에서도 비파형동검과 함께 마직물이 출토되었다.[184]

실제로 다양한 직물로 만들어진 의복의 일부가 여러 무덤들에서 출토된다. 대표적인 유적으로는 하가점 상층문화에 속하고 서기전 11세기에서 서기전 5세기경에 속하며, 서랍목윤하西拉木倫河와 노합하老哈河유역에 분포한 적봉 약왕묘, 영성현 남산근, 지주산蜘蛛山, 홍산후紅山后 등의 무덤유적이 있다. 이들 유적에서는 겉면에 다

179 郭民·李景冰·劉雪山·韓淑華, 〈吉林省鎭來縣坦途北崗子青銅時代墓葬淸理報告〉, 《中國考古集成》 東北卷 青銅時代(三), 北京出版社, 1997, 2522쪽.

180 匡瑜·方起東, 〈吉林大安東山頭古墓葬淸理〉, 《中國考古集成》 東北卷 青銅時代(三), 北京出版社, 1997, 2531쪽.

181 中國社會科學院考古研究所東北工作隊, 〈沈陽肇工街和鄭家洼子遺址的發掘〉, 《中國考古集成》 東北卷 青銅時代(二), 北京出版社, 1997, 1883~1888쪽.

182 沈陽故宮博物館·沈陽市文物管理辨公室, 〈沈陽鄭家洼子的兩座青銅時代墓葬〉, 《考古學報》, 1975年 第1期, 142~153쪽; 박진욱, 《조선고고학전서》 - 고대편, 과학백과사전종합출판사, 1988, 71쪽.

183 佟冬, 《中國東北史》, 吉林文史出版社, 1987, 277쪽.

184 曲貴春, 〈古代穢貊研究〉, 《中國考古集成》 東北卷 青銅時代(一), 北京出版社, 1997, 589쪽.

양한 장식을 한 의복이 출토되었고, 개갑鎧甲을 입었던 모습도 나타난다. 묘주들은 의복을 여러 겹 입고 있는데 마직물옷과 모직옷, 가죽옷 등이다. 가죽으로 만들어진 의복 윗면에는 양감鑲嵌한 청동으로 만든 작은 새모양 장식, 누에모양의 청동구슬, 녹송석 구슬과 갑옷조각모양의 금金장식 등을 달았다. 겉 부분에는 크고 작은 청동장식단추, 청동방패, 원형의 누공鏤孔 청동장식, 청동도끼모양 장식, 청동칼, 활, 화살, 마석磨石, 반월형 쌍공석도双孔石刀 등을 가득 달았다. 가슴 앞에는 금으로 만든 원형의 구멍이 있는 새문양 패식을 달았는데, 직경은 약 6~7센티미터이다.[185] 이처럼 고조선시대 후기로 오면 의복 위에 장식한 장식품의 재료가 고급화하고 규모가 웅장해져, 역동적인 조형미를 나타내게 된다.

같은 고조선시대 후기의 길림성 화전 서황산둔西荒山屯유적에서는 옥으로 만든 다량의 장식품과 함께 청동장식단추와 청동반지, 청동거울 등이 출토되었다. 청동기가 전체 기물의 15퍼센트 정도 출토되었는데, 장식품이 가장 큰 비율을 차지했다.[186] 이 유적에서 출토된 대부분의 청동장식단추들은 묘주의 가슴과 배 부분에 위치했던 것으로, 윗옷과 겉옷에 달았던 것으로 추정된다. 이러한 내용들로부터 고조선에서는 철기가 발달한 시기에도 장식품은 주로 청동으로 만들어 사용했음을 알 수 있다. 이것은 청동이 철보다 광택이 아름답기 때문일 것이다.

고조선 사람들은 가죽과 모피를 비롯하여 마직물, 모직물, 사직물, 면직물 등을 생산하고 이를 복식의 재료로 삼아, 직물에 성격에 맞게 장식기법을 발전시켜 나갔다고 생각된다. 이러한 복식재료로

185 劉素霞, 〈夏家店上層文化考古資料反映的有關民族習俗〉, 《中國考古集成》 東北卷 青銅時代(一), 北京出版社, 1997, 416쪽.

186 吉林省文物工作隊·吉林市博物館, 〈吉林樺甸西荒山屯青銅短劍墓〉, 《中國考古集成》 東北卷 青銅時代(三), 北京出版社, 1997, 2488쪽.

만든 모자와 의복 위에 청동장식단추와 다양한 양식의 장식품을 달아, 절제 있게 혼합되고 개성 있는 조형미를 이루어냈다. 그 주요한 특징은 다음의 내용으로 정리될 수 있다.

첫째, 고조선시대 초기에는 직물이나 가죽으로 만든 의복 위에 뼈로 만든 구슬, 옥으로 만든 장식품, 다양한 모양의 청동장식 등을 많은 양 사용하여 화려하게 장식했다. 이러한 장식품의 배열은 크기와 양식의 차이를 이용하고, 기하학적인 선을 자연스럽게 표현하며 독창성을 지녔다. 둘째, 고조선시대 중기 이후에 오면 뼈와 옥으로 만든 장식이 적어지고 그 대신 청동으로 만든 장식품들이 주를 이루며, 그 양이 이전보다 현저하게 많아진다. 청동장식단추의 모양을 원형과 나뭇잎모양, 네모모양, 반원모양 등으로 변화를 주었으며, 단춧구멍을 달리하여 작은 장신구에서도 조형미를 고스란히 잘 보여주었다. 또한 철기를 사용하던 시기에도 청동장식품을 많이 사용한 것은, 철이 쉽게 녹이 나는 것과 달리 청동은 금보다 더욱 빛나는 성격을 가지고 있어 장식효과가 컸기 때문일 것이다.

4) 갑옷에 보이는 장식기법의 실용성

고조선의 영역인 서기전 25세기에 해당하는 평양부근 강동군 용곡리 4호고인돌유적에서 청동장식단추가 출토되기 시작했다.[187] 같은 청동기시대 초기에 속하는 길림성 대안현大安縣 대가산大架山유적에서도 청동장식단추가 출토되었다.[188] 이보다 후기에 속하는 것으로는 서기전 20세기 후반에 해당하는 황해북도 봉산군 신흥동유적

187 강승남, 〈고조선시기의 청동 및 철 가공기술〉, 《조선고고연구》 1995년 2기, 사회과학원출판사, 21~22쪽; 김교경, 〈평양일대의 단군 및 고조선 유적유물에 대한 연대 측정〉, 《조선고고연구》 1995년 제1호, 사회과학원출판사, 30쪽.

188 吉林省文物工作隊, 〈吉林大安縣洮兒河下游右岸新石器時代遺址調査〉, 《考古》 1984年 第8期, 692~693쪽.

에서 출토된 청동장식단추로 보이는 조각이 있다.[189] 그리고 서기전 16세기에 해당하는[190] 요녕성 대련시 여순구旅順區 우가촌于家村 상층 유적에서도 원형과 '⊥'형 모양의 청동장식단추가 출토되었다. 이와 달리 중국의 청동장식단추의 생산은 지금까지의 출토물로 보아 상한 연대를 상대商代 후기인 서기전 11세기경으로 잡을 수 있다.[191]

이처럼 출토된 유물로 본다면, 중국의 청동장식단추는 고조선의 영향을 받아 만들어졌을 가능성이 크다. 이는 중국 상시대의 청동기는 고조선시대 초기의 문화인 하가점 하층문화[192]와 밀접한 관계를 갖기 때문에 더욱 그러하다. 이 하가점 하층문화에 대해 장광직張光直은

---

189 김용간, 〈금탄리 원시유적발굴보고〉, 《유적발굴보고》 제10집, 사회과학원출판사, 1964, 38쪽.

190 이 유적의 방사성탄소측정연대는 서기전 3230±90년(5180±90 B.P.)·3280±85년(5230±85 B.P.)으로 교정연대는 서기전 3555~서기전 3505년이 된다.(中國社會科學院考古硏究所實驗室, 〈放射性碳素測定年代報告(七)〉, 《考古》 1980年 第4期, 373쪽; 北京大學歷史系考古專業碳十四實驗室, 〈碳十四年代側定報告(三)〉, 《文物》 1979年 第12期, 78쪽).

191 현재까지 출토된 청동장식단추로 가장 이른 연대의 것들은 商代 후기의 유적으로 밝혀진 하남성 安陽 郭莊村유적, 산동성 保德縣 유적, 하남성 安陽 郭家莊商代 車馬坑 유적 등에서 출토된 것이다(安陽市文物工作隊, 〈河南安陽郭莊村北發現一座殷墓〉, 《考古》 1991年 第10期, 902~909쪽; 吳振錄, 〈保德縣新發現的殷代靑銅器〉, 《文物》 1972年 第4期, 62~64쪽; 中國社會科學院考古硏究所安陽工作隊, 〈安陽郭家庄西南的殷代馬車坑〉, 《考古》 1988年 第10期, 882~893쪽).

192 北京 근처에 있는 灤河를 경계로 하여 그 동쪽에는 黃河 유역의 초기청동기문화인 二里頭文化나 商文化와는 전혀 다른 청동기문화인 夏家店 下層文化(豊下文化라고도 부른다)가 있었는데 시작 연대는 서기전 2500년경으로 잡을 수 있다. 하가점 하층문화는 중국의 商시대보다 훨씬 앞선 시기부터 존재했으며 비파형동검문화인 하가점 상층문화의 전신으로서 고조선의 초기 청동기문화이다. 이 문화 유적은 지금까지의 조사결과로는 요령성과 길림성지역에 널리 분포되어 있는데 3천여 곳의 유적이 발견되어 있으나 발굴된 곳은 지금의 요서지역 몇 곳에 불과하다. 하가점 하층문화는 비파형동검문화인 하가점 상층문화로 발전했으며, 비파형동검문화가 출현한 것은 중국의 商시대 초기에 해당한다. 비파형동검문화는 한반도와 만주 전 지역에 널리 분포되어 있었던 문화였다(윤내현, 《고조선연구》 참조).

> 상商에 인접한 최초의 금속사용문화 가운데 하나였으므로 상의 가장 중요한 혁신 가운데 하나—청동기 주조—의 최초 기원을 동부해안 쪽에서 찾는 것은 가능할 것이다.[193]

라고 밝혔다. 청동기문화의 개시 연대를 보면 황하유역은 서기전 2200년경이고, 고조선지역과 문화적으로 관련이 있는 시베리아의 카라수크문화는 서기전 1200년경에 시작되었다. 고조선의 청동기문화는 서기전 2500년경으로 동아시아에서 청동기의 생산 시작연대는 고조선이 가장 이르다.[194] 이는 중국의 청동단추 생산이 고조선의 영향을 받은 것이었음을 뒷받침하는 것으로, 홍산문화에서 나타나는 금속문화의 성격에서도 다음과 같이 확인된다.

고조선문화와 계승관계를 가지는 홍산문화 발견 이후 금속문화의 기원문제는 신석기시대 후기문화인 홍산문화로부터 시작되었을 것으로 추정되고 있다.[195] 중국학자 양호楊虎는 홍산문화 후기(서기전 3500~서기전 3000년)유적에서 발견된 주조틀과 동환銅環을 들어 당시 청동주조기술의 가능성을 주장했다.[196] 곽대순郭大順도 홍산문화 출토유물들과 우하량 Ⅱ지점 4호무덤에서 출토된 동환銅環을 들어 금속문화의 시작을 홍산문화로 보는 견해를 제시했다.[197] 오한기 왕가영자 향서태 홍산문화유적에서 다수의 청동을 주조하던 도범陶范이 출토되어, 당시 이미 야련업冶鍊業이 출현했

193 張光直 지음·尹乃鉉 옮김, 《商文明》, 민음사, 1988, 435쪽.

194 윤내현, 《고조선연구》, 29쪽.

195 白雲翔·顧智界 整理, 〈中國文明起源座談紀要〉, 《考古》 1989年 第12期, 1110~1120쪽.

196 楊虎, 〈遼西地區新石器-銅石并用時代考古文化序列與分期〉, 《文物》 1994年 第5期, 48쪽.

197 郭大順, 〈赤峰地區早期冶銅考古隨想〉, 《內蒙古文物考古文集》, 中國大百科全書出版社, 1994, 278~282쪽.

던 사실을 알 수 있다. 또한 건평 우하량 제사유적에서도 청동환과 청동을 녹이는 데 쓰인 질그릇 솥(坩鍋) 등이 출토되었다. 이를 근거로 유소협劉素俠도 홍산문화에서 이미 야련업이 출현했다고 보고 있다.[198] 또한 서기전 2700년경의 객좌유적에서는 적탑수에서 동광銅礦을 채취한 흔적을 발견했고, 적봉 일대에서는 동광 채취의 흔적과 야련유적을 발견했다.[199]

중국의 경우는 위에 서술한 하남성과 산동성을 시작으로 감숙성과 섬서성, 하남성 등에서 소량의 청동장식단추가 발견되었으나, 그 출토지가 매우 적다. 그러나 고조선의 영역이었던 한반도와 만주지역에서는 거의 모든 청동기시대 유적에서 다양한 크기와 문양의 청동장식단추가 발견되고 있다.[200]

고조선에서는 의복뿐만 아니라 모자나 신발 또는 활집 등 복식의 여러 부분에 청동장식단추를 다양하게 사용했다.[201] 특히 고조선에 속해 있던 예濊에서는 일반적으로 남자들이 입는 윗옷에 약 5센티미터 이상 되는 은화銀花를 꿰매어 장식했다.[202] 이는 일반인의 의복에서도 화려한 장식이 가능했던 고조선만이 갖는 복식의 특징으로, 중국이나 호胡에서는 찾아볼 수 없는 것이다. 이 같은 청동장식단추

---

198 劉素俠, 〈紅山諸文化所反映的原始文明〉, 《中國考古集成》 東北卷 新石器時代(一), 北京出版社, 1997, 176~178쪽.

199 王曾, 〈紅山文化的走向〉, 《中國考古集成》 東北卷 新石器時代(一), 北京出版社, 1997, 190~195쪽 참조.

200 윤내현·박선희·하문식, 《고조선의 강역을 밝힌다》, 지식산업사, 2006 참조.

201 中國科學院考古研究所內蒙古工作隊, 〈赤峰葯王廟·夏家店遺址試掘報告〉, 《中國考古集成》 東北卷 靑銅時代(一), 678~680쪽; 조선유적유물도감편찬위원회, 《조선유적유물도감》 1－고조선·진국·부여편, 외국문종합출판사, 1989, 70쪽; 박진욱, 《조선고고학전서》, 과학백과사전종합출판사, 1997, 50·57·58쪽.

202 《三國志》 卷30 〈烏丸鮮卑東夷傳〉 濊傳. "男女皆衣著曲領, 男子繫銀花廣數寸以爲飾." 1寸은 10분의 1尺이다. 睡虎地秦墓竹簡整理小組는 《睡虎地秦墓竹簡》, "倉律"에서 1尺을 지금의 약 0.23미터로 보고 있어 이를 따르면 1寸은 2.3cm가 된다. 그러므로 濊에서 넓이가 數寸이 되는 銀花를 달았다는 것은 적어도 2寸 이상일 것으로 5cm 정도 이상 되는 銀花를 달았음을 알 수 있다.

의 사용은, 5세기경으로 추정되는 고구려 마조총馬曹塚의 수렵도[203]에 보이는 기사騎士의 복식에도 보이고 있다. 이를 통해 고조선복식의 특징이 일반 복식뿐만 아니라 특수 복식인 기마복에도 적용되었음을 알 수 있다. 청동장식단추가 복식에 다양하게 사용되었던 점과 예濊의 경우를 보면, 고조선의 청동단추는 종래의 일반화된 분류처럼 장식품으로 구분해야 할 것이다. 그러나 청동장식단추가 소량일 때는 청동구슬 등과 함께 장식용으로, 그 수량이 많을 때는 방어용 전의戰衣의 구성물로 역할을 했을 것이다.

고조선의 누상무덤과 정가와자 6512호무덤에서는 다양한 양식과 크기의 청동장식단추가 많은 양 출토되었다. 누상 1호무덤에서는 청동장식단추 41점이 출토되었다. 이 무덤은 서쪽 절반 부분의 유물이 완전히 없어진 상태이므로,[204] 더욱 많은 양의 청동장식단추가 있었을 것으로 생각된다. 이 무덤에서 출토된 3~8센티미터 정도 크기의 청동장식단추는 손실되었고 남은 40여 개 정도의 최소치로 측정해도 옷 표면을 거의 덮을 수 있어, 갑옷으로서의 구실을 충분히 했을 것으로 생각된다. 서기전 7세기경에 해당하는 정가와자 유적 1, 2지점에서는 크기와 양식이 다양하고 단춧구멍도 다양한 서로 다른 양식의 장식단추(그림 5-35)[205]가 출토되었다. 정가와자 3지점 6512호무덤(그림 5-16 참조)의 경우는 매장자의 발밑에서 청동장식단추들이 발굴된 것에서, 가죽장화에 겉면을 거의 덮을 정도로 가득 달

203 王承禮·韓淑華, 〈吉林輯安通溝第12號高句麗壁畵墓〉, 《考古》 1964年 第2期, 67~72쪽.

204 고고학연구소, 《고고민속론문집》 1, 사회과학원출판사, 1970, 86~93쪽; 박진욱, 《조선고고학전서》, 34~39쪽; 고고학연구소, 《고고민속론문집》 1, 사회과학출판사, 도판 41; 조선유적유물도감편찬위원회, 《조선유적유물도감》 1-고조선·진국·부여편, 60쪽. 청동장식단추들의 모양은 대체로 원반형이고 크기는 직경이 3cm·3.4cm·4cm·4.4cm·4.8cm·5.7cm·6cm·6.6cm·8cm였다.

205 조선유적유물도감편찬위원회, 《조선유적유물도감》 1-고조선·진국·부여편, 65쪽, 그림 101.

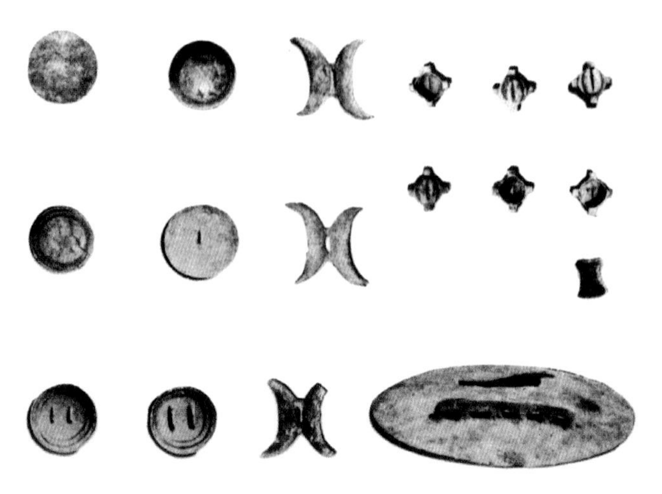

〈그림 5-35〉 정가와자유적에서 출토된 다양한 양식의 청동장식단추들

았던 것으로 생각된다.[206] 청동의 빛이 전쟁터에서 위엄을 드러내기도 했을 것이고, 방어용 복장으로도 사용될 수 있어 청동갑옷의 초기 형태로 보는 데 무리가 없을 것이다.

고조선에서는 일반인의 평상복에도 청동이나 은 등으로 화려한 장식을 했기 때문에, 청동장식단추가 갑옷에도 응용되었을 것이다. 또한 청동을 사용하기 시작하면서부터 종래의 돌이나 뼈 등으로 만들던 공구나 무기를 청동으로 만들어나갔기 때문에, 가죽이나 뼈로 만들던 갑옷재료도 청동으로 대체되었을 것이다.

고조선의 청동투구는 중국의 투구가 짐승얼굴문양과 짐승코의 모양을 한 것과 달리 청동장식단추를 장식한 것이 특징이다. 그 예로 중국의 안양 후가장侯家莊 1004호무덤에서 발굴된 청동투구는 범주

206 박진욱, 앞의 책, 56~59쪽. 청동장식단추의 직경이 2.4cm 되는 것이 124개, 직경 1.7cm 되는 것이 56개가 출토되었다.

〈그림 5-36〉
영성 필사영자유적에서 출토된 청동투구

范鑄된 것으로 짐승얼굴문양과 짐승코의 모습을 나타내거나,[207] 간단히 짐승얼굴만을 나타내었다.[208]

이와 달리 고조선에서는 서기전 10세기에서 서기전 9세기경에 속하는 내몽고자치구 영성寧城 필사영자必斯營子유적에서 출토된 청동투구(그림 5-36)[209]는 굴곡진 앞면에 청동장식단추를 장식했다. 서기전 6세기경에 속하는 요령성 금서 사과둔沙鍋屯유적에서 금으로 만든 머리꽂이와 함께 청동투구에 장식했을 것으로 보이는 청동장식단추가 26개가 출토되었다.[210]

이보다 늦은 서기전 5세기경 이후로 추정되는 내몽고 소조달맹 영성현 남산근南山根 101호무덤에서 출토된 청동투구는 1.3센티미터 정도 넓이로 된 테두리 양쪽 모서리에 각기 작은 장식단추를 1개씩 장식했는데, 투구와 함께 문양이 없는 직경 3.6센티미터의 청동장식단추 14개가 출토되었다. 이것은 1958년에 구측溝側에서 출토된 것과 같은 양식의 투구이다.[211] 고조선의 청동투구는 중국의 투구가 수

207 沈從文, 《中國古代服飾硏究》, 商務印書館, 香港, 1992, 76쪽, 圖 29의 5.

208 黃能馥·陳娟娟, 《中華服飾藝術源流》, 高等敎育出版社, 1994, 41쪽.

209 遼寧省博物館·遼寧省文物考古硏究所, 《遼河文明展》, 遼寧省博物館, 2006, 57쪽.

210 韓立新, 〈錦西沙鍋屯發現春秋晩期墓葬〉, 《中國考古集成》 東北卷 靑銅時代(二), 北京出版社, 1997, 1580쪽.

211 遼寧省昭烏達盟文物工作站, 〈寧省縣南山根的石槨墓〉, 《考古學報》 1973年 第2期, 27~40쪽; 李逸友, 〈內蒙古昭烏達盟出土的銅器調査〉, 《考古》 1959年 第6期, 276~277쪽.

면獸面문식과 수비獸鼻의 모양을 한 것과 달리 청동장식단추를 장식한 것이 특징적이다.

남산근 101호무덤에서는 청동투구뿐만 아니라 장신구로 사용되었을 뼈장식품과 함께 의복에 달았던 연이은 구슬모양 청동장식과 청동장식단추 등 많은 양의 복식 장식품이 출토되었다. 뼈장식품은 흰색과 검은색의 뼈구슬 1,250알이 출토되었고, 청동으로 만든 장식품은 청동장식 160개가 출토되었다. 청동장식단추의 종류로는 원형과 네모모양, 새모양장식이 출토되었으며, 청동방울도 많이 출토되었다.[212] 이러한 출토 사실로 보아, 고조선에서는 갑옷의 재료로 다양한 양식의 청동장식단추와 함께 뼈구슬과 청동장식품을 사용했던 것으로 나타난다.

고조선에서 뼈구슬을 갑옷에 사용한 것은 서기전 25세기보다 앞선 시기부터 뼈로 만든 갑옷을 생산하여 줄곧 발전시켜나갔기 때문이다. 한반도와 만주의 고조선의 여러 유적에서는 장방형의 뼈갑편이 출토된 바 있다. 이와 달리 중국의 경우는 뼈로 만든 갑옷을 생산했다는 문헌기록은 물론 유물도 출토된 바가 없다. 고조선에서는 뼈갑옷 이외에 가죽갑편으로 만들어진 가죽갑옷을 줄곧 생산하였는데, 주로 큰 가죽편과 장방형의 가죽갑편을 부분적으로 연결하여 만들었다. 고조선이 생산한 뼈갑옷과 가죽갑옷은 모두 중국에서 선호하는 귀중품이었다. 이러한 장방형의 뼈갑편 양식은 이후 청동과 철 등으로 만들어져 물고기비늘 모양의 갑옷으로 발전하며 장식단추와 함께 갑옷의 구성부분을 이룬다.[213]

---

212 中國科學院考古研究所內蒙古工作隊, 〈寧城南山根遺址發掘報告〉, 《中國考古集成》 東北卷 靑銅時代(一), 北京出版社, 1997, 709쪽.

213 박선희, 〈고조선의 갑옷 종류와 특징〉《한국고대복식-그 원형과 정체》, 지식산업사, 2002, 547~612쪽. 고조선이 생산한 다양한 갑옷의 종류와 특징에 관해서는 이 책에서 상세히 다루어 여기서는 갑옷에 나타나는 장식단추의 역할에 대해서만 서술하고자 한다.

소조달맹 적봉시 미려하美麗河에서 출토된 청동투구(그림 5-37)[214]의 경우도 남산근에서 출토된 것과 같은 양식으로, 청동장식단추가 청동투구 좌우에 각기 1개씩 장식되어 있다. 이와 동일한 형태의 청동투구가 소조달맹 영성현 소흑석구小黑石溝에서도 발견되었다.[215] 이러한 투구의 출토양식으로 보아 고조선 대부분의 지역에서 원형의 청동장식단추로 장식한 투구를 사용했음을 알 수 있다. 또한 이들 청동투구의 맨 윗부분은 상왕조의 것과는 달리 네모진 장방형의 돌출부위를 가지며, 이 돌출된 부분에는 네모진 구멍이 뚫린 것이 특징이다. 이 청동투구는 고조선유물을 대표하는 비파형동검과 부채꼴모양의 도끼 및 청동장식단추와 함께 출토되었다.

〈그림 5-37〉 미려하에서 출토된 청동투구

하가점 상층문화에 속하는 서랍목윤하와 노합하유역에 분포한 무덤들의 묘주가 마직물 옷 위에 입은 모직옷은, 고조선에서 좋은 품질의 것을 생산하여 이웃나라에 수출했던 품목이다. 고조선에서는 새털로 만든 고급 모직물인 타복毤服을 중국 등지에 수출했다.[216] 고조선의 비파형동검문화인 하가점 상층문화[217]에 속하며 서주 후기에

214 文物出版社, 《內蒙古出土文物選集》, 1963, 22쪽, 圖 31; 李逸友, 앞의 글, 276~277쪽.

215 項春松, 〈小黑石溝發現的靑銅器〉, 《中國考古集成》 東北卷 靑銅時代(三), 北京出版社, 1997, 752~754쪽.

216 박선희, 앞의 책, 30쪽.

217 한창균, 〈고조선의 성립배경과 발전단계 시론〉, 《國史館論輯》 제33집, 국사편찬

서 춘추 초기의 유적인 적봉시 영성현에 위치한 소흑석구小黑石溝에서 실제로 새털옷이 출토되었다. 이 유적에서 네 줄의 가죽 줄을 연결한 흔적이 있는 청동투구가 갑옷과 함께 출토되어, 발굴자들은 새털옷을 갑옷 위에 겹쳐 입었던 것으로 추정하고 있다.[218] 묘주는 새털옷 외에 마포와 가죽으로 만든 옷을 겹쳐 입고 있다. 가죽옷에는 크고 작은 청동장식단추와 새장식, 금장식 등을 가득 달아, 무척 화려한 양식의 옷차림이었을 것으로 생각된다.[219]

사직물은 동물성 섬유로 부패하기 쉽지만, 여러 유적에서 실제 직물조각이 출토되었다. 요령성 노합하 상류에 위치한 소흑석구유적에서 동물장식 검자루가 있는 비파형동검과 함께 청동투구가 2개 출토되었다. 하나는 꼭대기에 장방형의 꼭지가 있고, 바깥부분에 사직물이 붙어 있다. 다른 하나는 꼭대기에 짐승이 있고, 기물의 바깥부분에 사직물이 붙어 있다. 그 밖에 짐승모양의 청동장식이 30여개 출토되었는데 모두 표면에 사직물이 붙어 있다. 발굴자들은 이 유적에서 출토된 기물들의 양식이 남산근 101호무덤의 것과 유사한 점 등을 들어, 남산근과 같은 연대인 서주시대 후기에서 춘추시대 초기에 속할 것으로 보았다. 또한 다양한 마구馬具장식품이 비교적 잘 보존된 비파형동검(그림 5-38)과 함께 출토되었고, 이는 청동장식단추와 조합을 이루었다.[220] 이처럼 투구 속 부분에 사직물을 사용한 것은, 사직물이 일반 직물보다 흡습률이 크다는 장점 때문이라 하겠다.

위원회, 1992, 10·29~30쪽; 劉素霞, 〈夏家店上層文化考古資料反映的有關民族習俗〉, 《中國考古集成》 東北卷 青銅時代(一), 北京出版社, 1997, 416쪽.

218 林雪川, 〈寧城小黑石溝夏家店上層文化顎骨的人像復原〉, 《中國考古集成》 東北卷 青銅時代(一), 北京出版社, 1997, 757쪽.

219 劉素霞, 앞의 글, 416쪽.

220 王永強·史衛民·謝建猷, 《中國少數民族文化史》 北方 卷上貳, 廣西教育出版社, 1999, 73쪽.

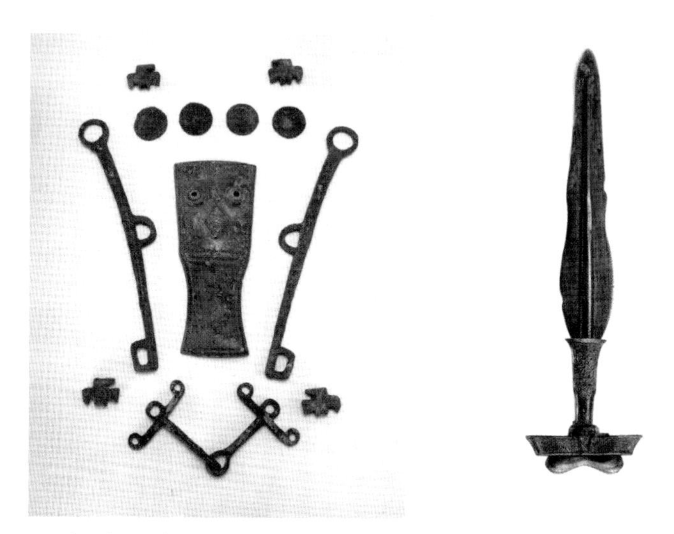

〈그림 5-38〉 적봉시 영성현 소흑석구 하가점 하층문화유적에서 출토된 마구장식과 비파형동검

이상과 같이 한국은 중국보다 앞서 청동장식단추로 장식된 복식을 착용하기 시작하여, 이후 청동장식단추를 갑옷과 투구에 응용했음을 알 수 있다. 시베리아의 청동기문화는 서기전 1800년경에 시작되므로, 동아시아에서 고조선이 가장 이른 시기에 청동장식단추로 장식한 갑옷을 생산했을 것으로 추정된다.

고조선시대 후기에 이르면 철기가 사용되기 시작했다. 중국은 철기문화의 시작연대가 서기전 8~서기전 6세기경으로 추정된다.[221] 그러나 평양지역의 강동군 송석리 1호무덤에서 서기전 12세기에 해당하는 철기들이 출토된 것으로 볼 때, 고조선 철기문화의 시작연대는 중국보다 무려 4세기 혹은 6세기 정도 앞서는 것으로 밝혀졌

221 北京鋼鐵學院 中國冶金簡史編寫小組, 앞의 책, 44쪽; 黃展岳, 〈關于中國開始冶鐵和使用鐵器的問題〉, 《文物》 1976年 第8期, 62~70쪽.

다.[222] 또한 평양지역의 강동군 송석리 1호무덤에서 나온 서기전 12세기경(서기전 3104±179년)[223]에 해당하는 쇠거울은 용해로에서 직접 얻은 강철[224]로 만들어진 것으로 밝혀졌다. 그런데 이처럼 질 좋은 강철은 연철이나 선철[225]의 생산공정이 선행되어야 하는 것이기 때문에, 고조선의 철기생산 시작연대는 이보다 몇 백년정도 더 거슬러 올라갈 것이다.[226]

중국인들은 춘추시대 말기인 서기전 6세기에 속하는 강소성江蘇省 육합정교六合程橋 동주東周무덤에서 출토된 철환鐵丸과 구부러진 철조鐵條[227]를 감정한 결과, 철조는 초기에 만들어진 연철이고 철환은 가장 일찍 만들어진 생철이라 밝혔다.[228] 또한 전국시대 초기에 속하는 낙양에서 출토된 서기전 5세기의 유물인 철분鐵錛과 철산鐵鏟을 감정한 결과, 그 가운데 철산은 퇴화처리를 거친 주철이었으나 둘 다 생철로 만들어진 것으로 밝혔다.[229] 이 같은 예로 보아 중국의 경우, 전국시대 초기까지 생철이 그대로 생산되어 제철제강 수준은 거의 발달하지 않았음을 알 수 있다. 생철에서 주철(선철)로의 기술은 전

222 주 79와 같음.

223 조선기술발전사편찬위원회, 《조선기술발전사》 1-원시·고대편, 47쪽.

224 주 84와 같음.

225 "철의 재질은 탄소의 함유량에 따라 연철·선철(주철)·강철 등으로 나누는데 연철은 탄소함유량이 0.01% 이하이며 선철은 2% 이상(보통 3.7~4.3%)이다. 그리고 강철에는 탄소가 2% 이하(보통 0.7~0.8%)로 되어있다(리태영, 《조선광업사》, 공업종합출판사, 1991, 61쪽)."

226 강승남, 〈고조선시기의 청동 및 철 가공기술〉, 25쪽.

227 江蘇省文物管理委員會·南京博物院, 〈江蘇六合程橋東周墓〉, 《考古》 1965年 第3期, 105~115쪽; 南京博物院, 〈江蘇六合程橋二號東周墓〉, 《考古》 1974年 第2期, 119쪽.

228 李衆, 〈中國封建社會前期鋼鐵冶煉技術發展的探討〉, 《考古學報》 1975年 第2期, 1~22쪽.

229 江蘇省文物管理委員會·南京博物院, 〈江蘇六合程橋東周墓〉, 《考古》 1965年 第3期, 105~115쪽; 南京博物院, 〈江蘇六合程橋二號東周墓〉, 《考古》 1974年·第2期, 119쪽.

국 중후기에 와서야 보편적으로 발달되지만 연강기술은 여전히 발달하지 못했다. 그런 까닭에 농기구 등에 강철제품이 사용되지 못했다.[230] 이와 달리 고조선에서는 같은 시기인 서기전 6세기경 거의 모든 지역에서 주철을 생산했고, 주철에서 연철과 선철, 강철이 생산되어[231] 무기와 공구 및 농기구 등에 널리 사용되었다.

이러한 철기 주조기술의 발달과 함께 고조선의 철갑 생산연대도 중국보다 훨씬 앞섰던 것으로 나타난다. 고조선시대에 청천강을 북쪽 경계로 하여 한반도 중부와 남부 전 지역을 차지하고 있었던 한韓 가운데[232] 진한과 변한지역에서는 철이 생산되어 예濊와 마한·왜倭 등에서 이것을 사 갔으며, 모든 무역에서 철을 화폐로 사용했다.[233] 이는 한에서 철의 생산이 풍부했음을 의미하는데, 이 같은 풍부한 철의 생산은 철제의 무기와 갑옷의 생산을 더욱 활발하게 했을 것이다.

고조선시대 후기 서기전 3세기경에 속하는 것으로 추정되는 평양시 낙랑구역 정백동 1호묘에서 아래쪽이 둥근 장방형의 것, 타원형의 것, 장방형의 것[234] 등으로 그 꿰어 붙인 상태가 물고기 비늘모양

---

230 大冶鋼歷·冶軍, 〈銅綠山古礦井遺址出土鐵制及銅制工具的初步鑒定〉, 《文物》 1975年 第2期, 19~25쪽.

231 역사편집부, 《고고민속론문집》 8, 과학백과사전출판사, 1983, 172~174쪽; 조선기술발전사편찬위원회, 《조선기술발전사》, 27·42쪽; 황기덕, 《조선원시 및 고대의 사회기술발전》, 과학백과사전출판사, 49쪽.

232 윤내현, 《고조선연구》, 472~474쪽.

233 《後漢書》 卷85 〈東夷列傳〉 韓傳. "(辰韓)에서는 철이 생산되는데 예·왜·마한이 모두 와서 사간다. 모든 무역에서 철을 화폐로 사용한다(國出鐵, 濊·倭·馬韓並從市之. 凡諸(貨)貿易, 皆以鐵爲貨)."; 《三國志》 卷30 〈烏丸鮮卑東夷傳〉 弁辰傳. "(弁辰)의 나라에서는 철이 생산되는데 한·예·왜인들이 모두 와서 사간다. 시장에서의 모든 매매는 철로 이루어져서 마치 중국에서 돈을 쓰는 것과 같으며 두 군에도 공급했다(國出鐵, 韓·濊·倭皆從取之. 諸市買皆用鐵, 如中國用錢, 又以供給二郡)."

234 조선유적유물도감편찬위원회, 《조선유적유물도감》 1－고조선·진국·부여편, 112쪽. 오른쪽 아래의 것이 11.2cm. 찰편의 크기는 길이 3cm 내외, 너비 2cm 내외,

을 닮은 갑옷조각이 출토되었다.[235] 이를 통해 고조선에서는 적어도 서기전 3세기 이전부터 철갑옷이 생산되었음을 알 수 있다.

내몽고자치구 서북쪽의 서기전 2~서기전 1세기경에 속할 것으로 추정되는[236] 조로고윤성朝魯庫倫城에서는 철갑편 3편과 철로 만든

두께는 겨우 2mm로서 매우 작고 얇은 철판이다. 이러한 소찰편들을 쇠줄로 꿰붙였는데 대개 찰편에는 상하 좌우 가장자리 가운데에 구멍이 뚫려 있다. 이것은 경주 황남리 109호무덤에서 나온 소찰의 작은 것과 비슷하다(사회과학원 고고학·민속학연구소, 〈고조선의 무기〉, 《고고민속》, 사회과학원출판사, 1966년 1기, 39쪽).

235 이 무덤에서 '夫租薉君'이라고 새겨진 銀印이 출토되었는데 이 銀印이 漢으로부터 주어졌을 것으로 보고 이 墓의 연대를 서기전 2세기 또는 서기전 1세기경으로 추정하는 견해가 있지만(金廷鶴, 〈青銅器의 展開〉, 《韓國史論》 13, 국사편찬위원회, 1983, 133쪽) 정확한 것은 아니다. 이에 대하여 尹乃鉉은 다음과 같은 견해를 밝혔다. 《漢書》 〈地理志〉에 따르면 夫租縣은 樂浪郡에 속해 있었는데, 낙랑군 지역은 한사군이 설치되기 이전에는 衛滿朝鮮에 속해 있었고, 그 이전에는 古朝鮮에 속해 있었다. 따라서 '夫租薉君은 고조선과 위만조선에서 사용했던 관직명이었고 夫租薉君의 原住地는 灤河 하류 동부연안이었다. 아울러 夫租薉君墓에서 銀印과 함께 遼寧省과 한반도 지역의 특징적인 청동기인 세형동검이 출토되어 이 墓의 주인공은 중국계가 아니라 고조선계였음을 알게 해준다. 따라서 이 銀印은 漢으로부터 주어진 것이 아니라 古朝鮮이나 위만조선에서 만들어졌을 것으로 보았다(尹乃鉉, 《韓國古代史新論》, 일지사, 1993, 305~343쪽). 따라서 이 銀印이 위만조선에서 만들어졌다면 위만조선이 서기전 195년부터 180년 사이에 건국되어(윤내현, 《고조선연구》, 365쪽) 서기전 108년에 멸망했으므로 대략 서기전 2세기경에 만들어진 것으로 볼 수 있으나, 고조선에서 만들어졌다면 그 연대는 위만조선이 설치되기 이전으로 거슬러 올라가기 때문에 서기전 2세기경보다 훨씬 앞서야 할 것으로 생각된다. 윤내현이 밝힌 견해의 타당성은 박진욱의 견해에서 보다 명확히 뒷받침된다. 朴氏는 정백동 1호무덤의 상한연대를 서기전 3세기로 잡았다. 가장 큰 비중을 둔 요인은 초기 놋단검문화의 하한이 서기전 4세기인데 이 무덤에서 출토된 좁은 놋단검의 검집의 형태 변화와 이와 함께 출토된 청동기와 철기로 만들어진 껴묻거리들의 비율이 비슷하게 나타난 점으로부터 후기 좁은 놋단검시기에 진입되는 시기로 판단했다(박진욱, 《조선고고학전서》 고대편, 과학백과사전종합출판사, 1988, 147~168쪽 참조). 따라서 정백동 1호무덤의 연대는 서기전 3세기경으로 추정된다.

236 이 유적에서 출토된 五銖錢은 초기 五銖錢의 특징을 가지고 있고 다른 유물들이 西漢 중기에 속하는 것으로 판단되기 때문에 서한시대 중기에 해당하는 유적으로 보고 있다(蓋山林·陸思賢, 〈內蒙古境內戰國秦漢長城遺蹟〉, 《中國考古集成》 東北卷 青銅時代(一), 1041~1048쪽). 중국학자들은 일반적으로 西漢 中期를 武帝시기부터 宣帝시기까지(서기전 140~서기전 50년)로 잡는다(勞榦, 《秦漢史》, 華岡出版有限公司, 1975, 40~62쪽. 王綿厚, 《秦漢東北史》, 遼寧人民出版社,

단추 2개가 발굴되었다. 조로고윤성유적은 성곽의 위치와 성격에서 고조선의 유적으로 추정된다.[237] 조로고윤성에서 출토되어 철갑편으로 분류된 5편의 유물 가운데 2개는 장식단추의 형식을 띠고 있어, 고조선에서 사용했던 청동장식단추를 철기가 사용되면서 철로 만들어 사용했음을 알 수 있다. 중국은 서한시대에 철갑편으로 만들어진 어린갑魚鱗甲의 형태를 갖는 갑옷은 사용했으나 철장식단추가 달린 형식의 갑옷은 전혀 사용하지 않아, 철장식단추 또한 청동장식단추와 마찬가지로 중국에서는 찾아볼 수 없는 고조선 갑옷만이 가진 특징이라 하겠다. 이러한 고조선 갑옷의 고유양식은 여러나라에서 지속적으로 나타난다.

《삼국지》의 〈오환선비동이전〉 부여전에서는 "(부여 사람들은) 활·화살·칼·창을 병기로 사용하며, 집집마다 자체적으로 갑옷과 무기를 보유했다"[238]고 기록하고 있다. 이 자료는 고조선이 붕괴된 이후의 상황을 말하는 것으로, 동부여는 고조선의 뒤를 이은 여러나라 가운데 가장 정통성을 지닌 국가였기 때문에 그들의 무기나 갑옷은 고조선의 것을 잘 계승하고 있었을 것이다. 부여 사람들이 자체적으

1994, 87~130쪽). 五銖錢은 元狩 5년(서기전 118년)에 처음으로 만들어졌으므로 적어도 이 朝魯庫倫유적의 연대는 서기전 140년부터 서기전 50년 사이로 볼 수 있는 것이다.

237 중국학자들은 《漢書》의 〈地理志〉에 이 조로고윤성에 대한 기록이 없기 때문에 이를 기재되지 않은 漢의 여러 성 가운데 하나이거나 오랑캐의 城일 것이라고 막연히 설명하고 있다. 그러나 이 조로고윤성의 위치가 秦시대에 쌓은 장성의 외곽지역에 위치하고 있기 때문에 고조선의 성일 가능성이 많다. 더구나 조로고윤성은 蒙古語로 石頭城을 의미하는 것으로 돌을 깎아 쌓은 성이다. 중국은 춘추·전국시대에서 진·한에 이르는 시대에 장성을 거의가 토담으로 쌓거나 토담과 돌을 섞어 쌓는 것을 그 특징으로 하기 때문에 완전히 돌로 쌓은 城은 중국의 城이라고 할 수 없다. 고구려 城의 특징이 거의 돌로 쌓여 있는 것으로 보아 이 조로고윤성은 고구려 성의 특징을 갖는다. 이 조로고윤성에서 멀지 않은 지역에는 昭烏達盟과 赤峰 등의 黃河유역 문화와는 다르고 한반도 문화와 같은 성격을 지닌 유적지들이 위치하고 있다. 이는 조로고윤성에서 출토된 철갑편의 형태에서도 이 지역 문화가 황하 유역 문화와 다름을 알 수 있다.

238 《三國志》 卷30 〈烏丸鮮卑東夷傳〉 夫餘傳. "以弓矢刀矛爲兵, 家家自有鎧仗."

로 갑옷과 무기를 보유하고 있었다는 위의 기록은 고조선의 지배귀족이나 농민의 유적에서 모두 무기가 출토되는 것과 그 맥락을 같이 한다. 부여가 생산한 개鎧는 철갑을 말하는데 당시는 발달된 철기시대였기 때문에 철갑옷이 많이 생산되어 집집마다 자체적으로 보유했을 것으로 생각된다. 또한 동부여에서는 좋은 말이 많이 생산되었고,[239] 군대 기병의 수 또한 많았을 것이다. 그러므로 고구려처럼 말갑옷도 생산했을 것이다. 이 같은 동부여의 철갑편은 다음의 출토자료에서 확인된다.

중국의 동한시대에 속하는 동부여의 유적[240] 가운데 지금의 길림성 유수현楡樹縣 노하심촌老河深村의 한 무덤에서 많은 양의 원형과 조개모양, 주산알모양 등의 청동장식단추와 함께 철갑편과 철주편

---

239 《後漢書》 卷85 〈東夷列傳〉 夫餘國傳. "東夷의 영역에서 가장 평평한 지역으로서 그 땅은 오곡이 자라기에 알맞았다. 좋은 말·붉은 옥·담비·納이 생산되고 큰 구슬은 마치 대추 같았다(於東夷之域, 最爲平敞, 土宜五穀. 出名馬·赤玉·貂納, 大珠如酸棗)."

240 발굴자들은 이 무덤을 동한 초기 혹은 이보다 약간 늦은 시기에 속하는 것으로 분류했다. 중국학자들은 이 유적이 동한시기 선비족이 거주하던 길림성지역에 위치했으므로 선비족의 유적이라고 단정하거나(吉林省文物工作隊·長春市文管會·楡樹縣博物館, 〈吉林楡樹縣老河深鮮卑墓群部分墓葬發掘簡報〉, 《文物》 1985年 第2期, 68~82쪽), 부여족의 유적이라고 주장했다(劉景文, 〈從出土文物簡析古代夫餘族的審美觀和美的裝飾〉, 《中國考古集成》 東北卷 秦漢至三國(二), 北京出版社, 1992, 1242~1245쪽). 동부여는 서기전 59년에 북부여의 解夫婁王이 동쪽의 迦葉原으로 이주하여 건국한 것으로 길림성 북부와 내몽고자치구 동부 일부 및 흑룡강성지역을 차지하고 있었으며 그 정치의 중심지는 지금의 길림성 북부에 있는 扶餘縣지역이었다. 동부여는 서기전 59년부터 서기 494년 고구려에 투항할 때까지 이 지역에 계속 거주했다(尹乃鉉, 〈扶餘의 분열과 變遷〉, 《祥明史學》 제3·4합집, 1995, 447~480쪽). 동부여는 서기전 59년에 건국했으므로 濊가 吉林省 북부와 黑龍江省지역으로 이주해서 거주했던 기간은 서기전 195년부터 서기전 60년까지라고 하겠다. 이후 동부여가 이 지역에 거주하여 서기 494년 고구려에 투항하여 멸망할 때까지 이 지역에 계속 거주했던 것이다(윤내현, 《한국열국사연구》, 56~83쪽). 그러므로 동한시대(서기 25~서기 220년)에 길림성지역에는 선비족이 거주했던 것이 아니라 동부여가 위치했던 지역인 것이다. 따라서 길림성 북부지역에 위치한 동한시기의 것으로 분류되는 이 老河深 문화유적은 당연히 동부여의 유적으로 보아야 하겠다.

鐵冑片이 출토되었는데, 모두 갑옷의 구성물이었을 것으로 생각된다. 노하심유적에서 발굴된 물고기비늘모양의 철갑편은 좁고 긴 장방형과 아래쪽이 둥근 장방형으로, 이는 고조선 갑편의 특징과 거의 같다. 또한 소매부분으로 사용되었던 갑편[241]은 위쪽이 둥근 장방형으로 만들어졌는데, 북방지역의 것은 소매부분을 물고기비늘모양 갑편으로 만들지 않았다. 또한 갑편과 함께 철장식단추도 사용하지 않았다. 이러한 사실은 노하심유적의 철갑편이 북방계통과는 관계가 없는 동부여의 것임을 더욱 확실하게 해준다. 동부여는 고조선의 제철제강기술을 이어 철장식단추를 혼용한 물고기비늘모양의 갑옷과 말갑옷을 생산했음을 알 수 있다.

고조선시대에는 일반 복식과 특수 복식인 갑옷에 청동장식단추를 주된 장식기법으로 사용하거나, 고기비늘모양 갑편과 청동장식단추를 함께 사용하여, 한민족 갑옷의 고유양식이 정착했음을 알 수 있다. 같은 시기 이웃나라에 이 같은 복식양식이 보이지 않아, 고조선의 복식양식은 중국계통이나 호복계통의 복식에서 온 것이 아니라 한민족 고유의 독창적인 복식양식임을 알 수 있다. 이 같은 고조선의 문화는 우리 문화의 원형이라 할 수 있는데, 이러한 한민족의 고유문화가 여러나라시대로 고스란히 이어졌다.

241 吉林省文物工作隊·長春市文管會·榆樹縣博物館, 앞의 글, 76쪽.

4
여러나라와 삼국시대 장식기법의 지속

고조선 사람들이 복식에 장식했던 청동장식단추의 양식은 고조선 붕괴 이후 여러나라시대로 이어져 나라마다 지역적 특색을 달리하여 발전해 나갔다. 《삼국지》 〈오환선비동이전〉 예전濊傳에는, "(예 사람들은) 남녀 모두 곡령曲領을 입는데, 남자는 넓이가 여러 촌寸 되는 은화를 옷에 꿰매어 장식했다"[242]고 하여 예에서 일반적으로 남자들이 입는 곡령[243]에 약 5센티미터 이상 되는[244] 은화를 꿰매어 장식했음을 알 수 있다. 또한 《삼국지》 〈오환선비동이전〉 부여전에 따르면, "(부여 사람들은) 국내에 있을 때……가죽신을 신는다. 외국에 나갈 때는 두껍게 짠 사직물絲織物(繒) 옷·물감을 들인 오색실로 섞어 짠 사직물에 수놓은(繡錦) 옷[245]·청색 빛깔의 모직물(罽)[246] 옷을 즐겨 입고, 대인大人은 그 위에다 여우·너구리·희거나 검은 담비가죽으로 만든 갖옷을 입으며, 또 금·은으로 모자를 장식했다"[247]고 했다.

이러한 내용으로부터 부여 사람들은 고급직물로 만든 의복에 금과 은으로 화려하게 장식한 모자를 썼음을 알 수 있다. 이는 일반인

---

242 《三國志》 卷30 〈烏丸鮮卑東夷傳〉 濊傳. "男女皆衣著曲領, 男子繫銀花廣數寸以爲飾."

243 曲領은 袛形을 가리키기도 하고 襦의 명칭으로 불리기도 하는데, 위의 기재에서는 襦의 명칭으로 사용되었다.

244 1寸은 10분의 1尺이다. 睡虎地秦墓竹簡整理小組는 《睡虎地秦墓竹簡》 〈倉律〉에서 1尺을 지금의 약 0.23cm로 보고 있어 이를 따르면 1寸은 2.3cm가 된다. 그러므로 濊에서 넓이가 數寸이 되는 銀花를 달았다는 것은 적어도 2寸 이상일 것으로 5cm 정도 이상 되는 銀花를 달았음을 알 수 있다.

245 박선희, 《한국고대복식-그 원형과 정체》, 34쪽, 주 28 참조.

246 박선희, 위의 책, 34쪽, 주 29 참조.

247 《三國志》 卷13 〈烏丸鮮卑東夷傳〉 扶餘傳. "在國……履革鞜. 出國則尙繒繡錦罽, 大人加狐狸 狖白黑貂之裘."

의 의복에서도 화려한 장식이 가능했던 고조선복식의 특징과 같은 것으로, 중국이나 북방지역에서는 찾아볼 수 없는 것이다.

실제로 동부여의 유적인 동한東漢시대 초기에 속하는 흑룡강성 액이고납우기 납포달림拉布達林의 무덤에서는 잔줄문양이 있는 청동거울과 함께 청동장식단추 등이 출토되었다.[248] 부여에서는 모자뿐만이 아니라 의복에도 청동장식단추를 장식했음을 알 수 있으며, 이러한 장식들은 부여유적들에서 많이 출토되는 붉은색 만호구슬[249]과 함께 사용되었을 것이다. 《삼국지》 〈오환선비동이전〉에 따르면 "부여에서는 붉은 옥과 아름다운 구슬이 나는데 구슬의 크기가 대추만 하다"[250]고 했다. 이것은 마노瑪瑙와 붉은 옥이 많이 사용되었기 때문일 것으로, 동부여의 유적[251]인 길림성 유수현 노하심에서 출토된 붉은색 마노 구슬 266개를 줄에 꿰고 그 사이에 6돈의 금으로 만든 네모모양의 장식을 달아, 길이가 98센티미터나 되는 화려한 목걸이와 귀걸이장식(그림 5-39)[252]에서 확인된다. 이처럼 일반인의 의복에서 화려한 장식이 가능했던 부여의 복장은 중국이나 북방지역

248 內蒙古文物考古研究所·呼倫貝爾盟文物管理站·額爾古納右旗文物管理所, 〈額爾古納右旗拉布達林鮮卑墓郡發掘簡報〉, 《中國考古集成》 東北卷 兩晋至隋唐(一)(北京出版社, 1997), 114~122쪽.

249 馬德謙, 〈談談吉林龍潭山·東團山一帶的漢代遺物〉, 《中國考古集成》 東北卷 秦漢之三國(二), 北京出版社, 1997, 1248~1250쪽; 吉林省博物館文物隊·吉林大學歷史系考古專業, 〈吉林大安漁場古代墓地〉, 《中國考古集成》 東北卷 秦漢之三國(二), 北京出版社, 1997, 1256~1262쪽.

250 《三國志》 卷30 〈烏丸鮮卑東夷傳〉 夫餘傳. "……出名馬·赤玉·貂狖·美珠, 珠大者如酸棗."

251 吉林省文物工作隊·長春市文管會·榆樹縣博物館, 〈吉林榆樹縣老河深鮮卑墓群部分墓葬發掘簡報〉, 《文物》 1985年 第2期, 68~82쪽; 孫守道, 〈'匈奴西岔溝文化'古墓群的發現〉, 《文物》 1960年 第8·9期, 25~36쪽; 尹乃鉉, 〈扶餘의 분열과 變遷〉, 《祥明史學》 제3·4합집, 1995, 447~480쪽; 박선희, 《한국고대복식-그 원형과 정체》, 617~618쪽; 오강원, 《서단산문화와 길림지역의 청동기문화》, 學硏文化社, 2008 참조.

252 王永强·史衛民·謝建猷, 《中國小數民族文化史》 東北卷 一, 廣西敎育出版社, 1999, 32~33쪽.

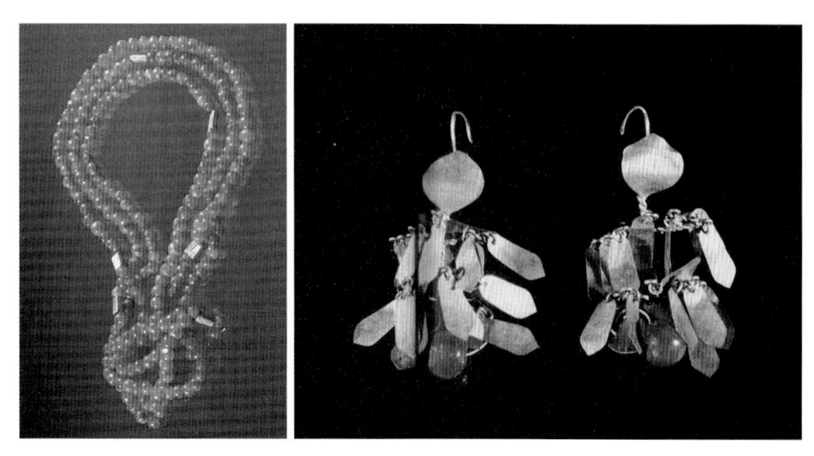

〈그림 5-39〉 노하심유적에서 출토된 마노구슬과 금으로 만들어진 목걸이와 귀걸이

에서는 찾아볼 수 없는 것으로, 의복에 청동장식단추와 구슬을 장식하는 것은 앞서 말했듯 고조선복식양식을 이은 것이라 할 수 있다.

《후한서》의 〈동이열전〉에 "고구려 사람들은 공공모임에는 모두 물감을 들인 오색실로 섞어 수놓아 짠 사직물(繡錦) 옷을 입고 금과 은으로 장식했다"[253]는 기록이 있는 것으로 보아 금錦으로 만든 옷이 대중화되고, 금錦으로 만든 의복에 금속을 장식했음을 알 수 있다. 동옥저 사람들도 고구려와 의복이 같았다.[254] 마한 사람들은 금金·보화·금錦·모직물 등을 귀하게 여기지 않았으며, 오직 구슬만을 귀중히 여겨서 옷에 꿰매어 장식하기도 하고, 목이나 귀에 달기도 했다.[255] 이로 보아 북방지역에서 남쪽지역에 이르기 까지 금錦으로 된 옷은 이미 대중화되어, 모직물과 같이 귀하게 여기지 않았다고

253 《後漢書》 卷85 〈東夷列傳〉 高句麗傳. "其公會衣服皆錦繡, 金銀以自飾."

254 《後漢書》 卷85 〈東夷列傳〉 東沃沮傳. "言語·飮食·居處·衣服有似句驪."

255 《後漢書》 卷85 〈東夷列傳〉 韓傳. "不貴金寶錦罽, 不知騎乘牛馬, 唯重瓔珠, 以綴衣爲飾."

〈그림 5-40〉 안악 3호 고분벽화 주인도에 보이는 장식단추

생각된다. 또한 마한 사람들은 북방지역에서 청동장식단추를 많이 사용한 것과 달리, 의복에 주로 구슬을 장식했음을 알 수 있다.

고구려는 고조선을 계승했으므로 이러한 고구려의 풍속도 예와 마찬가지로 고조선의 것을 이었을 것이다. 그 실제 모습이 안악 3

〈그림 5-41〉 안악 3호 고분벽화 부인도에 보이는 장식단추

호 고분벽화의 주인도와 부인도, 왕회도에서 확인된다. 《구당서舊唐書》 〈열전〉 고(구)려전에서 고구려왕은 오채五綵로 된 옷을 입는다고 했다.[256] 안악 3호 고분벽화의 주인도에 보이는 의복은, 오채로 된 겉옷의 깃과 끝동에 옅은 색의 선을 두르고 다시 그 위에 가

256 《舊唐書》 卷199 〈列傳〉 高(句)麗傳. "衣裳服飾, 唯王五綵, 以白羅爲冠, 白皮小帶, 其冠及帶, 咸以金飾."

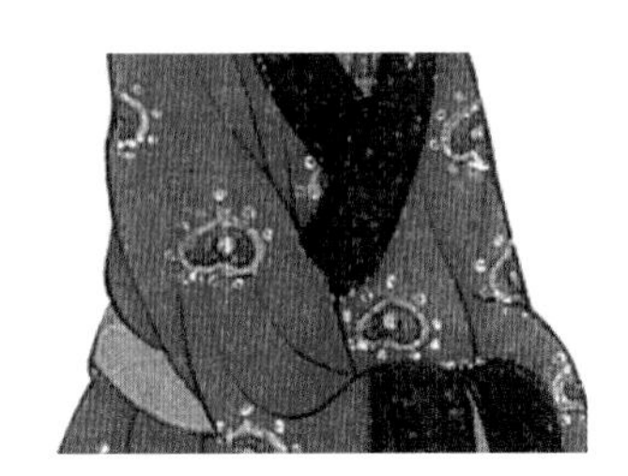

〈그림 5-42〉 고구려사신 겉옷에 보이는 원형과 나뭇잎모양 장식

늘게 검은 선을 두른 위에 작은 장식단추를 한 줄로 연결하여 화려함을 더하고 있다(그림 5-40).[257] 부인도 여주인공의 겉옷은 자주색과 붉은색 바탕에 화려한 무늬가 있고, 옅은 색의 넓은 소매가 달려 있다. 깃에 두른 선 위에는 다시 붉은색 선을 두른 뒤 그 위에 장식단추를 장식했다. 팔과 끝동에는 짙은 녹색이 나는 옷감을 덧대어 색동으로 하고, 그 위에 장식단추를 둘러 매우 화려한 모양을 하고 있다(그림 5-41).[258]

고구려에서 복식에 장식단추를 사용하는 것은 고조선의 복식양식을 계승한 것이다. 왕회도에 보이는 고구려 사신(그림 5-42)[259]은 붉은색 금으로 만든 황금색 테두리의 큰 나뭇잎모양 문양이 있는 겉옷을 입었는데, 나뭇잎모양 장식 주변에는 9개의 둥근 모양의 금화金

257 朝鮮畵報社, 《高句麗古墳壁畵》, 朝鮮畵報社出版部, 1985.

258 위와 같음.

259 李天鳴, 《中國疆域的變遷》 上册, 國立故宮博物院, 臺北, 1997, 80쪽. 그림 9는 唐太宗(서기 627~649년)시기의 '王會圖' 로서 고구려·백제·신라의 사신을 그린 것이다. '王會圖' 는 閻立本(서기 ?~서기 673년)의 작품으로 알려져 있지만, 臺灣 故宮博物院에서 출판한 《故宮書畫錄》에 따르면 精品인지의 여부를 가리지 못하여 이 '王會圖' 를 〈簡目〉에 列入시킨다고 했다.

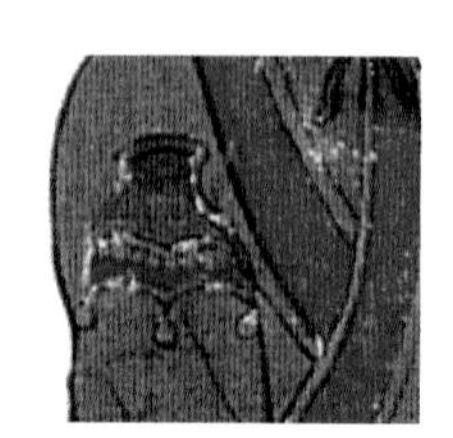

〈**그림 5-43**〉 백제사신 겉옷에 보이는 장식

花를 장식하여 화려함을 더했다. 백제 사신(그림 5-43)[260]이 입은 겉옷도 양쪽 팔부분에 크고 화려한 장식이 있고, 장식 위에 9개의 둥근 모양의 장식과 3개의 물방울모양의 장식을 달아 장식하여 우아한 조형미를 보인다.[261] 이 같은 장식단추의 사용은 5세기경으로 추정되는 고구려 마조총馬曹塚 수렵도[262]의 기사騎士의 복식에서도 보이고 있어, 고조선복식의 특징이 복식에 다양하게 적용되며 오랜 기간 그대로 이어졌음을 알 수 있다.

고조선 붕괴 이후 여러나라와 삼국시대 사람들은 고조선의 복식양식과 장식기법을 그대로 계승하여, 의복뿐만 아니라 금관과 관장식, 허리띠장식, 여러 예술품들과 마구 등의 생활용품에 일정하게 장식단추양식을 적용하며 발전시켜 나갔다. 고조선을 계승한 고구려에서는 의복뿐만 아니라 금관과 관장식에 일정하게 장식단추모양의 원형과 나뭇잎모양의 장식을 달았다. 《북사北史》 〈열전〉 고구려

260 위와 같음.

261 위와 같음.

262 王承禮·韓淑華, 〈吉林輯安通溝第12號高句麗壁畫墓〉, 《考古》 1964年 第2期, 67~72쪽.

전에서는, “귀한 사람들은 그 관冠을 소골蘇骨이라고 하는데 대부분 자줏빛 나羅로 만들어 금이나 은으로 장식했다”[263] 고 하고, 《주서周書》 〈열전〉 고(구)려전에서는 “남자들은……그 관冠을 골소骨蘇라고 하는데 대부분 자주색 나羅로 만들고 금과 은으로 섞어 장식했다”[264]고 했다.

귀한 신분의 남자들은 무늬가 성근 사직물인 나羅[265]로 만든 관을 썼는데, 이 관을 소골蘇骨 또는 골소骨蘇라고 부르고 그 위에 금과 은으로 장식했음을 알 수 있다. 그 모습이 개마총 주실 서벽 천정부에 그려진 행렬도에서 확인된다. 행렬도 맨 앞의 귀인으로 보이는 사람은 매우 화려한 세움장식을 꽂은 자줏빛 관을 썼다. 이마 부분에는 관과 다른 색의 테두리가 있고 그 위에 금이나 은으로 보이는 장식단추로 장식했으며, 옷도 장식단추로 장식했다. 이 장식단추는 고조선의 청동장식단추양식과 장식기법을 고스란히 계승한 것이다.

이후 이 같은 원형과 나뭇잎모양의 장식단추양식으로 만든, 더욱 발달한 금제金製의 꽃가지모양의 관식과 여러 장식물이 서기 3~서기 4세기에 걸치는 시기 고구려 영역의 여러 지역에서 출토되었다. 대표적인 유적은 조양 원태자遠台子무덤과 그 주변에 위치한 서기 266~서기 419년에 속하는 요녕성 북표현 방신촌房身村 진晋무덤(그림 5-44)[266]과 서기 3~서기 4세기에 속하는 요녕성 조양현 십이태

263 《北史》 卷94 〈列傳〉, 高句麗傳. “貴者, 其冠曰蘇骨, 多用紫羅爲之, 飾以金銀.”

264 《周書》 卷49 〈列傳〉, 高(句)麗傳. “丈夫……其冠曰骨蘇, 多以紫羅爲之, 雜以金銀爲飾.”

265 羅는 《說文解字》에서 새를 잡기 위한 그물로 설명되어 있다. 《釋名》 〈釋采帛〉과 《渤海國志長編》 〈食貨考〉에는 무늬가 성글게 짠 絲織物로 설명되어 있다.

266 陳大爲, 〈遼寧北票房身村晋墓發掘簡報〉, 《考古》 1960年 第1期, 24~25쪽; 徐秉琨·孫守道, 《東北文化》, 上海遠 東出版社·商務印書館, 1998, 139쪽, 그림 165. 발굴자들은 이 유적이 晋대 선비귀족의 묘장일 가능성을 이야기 하면서도, 유적에서 출토된 관장식의 만든 기법이 고구려의 것과 유사하다고 하여 고구려의 유물일 가능성을 배제하지 않았다. 이 유적에서는 고조선 특징인 잔줄무늬 청동거울과 금으로 만든 방울 등이 21개나 출토되었다.

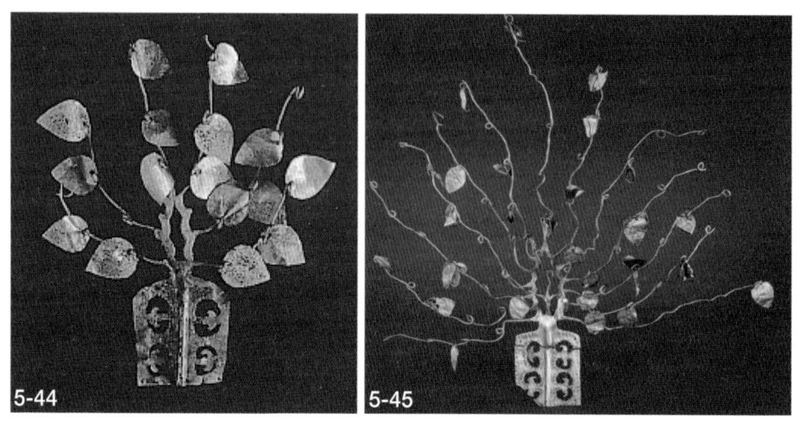

〈그림 5-44〉 방신촌에서 출토된 금으로 만든 관장식
〈그림 5-45〉 원태자촌에서 출토된 금으로 만든 관장식

향 원태자촌에 위치한 왕자분산王子墳山무덤 떼의 태台 M8713 : 1무덤이다. 원태자촌유적에서도 방신촌유적에서와 유사한 금관식(그림 5-45)이 출토되었고, 특히 신발부분에서 23개의 금金장식단추가 출토되었는데, 이는 신발에 달았던 것으로 생각된다.[267] 서기 3~서기 4세기에 속할 것으로 추정되는 요령성 조양 전초구田草溝무덤유적에서도 같은 양식의 금으로 만든 관장식과 함께 금金장식단추가 2개 출토되었다.[268] 특히 금金장식단추는 신발 부위에서 135개가 출토되었는데, 그 양식은 역시 고조선의 청동장식단추양식과 같다. 그 밖

267 遼寧省文物考古硏究所·朝陽市博物館, 〈朝陽王坟山墓群 1987·1990年度 考古發掘的主要收穫〉, 《文物》 1997年 第11期, 4~18쪽. 선비족의 것이라고 추정했다. 그러나 관장식과 함께 출토된 유물들은 고조선의 유물 특징을 보여주고 있다. 금장식단추는 고조선의 유적인 정가와자무덤에서 출토된 청동장식단추와 같은 양식이고, 긴 고리모양 대구도 고조선의 양식을 보인다. 특히 이 유적에서 출토된 鐵馬胄는 당시 중국이나 북방지역보다 약 2세기 정도 앞서 만들어진 고구려의 고유양식이다.

268 遼寧省文物考古硏究所·朝陽市博物館·朝陽縣文物管理所, 〈遼寧朝陽田草溝晋墓〉, 《文物》 1997年 第11期, 33~41쪽.

에 은銀장식단추 59개가 출토되었다. 이들 유적에서 출토된 질그릇은 새김문양을 특징으로 하고 있다. 유물에서 나타나는 이러한 고조선 문화의 전통은, 이 유적들과 금관식을 고구려의 것으로 해석하는 근거가 된다.

원태자무덤에서 출토된 고구려 고유양식의 철기군, 삼족오, 그리고 검은 곰을 묘사한 유물은 모두 고구려 고유의 특징들을 그대로 보여주고 있다. 우리가 중국의 발굴보고서와 연구성과를 인용할 때, 이를 고스란히 인용하면 상대적으로 큰 오류를 범하게 된다. 그러므로 우리의 시각과 연구성과를 바탕으로 이를 재해석하는 일이 절실히 요구된다.

신라와 백제, 가야의 금관과 금동관 등에서 보이는 금속으로 만든 관식과 절풍, 원형과 나뭇잎모양의 달개장식, 꽃가지양식, 나뭇잎모양의 끝마무리 장식, 곡옥과 새장식 등은 고조선을 계승한 고구려의 금관양식이다. 이 같은 고구려의 금관식은 주변민족들에게도 영향을 크게 주었을 것으로 생각되는데, 대표적인 것이 요녕성 북표현 서관영자西官營子에 위치한 북연 풍소불묘馮素弗墓에서 출토된 금관식과 내몽고자치구 달무기達茂旗에서 출토된 금관식이다.[269]

백제와 신라, 가야에서도 절풍과 금관, 금동관 등에 금이나 은으로 만든 세움장식을 꽂고, 그 위에 금과 은으로 만든 원형장식과 곡옥장식을 금실과 은실로 꿰어 매달거나 금박장식을 하기도 했다.[270] 이처럼 여러나라시대 관모는 고조선의 관모양식뿐만 아니라 고조선에서 널리 사용했던 청동장식단추 또한 관모장식에 그대로 적용하

269 박선희, 《우리 금관의 역사를 밝힌다》, 지식산업사, 2008 참조.

270 梅原末治, 〈慶州金鈴塚飾履發掘調査報告〉, 《大正十三年度古蹟調査報告》, 朝鮮總督府, 1932, 216~217쪽; 濱田耕作·梅原末治, 〈慶州金冠塚と其遺寶〉, 《古蹟調査特別報告》 第3册, 朝鮮總督府, 1924; 吉林省文物考古硏究所·集安市博物館, 《集安高句麗王陵－1990~2003年 集安高句麗王陵調査報告》, 文物出版社, 2004; 충남역사문화원, 《공주수촌리유적 현장설명회자료》, 충남역사문화원, 2003.

〈**그림 5-46**〉 안악 3호 고분벽화 의장기수도와 장하독의 허리띠장식

여, 이러한 모습이 한민족의 고유한 복식 갖춤새로 자리매김했음을 알 수 있다.

모자와 의복에 장식한 원형과 나뭇잎모양의 청동장식단추의 장식기법은 허리띠장식에도 지속적으로 사용되었다. 《진서晋書》 〈열전〉 부여전에는 "(부여 사람들은) 외국에 사신으로 갈 때에는 금錦

과 계罽로 만든 옷을 입고 금과 은으로 만든 장식을 허리에 했다"[271] 는 내용이 있어, 당시 부여의 허리띠장식이 화려했음을 알 수 있다. 실제로 고조선시대 말기에서 고구려시대 초기에 해당하는 동부여의 유적인 요녕성 서풍현 서차구西岔溝무덤에서 금과 은으로 만든 장식품과 함께 원형과 물고기모양 및 나선형의 청동장식단추를 단 가죽 허리띠의 잔편이 출토되었다.[272] 이 과대銙帶는 혁대革帶 위에 금속장식들을 붙였을 뿐 길게 늘어뜨린 상태는 아니어서, 안악 3호 고분벽화에 보이는 과대의 형태와 같은 것으로 생각된다. 안악 3호분 의장기수도의 삼衫을 입은 의장기수 세 명과 시종무관도에 보이는 장하독의 경우와 같이, 대帶에 돌아가면서 나뭇잎모양 장식을 달아맨 허리띠를 착용했다(그림 5-46).[273]

신라의 경우는 식이총[274]과 금령총,[275] 금관총,[276] 황남대총 북분, 황남대총 남분에서 허리 부분이 나뭇잎모양 과대로 되어 있고 곡옥과 물고기 장식등이 달린 금으로 만든 요패가 출토되었다.[277] 천마총에서도 대帶의 부속물과 함께 금으로 만든 원형과 나뭇잎모양의 장식물이 출토되어,[278] 신라에서도 대식帶飾에서 고조선의 원형과 나뭇잎 장식단추의 양식을 이었음을 알 수 있다. 특히 신라에서는 곡옥과 함께 원형의 장식단추를 금으로 만들어 옷 위에 화려하게 장식하였는데, 그 좋은 예가 신라시대 초기의 토우(그림 5-47)[279]

---

271 《晋書》 卷97 〈列傳〉 夫餘傳. "其出使, 乃衣錦罽, 以金銀飾腰."

272 孫守道, 〈'匈奴西岔溝文化' 古墓群的發現〉, 《文物》, 1960年 第8·9期, 25~35쪽.

273 朝鮮畵報社, 《高句麗古墳壁畵》, 朝鮮畵報社出版部, 1985.

274 梅原末治, 앞의 글, 圖版 168.

275 梅原末治, 앞의 글, 圖版 67·68.

276 濱田耕作·梅原末治, 앞의 글, 圖 36.

277 박선희, 앞의 책, 268쪽.

278 국립경주박물관, 《국립경주박물관》, 통천문화사, 1995, 122쪽, 사진 243.

279 한독의약박물관 수장품.

〈**그림 5-47**〉 신라토우에 보이는 곡옥과 원형의 장식단추

에서 보인다. 그림에 보이는 토우들은 신라 고유의 복식양식을 보이고 있어, 진덕여왕 2년 이전에 만들어진 것으로 생각된다. 신라는 진덕여왕 2년 김춘추를 당에 보내 도움을 청할 때 중국의 복제를 따를 것을 약속했다.[280] 그리고 다음해인 진덕여왕 3년에 처음으로 중국의 복제를 실시했고,[281] 문무왕 4년에는 부인의 의복까지 중국의 복제를 따랐다. 이러한 까닭에 이 시기 이후에 만들어진 토우는 중국의 복제를 하고 있었고, 달개장식이 달린 금관과 귀걸이 등도 함께 사라졌다.[282]

이러한 유물들에 관한 내용을 종합해 볼 때, 고조선 붕괴 이후 여러나라와 삼국시대 사람들은 고조선의 복식양식과 장식기법을 그대

280 《三國史記》 卷6 〈新羅本紀〉 眞德王 2年條.

281 《三國遺事》 卷4 〈義解〉 慈藏定律.

282 박선희, 앞의 책, 262~264쪽.

로 계승하여, 복식에 청동보다 서열이 높은 금과 은을 사용하며 화려한 복식 갖춤새를 이루어 나갔음을 알 수 있다. 또한 장식물 대신 염색과 직조, 자수 등의 기법을 통해 장식효과를 대신하거나 장식물과 병행하여 장식효과를 내기도 했다. 그 대표적인 예가 고구려 고분벽화 등에 보이는 기하학문양의 의복과 장식효과이다. 이 문제는 제6장에서 더 상세히 다루기로 한다.

원형과 나뭇잎모양의 장식단추양식은 고조선시대 초기인 서기전 25세기부터 복식에 단추와 장식물로 다양하게 사용되었다. 장식단추양식은 고조선 붕괴 이후 여러나라로, 다시 삼국시대로 이어져 금관을 비롯한 여러 예술품들과 마구 등의 생활용품에 이르기까지, 한민족의 중요한 장식양식으로서의 정체성을 이루었다고 하겠다.

5 장식양식과 장식기법의 통시적 전승

신석기시대 이른 시기부터 한반도와 만주지역에 거주하던 사람들은 의복에 장식단추나 구슬 등을 달아 여밈새를 처리하고, 장식물을 걸어 단추와 조화를 이루었으며, 자유로운 조형미를 만들어냈다. 신석기시대에는 의복에 뼈와 뿔, 조개껍질, 흙으로 만든 장식 이외에 옥으로 정교하게 만든 장식품을 많이 사용했다. 이 시기에는 방직생산의 규모가 커지고 재봉기술이 발전하면서 장식단추양식과 장식기법이 크게 발전했다. 장식단추는 둥근 모양의 흙단추와 돌단추가 주류를 이루었고, 옥단추가 새로이 나타났다.

고조선시대에 오면 직물의 발달과 함께 장식양식이 더욱 화려해져 뼈나 뿔, 조개껍질 등으로 만들어진 것보다 옥과 청동, 철을 재료로 하여 만들어진 것들이 적극적으로 사용되었다. 뼈와 뿔, 조개껍질, 옥은 다양한 장신구의 재료가 되었고, 청동과 철은 주로 둥근 모양과 나뭇잎모양의 장식단추의 재료가 되었으며, 이를 의복 위에 달아매어 화려하게 장식했다. 또한 다양한 직물의 발달은, 의복에 다는 장식단추와 장식품이 직물의 성격과 어울려 쓰일 수 있도록 하는 구실을 했다. 이에 자연히 종래의 장식단추에 새로운 장식기법이 더해져 대담하고 역동적인 양식으로 발전했다.

청동기시대에는 직물생산량이 크게 늘어나고 옷 만드는 일이 많아지면서, 장식단추의 사용도 크게 늘어난다. 고조선유적에서 출토된 청동장식단추는 그 양식이 주로 원형과 나뭇잎모양으로 나타난다. 그 형태는, 윗면이 도드라진 원형인 것과 편편한 원형에 꼭지가 달린 것, 도드라진 원형에 단춧구멍이 있는 것, 가운데 구멍이 있는 구슬모양의 것, 단춧구멍 2개가 나란히 있는 것, 정사각형 가운데 원형의 구멍이 있고 사변 주위에 문양이 있으며 뒷면에 단추꼭지가 있는 것, 원형으로 둘레에 작은 구멍이 있고 뒷면에 단추꼭지가 있는 것, 반원형인 것 등 매우 다양하다. 또한 청동장식단추는 표면에 문양을 나타내는 경우와 문양이 없는 소면 상태의 두 종류로 크게 구분된다. 표현된 문양은 대부분 신석기시대의 문양양식을 그대로 계승한 것으로, 이는 새김무늬질그릇이나 가락바퀴 등에 보이는 양식과 같다.

고조선 사람들은 장식단추를 의복뿐만 아니라 모자나 신발 또는 활집 등 복식의 여러 부분에 자유롭게 사용했다. 한민족의 여러나라에서는 모자에 새깃을 꽂는 것 이외에 부여, 고구려, 백제, 신라, 가야 등에서 금과 은, 옥 등으로 모자를 장식했다. 이러한 고급 장식재료는 중국이나 북방지역에서 볼 수 없는 것으로, 고조선의 전통을 계승하여 화려하고 높은 수준의 관모양식의 기반이 되었다.

고조선에서는 청동장식단추를 일반 복식뿐만 아니라 특수 복식인 갑옷과 청동투구에도 사용했다. 고조선에서는 일반인들이 평상복에도 청동으로 화려한 장식을 했으므로 청동장식단추가 자연스럽게 갑옷에도 응용되었을 것이다. 또한 청동을 사용하면서부터 돌이나 뼈 등으로 만들던 공구나 무기를 청동으로 만들기 시작했기 때문에, 가죽이나 뼈로 만들던 갑옷재료도 청동으로 대체되었을 것이다.

고조선 사람들이 의복에 장식했던 장식단추양식은 고조선이 붕괴된 뒤 여러나라시대로 이어져, 나라마다 조금씩 특색을 달리하며 발전해 나갔다. 예에서는 일반적으로 남자들이 입는 곡령에 약 5센티미터 이상 되는 은화를 꿰매어 장식했다. 부여 사람들은 금과 은으로 화려하게 장식한 모자를 썼다. 동옥저와 고구려 사람들도 청동장식단추로 옷을 화려하게 장식했다. 북방지역에서 청동장식단추를 많이 사용한 것과 달리 마한 사람들은 의복에 주로 구슬을 장식했다. 이러한 내용은 일반인의 의복에도 화려한 장식이 가능했던 한민족 복식의 특징으로, 중국이나 북방지역과의 차이라 할 수 있다.

고구려 사람들은 금錦으로 만든 옷을 입고 금과 은으로 옷을 장식했다. 고구려는 고조선을 계승했으므로 이러한 고구려의 풍속도 예와 마찬가지로 고조선의 것을 이었을 것이다. 그 실제 모습이 안악 3호 고분벽화와 왕회도, 마조총 수렵도 등에서 확인된다. 고구려에서는 의복뿐만 아니라 금관과 관장식에 일정하게 장식단추모양의 원형과 나뭇잎모양의 장식을 달았다. 원형과 나뭇잎모양의 장식단추를 달아 만든, 더욱 발달된 고구려 관식과 장식품이 서기 3~서기 4세기에 걸쳐 고구려 영역의 여러 지역에서 출토되었다. 대표적인 유적은 원태자 무덤과 북표현 방신촌 진晋무덤, 조양현 왕자분산무덤 떼의 태台 M8713 : 1 무덤이다.

신라와 백제, 가야의 금동관과 금관 등에서 보이는 관식과 절풍, 원형과 나뭇잎모양의 장식 등은, 고조선을 계승한 고구려 금관양식의 영향을 받은 것이었다. 이 같은 고구려의 금관식은 신라와 백제, 가야뿐만 아니라 주변민족들에게도 영향을 크게 주었다. 그 대표적인 것이 요녕성 북표현 서관영자에 위치한 북연 풍소불무덤에서 출토된 금관식과 내몽고자치구 달무기에서 출토된 금관식이다.

이처럼 청동장식단추양식은 고조선 이전 시기부터 복식의 장식물로 다양하게 사용되었고, 고조선 붕괴 이후 여러나라로, 다시 삼국시대로 이어져 한민족의 중요한 장식양식으로 자리 잡게 되었다. 따라서 고대 한민족 복식에 보이는 장식단추에 대한 비교 분석과 통시적 전승을 검토한 결과, 한민족 복식의 원형이 중국이나 북방 호복계통으로부터 오거나 영향을 받았다는 종래의 견해를 수정할 수 있는 근거를 마련하게 되었다. 그러므로 원형과 나뭇잎모양의 장식단추는 생명력 있는 조형의지와, 역동적이며 생동하는 한민족의 정서를 줄곧 표현해 온 고유한 문화 요소로, 이를 통해 우리 복식문화의 정체성이 올바르게 자리매김할 수 있을 것이다.

제 6 장

고조선 장식을 이은 고구려 문양

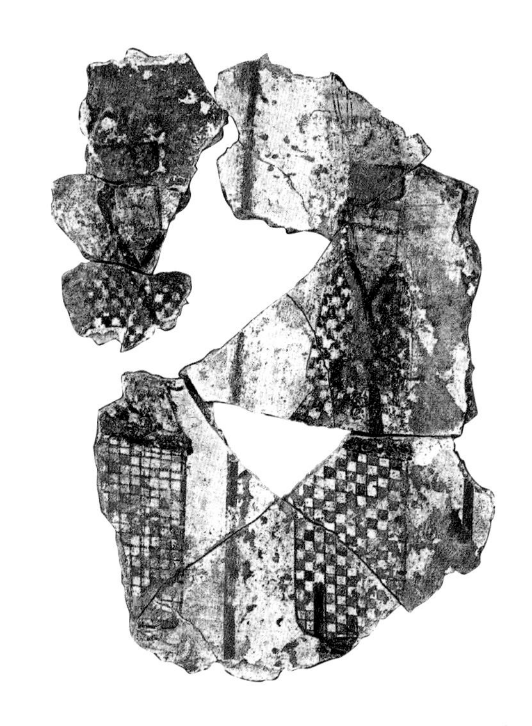

1
기하학문양 종류와 조형의지의 지속

고구려 고분벽화에 보이는 복식의 문양은 매우 다양하고 현대적이다. 윗옷과 아래옷, 그리고 겉옷에는 대체로 둥근문양, 네모문양, 마름모문양, 원뿔문양, 돌기문양, 사선문양, 그리고 직선과 곡선 등의 추상적이고 기하학적인 문양이 많이 표현되었다. 고구려 사람들은 기하학문양을 한두 개씩 따로, 또는 여럿이 서로 어울리도록 단순반복과 사방연속 등의 기법으로 다양한 문양을 구성하여, 그들의 생명력 있는 조형의지를 잘 보여주고 있다. 이러한 조형의지는 고조선시대의 의복 등에 옥과 뿔, 뼈, 청동, 철 등으로 기하학적이고 다양한 장식단추를 달았던 양식의 지속적인 발달양상에서 나타난다. 매달아 표현했던 장식기법이, 직조와 염색 등의 방식을 통해 발달사를 달리하기 시작한 것이다.

고구려복식에 보이는 기하학문양 가운데 둥근문양과 네모문양 등은 점문양으로 불리기도 하는데, 여러 차례 의복에 복원된 모습으로 전시되거나 사극드라마에 등장하기도 했다. 그러나 고구려의 기하학문양이 온전하게 해석되지 않은 탓에 고구려 사람들이 추구했던 문양의 조형미가 왜곡되어 그 미적 가치가 절감되었다.

고구려 사람들이 기하학문양의 옷을 입고 움직일 때 나타나는 역동성은 생명력 있게 보인다. 고구려의 기하학문양은 일정한 이치를 가지고 있는데, 그 이치를 모르고 비논리적으로 재연했기 때문에 문양의 본디 효과나 생동감 있는 아름다움이 나타나지 않는 것이다. 따라서 고구려 사람들이 표현한 기하학문양의 내용을 종류별로 상세히 제시하고, 이들 문양을 만든 기법과 재료를 분석하여, 고구려 복식에 보이는 문양의 조형미를 올바로 밝혀보고자 한다.

기하학문양이 만들어진 기법에 관해서는 크게 두 가지 견해가 있다. 하나는 염색에 의한 것으로 보는 것이고, 또 하나는 직조에 의한 것으로 보는 견해이다. 이여성은 기하학문양이 염색으로 만들어진 것으로 보면서, "협힐夾纈에만 한한 것이 아니고 납힐臘纈과 교힐絞纈에 의한 것"으로 설명했다. 그 예로 "개마총鎧馬塚 인물人物의 포선袍襈에 있는 자지백과격문紫地白斜格紋은 납힐臘纈처럼 보이고 매산리고분梅山里古墳 인물의 포袍에 있는 황지흑당초문黃地黑唐草紋은 접문摺紋인 듯해 보이며 또 기타其他 제인물복식諸人物服飾에 흔히 시공施工되어 있는 점문點紋은 교염문絞染紋같이 생각되는 것 등"[1]이라고 분석했다. 또한 사방연속문양의 기하학적 표현방식이 당대에 많이 사용된 경금經錦에서 나타나는 특징이며, 직조기법을 사용한 것으로 해석했다.[2] 또는 점문양을 표현하는 데 직조기법과 염색기법이 모두 가능할 것으로 보면서도, 고분벽화에 보이는 피지배계층이 고급직물인 금錦을 입었을 리 없다고 생각하여 직조기법이 아닌 염색문양의 한 종류일 것으로 주장했다.[3] 특히 문양을 표현하는 염색방법 가운데서도 가장 간단한 기술인 교힐기법으로 추정했다.[4]

그러나 고구려를 비롯한 한민족은 영역을 가리지 않고 습속으로 금수錦繡를 입었으며, 다양한 금錦을 생산했다. 한민족이 금수를 입은 것은 일시적 또는 계급적 취향이나 외래적인 것이 아니었다[5]. 금수는 고구려의 고유한 상징[6]이었을 정도로 계층의 구분 없이 널리 입었다.

---

1 李如星, 《朝鮮服飾考》, 白楊堂, 1947, 311쪽.

2 금기숙, 〈고구려복식의 미학적 연구〉, 《服飾》 52권 3호, 2002, 한국복식학회, 116~117쪽.

3 양경애, 〈高句麗 古墳壁畵에 表現된 點紋樣 服飾의 染色 硏究〉, 《服飾》 54권 7호, 한국복식학회, 2004, 59~61쪽.

4 위와 같음.

5 박선희, 《한국고대복식-그 원형과 정체》, 지식산업사, 2002, 157~163쪽.

6 《大唐故特進泉君墓誌》. "祭器를 안고 律呂를 살피다, 錦繡를 생각하며 廊廟에 올랐다.……그 詞는……크게 국가의 경영을 도모하며 크게 백성의 삶을 살피었고 錦

금錦은 누에고치실을 여러 색으로 물들이고 이를 섞어 화려한 문양으로 짠 것이고,[7] 금수는 금 위에 색실로 수를 놓은 것이다.[8] 고구려 사람들은 복식재료로 문양을 표현한 금수를 일반적으로 널리 사용했다. 고구려는 고조선의 사직물 직조기술을 이어받아, 금錦 이외에 견絹, 면緜, 주紬, 겸縑, 백帛, 나羅, 기綺, 증繒, 환紈, 능綾, 사紗, 곡縠, 단緞, 연練, 초綃 등의 다양한 사직물을 생산했다. 또한 고구려는 사직물뿐만 아니라 가죽과 모피의 가공기술이 발달했고, 모직물, 면직물, 마직물 등의 직조기술도 동아시아에서 매우 높은 수준을 이루었다. 따라서 이러한 복식재료는 직조와 염색 및 가공을 통해 기하학문양으로 표현되었으며, 기후와 복식의 종류에 따라 달리 사용되었을 것으로 생각된다.

실제로 출토된 직물과 고분벽화에 보이는 구성원들의 다양한 의복의 색상과 화려한 문양을 통해, 고구려가 고조선의 전통을 이어 직조기술뿐만 아니라 염색기술 또한 매우 발달했다는 사실을 알 수 있다.

과 繡의 옷을 입고 죄와 형을 논했다네.……작은 수레로 출무하고, 錦을 덧입고 새벽에 나서 높고 낮은 곳을 오르내리니 亶洲에 갇혔다네(抱俎豆而窺律呂, 懷錦繡而登廊廟.……其詞曰……訏謨國緯, 爲弈人經. 錦衣繡服, 議罪詳刑(其一).……輕軒出撫, 重錦晨遊. 抑揚稜穴, 提封亶洲(其六).)."

7 睡虎地秦墓竹簡整理小組, 《睡虎地秦墓竹簡》, 文物出版社 1978, 운몽 수호지 11호 秦墓에서 출토된 진간의 법률답문에, "금리를 신지 못한다. 금리를 신은 것이란 어떤 것이냐? 律이 말하는 것은 누에고치 색실을 섞어 신을 짜, 신에 무늬가 있는 것이 금리이다. 색실이지만 부늬가 없는 것은 금리가 아니다. 그리고 일을 하는데 이에 견준다(毋敢履錦履. 履錦履之狀何如. 律所謂者, 以絲雜織履, 履有文, 乃爲錦履, 以錦縵履不爲. 然而行事比焉)"고 하여, 물들인 누에실로 짠 것을 錦이라고 정의했다. 한 가지 색만으로 짠 것은 錦으로 보지 않고, 여러 색을 섞어 짠 것만을 錦으로 보았다.

8 《釋名》〈釋采帛〉. "錦은 金이다. 공을 들여 만들어 그 값이 金처럼 값지기 때문에 글자를 만드는 데 帛과 金을 따랐다(錦, 金也. 作之用功, 重其價如金, 故其制字從帛與金也)."; 《渤海國志長編》 卷17 〈食貨考〉 第四 錦綵. "삼가 설문의 '錦은 물을 들여 무늬를 짠 것이다(錦, 襄色織文也)'라는 것을 살펴본다; 《本草綱目》에서 '錦은 오색실로 문양을 이루어 짠 것이다. 글자는 金을 따랐고, 諧聲이다. 또한 이것을 귀하게 여겼다'고 했다(謹案設文錦襄色織文也; 本草綱目云; 錦以五色絲織成文章, 字從金諧聲, 且貴之也)."

고구려 사람들은 윗옷과 아래옷 및 겉옷 등의 여러 옷을 하나하나 다른 색실로 짜거나 문양을 표현하여, 옷 전체를 아름다운 색의 조합으로 만들었다. 그 위에 아름다운 문양을 곳곳에 수놓거나, 구슬과 금은으로 만든 장식단추를 사용하여 조합의 예술성을 높였다.

비교연구를 통해 고구려복식에 보이는 기하학문양의 종류와 특성을 상세히 밝혀, 그 고유성을 확인하고자 한다. 그리고 고구려 사람들이 기하학문양을 직조기법, 염색기법, 자수기법, 장식기법 등 다양한 방법으로 표현한 사실을 밝히는 것 또한 이 연구의 중요한 목적이다. 고조선으로부터 이어져 내려온 고구려복식에 보이는 기하학문양에 대한 비교와 검토가, 한민족 복식의 원형이 중국이나 북방호복계통으로부터 오거나 그의 영향을 받았다는 지금까지의 견해를 수정할 수 있게 하는 근거가 될 것이다.

1) 둥근문양의 다양성

고구려 고분벽화에 보이는 복식문양 가운데 둥근문양의 양식과 내용을 정리하면 다음과 같다. 둥근문양은 보통 둥근 것과 긴 타원형으로 구분되며, 크기와 구성이 다양하게 나타난다.

무용총 무용도의 춤추는 사람들과 시중드는 사람들의 저고리와 바지 및 겉옷에는 선襈을 두른 부분을 제외한 옷 전체에 같은 크기의 둥근문양이 반복되어 통일감을 나타낸다(그림 6-1, 6-2).[9] 무용총 널방 안방벽화의 의자에 앉아있는 주인의 바지는 다양한 크기의 둥근문양을 사선과 함께 사방연속하여 조화롭게 형상화했다(그림 6-3).[10] 그러나 무릎을 구부리고 시중드는 사람의 저고리와 바지는 상하 비대칭의 특징을 나타내고 있다(그림 6-4).[11] 저고리에는 춤추

9 朝鮮畵報社, 《高句麗古墳壁畵》, 朝鮮畵報社出版部, 1985.
10 위와 같음.
11 위와 같음.

〈**그림 6-1**〉 무용총 무용도의 춤추는 사람들 〈**그림 6-2**〉 무용총 무용도의 시중드는 사람들 〈**그림 6-3**〉 무용총 안방벽화 주인의 바지와 모사도 부분

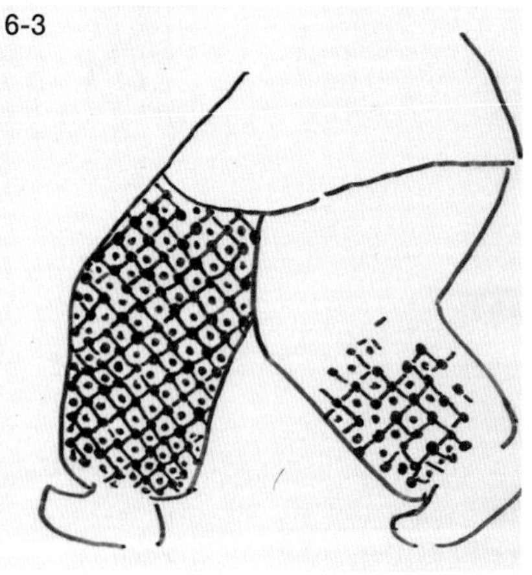

〈그림 6-4〉 시중드는 사람과 모사도
〈그림 6-5〉 무용총 무용도의 말탄 사람의 바지와 모사도 부분

는 사람들처럼 연속한 둥근문양이 나타났지만, 바지에는 긴 타원형이 세로로 연속되었다. 또한 무용도의 말을 탄 사람의 바지에는 다양한 크기의 둥근문양들이 서로 어우러져, 화려하면서도 잔잔한 형상이 표현되었다(그림 6-5).[12]

---

12 위와 같음.

〈그림 6-6〉 수렵총 안방벽화 세 부인의 겉옷 **〈그림 6-7〉** 수렵총의 말을 끌고 서 있는 사람의 윗옷 **〈그림 6-8〉** 장천 1호 고분벽화 야유수렵도의 앉아 있는 사람의 윗옷과 아래옷, 모사도 **〈그림 6-9〉** 장천 1호 고분벽화 야유수렵도의 서 있는 사람의 윗옷과 아래옷, 모사도

〈그림 6–10〉 장천 1호 고분벽화 야유수렵도의 악기를 연주하는 여인의 겉옷
〈그림 6–11〉 장천 1호 고분벽화 야유수렵도의 흰 천을 들고 서 있는 여인의 윗옷과 아래옷

수렵총 안방벽화에 앉아 있는 세 부인의 겉옷에는 깃과 끝동에 둘려진 선襈에 이르기까지 옷 전체에 모두 같은 크기의 붉은색 둥근문양이 연속적으로 나타나, 살아 움직이는 듯 역동적이고 화려하다(그림 6–6).[13] 부인들 옆에 말고삐를 잡고 있는 사람은 저고리에만 긴 타원형의 문양이 세로로 연속되어 입체감이 잘 나타난다(그림 6–7).[14] 장천 1호 야유수렵도의 새깃관을 쓰고 앉아있는 사람은 둥근문양의 윗옷과 타원형문양의 아래옷을 입었고(그림 6–8),[15] 새깃관을 쓰고 서 있는 사람은 나뭇잎처럼 보이는 큰 타원형문양의 윗옷과 바지를 입었다(그림 6–9).[16] 악기를 연주하며 서있는 여인의 겉옷에는 둥근문양이 성글게 나타나고, 흰 천을 들고 서있는 여인의 윗옷과 바지에

13 위와 같음.
14 위와 같음.
15 위와 같음.
16 위와 같음.

〈**그림 6-12**〉 삼실총 행렬도 여자주인공의 겉옷 〈**그림 6-13**〉 삼실총 행렬도 서 있는 사람의 윗옷과 아래옷 〈**그림 6-14, 6-15, 6-16, 6-17**〉 삼실총 행렬도에 서 있는 사람들의 윗옷과 아래옷

는 굵은 문양이 연속으로 표현되었다(그림 6-10, 6-11).[17]

위의 모습에서 고구려복식은 둥근문양을 남녀노소, 신분과 계층의 구분 없이 널리 사용했음을 알 수 있다. 또한 둥근문양은 윗옷과 아래옷에서 상하 대칭과 비대칭을 이루기도 하며 절제 있게 혼합된 조

17 위와 같음.

형미를 자유롭게 표현하여, 고구려만의 개성적인 아름다움을 이끌어내기도 했다. 이처럼 고구려 사람들이 신분과 계층의 구분 없이 보편적으로 즐겨 사용하는 둥근문양과, 그 위에 구슬이나 장식단추를 달아 장식하는 기법은 고조선으로부터 이어진 것으로 해석된다.

〈그림 6-18〉
삼실총 행렬도의 우산을 들고 서 있는 여인의 겉옷

삼실총 행렬도의 주인공 부부의 옷에는 둥근문양을 엇갈려 교차해 표현했다. 남자주인공의 윗옷은 단색이고, 바지에는 연속된 큰 둥근문양이 나타나, 생동감 있게 보인다. 여자주인공의 겉옷은 바탕에 가는 세로 선이 그어져 있고, 짙은 색의 깃과 끝동 및 도련에는 둥근문양이 있어, 곡선의 단아한 흐름이 강조된다(그림 6-12).[18] 이들 부부와 함께 서 있는 사람들은 모두 서로 다른 문양의 옷을 입었다. 남자주인공 옆에 서 있는 사람은 둥근문양의 윗옷과 긴 타원형문양의 바지를 한 벌로 입었고(그림 6-13),[19] 여자주인공 옆쪽으로 서있는 사람들은 둥근문양의 윗옷이나 긴 타원형문양의 윗옷, 또는 단색의 윗옷을 입었다. 다른 사람들은 서로 다른 문양의 아래옷을 입었는데, 긴 타원형문양 두 개를 나란히 나열한 것, 긴 타원형문양을 사방 연속 표현한 것, 구불구불한 긴 곡선을 불규칙적으로 연속한 것 등 다양한 문양이 나타나 있다(그림 6-14, 6-15, 6-16, 6-17).[20] 또한 우산을 들고 서있는 여자의 겉옷에는 긴 타원형문양을 사방연속 표현했다(그림 6-18).[21]

18 위와 같음.
19 위와 같음.
20 위와 같음.
21 위와 같음.

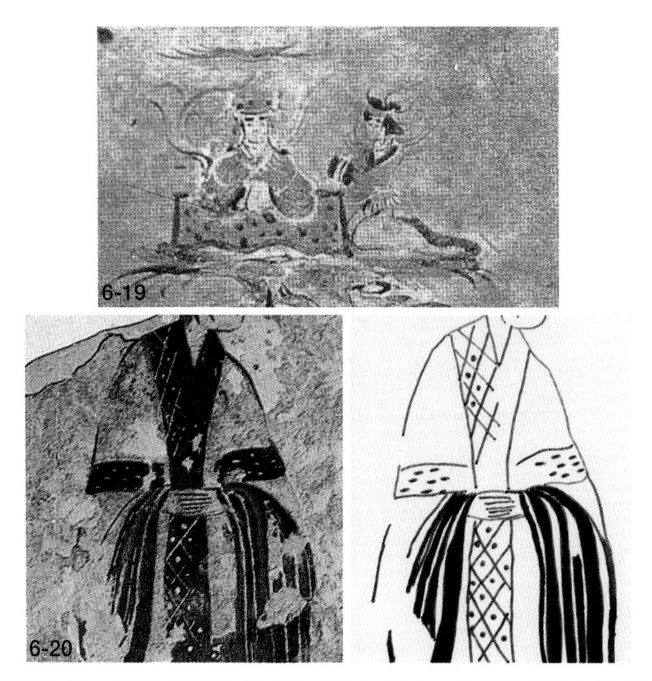

〈그림 6-19〉 석암리 205호무덤 출토 칠화에 보이는 주인공의 겉옷과 머리덮개
〈그림 6-20〉 개마총의 서있는 사람의 윗옷과 모사도

평양 석암리 205호묘에서 출토된 칠반漆盤 칠화에 보이는 주인공의 머리와 옷의 아래 부분에는 둥근문양이 대담하게 표현했다(그림 6-19).[22] 동한시대에 만들어진 이 칠기에 보이는 그림을 신선 혹은 서왕모로 해석하는데,[23] 중국 화상석 등에 보이는 서왕모와는 달리 겉옷

---

22 위와 같음.

23 駒井和愛, 《樂浪》, 中央公論社, 昭和 47(1972), 42쪽; 전호태, 《고구려 고분벽화 연구》, 사계절, 2000, 100쪽. 일본학자들은 이 그림을 神仙의 畵像으로 설명하면서 서왕모를 표현하였을 가능성도 제기했다. 이 칠기에는 '永平十二年蜀郡西工夾紵行三丸千二百盧氏作宜子孫牢' 의 명문이 있어 사천의 촉군에서 제작된 것으로 해석된다. 평양일대에서는 서왕모를 언급하는 명문이 있는 청동거울이 여러 점 발견되어 중국 한대에 유행하던 신앙이 전래되었음을 알려준다. 그림18에 보이는 복식양식은 중국 화상석과 고분벽화 등에 나타나는 서왕모의 복식양식과 달리 한민족

과 머리덮개에 둥근문양이 나타나 평양지역 복식의 영향으로 변화된 것으로 해석된다. 이 문양은 수렵총 널방 안방벽화에 있는 세 부인의 겉옷 문양과 같은 양식으로, 화려한 아름다움을 보여준다. 개마총에 그려진 인물이 착용한 윗옷의 깃과 도련에 둘려진 가선무늬에는, 격자문 안에 둥근문양이 첨상되어 조화를 이루고, 팔 부분에 둘려진 선襈에는 긴 타원형의 문양이 가로로 연속되었다(그림 6-20).[24]

위에서 분석된 둥근문양의 여러 양식은 중국이나 북방지역 등의 복식에서 전혀 나타나지 않아, 고구려만의 고유한 복식문양이라 하겠다. 고구려의 복식양식은 비교적 단순하지만, 의복에 표현된 둥근문양은 추상적이면서도 매우 대담하고 역동적이어서, 생동하는 고구려의 조형미를 고스란히 잘 보여주고 있다.

2) 마름모와 네모문양의 종류

장천 1호 야유수렵도에서 긴 소매를 늘어뜨리고 서있는 사람의 윗옷에는 마름모의 문양이 연속 표현되어 있다(그림 6-21).[25] 또한 장천 1호 서벽 문지기의 윗옷에는 마름모문양에 작고 둥근문양을 조화롭게 혼합시켜 잔잔하면서 화려한 조형기법을 나타냈다(그림 6-22).[26] 이처럼 고구려 사람들이 둥근문양을 마름모문양과 함께 조화롭게 배치해 입체감이 나도록 표현한 것에서, 다양성을 추구했던 조형의지를 알 수 있다.

중국 복식에서도 마름모문양이 나타나는데, 고구려와는 다른 양식이다. 동한東漢시대인 서기 133년에 속하는 왕우묘王旴墓[27]에서 나

복식의 특징을 나타내고 있다.

24 위와 같음.

25 위와 같음.

26 위와 같음.

27 王旴墓에서 출토된 칠기에는 '永平 12년'이라는 명문이 있다(駒井和愛, 《樂浪》, 中央公論社, 昭和 47(1972), 114~115쪽). 영평 12년은 東漢 明帝시대로 서기 69

〈그림 6-21〉 장천 1호 고분벽화 야유수렵도의 서 있는 사람의 윗옷과 모사도
〈그림 6-22〉 장천 1호 고분벽화 서벽 문지기의 윗옷과 모사도 부분

羅직물이 출토되었다. 출토된 나직물에는 세로로 긴 마름모에 양옆으로 작은 마름모문양이 겹쳐 사용되었다. 이 마름모문양은 전국시

년이다. 따라서 이 고분이 조성된 연대는 이보다 앞설 수 없다. 이 고분의 방사성탄소측정연대는 서기 133년(1850±250 B.P.)로 나타난다(앞의 책, 5쪽). 이 연대로 보아 왕우묘는 한사군이 설치된 西漢시대에 만들어진 것이 아니라 東漢시대에 만들어진 것이라 하겠다.

〈그림 6-23〉 장사 마왕퇴 1호 서한묘에서 출토된 주홍색 나(羅)직물

대 중기부터 한시대까지의 유물에 많이 보이며, 이배문耳杯紋, 배문杯紋 또는 능문菱紋이라고도 부른다. 호남성 장사 마왕퇴 1호 서한묘에서 출토된 주홍색 나羅직물(그림 6-23)[28]과 나무인형이 입은 요금심의繞襟深衣에서도 같은 문양이 보인다.[29]

수산리 고분벽화에 보이는 시종의 바지에는 긴 네모문양이 연속적으로 나타나(그림 6-24),[30] 세련된 조형적 특성을 보여준다. 각저총 주인공 생활도에서 의자에 앉아있는 주인의 바지에는 네모문양과 둥근문양이 함께 어울려, 추상적인 문양을 나타내고 있다(그림 6-25).[31] 바지에 표현된 기하학문양은 네모문양을 3번 연속하고 이어서 둥근문양을 한 줄 나열한 뒤, 다시 네모문양을 네 줄 연속한 것이었다. 또 아래로 내려오면서 네모문양이 다섯 줄 연속되고, 바

28 黃能馥·陳娟娟, 《中華服飾藝術源流》, 高等教育出版社, 1994, 120쪽.

29 上海市戲曲學校中國服裝史研究組 編著, 周汛·高春明撰文, 《中國服飾五千年》, 商務印書館香港分館, 1984, 41쪽.

30 주 9와 같음.

31 위와 같음.

〈그림 6-24〉 수산리 고분벽화 서 있는 시종의 아래옷과 모사도 부분
〈그림 6-25〉 각저총 주인공생활도 주인의 아래옷과 모사도 부분

지부리 가깝게는 둥근문양만 연속되어, 화려하면서도 매우 역동적으로 보인다. 고구려 사람들의 창조적이고 진취적인 표정을 만나는 듯하다.

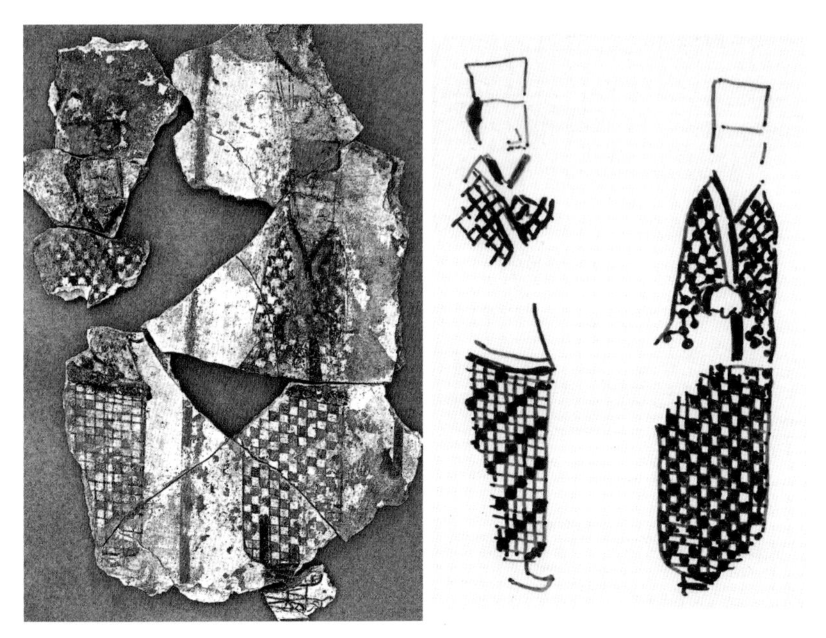

〈**그림 6-26**〉 동암리 고분벽화의 책을 쓴 사람의 윗옷과 아래옷, 모사도 부분

앞의 3절에서 서술했듯이 고조선의 유적인 적봉 약왕묘葯王廟, 영성현 남산근, 지주산蜘蛛山, 홍산후紅山后 등의 무덤유적에서는 겉면에 다양한 장식을 한 의복들이 출토되었다. 이들 무덤에 보이는 장식품의 재료와 규모는 매우 화려하고 연이은 구슬모양의 작은 청동장식단추를 장식해, 의복이 움직일 때마다 그 모양에 변화를 보이며 다양한 분위기를 연출했을 것으로 생각된다. 이러한 고조선복식의 장식기법은 고구려의 바지문양에서도 나타난다. 고조선에서 매다는 장식기법을 사용한 것과 달리, 고구려에서는 염색기법과 직조기법 또는 자수기법 등을 사용하여 전체적인 조화를 이루게 하고, 다시 그 위에 장식을 매어달아 입체감을 나타내는 장식기법으로 지속적인 발전을 이루었다.

고구려복식에 보이는 기하학문양 가운데 가장 화려하고 입체적이며 매혹적인 아름다움이, 동암리벽화의 윗옷과 바지가 보여주는 문양의 조화이다. 동암리벽화에 붉은색의 책幘을 쓴 두 인물은 모두 서로 다른 색상의 정네모문양을 표현한 윗옷과 바지를 한 벌로 입어, 무척 화려하고 개성적이다(그림 6-26).[32] 이 문양은 일반적으로 '방격문方格紋'이라 부른다. 동암리벽화의 복식에서 방격문양은 세 가지 형태로 나타난다. 붉은색 한 줄에 흰색 세 줄을 엇갈려 배열한 것, 검은색과 흰색을 번갈아 배열한 것, 붉은색과 흰색 및 밤색 등을 엇갈려 배열한 것이다. 화려한 방격문으로 된 윗옷과 바지의 깃, 섶, 끝동, 도련에는 모두 검은색과 붉은색을 한 줄씩 선襈으로 둘러 독특함을 더했다.

신강자치구 민풍현에 위치한 정절국精絕國의 유적일 것으로 추정되는 한漢시대에 속하는 니아尼雅 1호묘에서 동암리벽화 복식의 방격문과 유사한 문양의 겉옷이 출토되었다(그림 6-27).[33] 이 금錦으로 만든 겉옷은 네 가지 색상을 배열하여 직조기법으로 방격문을 표현하였다. 니아유적과 같은 시기에 속하고 이 유적의 왼쪽에 위치한 노인울라의 산보랍山普拉 무덤에서는 사직물로 만든 바지가 출토되었다. 필자는 북방지역 바지의 변천사적 고찰을 통해 산보랍유적에서 출토된 선襴이 있는 바지가 한민족의 영향으로 만들어진 것이거나 한민족으로부터의 수입품일 것임을 밝힌 바 있다.[34] 또한 위진남북조시대에 해당하는 신강 위리현 고로극산 영반營盤 고묘古墓에서 출토된 여러 겹으로 주름진 모직바지가 신라에서 옮겨진 것임을 알 수 있었다.[35] 서봉총에서 출토된 은합우銀盒杅도 서기 624년 고창국

32 주 9와 같음.

33 심연옥, 《한국직물문양이천년》, 삼화인쇄출판사, 2006, 20쪽, 그림 1.04 - a1.

34 박선희, 앞의 책, 423~431쪽.

35 박선희, 앞의 책, 432~439쪽.

〈그림 6-27〉 니아묘에서 출토된 겉옷

高昌國에서 만들어져 신라에 예물로 보내진 것임을 밝혀냈다.[36]

이러한 사실들은 고구려와 백제 및 신라가 서역과 교류가 매우 활발했음을 알려주는 것이다. 실제로 삼국과 서역의 교류는 직접교류와, 중국을 통한 간접교류 등의 형태로 진행되었다.[37] 따라서 니아 1호묘에서 출토된 동암리벽화 복식의 방격문과 유사한 문양의 겉옷은, 고구려의 영향을 받은 것이거나 수입품일 가능성이 크다고 본다.

니아尼雅유적이 위치한 지역은 고대 실크로드 남도南道에 있었던 우전국于闐國이 위치했던 곳으로 우전국의 위쪽에 고창국과 귀자국龜玆國 등이 있었으며, 현재의 신강新疆과 화전和闐지역이다.[38] 고대

36 朴仙姬, 〈銀盒杅 명문의 연대 재검토에 다른 서봉총 금관의 주체 해명〉, 《白山學報》 제74호, 2006, 83~116쪽.; 박선희 《우리 금관의 역사를 밝힌다》, 지식산업사, 2008, 243~278쪽.

37 《隋書》 卷68 〈列傳〉, 宇文愷傳·閻毗傳·何稠傳; 《新唐書》 卷44 〈志〉, 選擧志; 傅樂成, 〈中國民族與外來文化〉, 《漢唐史論集》, 聯經出版社業公司, 383~428쪽 참조.

38 箭內五 編著·和田清 增補·李毓澍 編譯, 《中國歷史地圖》, 九思叢書 3, 九思出版社, 1977, 第5圖~第15圖 참조.

〈그림 6-28〉 산보랍묘에서 출토된 모직물 조각

이 지역은 서쪽으로는 파미르고원을 넘어 중앙아시아와 서남아시아 및 유럽과 통했으며, 동쪽으로는 타림분지와 인접했고, 남쪽으로는 둔황을 거쳐 중국으로 통했다. 이처럼 니아유적이 위치한 지역의 지리적 환경은 여러 민족이 만나는 곳으로, 문화적으로 다양한 인소를 가질 수 있었다.

고구려의 마름모문양과 네모문양 및 둥근문양은 주로 단색으로 만들어진 복식에 표현되며 입체감을 보이는데, 중국이나 북방지역의 복식에는 이러한 양식이 나타나지 않는다. 북방지역 복식에서도 세모와 네모문양 및 마름모문양이 나타나지만 고구려에서처럼 단색 바탕에서 기하학문양이 드러나는 것이 아니고, 서로 혼합되어 종합된 형태를 이루며 표현되었다. 그 예로, 중국의 상商시대의 합밀오보묘哈密五堡墓에서 출토된 모직물 조각에는 기하학문양으로 작은 세모문양이 모여 큰 세모문양을 이루고 있다.[39] 후대로 오면서 기하학문양은 더욱 복합적인 모양으로 발전한다. 고대에는 우전국于闐國에 속했고 현재는 신강新疆과 화전和闐지역에 속해 있는 산보랍묘山普拉墓에서 출토된 여러 모직물 조각에서도 복합적인 기하학문양을 엿볼 수 있다(그림 6-28).[40]

또 다른 예로 동한시대의 니아묘尼雅墓에서 출토된 면직물 조각에

39 李肖冰, 《中國西域民族服飾研究》, 新疆人民出版社, 1995, 68쪽, 그림 115.
40 李肖冰, 위의 책, 84쪽, 모사도 142.

〈그림 6-29〉 니아묘에서 출토된 면직물 조각

는 납염臘染기법으로 네모문양과 함께 희랍과 인도예술의 영향을 받은 그림과 여러 형태의 문양이 복합적으로 표현되었다(그림 6-29).[41] 같은 유적에서 천 전체가 마름모문양으로 직조된 금錦으로 만든 양말이 출토되었다. 자색, 황색, 남색이 위주가 된 마름모 문양으로, 천의 솔기 끝부분에는 '양陽' 자를 새겼다.[42] 이후 수당시대에 이르기까지 북방지역은 불교문화가 주류를 이루면서 페르시아, 희랍, 로마 등의 문화적 특징을 융합한 문양이 발전하기 시작했다.

북방지역의 것과 달리 중국의 상주시대와 춘추전국시대의 복식문양은 주로 사회문斜回紋, 방승문方勝紋, 수면문獸面紋, 도찬문饕餮紋, 용문, 요곡문窈曲紋, 성문星紋, 운뢰문雲雷紋, 임문鱗紋, 봉황문, 구형문矩形紋 등을 특징으로 한다. 전국시대로 오면 다양한 기하학문양이 더해지는데 주로 회문檁紋, 탑형기하문, 능격육변형문菱格六邊形紋, 무인

41 李肖冰, 위의 책, 88쪽, 그림 152.
42 李肖冰, 위의 책, 100쪽, 그림 173.

舞人동물문, 봉조기하조화문鳳鳥幾何條花紋, 대룡대봉문對龍對鳳紋, 기하전화연문幾何塡花燕紋, 면율변형문面律變形紋, 다양한 꽃과 동물이 혼합된 문양 등이 나타난다.

진한시대에서 위진남북조시대에 이르는 시기는 문자를 연속 나타낸 문양, 방기문方棋紋, 속세문續世紋, 지반문地班紋, 기하대룡문幾何對龍紋, 기하룡봉운문幾何龍鳳雲紋, 신기문信期紋, 승운문乘雲紋, 능문菱紋, 기문夔紋, 수문樹紋, 계칙문鸂鶒紋, 기하학문양과 용호주작龍虎朱雀이 혼합된 문양, 간략화한 인물문, 동물과 기하문이 복합된 문양을 많이 사용했다. 수당시대에 오면 앞서 유행했던 문양들에 다음의 문양들이 더해진다. 예를 들면 녹문鹿紋, 화주문花綢紋, 목단문牧丹紋, 연주공작귀자문聯珠孔雀貴字紋, 비파대목단문琵琶袋牧丹紋, 화조단화문花鳥團花紋, 산점소화서문散点小花瑞紋, 연주공작문聯珠孔雀紋, 사실변화문, 구갑왕자문龜甲王字紋, 뇌문, 원환문 등으로 이전보다 다양해진다. 그리고 페르시아 문양형식의 영향을 받아 상하 대칭의 직물도안도 유행했다.[43]

이처럼 중국 복식의 문양양식은 매우 다양하고 복합적인 변화를 가진다. 그러나 고구려복식에 장식된 문양은 주로 단색의 바탕천 위에 기하학문양을 나타냈다. 고구려 사람들은 같은 양식의 문양이라도 크기와 양식에 차이를 두고 기하학적인 선의 방향을 달리하며, 복식의 역동적인 가변성을 자연스럽게 표현해, 옷 하나하나에도 개성을 살렸다.

---

43 李濟, 〈跪坐蹲居與箕踞〉, 《李濟考古學論文集》 上, 聯經出版事業公司, 臺北, 1977, 563~588쪽; 李學勤, 〈論 '婦好' 墓的年代及有關問題〉, 《文物》 1977年 第11期, 32~37쪽; 黃能馥·陳娟娟, 《中華服飾藝術源流》 高等教育出版社, 1994, 45쪽; 李濟, 〈民國十八年秋季發掘殷墟之經過及其重要發現〉, 《安陽發掘報告》 第2期, 249~250쪽; 陳仁濤, 《金匱論古初集》, 香港亞洲石印局印, 1952; 回顧, 《中國絲綢紋樣史》, 黑龍江美術出版社, 1990, 1~116쪽; 黃能福·陳娟娟·鐘漫天, 《中國服飾史》, 文化藝術出版社, 1998, 1~61쪽; 陝西歷史博物館, 《唐墓壁畫研究文集》, 三秦出版社 등 참조.

3) 여러 유형의 문양

개마총의 서 있는 사람의 윗옷에는 둥근문양을 2개 얹은 원추형의 복합문양이 반복적으로 나타나(그림 6-30),[44] 기하학문양을 자체적으로 형성하고 발전해 나갔음을 알 수 있다.

〈그림 6-30〉 개마총의 서 있는 사람의 윗옷과 모사도 부분

쌍영총의 서 있는 두 사람 가운데 왼쪽 사람은 큰 원추형문양의 윗옷과 긴 타원형문양의 바지를 입었고, 오른쪽 사람은 아래위 모두 서로 다른 색상의 원추형문양 옷을 입었다(그림 6-31).[45] 삼실총 행렬도에서 서있는 사람은 긴 곡선이 연속된 바지를 입었다(그림 6-32).[46] 곡선이 굵고 가늘게 연속적으로 표현되어 살아 움직이는 듯한 흐름을 느낄 수 있다.

장천 1호 불교공양도의 우산을 들고 서 있는 사람의 긴 겉옷의 도

44 주 9와 같음.

45 위와 같음.

46 위와 같음.

〈그림 6-31〉 쌍영총의 서 있는 사람의 윗옷과 아래옷
〈그림 6-32〉 삼실총 행렬도 서 있는 사람의 아래옷과 모사도 부분

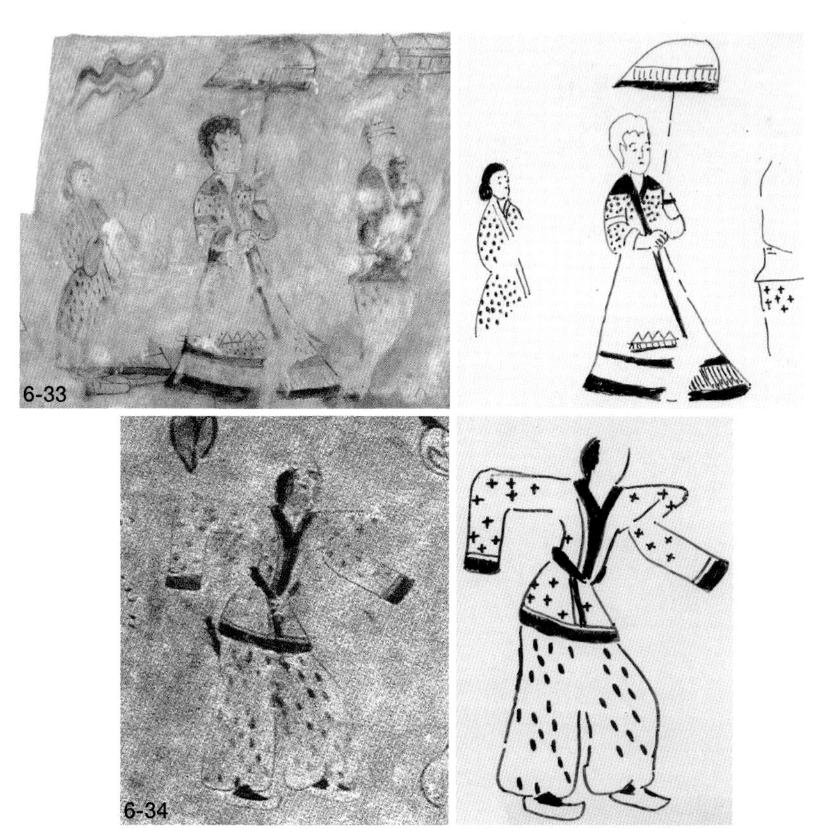

〈그림 6-33〉 장천 1호 불교공양도의 우산을 들고 서 있는 사람의 겉옷과 모사도
〈그림 6-34〉 장천 1호 야유수렵도의 춤추는 사람의 윗옷과 아래옷, 모사도

련에는 아래위로 연결된 사선문양이 나타난다(그림 6-33).[47] 장천 1호 야유수렵도의 긴 소매를 늘어뜨리고 춤추는 사람은 십자형문양을 연속 표현한 윗옷과 타원형문양의 바지를 입었다(그림 6-34).[48]

---

47 위와 같음.
48 위와 같음.

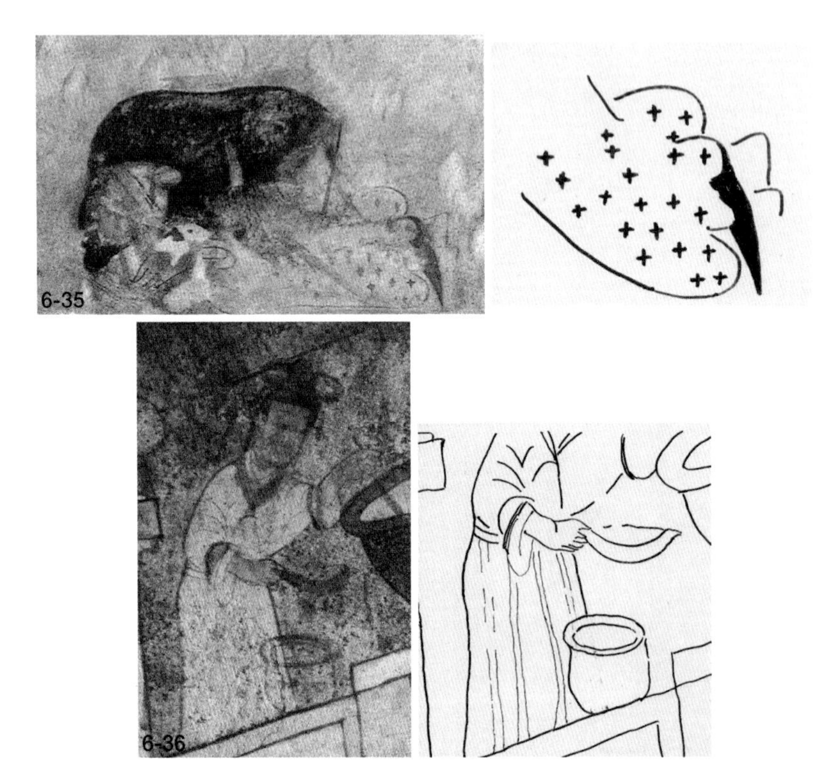

〈**그림 6-35**〉 장천 1호 불교공양도에 보이는 사람의 바지와 모사도 부분
〈**그림 6-36**〉 안악 3호 고분벽화 주방도廚房圖의 시루 앞에 서 있는 여인의 치마

또한 장천 1호 불교공양도에서 엎드려 절하는 사람의 바지에는 십자형문양을 가지런히 연속 표현하고 있는데, 이는 마치 평면성을 뛰어넘는 듯하다(그림 6-35).[49]

고구려 고분벽화에 나타난 복식 가운데 줄무늬는 안악 3호 고분벽화, 덕흥리 고분벽화, 수산리 고분벽화, 감신총의 인물이 입은 바지에서 확인된다. 안악 3호 고분벽화 주방도廚房圖의 시루 앞에 서

49 위와 같음.

〈그림 6-37〉 덕흥리 고분벽화에 보이는 치마

있는 여인의 치마에서는, 허리에서 끝동까지 얇은 붉은색의 가는 줄이 여럿 보인다(그림 6-36).[50] 덕흥리 고분벽화 인물의 치마에서는 두 종류의 줄무늬가 보이는데, 선으로 줄무늬를 표현한 것이 있고, 여러 색으로 배합한 색동이 있다(그림 6-37).[51] 수산리 고분벽화 부인도에 그려진 묘주 부인의 치마는 세 가지 색의 넓은 폭으로 길게 줄무늬를 만들어 색동으로 표현했다(그림 6-38).[52] 감신총 전실 서벽 남쪽 벽화 인물의 치마에는 두 가지 색으로 가늘고 넓은 줄을 섞어 표현했다(그림 6-39).[53]

〈그림 6-38〉 수산리 고분벽화에 보이는 치마

50 주 9와 같음.
51 위와 같음.
52 위와 같음.
53 위와 같음.

〈**그림 6-39**〉 감신총에 보이는 치마 부분 〈**그림 6-40**〉 서안 초역파 북위묘에서 출토된 채색인형의 치마 〈**그림 6-41**〉 '보련도'에 보이는 색동치마 〈**그림 6-42**〉 아사탑나 당묘에서 출토된 채색인형의 치마

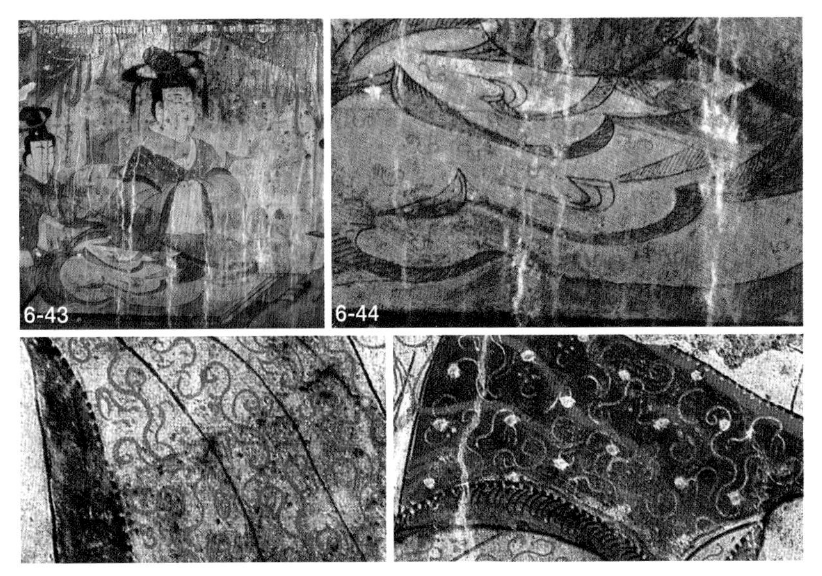

〈그림 6-43〉 안악 3호 고분벽화의 묘주부인도
〈그림 6-44〉 안악 3호 고분벽화 묘주부인의 윗옷과 아래옷의 부분도

중국과 북방지역에서 색동줄무늬는 위진남북조시대부터 수당시대까지 매우 유행한 양식이었다. 그 예로 섬서성 서안 초역파 북위묘北魏墓에서 출토된 채색인형은 색동치마를 입었고(그림 6-40),[54] 둔황 막고굴 288굴 벽화에 보이는 귀부인과 시종들도 모두 같은 폭의 색동으로 된 치마를 입었다.[55] 또한 염립본의 《보련도步輦圖》의 당나라 황제를 모시는 시녀들의 색동치마(그림 6-41)[56]를 들 수 있다. 신강 투르판 아사탑나阿斯塔那 당묘唐墓에서 출토된, 몸은 나무로, 머리는 흙으로 만든 채색 여자인형도 색동치마를 입고 있다(그림 6-42).[57] 이러한 사실

54 黃能馥·陳娟娟, 앞의 책, 166쪽, 그림 26.
55 上海市戲曲學校中國服裝史硏究組 編著, 周汛·高春明撰文, 앞의 책, 65쪽, 그림 106.
56 上海市戲曲學校中國服裝史硏究組 編著, 周汛·高春明撰文, 앞의 책, 82쪽, 그림 136.
57 黃能馥·陳娟娟, 앞의 책, 226쪽, 그림 71.

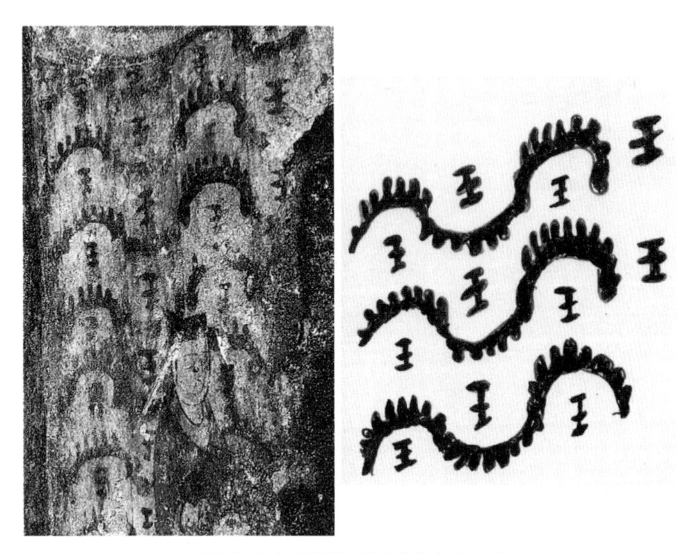

〈그림 6-45〉 감신총 휘장 부분과 모사도

로부터 고구려의 복식과 양식은 다르지만, 중국이나 북방지역에서도 다양한 폭의 색동 무늬가 치마양식으로 널리 유행했음을 알 수 있다.

이러한 줄무늬 외에도 안악 3호 고분벽화의 부인도(그림 6-43)에 보이는 묘주 부인의 윗옷에는 식물줄기를 연상케 하는 서로 자유롭게 연결된 넝쿨모양의 문양이 보이고,[58] 치마에는 구름을 연상케 하는 작은 돌기문양이 연속해 나타난다(그림 6-44).[59] 윗옷의 한 부분에는 밝은 색 바탕에 붉은색의 줄기문양이 연속적으로 보인다. 또 다른 부분에는 어두운 바탕에 흰색의 줄기문양이 이어지고, 끝부분마다 흰색의 동그란 장식들로 마무리되어 꽃을 피운 듯한 아름다움이 돋보인다.

58 주 9와 같음.

59 위와 같음.

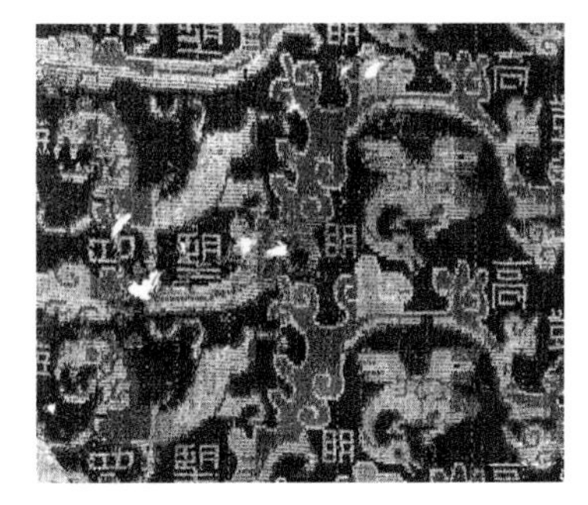

〈그림 6-46〉
신강 누란에서 출토된 금직물

복식문양은 아니지만 평양 감신총 서쪽 벽의 인물 뒤에 있는 휘장의 문양은 특이한 기하학문양이다. 돌기가 있는 곡선이 같은 간격으로 이어지고, 그 사이에 왕자王字처럼 보이는 문양이 연속되어 있다(그림 6-45).[60] 이를 신강의 누란樓蘭에서 출토된, 운기문과 문자가 복합되어 이루어진 중국 동한시대의 금錦과 비교하여 같은 종류의 것으로 해석하기도 한다(그림 6-46).[61] 그러나 고구려 고분벽화의 진파리 1호묘, 강서대묘, 덕흥리 고분벽화 등에서는 구름을 감신총의 휘장에 보이는 문양과 같이 형식적으로 표현하지 않고, 비교적 자유롭게 표현하고 있다. 따라서 감신총에서 보이는 굴곡진 문양을 운기문이라 단정하기는 어렵고, 왕자 모양의 문양 또한 글자인지 아닌지의 여부를 알 수 없다. 따라서 이 문양은 기하학문양으로 분류해야 할 것이다.

지금까지 고구려복식에 나타난 기하학문양의 양식과 조형성을 내용별로 정리하고, 이를 이웃나라의 것과 비교·분석해 보았다. 고구려 사람들은 다양한 기하학문양을 독특하게 조형화하며, 이를 복식에서 자유롭게 표현했다는 사실을 알 수 있었다. 아울러 그들이 복식에서 추구했던 주체적인 시각의 조형적 자유의지와 다양성을 살펴볼 수 있다. 고구려 사람들이 복식에 나타냈던 기하학문양은, 중국이나 북방지역에서 사용했던 것과 달리 고조선의 전통을 이어, 양식의 종류와 조합의지를 나타냈음 또한 알 수 있었다.

60 위와 같음.
61 심연옥, 《한국직물문양이천년》, 삼화인쇄출판사, 2006, 18쪽.

2 기하학문양 생산기법의 종류와 특징

1) 염색기법과 직조기법의 종류

고구려복식에 보이는 기하학문양의 기원은 고조선보다 앞선 신석기시대로 거슬러 올라가게 된다. 기하학문양은 한반도와 만주지역에서 출토된 신석기시대의 질그릇, 뼈바늘통, 가락바퀴, 옥기, 장신구 등에서 보이기 시작한다. 이어서 청동기시대의 청동거울, 청동방울, 검집, 청동장식단추, 장신구 등의 청동유물에서도 한민족 고유의 특징을 가진 다양한 기하학문양이 나타난다. 고조선문화로 분류된 오한기敖漢旗에 위치한 대전자大甸子유적에서 출토된 질그릇(그림 6-47)[62]에 보이는 문양들은 채색된 기하학문양 특유의 아름다움을 보여준다. 5장 3절에서 서술했듯이, 이 유적에서는 채색질그릇과 함께 직물의 흔적을 나타내는 칠목기漆木器가 출토되어,[63] 칠의 긴 역사를 알 수 있다.

복식의 채색과 문양에 관해 《후한서》의 〈동이열전〉에서 "동이는 거의 모두 토착민으로, 술 마시고 노래하며 춤추기를 좋아하고,

62 中國社會科學院 考古研究所, 《大甸子-中國田野考古報告集》, 考古學傳刊 丁種 第48號, 科學出版社, 1996 참조, 최근에 고고학자들은 夏家店하층문화를 비파형동검문화의 전신으로 보며 고조선문화로 분류하고 있다(한창균, 〈고조선의 성립배경과 발전단계 시론〉, 《國史館論叢》 제33집, 국사편찬위원회, 1992, 7~20쪽; 林炳泰, 〈考古學上으로 본 濊貊〉, 《韓國古代史論叢》 1, 가락국사적개발연구원, 1991, 81~95쪽 참조). 內蒙古自治區 敖漢旗 大甸子 유적은 서기전 1440±90년(3390±90 B.P.)·1470±85년(3420±135 B.P.)으로 교정연대는 서기전 1695±135년·1735±135년이다(中國社會科學院考古研究所, 《中國考古學中碳十四年代數據集》, 文物出版社, 1983, 25쪽); 복기대, 《요서지역의 청동기시대 문화연구》, 백산자료원, 2002, 15~100쪽 참조.

63 中國社會科學院考古研究所, 《中國田野考古報告集》-大甸子-夏家店下層遺址與墓地發掘報告, 科學出版社, 1996, 191~192쪽.

〈그림 6-47〉 대전자유적에서 출토된 채색질그릇

변弁을 쓰거나 물감을 들인 오색실로 섞어 짠 사직물(錦)로 만든 옷을 입었다"[64]고 하여, 고대에 한반도와 만주 일대에 위치했던 한민족이 일반적으로 금錦으로 만든 옷을 입었다고 했다. 금은 물감을 들인 오색실로 섞어 짠 사직물이며, 경사 혹은 위사를 이중·삼중 이상으로 하여 문양을 표현한 중조직重組織의 직물이다. 실제로 가야 옥전 M3·M4호 고분과 천마총에서 금錦이 출토된 바 있다. 금錦을 입었던 사람들은 모두 토착인이라 했으므로, 이는 고조선시대부터 금錦을 사용했을 것으로 생각된다.

실제로 평양의 낙랑구역일대 유적에서는 해방 이전[65]과 이

64 《後漢書》 卷85 〈東夷列傳〉 序. "東夷率皆土著, 憙飮酒歌舞, 或冠弁衣錦." 《後漢書》는 서기 25년부터 서기 220년까지의 東漢시대에 관한 역사서이기 때문에 서기전 1세기경 고조선이 붕괴한 이후 여러나라시대에 관한 당시의 상황을 연구하는 데 중요한 사료가 된다.

65 "비단이 드러난 대표적인 무덤들은 석암리21호·194호·205호·212호·214호·219호무덤, 대동군 오야리 18호·19호무덤, 정백동 1호·2호·3호·37호·147호·166호·200호·389호무덤, 정오동 1호·4호·5호·12호·36호무덤, 토성동 34호·4호·486호무덤들과 채협총인데 여기에서 출토된 고대 비단들 가운데서 비교적 보존상태가 좋은 몇 례의 비단과 조선중앙력사박물관에 보존된 일제시기에 출토되었던 십여 점의 고대 비단들과 함께 과

후[66]에 고조선의 사직물들이 다량 출토되었다. 필자는 조희승이 분석한 '고대 비단 천 분석표'와 1945년 이전 일본인에 의해 분석된 '고대 비단 천 분석표'를 중심으로 같은 시대에 속한 중국의 사직물과 비교·분석했다. 그리고 이 분석으로부터 고대 한국이 생산했던 사직물의 특징을 추출함과 더불어 과거 일본인들이 지금의 평양지역에서 출토된 사직물을 중국의 사직물이라고 단정한 것이 잘못되었음을 밝힌 바 있다.[67]

제3장 4절에서 제시한 조희승이 분석한 '고대 비단 천 분석표'(표 3-1)와 1945년 이전 일본인에 의해 분석된 '고대 비단 천 분석표'(표 3-2)에 보이는 직물들의 염색 상태를 알아보기로 한다.

〈표 3-1〉과 〈표 3-2〉에 보이는 지금의 평양일대에 위치하고 있는 유적들의 연대는 서기전 3~서기전 2세기에 속한다.[68] 조희승은

학적으로 실험분석을 했다."(조희승, 〈평양락랑유적에서 드러난 고대비단에 대하여〉, 《조선고고연구》 1996년 제1호, 사회과학원고고학연구소, 20~24쪽)

66 리순진·김재용, 《락랑구역 일대의 고분발굴보고》, 백산자료원, 2003 참조.

67 박선희, 앞의 책, 125~188쪽.

68 정백동 유적은 서기전 3~서기전 2세기에, 석암리 212호 유적은 서기전 2세기 후반에 속한다(조선유적유물도감 편찬위원회, 《조선유적유물도감》 고조선·부여·진국편, 외국문물종합출판사, 1989). 이 시기는 중국의 전국시대 말기에서 서한시대 초기에 해당한다. 王盱墓에서 출토된 사직물은 서기 69~서기 133년에 속한다고 할 수 있는데(小場恒吉·榧本龜次郎, 《樂浪王光墓》, 朝鮮古蹟硏究會, 昭和 10(1935); 駒井和愛, 《樂浪》, 中央公論社, 昭和 47(1972), 5쪽. 王盱墓에서는 명문이 있는 칠기가 출토되었는데, 그 가운데 '永平 十二年'이라는 기록이 있었다. 永平 12년은 동한시대로 서기 69년이다. 그리고 이 고분에서 수집된 木材를 이용하여 방사성탄소측정을 한 결과는 서기 133년(1850±250 B.P.)이었다. 이 시기는 중국의 동한시대에 해당한다. 그 외의 무덤은 낙랑이라는 기호가 표시되어 있으므로 정백동과 왕우묘의 연대에 근거하여 서기전 3~서기 2세기경에 속한 유물로 볼 수 있다. 정백동 무덤과 석암리 212호무덤(박진욱, 《조선고고학전서》 고대편, 과학백과사전종합출판사, 1988, 148~158쪽)에서는 요녕성과 한반도 지역의 특징적 청동기인 세형동검이 출토되어 이 무덤들은 고조선 유적임이 이미 확인되었다. 또한 정백동의 무덤과 석암리 212호 유적에서는 세형동검과 함께 '夫租薉(濊)君'이라고 새겨진 銀印이 출토되었는데(백련행, 〈부조예군의 도장에 대하여〉, 《문화유산》 1962년 4호, 61쪽), '夫租薉(濊)君'은 고조선과 위만조선에서 사용했던 관직명이었음이 이미 밝혀진 바 있다(尹乃鉉, 《韓國古代史新論》, 일지사, 1986,

〈표 3-1〉과 〈표 3-2〉의 직물재료는 야생누에가 아닌, 가잠누에 가운데 한국에서만 길러지는 석잠누에의 고치실이며, 누에의 염색체와 생식세포의 수가 중국의 누에와 다르다고 분석했다.[69] 특히 고조선의 견絹과 같이 견섬유의 정련 공정에서 약간의 세리신을 남겨두는 것이 탄성을 부여하는 데는 더 좋으며, 염색을 효과적으로 할 수 있다.[70]

이 같은 사실로부터 고조선 사람들은 사직물의 생산뿐만 아니라 문양을 표현하는 염색과 직조기술 방면에도 높은 수준의 지식을 갖고 있었음을 알 수 있다. 실제로 〈표 3-1〉과 〈표 3-2〉의 내용은 기본적으로 모두 염색한 사직물이다. 이들 사직물 가운데 ㄹ441-2d와 ㄹ441-11은 직조기법으로 문양을 나타낸 항라천이고, ㄹ-442는 붓으로 문양을 그려 넣은 천이며, ㄹ441-7과 ㄹ441-5는 넝쿨문양을 수놓은 것이다. 고조선에서는 문양을 만드는 데 염색기법과 직조기법, 자수기법을 모두 사용했음을 알게 해준다.

직조기법은 기본적으로 날실과 씨실을 혼합한 상태에 따라 그 조직이 달라지는데, 표에서 나타나는 일반적인 조직인 평직 이외에 능직綾織 및 주자직朱子織이 있다. 기하학문양은 이들 세 가지 기본적인 조직기법에서 변화한, 여러 종류의 혼합조직기법으로 이루어진 것이다.

고조선 사람들의 여러 가지 색상을 이용한 화려한 의복 생산기술은 이후 고구려와 여러나라로 계승되었다. 고구려 고분벽화의 사람들이 입은 옷의 재료는 대부분 사직물로 추정되는데,[71] 그 색상은 매우 화려하고 다양하며 자연염료의 단아하고 우아한 멋을 풍기고 있

325~326쪽). 이러한 고고학 자료와 그 연구 결과는 이들 유적에서 출토된 사직물들이 중국의 것이 아닌 고조선만이 갖는 絲織物의 특징을 보여주는 점에 의해서도 뒷받침된다.

69 조희승, 앞의 글, 23쪽.

70 위와 같음.

71 《後漢書》 卷115 〈東夷列傳〉 高句麗傳. "그들의 공공모임에는 모두 錦에 수놓은 의복을 입고 금과 은으로 장식했다(其公會衣服皆錦繡金銀以自飾)."

다. 이들 옷에 표현된 기하학문양은 당시 고구려 사람들의 염색기법과 직조기술이 매우 우수했음을 알게 해준다.

고구려 고분벽화 복식에 보이는 단색은, 고조선의 기술을 이어 물들인 색실로 직조한 것이거나 직조한 직물을 침염법으로 염색한 것이라 생각된다. 마찬가지로 문양도 위의 〈표 3-1〉과 〈표 3-2〉의 고조선의 사직물에서 보이듯이, 직조에 의해 표현되기도 하고, 단색의 직물 위에 염색법으로 만들기도 했을 것이다.

기하학문양을 나타내는 염색법에는 여러 종류가 있다. 고구려에서 금錦의 생산이 더욱 발달해 운포금雲布錦·오색금五色錦·자지힐문금紫地纈文錦 등의 생산을 가져왔는데,[72] 이들 금錦은 다양한 양식과 색상의 문양을 띠고 있었을 것으로 해석된다. 특히 자지힐문금은 자주빛 꽃문양이 있는 금이라 생각된다.[73]

자지힐문금의 자줏빛 꽃문양은 다양한 방법으로 만들 수 있는데, 기본적으로는 누에색실로 직조해 만들 수 있다. 또는 천을 실로 묶어 자색 물감에 담가 염색한 뒤 실을 풀면 무늬가 생기는 기법으로 꽃문양을 나타낼 수도 있다. 이러한 기법은 '홀치기염'이라고 한다. 또 다른 염색법으로는 목판이나 돌판 등에 문양을 조각하고 그 위에 염료를 발라 직물에 찍어 문양을 표현하는 염색기법과, 붓이나 새털과 같은 도구를 사용하여 직물에 그림을 그리거나 찍어서 표현하는 ㄹ-442와 같은 채회기법이 있다.

그 밖에 규격과 문양이 똑같이 조각된 두 개의 판 사이에 직물을

72 《翰苑》〈蕃夷部〉高麗條.

73 '纈'은 《增韻》에 빛깔이 화려한 무늬 있는 繒이라 했다(《增韻》. "纈, 綵文之繒也"). 繒은 홀실로 두텁게 짠 사직물이다(《說文解字》. "帛也." 《本草綱目》. "帛, 素絲所織, 長狹如巾, 故字從白巾. 厚者日繒, 雙絲者日縑"). 《許國公神道碑》에서도 '繒'을 가리킨다(韓愈, 《許國公神道碑》. "旣至, 獻絹五十萬匹, 他錦紈綺纈又三萬"). 그러나 庚信의 《壽衣詩》와 蘇軾의 《聚星堂雪詩》에 따르면, '纈'은 꽃문양을 뜻한다(《壽衣詩》. "花鬢 醉眼纈." 《聚星堂雪詩》. "醉眼何因作纈文").

밀착시킨 뒤, 염료를 주입하여 염색하는 방염기법인 사협힐糸纈纈기법이 있다. 신라에서는 흥덕왕 9년에 6두품 여자의 겉치마에 협힐로 금·은박 올리는 것을 금하고, 5두품 여자의 배자와 짧은 윗옷 및 겉치마 등에 금·은박 올리는 것을 금하였다.[74] 이러한 내용은 서기 835년 신라의 금·은박에 관한 것이지만, 협힐기법이 시작된 것은 이보다 훨씬 앞섰을 것으로 생각된다. 고구려·백제·신라의 복식이 거의 같았으므로,[75] 고구려에서도 사협힐기법으로 기하학문양과 꽃문양 등을 만들고 금·은박도 올렸을 것으로 생각된다.

금·은박과 유사한 효과를 나타낸 기법으로는 금실을 꼬아 짠 금총포를 들 수 있다. 한韓의 기술을 이어 짠[76] 금총포[77]는 화려한 금색 문양을 표현한 직물이다. 고구려에는 금총포에 관한 직접적인 기록은 없다. 그러나 신라에서 태종 무열왕 때에 당의 제도를 따르기 이전까지 삼한三韓의 의장儀章과 복식의 토풍土風을 그대로 따랐기 때문에, 이웃인 고구려에서도 이를 사용했을 것으로 생각된다. 《통전通典》에 연개소문의 의복과 관모 및 신발에 모두 채색 금가루로 장식했다는 기록이 있는데,[78] 이것이 금총포나 금·은박을 이야기하는

---

74 《三國史記》 卷33 〈雜志〉 色服條. "六頭品女,……表裳禁罽繡錦羅繐羅野草羅金銀泥糸纈纈,…… 五頭品女,……楷(褙)·襠禁罽繡錦野草羅布紡羅金銀泥糸纈纈.……短衣禁罽繡錦野草羅布紡羅繐金銀泥糸纈纈, 表裳禁罽繡錦野草羅繐羅金銀泥糸纈纈, 褸襻禁罽繡錦羅, 內裳禁罽繡錦野草羅金銀泥糸纈纈……."

75 《舊唐書》 卷199 〈東夷列傳〉 新羅傳. "풍속·형법·의복은 고(구)려·백제와 대략 같으나, 조복은 흰색을 숭상한다(其風俗·刑法·衣服, 與高麗·百濟略同, 而朝服尙白)."; 《魏書》 卷100 〈列傳〉 百濟傳. "그 의복과 음식은 고구려와 같다(其衣服飮食與高句麗同)."

76 《高麗史》, 〈志〉 卷26 輿服1. "동국은 삼한으로부터 의장과 복식이 고유한 풍속을 다가 신라 태종왕에 이르러 당의 제도를 따르기를 청했고, 그 뒤 관복제도는 차츰 중국을 따랐다(東國, 自三韓, 儀章服飾, 循習土風, 至新羅太宗王, 請襲唐儀, 是後, 冠服之制, 稍擬中華)."

77 《三國史記》 卷5 〈新羅本紀〉 眞德女王 7年條. "겨울 11월에 사신을 당에 보내 금총포를 바쳤다(七年冬十一月, 遣使大唐, 獻金扌忽布)."

78 《通典》 卷186 〈邊防2〉 東夷下, 高句麗. "蘇文須面甚偉, 形體魁傑, 衣服冠履皆

것으로 생각된다.

납힐은 '갈힐' 이라고도 하는데 동서양 모두에서 성행했던 문양 방염의 기법으로, 용해된 뜨거운 밀랍, 풀, 쌀풀, 콩풀 등 반 유동체가 방염제로 사용된다. 단색염의 경우는 방염공정이 한 번으로 끝나지만, 다색염의 경우에는 방염제를 여러 번 칠한 뒤 그때마다 염색을 되풀이한다.[79]

감신총 전실 서벽 남쪽 벽에 보이는 주름치마, 덕흥리 고분벽화의 주름치마, 수산리 고분벽화 귀부인의 주름치마는 모두 색동으로 되어 있다. 이들 치마의 주름이 납힐기법으로 만들어진 것이라는 해석이 제기되었다.[80] 그러나 오직 납힐기법에 의한 것이라기보다는 직조와 염색이 병행된 것으로 여겨진다. 왜냐하면 염색된 색실로 직조한 서로 다른 색상의 천을 재봉으로 연결하여 색동치마를 만들거나, 직조기법으로 색동을 표현할 수도 있기 때문이다.

이러한 직조와 염색에 의한 기하학문양은 앞서 설명한 사직물뿐만 아니라 고구려가 생산했던 마직물과 고급 면직물인 백첩포[81] 및 모직물 등 모든 직물에 표현되었을 것이고, 가죽과 모피에도 염색에 의해 문양이 이루어졌을 것이다.

2) 자수기법과 장식기법의 특징

고구려 사람들은 공공모임에서 모두 물감을 들인 오색실로 섞어 수놓아 짠 사직물에 수놓은(錦繡) 옷을 입었다.[82] 부여 사람들[83]과 동

飾以金釆……."

79 잭 레너 라센 지음·김수석 옮김, 《세계의 염색기술》, 미진사, 1994, 77~128쪽 참조.

80 장현주, 〈고구려의 염색문화〉, 《服飾》 56권 3호, 2006, 52쪽.

81 《翰苑》 〈蕃夷部〉. "高麗記云: 其人亦造錦, 紫地纈文者爲上, 次有五色錦, 次有雲布錦, 又有造白疊布靑布而尤佳.……"

82 《後漢書》 卷85 〈東夷列傳〉. 高句麗傳. "其公會衣服皆錦繡."

83 《三國志》 卷30 〈烏丸鮮卑東夷傳〉. 夫餘傳. "出國則尙繒繡錦罽."

옥저 사람들은 고구려의 의복과 같았다.[84] 마한 등 한韓에서도 금金이나 보물뿐만 아니라 금錦과 계罽 또한 귀하게 여기지 않을 정도로 널리 입었다.[85] 이로 보아 여러나라시대 고구려와 부여 및 동옥저 등에서는 금수로 만든 옷을 즐겨 입었음을 알 수 있다. 금錦은 앞에서 설명했듯이 물감을 들인 오색실로 섞어 짠 사직물이며, 금수는 오색이 나는 금 위에 색실로 수를 놓아 화려함을 더한 것이라 할 수 있겠다.

선염기법은 실을 염액에 담가 먼저 염색을 한 뒤 직물을 제직하는 방법이다. 이 시기 선염기법으로 인해 금직물이 더욱 발달했고, 다양한 색상으로 염색한 누에실을 사용해 직물에 수를 놓아 화려한 문양을 표현할 수 있었다.

고구려 사람들은 조국이 멸망한 이후에도 금수錦繡로 만든 의복을 소중히 여기고 계속 사용했는데, 그 같은 사실은 고구려 유민과 관련된 금석문인 당唐 고종高宗 의봉儀鳳 4년(서기 679년)에 만들어진 연개소문의 장남인 천남생泉男生의 묘지명의 내용에서 확인된다.

> 제기祭器를 안고 율여律呂를 살피다. 금수錦繡를 생각하며 낭묘廊廟에 올랐다.……그 사詞는……크게 국가의 경영을 도모하며 크게 백성의 삶을 살피었고 금錦과 수繡의 옷을 입고 죄와 형을 논했다네.……작은 수레로 출무出撫하고, 금錦을 덧입고 새벽에 나서 높고 낮은 곳을 오르내리니 단주亶洲에 갇혔다네.[86]

---

84 《後漢書》 卷85 〈東夷列傳〉 東沃沮傳. "언어·음식·거처·의복은 (고)구려와 비슷하다(言語·飮食·居處·衣服有似句驪)."; 《三國志》 卷30 〈烏丸鮮卑東夷傳〉 東沃沮傳. "음식·주거·의복·예절은 (고)구려와 비슷하다(食飮居處, 衣服禮節, 有似句麗)."

85 《後漢書》 卷85 〈東夷列傳〉 韓傳. "금, 보화, 물들인 실로 짠 錦과 푸른 새털로 짠 계를 귀하게 여기지 않았으며……(不貴金寶錦罽……)."; 《三國志》 卷13 〈烏丸鮮卑東夷傳〉 馬韓傳. "金銀錦繡를 진귀하게 생각하지 않았다(不以金銀錦繡爲珍)."

86 주 6과 같음.

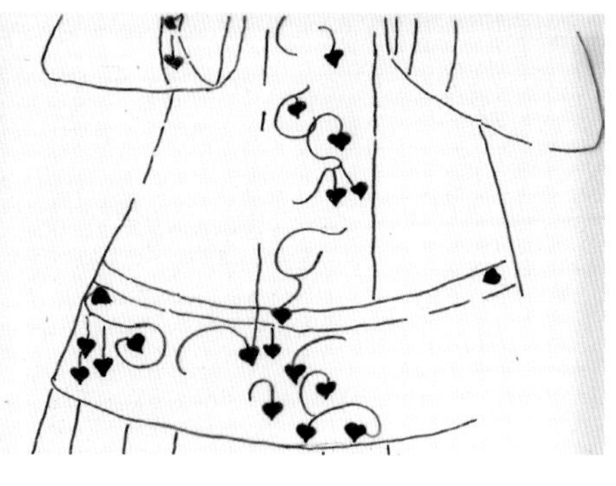

〈그림 6-48〉 수산리 고분벽화 귀부인의 윗옷과 모사도 부분

이러한 내용으로부터 고구려 사람들은 공공모임에서 모두 금수로 만든 옷을 입었던 일들을 그리워하며, 고구려가 멸망한 뒤에도 계속 그러한 풍속을 지켜나갔음을 알 수 있다.

자수기법으로 문양을 표현한 예를, 개마총 부인의 윗옷에 두른 선과 수산리 고분벽화 귀부인의 윗옷에 보이는 문양에서 찾을 수 있다. 개마총 부인의 윗옷에 두른 선襈은 흰색의 가는 사선문양과 점문양으로 이어졌고, 끝동은 옆으로 둥근 타원형문양으로 장식되었다. 수산리 고분벽화 귀부인의 검은색 윗옷에는 붉은색으로 이어진 선의 끝부분에 나뭇잎문양이 있었고, 그 밖에 둥근 점과 넝쿨로 어우러진 문양도 연속 표현되었다(그림 6-48). 이 문양들을 납힐臘纈이라고 분석하기도 하지만,[87] 그림에서처럼 문양들이 바탕천에서 도드라져 보이는 것으로 보아, 자수기법이라 생각된다. 안악 3호 고분벽화 부인도에 보이는 부인의 윗옷문양도 넝쿨줄기가 이어지고, 꽃 혹은 열매처럼 보이는 흰색의 둥근문양이 도드라져 보이는 것으로 보아, 같은 자수기법이라고 생각된다.

고구려 사람들은 자수기법에 장식기법을 더하여 우아하고 화려한 복식을 연출했다. 안악 3호 고분벽화 묘주도의 묘주 겉옷에는 깃과 끝동부분에 둥근 모양의 장식 단추가 한 줄로 이어져 장식되었다(그림 6-43, 6-44 참조). 부인도의 부인 겉옷에도 깃, 끝동, 팔, 앞부분에 둥근 장식단추가 한 줄로 이어져 장식되었다. 이러한 장식단추는 옷 이외에 모자에도 사용되었다. 《북사北史》의 〈열전〉 고구려전과 《주서周書》의 〈열전〉 고(구)려전에는 다음과 같은 내용이 보인다.

> 귀한 사람들은 그 관冠을 소골蘇骨이라고 하는데 대부분 자줏빛 나羅로 만들어 금이나 은으로 장식한다.[88]

> 남자들은……그 관冠을 골소骨蘇라고 하는데 대부분 자주색 나羅로 만들고 금과 은으로 섞어 장식했다.[89]

위의 기록으로부터 귀한 신분의 남자들은 무늬를 성글게 짠 사직물인 나羅[90]로 만든 관을 썼는데, 이 나羅로 만든 관을 '소골蘇骨' 또

87 李如星, 앞의 책, 311쪽.

88 《北史》 卷94 〈列傳〉 高句麗傳. "貴者, 其冠曰蘇骨, 多用紫羅爲之, 飾以金銀."

89 《周書》 卷49 〈列傳〉 高(句)麗傳. "丈夫……其冠曰骨蘇, 多以紫羅爲之, 雜以金銀爲飾."

90 羅는 《說文解字》에서 새를 잡는 그물로 설명했다(《說文解字》. "羅, 以絲罟鳥也. 從網從維. 古者芒氏初作羅"). 《爾雅》 〈釋器〉에서는 "새 그물을 나라고 한다(《爾雅》 〈釋器〉. "鳥罟謂之羅")"고 했고, 《釋名》에서는 "무늬가 성근 것이 羅("文

〈그림 6-49〉
개마총 행렬도에 보이는 사람의 윗옷

는 '골소骨蘇'라고 부르고 그 위에 금과 은으로 장식했음을 알 수 있다. 그 실제 예가 개마총 주실 서벽 천정부에 그려진 행렬도에서 확인된다. 행렬도 맨 앞의 귀인으로 보이는 사람은 매우 화려한 세움장식을 꽂고, 자줏빛이 나는 관을 썼다. 이마 부분에는 관과 다른 색의 테두리가 있고 그 위에 금이나 은으로 보이는 장식단추로 장식했으며, 옷도 같은 둥근 모양의 장식단추로 장식했다(그림 6-49).

고구려의 장식기법은 고조선의 것을 계승한 것으로 보인다. 고조선에서는 청동장식단추를 의복뿐만 아니라 모자나 신발 또는 활집 등 복식의 여러 부분에 다양하게 사용했다. 고조선의 여러 유적 가운데 누상 1호묘와 정가와자 6512호묘에서 둥근 모양의 청동장식단추가 가장 많이 출토되었다. 누상 1호묘의 경우 청동장식단추 41점이 출토되었는데, 이 1호묘는 서쪽 유물 절반이 완전히 없어진 상태였으므로 더욱 많은 양의 청동장식단추가 있었을 것으로 생각된다. 정가와자 6512호묘의 경우 매장자의 발밑에서 둥근 모양의 청동장식단추들이 발굴되었다. 따라서 이들은 가죽장화에 달

疏羅也")"라고 했으며, 《類篇》에서는 帛이라고 했다. 즉, 羅는 누에고치실로 그물처럼 성글게 짠 것임을 알 수 있다.

았던 장식물로 보인다.[91] 고조선에서는 이 같은 둥근 모양의 청동장식단추를 갑옷이나 투구에도 사용했다.[92] 이러한 고조선의 장식기법은 여러나라로 이어진다. 부여에서는 금과 은으로 모자를 장식했고,[93] 예濊에서는 윗옷에 약 5센티미터 되는 은화를 달았으며,[94] 고구려 사람들은 금으로 만든 옷에 금과 은으로 장식했다.[95] 사신도에 보이는 고구려 사신은 나뭇잎모양 장식의 가운데 부분과 주변을 둥근 모양의 금화金花로 장식했다(그림 5-42 참조). 백제 사신의 양쪽 팔 위쪽에도 변형된 나뭇잎모양의 장식이 있고 그 아래 다시 3개의 둥근 모양의 금화를 장식한 것이 보인다(그림 5-43 참조).

이 같은 금이나 은 또는 청동 등으로 만든 둥근 장식단추를 일반복식과 특수 복식인 갑옷과 투구 등에 사용한 것은 고조선복식만의 특징으로, 중국이나 북방지역에서는 찾아볼 수 없는 독자적인 것이며, 지속적인 발달양상을 나타낸다.

---

91 中國科學院考古研究所內蒙古工作隊, 〈赤峰葯王廟·夏家店遺址試掘報告〉, 《中國考古集成》 東北卷 靑銅時代(一), 678~680쪽; 조선유적유물도감편찬위원회, 《조선유적유물도감》 1-고조선·진국·부여편, 조선유적유물도감편찬위원회, 1989, 70쪽; 박진욱, 《조선고고학전서》, 과학백과사전종합출판사, 1997, 50·57~58쪽.

92 遼寧省昭烏達盟文物工作站, 〈遼寧省南山根的石槨墓〉, 《考古學報》 1973年 第2期, 27~40쪽; 李逸友, 〈內蒙古昭烏達盟出土的銅器調查〉, 《考古》 1959年 第6期, 276~277쪽.

93 《三國志》 卷30 〈烏丸鮮卑東夷傳〉 扶餘傳. "以金銀飾帽."

94 《後漢書》 卷85 〈東夷列傳〉 濊傳. "(예 사람들은) 남녀 모두 曲領을 입었다(男女皆衣曲領)."

95 《後漢書》 卷85 〈東夷列傳〉 高句麗傳. "(고구려 사람들은) 그들의 공공모임에 모두 물감을 들인 오색실로 섞어 짠 사직물에 수놓은 옷을 입고 금과 은으로 장식했다(其公會衣服皆錦繡金銀以自飾)."

3
복식양식과 색상의 창조적 발달

고조선 이전 시기부터 복식에 사용하던 다양한 양식의 장식들은 고조선시대에 널리 퍼지는 발달양상을 보인다. 이후 고구려시대에 오면 복식에 장식물을 다는 대신 염색과 직조, 자수 등의 기법으로 동일한 장식효과를 내거나, 장식단추를 병행하여 사용했다. 이것이 고구려 고분벽화의 복식에 기하학문양이 많이 나타나게 되는 까닭이다. 주로 둥근문양, 네모문양, 마름모문양, 원뿔문양, 돌기문양, 사선문양, 그리고 직선과 곡선 등의 추상적인 문양이 나타난다. 고구려 사람들은 옷 전체에 같은 크기의 둥근문양을 일정하게 연속하여 동일성을 강조하기도 하고, 크고 작은 둥근문양을 사선과 함께 사방연속하여 조화롭게 나타내기도 했다. 또한 둥근문양들은 윗옷과 아래옷에서 상하대칭 및 비대칭을 이루기도 하며, 절제 있게 혼합된 조형미로 고구려만의 개성적인 아름다움을 나타내기도 했다.

이러한 둥근문양의 여러 양식은 중국이나 북방지역의 복식에서 나타나지 않는, 고구려만의 고유한 복식문양이라 하겠다. 고구려복식은 비교적 단순하지만, 의복에 표현된 둥근문양은 추상적이면서 대담하고 역동적이다. 이는 생동하는 고구려의 조형적 이미지를 잘 보여준다고 할 수 있다.

고구려복식에서는 둥근문양 못지않게 마름모문양과 네모문양도 다양하게 나타난다. 여러 가지 네모문양을 연속적으로 나타내 현대적인 조형미를 보여주기도 하고, 마름모문양을 둥근문양과 함께 조화롭게 표현하여 다양성을 추구했던 고구려 사람들의 자유로운 조형의지를 알 수 있다.

고구려의 기하학문양은 주로 단색으로 만들어진 복식에 표현되어 입체감을 보이는데, 중국이나 북방지역의 복식에는 이러한 양식이 나타나지 않는다. 북방지역 복식에는 세모문양이나 네모문양 마름모문양이 나타나지만 고구려에서처럼 단색의 천위에서 기하학문양이 드러나는 것이 아니고, 서로 혼합된 형태와 색상으로 표현되었다. 북방지역과 달리 고구려 고분벽화가 만들어진 서기 4·5세기 무렵의 중국의 위진남북조시대에는 기하학문양과 동식물이 혼합된 문양이 많이 사용되었다. 이후 수당시대에 오면 앞서 유행했던 문양들에 화려한 꽃문양과 사실변화문 및 구갑왕자문龜甲王字紋 등이 더해진다. 그리고 페르시아 문양의 영향을 받아 상하대칭의 직물도안도 유행했다. 이와 같이 중국의 복식문양은 매우 다양하고 복합적인 양식의 변화를 보였으나, 고구려복식문양은 줄곧 단색의 바탕천 위에 기하학문양을 나타냈다.

고구려 사람들은 기하학문양을 독자적으로 형성하고 발전시켜 나갔다. 그 가운데 대표적인 것으로는 원추형, 긴 곡선을 연속한 문양, 아래위로 연결된 사선문양, 십자형문양, 줄무늬넝쿨모양, 돌기문양 등이 있다. 다양한 기하학문양을 복식에서 자유롭게 표현했던 것으로부터 고구려 사람들의 조형적 자유의지와 다양성을 알 수 있다. 고구려 사람들이 복식에 나타냈던 기하학문양은 중국이나 북방지역에서 사용했던 것과는 그 양식의 종류와 조합의지가 달랐다. 고구려 사람들은 윗옷과 아래옷 및 겉옷이 같은 문양으로 된 것을 입거나, 서로 다른 문양을 나타낸 것으로 입어 다양한 분위기를 연출했다.

복식에 나타난 여러 문양만큼 문양을 만드는 방법도 매우 다양했다. 고대 한반도와 만주 일대에 있던 한민족은 일반적으로 물감을 들인 오색실로 섞어 짠 금錦으로 만든 옷을 입었다고 했다. 금을 짰던 고구려 사람들의 기하학문양은 세 가지 기본적인 직조기법으로부터 변화를 일으킨 여러 종류의 혼합 직조기법으로 표현한 것이다.

고구려 고분벽화 복식에 보이는 단일한 색상은 고조선의 기술을 이어 물감들인 색실로 직조한 것이거나, 직조한 직물을 침염법으로 염색한 것이다. 기하학문양을 나타내는 염색법에는 여러 종류가 있다. 고구려가 생산했던 자지힐문금의 자줏빛 꽃문양은 다양한 방법으로 만들 수 있는데, 기본적으로는 누에색실로 직조하여 만들 수 있다. 또는 홀치기염과 납힐기법으로 꽃문양을 나타내기도 한다. 목판이나 돌판 등에 문양을 조각하고 그 위에 염료를 발라 직물에 찍어 문양을 표현하는 염색기법과 직물에 그림을 그리거나 찍어서 표현하는 채회기법도 유행했다. 그 밖에 문양이 조각된 두 개의 판 사이에 직물을 넣고 염료를 주입하여 염색하는 사협힐糸頰纈기법이 있다. 고구려에서는 사협힐기법으로 기하학문양과 꽃문양 및 금·은박을 올렸다.

고구려의 선염기법은 실을 염액에 담가 먼저 염색을 한 뒤 직물을 짜는 방법이다. 고구려에서는 선염기법이 발달하여 다양한 색상의 금錦직물이 생산되었다. 또한 다양한 색실로 직물에 수를 놓아 독특한 양식의 문양을 표현했다.

고구려에서 기하학문양의 복식이 발달한 것은, 고구려 사람들이 공간을 아름답게 사용할 수 있는 미적 감각이 뛰어나고, 공간을 나눌 수 있는 수학과 기하학의 수준이 높았기 때문이다. 이러한 복식이 고구려에서는 남녀노소, 신분과 계층의 구분 없이 널리 사용되어 자유로운 생활상을 엿볼 수 있다. 고구려 기하학문양의 복식이 중국이나 북방지역의 벽화나 출토복식에서 나타나지 않는 점은, 고대 한국의 직물 생산과 염색기법이 중국으로부터 온 것이 아니라는 것을 말해준다. 아울러 우리민족이 흰옷을 즐겨 입었다는 내용도 달리 해석되어야 할 것이다. 《삼국지》 〈오환선비동이전〉 등에서 이야기하는 '백의白衣'가 반드시 흰옷을 의미하는 것만은 아닐 것이다. '백의'는 단색을 뜻하기도 하고, 무늬가 있으나 같은 계통의 색상으로 표현되어 옷의 바탕색과 무늬가 단아하게 조화를 이룬 것을 의미한다고 할 수 있다. 실제로 고구려 고분벽화 등에는 단순한 흰색의 복식은 보이지 않는다. 고구려시대 이전 고조선시대부터 이미 염색과 직조기술이 매우 발달했기 때문이다.

고조선시대 이래 확립된 복식문화의 공간적 정체성과 시간적 지속성을 고려할 때, 민족문화의 다른 갈래도 중국문화나 북방문화와 다른 독창적인 문화를 누렸을 가능성이 높다고 추론할 수 있다. 의생활문화의 정체성을 바탕으로 서로 관련이 깊은 식생활과 주생활의 정체성을 밝히는 논의로 확산되어야 민족문화의 정체성 논의가 한층 심화될 수 있을 것이다. 이미 고조선의 건국신화를 분석하여 쑥과 마늘을 먹는 채식 중심의 식생활과 구들을 깔고 정착생활을 하는 좌식형 주생활에 관한 연구[96]가 어느 정도 이루어졌기 때문에, 의식주 문화의 정체성이 유기적 관계 속에서 총체적인 연구가 이루어지는 것이 바람직하다. 분과학문의 경계를 넘어서는 공동연구가 횡적으로 확대되고, 상고시대까지 거슬러 올라가는 종적 연구가 더 깊어져야 민족문화의 정체성이 한층 뚜렷하게 드러날 것이다.

96 임재해, 〈한국신화의 주체적 인식과 민족문화의 정체성〉, 《단군학연구》 17, 단군학회, 2007, 255~324쪽 참조.

제 7 장

복식양식과 장식기법으로 본 고조선의 복식문화권

필자는 한국 고대 복식연구를 통해 고조선의 강역을 고찰한 바 있다.[1] 고조선의 강역을 밝히는 작업은 한국사와 고대 복식연구에서 가장 선행되어야 할 부분이다. 우리민족은 물론, 우리민족의 특징적인 사회와 문화 또한 이 시기에 형성되었다. 그러므로 고조선의 지리범위가 결정되어야만 이에 포함된 문헌기록과 고고자료를 고조선 복식연구의 사료로 삼을 수 있고, 이를 토대로 우리나라 복식문화의 원형을 찾는 연구가 가능할 것이다.

해방 이후 남북한학계에서는 한국 고대사에 대한 연구가 활발히 진행되면서 고조선에 대한 연구도 병행하기 시작했다. 북한 역사학계에서는 해방 이후 일시적으로 고조선의 평양위치설이 통설로 자리 잡았으나, 1960년대에 이르러 문헌자료를 근거로 고조선은 만주 요령성 일대에 있었다는 주장[2]이 제기되어, 1990년대 초까지 그 입장이 유지되었다. 북한학계는 문헌자료와 고고학 자료, 즉 비파형동검문화에 대한 해석을 통하여 고조선 문화의 출발지와 중심지를 요동으로 보면서, 요령성과 길림성 일부 및 한반도 서북지방의 비파형동검문화지역을 고조선의 영역으로 설명했다. 그 뒤 1993년 단군릉이 발견되면서 고조선의 전성기 영역은 이전과 마찬가지로 요령성과 길림성 일부로 보면서도 중심지는 평양이었다고 주장하기 시작했다.

해방 이후 남한학계에서는 고조선의 평양중심설을 주장했고, 그 강역은 한반도로 국한했다.[3] 이 견해는 남한학계의 통설로 자리 잡았다. 그런데 1980년대 중반에 이르러, 고조선은 북경 근처에 있는 난하灤河 유역과 갈석산碣石山지역을 중국과의 경계로 하여 지금의 하북성 동북부로부터 내몽고자치구 동부·요령성 전부·길림성 전

1 윤내현·박선희·하문식, 《고조선의 강역을 밝힌다》, 지식산업사, 2006, 118~197쪽.
2 리지린, 《고조선연구》, 과학원출판사, 1963.
3 李丙燾, 〈衛氏朝鮮興亡考〉, 《韓國古代史硏究》, 박영사, 1976.

부·흑룡강성 전부 및 한반도 전부를 그 강역으로 하고 있었으며, 여러 차례 그 도읍을 이동했다는 새로운 견해가 제기되었다.[4]

1980년대 후반에 이르러 북한학계에서 고고학 자료가 증가함에 따라, 이를 바탕으로 고조선의 북쪽과 동북쪽 경계를 요령성 동부 경계 지역으로 주장하는 견해가 제기되었다. 이는 1960년대부터 연구하던 미송리형 질그릇이 주목받기 시작하면서 그 출토지역을 기준으로 한 것이었다.[5] 이는 그동안 비파형동검이 출토된 지리범위가 한반도와 만주 전 지역이므로 이 지역이 고대 한민족 전체의 문화권이었다고 주장하면서도, 고조선의 영역을 그 가운데 미송리형 질그릇이 출토되는 한반도 서북지역과 지금의 요동遼東지역만으로 본 것이었다. 이에 영향을 받아 1990년대 남한학계에서도 이 미송리형 질그릇이 청동기시대 고조선의 전형적인 유물로 언급되었고,[6] 미송리형 질그릇이 출토되는 지리범위에 근거하여 고조선의 북쪽 경계는 지금의 요령성 북쪽 경계선지역이었다는 주장이 제기되었다.[7] 또한 미송리형 질그릇이 출토되는 황해도 북부로부터 요하 동쪽의 요령성 지역과 팽이형 질그릇이 주로 출토되는 한반도 서북지방의 거주민들이 서로 밀접한 영향을 주고받은 동일한 종족계통일 것으로 보았다. 이 지역에서는 석관묘가 출현하고 이른 시기의 전형적인 비파형동검이 많이 출토된다. 따라서 이 지역이 일찍이 고조선문화가 발달했던 지역이며, 고조선의 강역일 것이라고 보았던 것이다.[8]

이상의 주장들이 근거로 삼고 있는 고고학 자료는 크게 두 가지

4 윤내현, 〈고조선의 강역과 국경〉, 《고조선 연구》, 일지사, 1994, 170~306쪽.

5 박진욱, 〈비파형단검문화의 발원지와 창조자에 대하여〉, 《비파형단검문화에 대한 연구》, 과학백과사전출판사, 1987, 5~92쪽.

6 盧泰敦, 〈古朝鮮 중심지의 변천에 대한 연구〉, 《韓國史論》 23, 1990, 36~49쪽.

7 宋鎬晸, 〈遼東地域 靑銅器文化와 美松里型土器에 관한 考察〉, 《韓國史論》 24, 1991, 73~95쪽.

8 宋鎬晸, 《古朝鮮 國家形成 過程 硏究》, 서울대 박사논문, 1999.

로 구분된다. 하나는 지배계층의 독점물이었던 비파형동검문화의 분포범위이고, 다른 하나는 지배계층과 피지배계층이 모두 사용했던 질그릇 가운데 지역적 특징을 갖는 일부 질그릇의 분포범위이다.

이 가운데 질그릇으로 강역 설정의 기준을 삼는 것은 문제가 있다고 생각한다. 질그릇은 동일한 국가 안에서도 지역에 따라 그것이 만들어진 토양이 다르고, 그것을 만든 사람들의 지역문화에 차이가 있을 것이기 때문이다. 신석기시대가 아닌 청동기시대, 즉 국가단계의 사회에 이르면 여러 씨족이나 종족이 통합되어 하나의 정치세력을 이루게 된다. 따라서 하나의 국가 안에는 여러 형태의 특징을 갖는 질그릇이 하나의 정치권을 형성하게 된다. 예를 들어 중국 상商나라 질그릇은 신석기시대에 같은 황하유역에서 발생되었으나, 전혀 다른 특징을 가진 채도彩陶와 흑도黑陶 외에 산동山東지역의 대문구大汶口문화와 밀접한 관계를 가진 백도白陶[9]가 포함되어 있다. 그러나 학자들은 이 세 개의 서로 다른 질그릇의 형태나 특징을 기준하여 상나라의 강역을 나누어 설명하지는 않는다. 단지 상나라 안에서의 씨족이나 종족의 생활문화권으로 구분할 뿐이다.

필자는 지난 연구에서 한반도와 만주지역에서 출토된 복식자료 가운데 가락바퀴, 원형과 나뭇잎모양의 장식, 긴 고리모양의 허리띠장식, 갑옷 조각 등이 그 문양이나 양식에서 공통성을 지니면서도 중국이나 북방지역의 것과는 다른 차이점을 가지고 있음을 발견했다. 또한 한반도와 만주지역에서 사용한 가죽과 모피, 모직물, 마직물, 사직물, 면직물 등의 종류가 지역마다 조금씩 특성을 달리하지만, 기본적으로는 같은 종류였음도 확인했다. 또한 이것을 재료로 하여 만든 모자, 윗옷과 겉옷, 아래옷, 허리띠, 신 등의 복식양식에서도 공통성을 확인했다.

9 張光直, 〈殷商文明起源研究上的一個關鍵問題〉, 《中國史學論集》 第3輯, 幼獅文化事業公司, 1979, 176쪽.

이는 이를 생산하고 사용했던 사람들이 동일한 정치체제를 갖는 하나의 국가에 속한 거주민들이었음을 보여주는 것이라 생각된다. 이들에게 공통의 귀속의식이 없었다면 공통성을 지닌 복식문화를 만들어낼 수 없었을 것이기 때문이다.

이러한 관점에서 한반도와 만주지역에서 출토된 복식자료들을 분석하여 그 특징과 공통성을 확인했을 뿐만 아니라 이를 중국 및 북방지역의 복식자료와 비교하여 그 차이점을 밝혔다. 그리고 한반도와 만주지역에서 출토된 공통성을 지닌 복식 유물의 분포범위를 근거로, 이들의 출토지를 각 내용별로 지도에 표기하여 고조선의 영역을 〈그림 7-1〉[10]과 같이 확인했다.

이 연구는 복식자료 가운데 지배층과 피지배층이 사용하던 생활용품 모두를 근거로 분석했기 때문에, 객관성과 구체성을 지닐 수 있다. 이후 이 책을 집필하면서 〈그림 7-1〉의 내용에다 새로이 발굴된 내용과 연구된 부분을 〈그림 7-2〉에 보완했다. 새롭게 연구된 부분은 앞의 1장부터 7장까지 서술된 중국이나 북방지역과 구별되는 고조선복식의 고유한 특징으로, 머리양식에 따른 옥고와 변이나 절풍양식이 나타나는 지역, 의복에 굽은 옥과 옥장식을 사용했던 지역연구이다. 또한 장식기법과 염색기법의 특성이 동일하게 나타나는 지역이 보완되었다.

복식유물 가운데 가장 양적으로 풍부하고 고유양식과 문양을 잘 나타내주는 대표적인 복식유물은 가락바퀴와 청동장식단추이고, 청동장식단추와 함께 출토되는 옥장식도 고유한 특성을 지닌다. 굽은 옥은 중국이나 북방지역에서 거의 나타나지 않고, 한반도와 만주지역에서처럼 지속적인 발전양상을 보이지도 않는다. 이들을 간략히 소개해 보기로 한다.

---

10 윤내현·박선희·하문식, 《고조선의 강역을 밝힌다》, 지식산업사, 2006.

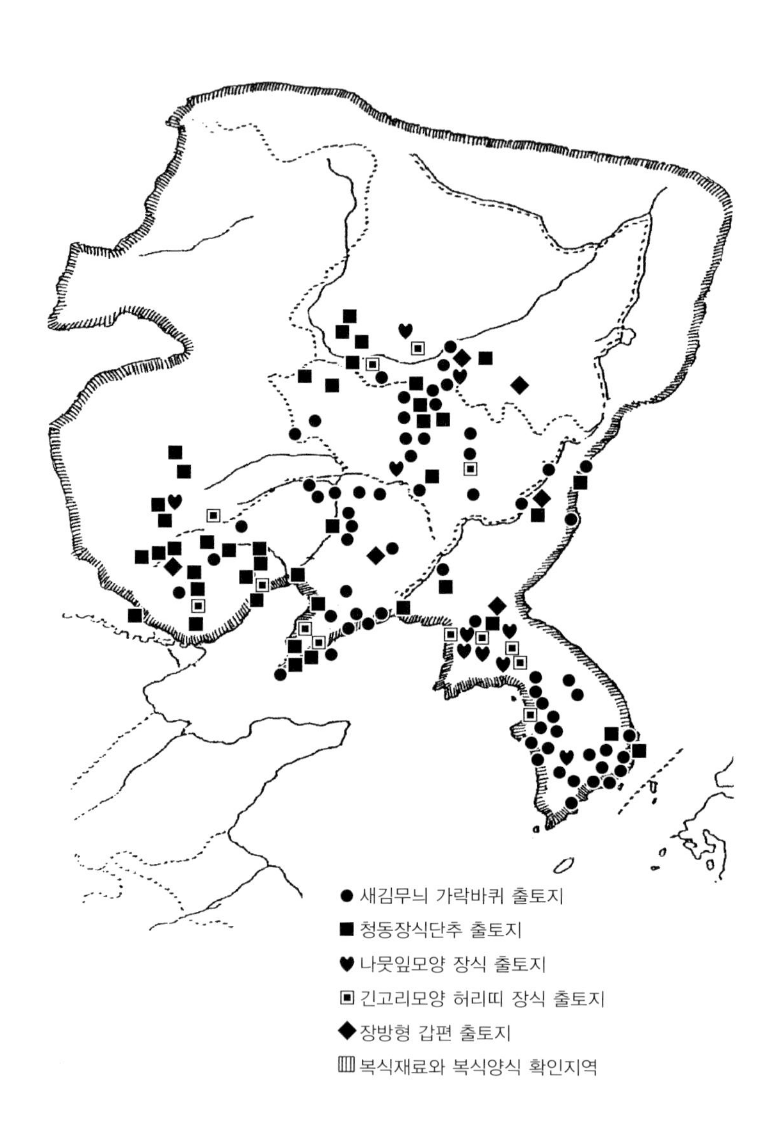

〈그림 7-1〉 한민족 특징의 복식유물 출토지와 복식재료 및 복식양식 확인지역

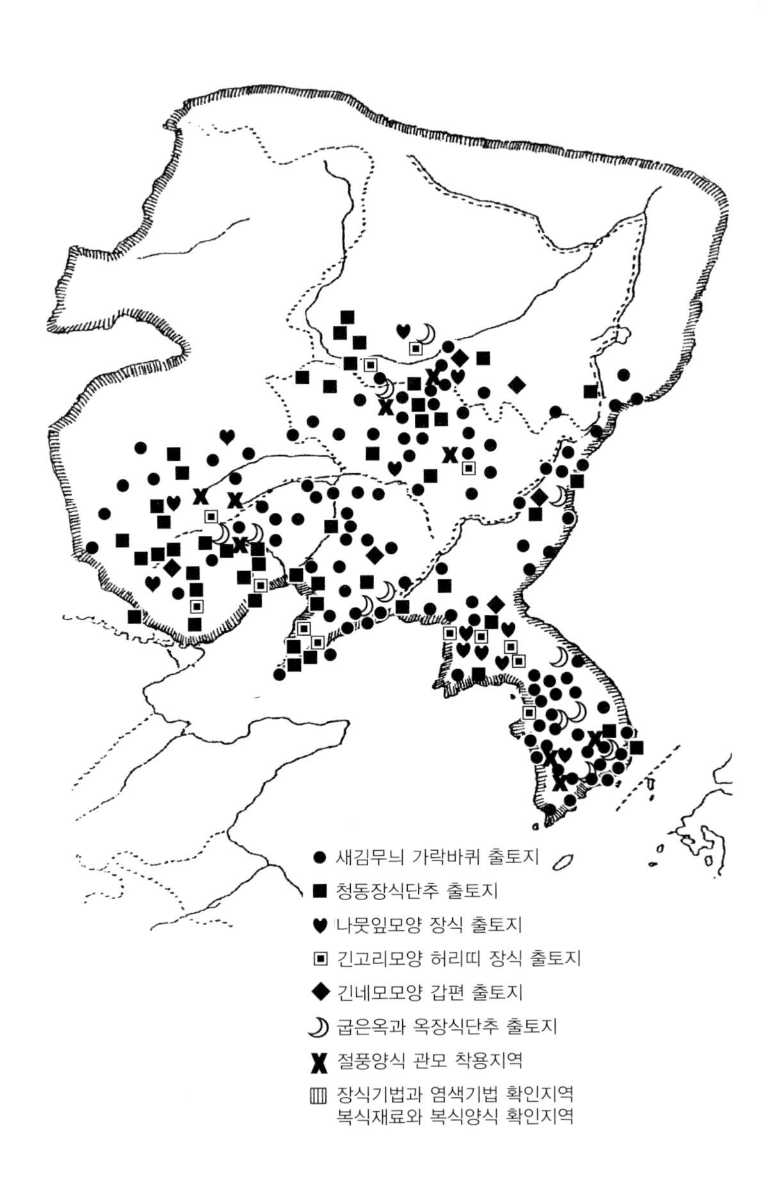

〈**그림 7-2**〉 고조선 고유양식의 복식유물 출토지와 복식재료 및 복식양식 확인지역

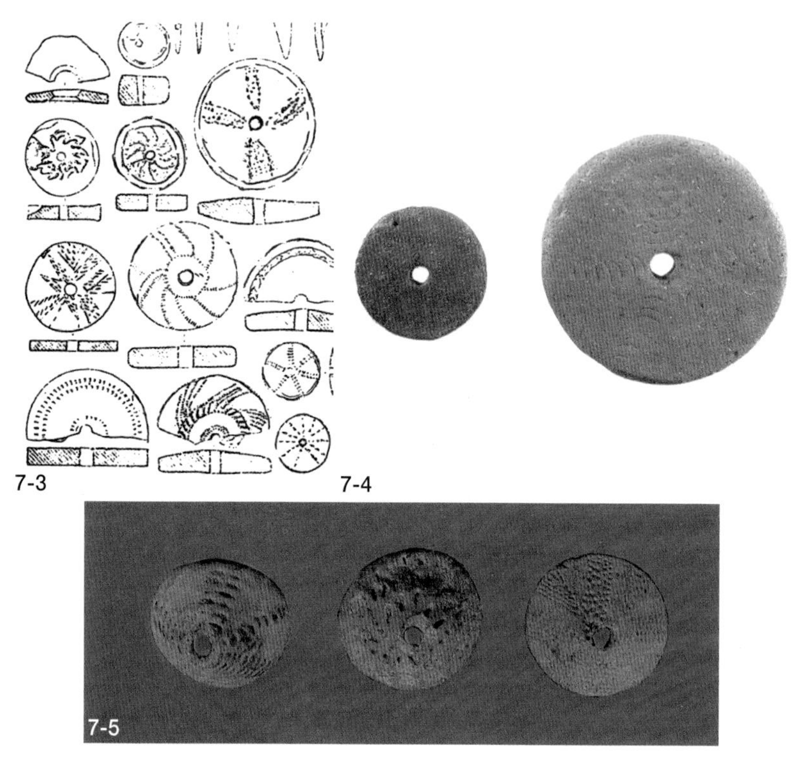

〈**그림 7-3**〉 곽가촌유적에서 출토된 가락바퀴 〈**그림 7-4**〉 서포항유적에서 출토된 가락바퀴
〈**그림 7-5**〉 신암리유적에서 출토된 가락바퀴

신석기시대부터 청동기시대까지 이어지며 분포도가 고른 양상을 보여주는 유물은 가락바퀴이다. 한반도와 만주지역의 유적에서는 이른 시기부터 가락바퀴와 함께 뼈나 뿔로 만든 송곳과 바늘 등이 고루 출토되어, 방직과 재봉이 보편적으로 이루어졌음을 말해주었다. 가락바퀴는 실을 꼬아 길게 만드는 도구로 직물생산의 중요한 계기를 마련했다. 가락바퀴는 뼈로 만든 것과 옥으로 만든 것, 돌을 갈아 만든 것, 질그릇 조각이나 진흙으로 빚어 구워 만든 것들이 있다. 그런데 여기서 중요한 점은 한반도와 만주지역에서 발굴된 가락

바퀴들의 표면에 나타나는 문양이 공통점을 가지고 있다는 점이다. 이는 북방지역이나 중국지역에서 출토되는 가락바퀴의 모습과는 전혀 다른 것으로, 한반도와 만주지역에서만 나타나는 특징이다.

예를 들어 비교적 사진자료의 상태가 좋은 것을 대표적으로 들면 다음과 같다. 요녕성 대련시大連市 곽가촌郭家村 하층유적[11]에서 출토된 가락바퀴는 다양한 문양을 보이는데(그림 7-3),[12] 주로 선과 점을 연결하여 가운데 구멍을 중심으로 점선을 곧게 또는 휘게 여러 줄 새겼다. 이와 유사한 문양의 가락바퀴가 한반도의 함경북도 서포항유적(그림 7-4)[13]에서도 출토되었다. 평안북도 신암리유적에서는 반원모양의 선을 네 줄로 그어서 퍼져나간 듯한 모양의 가락바퀴(그림 7-5)[14]가 출토되었다.

함경북도 농포리유적에서는 질그릇이나 가락바퀴에 문양을 새겼을 무늬돋치개(그림 7-6)[15]와 점문양과 새김문양이 새겨진 가락바퀴(그림 7-7)[16]가 함께 출토되었다. 함경북도 오동유적에서는 새김문양과 점문양의 가락바퀴(그림 7-8)[17]가 출토되었다. 함경남도 토성리유적(그림 7-9)[18]과 충청북도 조동리유적(그림 7-10)[19]에서도 새김문양의 가락바퀴가 출토되었다. 충청북도 백석동유적에서는 가운데

---

11 中國社會科學院, 考古研究所, 《中國考古學中碳十四年代數据集》, 文物出版社, 1965~1991, 70쪽. 이 유적의 방사성탄소측정연대는 서기전 3065±100년(5015±100 B.P.)으로 교정연대는 서기전 3780~서기전 3530년이다.

12 許玉林·蘇小幸, 〈略談郭家村新石器時代遺址〉, 《中國考古集成》 東北卷 新石器時代(二), 北京出版社, 1409쪽, 圖 8.

13 조선유적유물도감편찬위원회, 《조선유적유물도감》 1-원시편, 조선유적유물도감편찬위원회, 1988, 80쪽, 그림 127.

14 조선유적유물도감편찬위원회, 위의 책, 158쪽, 그림 311.

15 조선유적유물도감편찬위원회, 앞의 책, 133쪽, 그림 246.

16 조선유적유물도감편찬위원회, 앞의 책, 134쪽, 그림 251.

17 조선유적유물도감편찬위원회, 앞의 책, 191쪽, 그림 411.

18 조선유적유물도감편찬위원회, 앞의 책, 221쪽, 그림 496.

19 이융조·우종윤, 《선사유적 발굴도록》, 충북대학교박물관, 1998, 305쪽.

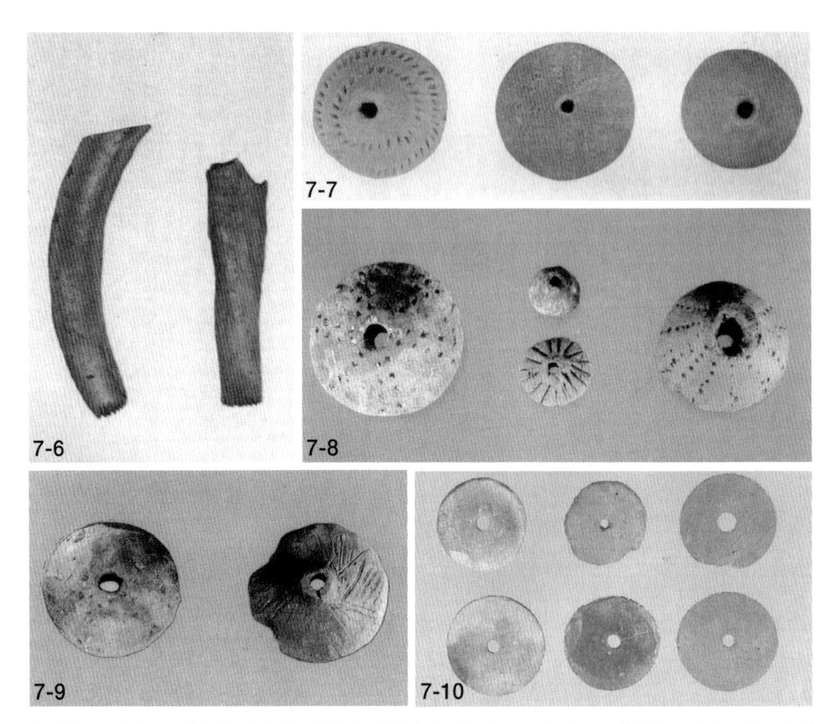

〈**그림 7-6**〉 농포리유적에서 출토된 무늬돋치개 〈**그림 7-7**〉 농포리유적에서 출토된 가락바퀴 〈**그림 7-8**〉 오동유적에서 출토된 가락바퀴 〈**그림 7-9**〉 토성리유적에서 출토된 가락바퀴 〈**그림 7-10**〉 조동리유적에서 출토된 가락바퀴

구멍을 향하여 방사선문양을 두 줄씩 세 곳에 새긴 가락바퀴와 새김문양의 가락바퀴[20]가 출토되었다. 경상남도 진주에서는 동심원이 있는 가락바퀴(그림 7-11)가[21] 출토되었다. 자강도 심귀리유적에서 출토된 가락바퀴는 작은 점을 찍어 작은 동심원을 만든 문양이고,(그

20 이남호·이훈·이현숙, 《백석동유적》, 공주대학교박물관 · 충청남도 천안시, 1998, 86~87쪽. 498쪽, 도판 83.

21 이형구, 《진주 대평리 옥방 5지구 선사유적》, 선문대학교·경상남도, 2001, 도판 146의 5.

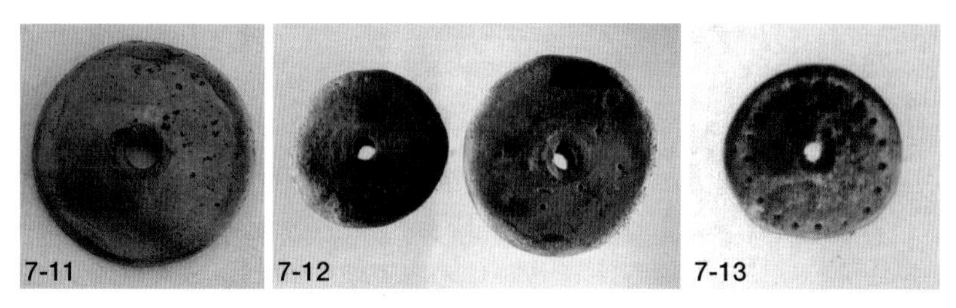

〈그림 7-11〉 진주에서 출토된 가락바퀴 **〈그림 7-12〉** 심귀리유적 출토 가락바퀴
〈그림 7-13〉 서단산자유적에서 출토된 가락바퀴

림 7-12)[22] 길림시 서단산자무덤유적에서 출토된 것은 같은 양식으로, 큰 동심원을 만든 것이다(그림 7-13).[23]

이러한 내용으로 보아 한반도와 만주지역 가락바퀴들은 모두 새김문양질그릇과 같은 방법으로 점과 선을 누르거나 그어서 새겼음을 알 수 있다. 이같이 선을 그어서 만든 무늬는 신석기시대 유적과 청동기시대 유적에서 나온 뼈바늘통이나 그 밖의 뼈 조각품, 청동거울, 청동검집 등에서도 보인다. 한반도와 만주지역에서 발견된 가락바퀴는 문양이 없는 경우도 있지만, 문양이 있는 경우 대부분 복판의 구멍을 중심으로 햇살이 퍼져 나가듯이 점선을 곧게 또는 휘게 여러 줄 새긴 것들로, 공통된 모습을 보여준다. 이는 다른 북방지역이나 중국지역에서 출토되는 가락바퀴들의 모양과 전혀 다른 것으로, 고조선지역만의 특징이라 할 수 있다.

서역西域지역의 가락바퀴는 무늬가 없는 것이 특징이다. 중국 한대漢代에 해당하는 누란樓蘭 고태고묘孤台古墓유적에서 흙으로 만든 가락바퀴 5점과 납으로 만든 가락바퀴 7점이 출토되었는데(그림 7-14)[24] 흙으로 만든 것 가운데 한 가락바퀴에만 두 줄로 다섯 곳에

22 조선유적유물도감편찬위원회, 앞의 책, 233쪽, 그림 533.
23 조선유적유물도감편찬위원회, 앞의 책, 277쪽, 그림 617.
24 李肖冰, 《中國西域民族服飾硏究》, 新疆人民出版社, 1995, 79쪽, 그림 132·133.

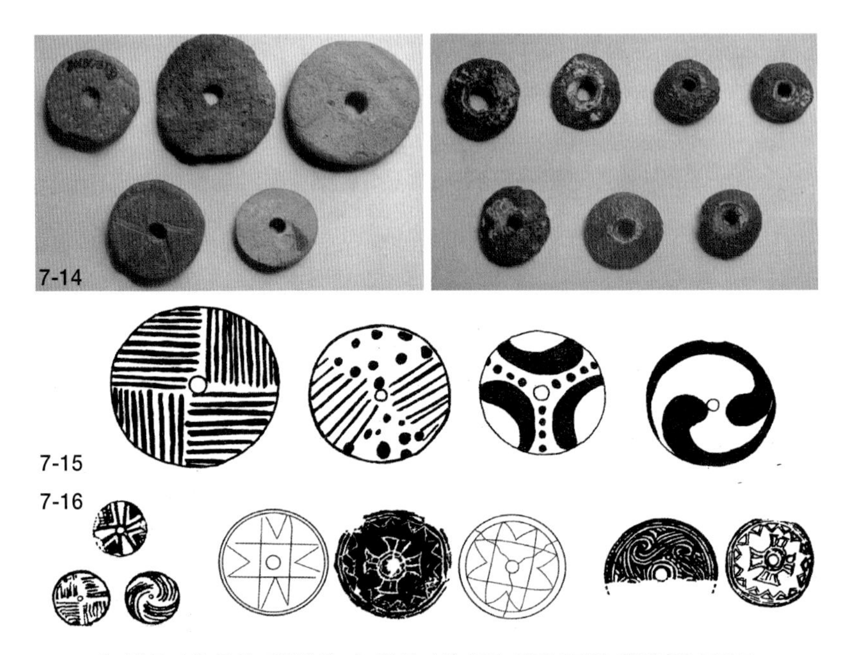

〈**그림 7-14**〉 호의 가락바퀴 〈**그림 7-15**〉 중국 가락바퀴의 채색문양 모사도
〈**그림 7-16**〉 중국의 채색과 등문, 팔각등문 가락바퀴의 모사도

선을 그은 무늬가 보일 뿐, 나머지 가락바퀴에는 모두 무늬가 없다. 또한 같은 시대에 해당하는 산보랍山普拉 고묘古墓에서 출토된 가락바퀴는 질그릇·나무·돌로 만들어졌는데,[25] 이것 또한 무늬가 없다.

중국의 가락바퀴는 주로 돌을 갈거나 흙을 구워 만든 것이며, 요서지역에서 만들어진 것과 같은 옥 가락바퀴는 없다. 중국의 가락바퀴는 한반도나 만주지역에서 출토된 가락바퀴들이 점문양과 새김문양 혹은 사선문양 등을 나타내는 것과 달리, 중국의 채색질그릇에서 보이는 것과 같은 문양이 채색되어 있거나(그림 7-15),[26] 등문滕紋 또

25 李肖冰, 위의 책, 85~87쪽.

26 譚旦冏, 《中國藝術史論》 乙·史前論, 光復書局, 1980, 18·31쪽.

는 팔각등문八角滕紋이 그려져 있다(그림 7-16).[27]

이러한 내용으로 고대 한민족이 사용하던 가락바퀴가 중국이나 북방과는 다른 독자적인 특징을 가지고 있음을 확인할 수 있다. 한민족이 사용하던 가락바퀴문양의 독자적인 특징은, 한반도와 만주지역에서 발전한 신석기시대의 선을 위주로 한 새김문양질그릇의 특징적인 문화의 일부임도 확인시켜 준다. 서기전 2000년대에 속하는 신암리新岩里, 쌍타자雙砣子 2기, 곽가촌郭家村, 조공가肇工街 등지의 청동기시대 초기에 속하는 유적에서 발견되는 질그릇의 문양은 신석기시대 이래로 그곳에서 자라난 새김문양 그릇을 계승한 것으로, 당시 벌써 도식화 과정에 있었음을 보여준다. 이는 이후 청동기문화를 특징짓는 선을 위주로 하는 문양도안으로 이어져, 한반도와 만주지역에서 보이는 청동단검·창끝·도끼와 같은 무기와 도구, 그리고 거울 등의 일상용품과 청동장식단추 등의 장식품에 공통적으로 나타나는 문양장식이자 선을 주로 하는 기하학문양장식으로 발전한다. 이러한 문양장식은 중국이나 북방의 고대유물에서는 찾아볼 수 없는 고대 한민족만의 특징인 것이다.

고조선유적에서 출토되는 청동장식단추는 그 양식이 주로 원형과 나뭇잎모양으로 나타난다. 이 같은 두 가지 형태의 장식단추는 고조선보다 앞선 서기전 25세기경부터 출현한다.

청동장식단추는 여러 모양으로 만들어졌고, 표면에 보이는 문양의 양식도 새김문양질그릇이나 가락바퀴에서와 같이 다양하게 나타난다. 청동장식단추에는 문양이 나타난 경우와 문양이 없는 소면素面의 상태도 있는데, 그 문양은 대부분 새김문양질그릇이나 가락바퀴 등에 보이는 문양과 유사하다.

고조선의 청동장식단추는 그 출토범위도 만주 전 지역을 비롯하

---

27 沈從文, 《中國古代服飾硏究》, 香港商務印書館, 1992, 19~21쪽; 河姆渡遺址考古隊, 〈浙江河姆渡遺址第二期發掘的主要收穫〉, 《文物》 1980年 第5期, 1~11쪽.

여 한반도에서 가장 북쪽으로 함경북도 나진 초도유적과 무산 범의 구석유적을 비롯하여 남쪽으로 경상북도 영천군 어은동과 경주 죽동리유적에 이르기까지 매우 광범위하다.[28] 또한 고조선에서는 철기가 발달한 시기에도 장식품을 주로 청동으로 만들어 사용했음을 알 수 있는데, 이는 청동이 철보다 광택이 아름답기 때문일 것이다. 고조선에서는 모든 복식에 주로 청동장식단추로 장식했고, 다양한 재료와 양식, 문양, 형태, 기법 등의 독창성을 가지며 한민족의 고유한 복식 갖춤새로 자리매김했다. 같은 시기 이웃나라에는 이 같은 복식양식이 보이지 않아, 고조선복식의 장식기법과 구별된다. 또한 고조선의 장식기법은 신분과 계층의 구분 없이 의복에 널리 적용되어 자유로운 생활상을 보여준다. 이러한 특징이 한민족의 고유성과 정체성을 나타내는 것이라 하겠다.

청동장식단추와 함께 옷에 달았을 것으로 추측되는 옥으로 만든 장식양식도 한민족의 특징적인 표지문화이다. 한반도와 만주 대부분의 지역에서는 고조선시대에 옥과 청동, 철을 재료로 하여 만든 장식들이 복식에 적극적으로 사용되기 시작했다. 한반도와 만주지역 고조선시대 초기의 유적들에서 둥근 모양의 옥으로 만든 단추가 출토되는 것 또한 장식단추의 종류가 다양해지고 고급화했음을 뜻하는 것이다. 실제로 만주지역 신석기시대 초기유적에서는 곡옥,[29] 옥으로 만든 옥패, 구멍이 있는 옥구슬 등의 조각품들이 다량 출토되어, 고조선의 장식단추가 신석기시대부터 지속적으로 발달해 왔음을 알 수 있다.

---

28 고고학·민속학연구소, 《라진 초도 원시유적발굴보고서》, 유적발굴보고 제1집, 과학원출판사, 1956, 45쪽; 고고학연구소, 〈무산범의구석 발굴보고〉, 《고고민속론문집》6, 사회과학출판사, 1975, 205쪽; 국립경주박물관, 《국립경주박물관》, 통천문화사, 1995, 17·80쪽.

29 何明, 〈吉林省新石器時代的考古發現與認識〉, 《中國考古集成》 東北卷 新石器時代(二), 北京出版社, 1997, 1704쪽.

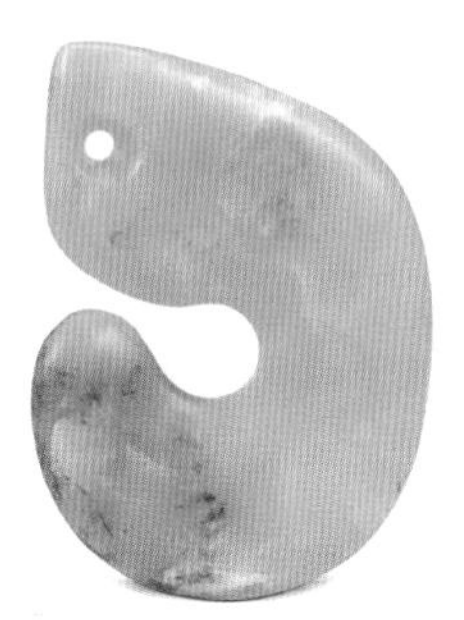
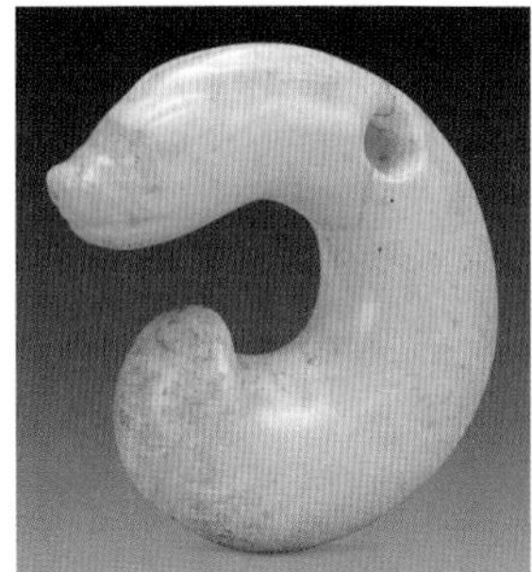
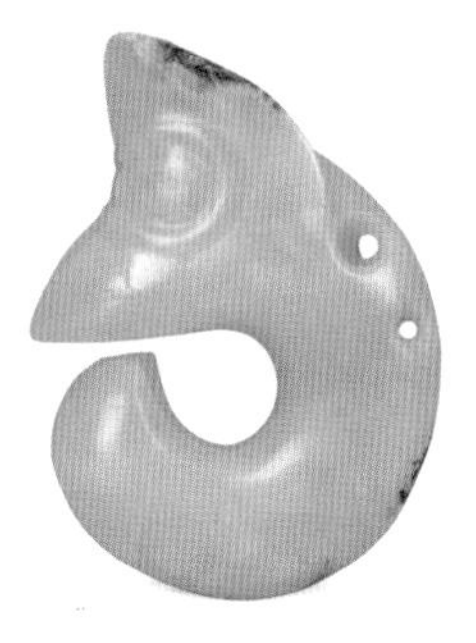

〈그림 7-17〉 홍산문화유적에서 출토된 곡옥

이들 조각품은 대부분 구멍이 뚫려 있어 옷에 달거나 걸었던 장식품 또는 장식단추의 용도로 쓰였을 것이라 생각된다. 만주지역에 있는 신석기시대 초기유적에서는 많은 양의 옥기가 출토되었는데, 특히 홍산문화유적에서 정교하게 만들어진 장식품으로 사용되었을 옥기(그림 7-17)[30]가 다량 출토되었다. 이들 옥기 가운데는 실제 단추로 분류되는 양식이 다수 출토되었다(그림 7-18).[31]

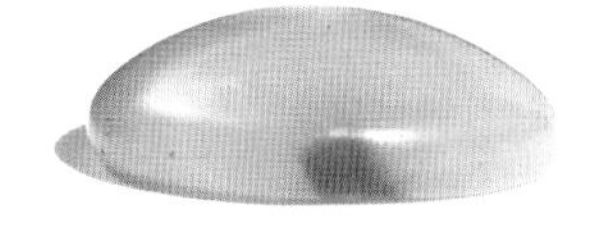
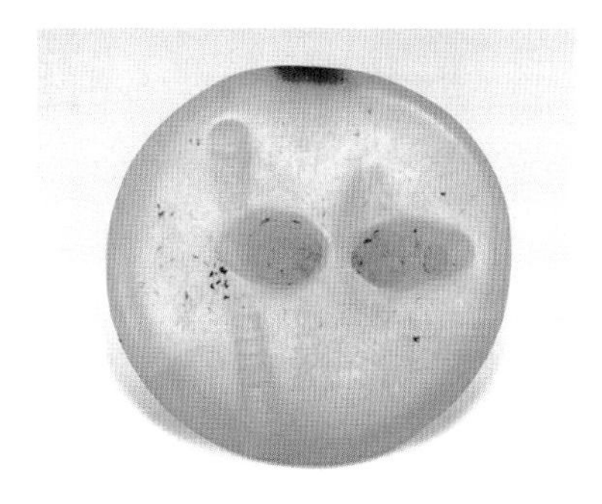

〈그림 7-18〉
홍산문화유적에서 출토된 옥장식단추

만주지역에서뿐만 아니라 옥기의 발전은 한반도 전역에서도 마찬가지로 나타난다. 서기전 16세기에 속하는 진주 남강 옥방지구에

30 孫守道·劉淑娟, 《紅山文化 玉器新品新鑒》, 吉林文史出版社, 2007, 90쪽, 그림 29·40·45.

31 遼寧省文物考古研究所, 앞의 글, 1580~1596쪽.

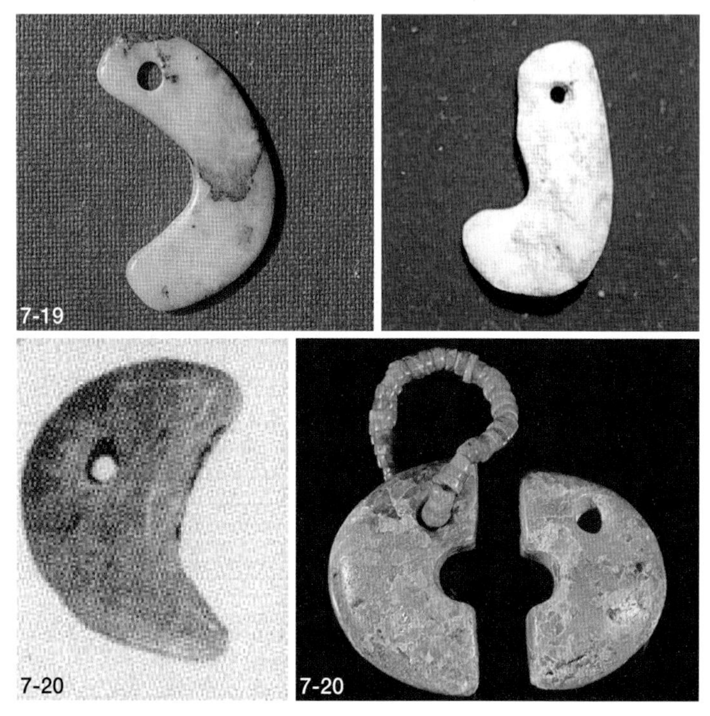

〈**그림 7-19**〉 진주 남강 옥방지구에서 출토된 황옥과 백옥으로 만든 곡옥과 곡옥형 청동제 장식
〈**그림 7-20**〉 창원 신촌리에서 출토된 곡옥 〈**그림 7-21**〉 대전 괴정동에서 출토된 곡옥

서 곡옥이 출토되었다(그림 7-19).[32] 청동기시대의 유적에서도 옥이 고루 출토되었다. 충북 제천시의 황석리유적에서도 곡옥이 옥장신구와 함께 출토되었고, 창원 신촌리유적에서도 각종 옥제품과 함께 곡옥(그림 7-20)[33]이 출토되었다. 대전의 괴정동에서 출토된 것은, 같은 재질의 옥석으로 만든 구슬을 곡옥에 꿰어 만든 것이다(그림

32 李亨求, 《晉州 大坪里 玉房 5地區 先史遺蹟》-南江댐 水沒地區 遺蹟發掘調査報告書 第6冊, 선문대학교·경상남도, 2001, 28쪽, 도판 45·47·48.

33 국립김해박물관, 《국립김해박물관》, 통천문화사, 1994, 28쪽, 그림 35.

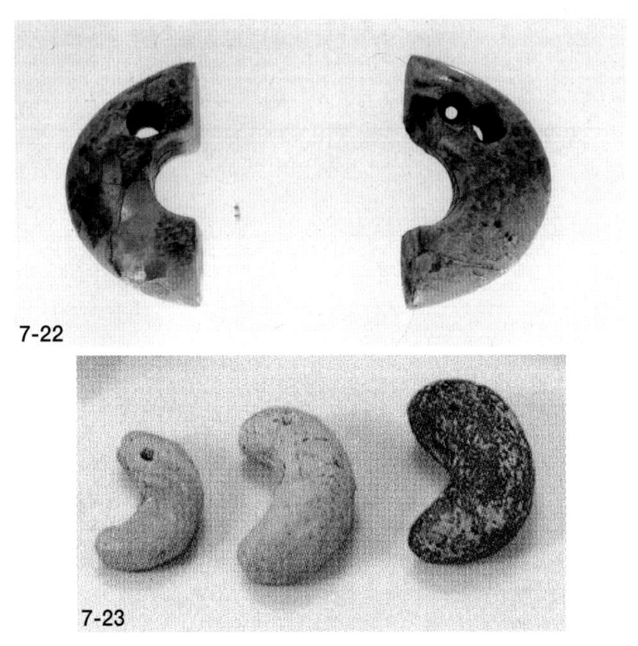

〈그림 7-22〉 함평 초포리에서 출토된 곡옥
〈그림 7-23〉 김해 부원동에서 출토된 흙으로 만든 곡옥모양 장식품

7-21).[34] 이후 초기철기시대에 속하는 함평 초포리유적에서도 길이 3.8센티미터의 곡옥이 출토되었다(그림 7-22).[35] 김해 부원동에 위치한 변한의 유적에서는 제사의식에 사용했던, 흙으로 만든 곡옥모양의 장식품(그림 7-23)[36]이 출토되었다. 이러한 옥장식들은 고조선시대 청동장식단추와 함께 복식에 장식되어 조화를 이루며 화려한 조형미를 나타낸다. 중국이나 북방지역에서는 굽은 옥의 발전양상이 보이지 않고, 분포지역 또한 거의 없다.

34 金元龍, 《原始美術》, 동화출판공사, 1973, 105쪽, 그림 98.
35 국립광주박물관, 《국립광주박물관》, 통천문화사, 1994, 39쪽, 그림 38.
36 국립김해박물관, 《국립김해박물관》, 통천문화사, 1994, 54쪽, 그림 80.

지금까지 본 바와 같이 새김무늬의 특징을 지닌 가락바퀴와 청동장식단추, 곡옥 등의 출토지역이 난하灤河를 서쪽경계로 하여 한반도와 만주의 전 지역으로 나타난다. 문헌자료의 분석과 함께 비파형동검·세형동검·청동거울·새김무늬질그릇, 그리고 고인돌이 출토되는 지역을 근거로 고조선의 문화권을 설정하는 견해[37]에, 복식자료는 또 하나의 좋은 근거가 될 것이다. 이는 이를 생산하고 사용했던 사람들이 동일한 정치체제를 갖는 하나의 국가에 속한 거주민들이었음을 보여주는 것이라 생각된다. 이들에게 공통의 귀속의식이 없었다면 공통성을 지닌 복식문화를 만들어낼 수 없었을 것이기 때문이다. 따라서 고대 우리민족이 신석기시대로부터 한반도와 만주 전 지역에서 거주하면서 하나의 복식문화권을 형성해 왔고, 청동기시대에는 고조선이라는 국가를 세워 하나의 민족을 이루었음을 알 수 있다. 복식관련 유물 자료를 토대로 고조선 문화의 국가 정체성을 새롭게 밝힐 수 있는 것은, 복식이 고고학적 유물로서 문화적 정체성을 시각적으로 보여주는 결정적 자료이기 때문이다. 고조선 사람들의 복식유물 또한 그 재료적 특성과 직조기술을 통해 그 지역 거주 민족의 정체를 추적할 수 있다. 복식유물의 국적을 알게 되면, 해당 복식이 분포되어 있는 지역 주민들의 국적도 자연스레 확인할 수 있을 것이다. 복식은 민족적 정체성을 증언하는 시각적 기호이기 때문이다.

이처럼 복식자료는 고고학적 유물로서 문화적 정체성을 드러내는 결정적 자료가 된다. 복식자료의 특성연구는 곧 지역문화의 정체성을 밝히고, 복식양식과 자료의 고유성에 관한 분포연구는 민족국가의 지리적 경계를 파악하는 데까지 이를 수 있음을 보여준다고 할 수 있다.

37 윤내현·박선희·하문식, 《고조선의 강역을 밝힌다》, 지식산업사, 2006; 윤내현, 《고조선 연구》, 170~306쪽 참조.

참고문헌

참고문헌

1. 기본 사료

(1) 문헌자료

《嘉禮都監儀軌》
《格致鏡原》
《癸巳類稿》
《古今注》
《高麗史》
《高麗史節要》
《古事記》
《管子》
《廣開土王陵碑文》
《舊唐書》
《國語》
《今本竹書紀年》
《南史》
《南齊書》
《論衡》
《唐會要》
《大東野乘》
《大戴禮記》
《東京通志》
《東觀漢記》
《東明王編》
《東史綱目》
《梁書》
《論語》
《孟子》
《文獻通考》
《渤海國志長編》
《方言》
《本草綱目》
《北史》
《北齊書》
《史記》
《史記索隱》
《史記正義》
《史記集解》
《山海經》
《三國史記》
《三國遺事》
《三國志》
《三憂堂實記》
《尙書》
《穡經》
《西漢會要》
《釋名》
《宣和奉使高麗圖經》
《說文解字》
《星湖僿說》
《星湖僿說》
《續日本紀》
《宋書》
《水經注》
《隋書》
《詩經》
《新唐書》
《新增東國輿地勝覽》
《呂氏春秋》
《演繁露》
《鹽鐵論》
《魏略》
《魏書》
《爾雅》
《日本書紀》
《一切經音義》
《逸周書》
《資治通鑑》
《潛夫論》

《戰國策》
《齊民要術》
《諸蕃志》
《帝王韻紀》
《朝鮮王朝實錄》
《周禮》
《周書》
《竹書紀年》
《晉書》
《秦會要》
《册府元龜》
《天工開物》
《春秋左傳》
《太平御覽》
《通典》
《風俗通儀》
《漢官六種》
《韓非子》
《漢書》
《漢書新證》
《翰苑》
《海東高僧傳》
《海東農書》
《淮南子》
《後漢書》

(2) 고고학자료

경주 단석산 신선사 석굴의 마애 공양 인물상.

고고학 및 민속학연구소,《강계시공귀리 원시유적 발굴보고》-유적발굴보고 제6집, 사회과학원출판사, 1959.

―――――――,《라진초도 원시유적 발굴보고서》-유적발굴보고 제1집, 사회과학원출판사, 1956.

―――――――,《회령오동 원시유적 발굴보고》-유적발굴보고 제7집, 사회과학원출판사, 1960.

―――――――,《궁산리 원시유적 발굴보고》-유적발굴보고 제2집, 사회과학원출판사, 1957.

고고학연구소,〈상원 검은모루유적 발굴중간보고〉,《고고민속론문집》제1집, 사회과학원출판사, 1969,

―――――,〈서포항 원시유적 발굴보고〉,《고고민속론문집》제4집, 사회과학원출판사, 1972.

고동순,〈양양 오산리유적 발굴조사 개보〉,《韓國新石器硏究》제13호, 한국신석기학회, 2007.

국립경주박물관,《국립경주박물관》, 통천문화사, 1995.

국립광주박물관,《국립광주박물관》, 통천문화사, 1994.

국립김해박물관,《국립김해박물관》, 통천문화사, 1998.

국립문화재연구소,《고성문암리유적》, 2004.

―――――――,《풍납토성》Ⅰ, 국립문화재연구소, 2001.

國立夫餘文化財硏究所, 《綾山里百濟古墳發掘調査報告書》, 1988.
국립중앙박물관, 《국립중앙박물관》, 통천문화사, 1991.
——————, 《암사동》, 국립박물관 고적조사보고 제26책, 1994.
국사편찬위원회소장, 《慶州 栢栗寺 石幢記》.
金東鎬, 〈咸陽上栢里古墳群發掘調査報告〉, 《東亞大學校博物館 1972年度古蹟調査報告》, 1972.
金榮來, 《南原·月山里古墳發掘調査報告》, 全州, 1983.
金元龍, 〈廣州渼沙里 櫛文土器遺蹟〉, 《歷史學報》 14, 1961.
金鐘徹, 《高靈池山洞古墳群》, 계명대학교박물관 학술조사보고 제1집, 1981.
김용간, 〈금탄리 원시 유적 발굴 보고〉, 《유적발굴보고》 제10집, 사회과학원출판사, 1964.
김재원·윤무병, 《義城 塔里 古墳》, 국립박물관, 1962.
도유호·황기덕, 〈지탑리 유적 발굴 중간보고〉 1, 《문화유산》 5, 사회과학원출판사, 1957.
리순진, 〈신암리 유적 발굴 중간 보고〉, 《고고민속》, 사회과학원출판사, 1965년 2호.
———·김재용, 《락랑구역일대의 고분발굴보고》, 사회과학출판사, 백산자료원, 2002.
문화공보부 문화재관리국, 《慶州皇南洞 第98號 古墳(南墳) 發掘 略報告》, 1976.
——————————, 《팔당 소양댐수몰지구 유적발굴 종합조사보고》, 1974.
문화재관리국 문화재연구소, 《黃南大塚》 경주시 황남동 제98호 고분 북분발굴조사보고서, 문화재관리국, 1985.
문화재관리국, 《武寧王陵 발굴조사보고서》, 문화공보부 문화재관리국, 1973.
——————, 《天馬塚 發掘 調査 報告書》, 1974.
朴玧貞, 〈高城文岩里 先史遺蹟 發掘調査〉, 《韓國新石器硏究》 제5호, 한국신석기학회, 2003.
백홍기, 《양양군 가평리 주거지 발굴조사보고》 Ⅰ, 강릉대학교박물관, 1984.
北濟州郡·濟州大學校博物館, 《濟州高山里遺蹟》, 1998.
사회과학원 고고학연구소 전야고고대, 〈나무곽무덤 – 정백동 37호무덤〉, 《고고학자료집》 제5집, 과학·백과사전출판사, 1978.
서울대학교박물관, 《서울대학교박물관 발굴 유물 도록》, 1977.

성환문화원, 〈天安 埋藏文化財 關聯 資料集〉, 《鄕土文化》 제13집, 1997.
孫寶基, 〈石莊里의 後期 舊石器時代 집자리〉, 《韓國史研究》 9, 1973.
———, 《구석기유적》-한국·만주, 한국선사문화연구소, 1990.
신숙정, 《우리나라 남해안지방의 신석기문화연구》, 학연문화사, 1994.
역사편집부, 《궁산원시유적발굴보고》, 과학·백과사전출판사, 1983.
李建茂 등, 〈義昌 茶戶里遺蹟 發掘進展報告〉 Ⅰ, 《考古學誌》 제1집, 한국고고미술연구소, 1981.
———, 〈昌原 茶戶里遺跡 發掘進展報告〉 Ⅱ, 《考古學誌》 제3집, 한국고고미술연구소, 1989.
———, 〈昌原 茶戶里遺跡 發掘進展報告〉 Ⅲ, 《考古學誌》 제5집, 한국고고미술연구소, 1994.
李南奭·李勳·李賢淑, 《白石洞遺蹟》, 공주대학교박물관·충청남도 천안시, 1998.
李隆助·禹鐘允 編著, 《선사유적발굴도록》, 충북대학교박물관, 1998.
———, 《중원지역의 구석기유적》, 충북대학교박물관, 2005.
李亨求, 《晉州 大坪里 玉房 5地區 先史遺蹟》, 선문대학교·경상남도, 2001.
李浩官·趙由典, 〈楊平郡兩水里支石墓發掘報告〉, 《八堂·昭陽댐水沒地區遺蹟發掘綜合調査報告》, 문화재관리국, 1974.
任孝宰·權鶴洙, 《鰲山里遺蹟》-서울대학교박물관 고고인류학총간 9책, 서울대학교박물관, 1984.
———·李俊貞, 《鰲山里遺蹟》 Ⅲ, 서울대학교박물관 , 1988.
장호수 엮음, 〈범의구석유적 청동기시대층(2~4기)〉, 《북한의 선사고고학》 3-청동기시대와 문화, 백산문화, 1992.
———, 〈서포항유적 청동기문화층〉, 《북한의 선사고고학》 3-청동기시대와 문화, 백산문화, 1992.
———, 〈청동기시대 짐승〉, 《북한의 선사고고학》 3-청동기시대와 문화, 백산문화, 1992.
정찬영, 《압록강, 독로강 유역 고구려유적 발굴보고》-유적발굴보고 제13집, 과학·백과사전출판사, 1983.
제주도·제주대학교박물관, 《濟州高山里遺蹟-고산리유적 성격규명을 위한 학술조사보고서》, 2003.
조선유적유물도감편찬위원회, 《조선유적유물도감》 1-원시편, 조선유적유물도감편찬위원회, 1988.

조선유적유물도감편찬위원회, 《조선유적유물도감》 2－고조선·부여·진국편, 조선유적유물도감편찬위원회, 1989.
조선화보사, 《高句麗古墳壁畵》, 조선화보사출판부, 1985.
조중공동고고학발굴대, 《중국 동북지방의 유적발굴보고》, 사회과학원출판사, 1966.
崔盛洛, 《靈巖 長川里 住居址》 2, 목포대학박물관, 1986.
한국고대사회연구소 編, 《韓國古代金石文》 제1권, 가락국사적개발연구원, 1992.
한국문화재보호재단, 《문화유적발굴도록》, 한국문화재보호재단, 1993.
한남대학교박물관, 《옥천 대천리유적 발굴조사》 현장설명회자료집, 2000.
許興植 編, 《韓國金石全文》 中世下, 아세아문화사, 1984.
황기덕, 〈무산범의구석유적 발굴보고〉, 《고고민속론문집》 제6집, 사회과학원출판사, 1975.

《泉男産 墓誌銘》.
喀左縣文化館·朝陽地區博物館·遼寧省博物館, 〈遼寧省喀左縣山灣子出土商周青銅器〉, 《文物》 1977年 第12期.
郭大順·張克擧, 〈遼寧省喀左縣東山嘴紅山文化建築群址發掘簡報〉, 《文物》 1984年 第11期.
國家文物局古文獻研究室·新疆維吾爾自治區博物館·武漢大學歷史系, 《吐魯番出土文書》 第一册, 文物出版社, 1981.
吉林省文物考古研究所·集安市博物館, 《集安高句麗王陵－1990~2003年 集安高句麗王陵調査報告》, 文物出版社, 2004.
吉林省博物館·永吉縣文化館, 〈吉林永吉星星哨石棺墓第三次發掘〉, 《考古學集刊》 3, 中國社會科學出版社, 1983.
吉林地區考古短訓班, 〈吉林猴石山遺址發掘簡報〉, 《考古》 1980年 第2期.
董學增, 〈關于我國東北系'觸角式' 劍的探討〉, 《中國考古集成》 東北卷 青銅時代(一), 北京出版社, 1992.
文物編輯委員會, 《文物考古工作三十年》, 文物出版社, 1979.
孫守道, 〈'匈奴西·溝文化' 古墓群的發現〉, 《文物》 1960年 第8·9期.
睡虎地秦墓竹簡整理小組, 《睡虎地秦墓竹簡》, 文物出版社, 1978.
新疆維吾爾自治區博物館, 〈新疆民豊縣北大沙漠中古遺址墓葬區東漢合葬墓淸理簡報〉, 《文物》 1960年 第6期.

沈陽古宮博物館·沈陽市文物管理辨公室, 〈沈陽鄭家·子的兩座青銅時代墓葬〉, 《考古學報》 1975年 第1期.
楊虎, 〈內蒙古敖漢旗興隆·遺址發掘簡報〉, 《考古》 1985年 第10期.
熱河省博物館籌備組, 〈熱河凌源縣海島營子村發現的古代青銅器〉, 《文物參考資料》 1955年 第8期.
王增新, 〈遼寧撫順市蓮花堡遺址發掘簡報〉, 《考古》 1964年 第6期.
遼寧省文物干部培訓班, 〈遼寧北票縣豊下遺址1972年春發掘報告〉, 《考古》 1976年 第3期.
遼寧省文物干部培訓班, 〈1979年朝陽地區文物調查發掘的主要收獲〉, 《遼寧文物》 1989年 第1期.
劉振華, 〈吉林省原始文化中的幾種新石器時代遺存〉, 《中國考古集成》 東北卷 新石器時代(二), 北京出版社, 1997.
李恭篤, 〈本溪發現多處洞穴墓地域遺址〉, 《中國文物報》 1988年 12月 9日 3版.
田廣金, 〈近年來內蒙古地區的匈奴考古〉, 《考古學報》 1983年 第1期.
浙江省文管會·浙江省博物館, 〈河姆渡發現原始社會重要遺址〉, 《文物》 1976年 第8期.
中國科學院考古研究所, 《新中國的考古收獲》, 文物出版社, 1962.
中國科學院考古研究所內蒙古工作隊, 〈寧城南山根遺址發掘報告〉, 《考古學報》 1975年 第1期.
中國社會科學院考古研究所, 《新中國的考古發現和研究》, 文物出版社, 1984.
――――――――――――, 《中國考古學中碳14年代數據集》, 文物出版社, 1983.
中國社會科學院考古研究所內蒙古工作隊, 〈內蒙古敖漢旗興隆洼遺址發掘簡報〉, 《考古》 1985年 第10期.
中國社會科學院考古研究所東北工作隊, 〈內蒙古寧城縣南山根102號石棺墓〉, 《考古》 1981年 第4期.
中國社會科學院考古研究所實驗室, 〈放射性碳素測定年代報告(一五)〉, 《考古》 1988年 第7期.
佟柱臣, 〈赤峰東八石城址勘查記〉, 《考古通訊》 1957年 第6期.

網干善教, 《五條猫塚古墳》, 奈良縣史跡名勝天然記念物調査報告, 1962.
關野貞 等, 《樂浪郡時代の遺蹟》-古蹟調査特別報告 第4册, 朝鮮總督府, 昭和 2年(1927年).
關野貞, 〈平壤附近に於ける樂浪時代の墳墓(一)〉, 《古蹟調査特別報告》 第一册,

朝鮮總督府, 大正 11年(1922年).
奈良國立博物館,《正倉院展》, 昭和 53年(1975年).
——————,《正倉院展》, 1994.
東京國立博物館,《日本古美術展》, 1964.
——————,《黃河文明展》, 1986.
——————,《高松塚などからの新發見の考古品》, 1977.
——————·京都國立博物館·朝日新聞社,《Central Asian Art from the Museum of Indian ART, Berlin, SMPK》, 朝日新聞社, 1991.
——————·日本中國文化交流協會·日本經濟新聞社,《曾侯乙墓　特別展》, 1992.
馬場是一郎·小川敬吉,〈梁山夫婦塚と其遺物〉,《古蹟調査特別報告》 第5册, 朝鮮總督府, 1926.
梅原末治,〈慶州金鈴塚飾履塚發掘調査報告〉,《大正十三年度古蹟調査報告》 第1册, 朝鮮總督府, 1924.
濱田耕作·梅原末治,〈慶州金冠塚と其遺寶〉,《古蹟調査特別報告》 第3册, 朝鮮總督府, 1924.
西田弘·鈴木博司·金關恕,《新開古墳》, 滋賀縣史跡調査報告 第12册, 1961.
水野清一,〈滿洲舊石器時代の骨角器資料〉,《人類學雜誌》 48-12, 1933,
小場恒吉·榧本龜次郎,《樂浪王光墓》, 朝鮮古蹟研究會, 昭和 10年(1935年).
有光敎一,〈皇吾里第54號墳甲塚〉,《古蹟調査概報 慶州古墳昭和八年》, 1934.
日本經濟新聞社,《中華人民共和國古代青銅器展》, 1976.
直良信夫,〈朝鮮　潼關鎭　發掘　舊石器時代の遺物〉,《滿蒙學術調査研究報告》 6-3, 1940.
齋藤忠,〈慶州皇南里第109號墳皇吾里第14號墳調査報告〉,《昭和九年度古蹟調査報告》 1, 1937.
朝鮮古蹟研究會,〈慶尙北道 達成郡 遠西面 古蹟調査報告〉,《1923年度古蹟調査報告》 第1册, 1923.
朝鮮總督府,〈慶州金冠塚と其遺寶〉,《古蹟調査特別報告》 第3册, 似玉堂, 1924.
朝日新聞社,《大英圖書館收藏 敦煌·樓蘭古文書展》, 1983.
樋口隆康·岡崎敬·宮川徙,〈和泉國七觀古蹟調査報告〉,《古代學研究》 27, 1961.
河北新報社·日本對外文化協會,《河北新報創刊85周年·十字屋仙台店開店10周年記念 草原のシルクロード展》, 1982.
布目順郎,《絹と布の考古學》, 雄山閣, 1988,

2. 저서

강원향토문화연구회, 《횡성군의 역사와 문화유적》, 1995.
기수연, 《후한서 동이열전연구-삼국지 동이전과의 비교를 중심으로》, 백산자료원, 2005.
김기홍, 《삼국 및 통일신라 세제의 연구》, 역사비평사, 1994.
金東旭, 《百濟의 服飾》, 백제문화개발연구원, 1985.
金東旭, 《增補 韓國服飾史研究》, 아세아문화사, 1979.
金東旭, 《新羅의 服飾》, 신라문화선양회, 1979.
김병모, 《금관의 비밀》, 푸른역사, 1998.
김석형, 《초기조일관계사》 하, 사회과학원출판사, 1988.
김열규, 《한국 고대문화와 인접문화와의 관계》, 정화인쇄문화사, 1981.
金仁圭·申東泰, 《섬유재료》, 백산출판사, 1996.
김용준, 《고구려 고분벽화 연구》, 사회과학원출판사, 1958.
김원룡, 《한국미술사》, 범문사, 1968.
———, 《韓國壁畫古墳》, 일지사, 1983.
———, 《韓國考古學研究》 제3판, 일지사, 1992.
———, 《韓國美術全集》 I-原始美術, 동화출판공사, 1973.
———·崔茂藏·鄭永和, 《韓國舊石器文化研究》, 한국정신문화연구원, 1981.
金貞培, 《韓國民族文化의 起源》, 고려대학교출판부, 1973.
金哲埈, 《韓國古代社會研究》, 지식산업사, 1976.
———, 《韓國古代史研究》, 서울대학교출판부, 1990.
金泰植, 《伽倻聯盟史》, 일조각, 1993.
高福男, 《韓國傳統服飾史研究》, 일조각, 1991.
南相瑀, 《被服材料學》, 수학사, 1998.
남중희·신봉섭, 《실크과학》, 서울대학교출판부, 1998.
노태돈, 《단군과 고조선사》, 사계절, 2000.
도유호, 《조선 원시 고고학》, 백산자료원 영인본, 1994.
단군학회 엮음, 《남북 학자들이 함께 쓴 단군과 고조선 연구》, 지식산업사, 2005.
리순진·장주협 편집, 《고조선문제 연구》, 사회과학원출판사, 1973.
리지린, 《고조선 연구》, 학우서방, 1964.
리태영, 《조선광업사》, 공업종합출판사, 1991.
무함마드 깐수, 《新羅 西域交流史》, 단국대학교출판부, 1992.

문화관광부, 《고대에도 한류가 있었다》, 지식산업사, 2007.
민길자, 《세계의 직물》, 한림원, 1998.
———, 《전통옷감》, 대원사, 1998.
朴南守, 《新羅手工業史》, 신서원, 1996.
박선미, 《고조선과 동북아의 고대화폐》, 학연문화사, 2009.
朴一錄, 《韓國 絹의 文化史的 研究》, 원광대학교출판국, 1997.
박진욱, 《조선고고학전서》-고대편, 과학·백과사전종합출판사, 1997.
朴眞奭·姜孟山 외 공저, 《中國境內 高句麗遺蹟研究》, 예하출판주식회사, 1991.
박진석·강맹산, 《고구려 유적과 유물연구》, 동북조선민족교육출판사, 1999.
백홍기·지현병, 《강원영동지방의 선사문화연구》, 문화재연구소·강릉대박물관, 1991.
백영자·최해율, 《한국의 복식문화》, 경춘사, 2000.
百濟文化研究院, 《古墳과 窯址》, 1997.
사회과학원고고학연구소, 《고조선문제연구론문집》, 사회과학원출판사, 1977.
———, 《조선고고학개요》, 과학·백과사전출판사, 1977.
사회과학원력사연구소, 《조선고대사》, 과학·백과사전출판사, 1979.
———, 《조선문화사》, 과학·백과사전출판사, 1988.
———, 《고조선사·부여사·구려사·진국사》, 과학·백과사전출판사, 1991.
———, 《백제·전기 신라 및 가야사》, 과학·백과사전출판사, 1991.
———, 《조선전사》 1-원시편, 과학·백과사전출판사, 1979.
———, 《조선전사》 2-고대편, 과학·백과사전출판사, 1979.
———, 《고구려사》, 과학·백과사전출판사, 1991.
사회과학원력사연구소 고고학연구소, 《원시사》, 과학·백과사전출판사, 1997.
손영종, 《고구려사》 2, 과학·백과사전출판사, 1997.
———, 《고구려사》 3, 과학·백과사전출판사, 1999.
宋桂鉉·金舜圭, 〈古代의 軍服飾〉, 《韓國의 軍服飾發達史》 1, 국방군사연구소, 1997.
宋啓源·李茂夏·蔡榮錫, 《皮革과 毛皮의 科學》, 선진문화사, 1998.
신숙정, 《우리나라 남해안지방의 신석기문화연구》, 학연문화사, 1994.
申采浩, 《朝鮮上古史》, 인물연구소, 1982.
———, 《朝鮮上古史》, 丹齋 申采浩全集 上, 단재 신채호선생기념사업회, 1978.

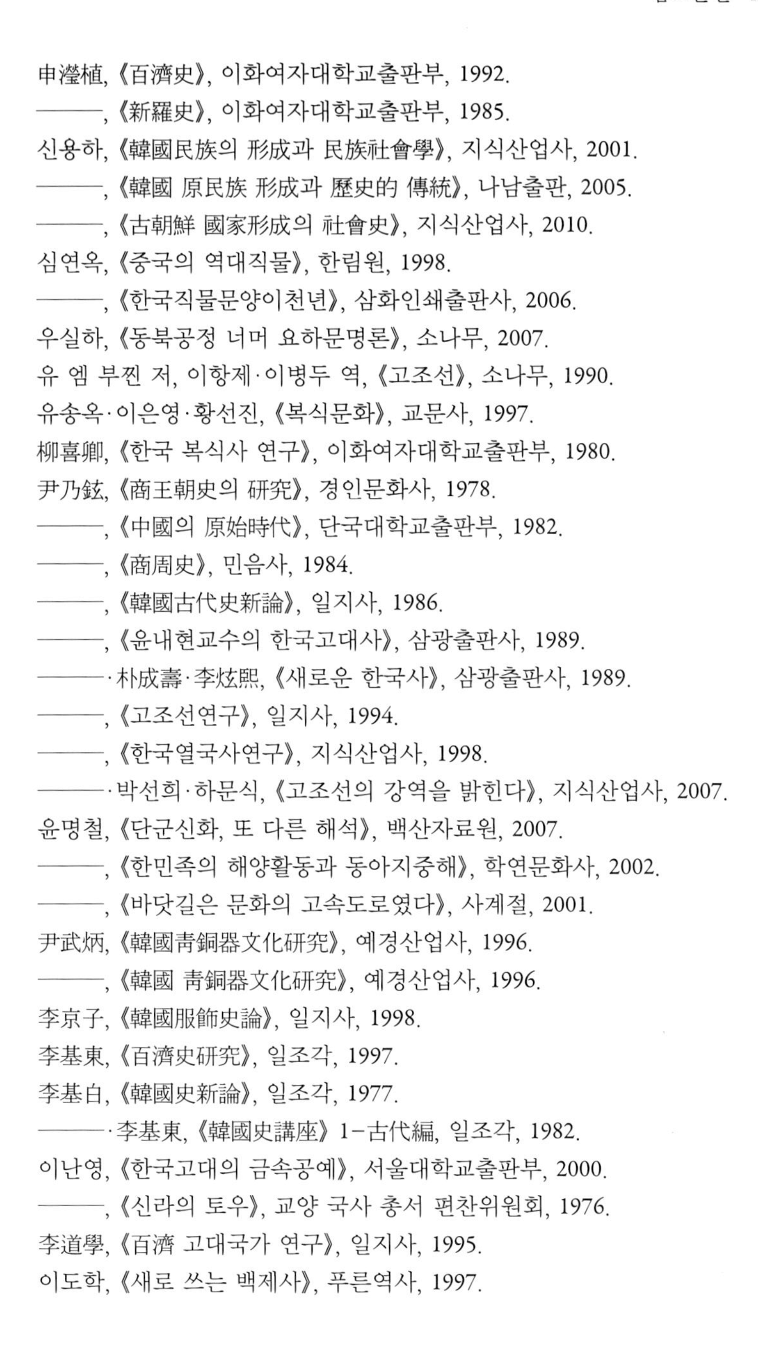

申瀅植, 《百濟史》, 이화여자대학교출판부, 1992.
———, 《新羅史》, 이화여자대학교출판부, 1985.
신용하, 《韓國民族의 形成과 民族社會學》, 지식산업사, 2001.
———, 《韓國 原民族 形成과 歷史的 傳統》, 나남출판, 2005.
———, 《古朝鮮 國家形成의 社會史》, 지식산업사, 2010.
심연옥, 《중국의 역대직물》, 한림원, 1998.
———, 《한국직물문양이천년》, 삼화인쇄출판사, 2006.
우실하, 《동북공정 너머 요하문명론》, 소나무, 2007.
유 엠 부찐 저, 이항제·이병두 역, 《고조선》, 소나무, 1990.
유송옥·이은영·황선진, 《복식문화》, 교문사, 1997.
柳喜卿, 《한국 복식사 연구》, 이화여자대학교출판부, 1980.
尹乃鉉, 《商王朝史의 研究》, 경인문화사, 1978.
———, 《中國의 原始時代》, 단국대학교출판부, 1982.
———, 《商周史》, 민음사, 1984.
———, 《韓國古代史新論》, 일지사, 1986.
———, 《윤내현교수의 한국고대사》, 삼광출판사, 1989.
———·朴成壽·李炫熙, 《새로운 한국사》, 삼광출판사, 1989.
———, 《고조선연구》, 일지사, 1994.
———, 《한국열국사연구》, 지식산업사, 1998.
———·박선희·하문식, 《고조선의 강역을 밝힌다》, 지식산업사, 2007.
윤명철, 《단군신화, 또 다른 해석》, 백산자료원, 2007.
———, 《한민족의 해양활동과 동아지중해》, 학연문화사, 2002.
———, 《바닷길은 문화의 고속도로였다》, 사계절, 2001.
尹武炳, 《韓國青銅器文化研究》, 예경산업사, 1996.
———, 《韓國 青銅器文化研究》, 예경산업사, 1996.
李京子, 《韓國服飾史論》, 일지사, 1998.
李基東, 《百濟史研究》, 일조각, 1997.
李基白, 《韓國史新論》, 일조각, 1977.
———·李基東, 《韓國史講座》 1-古代編, 일조각, 1982.
이난영, 《한국고대의 금속공예》, 서울대학교출판부, 2000.
———, 《신라의 토우》, 교양 국사 총서 편찬위원회, 1976.
李道學, 《百濟 고대국가 연구》, 일지사, 1995.
이도학, 《새로 쓰는 백제사》, 푸른역사, 1997.

李丙燾,《韓國古代史研究》, 박영사, 1981.
이순진·장주협,《고조선문제연구》, 평양, 1973.
李如星,《朝鮮服飾考》, 백양당, 1947.
이은창,《한국 복식의 역사》-고대편, 세종대왕기념사업회, 1978.
이정훈,《발로 쓴 反동북공정-동북아시아 문명사는 다시 써야 한다》, 지식산업사, 2009.
李龍範,《韓滿交流史 研究》, 동화출판공사, 1989.
李鐘旭,《新羅國家形成史研究》, 일조각, 1982.
李賢惠,《三韓社會形成過程研究》, 일조각, 1984.
李亨求,《韓國古代文化의 起源》, 까치, 1991.
———,《단군과 단군조선》, 살림터, 1999.
———,《발해연안에서 찾은 한국 고대문화의 비밀》, 김영사, 2004.
이청규 외,《요하유역의 초기 청동기문화》, 동북아역사재단, 2009.
仁濟大學校 加耶文化研究所,《加耶諸國의 鐵》, 신서원, 1995.
杉本正年 저·문광희 역,《동양복장사논고》 고대편, 경춘사, 1995.
임영미,《한국의 복식문화》 1, 경춘사, 1996.
임재해 외,《한국신화의 정체성을 밝힌다》, 지식산업사, 2008.
오영찬,《낙랑군연구》, 사계절, 2006.
鄭玩燮,《織物의 起源과 交流》, 서경문화사, 1997.
장국종·홍희유,《조선농업사》 1, 농업출판사, 1989.
張光直 저·尹乃鉉 역,《商文明》, 민음사, 1988.
조선기술발전사편찬위원회,《조선기술발전사》 원시·고대편, 과학·백과사전종합출판사, 1997.
조희승,《가야사연구》, 사회과학원출판사, 1994.
———,《조선의 비단과 비단길》, 사회과학출판사, 2001.
———,《일본에서 조선소국의 형성과 발전》, 과학·백과사전종합출판사, 1990.
조현종·양성혁·윤온식,《安島貝塚》, 국립광주박물관, 2009.
장우진,《원시사회사 개요》, 백산자료원, 2002.
秦弘燮,《土器 土偶 瓦塼》-韓國美術全集 3, 동화출판공사, 1974.
千寬宇,《古朝鮮史·三韓史研究》, 일조각, 1991.
———,《伽倻史研究》, 일조각, 1991.
채희국,《고구려 역사 연구》- 평양 천도와 고구려의 강성, 김일성종합대학출판사, 1982.

최무장·임연철, 《高句麗壁畵古墳》, 신서원, 1990.
崔夢龍·李憲宗·姜仁旭, 《시베리아의 선사고고학》, 주류성, 2003.
최상준 등, 《조선기술발전사》 2－삼국시기·발해·후기신라 편, 과학·백과사전 종합출판사, 1996.
崔鐘圭, 《三韓考古學硏究》, 서경문화사, 1995.
韓國考古學硏究會, 《韓國考古學地圖》, 서울대학교 고고미술사학과, 1984.
韓國文化財保護協會, 《韓國의 服飾》, 문화공보부 문화재관리국, 1982.
황기덕, 《조선 원시 및 고대 사회의 기술발전》, 과학·백과사전출판사, 1997.

丘光明, 《中國歷代度量衡考》, 科學出版社, 1992.
國家計量總局·中國歷史博物館·古宮博物院 主編, 《中國古代度量衡圖集》, 文物出版社, 1984.
國立故宮博物院, 《故宮書畵錄》 增訂本一, 國立故宮博物院, 1956.
吉林省文物考古硏究所·集安市博物館, 《集安高句麗王陵－1990~2003年 集安高句麗王陵調査報告》, 文物出版社, 2004.
吉林省集安市文物局, 《高句麗王城王陵及貴族墓葬》, 上海學界圖書出版公司, 2008.
郭大順, 《龍出遼河源》, 百花文藝出版社, 2001.
盖山林, 《中國岩畵學》, 北京, 書目文獻出版社, 1995.
段拭, 《漢畵》, 中國古典藝術出版社, 1958.
覃旦冏, 《中華藝術史綱》 上册, 光復書局, 1972.
———, 《中華藝術史論》, 光復書局, 1980.
佟冬, 《中國東北史》, 吉林文史出版社, 1987.
董粉和, 《中國秦漢科技史》, 人民出版社, 1994.
杜石然·范楚玉·陳美東·金秋鵬·周世德·曹婉如 著, 川原秀城·日原傳·長谷部英一·藤井隆·近藤浩之 譯, 《中國科學技術史》 上, 東京大學出版會, 1997.
勞榦, 《居延漢簡考釋》, 商務印書館, 1949.
勞榦, 《秦漢史》, 華岡出版有限公司, 1975.
——, 《勞榦學術論文集》 甲編 上册, 藝文印書館, 1976.
北京鋼鐵學院 中國冶金簡史編寫小組, 《中國冶金簡史》, 科學出版社, 1978.
裴安平, 《農業 文化 社會－史前考古文集》, 科學出版社, 2006.
尙秉和, 《歷代社會風俗事物考》, 臺灣商務印書館, 1975.
上海市戲曲學校中國服裝史硏究組, 周迅·高春明撰文, 《中國服飾五千年》, 商務印書館香港分館, 1984.
上海博物館青銅器研究組編,《商周青銅器紋飾》, 文物出版社, 1984.
昭國田,《敖漢旗文物精華》, 內蒙古文化出版社, 2004
孫機,《漢代物質文化紫蔘圖說》, 文物出版社, 1991.
孫守道·劉淑娟,《紅山文化 玉器新品新鑒》, 吉林文史出版社, 2007.
宋鎮豪,《中國春秋戰國習俗史》, 人民出版社, 1994.
史念海,《河山集》, 生活·讀書·新知三聯書店, 1963.
徐秉琨·孫守道,《東北文化》, 上海遠東出版社·商務印書館, 1998.
新疆維吾爾自治區博物館,《新疆歷史文物》, 文物出版社, 1978.
沈福文,《中國漆藝美術史》, 人民美術出版社, 1992.
沈從文,《中國古代服飾研究》, 商務印書館, 香港, 1992.
岳慶平,《中國秦漢習俗史》, 人民出版社, 1994.
楊寬,《中國古代冶鐵技術發展史》, 上海人民出版社, 1982.
吳洛,《中國度量衡史》, 臺灣商務印書館, 1937.
遼寧省博物館·遼寧省文物考古研究所,《遼河文明展》, 2006.
王肯·隋書金·宮欽科·耿瑛·宋德胤·任光偉,《東北俗文化史》, 春風文藝出版社, 1992.
王冬力,《紅山石器》, 華藝出版社, 2007.
王綿厚,《秦漢東北史》, 遼寧人民出版社, 1994.
王伯敏,《中國美術通史》, 山東教育出版社, 1987.
王永强·史衛民·謝建猷,《中國少數民族文化史》, 東北卷 壹, 廣西教育出版社, 1999.
王迅,《東夷文化與淮夷文化研究》, 北京大學出版社, 1994.
王宇淸,《中國服裝史綱》, 中華大典編印會, 1978.
王禹浪·王宏北,《高句麗·渤海古城址研究滙編》(上), 哈爾濱出版社, 1994.
王孝通,《中國商業史》, 臺灣商務印書館, 1974.
王恢,《中國歷史地理》上·下册, 臺灣 學生書局, 1976.
遼寧省博物館·遼寧省文物考古研究所,《遼河文明展》, 2006.
容鎔,《中國上古時期科學技術史話》, 中國環境科學出版社, 1990.
劉慶孝·諸葛鎧,《敦煌裝飾圖案》, 山東人民出版社, 1982.
劉錫成,《中國原始藝術》, 上海文藝出版社, 1998.
李德潤·張志立,《古民俗研究》, 吉林文史出版社, 1990.
李福順·劉曉路,《中國春秋戰國藝術史》, 人民出版社, 1994.

李浴·劉中澄·凌瑞蘭·李震·可平·王乃功,《東北藝術史》, 春風文藝出版社, 1992.
李肖冰,《中國西域民族服飾研究》, 新疆人民出版社, 1995.
李天鳴,《中國疆域的變遷》上册, 國立故宮博物院, 臺北, 1997.
李學勤,《東周與秦代文明》, 文物出版社, 1984.
越岡·陳鍾毅,《中國棉業史》, 臺灣聯經出判事業公司, 1997.
越豊,《絲綢藝術史》, 文物出版社, 2005.
張廣文,《玉器史話》, 紫禁城出版社, 1991.
蔣孔陽 主編,《中國古代美學藝術史論文集》, 上海古籍出版社, 1981.
張博泉·魏存成,《東北古代民族·考古與疆域》, 吉林大學出版社, 1998.
張英,《吉林出土銅鏡》, 文物出版社, 1990.
張仲立,《秦陵銅車馬與車馬文化》, 陝西人民教育出版社, 1994.
張曉凌,《中國原始藝術精神》, 重慶出版社, 1992.
蔣猷龍,《家蠶遺傳育種學》, 中國農業科學院 蠶業研究所主編, 1981.
田昌五,《古代社會形態研究》, 天津人民出版社, 天津, 1980.
箭內互 編著·和田淸 增補·李毓澍 編譯,《中國歷史地圖》, 九思叢書 3, 九思出版社, 1977.
鄭若葵,《中國遠古暨三代習俗史》, 人民出版社, 1994.
陳夢家,《漢簡綴述》考古學專刊甲種第十五號, 中國社會科學院考古研究所編輯, 中華書局, 北京, 1980.
陳仁濤,《金匱論古初集》, 香港亞洲石印局印, 1952.
陣玉龍·楊通方·夏應元·范毓周,《漢文化論綱》-兼述中朝中日中越文化交流, 北京大學出版社, 1993.
陳恩林,《中國春秋戰國軍事史》, 人民出版社, 1994.
戴煒·侯文海·鄭耿杰,《眞賞紅山》, 內蒙固人民出版社, 2007.
周迅·高春明,《中國古代服飾大觀》, 重慶出版社, 1995.
中國科學院考古研究所,《廟底溝與三里橋》, 科學出版社, 1959.
中國農業博物館農史研究室 編·閔宗殿·彭治富·王潮生 主編,《中國古代農業科技史圖說》, 農業出版社, 1989.
中國社會科學院考古研究所 編,《新中國的考古發現和研究》, 文物出版社, 1984.
————————,《中國田野考古報告集 考古學專刊 第48號 大甸子》, 科學出版社, 1996.
中國社會科學院 考古研究所,《大甸子-中國田野考古報告集》, 考古學傳刊 丁種第48號, 科學出版社, 1996.

中國社會科學院邊疆考古研究中心 編,《新疆石器時代與青銅時代》, 文物出版社, 2008.
中國鋼鐵學院·中國冶金簡史編寫小組,《中國冶金簡史》, 科學出版社, 1978.
中原虎南,《織物雜考》, 紡織雜誌社, 1934.
朝陽市文化局·遼寧省文物考古研究所,《牛河梁遺址》, 學苑出版社, 2004.
馮澤芳,《中國的棉花》, 財政經濟出版社, 1956.
郝欽銘,《棉作學》上册, 商務印書館, 1939.
玄應,《一切經音義》卷1〈大方等大集經〉卷15"音義".
湖北省荊州地區博物館,《江陵馬山一號楚墓》, 文物出版社, 1985.
湖南省博物館·中國科學院考古研究所,《長沙馬王堆一號漢墓》, 文物出版社, 1973.
河姆渡遺址博物館,《河姆渡文化精粹》, 文物出版社, 2002.
黃能馥·陳娟娟,《中華服飾藝術源流》, 高等教育出版社, 1994.
黃斌·黃瑞,《走進東北古國》, 遠方出版社, 2006.
回顧,《中國絲綢紋樣史》, 黑龍江美術出版社, 1990.
侯外廬,《漢代社會與漢代思想》, 香港 嵩華出版事業公司, 1978.
慧琳,《一切經音義》卷4〈大般若經〉卷398"音義".
越豊,《中國絲綢藝術史》, 文物出版社, 2005.
江上波夫,《ユーテンの古代北方文化の研究》, 山川出版社, 1951.
關野貞,《朝鮮の建築と美術》, 岩波書店, 1941.
駒井和愛,〈スキタイの社會と文化-武器〉,《考古學概說》, 講談社, 1972.
———,《樂浪》, 中央公論社, 昭和 47年(1972年).
吉田光邦,《染織の東西交涉》, 京都書院, 1982.
奈良県立橿原考古學研究所附屬博物館,《新沢千塚の遺宝とその源流》, 明新印刷株式會社, 1992.
奈良県立橿原考古學研究所 編集,《藤ノ木古墳とその時代》, 大塚巧藝社, 1989.
大塚初重·白石太一郎·西谷正·町田章,《考古學による日本歷史》1~18册, 雄山閣, 1996.
杜石然·范楚玉·陳美東·金秋鵬·周世德·曹婉如 著, 川原秀城·日原傳·長谷部英一·藤井隆·近藤浩之 譯,《中國科學技術史》上, 東京大學出版會, 1997.
渡邊素舟,《中國古代文樣史》上, 雄山閣, 昭和 51年(1976年).
東京國立博物館,《黃河文明展》, 中日新聞社, 1986.
文化廳·東京國立博物館,《高松塚新發見る考古品》, 昭和 52年(1977年), 東京國立博物館.
末永雅雄,《日本上代の甲冑》, 創元社, 1944.
———·伊東信雄,《挂甲の系譜》, 雄山閣, 1979.
———,《增補 日本上代の甲冑》, 創元社, 1981.
文物出版社,《內蒙古出土文物選集》, 1963.
梅原末治,《蒙古ノイン·ウテ發見の遺物》, 平凡社, 1960.
石田英一郎·江上波夫·岡正雄·八幡一郎,〈朝鮮半島との關係〉,《日本民族の起源》, 平凡社, 1969.
小場恒吉·榧本龜次郎,《樂浪王光墓》, 朝鮮古蹟研究會, 昭和 10年(1935年).
狩谷掖齋 著·富谷至 校注,〈本朝度巧〉,《本朝度量權衡巧》, 現代思潮社.
岩村忍,《中央アジアの遊牧民族》, 講談社, 1970.
李成市,《古代東アヅアの民族と國家》, 岩波書店, 1998.
林巳奈夫,《中國玉器總說》, 吉川弘文館, 1999.
町田章,《古代東アヅアの裝飾墓》, 同朋舍, 1987.
齊藤忠,《北朝鮮考古學の新發見》, 雄山閣, 1996.
———,《古墳文化と壁畵》, 雄山閣, 1997.
中口裕,《銅の考古學》, 東京, 1972.
朝鮮古蹟研究會,《樂浪彩篋冢》, 東京, 1934.
———,《樂浪王光墓》, 民族文化, 1935.
香山陽坪,《騎馬民族の遺産》, 新潮社, 1970.

Akishev. K. A., *Issyk Mound*, Moscow, 1978.
Parrot, Andre, *Nineveh and Babylon*, Thames and Hudson, 1972.
Chang, Kwang-chih, *The Archaeology of Ancient China*, Fourth Edition, Yale University Press, 1986.
Artamonov, M. I., *Treasures from Scythian Tombs*, trans. Kupriyanova, Thames & Hudson, 1969.
Sergei I, Rudeuko, *Frozen Tombs of Siberia—The Pazyryk Burials of Iron-Age Horsemen*, University of California, 1970.
Sullivan, Michael, *The Arts of China, Revised Edition*, University of California Press, 1979.
Rudenko, S. I., *Frozen Tombs of Siberia*, trans. M. W. Thompson, J. M. dent & Sons Ltd., 1970.

Rice, T. T., *The Scythians*, London; Thames and Hudson, 1957.
Jettmar. K., *Art of the Stepps*, Heidelberg, 1966.

3. 논문

강승남, 〈우리나라 고대 청동가공기술에 관한 연구〉, 《조선고고연구》 1990년 제3호, 사회과학원고고학연구소.
———, 〈기원전 1000년기 후반기 우리나라 청동야금기술의 특징에 대하여〉, 《조선고고연구》 1990년 제7기, 사회과학원고고학연구소.
———, 〈우리나라 원시 및 고대 유색금속의 이용에 대한 고찰〉, 《조선고고연구》 1992년 제4호, 사회과학원고고학연구소.
———, 〈고조선시기의 청동 및 철 가공기술〉, 《조선고고연구》 1995년 제2기, 사회과학원고고학연구소.
———, 〈락랑유적의 금속 유물에 대하여〉, 《조선고고연구》 1996년 제2호, 사회과학원고고학연구소.
姜仁求, 〈中國東北地方의 古墳〉, 《韓國 上古史의 諸問題》, 한국정신문화연구원, 1987.
강인숙, 〈고구려에 선행한 고대국가 구려에 대하여〉, 《력사과학》 1991년 제2기, 과학·백과사전출판사.
고고학연구소, 〈두만강 류역의 청동기시대 문화〉, 《고고민속론문집》 제2집, 사회과학원출판사, 1970.
고고학·민속학연구소, 〈지탑리 원시유적 발굴보고〉, 《유적발굴보고》 제8집, 1961.
고동순, 〈양양 오산리유적 발굴조사 개보〉, 《韓國新石器研究》 제13호, 2007.
孔錫龜, 〈安岳3號墳 主人公의 冠帽에 대하여〉, 《高句麗研究》 제5집, 고구려연구회, 1998.
김교경, 〈흑요석의 물붙임층 연대측정법〉, 《조선고고연구》 1990년 제3호, 사회과학원고고학연구소.
———, 〈평양일대의 단군 및 고조선 유적유물에 대한 연대 측정〉, 《조선고고연구》 1995년 제1호, 사회과학원고고학연구소.
김신규, 〈미송리 동굴의 동물 유골에 대하여〉, 《문화유산》 1961년 제6호, 사회과학원출판사.

김신규, 〈농포 원시 유적의 동물 유골에 대하여〉, 《문화유산》 1962년 제2호, 사회과학원출판사.
———, 〈회령오동원시유적의 포유 동물상〉, 《고고민속》 제3호, 사회과학원출판사, 1963.
———, 〈무산 범의 구석 원시 유적에서 나온 짐승 뼈에 대하여〉, 《고고민속》 1963년 제4호, 사회과학원출판사.
———, 〈우리나라 원시 유적에서 나온 포유 동물상〉, 《고고민속론문집》 제2집, 사회과학원출판사, 1970.
김용간·안영준, 〈함경남도 량강도 일대에서 새로 알려진 청동기시대유물에 대한 고찰〉, 《조선고고연구》 1986년 제1호, 사회과학원고고학연구소.
김용남, 〈궁산문화에 대한 연구〉, 《고고민속론문집》 제8집, 과학、백과사전출판사, 1983.
김용준, 〈백제 복식에 관한 자료〉, 《문화유산》, 사회과학원출판사, 1959.
———, 〈안악 제3호분(하무덤)의 연대와 그 주인공에 대하여〉, 《문화유산》, 1957.
金榮珉, 〈嶺南地域 板甲에 대한 一考察〉, 《古文化》 제46집, 한국대학박물관협회, 1995.
金元龍, 〈廣州渼沙里 櫛文土器遺蹟〉, 《歷史學報》 14, 1961.
———, 〈春川校洞 穴居遺跡과 遺物〉, 《歷史學報》 20, 1963.
金正基, 〈新石器時代 住生活〉, 《韓國史論》 17, 국사편찬위원회, 1987.
金廷鶴, 〈靑銅器의 展開〉, 《韓國史論》 13-韓國의 考古學 Ⅱ·上, 국사편찬위원회, 1983.
盧泰敦, 〈한국인의 기원과 국가형성〉, 《한국사특강》, 서울대학교출판부, 1990.
———, 〈古朝鮮 중심지의 변천에 대한 연구〉, 《韓國史論》 23, 1990.
도유호, 〈왕검성의 위치〉, 《문화유산》, 1962-5.
———·황기덕, 〈지탑리 유적 발굴 중간보고(1)〉, 《문화유산》 5, 사회과학원출판사, 1957.
리순진, 〈강원도 철령유적에서 발굴된 고구려기마모형에 대하여〉, 《조선고고연구》 1994년 제2호, 사회과학원고고학연구소.
리지린, 〈고조선과 3한 사람들의 해상활동〉, 《력사과학》 1962년 제1호, 과학·백과사전출판사.
리태형, 〈고구려의 철광업과 제철야금기술의 발전〉, 《력사과학》 1990년 제2호, 과학·백과사전출판사.

림영규, 〈원시시대 집짐승 기르기에 대한 몇 가지 고찰〉, 《조선고고연구》 1996년 제1호, 사회과학원 고고학연구소.
복기대, 〈하가점 하층문화의 기원과 사회성격에 관한 시론〉, 《한국상고사학보》 제19호, 한국상고사학회, 1995.
———, 〈중국 요서지역 청동기시대문화의 역사적 이해〉, 《단군학연구》 제5호, 단군학회, 2001.
———, 〈臨屯太守章 封泥를 통해본 漢四郡의 위치〉, 《白山學報》 제61호, 백산학회, 2001.
朴京子, 〈古墳壁畵에서 본 高句麗服飾 小考〉, 《韓國服飾論巧》, 신구문화사, 1983.
———, 〈德興里 古墳壁畵의 服飾史的 硏究〉, 《韓國服飾論巧》, 신구문화사, 1983.
朴仙姫, 〈고대 한국 복식의 袵形〉, 《韓國民俗學》 30, 민속학회, 1998.
朴玧貞, 〈'02 高城文岩里 先史遺蹟發掘調查〉, 《韓國新石器硏究》 제5호, 한국신석기연구회, 2003.
박영초, 〈고조선에서의 제철 및 철재 가공기술의 발전〉, 《조선고고연구》 1989년 제1기, 사회과학원고고학연구소.
박진욱, 〈3국시기의 갑옷과 투구〉, 《고고민속》 3, 사회과학원출판사, 1963.
———, 〈신라의 가시 돋친 무기에 대한 약간의 고찰〉, 《고고민속》 3, 사회과학원출판사, 1963.
———, 〈비파형단검문화의 발원지와 창조자에 대하여〉, 《비파형단검문화에 대한 연구》, 과학·백과사전출판사, 1987.
백련행, 〈부조예군의 도장에 대하여〉, 《문화유산》 1962년 제4호, 사회과학원출판사.
사회과학원 고고학 및 민속학연구소, 〈고조선의 무기〉, 《고고민속》 1966년 제1기, 사회과학원출판사.
사회과학원력사연구소, 〈조선사람의 기원과 인종적 특징〉, 《조선전사》 1－원시편, 과학·백과사전출판사, 1979.
西谷正, 〈加耶와 倭의 文物交流〉, 《加耶史論》, 고려대학교한국학연구소, 1993.
선희창, 〈여러 가지 구리합금과 그 이름〉, 《고고민속》 1, 사회과학원출판사, 1966.
성삼제, 《고조선, 사라진 역사》, 동아일보사, 2005.
孫寶基, 〈石莊里의 後期 舊石器時代 집자리〉, 《韓國史研究》 9, 1973.

손보기, 〈구석기문화〉, 《한국사》 1, 국사편찬위원회, 1977.
———, 〈石壯里의 전기·중기구석기文化層〉, 《한국사연구》 7, 1972.
손영종, 〈덕흥리벽화무덤의 주인공의 국적문제에 대하여〉, 《력사과학》 1987년 제1호, 과학·백과사전출판사.
———, 〈락랑문화의 유적유물에 대하여〉, 《력사과학》 2005년 제4호, 과학、백과사전출판사.
宋鎬晸, 《古朝鮮 國家形成 過程 硏究》, 서울대 박사논문, 1999.
———, 〈遼東地域 靑銅器文化와 美松里型土器에 관한 考察〉, 《韓國史論》 24, 1991.
申敬澈, 〈金海禮安里古墳群第4次發掘調査報告〉, 《韓國考古學年報》 8, 1980.
沈在勳, 〈中國 古代國家 形成의 普遍性과 特殊性〉, 《史學志》 제22집, 단국대학교 사학회, 1989.
안병찬, 〈장수산일대의 고구려유적유물에 대하여〉, 《조선고고연구》 1990년 제2호, 사회과학원고고학연구소.
柳在學, 《樂浪瓦塼銘文의 書藝史的 考察》, 홍익대 석사논문, 1988.
윤광수, 〈토성동 486호 나무곽무덤 발굴보고〉, 《조선고고》, 1994년 제4기, 사회과학출판사.
尹乃鉉, 〈古朝鮮과 三韓의 관계〉, 《韓國學報》 제52집, 일지사, 1988.
———, 〈三韓지역의 사회발전〉, 《白山學報》 제35집, 백산학회, 1988.
———, 〈古代文獻에 나타난 朝鮮의 地理槪念〉 – 제4차 조선학국제학술토론회 발표논문, 북경, 1992.
———, 〈古代朝鮮考〉, 《中齋張忠植博士 華甲紀念論叢》, 中齋張忠植博士 華甲紀念論叢刊行委員會, 1992.
———, 〈古朝鮮과 中國의 交涉〉, 《배달문화》 제10호, 민족사바로찾기국민회의, 1993.
———, 〈古朝鮮의 經濟的 基盤〉, 《白山學報》 제41호, 백산학회, 1993.
———, 〈古朝鮮 社會의 身分構成〉, 《傳統과 現實》 제4호, 고봉학술원, 1993.
———, 〈古朝鮮의 宗敎와 그 思想〉, 《東洋學》 제23집, 단국대학교부설 동양학연구소, 1993.
———, 〈人類社會 進化上의 古朝鮮 位置〉, 《史學志》 제26집, 단국사학회, 1993.
———, 〈扶餘의 분열과 變遷〉, 《祥明史學》 제3·4합집, 상명사학회, 1995.
———, 〈高句麗의 移動과 建國〉, 《白山學報》 제45호, 백산학회, 1995.

尹乃鉉, 〈백제의 중국 동부 지배〉, 《傳統과 現實》 제7호, 고봉학술원, 1996.
———, 〈가야의 건국과 성장에 대한 재고찰〉, 《史學志》 제30집, 단국사학회, 1997.
———, 〈고구려의 多勿理念 실천〉, 《竹堂 李炫熙教授 華甲紀念韓國史論叢》, 동방도서, 1997.
尹武炳, 〈遼寧地方의 青銅器文化〉, 《韓國上古史의 諸問題》, 한국정신문화연구원, 1987.
尹石曉, 〈伽倻의 倭地進出에 대한 一研究〉, 《百濟·新羅·伽倻史 研究》, 백산학회, 1995.
尹龍九, 〈三韓의 朝貢貿易에 대한 一考察-漢代 樂浪郡의 교역형태와 관련하여〉, 《歷史學報》 제162집, 1998.
李基白, 〈古朝鮮의 國家 형성〉, 《韓國史市民講座》 제2집, 일조각, 1988.
李恭篤·高美璇, 〈紅山文化玉雕藝術初析〉, 《史前研究》 1987년 제3기.
이동주, 〈암사동유적 편년의 새로운 시점〉, 《韓國新石器研究》 제5호, 한국신석기연구회, 2003.
李丙燾, 〈夫餘考〉, 《韓國古代史研究》, 박영사, 1981.
———, 〈樂浪郡考〉, 《韓國古代史研究》, 박영사, 1976.
李蘭暎, 〈百濟 金屬工藝의 對外交涉-금공기법을 중심으로〉, 《百濟 美術의 對外交涉》, 예경, 1998.
李鮮馥, 〈신석기·청동기시대 주민교체설에 대한 비판적 검토〉, 《韓國古代史論叢》 1, 가락국사적개발연구원, 1991.
이영문, 〈韓半島 出土 琵琶形銅劍 形式分類 試論〉, 《博物館紀要》 7, 단국대학교중앙박물관, 1991.
李仁淑, 〈신라와 가야의 裝身具〉, 《한국고대사논총》 제3집, 한국고대사회연구소, 1992.
이용조, 〈編年〉, 《韓國史論》 12, 국사편찬위원회, 1986.
李龍範, 〈三國史記에 보이는 이슬람 商人의 貿易品〉, 《韓國史學論叢》, 李弘稙博士回甲紀念, 신구문화사, 1969.
———, 〈海外貿易의 發展〉, 《韓國史》 3, 국사편찬위원회, 탐구당, 1981.
李賢珠, 〈有刺利器에 대해서〉, 《東萊 福泉洞古墳群》 2, 부산대학교, 1990.
李亨求, 〈青銅器文化의 비교(東北亞와의 비교)〉, 《韓國史論》 13, 국사편찬위원회, 1986.
李順洪, 〈織物의 歷史的 考察-우리나라의 綿織物을 中心으로-〉, 《服飾》 제5

호, 한국복식학회, 1981.
林炳泰, 〈考古學上으로 본 濊貊〉, 《韓國古代史論叢》 1, 가락국사적개발연구원, 1991.
임상택, 〈한반도중부지역 신석기시대 중기 토기의 양상〉, 《선사와 고대》 13호, 1999.
임진숙, 〈고대 및 중세초기 우리나라의 동합금기술〉, 《력사과학》 1991년 제4호, 과학·백과사전출판사.
임재해, 〈단군신화에 갈무리된 문화적 원형과 민족문화의 정체성〉, 《단군학연구》 제16호, 단군학회, 2007.
———, 〈한국신화의 주체적 인식과 민족문화의 정체성〉, 《단군학연구》 제17호, 단군학회, 2007.
———, 〈단군신화로 본 고조선 문화의 기원 재인식〉, 《단군학연구》 제19호, 단군학회, 2008.
———, 〈'신시본풀이'로 본 고조선문화의 형성과 홍산문화〉, 《단군학연구》 제20호, 단군학회, 2009.
———, 〈고조선 '본풀이'의 역사인식과 본풀이사관의 수립〉, 《단군학연구》 제21호, 단군학회, 2009.
任孝宰, 〈新石器時代 編年〉, 《韓國史論》 12, 국사편찬위원회, 1983.
우실하, 〈'요하문명론'의 초기 전개 과정에 대한 연구〉, 《단군학연구》 제21호, 단군학회, 2009.
尹明喆, 〈檀君神話와 고구려 建國神話가 지닌 正體性(IDENTITY) 탐구〉, 《단군학연구》 제6호, 단군학회, 2002.
全相運, 〈韓國古代金屬技術의 科學史的 研究〉, 《傳統科學》 제1집, 한양대학교 한국전통과학연구소, 1980.
전주농, 〈안악 하무덤(3호분)에 대하여〉, 《문화유산》, 사회과학원출판사, 1959.
———, 〈고구려 시기의 무기와 무장〉 Ⅰ, 《문화유산》 5, 사회과학원출판사, 1958.
———, 〈고구려시기의 무기와 무장〉 Ⅱ, 《문화유산》 1, 사회과학원출판사, 1959.
———, 〈고조선의 공예〉, 《문화유산》 1961년 제1기, 사회과학원출판사.
정찬영, 〈기원 4세기까지의 고구려 묘제에 관한 연구〉, 《고고민속론문집》 제5집, 사회과학원출판사, 1973.
趙由典, 〈青銅器時代 研究史〉, 《國史館論叢》 제19집, 국사편찬위원회, 1990.

조희승, 〈평양 락랑유적에서 드러난 고대 비단에 대하여〉, 《조선고고연구》, 1996년 제1호, 사회과학원 고고학연구소.
周南泉, 〈故宮博物院藏的幾件新石器時代飾紋玉器〉, 《文物》 1984년 제10기.
주영헌, 〈약수리 고분을 통한 고구려 벽화분의 연대에 관한 연구〉, 《문화유산》 3, 사회과학원출판사, 1959.
———, 〈고구려의 유주에 대하여〉, 《력사과학》 1980년 제4호, 과학백과사전출판사.
秦弘燮, 〈百濟·新羅의 冠帽·冠飾에 關한 二三의 問題〉, 《史學志》, 단국대학교 사학회, 1973.
천석근, 〈고구려옷의 기본 형태와 일본 고분시대옷의 변천〉, 《력사과학》, 과학·백과사전출판사, 1981년 제1호.
———, 〈안악 제3호 무덤벽화의 복식에 대하여〉, 《조선고고연구》, 사회과학원 고고학연구소, 1986년 제3호.
———, 〈고구려 옷에 반영된 계급 신분 관계의 고찰〉, 《력사과학》, 과학·백과사전출판사, 1987.
崔夢龍, 〈古代國家成長과 貿易〉, 《韓國古代의 國家와 社會》, 일조각, 1985.
崔孟植, 〈陵山里 百濟古墳 出土 裝飾具에 관한 一考〉, 《百濟文化》 제27집, 1998.
최삼용, 〈신석기시대의 뼈연모 제작기술 연구〉, 《韓國新石器硏究》 제10호, 한국구신석기연구회, 2005.
최상준, 〈우리나라 원시시대 및 고대의 쇠붙이 유물분석〉, 《고고민속》 1, 사회과학원출판사, 1966.
崔盛洛, 《靈巖 長川里 住居址》 2, 목포대학교박물관, 1986.
崔淑卿, 〈渼沙里遺蹟의 一磨石器〉, 《考古美術》 제4권 제6호, 1963.
최택선, 〈고구려 벽화무덤의 주인공 문제에 대하여〉, 《력사과학》, 과학·백과사전출판사, 1985년 4호.
———, 〈고구려의 인물풍속도무덤과 인물풍속 및 사신도 무덤 주인공들의 벼슬등급에 대하여〉, 《력사과학》, 과학·백과사전출판사, 1988년 제1호.
최원희, 〈고구려 녀자 옷에 관한 연구〉, 《문화유산》 2, 사회과학원출판사, 1962.
———, 〈과거 조선 남자 관모의 몇 가지에 대하여〉, 《고고민속》, 사회과학원출판사, 1965.
———, 〈과거 우리나라 남자 평상복〉, 《고고민속》 1, 사회과학원출판사, 1966.

한인호, 〈고조선초기의 금제품에 대한 고찰〉, 《조선고고연구》 1995년 제1호, 사회과학원출판사.

한창균, 〈고조선의 성립배경과 발전단계 시론〉, 《國史館論叢》 제33집, 국사편찬위원회, 1992.

허순산, 〈고구려 금귀걸이〉, 《력사과학》, 1985년 4호, 과학·백과사전출판사.

황기덕·김섭연, 〈우리나라 고대 야금기술〉, 《고고민속론문집》, 과학·백과사전출판사, 1983.

황철산, 〈狗皮衣에 관한 고찰〉, 《문화유산》 1957년 5호, 사회과학원출판사.

嘉峪關市文物淸理小組, 〈嘉峪關漢畫像磚墓〉, 《文物》 1972年 第12期.

江蘇省文物管理委員會·南京博物院, 〈江蘇六合程橋東周墓〉, 《考古》 1965年 第3期.

耿鐵華, 〈高句麗兵器初論〉, 《中國考古集成》 東北卷 兩晋至隋唐(二), 1992.

———, 〈高句麗文物古蹟四題〉, 《中國考古集成》 東北卷 兩晋至隋唐(二), 1992.

蓋山林·陸思賢, 〈內蒙古境內戰國秦漢長城遺蹟〉, 《中國考古集成》 東北卷 青銅時代(一), 1997.

高漢玉·王任曹·陳雲昌, 〈台西村商代遺址出土的紡織品〉, 《文物》 1979年 第6期.

考古研究所西安工作隊, 〈新石器時代村落遺址的發現－西安半坡〉, 《考古通迅》 1955年 第3期.

曲石, 〈略論東北新石器時代文化〉, 《中國考古集成》 東北卷 新石器時代(一), 北京出版社, 1997.

曲貴春, 〈古代穢貊研究〉, 《中國考古集成》 東北卷 青銅時代(一), 北京出版社, 1997.

郭大順, 〈赤峰地區早期冶銅考古隨想〉, 《內蒙古文物考古文集》, 中國大百科全書出版社, 1994.

———·張克擧, 〈遼寧省喀左縣東山嘴紅山文化玉器墓的發現〉, 《文物》 1984年 第11期.

———·張克擧, 〈遼寧喀左東山嘴紅山文化遺址第一, 二次發掘簡介〉, 《中國考古集成》 東北卷 新石器時代(二), 北京出版社, 1997.

郭珉·李景冰, 〈吉林省乾安縣新石器時代遺址調查〉, 《中國考古集成》 東北卷 新石器時代(二), 北京出版社, 1997.

——·李景冰·劉雪山·韓淑華, 〈吉林省鎮來縣坦途北崗子青銅時代墓葬淸理報告〉, 《中國考古集成》 東北卷 青銅時代(三), 北京出版社, 1997.

郭宝鈞, 〈殷周的靑銅武器〉, 《考古》 1961年 第2期.
靳楓毅, 〈夏家店上層文化及其族屬問題〉, 《中國考古集成》 東北卷 靑銅時代(一), 北京出版社.
———, 〈論中國東北地區含曲刃靑銅短劍的文化遺存〉, 《考古學報》 1982年 第4期.
錦州博物館, 〈遼寧錦西縣烏金塘東周墓調査記〉, 《考古》 1960年 第5期.
考古硏究所西安工作隊, 〈新石器時代村落遺址的發現-西安半坡〉, 《考古通迅》 1955年 第3期.
吉林大學考古敎硏室, 〈農安左家山新石器時代遺址〉, 《中國考古集成》 東北卷 新石器時代(二), 北京出版社, 1997.
吉林省文物考古硏究所·白城地區博物館·長岭縣文化局, 〈吉林長岭縣腰井子新石器時代遺址〉, 《中國考古集成》 東北卷 新石器時代(二), 北京出版社, 1997.
吉林省博物館·永吉縣文化館, 〈吉林永吉星星哨石棺墓第3次發掘〉, 《考古學集刊》 3, 中國社會科學出版社, 1983.
—————, 〈吉林江北土城子古文化遺址及石棺墓〉, 《中國考古集成》 東北卷 靑銅時代(三), 北京出版社, 1997.
吉林地區考古短訓班, 〈吉林猴石山遺址發掘簡報〉, 《考古》 1980年 第2期.
吉林大學歷史系考古專業·吉林省博物館考古隊, 〈大安漢書遺址發掘的主要收獲〉, 《中國考古集成》 東北卷 靑銅時代(三), 北京出版社, 1997.
吉林省文物工作隊, 〈吉林大安縣洮兒河下游右岸新石器時代遺址調査〉, 《考古》 1984年 第8期.
———————·長春市文管會·楡樹縣博物館, 〈吉林楡樹縣老河深鮮卑墓群部分墓葬發掘簡報〉, 《文物》 1985年 第2期.
———————·集安文管所, 〈1976年集安洞溝高句麗墓淸理〉, 《中國考古集成》 東北卷 兩秦至隋唐(二), 北京出版社, 1992.
吉林省文物工作隊后崗組, 〈鎏金靑銅飛馬牌飾〉, 《中國考古集成》 東北卷 秦漢至三國(二), 北京出版社.
吉林省博物館文物工作隊, 〈吉林集安的兩座高句麗墓〉, 《中國考古集成》 東北卷 兩晋至隋唐(二), 北京出版社, 1992.
內蒙古自治區文化局文物工作組, 〈內蒙古自治區發現的細石器文化遺址〉, 《中國考古集成》 東北卷 新石器時代(一), 北京出版社, 1997.
內蒙古自治區文物工作隊, 〈1959年呼和浩特郊區美岱古城發掘簡報〉, 《文物》 1961年 9期.

內蒙古文物工作隊·內蒙古博物館, 〈和林格爾發現一座重要的東漢壁畫墓〉, 《文物》 1974年 第1期.

段拭, 〈江蘇銅山洪樓東漢墓出土紡織畵象石〉, 《文物》 1962年 第3期.

丹化沙, 〈黑龍江肇源望海屯新石器時代遺址〉, 《考古》 1961年 第10期.

丹東市文化局文物普査隊, 〈丹東市東溝縣新石器時代遺址調査和試掘〉, 《中國考古集成》 東北卷 新石器時代(二), 北京出版社, 1997.

譚英杰, 〈密山新開流遺址〉, 《中國考古集成》 東北卷 新石器時代(二), 北京出版社, 1997.

東北考古發掘團, 〈吉林西團山石棺墓發掘報告〉, 《中國考古集成》 東北卷 青銅時代(三), 北京出版社, 1997.

佟柱臣, 〈赤峰東八家石城址勘査記〉, 《考古通迅》 1957年 第6期.

———, 〈郭家村下層新石器的考察〉, 《中國考古集成》 東北卷 新石器時代(二), 北京出版社, 1997.

董學增, 〈試論西團山文化的裝飾品〉, 《中國考古集成》 東北卷 青銅時代(三), 北京出版社, 1997.

———·翟立偉, 〈西團山文化遺存所反映的穢貊族習俗考略〉, 《中國考古集成》 東北卷 青銅時代(三), 北京出版社, 1997.

———, 〈關于我國東北系 '觸角式' 劍的探討〉, 《中國考古集成》 東北卷 青銅時代(一), 北京出版社, 1997.

———, 〈吉林市郊二道岭子·虎頭砬子 新石器時代遺址調査〉, 《中國考古集成》 東北卷 新石器時代(二), 北京出版社, 1997.

———, 〈吉林蛟河發現 '對頭雙鳥首' 銅劍〉, 《中國考古集成》 東北卷, 青銅時代(三), 北京出版社, 1997.

杜爾伯特蒙古族自治縣博物館, 〈黑龍江省杜爾伯特李家崗新石器時代墓葬淸理簡報〉, 《中國考古集成》 東北卷 新石器時代(二), 北京出版社, 1997.

澠池縣文化館 河南省博物館, 〈澠池縣發現的古代窖藏鐵器〉, 《文物》 1976年 第8期.

馬德謙, 〈談談吉林龍潭山·東團山一帶的漢代遺物〉, 《中國考古集成》 東北卷 秦漢之三國(二), 北京出版社, 1997.

撫順市博物館, 〈撫順小甲邦東漢墓〉, 《中國考古集成》 東北卷 秦漢至三國(二), 北京出版社, 1997.

方殿春·劉葆華, 〈遼寧阜新縣胡頭溝紅山文化玉器墓的發現〉, 《文物》 1984年 第6期.

方起東, 〈吉林輯安高句麗霸王朝山城〉, 《考古》 1962年 第11期.

付惟光·辛建, 〈滕家崗遺址出土的刻劃紋飾藝術〉, 《中國考古集成》 東北卷 新石器時代(二), 北京出版社, 1997.

白雲翔·顧智界 整理, 〈中國文明起源座談紀要〉, 《考古》 1989年 第12期.

沙比提, 〈從考古發掘資料看新疆古代的棉花種植和紡織〉, 《文物》 1973年 第10期.

山東省昌濰地區文物管理組, 〈膠縣西菴遺址調查試掘簡報〉, 《文物》 1977年 第4期.

徐殿魁·曹國鑒, 〈偃師杏園東漢壁畫墓的淸理與臨摹禮記〉, 《考古》 1987年 第10期.

徐家國·孫力, 〈遼寧撫順高爾山城發掘簡報〉, 《中國考古集成》 東北卷 兩晋至隋唐(二), 北京出版社, 1997.

孫守道·郭大順, 〈牛河梁紅山文化女神像的發現與研究〉, 《文物》 1986年 第6期.

楊虎, 〈遼西地區新石器-銅石并用時代考古文化序列與分期〉, 《文物》 1994年 第5期.

何明, 〈吉林省新石器時代的考古發現與認識〉, 《中國考古集成》 東北卷 新石器時代(二), 北京出版社, 1997.

韓立新, 〈錦西沙鍋屯發現春秋晩期墓葬〉, 《中國考古集成》 東北卷 青銅時代(二), 北京出版社, 1997.

許玉林·傅仁義·王傳普, 〈遼寧東溝縣后洼遺址發掘概要〉, 《文物》 1989年 第12期.

新疆維吾爾自治區博物館·沙比提, 〈從考古發掘資料看新疆古代的棉花種植和紡織〉, 《文物》 1973年 第10期.

沈陽市文物工作組, 〈沈陽伯官屯漢魏墓葬〉, 《考古》 1964年 第11期.

沈陽市文物管理辨公室, 〈沈陽新樂遺址試掘報告〉, 《中國考古集成》 東北卷 新石器時代(二), 北京出版社, 1997.

沈陽市文物管理辨公室, 〈新民高台山新石器時代遺址〉, 《中國考古集成》 東北卷 新石器時代(二), 北京出版社, 1997.

瀋陽故宮博物院·瀋陽市文物管理辨公室, 〈瀋陽鄭家窪子的兩座青銅時代墓葬〉, 《考古學報》 1975年 第1期.

邵國田, 〈敖漢旗鐵匠溝戰國墓地調查簡報〉, 《中國考古集成》 東北卷 青銅時代(一), 北京出版社, 1997.

昭國田, 《敖漢旗文物精華》, 內蒙古文化出版社, 2004.

孫守道, 〈'匈奴西岔溝文化' 古墓群的發現〉, 《文物》 1960年 第8·9期.
———·郭大順, 〈牛河梁紅山文化女神頭像的發現與研究〉, 《文物》 1986年 第8期.
孫長慶·殷德明·干志耿, 〈黑龍江古代玉器文化問題的提出與研究〉, 《中國考古集成》 東北卷 新石器時代(二), 北京出版社, 2007.
安志敏, 〈裵李崗·磁山和仰韶〉, 《考古》 1979年 第4期.
于崇源, 〈新樂下層陶器施紋方法的研究〉, 《遼寧省考古博物館學會成立大會會刊》, 1981年.
嚴文明, 〈黃河流域新石器時代早期文化的新發現〉, 《考古》 1979年 第1期.
黎家芳, 〈新樂文化的科學價値和歷史地位〉, 《中國考古集成》 東北卷 新石器時代(二), 北京出版社, 1997.
梁思永, 〈遠東考古學上的若干問題〉, 《梁思永考古論文集》, 科學出版社, 1959.
楊虎, 〈內蒙古敖漢旗興隆洼遺址發掘簡報〉, 《考古》 1985年 第10期.
——, 〈關于紅山文化的幾個問題〉, 《慶祝蘇秉琦考古五十五周年論文集》, 文物出版社, 1989.
楊泓, 〈關于鐵甲·馬鎧和馬鐙問題〉, 《考古》 1961年 第12期.
——, 〈戰車與車戰-中國古代軍事裝備禮記之一〉, 《文物》 1977年 第5期.
——, 〈甲和鎧〉, 《文物》 1978年 第5期.
——, 〈騎兵和甲騎具裝〉-中國古代軍事裝備禮記之二, 《文物》 1977年 第10期.
——, 〈中國古代的甲胄〉 上篇, 《考古學報》 1976年 第1期.
——, 〈中國古代的甲胄〉 下篇, 《考古學報》 1976年 第2期.
——, 〈日本古墳時代甲胄及其和中國甲胄的關係〉, 《考古》 1985年 第1期.
——, 〈中國古代馬具的發展和對外影響〉, 《文物》 1984年 第9期.
嚴文明, 〈黃河流域新石器時代早期文化的新發現〉, 《考古》 1979年 第1期.
黎家芳, 〈新樂文化的科學價値和歷史地位〉, 《中國考古集成》 東北卷 新石器時代(二), 北京出版社, 1997.
黎瑤渤, 〈遼寧北票縣西官營子北燕馮素弗墓〉, 《文物》 1973年 第3期.
吳震, 〈介紹八件高昌契約〉, 《文物》 1962年 第7·8期.
敖漢旗博物館, 〈敖漢旗南台地趙宝溝文化遺址調查〉, 《中國考古集成》 東北卷 新石器時代(一), 北京出版社, 1997.
李華東·王傳朴·祝延學, 〈略談東溝境內新石器文化〉, 《中國考古集成》 東北卷 新石器時代(二), 北京出版社, 1997.
李濟, 〈跪坐蹲居與箕踞〉, 《李濟考古學論文集》 上, 聯經出版事業公司, 臺北, 1977.

李濟, 〈民國十八年秋季發掘殷墟之經過及其重要發現〉, 《安陽發掘報告》 第2期.
殷志强, 〈紅山·良渚文化玉器的比較研究〉, 《北方文物》 1988年 第1期.
姚鑒, 〈河北望都縣漢墓的墓室結構和壁畵〉, 《文物參考資料》 1954年 第12期.
容觀琼, 〈關于我國南方棉紡織歷史研究的一些問題〉, 《文物》 1979年 第8期.
于臨祥, 〈考古簡訊－旅順老鐵山發現古墓〉, 《考古通訊》 1956年 第3期.
魏運亨·卜昭文, 〈阜新查海出土七八千年前的玉器〉, 《中國考古集成》 東北卷 新石器時代(二), 北京出版社, 1997.
王國范, 〈吉林通榆新石器時代遺址調查〉, 《中國考古集成》 東北卷 新石器時代(二), 北京出版社, 1997.
王菊耳, 〈新樂文化遺址出土煤精制品試析〉, 《中國考古集成》 東北卷 新石器時代(二), 北京出版社, 1997.
王承禮·韓淑華, 〈吉林輯安通溝第12號高句麗壁畵墓〉, 《考古》 1964年 第2期.
王嗣洲, 〈試論大連地區原始文化社會經濟形態〉, 《中國考古集成》 東北卷 新石器時代(二), 北京出版社, 1997.
王永强·史衛民·謝建猷, 《中國小數民族文化史》 北方卷 上·貳, 廣西教育出版社, 1999.
王珍仁·于臨祥, 〈大蓮地區漢代花紋小磚芻議〉, 《中國考古集成》 東北卷, 秦漢至三國(二), 北京出版社, 1997.
王禹浪·王宏北, 《高句麗·渤海古城址研究滙編》 上, 哈爾濱出版社, 1994.
王曾, 〈紅山文化的走向〉, 《文史研究》 1987年 第1輯.
遼寧省博物館 外, 〈長海縣廣鹿島大長山島貝丘遺址〉, 《考古學報》 1981年 第1期.
──────·昭烏達盟文物工作站·赤峰縣文化館, 〈內蒙古赤峰縣四分地東山嘴遺址試掘簡報〉, 《中國考古集成》 東北卷 新石器時代(一), 北京出版社, 1997.
遼寧省文物考古研究所·朝陽市博物館, 〈朝陽十二台鄕磚歷88M1發掘簡報〉, 《文物》 1997年 第11期.
──────────·吉林大學考古學系, 〈遼寧彰武平安堡遺址〉, 《中國考古集成》 東北卷 青銅時代(二), 北京出版社, 1997.
──────────·喀左縣博物館, 〈喀左和尙溝墓地〉, 《中國考古集成》 東北卷 青銅時代(二), 北京出版社, 1997.
──────────·朝陽市博物館·朝陽縣文物管理所, 〈遼寧朝陽田草溝晋墓〉, 《文物》 1997年 第11期.
──────────, 〈遼寧牛河梁紅山文化“女神廟” 與積石塚群發掘簡報〉, 《中國考古集成》 東北卷 新石器時代(二), 北京出版社, 1997.

遼寧省文物考古研究所, 〈遼寧凌源縣五道河子戰國墓發掘簡報〉, 《中國考古集成》東北卷 青銅時代(二), 北京出版社, 1997.

————————, 〈遼寧牛河梁紅山文化"女神廟" 與積石塚群發掘簡報〉, 《文物》1986年 第8期.

遼寧省文物干部培訓班, 〈遼寧北票豊下遺址 1972年 春發掘簡報〉, 《考古》1976年 第3期.

遼寧省博物館·昭烏達盟文物工作站·敖漢旗文化館, 〈遼寧敖漢旗小河沿三種原始文化的發現〉, 《文物》1977年 第12期.

———— 外, 〈長海縣廣鹿島大長山島貝丘遺址〉, 《考古學報》1981年 第1期.

————·旅順博物館, 〈大連市郭家村新石器時代遺址〉, 《中國考古集成》東北卷 新石器時代(二), 北京出版社, 1997.

劉國祥, 〈紅山文化墓葬形制與龍玉制度研究〉, 《首屆紅山文化國際學術研討會》資料集, 2004.

劉國祥, 〈西遼河流域新石器時代至早期青銅時代考古學文化概論〉, 《遼寧師範大學學報》2006年 第1期, 社會科學出版社.

劉謙, 〈遼寧錦州漢代貝賣墓〉, 《考古》1990年 第8期.

——, 〈錦州山河營子遺址發掘報告〉, 《中國考古集成》 東北卷 新石器時代(二), 北京出版社, 1997.

劉景文, 〈從出土文物簡析古代夫餘族的審美觀和美的裝飾〉, 《中國考古集成》 東北卷 秦漢至三國(二), 北京出版社, 1997.

劉素俠, 〈紅山諸文化所反映的原始文明〉, 《中國考古集成》 東北卷 新石器時代(一), 北京出版社, 1997.

劉素霞, 〈夏家店上層文化考古資料反映的有關民族習俗〉, 《中國考古集成》 東北卷 青銅時代(一), 北京出版社, 1992.

劉紅宇, 〈長春市德惠縣原始文化遺址調查述要〉, 《中國考古集成》東北卷 新石器時代(二), 北京出版社, 1997.

劉俊勇·曲傳林, 〈大連新石器時代社會形態初探〉, 《中國考古集成》東北卷 新石器時代(二), 北京出版社, 1997.

柳涵, 〈北朝的鎧馬騎俑〉, 《考古》1959年 第2期.

劉謙, 〈錦州山河營子遺址發掘報告〉, 《中國考古集成》 東北卷 新石器時代(二), 北京出版社, 1997.

劉振華, 〈吉林省原始文化中的幾種新石器時代遺存〉, 《中國考古集成》東北卷 新石器時代(二), 北京出版社, 1997.
劉晋祥, 〈趙宝溝文化初論〉, 《中國考古集成》 東北卷 新石器時代(一), 北京出版社, 1977.
陸思賢, 〈翁牛特旗石崩山原始文字釋義〉, 《中國考古集成》 東北卷 新石器時代(一), 北京出版社, 1997.
───·陳棠棟, 〈達茂旗出土的古代北方民族金飾件〉, 《文物》 1984年 第1期.
尹玉山, 〈吉林永吉學古漢墓清理簡報〉, 《中國考古集成》 東北卷 秦漢至三國(二), 北京出版社, 1997.
王國范, 〈吉林通榆新石器時代遺址調查〉, 《中國考古集成》 東北卷 新石器時代(二), 北京出版社, 1997.
王曾, 〈紅山文化的走向〉, 《中國考古集成》 東北卷 新石器時代(一), 北京出版社, 1997.
越振東, 〈遼寧阜新胡頭溝新石器時代紅山文化積石塚二次清理研究探索〉, 《中國考古集成》 東北卷 新石器時代(二), 北京出版社, 1997.
李恭篤, 〈昭烏達盟石棚山考古新發現〉, 《中國考古集成》 東北卷 新石器時代(一), 北京出版社, 1997.
李恭篤·高美璇, 〈紅山文化玉雕藝術初析〉, 《史前研究》 1987年 第3期.
───·高美璇, 〈試論小河沿文化〉, 《中國考古集成》 東北卷 新石器時代(一), 北京出版社, 1997.
───, 〈本溪發現多處洞穴墓地域遺址〉, 《中國文物報》 1988年 12月 9日 3版.
───, 〈試論遼西地區兩種彩陶文化的特征及其關係〉, 《中國考古集成》 東北卷 新石器時代(二), 北京出版社, 1997.
───·高美璇, 〈內蒙古烏漢旗四陵山紅山文化窟址〉, 《中國考古集成》 東北卷 新石器時代(一), 北京出版社, 1997.
伊克昭盟文物工作站, 〈內蒙古準格爾旗寶亥社發現青銅器〉, 《文物》 1987年 第12期.
李文信, 〈遼陽發現的三座壁畫古墓〉, 《文物參考資料》 1955年 第5期.
───, 〈吉林市附近之史迹及遺物〉, 《中國考古集成》 東北卷 綜述(二), 北京出版社, 1997.
李蓮, 〈吉林安廣縣永合屯細石器遺址調查簡報〉, 《中國考古集成》 東北卷 新石器時代(二), 北京出版社, 1997.
李殿福, 〈1962年春季吉林輯安考古調查簡報〉, 《中國考古集成》 東北卷 兩晋至隋唐(二), 北京出版社, 1997.

李殷福, 〈建平孤山子·楡樹林子青銅時代墓葬〉, 《中國考古集成》 東北卷 青銅時代(二), 北京出版社, 1997.
———, 〈集安洞溝三座壁畵墓〉, 《考古》 1983年 第4期.
李衆, 〈中國封建社會前期鋼鐵冶煉技術發展的探討〉, 《考古學報》 1975年 第2期.
——, 〈民國十八年秋季發掘殷墟之經過及其重要發現〉, 《安陽發掘保辜》 第2期.
——, 〈跪坐蹲居與箕踞〉, 《李濟考古學論文集》 上, 聯經出版事業公司, 臺北, 1977.
李曉鍾, 〈沈陽北陵地區發現新石器時代遺物〉, 《中國考古集成》 東北卷 新石器時代(二), 北京出版社, 1997.
———·劉長江·佡俊岩, 〈沈陽石台子高句麗山城試掘報告〉, 《中國考古集成》 東北卷 兩晋至隋唐(二), 北京出版社, 1997.
李華東·王傳朴·祝延學, 〈略談東溝境內新石器文化〉, 《中國考古集成》 東北卷 新石器時代(二), 北京出版社, 1997.
李學勤, 〈論 '婦好' 墓的年代及有關問題〉, 《文物》 1977年 第11期.
李孝定, 〈從幾種史前和有史早期陶文的觀察蠡測中國文化的起源〉, 《南陽大學學報》 第3期, 1969.
李宇峰, 〈中國東北史前農作物的考古發現與研究〉, 《中國考古集成》 東北卷 綜述(1), 北京出版社, 1997.
林雪川, 〈寧城小黑石溝夏家店上層文化顎骨的人像復原〉, 《中國考古集成》 東北卷 青銅時代(一), 北京出版社, 1997.
魏運亨·卜昭文, 〈阜新查海出土七八千年前的玉器〉, 《中國考古集成》 東北卷 新石器時代(二), 北京出版社, 1997.
陽虎, 〈關于紅山文化的幾個問題〉, 《中國考古集成》 東北卷 新石器時代(一), 北京出版社, 1997.
林沄, 〈中國東北系銅劍初論〉, 《考古學報》 1980年 第2期.
張靜·田子義·李道升, 〈朝陽小波赤青銅短劍墓〉, 《中國考古集成》 東北卷 青銅時代(二), 北京出版社, 1997.
張宏源, 〈長沙漢墓織綉品的提花和印花〉, 《文物》 1972年 第9期.
張柏忠, 〈內蒙古科左中旗六家子鮮卑墓群〉, 《考古》 1989年 第5期.
張發穎, 〈沈陽新樂遺址木雕鳥形藝術品〉, 《中國考古集成》 東北卷 新石器時代(二), 北京出版社, 1997.
張少青·許志國, 〈遼寧康平縣越家店村古遺址及墓地調查〉, 《中國考古集成》 東北卷 新石器時代(二), 北京出版社, 1997.

張雪岩, 〈吉林集安東大坡高句麗墓葬發掘簡報〉, 《考古》 1991年 第7期.

張錫瑛, 〈東北地區鏡形器之管見〉, 《中國考古集成》 東北卷 青銅時代(一), 北京出版社, 1997.

田廣生, 〈通榆出土金馬牌飾〉, 《文物》 1987年 第3期.

浙江省文管會·浙江省博物館, 〈河姆渡發現原始社會重要遺址〉, 《文物》 1976年 第8期.

浙江省文物管理委員會, 〈吳興錢山漾遺址第一·二次發掘報告〉, 《考古學報》 1960年 第2期.

陳惠, 〈內蒙古石崩山陶文試釋〉, 《中國考古集成》 東北卷 新石器時代(一), 北京出版社, 1997.

趙承澤, 〈星星哨石棺墓織物殘片的初步探討〉, 《考古學集刊》 3, 中國社會科學出版社, 1983.

鐘遐, 〈從蘭溪出土的棉毯談到我國南方棉紡織的歷史〉, 《文物》 1976年 第1期.

種遐, 〈從河姆渡遺址出土猪骨和陶猪試論我國養猪的起源〉, 《文物》 1976年 第8期.

朱貴, 〈遼寧朝陽十二臺營子青銅短劍墓〉, 《中國考古集成》 東北卷 青銅時代(一), 北京出版社, 1997.

周亞利, 〈紅山文化祭祀舞蹈考〉, 《中國考古集成》 東北卷 新石器時代(二), 北京出版社, 1997.

中國科學院考古研究所內蒙古工作隊, 〈內蒙古巴林左旗富河溝門遺址發掘簡報〉, 《考古學報》 1964年 第1期.

中國社會科學院考古研究所實驗室, 〈放射性碳素測定年代報告〉 六, 《考古》 1979年 第1期.

中國社會科學院考古研究所, 《中國考古學中碳十四年代數据集》 1965~1991, 文物出版社, 1992.

——————————, 《殷墟婦好墓》, 中國田野考古報告集, 考古學專刊, 丁種 第23號, 文物出版社, 1980.

——————————, 〈-遺址保存完好房址布局清晰葬俗奇特出土玉器時代之早 爲國內之最-興隆洼聚落遺址發掘獲碩果〉, 《中國考古集成》 東北卷 新石器時代 (一), 北京出版社, 1997.

中國社會科學院考古研究所內蒙古工作隊, 〈內蒙古敖漢旗趙宝溝一號遺址發掘簡報〉, 《中國考古集成》 東北卷 新石器時代(一), 北京出版社, 1977.

中國社會科學院考古研究所內蒙古工作隊, 〈赤峰西水泉紅山文化遺址〉, 《中國考古集成》 東北卷 新石器時代(一), 北京出版社, 1997.

——————————————, 〈內蒙古敖漢旗周家地墓地發掘簡報〉, 《考古》 1984年 第5期.

中國科學院考古研究所安陽工作隊, 〈安陽殷墟五號墓的發掘〉, 《考古學報》 1977年 第2期.

中國科學院考古研究所洛陽發掘隊, 〈1959年河南偃師二里頭試掘簡報〉, 《考古》 1961年 第2期.

——————————————, 〈洛陽西郊漢墓發掘報告〉, 《考古學報》 1963年 第2期.

中國社會科學院考古研究所東北工作隊, 〈沈陽肇工街和鄭家洼子遺址的發掘〉, 《中國考古集成》 東北卷 青銅時代(二), 北京出版社, 1997.

中國科學院考古研究所內蒙古工作隊, 〈赤峰葯王廟·夏家店遺址試掘報告〉, 《中國考古集成》 東北卷 青銅時代(一), 北京出版社, 1997.

中國社會科學院考古研究所技術室·廣州市文物管理委員會, 〈廣州西漢南越王墓出土鐵鎧甲的復原〉, 《考古》 1987年 第9期.

陳家槐, 〈吉林永吉縣烏拉街出土 '触角式劍柄' 銅劍〉, 《考古》 1984年 第2期.

陳大爲, 〈遼寧北票房身村晋墓發掘簡報〉, 《考古》 1960年 第1期.

陳相偉, 〈吉林輯安渾江中遊的三處新石器時代遺址〉, 《中國考古集成》 東北卷 新石器時代(二), 北京出版社, 1997.

陳全家·越賓福, 〈左家山新石器時代遺址的分期及相關文化遺存的年代序列〉, 《中國考古集成》 東北卷 新石器時代(二), 北京出版社, 1997.

集安縣文物保管所, 〈集安高句麗墓葬發掘簡報〉, 《考古》 1983年 第4期.

崔双來, 〈從考古學角度談丹東地區蠶業的起源與發展〉, 《中國考古集成》 東北卷 綜述(二), 北京出版社, 1997.

巴林右旗博物館, 〈內蒙古巴林右旗那斯台遺址調查〉, 《考古》 1987年 第6期.

夏鼐, 〈碳一14測定年代和中國史前考古學〉, 《考古》 1977年 第4期.

——, 〈我國古代蠶,桑,絲,綢的歷史〉, 《考古》 1972年 第2期.

河姆渡遺址考古隊, 〈浙江河姆渡遺址第二期發掘的主要收獲〉, 《文物》 1980年 第5期,

項春松, 〈小黑石溝發現的青銅器〉, 《中國考古集成》 東北卷 青銅時代(一), 北京出版社, 1997.

何明, 〈吉林省新石器時代的考古發現與認識〉, 《中國考古集成》 東北卷 新石器時

代(二), 北京出版社, 1997.
許明綱, 〈旅大市長海縣新石器時代貝丘遺址調查〉, 《中國考古集成》 東北卷 新石器時代(二), 北京出版社, 1997.
許玉林, 〈遼寧蓋縣東漢墓〉, 《文物》 1993年 第4期.
———, 〈東北地區新石器時代文化概述〉, 《東北考古集成》 東北卷 新石器時代(一), 北京出版社, 1997.
許玉林·蘇小幸, 〈略談郭家村新石器時代遺址〉, 《中國考古集成》 東北卷 新石器時代(二), 北京出版社, 1997.
———·傅仁義·王傳普, 〈遼寧東溝縣后洼遺址發掘概要〉, 《中國考古集成》 東北卷, 新石器時代(二), 北京出版社, 1997.
———·楊永芳, 〈遼寧岫岩北溝西山遺址發掘簡報〉, 《中國考古集成》 東北卷 新石器時代(二), 北京出版社, 1997.
———·金石柱, 〈遼寧丹東地區鴨綠江右岸及其支流的新石器時代遺存〉, 《中國考古集成》 東北卷 新石器時代(二), 北京出版社, 1997.
———, 〈后洼遺址考古新發現與研究〉, 《中國考古集成》 東北卷, 新石器時代(二), 北京出版社, 1997.
荊州地區博物館, 〈湖北江陵馬山磚廣一號墓出土大批戰國時期絲織品〉, 《文物》 1982年 第10期.
———————, 〈湖北江陵藤店一號墓發掘簡報〉, 《文物》 1973年 第9期.
胡竟良, 〈關于棉業的史料〉, 《胡竟良先生棉業論文選集》, 中國棉業出版社, 1948.
黃展岳, 〈關于中國開始冶鐵和使用鐵器的問題〉, 《文物》 1976年 第8期.
項春松, 〈小黑石溝發現的青銅器〉, 《中國考古集成》 東北卷 青銅時代(一), 北京出版社, 1997.
湖南省文物管理委員會, 〈長沙出土的三座大型木槨墓〉, 《考古學報》 1957年 第1期.
湖南省博物館·中國科學院考古研究所·文物編輯委員會, 〈長沙馬王堆一號漢墓發掘簡報〉, 文物出版社, 1972.
黑龍江省文物考古工作隊, 〈密山縣新開流遺址〉, 《中國考古集成》 東北卷 新石器時代(二), 北京出版社, 1997.
黑龍江省博物館, 〈黑龍江寧安大牡丹屯發掘報告〉, 《考古》 1961年 第10期.
———————, 〈昂昂溪新石器時代遺址的調查〉, 《中國考古集成》 東北卷 新石器時代(二), 北京出版社, 1997.
黑龍江省文物考古研究所, 〈黑龍江賓縣慶華遺址發掘簡報〉, 《考古》 1988年 第7期.
——————————, 〈黑龍江小登科墓葬及相關問題〉, 《中國考古集成》 東

北卷 青銅時代(三), 北京出版社.
龐志國, 〈吉林農安縣元寶溝新石器時代遺址發掘〉, 《中國考古集成》 東北卷 新石器時代(二), 北京出版社, 1997.
青松, 〈介紹一件青銅陰陽短劍〉, 《中國考古集成》 東北卷 青銅時代(一), 北京出版社, 1997.

駒井和愛, 〈スキタイの社會と文化－武器〉, 《考古學概說》, 講談社, 1972.
梅原末治, 〈羅州潘南面の寶冠〉, 《朝鮮學報》 第14輯, 朝鮮學會, 1959.
梅原末治, 〈有炳細形銅劍の一新例〉, 《考古學雜誌》 17卷 第9號, 昭和 20年(1945年).
北野耕平, 〈中期古墳の副葬品とその技術史的意義〉－鐵製甲冑における新技術の出現, 《武具》, 學生社, 1991.
石田英一郎·江上波夫·岡正雄·八幡一郎, 〈朝鮮半島との關係〉, 《日本民族の起源》, 平凡社, 1969.
小野山節, 〈古墳時代の裝身具と武器〉, 《日本原始美術大系》 5, 誹談社, 1978.
小林謙一, 〈甲冑製作技術の變遷と工人の系統〉, 《武具》, 學生社, 1991.
水野清一, 〈滿洲舊石器時代の骨角器資料〉, 《人類學雜誌》 48－12, 1933.
深津行德, 〈臺灣故宮博物院所藏 '梁職貢圖' 模本について〉, 《朝鮮半島に流入した諸文化要素の研究》 2, 學習院大學東洋文化研究所 調査研究報告 No. 44, 1999.
野上丈助, 〈甲冑製作技法と系譜をめぐる問題點(上)〉, 《考古學研究》 第21卷 第4號, 1975.
────, 〈古墳時代における甲冑の變遷とその技術史的意義〉, 《武具》, 學生社, 1991.
永島暉臣愼, 〈樂浪遺蹟の發掘と研究の現狀〉, 《彌生人の見た樂浪文化》, 大阪府立彌生文化博物館, 1993.
李殷昌, 〈三國時代武具〉, 《韓國の考古學》, 河出書房, 1972.
直良信夫, 〈朝鮮 潼關鎭 發掘舊石器時代の遺物〉, 《滿蒙學術調査研究報告》 6－3, 1940.
朝鮮總督府, 〈梁山夫婦と其遺物〉, 《古蹟調査特別報告》 第5册, 1927.
增田精一, 〈武器·武裝－騎馬戰闘と札甲〉, 《考古學講座》 5 原史文化 下, 雄山閣, 1965.
增田精一, 〈馬面と馬甲〉, 《國家の起源》, 角川新書, 1966.

中原虎南,《織物雜考》, 紡織雜誌社, 1934.

秋山進吾, 〈中國東北地方の初期金屬文化の樣相〉 下,《考古學雜志》54-4.

太田英藏, 〈'天工開物' 中的機織技術〉,《天工開物研究論文集》, 東方學出版社, 1959.

布目順郎, 〈樂浪土城出土の絹織物について〉,《彌生文化博物館研究報告》 1, 大阪府 立彌生文化博物館, 1992.

穴澤和光·馬目順一, 〈南部朝鮮出土の鐵製鋲留甲冑〉,《朝鮮學報》 第78輯, 1976.

찾아보기

찾아보기

(ㅁ)

(ㅂ)

(ㅇ)

(ㅊ)

(ㅋ)